Kurt Möller

Rechte Kids

Eine Langzeitstudie über Auf- und Abbau
rechtsextremistischer Orientierungen
bei 13- bis 15jährigen

Juventa Verlag Weinheim und München 2000

Der Autor
Kurt Möller, Jg. 1954, Dr. phil., ist Professor an der Hochschule für Sozialwesen Esslingen und Privatdozent an der Universität Bielefeld.
Seine Arbeitsschwerpunkte sind Jugend-, Rechtsextremismus- und Gewaltforschung bzw. darüber hinaus die Themengebiete Kultur- und Bildungsarbeit sowie männliche Sozialisation.

Die Deutsche Bibliothek - CIP-Einheitsaufnahme

Ein Titeldatensatz für diese Publikation ist bei
Der Deutschen Bibliothek erhältlich.

Das Werk einschließlich aller seiner Teile ist urheberrechtlich geschützt. Jede Verwertung außerhalb der engen Grenzen des Urheberrechtsgesetzes ist ohne Zustimmung des Verlags unzulässig und strafbar. Das gilt insbesondere für Vervielfältigungen, Übersetzungen, Mikroverfilmungen und die Einspeicherung und Verarbeitung in elektronischen Systemen.
© 2000 Juventa Verlag Weinheim und München
Umschlaggestaltung: Atelier Warminski, 63654 Büdingen
Umschlagfoto: Horst Luedeking, Berlin
Printed in Germany

ISBN 3-7799-0469-1

In Memoriam Dieter Baacke

Am Freitag, den 23.07.1999 verstarb Dieter Baacke. Drei Tage zuvor hatten sich die Herausgeber der Reihe Jugendforschung getroffen. Nichts deutete an jenem Dienstagmorgen auf das tragische Ereignis hin. Dieter Baacke strahlte wie gewohnt Ruhe, Kraft und Zuversicht aus. Nur wenige vertraute Personen waren über sein Herzleiden informiert. Sein Herzstillstand traf uns wie ein Schock.

Dieter Baacke war nicht nur Mitbegründer der Reihe, sondern auch ein wichtiger Motor und Impulsgeber für deren Fortbestand. Vier in dieser Reihe erschienenen Werke hat Dieter Baacke selbst verfasst bzw. herausgegeben: „Treffpunkt Kino" (zusammen mit Horst Schäfer), „Italienische Jugend (zusammen mit Ippazio Fracasso), „Jugend und Jugendkulturen" und „Neue Widersprüche" (zusammen mit Wilhelm Heitmeyer). Viele der in der Reihe erschienenen Werke gehen aber auch auf seine Initiative und Anregung zurück. Seine unmittelbaren Mitarbeiter haben die Reihe als Autoren bereichert – so auch durch den hier vorgelegten Band, den Kurt Möller verantwortet.

Dieter Baacke war an der Universität Bielefeld einer der Jugendforscher der ersten Stunde. Die Etablierung des damaligen Forschungsschwerpunktes Jugendforschung wäre ohne seine Aktivitäten nicht denkbar gewesen. Viele seiner Mitarbeiterinnen und Mitarbeiter in Forschungsprojekten haben mittlerweile Karriere gemacht und lehren an anderen Hochschulen. Als Anfang der neunziger Jahre aus dem Forschungsschwerpunkt Jugendforschung heraus das Zentrum für Kindheits- und Jugendforschung gegründet wurde und der erste Generationenwechsel der Riege der Jugendforscher anstand, blieb Dieter Baacke - trotz der zahlreichen Aktivitäten in den Bereichen der Medienpädagogik und der Erwachsenenbildung - der Jugendforschung treu. Seit 1994 bis zu seinem Tode engagierte er sich erneut im Vorstand des Zentrums für Kindheits- und Jugendforschung und war dort stets auch in schwierigen Situationen ein wichtiger Rückhalt, auf den wir bauen konnten.

Wir haben mit Dieter Baacke nicht nur einen Mitherausgeber dieser Reihe und einen engagierten Jugendforscher, sondern auch einen ehrenwerten Kollegen und liebenswerten Menschen verloren.

Wilhelm Heitmeyer   Klaus Hurrelmann   Jürgen Mansel

Inhalt

Einleitung 9

A. Zum Stand der Forschung

1. Empirische Erkenntnisse 13
   1.1 Quantitative Entwicklungen 13
   1.2 Einflüsse von Sozialisationsbereichen 15
   1.3 Einflüsse personaler Merkmale 27
2. Theoretische Erklärungsansätze 29
   2.1 Fokus: Individuum 30
   2.2 Fokus: Sozialstruktur 35
   2.3 Fokus: Sozialisation 41
3. Konsequenzen für den Stellenwert der eigenen Untersuchung
   in der Forschungslandschaft 53

B. Eigene Untersuchung

4. Ziel und Anlage der Studie 59
   4.1 Theoretisch-inhaltliche Bezugspunkte 59
   4.2 Methodische Anlage 71
      4.2.1 ProbandInnengruppe und Erhebungsverfahren 71
      4.2.2 Zur Operationalisierung des Begriffs 'Rechtsextremismus' 74
         4.2.2.1 Ungleichheitsvorstellungen 74
         4.2.2.2 Gewaltakzeptanz 76
      4.2.3 Auswertungsverfahren 78
5. Ergebnisse der Studie 81
   *5.1 Entwicklungsverläufe der Inhalte und Strukturen von
        rechtsextremen Orientierungen* 82
   *5.2 Rechtsextreme Orientierungen im Kontext
        geschlechtsspezifischer Sozialisation* 98
      5.2.1 Männliche Jugendliche 99
         5.2.1.1 Affinität(saufbau) 99
            5.2.1.1.1 Fallbeispiel Rüdiger 99
            *5.2.1.1.2 Quer-Interpretation - Der Fall Rüdiger im
                      Gesamtzusammenhang einschlägiger Fälle* 135
         5.2.1.2 Distanz(ierung) 159
            5.2.1.2.1 Fallbeispiel Enrik 159

        5.2.1.2.2 *Quer-Interpretation - Der Fall Enrik im*
Gesamtzusammenhang einschlägiger Fälle 188
  5.2.2 *Weibliche Jugendliche* 209
        5.2.2.1 *Affinität(saufbau)* 209
        5.2.2.1.1 *Fallbeispiel Ruth* 209
        5.2.2.1.2 *Quer-Interpretation - Der Fall Ruth im*
Gesamtzusammenhang einschlägiger Fälle 238
        5.2.2.2 *Distanz(ierung)* 265
        5.2.2.2.1 *Fallbeispiel Senta* 265
        5.2.2.2.2 *Quer-Interpretation - Der Fall Senta im*
Gesamtzusammenhang einschlägiger Fälle 295

C. *Schlussfolgerungen*

6. Konsequenzen für die Weiterentwicklung theoretischer Erklärungsansätze zum Verhältnis von Jugend und Rechtsextremismus 313

  6.1 *Konsequenzen für die Weiterentwicklung theoretischer Erklärungsansätze zur Affinität und zum Affinitätsaufbau von Jugendlichen zu rechtsextremen Orientierungen* 314

        6.1.1 *Jugend und Affinität(saufbau) zu rechtsextremen Orientierungen - geschlechterübergreifende Erklärungsansätze* 314

        6.1.2 *Jungen und Affinität(saufbau) zu rechtsextremen Orientierungen* 330

        6.1.3 *Mädchen und Affinität(saufbau) zu rechtsextremen Orientierungen* 342

  6.2 *Konsequenzen für die Weiterentwicklung theoretischer Erklärungsansätze zur Distanz(ierung) von Jugendlichen von rechtsextremen Orientierungen* 347

        6.2.1 *Distanz(ierung) von Jugendlichen von rechtsextremen Orientierungen - geschlechterübergreifende Erklärungsansätze* 347

        6.2.2 *Jungen und Distanz(ierung) von rechtsextremen Orientierungen* 353

        6.2.3 *Mädchen und Distanz(ierung) von rechtsextremen Orientierungen* 355

7. Perspektiven für weitere Forschung 361
  7.1 *Theoretische Konsequenzen* 361
  7.2 *Gegenstandsbezogen-inhaltliche Konsequenzen* 365
  7.3 *Methodische Konsequenzen* 368

Literaturverzeichnis 371

Einleitung

Februar 1999: Im brandenburgischen Guben jagen jugendliche Rechte einen nordafrikanischen Asylbewerber zu Tode; Vollstrecker eines angeblichen Volkszorns.

Himmelfahrtstag 1999: In Rostock ziehen am sog. 'Vater-' oder auch 'Herrentag' 'rechtsradikale Jugendliche' marodierend durch die Stadt. Die Bilanz mehr als ein Dutzend Verletzte, davon 3 Schwerverletzte.

25. Januar 2000: Die Jugendkammer des Landgerichts Lüneburg verurteilt zwei Angeklagte, die im August 1999 in Eschede (Niedersachsen) gewaltsam in die Wohnung eines 44jährigen Mannes eingedrungen waren und ihn durch Tritte mit Springerstiefeln, Schläge und Stiche tödlich verletzt hatten. Die einzige Schuld des Getöteten: Er hatte sich zuvor kritisch über die Ausländerfeindlichkeit eines der Täter geäußert.

Drei besonders herausragende Vorkommnisse von Fremdenfeindlichkeit in jüngerer Zeit, aber beileibe keine Einzelfälle. Die seit den letzten Jahren entstandene Kette von durch Ausländerhass motivierten Vorfällen reißt nicht ab: Hoyerswerda, Rostock-Lichtenhagen, Solingen, Mölln und Hünxe sind überall. Im April 1999 weiß etwa DIE ZEIT, vornehmlich in bezug auf Ostdeutschland, zu berichten: "Rechtsextremisten machen ganz offen Jagd auf Ausländer" (DIE ZEIT vom 8. April 1999, 9). Und der Bundesinnenminister hat anlässlich der Vorstellung des jüngsten Verfassungsschutzberichts im Frühjahr 2000 allen Grund, vor einem Ansteigen rechtsextremer Gewalt zu warnen. Nicht nur Insider der Rechtsextremismusforschung wissen: Der braune Straßenterror kämpft um die kulturelle Hegemonie im öffentlichen Raum und um 'national befreite Zonen'. Geschickt weiß er dabei gerade dem gängigen Territorialverhalten männlicher Jugendlicher praktische Anwendungsofferten zu unterbreiten.

Die Rechtsextremen erstarken aber - wie es scheint - nicht nur auf der Straße. Die Wahlerfolge rechtsextremer Parteien seit Ende der 80er Jahre halten an. Der vorerst letzte Höhepunkt: Bei der sachsen-anhaltinischen Landtagswahl im April 1998 erzielte die nationalistische DVU rd. 13% der abgegebenen Stimmen. Bei den JungwählerInnen wurde sie mit 28% (männliche Jungwähler gar 32%) die stärkste Partei. Bei den Bundestagswahlen im selben Jahr kamen DVU, NPD und 'Republikaner' zwar nur auf 3%, bei den Jungwählern zwischen 18 und 24 Jahren heimsten sie aber - kaum öffentlich wahrgenommen - immerhin im Osten 20%, im Westen 10% der Stimmen ein.

Die Zahl der in Organisationen aktiven Rechtsextremisten wächst an. Dies gilt nach Verfassungsschutzerkenntnissen auch für die Zahl der sog. gewaltbereiten Rechten (vgl. Verfassungsschutzberichte 1998 und 1999). In diesem besonders brisanten Bereich ist 1999 gegenüber 1997 sogar ein Anstieg von 18,5% zu verzeichnen. Insbesondere die NPD driftet immer weiter ins militante Lager ab. Auch dieser Trend wird vor allem von jungen Leuten getragen. Nach Eigenangaben der Partei sind inzwischen in manchen Landesverbänden bis zu 2/3 der Mitglieder unter 27 Jahre alt, bilden also das potentielle Klientel von Jugendarbeit. Demokratische Kräfte registrieren mit unverhohlener Besorgnis, dass gerade unter Jugendlichen Nachwuchs geworben wird und immer öfter schon 13- bis 15jährige als Rekrutierungsmasse angezielt werden (vgl. z.B. Rechtsextreme Erscheinungen... 1999).

Warum gelingt die Ansprache von rechts? Woher diese Attraktivität? Was bewirkt eine 'rechte' Motivation? Wieso verfangen 'rechte' Parolen gerade bei Jugendlichen? - Fragen, die seit Jahren auf schlüssige Antworten warten.

Sozialisationsforschung ist gefragt. Hier wird behauptet, dass sie es bisher verabsäumt an, die der rechtsextremen Gefährdung von Jugendlichen zugrundeliegenden Entstehungs- und Entwicklungsbedingungen differenziert und detailliert genug zu untersuchen. Gerade die für eine Verständnis der neueren Entwicklungen wichtigen Aspekte werden nur unzureichend fokussiert. Zu diesen vernachlässigten Gesichtspunkten gehört in erster Linie der Zusammenhang der Phänomene mit der Altersspezifik der frühen Jugendphase, mit der Geschlechtsspezifik der Jugendsozialisation und mit der Prozesshaftigkeit der entsprechenden individuellen Sozialisationsverläufe. Ebenfalls unterbelichtet wird immer noch die Frage, welche Bedingungen für eine Distanz zu rechtsextremen Orientierungen bzw. für einen Distanzierungsprozess im Zeitverlauf verantwortlich sind.

Genau auf diesen Kontexten liegt der Hauptfokus der vorliegenden Arbeit. Sie stützt sich empirisch auf eine qualitative Längsschnittuntersuchung mit 40 Jugendlichen im Alter von 13 bis 15 Jahren über drei Erhebungszeitpunkte hinweg (1992 - 1994) und sucht auf dieser Basis Antworten auf die Frage nach einer adäquaten theoretischen Erklärung von Affinität zu und Distanz von rechtsextremen Orientierungen im frühen Jugendalter, wobei die entsprechenden Verhaltensweisen und Vorstellungen selbst sowie die ihnen zugrundeliegenden Sozialisationsverläufe besonders in ihrer prozesshaften Entwicklung innerhalb biographischen Phase betrachtet werden. Die Erhebungen fanden in Baden-Württemberg statt und wurden dankenswerterweise vom dortigen Wissenschafts- sowie Sozialministerium finanziert.

Nach dieser Einleitung wird in einem ersten Hauptteil (Teil A) der Stand der einschlägigen Forschung erörtert. Der Eigenart der vorliegenden Studien geschuldet, werden die empirischen Befunde (1.) textlich getrennt von theoretischen Erklärungsansätzen (2.) dargestellt, bevor die Konsequenzen aus dem bis dahin Erörterten für den Stellenwert der eigenen Untersuchung in der Forschungslandschaft gezogen werden (3.). Damit wird dem eher unerfreulichen Umstand Rechnung getragen, dass einerseits eine Vielzahl empirischer Studien die theoretische Basierung und Einordnung vermissen und andererseits Deutungsansätze, die - ob zu Recht oder zu Unrecht, dies sei vorerst dahingestellt - als theoretische Erklärungen gehandelt werden, entweder bislang ohne eigene empirische Fundierungen bleiben oder erfahrungswissenschaftlich nur sehr dünn grundiert sind.

Die empirischen Erkenntnisse der 90er Jahre werden kurz zusammenfassend hinsichtlich quantitativer Entwicklungen, darüber hinaus aber vor allem bezüglich qualitativer Entwicklungen beleuchtet, indem auf die Einflüsse der Erfahrungen von Betroffenen in ihren Sozialisationsbereichen und die Implikationen personaler Merkmale fokussiert wird. Im Hinblick auf die theoretischen Erklärungsansätze wird eine Gruppierung der Ansätze danach vorgenommen, ob sie den Hauptfokus ihres Erklärungsangebote eher auf individuelle Merkmale, auf sozialstrukturelle Gegebenheiten oder auf Sozialisationscharakteristika legen. Zugegebenermaßen ist diese Zuordnung grob. Genau dieses Kennzeichen ermöglicht aber auch, die diskutierten Ansätze nicht vorschnell und nur augenscheinlich fein säuberlich in ein kompliziertes, vielfach untergliedertes Schubladensystem zu pressen. Statt auf eine derartige Einsortierung wird auf eine differenzierte Betrachtung der einzelnen Ansätze Wert gelegt, wobei im Einzelfall durchaus auch eine Streubreite des Fokus festgestellt werden kann, die in ihren Rändern Überschneidungsflächen mit anders zentrierten Foki aufweist. Der Stand der Forschung wird anschließend summiert, indem er auf die wichtigsten inhaltlichen und methodischen Zuschnitte der eigenen Untersuchung bezogen wird. In dieser Weise wird markiert, an welchen Stellen durch die hier vorliegende Studie in Forschungslücken gestoßen wird, wo Defizite und Mängel der bisherigen Forschung angegangen werden sollen und wo Weiterentwicklungen des empirischen und theoretischen Forschungsstandes erwartbar sind.

Teil B ist der eigenen empirischen Untersuchung und den aus ihr zu ziehenden theoretischen Konsequenzen gewidmet.

Im ersten Kapitel dieses Teils werden Ziel und Anlage der Studie erläutert (4.). Dabei werden die theoretisch-inhaltlichen Bezugspunkte (4.1) und die für die methodische Anlage ausschlaggebenden Überlegungen (4.2) vorgestellt.

Das Hauptkapitel dieses Teils präsentiert und diskutiert die Ergebnisse der Studie (5.). Zunächst wird eine Beschreibung der zu registrierenden Entwicklungsverläufe von Inhalten und Strukturen von rechtsextremen Orientierungen über die gesamte ProbandInnengruppe hinweg vorgenommen (5.1). Sie dient dazu, in einer noch nicht mehr als phänomenographischen Aufnahme das Spektrum der empirisch gefundenen Merkmale von rechtsextremen Orientierungen sowie deren Verlaufscharakteristika aufzuzeigen.

Das anschließende Kapitel dieses Teils (5.2) bildet den empirischen Hauptteil der Arbeit. Hier werden die registrierten rechtsextremen Orientierungen in den

Kontext geschlechtsspezifischer Sozialisation gestellt. Mit dieser Kontextualisierung wird einem zentralen, aus dem Stand der Forschung sich ergebenden theoretischen Interesse, vor allem aber einem zentralen empirischen Ergebnis Rechnung getragen: der fundamentalen Relevanz geschlechtsspezifischer Sozialisation für die Entstehung, Entwicklung und Deutung der von uns fokussierten Orientierungen und Verhaltensweisen. Jeweils getrennt nach männlichen Jugendlichen (5.2.1) und weiblichen Jugendlichen (5.2.2) werden einerseits Affinität bzw. Prozesse des Affinitätsaufbaus, andererseits Distanz bzw. Prozesse der Distanzierung betrachtet. Um einen materialnahen Nachvollzug unserer Interpretationen zu ermöglichen, stellen wir dabei jeweils ein Fallbeispiel voran, das in der Gesamtschau der Fälle besonders typisch erscheint und diskutieren anschließend diese Fallbeispiele im Gesamtzusammenhang einschlägiger anderer Fälle. Dabei interessieren im Sinne einer komparativen Analyse zunächst die gleichgerichteten, u.U. aber in Nuancen abweichenden, dann die entgegengesetzt verlaufenden Fälle. Unter Gesichtspunkten, deren Relevanz durch die bis dahin vorgenommenen Erörterungen herausgearbeitet wurde, wird dabei Zusammenhängen mit objektiven Gegebenheiten des Lebenskontextes, mit sozialen Erfahrungen und verfügbaren Bearbeitungsressourcen und mit individuell repräsentierten Kompetenzen und Mechanismen der Erfahrungsstrukturierung nachgespürt. Am Ende des Distanz(ierungs)-Kapitels wird ein Vergleich der für Affinität(saufbau) und Distanz(ierung) verantwortlich zu machenden Faktoren angestellt. Am Schluss der auf Mädchen bezogenen Abschnitte erfolgt ein Geschlechtervergleich.

Im Teil C werden Konsequenzen der empirischen Ergebnisse der Studie für die Weiterentwicklung theoretischer Erklärungsansätze gezogen (6.); dies differenziert nach Gesichtspunkten der Akzeptanz bzw. des Affinitätsaufbaus sowie nach solchen der Distanz bzw. der Distanzierung. Es wird so vorgegangen, dass die erhobenen empirischen Befunde nunmehr zunächst im Rückgriff auf die im Kapitel zum Stand der Forschung erörterten theoretischen Ansätze zu deuten versucht werden. Dabei ergeben sich Erkenntnisse über die jeweiligen Reichweiten und Grenzen der Ansätze und es schälen sich ergänzende oder auch alternative theoretische Deutungserfordernisse und -möglichkeiten heraus. Ihre Erörterung führt zu theoretischen Weiterentwicklungen, die über den bisherigen Stand der entsprechenden Forschung hinausgehen und Perspektiven für weitere Forschungen eröffnen (7.).

Die Einzel-Interpretationen und Fallskizzen der weiteren Fälle sind unter der Adresse www.hfs-esslingen.de/wischaft/forschung/veroeff-wis/rechte-kids aus dem Internet herunterzuladen.

Esslingen im Mai 2000   Kurt Möller

A. Zum Stand der Forschung

1. Empirische Erkenntnisse

Während in den siebziger und weit bis in die zweite Hälfte der achtziger Jahre hinein Rechtsextremismus in Deutschland kaum ein öffentlich beachtetes Problem war, wird seit Ende der achtziger Jahre, vornehmlich aufgrund von Wahlergebnissen für nationalpopulistische und rechtsextreme Parteien, erst recht aber seit dem Schock von Hoyerswerda und anderer Gewaltexzesse in der Folgezeit dem Thema hochrangige Aufmerksamkeit gezollt. Freilich ist es dabei gerade aus erziehungswissenschaftlicher Sicht erforderlich, nicht nur den organisierten Rechtsextremismus, sondern auch die auch außerhalb davon vertretenen rechtsextremen Aktionen bzw. Orientierungen zu betrachten. Insbesondere in Bezug auf die von uns fokussierten jüngeren Jugendlichen macht eine organisationszentrierte Analyse keinen Sinn. 13- bis 15jährige zeigen bekanntlich rechtsextremistische Tendenzen nur in den seltensten Ausnahmefällen auch über Mitgliedschaft in einschlägigen Organisationen an. Weitaus häufiger ist unter ihnen ein (noch?) unorganisiertes Aktionspotential und vor allem ein Potential an Gestimmtheiten, Meinungen, Orientierungen und evtl. daraus erwachsenden Handlungsbereitschaften verbreitet. Es könnte als Vorfeld rechtsextremen Handelns angesehen werden.

1.1 Quantitative Entwicklungen

In extremer Abbreviatur einer Vielfalt von Einzelbefunden (vgl. u.a. Verfassungsschutzberichte 1986 bis 1999; Bundesamt für Verfassungsschutz Lagebericht 1999; Wahlstatistiken; SINUS 1981; Heitmeyer/Peter 1988; Hofmann-Göttig 1989; Friedrich u.a. 1991; Möller 1991; Melzer 1992; DJI 1992; Palentien u.a. 1993; Stöss 1993; IPOS 1993; Willems 1993a; Willems/Würtz/Eckert 1994; Mischkowitz 1994; Fend 1994; Homfeldt/Schenck 1995; Heitmeyer/Müller 1995; Silbermann/Hüsers 1995; Held u.a. 1996; Stöss/Niedermayer 1998; Frindte u.a. 1999) lässt sich zusammenfassend festhalten (genauer dazu vgl. Möller 1999b):

Rechtsextremismus erlebt Ende der 80er/Anfang der 90er Jahre in Deutschland einen rasanten Aufschwung. Dies gilt sowohl für organisatorische Zuwächse und z.T. eklatante Stimmenzuwächse für die Parteien rechtsaußen bei Wahlen wie auch für unorganisierte politische Haltungen und Aktionsweisen dieser Couleur. Zentraler thematischer Kristallisationspunkt sind die mit der Migration verbundenen Probleme für Deutschland als Aufnahmegesellschaft, zu deren

Lösung Abwehr und Ausgrenzung von Menschen anderer Nationalität propagiert wird. Erschreckende Zuspitzungen stellen die Eskalationen fremdenfeindlicher Gewalt seit dem Sommer 1991 dar. Sie führten bis heute zu einer Stabilisierung der Zahl entsprechender Straftaten auf einem gegenüber früher um ein Vielfaches erhöhten Niveau. In diesem Bereich lassen sich also Gewaltzuwächse mit Sicherheit konstatieren.

Die zugrundeliegenden Mentalitäten und ideologischen Versatzstücke finden sich nicht nur bei den rechten Akteuren, sondern streuen in ihren einzelnen Bestandteilen breit innerhalb der deutschen Bevölkerung. Vorbehalte gegenüber Migranten bis hin zu expliziter Migrantenfeindlichkeit steigen in den 90er im Vergleich zu den 80er Jahren an. Restriktionen werden in erster Linie gegen weiteren Zuzug, weniger gegen die seit Jahrzehnten in Deutschland lebenden und in Arbeit befindlichen Ausländer (und ihre Familien) gefordert. Die hartnäckigsten Ressentiments betreffen Asylbewerber. Hintergrund der Distanzierungen sind eher selten explizit rassistische Vorurteile oder auch nur Überhöhungen der Eigengruppe, häufiger hingegen Konkurrenzängste, vor allem Wohnraum, Arbeitsplätze und Sozialleistungen betreffend, und Probleme der inneren Sicherheit, die man mit der Anwesenheit von Ausländern in Deutschland verbunden sieht und die man teilweise durch Forderung nach ihrer Ausgrenzung zu beheben trachtet (dazu auch Rieker 1997). Hinzu kommt die subjektive Wahrnehmung einer Bevorteilung von Ausländern gegenüber Deutschen durch die Politiker; dies wohl besonders bei der Bevölkerung im Osten, die sich zu über 80% als "Deutsche zweiter Klasse" behandelt sieht (vgl. Institut für Empirische Psychologie 1992) und vermutlich auch daher in vergleichsweise höherem Maße eigene Integration über Ausgrenzung Nichtdeutscher anstrebt.

Überdurchschnittlich stark tragen Jugendliche und junge Erwachsene den Trend nach rechts. Sowohl der Zuwachs von organisatorischen Zusammenschlüssen und Wählerstimmen als auch der von entsprechenden Haltungen und Aktionen informeller Gruppierungen wird wesentlich durch sie bewirkt. Mehr noch: Je radikaler und militanter sich Rechtsextremismus gebärdet, um so eher wird er von jungen Leuten ausagiert. Allerdings ist der Anteil erwachsener fremdenfeindlicher Straftäter - zumeist mit hoher allgemeiner Kriminalitätsbelastung, weit überdurchschnittlicher Arbeitslosigkeit und Affinität zu rechtsextremen Gruppierungen - im Anstieg begriffen.

Den Löwenanteil an rechter Gewalttätigkeit stellen Jungen und junge Männer, Mädchen und junge Frauen spielen eher am Rande und in bestimmten Segmenten eine Rolle. Je violenter der Rechtsextremismus nach außen tritt, um so höher ist der Anteil maskuliner Akteure. Auf der Einstellungsebene reduziert sich der Geschlechterabstand erheblich, ja kehrt sich in einzelnen Fragebereichen gar um. Offenbar verlaufen Anfälligkeiten geschlechtsspezifisch (vgl. Möller 1991, 1994b, 1995b, 1997a, 1999a). Insbesondere im Westen der Republik zeigen sich aber rein quantitativ betrachtet Angleichungstendenzen.

Soweit die Betrachtung rechtsextreme Gewalttäter und einschlägig Gewaltbereite betrifft, ist auf der methodischen Grundlage polizeilicher Ermittlungspraxis, die sicher nur ein selektives Abbild der realen Phänomene bieten kann, ein eher niederes Bildungsniveau und eine Dominanz von Angehörigen unterer Sozialmilieus feststellbar. Arbeitslose sind bei jugendlichen Tätern nur leicht, bei erwachsenen klar überdurchschnittlich vertreten; ansonsten handelt es sich zumeist um Facharbeiter bzw. ungelernte Arbeiter.

Überzufällig viele Verdächtigte und Verurteilte haben bereits in der Vorzeit polizeiliche Ermittlungen oder gar Verurteilungen über sich ergehen lassen müssen. Mehr oder minder spontane, jedenfalls nicht oder nur sehr selten organisatorisch eingebundene oder gar gesteuerte Gruppentaten im Nahfeld des Lebensraums der Täter, aus dem Kontext informeller Cliquen heraus unter Alkoholeinfluss begangen, dominieren. Die Schwerpunktverlagerung der Tatorte von der Kleinstadt zur Großstadt deutet an, dass in jüngerer Zeit neben Asylbewerbern auch stärker die meist in städtischen Agglomerationen lebenden nationalen Minderheiten der sog. 'Gastarbeiter' Angriffsziel sind.

Soweit der Familienkontext nur in formaler Hinsicht interessiert (bei Willems 1993a und Willems u.a.1994) sind keine diesbezüglichen Auffälligkeiten bei rechtsextrem Orientierten festzustellen. Wenn jedoch die Qualität der Familienbeziehungen auch hinter der Fassade formaler Intaktheit einbezogen wird, zeigt sich - nicht nur auf der Ebene rechtsextremer Einstellungen, sondern auch bei Tätern (vgl. Heitmeyer/Müller 1995) -, wie prekär das Fehlen verlässlicher und emotional befriedigender Bindungen zu den Eltern ist (vgl. Utzmann-Krombholz 1994, auch Heitmeyer u.a. 1995 sowie weiter unten).

1.2 Einflüsse von Sozialisationsbereichen

Der Einfluss *familialer Sozialisation* und Erziehung wird, weil die ProbandInnengruppierungen zumeist entweder Erwachsene oder zumeist ältere Jugendliche umfassen, bislang nur sehr unzureichend untersucht. Bestenfalls kommt er aus der (Erzähl-)Retrospektive in den Blick. Fokussiert wird dann meist auf den Vergleich der politischen Meinungen von Eltern und ihren Kindern, den Erziehungsstil sowie sozio-emotionale Aspekte der familialen Beziehungsqualität, einschließlich Gewalterleiden.

Wagner-Winterhager (1983) und Bohleber (1994) meinen Anzeichen für eine Identifikation mit den elterlichen politischen Auffassungen bzw. eine Imitation ebendieser behaupten zu können. Nach den qualitativen Befunden von Rieker (1997) sind solche Transmissionen aber nur im Falle positiver Beziehungen zwischen Eltern und Kind aufzufinden.

Fend stellt (allerdings bei deutschen Jugendlichen für 1983) fest, dass selbst in der von ihm untersuchten Altersspanne (also 15 bis 17 Jahren) die politische Elternmeinung noch starken Einfluss auf die politischen Orientierungen ihrer Kinder hat. Hinzu kommt das Erleben autoritärer Erziehung. Beides gilt verstärkt für rechtsdenkende Mädchen. Bei ihnen erscheint die politische Rechtsorientierung z.T. gerade als "Ausdruck... der Überidentifikation mit... der Erwachsenenorientierung" (Fend 1994). Bei Jungen zeigt sie sich demgegenüber stärker mit Aggressionsneigung verbunden, ohne dass sich diese allerdings signifikant von der nicht rechtsdenkender Jungen unterscheiden würde.

Zum in weiten Teilen selben Ergebnis kommen zwei kleine Studien von Wellmer bei 159 SchülerInnen der neunten Klassen bzw. 418 13- bis 23jährigen (hier Durchschnittsalter: 16,7 Jahre) im Wuppertaler Raum (vgl. Wellmer 1994, 1998). Stärker als die allgemeine Problembelastung, die Zukunftsangst und auch die Affinität zu gewaltförmigen Konfliktlösungen und Jugendstile beeinflusst demnach die Elternmeinung fremdenfeindliche Einstellungen mit rechtsextremer Kontur. Allerdings: Zwar geben immerhin 80% der befragten 15- bis 16jährigen Jugendlichen in den neunten Klassen beispielsweise an, mit der grundsätzlichen Einstellung der Eltern gegenüber Asylbewerbern konform zu gehen, jedoch muss man in diesem Befund nicht unbedingt einen Verursachungszusammenhang erblicken.

Die Studie von Heitmeyer und Müller (1995) erkennt bei verurteilten Straftätern mit rechtsextremem Tathintergrund zwar einen überproportionalen Anteil an unvollständigen Herkunftsfamilien (vgl. ebd., 126f), verweist aber auf wesentlichere Zusammenhänge der Täterschaft mit der familialen Beziehungsqualität. Nach den Erkenntnissen dieser Studie "ist es fast immer ein Mangel an Aufmerksamkeit, Zuwendung, Anerkennung und emotionaler Nähe", der Menschen zu Tätern hat werden lassen. "Innerfamiliale Gleichgültigkeit" gilt als "zentrale Quelle familialer Desintegrationsprozesse" (ebd., 174) und letztere gelten wiederum als Ursachen für rechtsextreme Gewalt. Derselbe Zusammenhang wird auch für rechtsextreme bzw. politisch relevante gewaltaffine Einstellungen empirisch herausgearbeitet (vgl. Heitmeyer u.a. 1995). Als Fehleinschätzung muss man deshalb entlarven, wenn Clemenz (1998) unterstellt, "dass Heitmeyer offenbar der *latenten* These folgt, familiale Sozialisation spiele keine, bestenfalls eine untergeordnete Rolle bei der Entstehung von Rechtsradikalismus, Fremdenfeindlichkeit und Autoritarismus" (ebd., 135). Insofern erscheint auch die Kritik von König (1998a) an den Arbeiten der Heitmeyer-Gruppe völlig überzogen, ja fehlgehend, Heitmeyer bzw. Heitmeyer u.a. verfolgten eine strukturalistische und "ökonomistische" (ebd., 317) "halbierte Sozialisationstheorie", die die familialen Sozialisationsprozesse, die "innerfamilialen Beziehungserfahrungen" (ebd., 318) außer acht lasse. Gestützt wird sie auf die detailgenaue "tiefenhermeneutische Sekundäranalyse" eines Falls aus der Bielefelder Rechtsextremismus-Studie. Durchaus nachvollziehbar und keinesfalls gegensinnig zu den Intentionen der AutorInnen der Bielefelder Rechtsextremismus-Studie wird hier eher zusätzlich als gegensätzlich zu den lt. Forschungsauftrag primär auf das Verhältnis von Arbeits(losigkeits)erfahrungen und Rechtsextremismus abhebenden Auswertungen der Bielefelder - freilich zwangsläufig einmal mehr aus der Retrospektive - herausgearbeitet, wie bedeutsam Familienerfahrungen und ihre sozio-emotionale Qualität für die Überwindung jugendlicher Identitätskrisen unter Verzicht auf rechtsextreme Zuflüchte sind.

Die kleine qualitative Studie von Hafeneger (1993) mit sechs 'bekennenden' rechten Jugendlichen arbeitet im Ergebnis ähnlich ebenfalls als "dominierende Familienerfahrung" "Desinteresse, Gleichgültigkeit und fehlende Auseinandersetzungsbereitschaft von Eltern" heraus (ebd., 21).

Auch Utzmann-Krombholz (1994) diagnostiziert bei den rechtsextrem orientierten Jugendlichen "keine glückliche Kindheit, sie fühlten sich mit ihren Problemen alleine gelassen und von ihren Eltern vernachlässigt. Die Eltern verstanden sich nicht gut, hatten keine Zeit für ihre Kinder ..." (ebd., 34).

Bohnsacks (u.a. 1995) Studium der rechten Hooligan-Szene registriert bei ihren Protagonisten eine "Eliminierung der persönlichen Kindheitsgeschichte" (ebd., 33). Eine "reflexive Kontinuitätssicherung auf der Ebene der gemeinsamen Familiengeschichte" (ebd., 32) findet bei ihnen nicht statt. Folge ist dann auch eine "Eliminierung der persönlichen Identität" (ebd., 33). Retrospektiv wird bei diesen in der späten Jugendphase befindlichen jungen Männern eine "ausgeprägte Adoleszenzkrise" ausgemacht, die verbunden ist mit der Unfähigkeit, sie über in familiärer Sozialisation erlernte, geeignete Möglichkeiten kommunikativer Abarbeitung zu überwinden.

Unmittelbare eigene familiäre Gewalterfahrung scheint nur oberflächlich betrachtet statistisch mit eigener Gewaltbereitschaft zu korrelieren. Der Zusammenhang wird offenbar deutlich von geschlechtsspezifischen Faktoren moderiert. Mädchen erleben zwar Gewalt in der Familie häufiger als Jungen, agieren aber selbst weniger gewalttätig. Demgegenüber ist denkbar, dass Jungen Gewalterfahrung innerhalb der eigenen Familie als Ermutigung eines der Geschlechtsrolle zugehörig erachteten gewaltaffinen oder gewalttätigen Verhaltens erleben (vgl. auch Wellmer 1994).

Selbst wo solche 'harte' Gewalterfahrung nicht vorliegt: Rechtsextrem orientierte junge Menschen wirken - so eine österreichische Autorengruppe auf der Basis von psychoanalytisch inspirierten Beobachtungen bei wiederholten Psychodrama-Workshops mit ca. 165 Schülern zwischen 12 und 19 Jahren -, als seien sie "mit den Eltern affektiv verstrickt" und "zugleich beziehungshungrig in bezug auf außerfamiliale Autoritäten und Betreuer" (Menschik-Bendele/Ottomeyer 1998, 295). Besondere Bedeutung wird dabei im allgemeinen gerade für die Söhne der Vaterbeziehung zugesprochen. Eine Vielzahl neuerer Studien bestätigt in dieser Hinsicht das Resümee Richters (1998), dass Jugendliche dann nicht ansprechbar für rechtsextreme Propaganda sind, wenn sie positive Erfahrungen mit verlässlichen Vätern machen konnten.

Ohne für diesen Befund hinreichende Deutungsmöglichkeiten anbieten zu können, stellen Kracke u.a. (1993) in ihrer Exploration von 86 ost- und westdeutschen Familien mit 15jährigen Kindern allerdings fest, dass nicht nur - wie er-

17

wartbar - positive Eltern-Kind-Beziehungen Ausländerfeindlichkeit und Gewaltbereitschaft bei den untersuchten Jugendlichen vorbeugen, sondern auch, dass die Jungen - anders als die Mädchen - auf der Dimension national-autoritärer Einstellung eher dann 'punkten', wenn sie positive Elternbindungen aufweisen. Eine mögliche Erklärung könnte die von Noelle-Neumann/Ring (1984) festgestellte Väter-Überhöhung durch autoritär Orientierte sein. Autoritarismus würde danach im Sinne eines intendierten Sozialisationseffekts ("Transmissionshypothese") über die männliche Linie intergenerativ tradiert. Allerdings liegen auch Fälle vor, die die "Protesthypothese", demonstrative Absetzungen von elterlichen Auffassungen, stützen - übrigens bei Rieker 1997 neben Transmissionsmustern, die die Beobachtung von Kracke u.a. bestätigen, in ein und derselben Untersuchung.

In ähnlicher Weise ist auch wohl der Befund von Harbodt/u.a. (1995) zu interpretieren, die bei einer quantitativen Berliner Auszubildendenbefragung mit immerhin 1017 Probanden einen "unerwartet positiven Zusammenhang zwischen subjektiven Einschätzungen der Verläßlichkeit der Eltern" und autoritären Einstellungen der Jugendlichen herausfinden. Hopf/Hopf (1997, 150) merken dazu zu Recht an, dass "die Autoritären stärker zur Idealisierung ihrer Eltern und zur Abwehr von Kritik neigen". Von einer Person, die permanent eingebläut bekommt, verpflichtet zu sein, unbedingten Respekt und Dankbarkeit gegenüber den Eltern zu bezeugen und die Erwartungen der Eltern strikt zu erfüllen, wird man "kaum erwarten können, ein besonders realistisches Bild der eigenen Eltern zu zeichnen".

Mehr oder weniger ähnlich irritierend mag ein Befund von Butz/Boehnke (1997) wirken. Immerhin in einer Längsschnitt-Studie mit vier Wellen bei 157 Jungen und Mädchen von der 7ten bis 10ten Klasse (12,8 bis 15,6 Jahren) bestätigen sie zwar zum einen die hohe Bedeutung des Familienklimas im Hinblick auf Fremdenfeindlichkeit bzw. Distanz dazu, indem sie nachweisen, dass selbst eine ökonomische Verschlechterung des Familieneinkommens - gemessen an Kaufkraftverlust - als Anfälligkeitsfaktor für fremdenfeindliche Haltungen durch ein positives Familienklima gemildert wird. Zum anderen aber gehen nach dieser Untersuchung Kaufkraftgewinne der Jugendlichen mit hoher Fremdenfeindlichkeit einher, ohne dass dieser Zusammenhang vom Familienklima beeinflusst würde. Dieses Resultat muss nicht zwangsläufig in Richtung auf die Annahme von 'Wohlstandschauvinismus' interpretiert werden, zumal es eher die Hauptschüler-Eltern sind, die viel Taschengeld verteilen. Eine mögliche andere Deutung kann auch darin gesehen werden, dass eine positive Deutung der Eltern-Kind-Beziehung durch die Kinder auch bei Vorliegen eines tatsächlich problembelasteten Verhältnisses im Sinne einer Allianz der Familie abgegeben werden kann, vielleicht auch gerade weil sie ihre finanzielle Ausstattung durch die Eltern als Kompensation mangelnder sozio-emotionaler Fürsorge deuten. So korreliert negatives Familienklima, Unvollständigkeit der Herkunftsfamilie und geringe elterliche Kontrolle auch signifikant mit großer Taschengeldmenge (vgl. ebd., 89). Diese Deutung könnte wohl am ehesten durch qualitative Forschung überprüft werden (so im übrigen auch plausibel Hopf/Hopf mit Bezug auf Eltern-Idealisierung: 1997, 31).

Hopf und Hopf (1997) machen unter Hinweis auf Resultate von Studien von Utzmann-Krombholz (1994) und Klein-Allermann u.a. (1995; hier handelt es sich um die gleiche Studie wie Kracke u.a. 1993) darauf aufmerksam, dass eine positive Bindungsrepräsentation mit Tendenzen zur Idealisierung der Eltern eher bei Probanden zu beobachten ist, die Elemente rechtsextremer Einstellungen aufweisen, aber nicht gewalttätig sind. Bei letzteren, so wäre im Anschluss an Hopf/Hopf zu vermuten könnte man ein 'ehrlicheres' Antwortverhalten annehmen, fühlen sie sich doch anscheinend noch weniger konventioneller Normeinhaltung verpflichtet und sind sie häufig selber in kämpferischer Weise in Auseinandersetzungen mit den Eltern verstrickt.

Sillers kleine qualitative Querschnitts-Studie mit sechs Berufsschülerinnen zwischen 18 und 25 Jahren (vgl. Siller 1997) arbeitet mehr am Rande und als klare "Begrenzung" des eigenen, auf die doppelte Vergesellschaftung von Frauen im Sinne ihrer widersprüchlichen gesellschaftlichen Einbindung weiblicher Arbeitskraft abhebenden theoretischen Ansatzpunktes Biographieverlauf und Erfahrungen des Aufwachsens in der Herkunftsfamilie als wichtige, ja "entscheidende" Einflussfaktoren für die politische Sozialisation heraus (vgl. ebd., 252).

In ähnlicher Weise ist Birsls (1994) "zentrale" forschungsprogrammatische Forderung nach der "Notwendigkeit, sozialisatorische Aspekte bei der Herausbildung von Orientierungszentren während der Kindheitsphase und der frühen Phase der Adoleszenz mit zu berücksichtigen" (vgl. ebd. 320), zu werten. In weiterer Selbstbeschränkung der Aussagefähigkeit ihrer als Querschnitt angelegten schriftlichen "explorativen Fallstudie" mit 279 Auszubildenden und weiteren 77 mündlich befragten Auszubildenden (angesichts der Größenordnung unverständlicherweise fast ausschließlich quantitativ ausgewertet) aus dem südlichen Niedersachsen postuliert sie zu Recht eine Untersuchung per "Längsschnitt-Betrachtung" (ebd.).

Am ergiebigsten ist in Hinsicht auf Familieneinflüsse auf die politische Sozialisation z.Zt. wohl der Forschungszusammenhang, der sich um Christel Hopf konstituiert (vgl. vor allem Hopf u.a. 1995; Hopf/Hopf 1997; Rieker 1997). Die zentrale Studie, eine Befragung von 25 jungen Männern aus der Region Hannover/Hildesheim, kann allerdings nicht mit Längsschnitt-Daten aufwarten und bezieht sich - aus der Sicht unseres Forschungsinteresses leider - nur auf junge Männer und zwar im Alter zwischen 17 und 25 Jahren, so dass Familienerfahrungen und ihre zeitnahen Verarbeitungen wiederum nur retrospektiv erfassbar sind. Allgemein wird festgestellt, "dass die kognitive und emotional Verarbeitung von Beziehungserfahrungen bei der Herausbildung rechtsextremer Orientierungen eine wichtige Rolle spielt" (Hopf u.a. 1995, 129). Allerdings reiche es nicht aus, "allein die familialen Erfahrungen zu betrachten", sondern müsse "der subjektive Umgang mit den Erfahrungen in die Analyse einbezogen" werden (ebd., 130). Prinzipiell wird eine herausragende Bedeutung der Mutter-

Kind-Beziehung konstatiert, während die Vater-Beziehung bei den Befragten unabhängig davon ob sie rechtsextrem orientiert sind oder nicht, merkwürdig blass bleibt. Ist die Eltern-Beziehung nicht "liebevoll" und von hinreichender "Zuwendung" geprägt und werden Zurückweisungs-, gar nicht einmal unbedingt Gewalterfahrungen innerhalb der Familie gemacht, ist die Wahrscheinlichkeit der Ausbildung autoritärer und rechtsextremer Orientierungen hoch. Allerdings besteht die Möglichkeit, dass die negative Elternbindung über positive Beziehungen zu anderen Personen des sozialen Nahraums kompensiert werden kann. Außerdem ist die Wirkung mangelnder Bindungsqualitäten von der Art und Weise der Verarbeitung dieser Erfahrungen abhängig: "Erst wenn negative familiale Beziehungserfahrungen nicht reflektiert werden können, wenn die damit verbundenen Gefühle wie Wut und Trauer entweder nicht zugelassen werden (Idealisierung, Bagatellisierung oder andere Formen von Abwehr) oder eine übermäßige Bedeutung erlangen (unkontrollierte Wut), scheinen sie bei der Entstehung aggressiver, autoritärer, herabsetzender Verhaltensweisen und Orientierungen gegenüber anderen Menschen eine wichtige Rolle zu spielen" (ebd., 133). Nur eine sicher-autonome, d.h. eine im Kern Familienerfahrungen detailliert und sachlich kohärent reflektierende Bindungsrepräsentation scheint gegenüber Zuwendungen zu rechtsextremen Orientierungen einen guten Schutz zu bieten. Ferner wirkt eine Gewissensentwicklung in Richtung auf stabile autonome Normbindung protektiv, die familiär über 2 Faktoren begünstigt wird: eine stabile emotionale Zuwendung und Anerkennung durch die Eltern sowie die Information über die sozialen Folgen des eigenen Handelns vermittels induktiver, argumentativer elterlicher Strategien. Sie wird durch die Unterstützung anderer Bezugspersonen, auch Gleichaltriger verstärkt.

Allerdings kann durchaus auch in eine intakte Moralentwicklung rechtsextremes und ethnozentristisches Denken und Handeln integriert werden, sofern sich von der betreffenden Person sozialisatorisch eine strikte 'Wir'-'Ihr'-Differenzierung zu eigen gemacht wurde. In diesem Fall (z.B. wenn Ausländerfeindlichkeit zur vermeintlichen Unterstützungssicherung "unserer deutschen Obdachlosen" oder zur "Verteidigung unserer Frauen und Kinder" funktionalisiert werden soll) liegt eine "fragmentierte Moral" vor (vgl. Bergmann/Leggewie 1993; Rieker 1997, 134f), eine pseudomoralische Gewissensbildung, die im übrigen schon von Adorno u.a. in Gestalt des "enteigneten Gewissens" beschrieben und in bezug auf Haltungen gegenüber Juden als "Enteignung des Über-Ichs durch den antisemitischen Moralismus" bezeichnet wurde.

Der Stand der Forschung ist in Hinsicht auf die geschlechtsspezifischen Zusammenhänge von Familienerfahrung und rechtsextremen Orientierungen damit insgesamt äußerst defizitär. Ein auch nur annähernd klares Bild zeichnet sich nicht ab.

Die *Schule* wird bislang in der Rechtsextremismusforschung anders als in der neueren Forschung zu Gewalt an Schulen wenig zum Gegenstand differenzierter Analysen gemacht. Meist begnügt man sich damit, auf Faktoren wie Schulform bzw. Bildungsabschluss zu verweisen. Gerade weil sie eine relativ große Rolle bei der Vermessung des rechtsextremen Potentials spielen, ist es eigentlich erstaunlich, dass genauere Untersuchungen noch Mangelware sind. Man muss dieses Manko wohl auch auf den auch in anderen Hinsichten schon mehrfach zu bedauernden Umstand zurückführen, dass die Probandengruppierungen der meisten Untersuchungen bereits vielfach dem Schulalter entwachsen sind. Dennoch liegen einige, freilich wenig detailgenaue Befunde zur manifesten und latenten, über die funktionale Ausrichtung von Schule und ihr Klima vermittelten politischen Sozialisationswirkung vor:

Fend hält auf der Basis seiner empirischen Daten den Einfluss des in der Schule ablaufenden manifesten politischen Lernens auf die Orientierungsbildung für überschätzt. Meinungsmäßig schließen sich die von ihm befragten Jugendlichen eher ihren Eltern an. Allerdings zeigt sich - analog zu dem Befund für die elterliche Erziehung - auch in bezug auf Schule eine Korrelation von erlebtem autoritären Druck dort und dem Vertreten rechtsextremer Positionen.

Andererseits erscheint auch der Verzicht auf eindeutige Grenzsetzung bei inakzeptablem Verhalten problematisch (vgl. Menschik-Bendele/Ottomeyer u.a. 1998). Als noch zentraler für eine demokratische Entwicklung aber dürften sich die Chancen erweisen, die die Schule für Erfolg und soziale Anerkennung im Sinne eines Angebots an Befriedigungsmöglichkeiten eines "Bedürfnisses nach produktiver Arbeit" (ebd., 298) und eines Interesses an "Lebensführungskompetenz" (ebd., 301) zu liefern vermag.

Der Hinweis passt zu dem Befund von Wellmer (vgl. 1998), wonach unter denjenigen Neuntklässlern, die die Probleme von Jugendlichen innerhalb ihrer Schule nicht "genügend berücksichtigt" finden, der Anteil hoch fremdenfeindlich eingestellter Jugendlicher signifikant höher liegt als in der Gegengruppe. Mangelndes Verständnis der Schule für die Belange Heranwachsender und schulische Leistungsprobleme scheinen sich mit mangelndem Verständnis der Eltern in zahlreichen Fällen so zu paaren, dass fremdenfeindliche Affinitäten einen guten Nährboden finden (vgl. ebd., 62).

Darauf verweist auch die qualitative Studie Hafenegers (1993). Zusätzlich neben kumulierenden Misserfolgserlebnissen und Ausgrenzungserfahrungen werden in der Schule erfahrene Stigmatisierungen mit Rechtsorientierung in Verbindung gebracht. Dabei bleibt freilich offen, in welcher Zusammensetzung und in welcher Gewichtung sich die einzelnen Elemente dieses Faktorengeflechts darstellen.

Der vielfach festgestellte Befund einer Bildungs(niveau)abhängigkeit von Rechtsextremismus und Fremdenfeindlichkeit (vgl. z.B. neben den bereits erwähnten auch zusammenfassend: Schnabel 1993 und - auf eigene Studien bezogen - Oesterreich 1998, bes. 15) müsste erst noch dahingehend überprüft werden, ob er nicht ein methodisches Artefakt von Meinungsbefragungen darstellt. Zum einen ist der Faktor sozialer Erwünschtheit in Rechnung zu stellen, zum anderen aber auch vielleicht ein in den Mittelschichten sozialisierter Habitus der Zurückhaltung und Vorsicht in Anschlag zu bringen. Das Resultat kann aber auch noch in anderer Hinsicht den Niederschlag eines 'Mittelschichten-Bias' darstellen; dies insofern als Drucksituationen alltäglicher Ressourcenkonkurrenz zwischen Einheimischen und Migranten, die ja den Kern von aktueller Fremdenfeindlichkeit und den zentralen Kristallisationspunkt von Rechtsextremismus bildet, sich eben in Wohn- und Lebensverhältnissen aufdrängen, die unterhalb von Oberschichts- und Mittelschichts-Milieus anzusiedeln sind.

Mit Blick auf die Geschichte des Antisemitismus wird sogar die führende Rolle von Akademikern bei dem Vertreten von Ausgrenzungspolitiken gegenüber Minderheiten deutlich. Und Demirovic/Paul (1996) entdecken bei ihrer repräsentativen Studie unter hessischen Studierenden zahlenmäßig nicht unerhebliche, ja für die Durchschnittsbevölkerung im internationalen Vergleich nach Falter "normale" Präferenzverteilungen für Rechtsextremismus (bei 4%) bzw. autoritäre Tendenzen (bei 14%), übrigens gerade in Fachdisziplinen, die das künftige Führungspersonal für Wirtschaft, Politik und Verwaltung stellen: unter angehenden Juristen, Ingenieuren und Wirtschaftswissenschaftlern.

Konventionalismus und Aufstiegs- wie Leistungsideologien werden aber auch für relativ abgesicherte junge Arbeitnehmer in Großbetrieben in Verbindung mit rigiden Ausgrenzungsforderungen ausgemacht und für einen 'Wohlstandschauvinismus' verantwortlich gemacht, der dazu dienen soll, ein einmal erreichtes Prosperitätsniveau und die darauf aufbauenden Zukunftsperspektiven abzusichern, gleichsam 'die eigenen Schäfchen im trockenen zu behalten' (vgl. Held u.a. 1991).

Ob geschlechtsspezifische Faktoren für den Zusammenhang von Schulerfahrungen und rechtsextremen Orientierungen eine Rolle spielen lässt sich dem gegenwärtigen Forschungsstand nicht entnehmen.

Werden derart biographisch keine positiven Leistungs- und Identitätsangebote bereitgehalten, muss es nach Fend (1994) nicht verwundern, wenn Jugendliche in "außerschulische Cliquen-Identitäten" mit einer "Neigung zur Devianzkarriere" und Risikoverhalten wie Alkohol- und Drogenkonsum hineingetrieben werden, innerhalb derer rechte Gewaltbereitschaft dann als Medium dafür dienen kann, tieferliegende Identitätsprobleme zu bearbeiten. Dahinter verbirgt sich die plausible, wenn auch hier etwas schlicht ausgedrückte Analyse: "Jugendliche kommen dann in 'schlechte Gesellschaft', wenn das Elternhaus für sie ein schlechtes Zuhause ist" (Oswald 1992, 330). Sie unterstellt ein Wechselwirkungsverhältnis zwischen *Peergroup* und Elternhaus.

Dabei erscheint nicht die Gruppenbindung als solche probleminduzierend, sondern ist der Charakter der Bindung entscheidend. Rechtsextrem orientierte Jugendliche gehören nach der Studie von Utzmann-Krombolz (1994, 34f) ebenso häufig wie der Durchschnitt der Jugendlichen einer festen Clique an, jedoch "scheinen die sozialen Kontakte in dieser Clique eher oberflächlicher Art zu sein: Ein erheblicher Anteil hat keinen Gesprächspartner bei Problemen und fühlt sich häufig einsam." Nach dieser Studie ist in Hinsicht auf Familien- wie Peer-Beziehungen das Fehlen "fester Bezüge und verbindlicher Strukturen" prekär.

In etwa analog der Beobachtung von Kühnel (1995, 1998), dass einförmige Gleichaltrigenkontexte in Cliquenform mit Gewalttätigkeit bzw. Gewaltnähe auf Seiten jugendlicher Mitglieder zusammenhängt, macht Rieker (1997) eine enge Orientierung an und Dominanz von Gruppenbeziehungen gegenüber tragfähigen individuellen Freundschaften bei (männlichen) Jugendlichen mit ethnozentrischen Haltungen aus. Sie wird oft durch fehlende oder wenig verbindliche Beziehungen zu gleichaltrigen Mädchen/Frauen, auch vor allem im Sinne von Freund-Freundinnen-Verhältnissen begleitet. Ansonsten sind die Hinweise auf geschlechtsspezifisch deutbare Zusammenhänge der Peer-Bindungen, obwohl die Studie doch eine reine Männeruntersuchung ist und auch im Titel entsprechend firmiert, unverständlicherweise außerordentlich dünn. Hopf u.a. (1995), die ja auf dasselbe Daten-Material Bezug nehmen, kommen ebenfalls nicht darüber hinaus, einen Zusammenhang von rechtsextremer Orientierung bei den jungen Männern mit "Tendenzen zur Abwertung von Frauen" (167) und - unverkennbar in Anlehnung an die klassische Autoritarismus-Forschung - eine auffällig unreflektierte "Demonstration von Stärke und Robustheit" (171) bei ihnen zu konstatieren. In welchen biographischen Konstellationen diese Denk- und Verhaltenskennzeichen entstehen und wie sie sich - zumindest ausschnittweise - im Verlauf darstellen kann wohl vor allem wegen des fehlenden Längsschnitt-Designs, nicht eruiert werden.

Schmidtchen (1997) sieht - ähnlich wie Heitmeyer u.a. für Gewaltneigung überhaupt - ebenfalls einen Zusammenhang von Interaktionsbeziehungen sowie gruppeninterner Kommunikations- und Partizipationskultur und der Ausbildung einer subjektiven Gewaltdoktrin (siehe genauer ebd., 290ff und weiter unten). Er wird als wechselseitiger vorgestellt: Einerseits treibt eine besessene Gewaltdoktrin in dramatischem Ausmaß (vgl. ebd., 291) das Individuum dazu an, sich "(rechts)radikalen" Gruppen anzuschließen, andererseits sozialisieren diese Gruppen ihre Mitglieder entsprechend.

Ähnlich argumentiert auch Erb (1993), wenn er meint, Jugendliche erlernten entsprechende Deutungen und Verhaltensbereitschaften in altershomogenen Cliquen, diese wiederum würden aber auch ihrerseits aus der Erwachsenengesellschaft beeinflusst und geführt.

Nach Heitmeyer und Müller (1995) sind Suche nach Anerkennung in und Zugehörigkeit zu einer gewaltbereiten Gruppe - oft in Verbindung mit erheblichem Alkoholkonsum - Risikokonstellationen, die zumindest "zur Eskalation von *situativen Interaktionen* beitragen" (ebd., 176).

Die "Tiefenanalyse" einer Brandenburger Untersuchung (vgl. Dietrich o.J.) auf der Basis von 40 Interviews mit überwiegend rechten Jugendlichen (32 männlichen, 8 weiblichen) meint ebenso einen deutlichen Cliqueneinfluss feststellen zu können. Er eröffnet sich danach dadurch, dass auf der Suche jedes Einzelnen nach Anerkennung und sozialer Verbindlichkeit in Verfolgung eines juvenilmaskulinistischen Weltbilds Gewalt in den Cliquen als "Normalitätsdurchbrechung", d.h. hier als Abwechslung zu "Nichtstun" und "Langeweile", zum Frustrationsabbau und zur "Aufmerksamkeits- und Achtungsprovokation" eingesetzt wird. Eine politische Ideologisierung erfolgt gleichsam erst im nachhinein - und dies häufig nicht einmal sonderlich konsequent und vielfach gebrochen. Hauptsache: Man kann sich Respekt verschaffen und "man ist wer" und sei es durch martialisches Aussehen und Bedrohlichkeitsinszenierungen. Entsprechend planlos kommen Gewalteskalationen nach den Beobachtungen der Forschungsgruppe zustande. Da kann es nicht verwundern, wenn auch diese Studie gemeinschaftlichen exzessiven Alkoholkonsum in der Clique als Auslösezusammenhang auffasst und sich darin auch durch Experteninterviews mit JugendarbeiterInnen bestätigt sieht.

Auch aus psychoanalytischer und sozialpsychologischer Sicht liegt eine Menge von Hinweisen auf die Bedeutsamkeit der Einbindung(swünsche) in cliquenförmige Gleichaltrigenzusammenhänge für die rechtsextreme Sozialisation vor. Dabei wird auch immer wieder die Relevanz für die Herausbildung geschlechtsspezifischer Identität in der Adoleszenz, in erster Linie der Zusammenhang von Cliquenbildung, Mannhaftigkeitsinszenierungen, Gewalt und Rechtsextremismus, thematisiert (vgl. z.B. Streeck-Fischer 1992; Clemenz 1998; Nölke 1998; König 1998b). Die Bedeutung der Peer-Beziehungen speziell für die politische Sozialisation von Mädchen bleibt aber erheblich unterbelichtet.

Im Hinblick auf Wirkungszusammenhänge von *medialer* Berichterstattung über fremdenfeindliche oder sonstwie rechtsextremistische Gewalt- und Straftaten einerseits und rechtsextremen Orientierungen und Handlungsweisen auf Seiten von (potentiellen) RezipientInnen andererseits gilt gegenwärtig das von Weiß u.a. (1995, 170) gefällte Urteil: "Ob und wie extramediale und intramediale Faktoren an denkbaren Medienwirkungen beteiligt sind und ob sich die gegebenenfalls ermittelten Effekte tatsächlich im wörtlichen Sinne als 'Medieneffekte' bezeichnen lassen, ist nach wie vor ungeklärt". Annahmen über etwaige Aufklärungs-, aber auch über unterstellte Ansteckungseffekte verbleiben empirisch bewertet auf der Ebene von Beweisführungen auf Spekulations-, informiertem Illustrations- und Plausibilitätsniveau (vgl. auch Schönbach 1993). Ohlemacher (1993) stellt zwar eine große zeitliche Parallelität von veröffentlichter Meinung und durch Umfragen gemessener, medial verbreiteter Bevölkerungsmeinung einerseits und Gewaltwellen andererseits fest und glaubt empirisch einen Kausalzusammenhang vor allem von der Bevölkerungsmeinung ausgehend auf die Gewalttaten nachweisen zu können (schwächer auch in umgekehrter Richtung), muss aber einräumen, dass eine Veränderung der veröffentlichten Meinung noch keine Veränderung der politischen Haltung signalisieren muss (vgl. ebd., 21).

Brosius/Esser (1995) meinen im Rückgriff auf die Theorie des sozialen Lernens (vgl. ebd., 77) Folgewirkungen der Medienberichterstattung auf die Eskalation fremdenfeindlicher Gewalt - insbesondere im Gefolge der Krawalle in Hoyerswerda und Rostock-Lichtenhagen - feststellen zu können, indem sie die Zahl der einschlägigen Berichterstattungen mit der Anzahl der fremdenfeindlichen Anschläge vergleichen und Stimulationseffekte massenmedialer Berichterstattung über die Verbreitung von "Signalen" wie Chance auf Medienaufmerksamkeit, Legitimation und Erfolg feststellen. Sie propagieren zur Erklärung ein "Eskalationsmodell": "Zuerst lernten die Täter aus den Medien Gewalt als erfolgversprechendes Mittel zur Problemlösung kennen, dann lernten sie, dass sie sich fast blind auf große Medienresonanz bei ihren Taten verlassen konnten. Quasi reflexhaft stürzten sich die Medien nun auf alle Formen der 'Gewalt von rechts', selbst auf kleinste Straftaten. Dadurch verleihen sie dieser 'neuen Bewegung' eine kollektive, identitätsstiftende Bedeutung... Indem jeder Nachahmungstäter... selbst auf anonyme Prominenz hoffen konnte, ging von der Berichterstattung eine hohe Motivation auf Gewalttäter aus." (Brosius/Esser 1996, 216).

Indes gilt nach den Untersuchungen von Weiß u.a. (1995) für ihre Studien wie für ähnlich operierende Untersuchungs- und Deutungskontexte: "Was auf der Ebene der Deskription aggregierter Durchschnittswerte als offensichtlicher Medieneffekt erscheint, verflüchtigt sich bei der komplexen Rekonstruktion von Wirkungszusammenhängen auf der Ebene der individuellen Mediennutzer zu nur noch schwach wirksamen Wirkungsspuren" (195). Diese stellen sich am ehesten im Sinne eines agenda setting als "eine erfolgreiche Thematisierungsleistung" (ebd.) dar. Der Befund liefert einen erneuten Hinweis darauf, dass ohne die Beachtung der individuellen Rezeptionssituation und ihrer Einbettung in den Sozialisationskontext Wirkungsunterstellungen sowohl im Sinne eines Stimulierungs- oder Habitualisierungs- (vgl. Schönbach 1993) als auch eines Inhibitionseffekts bloße Spekulationen bleiben.

Die musikbezogene Diskussion - für unsere Zusammenhänge gerade auf dem Hintergrund der Diskussion um den Einfluss von Rechtsrock relevant - hängt noch weitgehend Wirkungsfragen nach. Man versucht Strukturmerkmale von Musikstücken resp. Textpassagen herauszuarbeiten, um von ihnen auf Wirkung zu schließen. Dies gilt für fachwissenschaftliche Analysen wie für solche des Verfassungsschutzes. Dabei dominiert in Hinsicht auf gewaltgenerierende Momente eine auditive Stimulationshypothese. Dies gilt auch für die meisten der nur vereinzelt vorliegenden Untersuchungen zu Musikstilen der rechten Szene bzw. der in bestimmten Teilen damit deckungsgleichen (vgl. Farin 1997) musikalischen Elemente der Skinkultur. Rhythmen, Lautstärke, Schnelligkeit, Verzerrungen und bestimmte Texte gelten dann als Auslöser für aggressive Stimmungen, mehr noch: für aggressive Stimmungen, von deren mehr oder minder unmittelbarer Umsetzung in Handeln man sich überzeugt gibt (vgl. Bähr 1993; Landesamt für Verfassungsschutz Baden-Württemberg 1993; Funk-Hennigs 1994; Mengert 1994; Verfassungsschutzbericht 1997 85f; Verfassungsschutzbericht 1998 24ff; weitere Beispiele aus dem publizistischen Raum bei Terrkessidis 1993, 123ff). Demgegenüber weist das deutsche "Kompendium der Musikpädagogik" aus, dass es der Musikwirkungsforschung nicht gelungen ist, musikalische Merkmale zu isolieren, von denen generell angenommen werden kann, sie stimulierten aggressive Stimmungen oder Gewaltverhalten (vgl. Behne 1994). Insoweit Musikgenuss ein ganzheitlicher Prozess ist, der u.a. Körper, Emotion, Kognition und Spiritualität anspricht bzw. anzusprechen vermag, führen erst recht die - vor allem im Umfeld des Verfassungs- und Jugendschutzes betriebenen - reinen Textanalysen nicht weiter; übrigens auch schon deshalb, weil bei vielen Stücken aus aufnahmetechnischen oder sonstigen Gründen die Texte gar nicht oder nur schwer verständlich sind. Völlig folgerichtig schließt die Musikwissenschaftlerin Müller (1994a, b) für sich daraus, der politischen Sozialisation in Richtung auf Rechtsextremismus über Musiksozialisation nur unter Beachtung des Gesamtzusammenhangs der sozialisatorischen Alltagserfahrungen (jugendlicher) RezipientInnen nachgehen zu können.

Willems u.a. fanden (1993) in ihrer Analyse von Urteilsbegründungen von fremdenfeindlichen Straftaten zwar heraus, dass manche Straftäter unmittelbar vor ihrer Aktion Oi!-Musik gehört hatten, stellen dieses Faktum aber in einen Zusammenhang von Tat- und Täterbedingungen, der andere und anscheinend dauerhafter wirkende Begünstigungsfaktoren beinhaltet wie z.B.: zerrüttete Familienverhältnisse, Schulschwierigkeiten, berufsbiographische Diskontinuitäten, exzessiven Alkoholkonsum, problematische (Peer-)Gruppenprozesse.

Gleichermaßen wie solche medien- und musikwissenschaftlichen Befunde bzw. Resultate von Rechtsextremismus-Studien monokausalen Wirkungsannahmen in bezug auf eine Verknüpfung von Rechtsrock und recht(sextrem)er Gesinnung oder gar recht(sextrem)er Tat entgegenstehen, unterstreichen sie die Bedeutung transmusikalischer Funktionen von (Rock)Musik überhaupt und Rechtsrock im speziellen (vgl. Baacke 1999). Diese wiederum verdeutlichen, dass nicht die textliche Argumentation und deren kognitive Verarbeitung das Zentrum des Wirkungszusammenhangs von Musik bilden. Eher handelt es sich um einen Raum bereitgestellter Stimulanzien, der einen integrierten Komplex von kognitiven, emotionalen, somatischen und konativen (d.h. handlungsbezogenen) Erlebnisangeboten bereithält. Er ist angefüllt mit symbolischen Verweisungszusammenhängen, die - tendenziell ganzheitlich orientiert - Materialien für die Konturierung der Unverwechselbarkeit der eigenen Persönlichkeit wie für ihre soziale Platzierung bilden. Wer Rechtsrockkonsum verstehen will, muss ihn deshalb im Funktionszusammenhang der (jugendlichen) Identitätsbildung betrachten. Wer seine geschlechtsspezifischen Aspekte analysieren möchte, muss entsprechend die Prozesse des Aufbaus geschlechtsspezifischer Identität in den Blick nehmen (vgl. Möller 1999a).

Diese Aussagen dürften generell für Stilmittel gelten, die eine 'rechte Einstellung' nach außen kennzeichnen. Nicht einzelnen Elementen als solchen, sondern dem jugendkulturellen Zusammenhang in seiner ästhetischen, normativen, sozio-emotional ausstrahlenden und konativen Gestalt als ganzem ist Einfluss zuzuschreiben (vgl. auch Möller/Heitmeyer 1996).

Die Geschlechtsspezifik der Nutzungs- und Wirkungszusammenhänge rechtsextremer Medien oder rechtsextremer Medienbotschaften wird zwar gelegentlich, vor allem im Rahmen von Analysen der maskulinistischen Skinhead-Kultur herausgestellt (vgl. Möller 1997a, 1999a), ist aber empirisch noch absolut ungenügend untersucht. Auch altersspezifische Analysen sucht man, zumal bezogen auf 'unsere' Untersuchungsgruppierung der 13- bis 15jährigen, vergeblich.

1.3 Einflüsse personaler Merkmale

Schmidtchen hält in Stoßrichtung gegen "soziologistische" Deutungen die "subjektive Gewalt-Doktrin" für den entscheidenden Faktor für das Ausmaß der individuellen Neigung zu politischer Gewalt. Ihr Kern bildet der "Glaube, dass Gewalt für die Selbstbehauptung nützlich und vertretbar sei" (1997, 288). Sie besteht aus einer engen Verbindung von Gewalt, Illegalität, Vergeltungstendenz und Vandalismus. Die beiden oberen Stufen auf einer insgesamt 5 Stufen umfassenden Skala nehmen 21% der jungen Westdeutschen und 33% der jungen Ostdeutschen (15 - 30 Jahre) mit den bereits oben erwähnten altersspezifischen, geschlechtsspezifischen und bildungsspezifischen Charakteristiken ein. Schmidtchen argumentiert, dass letztlich nicht die Menge negativer Affekte, stammten sie aus Betroffenheit von gesellschaftspolitischer Malaise, ökonomisch-sozialer Deprivation oder besonderen biographischen Belastungen ausschlaggebend dafür sei, ob jemand sich gewaltbereit oder gewalttätig zeige, sondern die Art und Weise wie diese Affekte geistig bearbeitet werden. Diese wiederum sei "abhängig von der sozialen Kommunikation" (ebd., 292), beispielsweise auch der Kommunikation, die in den Gruppen gepflegt wird, denen man sich anschließt. Insbesondere der Aufbau von aktivem Bewältigungshandeln und von Selbstvertrauen wird in diesem Kontext als Schutzmechanismus für wirksam gehalten.

Inwieweit ein positives resp. negatives Selbstwertgefühl auf die Ausbildung von rechtsextremen Orientierungen Einfluss nimmt, wird jedoch insgesamt strittig beurteilt. Nicht selten wird - für viele überraschend - ein positives Selbstbild rechtsextrem Denkender empirisch diagnostiziert (vgl. z.B. Heitmeyer 1987; Fend 1994; Sturzbecher 1997; Kraak/Eckerle 1999). Es bietet sich dafür angesichts gegenläufiger anderer Befunde (vgl. z.B. Menschik-Bendele/ Ottomeyer u.a. 1998) vorläufig die Deutung an, die schon früh (1987) von Heitmeyer vorgebracht wurde: Hinter einer äußerlichen Fassade von Selbstgewissheit kann sich gleichwohl eine hochgradige Verunsicherung hinsichtlich des Werts der eigenen Person verbergen. Anzunehmen wäre dann, dass sie über ein imagebewusstes Identitätsmanagement zu überspielen gesucht wird. Womöglich kann sie deshalb nur mit dem eingesetzten quantitativen Instrumentarium nicht erfasst werden. Dieser Zusammenhang könnte vermutlich auch gerade geschlechtsspezifische Differenzen des gemessenen Selbstwerterlebens erklären. Mädchen äußern bekanntlich häufiger als Jungen negative Selbstwertgefühle, zeigen sich aber dennoch weniger gewaltnah bzw. rechtsextrem orientiert. Womöglich macht sich hier geschlechtsspezifische Sozialisation dahingehend bemerkbar, dass das sozialisierte Frauenbild internalisierende Verarbeitungen von Problemlagen nahe legt, während das Männerbild Externalisierungen gruppiert um Muster wie "Härte", "Stärke" und "Heldentum" propagiert (vgl. auch Wahl 1993).

Sillers Studie (1997) kommt zentral zu dem Ergebnis, dass "ein Zusammenhang zwischen Geschlechterstereotypen und rechtsextremistischen Orientierungen in der Ähnlichkeit ihrer formalen Struktur" (ebd., 233) besteht. Die Tendenz zur Polarisierung von Lebensentwürfen entweder im Sinne einer Kopie von Männlichkeitsstereotypen oder im Sinne einer Orientierung an traditionellen Weiblichkeitsstereotypen geht danach mit der Verfolgung rechtsextremistischer Orientierungen einher. Ohne dass diese Verarbeitungsweisen - was nahegelegen hätte - näher untersucht worden wären, bleibt festzuhalten: Je mehr die von ihr untersuchten Frauen in der Lage sind, einen "emotionalen und kognitiven Aushandlungsprozess mit sich selbst" zu betreiben, "Zwischentöne" wahrzunehmen, "Ambivalenz" zu tolerieren und ihre geschlechtsspezifischen Erfahrungen "differenzierter" zu verarbeiten, desto weniger denken oder agieren sie autoritär oder rechtsextremistisch (vgl. ebd., 244ff).

Die damit betonte Reflexionsfähigkeit heben - auch unabhängig davon, ob sie sich auf Fragen des Geschlechterverhältnisses erstreckt - als Schutzmechanismus gegenüber der Übernahme rechtsextremer Orientierungen auch andere Untersuchungen hervor (vgl. z.B. von Borries 1995; Hopf u.a. 1995; Menschik-Bendele/Ottomeyer u.a. 1998). Als Ausfluss eines Mangels an Reflexivität lassen sich wohl auch externale Kontrollüberzeugungen begreifen. Sie sehen analog dem Befund in Heitmeyers Gewaltstudie (Heitmeyer u.a. 1995) auch Freytag/Sturzbecher (1996) für antisemitische Einstellungen in signifikanter Weise verantwortlich.

Deuten Birsls (1994) und Fends (1994) Ergebnisse die größere Mitleidensfähigkeit von Mädchen schon als Reduktionsfaktor von potentiellen rechtsextremen Neigungen bei ihnen, so lokalisiert Fend generell bei rechtsextrem orientierten Jugendlichen ein "'Empathiedefizit'" und verweist auf die negative Wirkung "einer defizitären moralischen Sozialisation mit einem geringen Empathiegehalt". Entsprechend wird die "Förderung von Empathie" als Distanzmittel empfohlen (vgl. ebd.). Auch Menschik-Bendele/Ottomeyer u.a. sehen rechtsextreme Tendenzen in ihrer Untersuchung von Schulklassen durch "Empathiegebote" (ebd., 295) unter Kontrolle gehalten. In ähnlicher Weise sprechen sich Hopf u.a. (1995) aus.

Perspektivenwechsel und Empathie lassen sich auch als Voraussetzungen konstruktiven Konfliktlösungsverhaltens begreifen. So ist als ein Schutzmechanismus gegenüber Neigungen zu Gewalt und Ausgrenzung z.B. nach jugendpsychiatrischen Erkenntnissen "Konfliktfähigkeit im Sinne von Dialogfähigkeit zu entwickeln" (Klosinski 1993, 99).

2. Theoretische Erklärungsansätze

Auch an der Jahrhundertwende stimmt weiterhin noch der auf die Mitte der 90er Jahre gemünzte resümierende Befund von Winkler, Jaschke und Falter (1996), dass "die theoretische Durchdringung des Objektbereiches nach wie vor unzureichend ist". Es bestehen "mehrere lose definierte Ansätze bzw. theoretische Annahmen nebeneinander". "Von einer fruchtbaren kumulativen Forschung, deren Ziel die Lösung von wissenschaftlichen Problemen ist, kann nicht gesprochen werden. Es sind fast keine grundlegenden theoretischen und empirischen Arbeiten vorgelegt worden, die eine Forschungstradition begründeten" - sieht man einmal von der über die Adorno-Rezeption inspirierte Autoritarismus-Forschung ab. "Die mangelnde theoretische Fundierung" ist vor allem auch darauf zurückzuführen, "dass erstens der Theoriebegriff nicht expliziert wird..., zweitens nicht hinreichend zwischen den unterschiedlichen Aspekten von Rechtsextremismus und drittens kaum zwischen Theorie und Hypothese unterschieden wird. Je nach dem zu erklärenden Aspekt (z.B. die Wahl einer rechtsextremen Partei, der Eintritt in die rechtsextreme Partei, die Herausbildung von rechtsextremen Orientierungen bei Jugendlichen, die Genese eines relativ stabilen Persönlichkeitsmerkmals, die Ausübung einer fremdenfeindlichen Gewalthandlung etc.) werden jedoch unterschiedliche Erklärungen verlangt" (alle Zitate ebd., 18).

Daraus ist für den hier fokussierten Analysebereich der Schluss zu ziehen, sich auf solche theoretischen Ansätze zu beschränken, die

- die Entstehung und Entwicklung rechtsextremer Orientierungen und Verhaltensweisen bei Jugendlichen zu erklären bzw. zu verstehen beanspruchen,
- dabei insbesondere möglichst auch jüngere Gruppierungen Jugendlicher in den Blick nehmen und
- zusätzlich oder gesondert auf Phänomene geschlechtsspezifischer Orientierungs- und Verhaltenssozialisation innerhalb dieses politischen Spektrums fokussieren.

Die Fäden von historischen Faschismustheorien bzw. Theorien zum Aufkommen des Nationalsozialismus werden daher ebenso wenig aufgenommen wie

Theorien, die sich auf Wahlverhalten und organisatorische Zusammenschlüsse Erwachsener beziehen (vgl. dazu z.b. verschiedene Beiträge in Falter/Jaschke Winkler 1996), es sei denn sie wirken für eine Erklärung des heutigen Rechtsextremismus aktuell nach und beinhalten Interpretamente, die für ein Verständnis von Rechtsextremismus unter Jugendlichen nützlich erscheinen.

Wir legen eine Rasterung des Materials zugrunde, die die Theorien bzw. Ansätze nach dem Bezugspunkt ihres zentralen Brennpunktes sortiert. Diese Ordnung ist ausdrücklich nicht voreilig im Sinne einer Bewertung der Theorien als z.B. psychologistisch, individualistisch bzw. subjektivistisch einerseits oder soziologistisch, strukturalistisch bzw. objektivistisch andererseits zu verstehen. Sie behauptet nicht die Ausblendung jeglicher andersgerichteter Perspektiven auf den Gegenstand, sondern sagt nur etwas über den hauptsächlichen Referenzpunkt der vorgenommenen Analysen und Argumentationen aus.

2.1 Fokus: Individuum

Dem Gegenstandsbereich der Disziplin geschuldet dominieren bei der Fokussierung auf das Individuum Theorien psychologischer Provenienz.

Am bekanntesten und bis heute nachhaltigsten sind die Studien zur autoritären Persönlichkeit, die von Adorno, Horkheimer, Frenkel-Brunswik, Levinson und Sanford seit den 40er Jahren in Berkeley entwickelt wurden. In ihren wichtigsten Zügen finden sie sich in der von Adorno und Mitarbeitern veröffentlichten Arbeit "The Authoritarian Personality", die erstmals 1950 in den USA erschien und deren erste deutsche Fassung (1973) auf fast ein Drittel des Ursprungstextes gekürzt wurde. Danach sind autoritäre, ethnozentrische, antisemitische und faschistische Orientierungen eines Individuums zwar sozialisatorisch erworben, wurzeln aber - und dies rechtfertigt die Einordnung dieses Ansatzes unter dem Fokus 'Individuum' - in individuellen "Charakterstrukturen", die sich als "autoritäres Syndrom" begreifen lassen und die die Potenz, nicht die Zwangsläufigkeit, zur Ausprägung entsprechender Haltungen in sich tragen. Neun "Variablen", d.h. Dimensionen, sind für dieses Syndrom kennzeichnend (vgl. Adorno 1973, 45f) und finden in der bekannten F(aschismus)-Skala ihren Niederschlag:

- Konventionalismus,
- autoritäre Unterwürfigkeit unter äußere mächtige Autoritäten der Eigengruppe,
- autoritäre Aggressivität gegenüber sich unkonventionell gerierenden Menschen,
- Anti-Intrazeption, d.h. Abwehr des Subjektiven, Phantasievollen,
- Aberglaube und Stereotype,

- Machtdenken und Kraftmeierei, z.B. Denken in Dimensionen von Herrschaft und Unterwerfung, Führer und Gefolgschaft sowie übertriebene Demonstration von Stärke und Robustheit,
- Destruktivität und Zynismus im Sinne von allgemeiner Feindseligkeit und Diffamierung des Menschlichen,
- Projektivität, d.h. die Tendenz, unbewusste Triebe auf die Außenwelt zu projizieren,
- übertriebene Beschäftigung mit sexuellen Vorgängen.

Die Herausbildung dieses Charakters wird auf frühkindliche Sozialisationserfahrungen zurückgeführt. Im Mittelpunkt steht das Misslingen einer stabilen Über-Ich- bzw. Gewissensbildung: Die Aggressivität des Kindes gegenüber dem Vater wird nicht in einem stabilen und zugleich flexiblen Über-Ich aufgehoben. Es bildet sich keine autonome moralische Instanz heraus, so dass die Person zu einem externalisierten Über-Ich Zuflucht nimmt, das klare Orientierung über eine rigide Schwarz-weiß-Moral zu versprechen scheint. Je stärker gesellschaftliche Auffassungen und Autoritäten, die als Mehrheitsmeinungen bzw. legitime Meinungsführer dechiffriert werden, z.B. autoritäre Aggression zu betonen scheinen, um so entgrenzter kann die Feindseligkeit gegenüber ihren Zielgruppen ausfallen, wird von der autoritären Persönlichkeit doch eine hohe Konformitätsverpflichtung ihnen gegenüber empfunden.

Psychologistischer Verengung vorbeugend, aber dennoch nicht die Zentrierung auf individuelle Merkmale aufgebend, wird in soziologischer, kapitalismuskritischer Perspektive, vor allem in der mit Horkheimer veröffentlichten und zeitlich parallel entstandenen "Dialektik der Aufklärung" als sozio-ökonomischer Hintergrund autoritärer "Anfälligkeiten" eine "kollektive Ich-Schwäche" diagnostiziert, die im Zeitalter der "großen Konzerne" über eine Ersetzung des Gewissens durch "Verbände" und das "Schema der Massenkultur", durch "Gremien und Stars" (vgl. Clemenz 1998, 142) zustande kommt.

Die lange und umfassende Rezeptionsgeschichte des Ansatzes lässt eine knappe kritische Würdigung, wie sie hier zwangsläufig notwendig ist, kaum gerechtfertigt erscheinen. Wenn dennoch wenigstens die für unser Forschungsinteresse wesentlichsten Einwände und Weiterentwicklungen zusammengefasst werden sollen, so lässt sich sagen:

- Auf der Basis der von Milton Rokeach vorgenommenen Erweiterung des Autoritarismuskonzepts von Adorno (vgl. Rokeach 1960) kann einer "dogmatischen" Geisteshaltung ("mind") ein herausgehobener Stellenwert für die Übernahme ethnozentrischer und rechtsextremer Einstellungen eingeräumt werden. Hauptmerkmal ist eine dichotomische Sichtweise. Ein "closed mind" ist danach gekennzeichnet durch:
  - Irrationalität der Grundlagen von Überzeugungen,

- Bedrohlichkeit der äußeren Umwelt,
- Isolation im Sinne einer strikten Trennung zwischen akzeptierten Überzeugungen und nicht akzeptierten Überzeugungen,
- unkritische Autoritätsgläubigkeit und entsprechend unreflektierte Akzeptanz der Äußerungen von Autoritätspersonen,
- als Folge von Isolation: strikte Ablehnung von nicht geteilten Überzeugungen,
- Kontaktvermeidung zu Informationen, die die besessene Überzeugung in Frage stellen könnten,
- Undifferenziertheit in bezug auf abgelehnte Überzeugungen, z.B. in bezug auf die mangelhafte Unterscheidung zwischen Inhalt und Quelle von Informationen,
- beschränkte zeitliche Perspektive.

- Für Altemeyer (vgl. 1988) ist die Langzeitwirkung frühkindlicher Erfahrungen, die das Autoritarismuskonzept unterstellt, eher unwahrscheinlich. Seinen empirischen Befunden zufolge besteht allenfalls ein sehr schwacher Zusammenhang zwischen elterlichen Erziehungsstilen und rechtsextremen Einstellungen. Er bestreitet deshalb situationsunspezifisch stabile Persönlichkeitsmerkmale als Erklärungsmomente.

- Kritik betrifft zentral die Annahme eines psychogenetischen "Charakters", der für autoritäre Haltungen verantwortlich zu machen ist. Man inkriminiert dann die Vernachlässigung kollektiver Aspekte und Verzerrungen des Wechselspiels zwischen subjektiven und objektiven Prozessen (vgl. z.B. Leithäuser/Volmerg 1977). Wacker (1979) betont, u.a. unter Hinweis auf das Milgram-Experiment, den großen Einfluss situativer Wirkfaktoren. Danach sind es weniger psychopathologische Persönlichkeitsmerkmale als vielmehr situative Konstellationen, in denen Gruppenzugehörigkeit, politische Kultur und sozial-ökonomische Bedingungen eine Rolle spielen, die "regressive" Reaktionen hervorrufen und darüber Rechtsextremismus begünstigen können. In jüngerer Zeit hat vor allem auch Oesterreich auf die Situationsspezifik autoritären Verhaltens hingewiesen (vgl. zu seinem Ansatz genauer weiter unten).

- Einige Autoren machen darauf aufmerksam, dass im Zuge eines sich abzeichnenden "Wertewandels" (vgl. Inglehart 1977) und sich liberalisierender Erziehungspraktiken die Familienstrukturen sich innerhalb der letzten Jahre erheblich gewandelt haben und der klassische bürgerliche Sozialcharakter als Modell erodiert (vgl. z.B. Paul 1979; Dubiel 1988). Das Muster der autoritären Unterwerfung und der Verpflichtung auf konventionelle Konformitätszwänge scheint auf dem Rückzug, das Muster autoritärer Aggression demgegenüber an Rang zu gewinnen (vgl. z.B. auch Hopf u.a.

1995; Rieker 1997). Dabei wird auch auf eine allmähliche Auflösung des Patrizentrismus bürgerlicher Familien und demgegenüber eine Aufwertung der Mütter im familialen Interaktionsgeflecht hingewiesen. Diese Einwände machen fraglich, ob die Auseinandersetzung mit dem Vater weiterhin als Initialpunkt der Ausbildung autoritärer Auffassungen gelten kann.

- Eben diese Überlegung ist für Christel Hopf (z.B. u.a. 1995), die gegenwärtig zu den bedeutendsten WeiterentwicklerInnen des Autoritarismuskonzepts für die Untersuchung des aktuellen Rechtsextremismus gehört, Ansatzpunkt dafür, stärker die Rolle der Mütter in der prä-ödipalen Phase der Entwicklung in den Vordergrund der Analyse zu rücken. Entsprechend weist sie der Mutter-Kind-Bindung eine besondere Bedeutung zu (vgl. ausführlicher den Abschnitt 'Fokus: Sozialisation'). Sie muss sich deshalb nicht gänzlich außerhalb des Autoritarismuskonzepts stellen, denn bei Horkheimer und Adorno sind durchaus auch Überlegungen in diese Richtung bereits angelegt (vgl. König 1998a).

Eine analytisch-psychologisch argumentierende narzissmustheoretische Annäherung kann als "benachbartes Modell" (Clemenz 1998, 156) zum Autoritarismus-Modell verstanden werden und erhebt ebenfalls die Mutter-Kind-Beziehung zum Kern der Erklärung (vgl. z.B. Bohleber 1992; Heim 1992; Brede 1995). Gestützt auf vereinzelte Fallanalysen statt auf breit angelegte quantitative Surveys werden Sozialintegration anzielende Bestandteile von Rechtsextremismus wie Nationalismus und Fremdenhass als Versuche zur Herstellung einer "illusionär omnipotent(en) narzißtische(n) Dualunion" (Bohleber 1992, 139) und als regressiver Rückgriff der individuellen Psyche auf die prä-ödipalen Verschmelzungswünsche mit der Mutter verstanden. Die Auflösung real ambivalenter Situationen und Gefühlszustände erfolge über die damit einhergehende Idealisierung einerseits und die "Abspaltung des 'Bösen' und dessen Projektion auf Feinde" (ebd.) andererseits. Belege für die These werden in der überzogenen Hochschätzung von Reinheit, Ganzheit und Einssein im rechtsextremen Denken und seiner Rhetorik und der vice versa betriebenen Abwertung der Nichtdazugehörigen, der "Anderen" als schmutzig und verdorben, schlichtweg als "Dreck" gesehen. Kern dieser Anschauung: "Größenphantasien, Verschmelzungswünsche mit einem idealisierten Objekt, ein schwaches Über-Ich, ein labiles Ich und frei flottierende, weil nicht durch ein Über-Ich gebundene (narzisstische) Aggressivität bilden eine psychische Struktur, die für nationalistische und rassistische Vorstellungen mobilisiert werden kann" (Clemenz 1998, 145).

Sowohl das klassische Autoritarismuskonzept mit seinem Bezugspunkt auf die ödipalen Konflikte mit dem Vater als auch die in jüngerer Zeit verstärkt aufkommenden Thesen von einem narzisstischen Typus des "neuen Autoritären" (Brede 1995), die für manche (z.B. Clemenz (1998a) übrigens so neu nicht sind, sondern bereits bei Adorno (1950, 1973) angelegt erscheinen, akzentuieren den zentralen Stellenwert frühkindlicher Erfahrungen. Insofern damit spätere Entwicklungsphasen in ihrer Bedeutsamkeit für die Persönlichkeitsentwicklung tendenziell entwertet werden, diese Relativierung aber als nicht sonderlich überzeugend angesehen wird, werden aus psychoanalytischer Sicht selbst bisweilen (vgl. z.B. Streek-Fischer 1992; König 1998a) auch stärker die Sozialisationsfolgen lebensbiographisch weniger weit zurückliegender Phasen jugendlicher Rechtsextremer in den Blick genommen. Hingewiesen wird dann auf die Auswirkungen des Versagens weiterer Erziehungspersonen und auf Prozesse schulischen Scheiterns als "punktuellen Beschädigungen der Subjektivität" (König 1998a, 202). Angenommen wird, dass die Gleichaltrigengruppe unter Aufgabe des Entwicklungsinteresses an "Eigenständigkeit" "Elternersatzfunktionen" (Streek-Fischer 1992, 756) übernimmt und nun familiale Konflikte auf der Straße reinszeniert und schulische Ohnmachterfahrungen durch Stärke- und Machtdemonstrationen kompensiert werden sollen. Die geschlechtsspezifische Pointe liegt darin, dass die Orientierung des jungen Mannes an einem Führer als eine Art von Vaterersatz das Vorbild mächtiger (groß)väterlicher Figuren, vor allem aus der Zeit des Nationalsozialismus, beschwört, Größenphantasien einer wichtigen Funktion der eigenen Person für die Rettung des Vaterlands beflügelt und über ein "Gemisch aus betonter Männlichkeit, Härte und Brutalität" (ebd., 758) eine Idealisierung von "guter" deutscher kämpferischer Maskulinität bei gleichzeitiger Abwertung von Weiblichem, das dann als 'Weibisches' gilt, und "bösem" Fremden, das vernichtet gehört, bewerkstelligt wird. "Einen Ausweg aus der Erfahrung von Ohnmacht und Verzweiflung und ein Ventil für ihre aufgestauten aggressiven Impulse bietet ihnen die autoritäre Lösung der Persönlichkeitsdefekte, die etwa durch den Anschluss an eine gewalttätige Gruppe von Skinheads ermöglicht wird" (König 1998a, 202). König stellt (1998a, 204) unter bezug auf die Identitätstheorie Eriksons die These auf, rechtsextrem orientierte Jugendliche blieben "aufgrund traumatischer Gewalterfahrungen an die Eltern gebunden". Statt eine "produktive Identitätsfindung" im Sinne eines Aufgreifens sozialer und politischer Angebote zur Herauslösung aus familialen Mustern zustande zu bringen "erliegen sie einer mit dem Erleben von Ohnmacht und Angst verbundenen Identitätsdiffusion, der sie durch die 'totale Wahl einer negativen Identität' zu entgehen suchen". Erklärungen dieser Art laufen also als Ursachenverweis auf die Hypostasierung einer adoleszenten Identitätskrise hinaus, in der "die in der Mutter-Kind-Dyade und im ödipalen Dreieck mit dem Vater zustande gekommenen Triebschicksale und Identifizierungen wiederaufleben" (ebd., 205). Der soziologisch orientierten Rechtsextremismusforschung (hier insbesondere Willems u.a. 1993) wird vorgehalten, in Fixierung auf kognitive Defizite als Sozialisationsschicksale affektive Konflikte als Motive für Wendungen nach rechtsaußen und zur Gewalt zu unterschlagen.

Andere Autoren, die sich der Psychoanalyse oder doch zumindest dem Autoritarismuskonzept als Ausgangspunkt der eigenen Ideen verpflichtet fühlen, machen in jüngerer Zeit - wie schon Wacker 1979 - die Situationsabhängigkeit autoritären Denkens und Verhaltens geltend.

Ottomeyer z.B. sieht (1997) das Ich nicht nur in den Kampf gegen die Ansprüche von Über-Ich und Es, sondern in einen "Dreifrontenkrieg" verwickelt, dessen dritte Front die äußere Realität bildet. Konkurrenz am Arbeits- und Wohnungsmarkt, sozio-ökonomische Absturzgefahren, anomische und labilisierende Situationen in der gesellschaftlichen Entwicklung bilden danach nicht nur neurotische Ängste, sondern auch eine "Realangst in den Konkurrenzverhältnissen" (ebd., 114) aus, die zu Regressionen und Personalisierungen von Bedrohungen führen.

Oesterreich (1998, 9) hypostasiert "eine Orientierung an Autorität, die unabhängig vom Vorhandensein autoritärer Persönlichkeitsmerkmale" und "keine individuelle Eigenschaft" ist (vgl. auch Oesterreich 1993, 1996, 1997).

Ansätze wie diese verlassen das Terrain der Individualpsychologie konsequent und führen weitaus stärker als dies die obigen Ansätze u.U. hier und da einmal tun, strukturelle Verursachungsmomente als Erklärungsvariablen von Rechtsextremismus ein. Sie markieren damit die Lücke, die generell von Ansätzen offengelassen wird, die primär individuelle Verursachungsfaktoren von gedanklichen, affektiven und konativen Orientierungen in den Mittelpunkt der Betrachtungen rücken, die Antwort auf die Frage nämlich, von wo aus und wie solche Orientierungen gleichsam in das Individuum 'hineinkommen', will man sie ihm nicht als ab ovo mitgebrachte 'natürliche' Einstellung oder als letztlich organismisch bedingte Charaktereigenart unterstellen.

2.2 Fokus: Sozialstruktur

Eine Analysevariante des Autoritarismus-Phänomens, für die in jüngerer Zeit in Deutschland vor allem D. Oesterreich steht, sieht zwar Autorität bzw. Autoritarismus nach wie vor im Individuum selbst entstehen, führt sie als - offenbar anthropologisch zu deutende - "Basisreaktion menschlichen Verhaltens" (Oesterreich 1998, 9f) aber auf Situationen zurück, die Überforderungen darstellen, weil sie das einzelne Subjekt verunsichern: "In Situationen, die überfordern, die den einzelnen verunsichern, verhalten sich alle Menschen 'autoritär', indem sie sich in den Schutz von Sicherheit bietenden Instanzen flüchten (seien dies nun Individuen, soziale Gruppen oder auch Ideen), sich an diese Instanzen klammern und sich ihnen unterordnen" (ebd., 9). Die Tendenz, basale Bedürfnisse nach Schutz und Sicherheit über die "autoritäre Reaktion" zu befriedigen, kommt demnach gerade in Zeiten auf, die krisenhaft sind und/oder auch subjektiv als krisenhaft erlebt werden; dies in dem Sinne, dass beängstigende Situationen als "Angriffe auf die eigenen Werte und die psychische Identität", z.B. als "Diskriminierungen, Ausgrenzungen und Statusbedrohungen" (ebd., 11) wahrgenommen werden. Bei einem Versagen von Autoritäten, die die gesellschaftliche Macht repräsentieren, aber die in sie gesetzten Erwartungen nicht erfüllen, entsteht dann die Neigung zu politischer Radikalisierung und extremistischem Verhalten. Deshalb "bedarf es einer Analyse der allgemeinen politischen Situation, des politischen Klimas und des Typus der in der Krisensituation anstehenden politischen Probleme" (ebd., 12).

Empirisch verfolgt Oesterreich diese Thesen mit z.Zt. vier, auf 16 - 21 Jahre alte Jugendliche in West- und Ostdeutschland bezogenen Untersuchungen, die zwischen 1991 und 1997 durchgeführt wurden und zeitreihenmäßig interpretiert werden können (vgl. kurz zusammenfassend Oesterreich 1998). Aus ihnen wird von Oesterreich resümierend der Schluss gezogen, dass die Welle rechtsextremistischer Gewalt in Deutschland zwischen 1991 und 1993 auf (regierungs)politische Versäumnisse, also auf ein "Versagen von Autoritäten in einer schweren Krisensituation" (ebd., 20), und zwar mit der Folge einer "Identitätskrise" insbesondere für Ostdeutsche, zurückgeführt werden kann. Das zwischenzeitliche Abflauen rechtsextremer Gewalt in den Jahren 1994 und 1995 wird ursächlich in einem registrierten Rückgang der ökonomischen Krise in Ostdeutschland, die Zunahme ab 1995 in ihrer erneuten Verstärkung gesehen.

Insofern die Oesterreichschen Untersuchungen aber eher einen Rückgang "autoritärer Persönlichkeitsmerkmale" wie Autoritarismus, Rassismus und Ethnozentrismus als "psychischen Grundhaltungen" - übrigens besonders stark bei Ost-Jugendlichen, was übrigens doch, entgegen der krisentheoretischen Oesterreich-Interpretation, für einen sukzessiven Abbau der über DDR-Sozialisation produzierten autoritären Haltungen sprechen könnte - ausweisen und die für die Gewalttaten zu registrierenden Wellenbewegungen nur auf der Ebene der Befürwortung rechtsextremistischer Einstellungen, vor allem von Ausländerfeindlichkeit, und hier nur für ostdeutsche Berufsschüler, nicht aber für ostdeutsche Gymnasiasten oder westdeutsche Jugendliche nachweisbar sind, scheint sich letztlich der krisentheoretische Erklärungswert auf die Entwicklungsverläufe a) rechtsextremer Einstellungen und nicht autoritärer, ethnozentrischer und rassistischer Reaktionen und b) bei besonders krisengeschüttelten Gruppierungen und nicht bei nur schwach oder u.U. auch gar nicht von politisch-ökonomischen Krisen betroffenen Menschen zu reduzieren. Die Auftrennung in rechtsextreme Einstellungen einerseits und Autoritarismus andererseits erscheint im übrigen auch höchst artifiziell, weil Oesterreich selber empirisch im Einklang mit der klassischen Autoritarismus-Forschung und auch den daran anknüpfenden neueren Arbeiten von Christel Hopf eine engen Zusammenhang zwischen Autoritarismus und Rechtsextremismus belegt. Ursachen von rechtsextremen Orientierungen außerhalb des Krisen- und Verunsicherungsszenarios, insbesondere detaillierte Analysen der Erfahrungen in den Sozialisationsbereichen von Jugendlichen und ihre geschlechtsspezifische Relevanz werden stark unterbelichtet (vgl. dazu auch die Kritik von Hopf/Hopf 1997, bes. 28ff, an u.a. der quantitativen Methodik geschuldeten Oesterreichschen Missinterpretationen des Zusammenhangs von Familienerfahrungen, Eltern-Idealisierung und Autoritarismus).

Noch weitaus stärker als der Ansatz von Oesterreich führen diskursanalytische Ansätze Argumentationen im Köcher, die auf strukturelle Verursachungskontexte von "Rassismus" - dies ist der im diesen Kontext gebräuchlichste, unser Verständnis von Rechtsextremismus in gewisser Weise einschließende, aber auch u.E. in missverständlicher Weise darüber hinausschießende (s.u.) Begriff - verweisen.

So argumentiert der niederländische Sprach- und Sozialwissenschaftler Teun van Dijk (vgl. z.B. 1993), die von einzelnen Individuen geäußerten Einstellungen seien zumeist nicht auf individuelle Erfahrungen und Meinungen zurückzuführen, sondern nur als Ausfluss übergeordneter sozial vermittelter Diskurse zu verstehen. Ethnozentristische und fremdenfeindliche Äußerungen sind demnach nur Aktualisierungen eines gesellschaftlich geteilten Repertoires einschlägiger Denkmodelle. In ihnen werden Vorstellungsbilder wie z.B. die über die grundsätzliche Andersartigkeit von "Fremden", deren fehlenden Anpassungswillen, ihre Gewaltneigung und die sozialen und ökonomischen Nachteile, die ihre Anwesenheit im Gastlande angeblich mit sich bringe, ständig reproduziert. Insofern die political correctness - mit zunehmendem Bildungsgrad in ansteigendem Maße - vorschreibe, ethnozentrische Argumentationen eher nicht offen zu äußern, sei eine Kommunikation in nicht weiter ausgeführten Andeutungen und das auch darin zum Ausdruck gelangende Interesse, ethnozentrische Erzählungen als sozial akzeptable hinzustellen, beobachtbar - und dies nicht zufällig insbesondere in den bildungsgewohnten Mittel- und Oberschichten.

Bezogen auf den deutschen Sprachraum wird der diskursanalytische Ansatz vor allem in der Gruppe um das Duisburger Institut für Sprach- und Sozialforschung (DISS) gepflegt. Siegfried Jäger ist der exponierteste Vertreter dieses Instituts (vgl. z.B. Jäger 1992, 1993, 1995, 1997). Er versteht unter Diskurs allgemein "den 'Fluß von Wissen durch die Zeit'" (Jäger 1997, 132). Dieser Wissensfluss hat zwar nach dieser Auffassung "keinesfalls" "selbständige oder gar selbstreferentielle Strukturen", und formiert "Realität nicht unmittelbar", sondern kommt "über die dazwischentretenden tätigen Subjekte in ihren gesellschaftlichen Kontexten als Produzenten der Diskurse und der Veränderung von Wirklichkeit" (ebd., 138) zustande. Andererseits aber wird geltend gemacht: "Das (einzelne) Subjekt konstituiert den Diskurs nicht, eher ist das Umgekehrte der Fall. Der Diskurs ist überindividuell" (ebd., 139). Zumindest dem eigenen Empfinden nach wird als Ergebnis von Diskursanalysen aufgedeckt, "dass Rassismus zentral zur Denkweise unserer Gesellschaft gehört" (ebd., 141). Es werden "erhebliche inhaltliche und formale Entsprechungen" (ebd., 145) zwischen den unterschiedlichen Diskursebenen des Alltags, der Wissenschaft, der Politik, der Medien und der Erziehung aufgefunden. Zu ihnen gehören Versuche, rassistische Positionen zu verbergen, zu "verstecken" und zu "verleugnen", totalisierende Aussagen über Minoritäten, die Verwendung von Kollektivsymboliken (z.B. "Asylantenflut") und "Pragmasymbolen" (z.B. die Deutung des Kopftuchs als Zeichen von Rückständigkeit), die Moralisierung der eigenen Ausgrenzungshaltung durch Vorschieben von Uneigennützigkeit, die Verwendung von plausibilitätsverleihenden Redewendungen, die auf gemeinsame kulturelle Deutungen vertrauen können, das Erzählen von Einzelbeispielen, z.T. aus eigenem Erleben, die fremdenfeindliche Positionen zu legitimieren scheinen etc. Als "primär beschreibendes Verfahren" (Jäger 1997, 139) leisten kritische Diskursanalysen zunächst nicht mehr als möglichst sensibel die Mechanismen rassistischer sowie minoritätenfeindlicher Erzählungen zu dechiffrieren. Mehr als die diskursive "Verstrickung" "rassistischer" Subjekte selbst und Verweise auf allgemein-gesellschaftliche Praxen in deren Hintergrund, nämlich seine z.B. sozialisatorischen Ursachen und Funktionszusammenhänge, geraten freilich nicht detailliert und auf hinreichend wissenschaftlich-methodisch seriöse Weise in den Blick (vgl. zu dieser Begrenzung des Ansatzes selbst: Jäger 1997, 148).

Die VertreterInnen der "Dominanzkultur"-These bringen vom Ausgangspunkt her ähnlich einen "strukturellen Rassismus" als Hintergrund (neu)rechter Tendenzen in Anschlag. Bei der Erklärung einschlägiger Phänomene ist danach "entscheidend" "sowohl das aktuelle politische Klima als auch die vorhandenen gesellschaftlichen Hierarchien" (Rommelspacher 1997, 170). "Dominanzkultur"-TheoretikerInnen werfen den auf die überbordenden Identitäts- und Selbstwertprobleme rechtsextrem orientierter Jugendlicher abhebenden theoretischen Annäherungen wie der der Heitmeyer-Gruppe, aber auch dem psychodynamischen Erklärungsansatz von Streek-Fischer (zu beiden s.o.) vor, eine "Defizitthese" zu verfolgen, geschlechtsspezifische Differenzen bei Rechtstendenzen allenfalls marginal zum Thema zu machen und/oder in Ermangelung eines theoriegeleiteten Rekurses auf die soziale Grundkategorie 'Geschlecht' daher auch nicht erklären zu können. Es fehle die Einsicht darin, dass die beiden Kernelemente von Rechtsextremismus, Ungleichheitsideologien und personale Gewaltakzeptanz, in bestimmter Weise auch die gesellschaftlich dominierende Form des Geschlechterverhältnisses durchzögen (vgl. Holzkamp/Rommelspacher 1991, 33). Deshalb lege die "Defizitthese" die grundlegende Geschlechterhierarchisierung der "patriarchalen Kultur" (ebd.) nicht frei, konstruiere rechtsextreme Tendenzen als bloßes Problem marginalisierter Jugendlicher und entlaste die Täter rassistischer Gewalt durch die Konstruktion einer Opferrolle für sie. Sie verfehle, sie als auf entsprechende gesellschaftliche "Hinweisreize" (etwa der BILD-Zeitung) reagierende Exekutanten männlicher Dominanz, "unbewusster gesellschaftlicher Aggressionen" sowie des damit "elementar" zusammenhängenden (vgl. ebd., 34) "strukturellen Rassismus" (Rommelspacher 1993a, 80) einer auf kapitalistisch motivierte Expansion und egoistische Privilegiensicherung setzenden deutschen "Interessengemeinschaft von Wohlstandsbürgern" (dies. 1993b, 203) begreifen zu können. Insofern "Kennzeichen 'herrschender' Ideologien" sei, "dass sie Teil des Selbstverständnisses der Unterdrückten werden" (ebd., 205), könnten Frauen und Mädchen auch als Kollaborateurinnen von Männern und Jungen auftreten, zumal auch sie sich nicht über eine vorschnelle Gleichsetzung von Rassismus und Sexismus (vgl. ebd.) aus der um Ab- und Ausgrenzung bemühten Mehrheitskultur der "weißen, christlich sozialisierten Deutschen" heraushelten und aus den entsprechenden Abwehrhaltungen und/oder gar -kämpfen gegenüber MigrantInnen heraushalten könnten.

Eine nüchterne Durchmusterung der Argumente lässt erkennen: Das wohl 1991 erstmals publizierte, allerdings auch 1993 immer noch vorgebrachte Monitum der Geschlechtsblindheit trifft in der Tat sehr weitgehend auf die 1987 erstmals aufgelegte Heitmeyer-Studie über rechtsextreme Orientierungen bei Jugendlichen zu - ebenso wie im allgemeinen auf die bis dahin veröffentlichten anderen thematisch einschlägigen Untersuchungen. Es kann jedoch spätestens seit 1991, nachweislich eigentlich schon seit Ende 1990 (vgl. Möller 1990), nicht mehr ohne weiteres aufrechterhalten werden (vgl. Siller 1991; Möller 1991,1993b), wie bspw. Meyer (1993) auch richtig erkennt. Seine gebetsmühlenartige Neuauflage (vgl. Holzkamp/Rommelspacher 1991; Rommelspacher 1991, 1993a,b) steht in umgekehrt proportionalem Verhältnis zu seiner Stichhaltigkeit. Davon unberührt bleibt die Feststellung, dass es insgesamt in der einschlägigen Forschungslandschaft eklatante Lücken geschlechtsspezifisch reflektierender empirischer Forschung gibt - nebenbei bemerkt: leider gerade bei den Vertreterinnen der Dominanzkulturthese. Rippl (1997) geht wegen dieses Mankos sogar so weit, die von ihnen ausgelösten Debatten als "Windmühlengefechte" zu qualifizieren (ebd., 72).

Ähnlich überholt ist das Argument, Ungleichheit und Gewalt würden nicht als konstitutive Elemente des gesellschaftlich dominierenden Geschlechterverhältnisses begriffen (vgl. dagegen z.B. Möller 1991, 37). Allerdings lässt sich darüber streiten, ob zur Kennzeichnung der herrschenden Geschlechterhierarchisierung Begriffe wie "Patriarchat" oder "patriarchale Kultur" (s.o.), die einmal als "Kampfbegriff"(e) ... der Frauenbewegung" Sinn gehabt haben mögen (Gerhard 1993, 13), (noch) analytischen Gewinn versprechen. Mit Ute Gerhard (1993, 12/13) ist jedenfalls zu beobachten, dass "das Konzept Patriarchalismus selbst in der Frauenforschung heute größtenteils als überholt (vgl. K. Hausen 1986), wenn nicht als wissenschaftlich unbrauchbar bezeichnet wird (vgl. L. Gordon 1990, S.22)" und "in einem breiten und nahezu selbstverständlichen Konsens von 'Geschlecht'-'Gender' als dem seriöseren Begriff und grundlegenderen Strukturierungsprinzip" abgelöst wurde.

Zumindest aus der Sicht von Jungen- und Männerforschung lässt sich aus der gender-Perspektive die vorhandene Geschlechterhierarchisierung vorläufig am besten mit der Begrifflichkeit der "hegemonialen Männlichkeit" fassen (vgl. Carrigan e.a. 1985; Connell 1987, 1990). Sie bringt - anders als der Patriarchats-Begriff - auch zum Ausdruck, dass Männlichkeitsprinzipien nicht nur als Unterdrückungsmechanismen für Frauen, sondern unter Umständen auch für Männer selbst wirksam sind und dass entsprechende Strukturen sich ebenso wenig zwangsläufig abbildungskongruent in Männerpersönlichkeiten niederschlagen müssen wie sie von Frauen nicht mitgetragen werden können. Dieser Hinweis ist gerade im hier fokussierten Zusammenhang wichtig, weil er die Überlagerung von geschlechtsspezifischer durch kulturelle Hierarchisierung zu erklären hilft, die auch Holzkamp/Rommelspacher sehen, wenn sie etwa auf die privilegierte Rolle der (deutschen) Frau "als Weiße gegenüber Schwarzen, als Christin gegenüber Juden und Jüdinnen, als Besitzende gegenüber Abhängigen und Besitzlosen" (1991, 36) verweisen. Bei ihnen bleibt jedoch der Zusammenhang von "weiß-westlicher" und "männlicher" Dominanzkultur nur vage: Sie erklären nur dass, nicht aber wie herrschende Ideologien von den Unterdrückten übernommen werden und sehen bei der Reaktion auf Andersartigkeit vermittels Unterwerfungsbestrebungen "einen elementaren Ursprung im herrschenden Umgang mit dem Geschlechterverhältnis" (ebd., 34; nahezu wortgleich: Rommelspacher 1991, 85). Fraglich bleibt, ob im praktizierten Geschlechterverhältnis tatsächlich nur einer von mehreren Ursprüngen oder der einzige oder zumindest entscheidende Ursprung verortet wird. Sollte letzteres nicht der Fall sein - wie der unbestimmte Artikel es in der oben zitierten Wendung grammatikalisch andeutet -, bleibt offen, welche anderen Faktoren mit jeweils welchen Gewichtungen verantwortlich zu machen sind.

Ebenso unscharf wie die männliche Dominanzkultur durch den zugrundegelegten Patriarchatsbegriff gekennzeichnet wird, wird der diagnostizierte mehrheitsgesellschaftliche Anspruch auf "weiß-westlich-christliche" Kulturdominanz mit Hilfe des "Rassismus"-Begriffs gefasst: Während anfänglich der "Rassismus"-Begriff eher beiläufig thematisiert wird, rückt er inzwischen in den Vordergrund und wird als Gegenbegriff zu dem des Rechtsextremismus aufgebaut, dem vorgehalten wird, er fokussiere primär auf die Randbereiche des politischen Gesamtspektrums (vgl. Rommelspacher 1993a, 72). Ganz abgesehen davon, dass diese Kritik dem "soziologischen Rechtsextremismus"-Begriff des Individualisierungs-Ansatzes und seinen permanent und längst vor dem Auftauchen der "Dominanzkulturthese" vorgetragenen Verweisen auf die Verantwortung gesellschaftlicher Zentralinstanzen und ihrer VertreterInnen nicht gerecht wird (vgl. schon Heitmeyer 1987 auch Heitmeyer 1990; später z.B. Heitmeyer 1993, 1994 und Möller 1993a, 1994a,b), wird die "Rassismus"-Definition derart ausgeweitet, dass sie ganz allgemein "die Herabsetzung anderer Menschen, um ihre Funktionalisierung für die eigenen Interessen und die Absicherung des eigenen Status zu rechtfertigen" (Rommelspacher 1993a, 68), meint, unabhängig davon, ob sie kulturalistisch oder biologistisch argumentiert. Diese Ausweitung trägt zweifellos - so z.B. Chr. Hopf (1993, 381) - "zu einer Vernebelung vorhandener Unterschiede in den Mustern und Motiven fremdenfeindlicher Argumentationen, Emotionen und Handlungen bei und erschwert insofern auch ihre wissenschaftliche Analyse". Ein differenzierterer Sprachgebrauch ist demgegenüber in der Lage, die Unterschiedlichkeiten und Kongruenzflächen z.B. nationalistischer, ethnozentristischer, (neo)faschistischer und rassistischer Mentalitäten und Argumente zu markieren.

Die Hypothese von der strukturellen Verankerung von Rassismus wirft zudem die von der Dominanzkulturthese bislang unbeantwortete Frage auf, warum, diese vorausgesetzt, denn nicht jedes Gesellschaftsmitglied - und dies in gleicher Weise - rassistisch ist oder wieso nicht wenigstens alle Männer bzw. männlichen Jugendlichen auf vorliegende gesellschaftliche Hinweisreize entsprechend gleichgerichtet reagieren. Es handelt sich mit Helsper (1995a, 130) um eine "übergeneralisierte" "Formel: männliche Sozialisation = Dominanz =

Gewaltdisposition. Dass es vor allem spezifische Formen männlicher Sozialisation sind, die zu Gewalt führen und in - tatsächlich weit geringerem Ausmaß - auch bestimmte Formen weiblicher Sozialisation, die es zu differenzieren gibt, ist in dieser Formel getilgt." Sie verschweigt auch, ob und wenn ja, wie die angenommenen "unbewussten gesellschaftlichen Aggressionen" mit Rechtsextremismus zusammenhängen und wieso sie überhaupt "unbewusst" sind.

Unklar bleibt ebenfalls, wie die mit Hans Jonas als "Alexander-Syndrom" bezeichnete, internalisierte Expansionstendenz von Macht und Reichtum bei den kulturell kapitalistisch sozialisierten Individuen des "goldenen" Westens sich aus der ihr inhärenten Offensive in die Defensivstrategie der Privilegiensicherung umformt. Selbst wenn objektiv die Verteidigung des erreichten Wohlstandsniveaus im geographisch kleinen Sicherheitssektor des Globus dessen kolonialistische Bemächtigungsbestrebungen nicht zu stoppen vermag, ja eher voraussetzt, geschieht doch subjektiv die Abschottung des westlichen Lebensstandards aus Bedrohungsgefühlen heraus. Verelendungs- und Abstiegsängste grassieren längst nicht mehr nur in den unteren Schichten der Gesellschaft. Subjektive Empfindungen wie diese aber lassen sich nicht dadurch aus der Welt schaffen, dass sie über ihre objektive Falschheit aufgeklärt werden, etwa dadurch, "die eigene Prägung durch die Mehrheitskultur" "bewusst zu machen" (Rommelspacher 1993b,207). Sie zu bearbeiten, bedarf es vielmehr zunächst eines Verständnisses für ihre subjektive Funktionalität bei jedem/r einzelnen und der politischen Zuwendung zu den realen und - wie z.B. auch Ottomeyer (1997) weiß - nicht nur phantasierten Problemen, die sie auslösen.

Alles in allem produzieren die strukturellen Ansätze die Kehrseite jenes Hauptproblems, das für die auf das Individuelle fokussierenden Erklärungsversuche kennzeichnend ist: Verfehlen die einen weitgehend überindividuelle, kollektive potentielle Verursachungszusammenhänge zu thematisieren, so können die anderen die genuine 'Leistung' des aktiven Subjekts bei der Konstituierung rechtsextremer Orientierungen nicht oder nur unvollständig erfassen. Warum unterschiedliche Individuen sich trotz derselben, der gleichen oder zumindest einer ähnlichen strukturellen 'Großwetterlage' unterschiedlich verhalten, bleibt eine offene Frage.

2.3 Fokus: Sozialisation

Auf Sozialisation fokussierende Erklärungsangebote versuchen, das Zusammenspiel von Subjektivem und Objektivem, von Individuellem und Strukturellen so zu erfassen, dass sie die subjektiven Verarbeitungen von objektiven Erfahrungen auf Seiten von Subjekten zum Analysegegenstand erheben. Besonderes Augenmerk gilt dabei den Erfahrungen, die in den vor allem für Jugendliche zentralen Lebensbereichen von Familie, Schule, Peergroup, Freizeit und Medien, evtl. auch in anderen Sozialisationsinstanzen bzw. -bereichen, gemacht werden.

Als Weiterentwicklung des Autoritarismuskonzepts versteht sich der bereits mehrfach in seinen empirischen Ergebnissen referierte Ansatz der Gruppe um Christel Hopf. Er verbindet das Autoritarismuskonzept mit dem Ansatz der attachment-Theorie, wie sie von Ainsworth, Bowlby sowie Main u.a entwickelt wurde (vgl. Bowlby 1984, 1986; Ainsworth/Bowlby 1991; Main e.a. 1985). Danach verfügt jede Person über ein affektiv und kognitiv strukturiertes inneres Modell ("working model"), das die gemachten Bindungserfahrungen mit bestimmten Bindungsfiguren und -beziehungen zusammenfassend bündelt. Es geht in allererster Linie auf Bindungserfahrungen der frühen Kindheit (hier vor allem auf solche mit der Mutter) zurück, ist aber auch noch für die Erwachsenenorientierung bedeutsam. Diese subjektiven Repräsentationen von Beziehungserfahrungen "besitzen eine gewisse 'Stabilität'", "sind jedoch kein passives und unveränderbares Introjekt, sondern eher als Ergebnis einer aktiven - affektiven und kognitiven - Auseinandersetzung mit den eigenen Erfahrungen zu sehen" (Hopf u.a. 1995, 109).

Bindungserfahrungen werden nun nach drei "Hauptrepräsentationsmustern" unterschieden:

- "sicher-autonom" ("secure/autonomous"),
- "abwehrend-bagatellisierend" ("dismissing"),
- "verstrickt" ("preoccupied/entangled").

Die oben bereits dargestellten Ergebnisse der darauf aufbauenden empirischen Forschung der Gruppe bestätigen die These, "dass die kognitive und emotionale Verarbeitung von Beziehungserfahrungen bei der Herausbildung rechtsextremer Orientierungen eine wichtige Rolle spielt" (Hopf u.a. 1995, 129): Rechtsextrem Orientierte sind in ihren Bindungserfahrungen zumeist "abwehrend-bagatellisierend" oder "verstrickt".

Eine zweite Erweiterung der Hopf-Studien besteht in der herausgehobenen Betrachtung der Gewissensentwicklung. Der Aufbau einer stabilen, internen moralischen Instanz mit Selbstkontrollfunktionen ist danach ebenfalls in erster Linie von der Qualität der emotionalen Beziehung zwischen Mutter und Kind abhängig. Um so positiver und befriedigender sie ist, desto stärker bilden sie ein starkes Bollwerk gegen Autoritarismus und Rechtsextremismus (vgl. ebd.).

Andererseits wird, jedenfalls in Bezug auf junge Männer, festgestellt (Rieker 1997), dass nicht allein die Mutter-Kind-Beziehung von erheblichem Einfluss auf die Ausbildung rechtsextremer Haltungen ist, sondern dass zumindest "ethnozentrische Orientierungen mit entsprechend eingestellten Gruppen Gleichaltriger in deutlichem Zusammenhang stehen" (ebd., 206). Allerdings wird keine Gewichtung zwischen familialen und peerbezogenen Faktoren gewagt.

Die Hopf-Studien treiben die Rechtsextremismusforschung sicherlich aufgrund ihrer Detailgenauigkeit und des Verzichts auf überzogen großrahmige, empirisch-qualitativ kaum einzulösende gesellschaftstheoretische Interpretamente erheblich voran. Offen bleibt trotzdem eine Reihe von wichtigen Fragen. Zu ihnen gehört u.a.: Gelten die für Bindungsrepräsentationen festgestellten Zusammenhänge auch für Bindungserfahrungen als solche? Welche Rolle spielen Beziehungs- und Bindungserfahrungen nach der frühen Kindheit genau? Wie flechten sich familiale Beziehungserfahrungen in die Prozesse der Erfahrungssedimentierung in anderen Lebens- und Erfahrungsbereichen (z.B. Schule, Medien) ein? Wie stellen sich die Zusammenhänge geschlechtsspezifisch dar?

Einem Teil dieser Fragen führt Oevermann in einem allerdings nicht durch eigene Empirie untermauerten Essay Antworten zu. Er vermutet in seinen 1998 publizierten, aber bereits aus dem September 1993 stammenden Überlegungen ebenfalls ein problematisches Zusammenspiel von negativer Familiensozialisation, fehlenden schulischen Anerkennungen und Peer-Sozialisation. Er sieht Rechtsextremismus bei Jugendlichen nicht als politisch-ideologische Bewegung, sondern als "Ausdruck moralisch und ethisch defizitärer Adoleszenzkrisen-Bewältigung" (ebd., 125), die ihre Ursache in sozialisatorischen Defiziten im Elternhaus und im Umfeld (z.B. "äußerlich intakte Familie mit sinnentleertem alltäglichen Binnenleben"; ebd. 111), in dem wachsenden Verlust der Integrationsleistungen traditionaler Sozialmilieus durch deren Enttraditionalisierung und speziell in einem allmählichen Verschwinden der überlieferten Selbstregulationsmechanismen von Gewalt in den Gleichaltrigengruppen hat. Ein "Defizit sozialer Anerkennung" werde deshalb durch "extreme Signale, eben die Topoi und Symbole einer monströsen Sittlichkeitsverletzung" zu kompensieren gesucht, um sich "eine Macht zu verschaffen, und sei es auch nur negativ" (ebd.).

Mit weitaus mehr empirischer Unterfütterung kann der modernisierungstheoretische Ansatz Heitmeyers zu den Folgen "sozialer Desintegration" aufwarten. Mit ihm wird nicht nur allgemeine Gewaltakzeptanz zu erklären versucht, sondern es werden auch Entstehung und Entwicklung rechtsextremistischen Denkens und Verhaltens bzw. der Bestandteile davon wie ggf. Ethnozentrismus, Fremdenfeindlichkeit, Autoritarismus u.a.m. mit ihm analysiert. In Weiterführung des bei Heitmeyer (1987) und Heitmeyer u.a. (1992) angelegten Ansatzes wird die Ausbreitung von Rechtsextremismus im Zusammenwirken mehrerer, vor allem zweier Prozesse gesehen (vgl. vor allem Heitmeyer 1993, 1994). Auf der einen Seite führen Schattenseiten von Individualisierungsprozessen als Phänomene sozialer Desintegration (Auflösung von Beziehungen zu anderen Personen oder von Lebenszusammenhängen, Auflösung der faktischen Teilnahme an gesellschaftlichen Institutionen, Auflösungsprozesse der Verständigung über gemeinsame Wert- und Normvorstellungen) zu problematischen Verarbeitungsweisen auf Seiten der Subjekte. Je weniger sie darauf vertrauen können, über sozial akzeptierte Integrationsmechanismen wie Statuserwerb, Konsum und Besitz gesellschaftliche Integration zu erreichen, um so mehr können andere Integrationsmechanismen für sie attraktiv werden, auch gerade solche, die Anschlussstellen für rechtsextremistische Positionen eröffnen. Dazu gehört:

- "die Umformung von erfahrener Handlungsunsicherheit in Gewissheitssuche",
- "die Umformung von Ohnmachtserfahrungen in Gewaltakzeptanz",
- "die Umformung von Vereinzelungserfahrungen in die Suche nach leistungs-unabhängigen Zugehörigkeitsmöglichkeiten" (Heitmeyer 1994, 47).

Rechtsextremismus muss also - so gesehen - als Resultat sozialisatorischer Verarbeitungen von Alltagserfahrungen begriffen und untersucht werden: "Der Weg von Jugendlichen in das fremdenfeindliche oder rechtsextremistische Terrain verläuft also nicht in erster Linie über die Attraktivität von Parolen, die eine Ideologie der Ungleichheit und Ungleichwertigkeit betonen, um diese mit Gewalt durchzusetzen, sondern über Gewaltakzeptanz, die im Alltag entsteht und *dann* politisch legitimiert wird. Dies verweist nachdrücklich zuerst auf zentrale gesellschaftliche Strukturen und Sozialisationsmechanismen und nicht auf die politischen Ränder" (ebd.).

Auf der anderen Seite "müssen die *Verschiebungen* von *Deutungs-* und *Re-Integrationsangeboten* in der politischen Kultur via Eliten besonders betont werden" (ebd., 48). Heitmeyer erkennt eine den mächtigen Tendenzen von Modernisierung und Individualisierung geschuldete "instrumentalistische Sichtweise von Menschen in dieser hochindustrialisierten Gesellschaft" (1993, 7) als Ursache der "Paralysierung" gesellschaftlicher Institutionen angesichts 'neuer' rechtsextremer Tendenzen (vgl. dazu auch Möller 1993a), einer Paralysierung von Unternehmen, Gewerkschaften, Kirchen, Massenmedien und staatlichen Institutionen wie Schulen, Universitäten, Bundeswehr und Polizei. Soweit diese gesellschaftlichen Einrichtungen selbst nach "utilitaristisch-kalkulativen Kriterien" Sozialisation betreiben, das Vorhandensein von Fremdenfeindlichkeit und Gewaltakzeptanz in ihren eigenen Bereichen tabuisieren und "Mechanismen der psychischen Selbstbetäubung und der selektiven Unaufmerksamkeit" (ebd., 10) pflegen, setzen sie sich dem Paradoxon aus, "gegen etwas kämpfen (zu) sollen, was zur Grundausstattung dieser Gesellschaft gehört" (ebd., 11): "Gewalt - wenn auch in legitimierter Form" (ebd., 10). Insofern muss die Anfälligkeit von Jugendlichen für rechtsextremistische Positionen auf dem Hintergrund der gesamtgesellschaftlichen Verbreitung bestimmter Ideologien und politischer Verhaltensweisen betrachtet werden. Zu ihnen gehört: die Normalisierung von Ungleichheitsideologien und Gewaltakzeptanz in politischen Alltagsorientierungen, hier insbesondere die Ethnisierung politisch-sozialer Konfliktlagen, die Brutalisierung subkultureller Aktivitäten, die Stabilisierung rechtsextremer Wahlergebnisse, die Intellektualisierung rechter Ideologieproduktion und die Ausdifferenzierung rechtsextremer Organisationen.

Hinweise auf den Machiavellismus, den Instrumentalismus, den kalkulativen Utilitarismus der sich modernisierenden Gesellschaft und auf sonstige Elemente subtiler Gewaltförmigkeit belegen, dass Heitmeyer Rechtsextremismus keineswegs bloß als Rebellion der sozio-ökonomisch Zukurzgekommenen, als

"Aufstand der Modernisierungsopfer" begreift, sondern Ursachen - so auch übrigens schon 1987 - "in der Mitte der Gesellschaft" ausmacht. An dieser Stelle geht insofern eine Entgegensetzung zur wohlstandschauvinistischen Deutung des Phänomens Rechtsextremismus fehl (vgl. Held u.a. 1991; zur methodischen Kritik ihrer Untersuchungs'ergebnisse' vgl. aber unbedingt auch Hopf 1994). Es ist desintegrationstheoretisch durchaus nicht verwunderlich, wenn auch sozioökonomische "Modernisierungsgewinner" rechte und rechtsextreme Tendenzen zeigen, denn eine formale Systemintegration lässt sich als entkoppelt von sozio-emotional ausgeprägter 'echter' Sozialintegration denken (vgl. auch Böhnisch 1994).

Auf der anderen Seite wird den VertreterInnen des Individualisierungs- bzw. Desintegrationstheorems vorgehalten, das Erklärungsmuster "generell von sozialer Ungleichheit zu gesellschaftlicher Isolation und Anomie" zu verschieben (W. Hopf 1994, 197) und damit sozial-strukturelle Dispositionen auf die leichte Schulter zu nehmen. So arbeitet W. Hopf (1994) vor allem auf Basis von Auswertungen der Daten von Melzer (1992) heraus, dass sozioökonomische und ausbildungsmäßige Deprivationen aufgrund alter sozialer Ungleichheiten immer noch ihre Kraft in Hinsicht auf die Einnahme von rechtsextremistischen/ausländerfeindlichen Haltungen entfalten. Er verweist allerdings auch darauf, dass "sozial-emotionale Deprivationen", die auch ihm mit quantitativer Methodik kaum adäquat erfassbar erscheinen, zumindest bei einigen Formen nichtpolitischen Gewalthandelns, für die sie (z.B. bei schulischen "bullies") als besser untersucht gelten können, noch stärkere Einflussfaktoren bilden. Beide Argumente werden indes desintegrationstheoretisch aufgefangen und theoretisch integrierbar durch den o.e. Hinweis auf die zwei anzunehmenden Qualitäten von sozialer Desintegration: emotionale Nichtakzeptanz unabhängig von formaler Zugehörigkeit einerseits und Ausgrenzung bzw. Abstiegsbedrohung im Sinne objektiver bzw. relativer Deprivation andererseits.

Weitere Kritik an dem Heitmeyerschen Erklärungsansatz betrifft konzeptionelle, methodische und empiriebezogene Punkte. Wichtiger als sie in dem hier interessierenden Zusammenhang im einzelnen zu diskutieren (vgl. dazu bspw. zusammenfassend Neureiter 1996), erscheinen für unseren Forschungszuschnitt Hinweise auf drei Leerstellen des Konzeptes:

- die noch unzureichende geschlechtsspezifische Ausarbeitung,
- die - auch empirisch - bislang nicht erfolgende untersuchungsmäßige Abdeckung der politischen Sozialisationsprozesse jüngerer Jugendlicher sowie
- die Beschränkung verlaufstheoretischer Analysen auf ältere männliche Jugendliche bzw. junge Männer (unternommen durch Heitmeyer u.a. 1992).

Der konflikt- und subkulturtheoretische Ansatz von Eckert, Willems u.a. arbeitet sich vornehmlich an dem (in seinen Anfängen auch älteren) individualisierungs- bzw. desintegrationstheoretischen Konzept ab. Er hat gegenüber der sich ebenfalls als Alternative dazu andienenden Dominanzkulturthese den

Vorteil, über eigene empirische Unterfütterung (vorrangig durch die o.e. Aktenanalysen von fremdenfeindlichen Straftätern; vgl. Willems 1993a sowie Willems u.a. 1994) zu verfügen.

Der Hauptvorwurf dem Individualisierungs- bzw. Desintegrationstheorem gegenüber geht dahin, es könne zwar Orientierungsprobleme und Anomietendenzen erklären, es sei aber zu großrahmig, um Gewaltanwendung und Rechtsextremismus als Reaktion auf solche Momente ableiten zu können, schließlich reagierten die Individuen auch anders auf Individualisierungstendenzen denn durch derartige Reaktionen. Zudem wird in Anrechnung gebracht, "Hinweise auf defizitäre Familienstrukturen, auf besondere soziale Problemlagen (wie erhöhte Arbeitslosigkeit, fehlender schulischer Abschluss) und eine vorherrschende soziale Herkunft der Tätergruppen aus der Unterschicht k(ö)nnten nur für einen Teil der Tatverdächtigen gefunden werden" (Willems 1993b, 145), die Unterstützung fremdenfeindlicher Gewalttaten durch Nachbarn und Anwohner deutete gerade auf eine Integration in die Nachbarschaft hin und die Herkunft der Täter aus ländlichen Einzugsbereichen spräche nicht für wohl eher in Großstädten kulminierende Individualisierungserfahrungen als Tathintergründe (vgl. Willems 1993a, 253f; Willems u.a. 1994, 74). Außerdem zeige die Geschichte, "dass gerade in hochintegrierten Gesellschaften Gewalt gegen Fremde ausgeübt wird, dass dagegen Toleranz und Achtung vor allgemeinen, d.h. nicht auf die eigene Gruppe beschränkten, Menschenrechten gerade den Abbau partikularistischer und lokaler Integrationsmechanismen voraussetzen" (Eckert 1993,141). Generell lasse sich Gewaltbereitschaft und Gewalthandeln weder aus Persönlichkeitsmerkmalen noch aus strukturellen Rahmenbedingungen heraus, sondern "vielmehr als Merkmal von spezifischen Situationen und Interaktionsmustern, in denen sie als Problemlösungsmöglichkeit (durchaus im utilitaristischen Sinne) zur Anwendung kommen" verstehen (Willems/Eckert 1995, 100).

Daher wird ein "konflikttheoretischer Ansatz" (Willems u.a. 1994) favorisiert, in dessen Zentrum die neuen "Einwanderungskonflikte und die politische Brisanz von Fremdheitserfahrungen" (Willems 1993a) gerückt werden. Fremdenangst, Fremdenfeindlichkeit und rechtsextreme Gewalt gegen Fremde entstehen danach durch individuell und politisch nicht oder schlecht verarbeitete Fremdheitserlebnisse, die Relativierung kultureller Standards, die Veränderung von Lebensgewohnheiten sowie sich ausbreitende Konkurrenzsituationen durch Immigration, die ihrerseits entweder ethnisch-kulturelle Divergenzen konfliktgeladen zu Tage treten lassen oder die Ethnisierung vorhandener sozialer Konfliktlinien (z.B. von Verteilungskonflikten) generieren. Vorstellungen von Verteilungsungerechtigkeiten im Sinne einer wahrgenommenen Privilegierung von ImmigrantInnen, können dann den Eindruck relativer Deprivation heraufbeschwören. Die Ubiquität solcher Konflikte und entsprechender Abschottungsreaktionen der Einheimischen im Wohlstands-Europa wird als Beleg für die Internationalität, Nicht-Marginalität, fehlende Jugendspezifik und Dauerhaftigkeit der Problematik angeführt. Eskalation und räumliche Diffusion der

Gewalttaten werden darauf zurückgeführt, dass lokale Spannungen im Umfeld von Aussiedler- und Asylbewerberunterkünften aufgrund ihrer mangelnden politischen Bearbeitung Gewaltbereitschaften erzeugten bzw. vorhandene politisch aufluden und die entstehende Gewalt in der Lage war, Aufmerksamkeit zu erzeugen und zunächst scheinbare Lösungen im Sinne ihrer Akteure herbeizuführen, zumal sie im Osten nur mangelhaft polizeilich bekämpft und über flächendeckende Medienberichterstattungen für Gleichgesinnte Vorbildcharakter gewinnen konnte.

Eine entscheidende Funktion der Produktion, Konfirmation und Verstärkung von Gewaltbereitschaften und -motiven nehmen in solchen Prozessen nach dieser Auffassung die durch Individualisierungsschübe sich ausdifferenzierenden, sich pluralisierenden und miteinander um Geltung konkurrierenden jugendlichen Subkulturen ein, die immer stärker medienkompatiblen und marktförmigen Mechanismen der Stilisierung ihres Angebots an Anerkennungsmedien unterliegen. Insofern marktförmige Kulturangebote auch gerade Aggression und Kampf stimulieren, bekommt die Gewaltsymbolik unter dem von Jugendlichen erlebten Druck zur Selbststilisierung Anschlussfähigkeit für reale Lebenssituationen, in denen sie sich befinden. Da sie als maskuline Attribute stilisiert werden, sprechen sie gerade die Jungen und die jungen Männer an. Im Rahmen von Einwanderungskonflikten erhält diese Gewaltakzeptanz einen politischen Sinn und neue Dynamik (vgl. Eckert 1993). Ja "erst im Kontext von sich ausdifferenzierenden 'Szenen' unter Jugendlichen und jungen Erwachsenen finden die Sozialisationsprozesse statt, die dann u.U. zu politisch motivierter Gewalt führen können" (Willems/Eckert 1995, 101).

Eine kritische Beleuchtung des Ansatzes wird ihm zunächst eine gewisse Plausibilität nicht absprechen können. Insofern nur fremdenfeindliche Gewalttaten, nicht aber auch andere Gewaltakzeptanzen rechtsextremer oder anderer Provenienz zu erklären beansprucht werden, liegt es in der Tat nahe, den in den Aufnahmeländern sich abzeichnenden Konflikt um die Migration in den Mittelpunkt der Betrachtung zu stellen. Durchaus realistisch wird auch auf die real existierende und nicht nur gänzlich phantasierte Problematik aktueller globaler Wanderungsbewegungen und damit verbundener Integrationsschwierigkeiten in den Immigrationsstaaten abgehoben: die Handhabungsprobleme ethnisch-kultureller Divergenzen und die Tendenzen zur Ethnisierung sozialer Problemlagen. Eskalation und Ausbreitung fremdenfeindlicher Gewalt auch auf mangelnde politische und ggf. polizeiliche Reaktion zurückzuführen, erscheint durchaus sinnfällig. Sicherlich muss ebenfalls den Medien und den von ihnen verbreiteten Kulturmustern eine problematische Rolle innerhalb dieses Prozesses zugesprochen werden.

Schwächen des Ansatzes offenbaren sich aber zumindest an den folgenden Punkten:

Zum ersten ist der gegenüber dem Individualisierungs-/Desintegrations-Ansatz vorgebrachte Haupteinwand mangelnder Bezogenheit auf gewaltgenerierende

Detailprobleme von Individualisierungsfolgen so nicht stichhaltig. Der Ansatz weiß durchaus empirisch gesichert Bedingungen zu benennen, die ein gewaltsames Bearbeiten von Individualisierungserfahrungen wahrscheinlich machen. Vor allem die Studie der Heitmeyer-Gruppe von 1995 legt diesbezüglich eine Fülle an recht detaillierten Erkenntnissen vor. Zusammengefasst erweisen sich danach nicht oder weniger strukturelle Faktoren wie nicht vorhandene formale Zugehörigkeiten zu Vereinen und Organisationen oder äußerlich erkennbar gebrochene Normalfamilienformen oder Bildungskarrieren als prekär. Entscheidend sind vielmehr (vgl. auch weiter oben) sozial-emotionale Faktoren wie: mangelnde emotionale Beziehungsqualitäten innerhalb der Familie, insbesondere fehlende soziale Unterstützung, laxe (bei Mädchen im Osten Deutschlands aber auch als zu streng erlebte) und inkonsistente Erziehungsstile, eigene Gewalterfahrungen, insbesondere Schläge, hoher Leistungsdruck bei gleichzeitig vorhandenen Versagensgefühlen, subjektive relative Statusdeprivation und Statusfrustration (besonders bei westdeutschen Jugendlichen), unzureichende Verlässlichkeit, nicht-diskursive Kommunikationsformen und hoher Konformitätsdruck im Freundeskreis sowie individuell repräsentierte Merkmale wie: hohe externale und internale Kontrollüberzeugungen, Misstrauen gegenüber anderen Menschen, die Konstruktion eines unkritischen ambivalenzfreien Selbstbilds bei im Grunde niedrigem Selbstwertgefühl, hedonistische Lebensauffassungen (vor allem im Zusammenhang mit expressiver Gewalt) sowie Konsumorientierungen bei geringen Realisierungschancen und instrumentalistische Arbeitsorientierungen (zur Relevanz des letzteren vgl. auch die qualitative Studie von Heitmeyer u.a. 1992). Die Stärke dieser Kriterien schwankt dabei - z.T. erheblich - geschlechtsspezifisch und nach Milieuzugehörigkeiten. Insbesondere Angehörige der zahlenmäßig anwachsenden Milieus, des hedonistischen, des aufstiegsorientierten und des traditionslosen Arbeitermilieus sind danach besonders gefährdet.

Zum zweiten sind die eigenen empirischen Analysen der 'Konflikttheoretiker' und ihre Interpretationen durchaus zu problematisieren:

a) muss berücksichtigt werden, dass sie sich fast ausschließlich nur auf die Spitze des Eisberges an fremdenfeindlicher Gewaltakzeptanz beziehen: Gewaltbefürwortende Einstellungen, generelle, aber auch solche, die sich auf Fremde beziehen, werden nicht erhoben; Gewalttätigkeiten kommen nur als fremdenfeindlich motivierte in den Blick der Forscher; dabei stützt man sich auf (polizeiliche) Erhebungen, die nicht nur einer niedrigen Aufklärungsquote unterliegen, sondern auch theoretisch-wissenschaftliche Kriterien vermissen lassen. Sie können also - so die Selbstsicht - "nicht ... als Bestätigung oder Widerlegung im Sinne wissenschaftlicher Methodologie" (Willems 1993a, 107) eingesetzt werden.

b) übersehen Eckert, Willems u.a. - wie auch andere Kritiken (vgl. Rommelspacher a.a.O. oder Held u.a. 1991) - , dass Desintegration nicht primär auf strukturelle und formale soziale Einbindungen bzw. deren Fehlen, sondern in erster Linie auf die sozial-emotionale Seite von Beziehungsmustern, Zugehörigkeiten und Wertewelten hinter der Maske womöglich weiter bestehender formaler Integration bezogen ist. In dieser Hinsicht laufen die Verweise auf die relative Strukturnormalität des sozialen Hintergrunds Rechtsextremer bzgl. Familie, Schulbildung, Arbeit u.ä. ins Leere. Im übrigen müssen die Autoren für den Typus des "Schlägers" im Gesamt der rechtsextremen jugendlichen Gewalttäter (neben den Typen "Mitläufer", "Ethnozentrist" und "Rechtsextremer"; vgl. im Überblick dazu kurz: Willems u.a. 1998) sogar "ohne Zweifel" der Erklärung "Desintegration" und für den Typus des Ethnozentristen ihr zumindest mit Abstrichen zustimmen (vgl. ebd. 206ff).

c) lassen die neueren Ergebnisse der Aktenanalysen von fremdenfeindlichen Straftätern manche der 93er-Interpretationen ins Wanken geraten. Die Befunde zum Bildungsniveau lassen durchaus Tendenzen in Richtung auf Marginalisierung und relative Deprivierung erkennen, zumal wenn man bedenkt, inwieweit die heutige Hauptschule für die Generation, der die Verdächtigten entstammen, zur Restschule geworden ist. Die hohe allgemeine Kriminalitätsbelastung und die gestiegene Arbeitslosigkeitsrate stellen ebenfalls die soziale Integration der Betroffenen zunehmend infrage. Die Unterstützung fremdenfeindlich violenter Jugendlicher durch Nachbarn und andere erwachsene Claqueure muss durchaus nicht als Beleg für eine Wohnumfeld-Integration und dementsprechende parochiale Orientierungen (Willems u.a. 1998) gesehen werden, sondern kann ebenso gut - ja angesichts zahlreicher entsprechender Befunde sogar eher - als Hinweis auf die Exekutionsfunktion Jugendlicher für gesellschaftlich allgemein weiter verbreitete fremdenfeindliche Haltungen interpretiert werden. Für insgesamt eher geringere Integration in die Erwachsenen-Umwelt spricht auch die bei gewalttätigen Jugendlichen vergleichsweise höhere Unzufriedenheit mit der familiären Erziehung und die niedrigere politische Übereinstimmung mit den Eltern (vgl. Heitmeyer u.a. 1995, 377). Das Argument, die Ballung von fremdenfeindlichen Straftaten in ländlichen Gebieten deute auf eher geringere Individualisierungseinflüsse hin, wird entkräftet durch den neueren Befund einer Verlagerung entsprechender Vorkommnisse in die Großstädte. Außerdem zeigen neuere Untersuchungen, dass sich im Hinblick auf Individualisierungsniederschläge in Werten und Normen städtische und ländliche Lebenslagen in den Ländern der alten Bundesrepublik homogenisieren und sich in Ostdeutschland sogar eher ein Land-Stadt-Metropole-Gefälle zeigt (vgl. ebd., 312). Dass traditionale Integrationsmechanismen wie starre Hierarchiestrukturen, Rollenfestlegungen und hohe Konformitätszwänge Gewalt begünstigen, steht ebenso außer Frage wie die Gewaltreduktionsfunktion einer Universalisierung der Menschenrechte. Aus der Individualisierungs-Perspektive ist deshalb nicht die allmähliche Auflösung dieser Integrationsmechanismen per se das Problem. Sie kann geradezu befreiend wirken. Die Schwierigkeit liegt vielmehr darin, dass mit dieser Auflösung auch die weitgehend kollektiv verankerten Medien gegenseitiger Akzeptanz verloren gehen, ohne dass dabei gleichzeitig neue Formen intersubjektiver Anerkennung an ihre Stelle treten.

d) treten explikative Leerstellen zu Tage: Warum lokale Konflikte bis zu Gewalttätigkeiten von Pogromausmaß eskalieren und warum sie in Gewalthandeln gegen die Konfliktgegner, nicht aber in Protest gegen die politisch Verantwortlichen münden, bleibt letztlich ungeklärt. Wenn als Erklärungsversuch die Einflüsse der medial und marktförmig geprägten, öffentlich verbreiteten Gewaltsymbolik auf jugendliche Subkulturen bemüht wird, so fragt sich, wieso gerade sie, aber nicht andere, gewaltferne Annoncen - auch nur bei Teilen der heutigen (Medien-)Jugend - Attraktivität entfalten können und warum sie gerade nationalistisch und ethnisch und nicht etwa mit dem Generationen-, dem Geschlechter- oder dem Klassenkonflikt geladen werden. Ganz abgesehen davon zieht die mit Recht gesehene Relevanz der konsum-kulturellen Gewaltsymbolik die Frage nach sich: Müsste nicht vielleicht zukünftig auch stärker die erlebnisgesellschaftliche Überformung des politischen Verhaltens in die Analyse mit einbezogen werden (vgl. Möller 1995a)? Und hat deshalb König nicht Recht, wenn er (1998) Willems u.a. vorwirft, die affektiven Problemlagen und ihre Verwurzelungen in den Konflikten geschlechtsspezifischer Identitätsbildung innerhalb historisch-struktureller Entwicklungen unterbelichtet zu haben und so "nur an der Oberfläche des Problems" (ebd., 187) zu verbleiben: "Denn die Autoren setzen sich über die Frage hinweg, wie die männliche Aggressivität der jugendlichen Gewalttäter aus der Sozialstruktur der modernen Industriegesellschaft zu erklären ist" (ebd.).

Insgesamt betrachtet fehlt es zwar nicht mehr - wie noch unmittelbar zu Beginn der 90er Jahre - im wissenschaftlichen Raum an Interpretationsvorschlägen und Deutungsmustern für geschlechtsspezifische Verbreitungsdaten und geschlechtsspezifische Anfälligkeitskonstellationen für Rechtsextremismus, man kann ihnen aber kaum den Rang von empirisch wenigstens halbwegs flankierten theoretischen Erklärungsansätzen zusprechen. Dies gilt - angesichts der geschlechtsspezifischen Verteilung von einschlägigen Haltungen bedauerlich, vielleicht sogar skandalös - stärker noch für den "männlichen" als für den "weiblichen" Rechtsextremismus bzw. für einzelne seiner Bestandteile (trotz mancher entsprechend fokussierter erster Deutungsansätze vgl. z.B. Möller 1993b, 1995b; Kersten 1993a,b, 1999; vgl. weiter unten).

Neben der oben bereits erörterten Dominanzkulturthese haben am weitreichendsten noch erfahrungswissenschaftlich fundiert Birsl (1994), Siller (1997) und Rippl (1997) bzw. Rippl u.a. (1998) die Problematik theoretisch in den Blick genommen.

Siller interpretiert (1997) die durchschnittlich geringere Affinität von Frauen zu rechtsextremen Positionen als Ergebnis geschlechtsspezifischer Sozialisation, eine in Einzelfällen dann doch vorhandene Nähe als Ausfluss der doppelten Diskriminierung durch doppelte Vergesellschaftung, wobei sich das Fehlen von Vorbildern für weibliche Identitätsentwicklung jenseits von traditionellen Weiblichkeitsstereotypen und abseits von Angeboten zur Übernahme traditionell männlicher Orientierungs- und Verhaltensmuster bemerkbar macht (siehe dazu auch weiter oben). Eine solche Übernahme registrierte im übrigen auch schon die POLIS-Studie (Utzmann-Krombholz 1994) bei autoritär eingestellten Mädchen: Beharrung auf "Gleichartigkeit - nicht Gleichwertigkeit! - von Frauen und Männern" (ebd., 45) ist das Kennzeichnen ihrer Gleichberechtigungsvorstellungen (vgl. auch den Typus der "verqueren Emanzipation" in Möller 1995b).

Birsl (1994) deutet die empirische Feststellung der geringeren Anfälligkeit von jungen Frauen für rechtsextreme Orientierungen einerseits als durch Untersuchungsmethoden verursacht - die Statements der konventionellen Rechtsextremismusforschung seien noch zu sehr auf den männlichen Befragten 'geeicht' und nur unzureichend geeignet, politische Ausprägungen dieser Couleur bei Mädchen und Frauen einzufangen -, andererseits als Resultat der Lebenssituation junger Frauen und ihrer sozialisatorisch geschlechtsspezifischen Erfahrungen. Für die vergleichsweise größeren Distanzhaltungen wird der oben bereits erwähnte "soziale Kompensationseffekt" verantwortlich gemacht. Als Kerncharakteristik der dennoch in Fällen Nichtdistanzierter zustande kommenden rechtsextremen Affinitäten wird der Vereinbarkeitskonflikt zwischen dem autonomiebezogenen (hier beruflichen) Selbstkonzept der (jungen) Frauen auf der einen Seite und dem in gesellschaftlichen Erwartungen an die Frauenrolle enthaltenen reproduktionsbezogenen Fremdkonzept auf der anderen Seite ausgemacht. Rechtsextremismus bei jungen Frauen kann dann als Versuch einer Rebellion gegen die gesellschaftlichen Rollenzumutungen aufgefaßt werden. Bei rechtsextrem orientierten jungen Männern sind lt. Birsl Restringenzen im Berufsfindungsprozess bei gleichzeitig vergleichsweise ganz deutlich höherer Akzeptanz von direkter Gewalt als externalisierender Bearbeitungsweise von Konflikten entscheidend.

Rippl kritisiert die "sehr pauschale und undifferenzierte Ablehnung" (1997, 71) von Theorieansätzen wie bspw. dem Desintegrationsansatz durch die Dominanzkulturtheoretikerinnen (vor allem Rommelspacher) und beantwortet die Frage, "ob wir im Kontext der Rechtsextremismusforschung spezielle Theorien für Männer und für Frauen wirklich brauchen" (ebd., 70), mit einem klaren "nein". Sie sucht nach einer Weiterentwicklung vorhandener Theorien "unter der Prämisse der Erklärung von Geschlechtsunterschieden" (ebd., 71). Auf diesem Wege greifen Rippl u.a. (1998) wie die Heitmeyer-Gruppe auf den individualisierungstheoretischen Ansatz von Beck zurück. Die AutorInnen gehen davon aus "dass Frauen und Männer solche Werthaltungen, die der Logik einer individualisierten Gesellschaft entsprechen, in unterschiedlichem Maße internalisieren. Frauen weisen in geringerem Ausmaß Werthaltungen auf, die von einem Streben nach individuellem Erfolg und sozialer Durchsetzungsfähigkeit geprägt sind. Männer sind aufgrund ihrer geschlechtsspezifischen Sozialisation empfänglicher für Werthaltungen, die Erfolgsorientierung und individuelle Leistung in den Vordergrund stellen. Stärke, Erfolg und Aggressivität gehören weiterhin eher zum männlichen denn zum weiblichen Geschlechterstereotyp" (ebd., 762). Es wird angenommen, dass solche Wertorientierungen "in Situationen der Verunsicherung und Desorientierung Anknüpfungspunkte zu rechten Ideologien" (ebd., 764) bilden. In der Tat wird empirisch bezogen auf Acht- bis Zehntklässler (also in etwa 'unsere' Altersgruppe) festgestellt, dass "nach dem Einführen der Werthaltungen als Mediatoren kein direkter signifikanter Pfad mehr zwischen Geschlecht und Rechtsextremismus" (ebd., 771) verläuft. Mindestens zwei wichtige Konsequenzen sind aus dem Befund zu ziehen: Zum ersten: "Die marktorientierte Gesellschaft verstärkt Werthaltungen wie soziale Durchsetzung, soziale Ungleichheit und Konkurrenzorientierung, die Affinitäten zu rechtsextremen und fremdenfeindlichen Orientierungen aufweisen." Zum zweiten: "Nicht-individualistische Werthaltungen (wie wir sie eher bei Mädchen und Frauen finden; Anm. d.V.) können... als 'Schutz' vor diskriminierenden und antidemokratischen Einstellungen fungieren. (...) Emanzipation von Frauen als eine Angleichung weiblicher Orientierungen an männliche ist auch aus dieser Perspektive eher negativ zu bewerten." (ebd., 772). Offen bleibt freilich, wie die Sozialisation und Internalisierung der problematischen Werthaltungen geschlechtsspezifisch verläuft.

Zwischenfazit: Je differenzierter die Phänomene von Gewalt und Rechtsextremismus in Deutschland betrachtet werden, desto notwendigerweise filigraner fallen auch die theoretischen Erklärungen für sie aus. Die Problematik erweist sich immer mehr als ein hochkomplexes Geflecht in ihrer Wirkung schwer durchschaubarer Faktoren. Die Verschachtelungen und gegenseitigen Abhängigkeiten von Entstehungs- und Entwicklungsbedingungen sind der reichen Facettierung und der gesellschaftlichen Zentralität der Problematik geschuldet. Sie wiederum rühren daher, dass sie viel weniger als ideologisches Relikt des historischen Faschismus denn als Modernisierungsfolge (weltweite Migration und Internationalisierung von Konfliktlagen, Expansion von Marktförmigkeit, mediale Durchdringung des Alltags, Individualisierung von Zwischenmenschlichkeit etc.) begreifbar ist. Deshalb lässt sie sich auch nicht auf ein nur deutsches, reines Randgruppen-, Jugend- oder auch nur Jungen- bzw. Männerproblem und auf das offen zutage tretende Gewalthandeln reduzieren, das zudem noch vorübergehender Natur wäre. Eigentlich sind auch schon die die Diskussion leitenden Begrifflichkeiten wie Ausländer- oder Fremdenfeindlichkeit irreführend, handelt es sich bei dem damit Bezeichneten doch im Kern um einen innergesellschaftlichen Zivilisationsverlust, der im nachhinein ethnisiert wird.

Der Untersuchungsgegenstand sträubt sich gegen einen oberflächlichen und raschen Zugriff, zumal dann, wenn Übersichten und Aussageebenen über hochaggregierte soziale Gruppierungen unterschritten werden und konkrete Anfälligkeiten für überschaubare Personengruppen und womöglich sogar Einzelpersonen benannt werden sollen. An dieser Stelle kann kleinrahmige, qualitativ verfahrende Forschung ihre Stärken einbringen. Der Mangel an echten Längsschnitt-Daten lässt zudem Entwicklungsprozesse über einen längeren Zeitraum hinweg nur unzureichend erkennen, worunter auch theoretische Erklärungsversuche leiden.

3. Konsequenzen für den Stellenwert der eigenen Untersuchung in der Forschungslandschaft

Resümieren wir, welche Konsequenzen aus dem Stand der empirischen und theoretischen Forschung im Hinblick auf die Anlage der hier vorliegenden Studie und deren Bedeutung für eine Weiterentwicklung des Forschungsstandes gezogen werden können. Fokussieren wir dabei nur auf die wichtigsten inhaltlichen und methodischen Bezüge.

Aspekt: Frühes Jugendalter
Die Relevanz der frühen Jugend wird durch Befunde der politischen Sozialisationsforschung herausgestrichen. Danach erfolgt gerade in dieser Altersspanne die Umformung von politischen Grundorientierungen der Kindheitssozialisation mit den ihr vielfach zugeschriebenen Persistenzen bzw. Strukturierungsprinzipien (vgl. Greenstein 1965; Hess/Torney 1967; Dawson/Prewitt 1969; Easton/Dennis 1969) in ein lebensphasenangemessenes, perspektivisch auf Zukunft ausgerichtetes eigenständiges politisches Orientierungssystem. Entwicklungspsychologische Erkenntnisse (v. a. von Piaget) lassen darauf schließen, dass Jugendliche etwa ab dem 12. Lebensjahr über die Möglichkeit zu formalen Denkoperationen verfügen, die es ihnen verstandesmäßig erlauben, über Politisches zu reflektieren. Zuwächse an Abstraktionsfähigkeit sowie Problemorientierung, die Übernahme von Allgemeinheits-Perspektiven und eine gesteigerte Argumentationsfähigkeit (vgl. Väth-Szusdziara 1981) verbunden mit der Kompetenz, gegensätzliche politische Positionen zu erkennen und zu begreifen (vgl. Connell 1971), ermöglichen eine Öffnung des Interesses für Politisches. Schon für Ende der 70er/Anfang der achtziger Jahre resümierte Fend bezogen auf die jüngeren Jugendlichen seine empirischen Resultate: "Kulturell entfaltete Selbstfindung erfolgt heute nicht mehr so sehr im ästhetisch-literarischen Erfahrungsbereich, sondern im politisch-sozialen. Das 'Weltwissen' spielt heute eine größere Rolle als das ästhetische Empfinden, das in den Darstellungen der Jugendentwicklung in den 20er Jahren noch eine große Rolle gespielt hat." (Fend 1991, 317). Entsprechend nähmen "schon 12jährige... die in den Medien präsentierten Probleme... deutlich wahr" (ebd., 146; vgl. auch Moore 1989). In der Lebensphase der Adoleszenz steige "das Bewusstsein von der Gestaltbarkeit und der verantwortlichen Trägerschaft politischer Vorgänge", verliere das (kindliche) "harmonisierende Denken" an Bedeutung, schmelze das "Wohlwollen gegenüber Autoritäten, erhöhe sich "parallel dazu" "das politische Verständnis", würden die Möglichkeiten, "selber aktiv zu werden" "bewusster" und steige bei Rückgang "einfache(r) Regelungsvorstellungen, etwa autoritative(r) Festlegungen" potentiell das "Bewusstsein von demokratischen Aushandlungsprozessen, von Toleranzgeboten und von Gleichheitsforderungen" (ebd., 147).

Sozio-kognitive Kompetenzen mit entsprechenden Denk- und Verhaltenshorizonten wie diesen bilden die Voraussetzungen dafür, Identität auch in politischen Dimensionen entfalten zu können. Aufgrund dessen kann die frühe Adoleszenz als eine entscheidende Phase für die Entstehung des politischen Denkens angesehen werden (vgl. auch Adelson 1980). Dies gilt auch explizit für die Wahrnehmung nationaler Besonderheiten (vgl. Signell 1966). Erkenntnisse der Vorurteilsforschung bestärken solche Feststellungen. Sie verweisen darauf, dass im 13ten Lebensjahr affektiv erlernte, bis dahin nur verbalisierte Vorurteile sich anschicken, verhaltensbeeinflussend zu werden und "mit 15 Jahren bereits eine erhebliche Geschicklichkeit in der Nachahmung des Musters der Erwachsenen " (Allport 1971, 315) erreicht ist. Bedenkenswert erscheint, dass z.B. die Studie von Utzmann-Krombholz (1994) besonders starke rechtsextreme Neigungen in der jüngsten von ihr untersuchten Altersgruppe von männlichen Jugendlichen, nämlich bei den 14- bis 16jährigen registriert.

Es ist deshalb äußerst unbefriedigend, wenn außer älteren Studien (Sochatzy u.a. 1980; Sochatzy 1988; Fend 1990, 1991) für dieses Altersstadium nur die retrospektiv verfahrenden, an die "Attachment"-Forschung (vgl. Bowlby 1984; 1986) angelehnten und primär auf Bindungserfahrungen in Kindheit und Jugend bezogenen Studien von Hopf u.a. (1995) und Rieker (1997) vorliegen und man prozessbegleitende Analysen von Sozialisationsverläufen vermissen muss.

Aus erziehungswissenschaftlicher und speziell jugendarbeiterischer Sicht muss die für diese Altersgruppierung leider zu registrierende Forschungslücke besonders schmerzen. Dies gilt verschärft vor dem Hintergrund neuerer Entwicklungen: Das weitgehende Fehlen empirisch fundierter pädagogischer Konzeptionen und Materialien für eine Bearbeitung bzw. Abwehr rechtsextremer Tendenzen bei unter 16jährigen Jugendlichen ist deshalb ausgesprochen prekär, weil aus der Sicht pädagogischer Praxis seit einigen Jahren unübersehbar eine Verjüngung der rechtsextremen Szene zu registrieren ist. In wachsendem Maße werden bereits 13- und 14jährige in informelle Straßen-Cliquen einschlägig orientierter Jugendlicher hineingezogen bzw. halten sich im Bannkreis Organisierter auf (vgl. aktuell: Rechtsextreme Erscheinungen und rechtsextreme Bestrebungen in Leipzig-Grünau... 1999). Und: Wie immer man auch den Realitätsgehalt dieser Beobachtungen bewerten mag: LehrerInnen und SozialarbeiterInnen berichten zunehmend darüber hinaus von Problemen mit Vorkommnissen rechtsextremistisch akzentuierter Gewaltanwendung in den Bereichen von Schule und Jugendarbeit. Dabei ist völlig unklar wie Entwicklungen von derartigen Orientierungen von den biographischen Erfahrungen und ihren Verarbeitungsmechanismen in den einzelnen Bereichen des Sozialisationskontextes im Verlaufe des Aufwachsens geprägt werden, welche Verknüpfungen hier bestehen und wie die subjektiven Bedeutungszuschreibungen zu diesen Prozessen durch die Jugendlichen selbst diese Entwicklungen moderieren.

Daraus ergibt sich der Schluss, nicht nur 13- bis 15jährige in die Untersuchungen einbeziehen sondern auch entsprechend die Charakteristik frühadoleszenter Identitätsbildung aufarbeiten zu müssen.

Aspekt: Geschlechtsspezifik
Auch wenn sich in jüngerer Zeit die Publikationen über den Zusammenhang von Gewalt bzw. Rechtsextremismus und Geschlecht häufen (vgl. z.B. Rommelspacher 1991; Birsl 1994; Büchner 1995; Fantifa 1995; Siller 1997, Meyer 1993; Möller 1991, 1993b, 1994b, 1995b, 1999a; Kersten 1993a,b, 1999; Gottschalch 1997; Bitzan 1997), so ist doch weiterhin eine erhebliche diesbezügliche Diskrepanz zwischen theoretischer Spekulation einerseits und ihrer empirischen Absicherung andererseits registrierbar.

Dies gilt verschärft für die auf Jungen und Männer bezogene Forschung. Zwar herrscht eher Überhang als Mangel an männlichen Probanden - was angesichts der geschlechtsspezifischen Verteilung der Problematiken von Gewalt und Rechtsextremismus nicht verwundern kann -, jedoch werden Jungen und Männer noch kaum in ihrer Rolle als Geschlechtswesen wahrgenommen. D.h. es wird kaum oder noch sehr unzureichend ergründet, was die Repräsentanz von Ungleichheitsvorstellungen und Gewalt bzw. ihrer Verbindung im Rechtsextremismus mit Maskulinität und den gesellschaftlich vorherrschenden Bildern davon zu tun hat (vgl. Heitmeyer u.a. 1992; Rieker 1997). Bestenfalls werden erste tentative und noch sehr ausschnitthafte Schritte in diese Richtung unternommen (vgl. Hopf u.a. 1995, 157ff). Offenbar schlägt sich hier die gesellschaftlich primär unter Männern noch weit verbreitete, irrige Auffassung nieder, Mann sei = Mensch und am männlichen Probanden erhobene Befunde könnten geschlechtsneutrale Gültigkeit beanspruchen.

Insofern die feministische Forschung in ihrer Kritik an der männlich dominierten Wissenschaft (und im übrigen auch an pädagogischen Praxis) die Absurdität derartiger Geschlechtsblindheit seit langem inkriminiert, ist leicht erklärlich, dass die Frauenforschung auch bei der Verknüpfung der Thematiken Gewalt, Ungleichheitsvorstellungen und Rechtsextremismus mit der Geschlechterfrage vergleichsweise weiter vorangeschritten ist und - wohl begünstigt durch den Windschatten der tabubrechenden, feministischen Debatte über Frauen als Täterinnen (vgl. v.a. Thürmer-Rohr 1987; Studienschwerpunkt Frauenforschung 1990; Gravenhorst/Tatschmurat 1990; Heyne 1993) - inzwischen auch erste auf Mädchen bzw. Frauen bezogene empirische Arbeiten vorliegen. Sie sind jedoch entweder veraltet (Fend 1991), keine Längsschnitt-Studien oder verfehlen es, weibliche Jugendliche in der Frühadoleszenz mit einzubeziehen (vgl. z.B. Birsl 1994, Siller 1997). So bleibt bisher immer noch ein Desiderat, "warum und wann Frauen (und weibliche Jugendliche; d.V.) zu welchen Formen von rechtsextremen Orientierungen neigen. In einem Vergleich zwischen den Geschlechtern könnten dann Unterschiede und Gemeinsamkeiten bei Männern und Frauen (sowie Jungen und Mädchen; d.V.) herausgearbeitet werden" (Hopf u.a. 1995, 172).

Eine geschlechterzentrierte Fokussierung ist daneben auch aus Erfordernissen und Entwicklungen der Pädagogik und sozialen Arbeit von Interesse.

Um entsprechende Lücken in der Forschungslandschaft wenigstens ansatzweise weiter schließen zu können, werden männliche wie weibliche Jugendliche als ProbandInnen einbezogen und erhält die Kategorie 'Geschlecht' systematischen Stellenwert in der Analyse der Daten.

Aspekt: MigrantInnen
Die zum hier interessierenden Themenbereich vorliegenden sozialwissenschaftlichen Publikationen mit empirischem Anspruch beziehen weiterhin bis auf wenige Ausnahmen jüngeren Veröffentlichungsdatums (vgl. z.B. Tertilt 1996, 1997; Held u.a. 1996; Heitmeyer u.a. 1995; Fuchs 1997; Heitmeyer/ Müller/Schröder 1997) nur deutsche Probanden ein. Sie wenden sich selten explizit auch in ihren Dateninterpretationen ausländischen Jugendlichen mehr als beiläufig zu. Dabei stellt sich auch aufgrund theoretischer Überlegungen zu differentiellen Kulturen (s.o.) die Frage, ob ein spezifischer Zuschnitt der Gewaltakzeptanz - speziell auch der politischen - von Migranten besteht.

Z. Zt. häufen sich zudem Berichte aus der pädagogischen Praxis über Ausgrenzungsverhalten auch nichtdeutscher Jugendlicher und gewinnen bei ihnen islamisch-fundamentalistische Positionen absehbar an Zulauf. Eine Tabuisierung des Umgangs mit der Thematik kann weder im Interesse der liberalen Öffentlichkeit noch dem der Pädagogik liegen. Verständlich sind die Befürchtungen von SozialwissenschaftlerInnen und PädagogInnen bei der Ansprache und Bearbeitung der Problematik, 'Beifall von der falschen Seite' zu bekommen und vor den politischen Karren von Anti-Migrations-Positionen gespannt zu werden. Ein Ignorieren der an dieser Stelle auflaufenden multiethnischen Konflikte führt allerdings letztlich zu nichts anderem als ihrem Auftürmen im Verborgenen. Demgegenüber käme es im Interesse einer lebbaren multikulturellen Gesellschaft und der Absicherung liberaler Errungenschaften des demokratischen Staates darauf an, die hinter diesen Konflikten steckenden Krisen und Problemlagen ausländischer bzw. immigrierter MitbürgerInnen offen zu legen, um sie überhaupt zum Gegenstand gezielter pädagogischer (und vor allem politischer) Überlegungen und Maßnahmen machen zu können. Dabei erscheint es wichtig, neben der gemeinhin erfolgenden Beachtung von objektiven sozialen Faktoren wie z.B. Nationalität und ethnische Herkunft auch gerade mit Bezug auf Migrantenjugendliche die subjektive Bedeutung ihrer Gewaltverständnisse vor dem Hintergrund ihrer spezifischen Lebenslage zu eruieren und gleichzeitig den Blick von nationalitäten- bzw. migrationsspezifischen Besonderheiten weg auch auf z.B. alters- und geschlechtsspezifische Ähnlichkeiten und Kongruenzen mit deutschen Gleichaltrigen in den Entwicklungsprozessen der Jugendphase zu wenden. Migratenjugendliche gilt es nicht nur als Migranten (die sie ja vielfach selbst als Hiergeborene im engeren Sinne gar nicht mehr sind), sondern vor allem auch als Jugendliche wahrzunehmen.

Als Konsequenz werden Migrantenjugendliche (einschließlich jugendliche Aus- und Umsiedler) in die Datenerhebungen miteinbezogen und gewinnt die Migrationsproblematik einen gewissen Stellenwert in den Auswertungen.

Neben diesen Konsequenzen für den inhaltlichen Zuschnitt, bleiben die methodischen Schlussfolgerungen, die zu Projektbeginn gezogen wurden, auch gegenwärtig noch relevant:

Aspekt: Längsschnitt
Wenn für den Yeitpunkt des Projektbeginns ein eklatanter Mangel an Studien beklagt werden musste, die Daten von echter Zeitreihenqualität bieten konnten bzw. konkrete ProbandInnengruppierungen über einen längeren Zeitraum hinweg begleiteten, so muss für die neuere Forschungslage weiterhin ein Mangel an längsschnittlich fundierten Aussagen festgestellt werden.

Gerade für pädagogische Zusammenhänge jedoch, ist es relevant, möglichst genau zu wissen, wie das einschlägig auffällig gewordene Klientel an seine Orientierungen gekommen ist. Da pädagogische Arbeit nur als Prozess sinnvoll realisierbar ist, richtet sie ihre Aufmerksamkeit in erster Linie auf Zusammenhänge politisch relevanter Orientierung mit Lebensumständen und -ereignissen sowie auf deren Wandel im biographischen Verlauf der Klientel. Insoweit Jugendarbeit den Prozess des Aufwachsens der jungen Generation ein Stück begleitet und mitgestaltet und sich dabei u.a. vor die Aufgabe gestellt sieht, demokratische Verhaltensweisen zu fördern, sind ihr Wissensbestände von besonderem Nutzen, auf deren Grundlage die Brisanz bestimmter Phasen des biographischen Verlaufs bzw. bestimmter biographischer Weichenstellungen bezüglich rechtsextremistischer Gefährdungen so verlässlich wie möglich eingeschätzt werden kann, um geeignete Hilfen bereitstellen zu können.

Da sich nicht nur Befunde zum Affinitätsaufbau zu rechtsextremen Orientierungen, sondern ebenfalls Erkenntnisse zu entsprechenden Distanzhaltungen und Distanzierungsverläufen am zuverlässigsten über Längsschnitt-Studien gewinnen lassen, wurde in der vorliegenden Studie ein entsprechender Zuschnitt von Erhebungs- und Auswertungsarbeiten gewählt.

Aspekt: Qualitative Forschung
Zwar ist die Forschungslandschaft im Laufe der 90er Jahre durch eine Reihe von quantitativ verfahrenden Studien bereichert worden, für die Rechtsextremismusforschung insgesamt gilt aber das, was Tillmann für die in bezug auf Jugendliche in Deutschland in den letzten Jahren den Kern der Jugendgewaltforschung bildende Forschung zur Gewalt in Schulen methodkritisch folgert: "Fast alle vorliegenden Untersuchungen sind als schriftliche Befragungen angelegt (...), um die dabei entstehenden quantitativen Daten dann nach allen Regeln der statistischen Kunst zu analysieren. Doch was wissen wir eigentlich über spezifische Wahrnehmungs- und Bewertungsmuster von Lehrern, von Schülern in diesem Bereich? Dazu ein Beispiel: Es ist inzwischen ganz gut bekannt, welche Schüler welche 'Waffen' mit in die Schule bringen - und wie häufig dies von Lehrern bemerkt wird. Aber: Welche symbolische Bedeutung hat es eigentlich innerhalb der Schülerkultur, innerhalb verschiedener Stilrichtungen, eine sog. 'Waffe' mitzuführen? Zu solchen und ähnlichen Fragen wurden -

soweit ich sehe - in den letzten Jahren kaum neue Erkenntnisse gewonnen. (...) Meine Folgerung: Den vielen schriftlichen Befragungen müssen jetzt dringend methodisch vielfältige Fallstudien folgen." (Tillmann 1997, 25). Zwar werden vereinzelt in jüngerer Zeit vermehrt qualitative bzw. als qualitative Forschung ausgegebene Untersuchungen unternommen, sie durchdringen allerdings bislang den Forschungsgegenstand nur punktuell. Diese Punktualität gilt sowohl in Hinsicht auf das Herausheben von Einzelaspekten (z.B. Arbeit bei Siller und Birsl, Straftäterschaft bei Heitmeyer/Müller, Willems u.a. und Homfeldt/Schenk oder Familieneinfluss bei Hopf u.a. sowie Rieker) als auch, was schwerer wiegt - im Hinblick auf Befragungszeitpunkte. Längsschnittuntersuchungen, die Verlaufsaussagen erlauben würden, müssen schmerzlich vermisst werden.

Hinzu kommt eine besonders breit aufklaffende Forschungslücke bezüglich der frühen Jugendphase. Sie fordert eher hypothesengenerierende statt -testende Verfahren geradezu heraus.

Pädagogik im allgemeinen und Jugendarbeit im besonderen verstehen sich als kommunikatives Handeln. Wenn von neueren Ansätzen einer pädagogischen Bearbeitung rechtsextremer Orientierungen bei Jugendlichen seit Ende der achtziger Jahre eine "Strategie der Gesprächsbereitschaft" (Möller 1989) und der "akzeptierenden Jugendarbeit" (Krafeld 1992a,b) mit Betroffenen und Gefährdeten gefordert wird und diese Perspektive sich inzwischen gegenüber rigoroser Etikettierungs-, Stigmatisierungs- und Ausgrenzungspolitik und -pädagogik durchzusetzen beginnt, so bedarf es um so mehr eines Wissens um jeweilige subjektive Logiken politischer Deutungsweisen. Gerade aus den Erfordernissen pädagogischer Alltagsarbeit ergibt sich damit als Anspruch an pädagogische Forschung eine Berücksichtigung solcher subjektiven Faktoren vermittels eines qualitativen Designs. Dies gilt um so mehr, als eine Sichtung existierender pädagogischer "Antifaschismus"- Konzepte eine kognitivistische Vereinseitigung insbesondere im Sinne der "Aufklärung" über den historischen Faschismus und der Wissensvermittlung sozio-ökonomischer Grundlagen zur Bekämpfung von "Vorurteilsbereitschaft" erkennen lässt und den "subjektiven Faktor" im "antifaschistischen" Lernprozess allenfalls auf die Vermittlung emotionaler Betroffenheit gegenüber den historischen Gräueln und sozialen Ungerechtigkeiten des National(sozial)ismus reduziert (z.B. durch KZ-Besuche, antifaschistische Stadtrundfahrten etc.), kaum jedoch an den Erlebniswünschen Jugendlicher ansetzt und sich ernsthaft ohne ihre Vorab-Etikettierung als "Widerstände" im psychologischen Sinne - mit den von ihnen aufgebauten "subjektiven Logiken" auseinandersetzt. Solche subjektiven Bedeutsamkeiten zu erschließen, sind qualitative Verfahren prädestiniert.

B. Eigene Untersuchung

4. Ziel und Anlage der Studie

Aus dem skizzierten Forschungsstand ergibt sich die Sinnfälligkeit eines Forschungsprogramms, innerhalb dessen die zentrale Frage darauf zielt, zu untersuchen, wie sich Entstehungs- und Verlaufsbedingungen von rechtsextremen Orientierungen im biografischen Verlauf des Jugendalters im Spiegel der Auswertungen subjektiver Deutungen von Jugendlichen darstellen und welche Besonderheiten diesbezüglich für die politisch-sozialen Erfahrungen in der frühen Jugendphase und die geschlechtsspezifischen Anfälligkeitskonstellationen gelten. Die Schwerpunktsetzung folgt damit dem von Schäfers (1995) resümierten Forschungsstand: "In uns bekannten Gesellschaften ist das Geschlecht für fast alle Elemente und Prozesse der Sozialstruktur ein grundlegendes Kriterium der sozialen Differenzierung. Geschlechts- und Altersrollen sind die sozialen Primärrollen."

4.1 Theoretisch-inhaltliche Bezugspunkte

Die vorliegende Arbeit baut auf sozialisationstheoretischen Grundannahmen auf, die sich u.a. in thematisch (und in einem Fall auch methodisch; vgl. Heitmeyer u.a. 1992) ähnlich gelagerten Untersuchungen gut bewährt haben (vgl. ebd. sowie Heitmeyer 1987; Heitmeyer/Peter 1988; Heitmeyer u.a. 1995; in bezug auf andere Thematiken vgl. insbesondere die Studien der Gruppe um Hurrelmann). Dabei bilden die Kerne des sozialisationstheoretischen Bezugs im wesentlichen identitäts- und individualisierungstheoretische Überlegungen, wobei die identitätstheoretischen Erörterungen um kritisch-psychologische Begrifflichkeiten angereichert werden.

Mit dem sozialisationstheoretischen Ausgangspunkt folgen wir der inzwischen innerhalb der sozialwissenschaftlichen Forschung weit geteilten und innerhalb der ernstzunehmenden Jugendforschung praktisch unbestrittenen Erkenntnis, dass die Entwicklung der Persönlichkeit - hier in Anlehnung an Hurrelmann (1986, hier v.a. 14) verstanden als "die überdauernde und langfristige Veränderung wesentlicher Elemente" des dem Individuum eigenen "Gefüge(s) von Merkmalen, Eigenschaften, Einstellungen und Handlungskompetenzen" - nicht sachangemessen als linearer einfaktorieller, etwa anlagebedingter Determinationszusammenhang begriffen werden kann, sondern auf einem Prozess der wechselseitigen Beeinflussung von Subjekt und gesellschaftlich vermittelter Realität beruht. Nach diesem gemeinsamen Nenner der neueren soziologischen und psychologischen Theorien ergibt Persönlichkeitsentfaltung sich "auf der Grundlage der biologischen Ausstattung als Ergebnis der Bewältigung von Lebensaufgaben" (ebd.). Sozialisation bezeichnet nach diesen Grundannahmen "den Prozess, in dessen Verlauf sich der mit einer biologischen Ausstattung versehene menschliche Organismus zu einer sozial handlungsfähigen Persönlichkeit bildet, die sich über den Lebenslauf hinweg in Auseinandersetzung mit den Lebensbedingungen weiterentwickelt" (ebd.). Der Sozialisationsprozess substanziiert und sedimentiert sich in subjektiven Erfahrungen. Die Vorstellung konkretisiert sich im Modell des "produktiv realitätsverarbeitenden Subjekts". Es "stellt das menschliche Subjekt in einen sozialen und ökologischen Kontext, der subjektiv aufgenommen und verarbeitet wird, der in diesem Sinne also auf das Individuum einwirkt, aber zugleich auch immer durch das Individuum beeinflusst, verändert und gestaltet wird" (ebd.,64).

Sozialisationstheoretisch interessieren Ungleichheitsvorstellungen und Gewaltakzeptanz dann in Anknüpfung an die obige Definition als Elemente von Lebensbewältigungs- bzw. Kontrollmustern, die subjektiv im Dienst des "Handlungsfähig-Werdens" bzw. "-Bleibens", also des Verfügens über Fertigkeiten und Fähigkeiten zur Auseinandersetzung mit der äußeren und inneren Realität stehen (sollen). Bewältigungserfordernisse lassen sich altersphasenspezifisch gruppieren. Entwicklungspsychologisch betrachtet erwachsen sie im Jugendalter vor allem aus spezifischen Entwicklungsaufgaben. Arbeiten, die gegenwärtig mit dem Entwicklungsaufgabenkonzept operieren, gehen zumeist auf eine Auflistung von Havighurst (1948) zurück. Danach geht es um die Aspekte:

- den eigenen Körper zu akzeptieren,
- geschlechtsspezifische Rollen zu lernen,
- eine Beschäftigung zu wählen und sich darauf vorzubereiten,
- emotionale Unabhängigkeit von Eltern und anderen Erwachsenen zu erreichen,
- eine Skala von Werten und ein ethisches System aufzubauen, mit dem sich leben lässt.

Selbst wenn betont wird, dass sich solche (oder andere vergleichbare; vgl. z.B. Newman/Newman 1975; Dreher/Dreher 1985; Hurrelmann/Rosewitz/Wolf 1985; Fend 1990, v.a.: 15) Aufzählungen von Entwicklungsaufgaben bezogen auf ihre Inhalte historisch variabel, kohortenspezifisch, je nach politischen und sozialen Lebenslagen von Jugendlichen unterschiedlich gewichtet und kulturabhängig darstellen (vgl. z.B. Thomae 1984; Silbereisen 1986; Dreher/Dreher 1985), so sind sie doch nicht ausreichend. Für manche hängt dies zum einen mit ihrer rollentheoretischen Orientierung zusammen: Indem Rollentheorie im Kern davon ausgeht, dass das Individuum jene Rollenerwartungen internalisiert, die das soziale System heranträgt, wertet sich eine darauf bezogene Sozialisationstheorie zu einer "harmonisierenden Reproduktionstheorie des Sozialen" (Helsper 1995b, 74) ab. Diese Kritik übersieht freilich, dass ein interaktionsorientiertes Rollenverständnis, wie es etwa in der Meadschen Vorstellung vom "role making" expliziert wird und bei Hurrelmann u.a. zugrunde liegt, sehr wohl die innovativen Momente des Rollenerlernens betonen kann.

Schwerwiegender fällt demgegenüber ein anderer Einwand ins Gewicht: Eine bloße additive Auflistung von Entwicklungsaufgaben wird der gerade im Jugendalter zutage tretenden Dynamik der Zusammenhänge der einzelnen Aspekte untereinander nicht gerecht. Gerade für unseren Forschungskontext stellt sich die Frage der Abhängigkeit und gegenseitigen Bedingtheit der einzelnen Entwicklungsaufgaben und der erreichten Bewältigungsmuster. Wie weit z.B. ist die Entwicklung des "politischen Bewusstsein" und des "eigenen Wert- und Normensystems" von der Entwicklung von Geschlechtsrollen abhängig, wie etwa wirken schulische Erfahrungen oder Freizeitgewohnheiten und Medienpräferenzen auf den Zusammenhang von beidem ein und wie die in diesem Zusammenhang erreichten Bewältigungsmuster wieder zurück, welche "intellektuellen und sozialen Kompetenzen" steuern den Prozess mit? Dabei gilt als "fundamentale Gegebenheit" (Badinter 1993, 54 u. 80): Geschlechtszugehörigkeit filtert menschliches Wahrnehmen, Fühlen, Denken und Handeln. Die Ausbildung einer Geschlechtsidentität prägt die gesamte Persönlichkeit von Geburt an, gerade aber auch in der Phase der Pubertät, so fundamental, dass sie adäquat nicht als eine Entwicklungsaufgabe unter anderen begriffen werden kann. Sie durchzieht vielmehr quer die genannten Aufgaben und gibt ihnen wie den auf sie bezogenen Bewältigungsversuchen spezifische Prägungen. Darüber hinaus verweist sie auf zusätzliche Aufgaben.

Unsere sozialisationstheoretische Herangehensweise fußt deshalb aus Gründen der Zentralität der Geschlechtskategorie auch auf Erkenntnissen geschlechtsspezifischer Sozialisation.

In bezug auf männliche Sozialisation präferieren wir eine Modellvorstellung, die die breite Spannweite von biologisch-ethologischer, ethnologischer, kulturanthropologischer, psychologischer und historisch-soziologischer Perspektivik zu integrieren versucht. Ohne hier ins Detail gehen zu können (vgl. ausführlicher Möller 1997c), müssen doch zumindest bestimmte kulturübergreifende Geschlechterbilder und aktuelle Vergesellschaftungsprozesse Erwähnung finden, die das Aufwachsen von Jungen in bemerkenswerter Weise prägen. Sie sind unter den Stichworten "kulturübergreifende Männlichkeitsmuster", "Individualisierung von Männlichkeiten" und "männliche Hegemonialstrukturen" skizzierbar.

Zum ersten: Innerhalb männlich hegemonialisierter Gesellschaften wie der unseren stoßen wir auf Männlichkeitstraditionen, die so dauerhaft, ja fast monolithisch erscheinen, dass sie sich nahezu überall und zu jeder Zeit finden. Sie sind aus einem historischen und kulturellen Vergleich unterschiedlicher Gesellschaften herausdestillierbar. Männlichkeitsfunktionen beziehen sich demnach (vgl. Gilmore 1991) primär auf drei Aufgabenbereiche:

- Erzeugen,
- Versorgen und
- Beschützen.

Hier gilt es, sich als Mann zu beweisen und entsprechende Leistungen vorzuweisen. Das Erzeugen bezieht sich auf die Zeugung von Nachwuchs. Versorgen meint die Zuständigkeit für die Ernährung der Familie bzw. Sippe (allerdings nur das Besorgen von Nahrung, Wohnmöglichkeit etc., nicht ihre Herrichtung). Beschützen ist eine Aufgabe, die sich auf die Verteidigung jenes Lebensbereichs erstreckt, der als das eigene Territorium (bspw. Staat, Amazonas-Dorf oder (Groß-)Stadtteil) bzw. das eigene soziale Umfeld (z.B. Familie, Ehefrau) definiert wird. Wo so Männlichkeit bestimmt wird, kann sie nicht als naturgegeben verstanden werden (anders als dies "Fraulichkeit" lange Zeit zugeschrieben wurde oder noch wird). Vielmehr muss sie unter besonderen Anstrengungen erst errungen werden: eine unbezweifelbare heterosexuelle Potenz muss herausgestellt werden, die materielle Reproduktion der eigenen sozialen Einheit muss sichergestellt und möglichst auf ein sukzessive erweitertes (Wohlstands-) Niveau ausgebaut werden, Kampfbereitschaft muss demonstriert und nötigenfalls in möglichst siegreiches tatsächliches Handeln transformiert werden.

Fast archaisch anmutende Leitbilder wie diese schildern gerade für die nachwachsende männliche Generation den Weg zum "echten" Mann aus. Jungen sind altersspezifisch noch nicht oder noch kaum in der Lage, entsprechende Nachweise auf den Feldern der Zeugung, der materiellen Versorgung und der Verteidigung der eigenen Lieben gegen Aggressionen von außen abzulegen. Deshalb sehen sie sich gezwungen, Situationen zu inszenieren, in denen sie dennoch als wahre Kerle auftreten können: Protzereien mit heterosexueller Potenz, Besitz von und sicheren Umgang mit wertvollen Gebrauchsgütern (heute insbesondere Fahrzeug- und Informationstechnik), Territorialkämpfe zur Reviermarkierung um Straßenzüge, Parkflächen und sonstige öffentliche Plätze. Deren moralische Legitimität wird u.a. eben gerade durch das traditionelle Bild des männlichen Beschützers von Frauen und Kindern zu sichern gesucht.

Zum zweiten: Solch tiefverwurzelte Männlichkeitstraditionen treten freilich unter jeweiliger historischer Spezifik auf und werden durch sie ggf. infrage gestellt. Heute zeitigen vor allem Modernisierungs- und Individualisierungstendenzen ihre Auswirkungen. Zusammenfassend (genauer vgl. Möller 1998b) sind diesbezüglich zwar reale Freisetzungsprozesse erkennbar, aber nicht in gleichem Maße wie die Erschütterung überlieferter Werte- und Normensysteme von männlicher Normalität. Noch hat sich in den realen Geschlechter-Verhältnissen weniger getan als in den Vorstellungen von Geschlechter-"Normalität". Trotz mancher weitergehender Gegenbewegungen bleibt es auf seiten der Männer eher bei rhetorischer Anerkennung gleichberechtigten Zusammenlebens und Äußerung von Veränderungswillen, aber faktischer Beharrung auf eingespielten Rollen und Dominanz. Das Hauptproblem, das Jungen und Männer bei der Gestaltung ihrer geschlechtsspezifischen Identität gegenwärtig zu bewältigen haben, besteht so gesehen zum einen darin, dass die herkömmlichen männlichen Geschlechtsstereotype in einer sich stetig modernisierenden Gesellschaft dysfunktional werden, ohne dass zum anderen lebbare Perspektiven "neuer" Männlichkeit für sie erkennbar sind.

Zum dritten: Diese Freisetzungen dürfen nicht voluntaristisch als Garanten männlicher Multioptionalität missdeutet werden. Sie lösen (bislang noch?) längst nicht die geschlechterhierarchisierenden Strukturen der vom männlichen Geschlecht hegemonialisierten Gesellschaft auf. Im Anschluss an R.W. Connell (v.a. 1999) lassen sich die Merkmale männlicher Hegemonie im wesentlichen wie folgt beschreiben:

1. Es existiert ein gesellschaftlich allgemein verbreitetes Machtgefälle zwischen Männern und Frauen.
2. Geschlechtlichkeit bzw. Männlichkeit ist sozial konstruiert also auch historisch bedingt.
3. Es gibt verschiedene Männlichkeiten mit einer Vorrangstellung des Männlichkeitstyps "hegemonialer Männlichkeit". Dieser hat die Kennzeichen:

- Heterosexualität
- (Schein-)Rationalitätsorientierung und
- Entscheidungsmacht in Institutionen und Strukturen.

Der dritte Punkt beinhaltet: Nicht jeder Mann ist Träger hegemonialer Männlichkeit. Hierarchiegefüge unter Männern sorgen für eine geschlechtsspezifische Binnenschichtung zwischen hegemonialer, komplizenhafter, marginalisierter und untergeordneter Männlichkeit, wobei junge Noch-Nicht-Männer (Jungen) im allgemeinen zum letztgenannten Typ zählen. Allerdings können einzelne Jungen und Männer Orientierungs- und Verhaltensbestände aus verschiedenen Handlungsmustern aufweisen – durchaus auch in widersprüchlicher Weise. Selbstverständlich unterliegen die Muster historischem Wandel. Hegemoniale Männlichkeit z.B. verändert sich nämlich im Zuge von Modernisierungsprozessen: Die Entwicklung geht weg von interpersonaler Dominanz hin zu einer Dominanz, die sich auf Wissen und Expertenschaft beruft. Überspitzt illustriert: Nicht mehr so sehr der faire Faustkampf "Mann gegen Mann" prägt Männerkonkurrenz, nicht mehr unbedingt die physische Gewaltanwendung gegenüber Frauen, vielmehr wiegt heute das Pochen auf analytisch-intellektuelle Kompetenz, verbale Durchsetzungsfähigkeit und Cleverness, am besten gepaart mit ökonomischer und/oder institutioneller Macht.

Im Hinblick auf die Charakteristik der weiblichen Sozialisation kann in grober Skizzierung zunächst konstatiert werden, dass der rapide soziale Wandel in den letzten Jahrzehnten Modernisierungs- und Individualisierungsprozesse mit sich gebracht hat, die überlieferte geschlechtsspezifische Unterschiede individuell-biografischer Entwicklung sowie kulturellen und politisch-sozialen Zusammenlebens je nach Sektor mehr oder minder erheblich, insgesamt betrachtet in jedem Fall aber tendenziell reduziert haben.

Aber: "Es gibt einen Zuwachs von Handlungsalternativen, aber nicht unbedingt von Handlungsfreiheiten" (Diezinger/Rerrich 1998, 178). Denn gleichzeitig muss registriert werden, dass eine faktische Gleichstellung der Geschlechter noch längst nicht erreicht ist. Die geschlechtshierarchische Ordnung lebt vielmehr - in manchen Bereichen nahezu ungebrochen - fort. Die durch sie gegebene Benachteiligung von Mädchen und Frauen in der männlich hegemonialisierten Gesellschaft unserer Tage existiert weiterhin (vgl. genauer, mit aktuellen empirischen Verweisen kurz zusammenfassend z.B. Hoecker 1999, auch Seidenspinner u.a. 1996, Popp 1994, Lemmermöhle 1998, Geissler/Oechsle 1996, Fend 1991, 96ff; Regenbogen 1998, 107ff; Zulehner/Volz 1998; Winter/Neubauer 1998; knapp zusammenfassend auch: Gaiser 1999).

Der sozialisationstheoretische Kontext, in dem dieser Befund gedeutet werden kann, lässt sich adäquat mit dem Modell des "Verdeckungszusammenhangs" (Funk/Schmutz/Stauber 1993) beschreiben. Es ergänzt das Konstrukt der männlich hegemonialisierten Gesellschaft, indem es die Folgen gesellschaftlich so organisierter maskuliner Dominanz auf die Welt des weiblichen Geschlechts beschreibt.

Die damit umrissene Sozialisationskonstellation des weiblichen Geschlechts wird in Bezug auf die Altersgruppe der von uns untersuchten Mädchen spezifiziert:

Während (auch schon junge) Männer (im Jugendalter) im allgemeinen die Eigenständigkeit ihrer Persönlichkeit durch eine Zentrierung auf Beruflichkeit unter Beweis zu stellen versuchen, weisen Mädchen und junge Frauen eine aktive Doppelorientierung auf, die darauf gerichtet ist, Berufstätigkeit mit Haus- und Familienarbeit zu verbinden. Ihre Vorstellungen von Selbstständigkeit und Unabhängigkeit sind auch deshalb nicht am männlichen Modell zu messen.

Zwar besteht auch für weibliche Adoleszenten die altersspezifische Entwicklungsaufgabe, Distanzierungen von Kindheitsmustern vorzunehmen und biografisch 'neue' eigenständige Bewältigungsmuster zu entwickeln. Allerdings ist darauf zu verweisen, dass Eigenständigkeit nicht mit Entbindung gleichzusetzen ist (zum folgenden auch Stern 1992). Das Streben nach Individuation und Autonomie muss für Mädchen keine scharfe Absetzung, Näheverlust und gar Trennung von relevanten Bezugspersonen beinhalten, sondern kann vom Wunsch beseelt sein, vorhandene Beziehungen auf eine neue Stufe zu stellen, damit zu optimieren und Verbundenheit auf einer höheren Qualitätsebene wiederherzustellen. Wird von Jungen Familienanbindung in der Adoleszenzphase eher als Merkmal von Kindlichkeit und mangelnder Mannhaftigkeit bewertet, so gilt sie für Mädchen als rollenkonform, weil sie "Häuslichkeit" und "Anhänglichkeit" und damit traditionell als weiblich konnotierte Tugenden zum Ausdruck gelangen lässt (vgl. auch Jansen/Jockelhövel-Poth 1992). Sozialkommunikative Kompetenzen, die als Beliebtheit zurückgespiegelt werden, werden zu einem wichtigen Kriterium der Selbstwahrnehmung und der Außenpräsentation.

Diese Tendenz wird verstärkt durch die im Pubertätsverlauf und im gesamten Adoleszenzalter zunehmende Sexualisierung des weiblichen Körpers. Das Mädchen erlebt, dass es über seine sexuelle Attraktivität für das männliche Geschlecht eingeschätzt wird (vgl. Rose 1991; Flaake 1996). Die "Reproduktion der Geschlechterkultur" (Hagemann-White 1998, 39) verläuft dabei entlang von Standards, die polarisierende Zuschreibungen von Verhaltensweisen an das weibliche und das männliche Geschlecht vornehmen, wie z.B. die direkte (männliche) und indirekte (weibliche) Form der Begegnung, das breit ausgreifende (männliche) und das eng zusammengezogene (weibliche) Dasein im Raum, der harte (männliche) oder weiche (weibliche) Umgang mit dem Körper.

Gewalthaltige politische Orientierungen, wie rechtsextreme Haltungen sie darstellen, erscheinen vor diesem Hintergrund geschlechtsspezifischer Sozialisation zunächst als mädchenuntypisch. Sie scheinen gänzlich im Gegensatz zu stehen zu dem, was an Denk-, Gefühls- und Verhaltenspräferenzen Mädchen im Verlaufe ihrer Entwicklung zur erwachsenen Frau sozialisatorisch nahegelegt wird. Um so spannender stellt sich die Fragestellung dar, wie dennoch bei ihnen auftretende Gewaltorientierungen und Rechtsextremismen zu erklären sind.

Wenn oben definiert wurde, Sozialisation stehe unter der Maxime der Entwicklung von Handlungsfähigkeit, so schließt sich nun die auch u.a. für ihre empirische Aufdeckung unerlässliche, aber eben nicht wertfreie Frage an, welche Qualität diese Kompetenz hat bzw. im Sozialisationsverlauf gewinnen muss, welche innere Struktur sie aufweist und in welchem Sinn- und Funktionszusammenhang ihr überhaupt für das Leben des Subjekts Relevanz zukommt. Hier kommt Identitätstheorie ins Spiel; Identitätstheorie deshalb, weil sie anders als andere individualtheoretische Deutungsangebote zumeist psychologischer Provenienz ihren Blick nicht ausschließlich auf individuelle Gegebenheiten und Prozesse richtet, sondern das Individuum als Subjekt in seinen sozialen Bezügen im Sinne eines Wechselwirkungszusammenhangs begreifen kann. Rezeptionsgeschichte, -breite und -ertrag des Identitätsbegriffs speziell innerhalb der Jugendforschung unterstreichen daneben seine Bedeutung gerade bei auf diese Altersspanne bezogenen Untersuchungen (vgl. z.B. Baacke 1983; Heitmeyer 1987; Fend 1990, 1991; Heitmeyer u.a. 1992; Heitmeyer u.a. 1995; Helfferich 1994;), gilt doch die Jugendphase als Lebensphase der Herausbildung von Identität par excellence.

An Goffman (1967), Mead (1968), Krappmann (1969) und Habermas (1973) anschließend lässt sich Identität als eine Instanz der Persönlichkeit begreifen, die die situativen gesellschaftlichen Anforderungen und Erfahrungen einerseits mit den im Lebenslauf sich verändernden Anforderungen und Erfahrungen andererseits zu koordinieren und integrierend zu organisieren hat. Damit diese Integration gelingt, sind zwei Voraussetzungen erforderlich: die Kontinuität und die Konsistenz des Selbsterlebens. Identitätsbildung ist eine synthetisierende Ich-Leistung, die es erlaubt, biografisch dauerhaft und situativ nichterratisch von sich in der ersten Person zu sprechen. Sie ist nicht nur kognitiv strukturiert; deshalb ist oben von Kontinuität und Konsistenz des Selbsterlebens und nicht (bloß) des Selbstbewusstseins die Rede.

Analytisch lässt sich zwischen "sozialer Identität" und "personaler Identität" trennen, Aspekten, die in der "Ich-Identität" oder - wie wir weniger psychoanalytisch gefärbt formulieren wollen - in der "eigenständigen Identität" ausbalanciert werden müssen.

"Soziale Identität" - dies meint jene Seite der persönlichkeitsinhärenten Synthetisierungsinstanz, die mit äußeren, gesellschaftlichen Anforderungen umzugehen hat. Soziale Identität in diesem Sinne zu besitzen, heißt - alltagssprachlich formuliert - "zu sein wie die anderen", sich in entsprechende Erwartungen einbinden, sich als Teil sozialer Kollektive verstehen zu können, bspw. als "Deutscher", als "Schülerin", als "Skinhead". Über die Relationen Inklusion, Ordnung und Zuordnung (vgl. auch Piaget 1983) werden Strukturierungen gewonnen.

In der "personalen Identität" drückt sich die Einzigartigkeit des Individuums aus: seine organismische Spezifik, vor allem aber der je individuelle Zuschnitt aufsummierter Erfahrungen der Biographie und damit verknüpfter Bewältigungsmuster (einschließlich ihrer Strukturierungsmechanismen und -kompetenzen). Im Gegensatz zum Aspekt sozialer Identität ist "zu sein wie kein anderer" die Maxime ihrer Herausbildung. Sie dient dazu, die Unverwechselbarkeit der eigenen Person herauszustellen.

Der Aufbau und Erhalt von "eigenständiger Identität" stellt sich als stetiger, aktiver Balancierungsakt des Subjekts zwischen den Elementen personaler und sozialer Identität dar. Er stellt sicher, "dass das Individuum einerseits trotz der ihm angesonnenen Einzigartigkeit sich nicht durch Isolierung aus der Kommunikation und Interaktion mit anderen ausschließen läßt und andererseits sich nicht unter die ... bereitgehaltenen sozialen Erwartungen subsumieren läßt" (Krappmann 1969, 316). Die Balance zu wahren, bedarf es also auf der Seite des Individuums, der Möglichkeit, soziale Zuordnungskriterien zu entwickeln und zu aktivieren, sowie der individuellen Repräsentanz grundlegender Kompetenzen wie der Kontrollüberzeugung der Selbstwirksamkeit, Rollendistanz, Empathie, Ambivalenz- und Ambiguitätstoleranz, Verantwortungsübernahme, Kompromissfähigkeit im Rahmen nonviolenter Konfliktlösungskompetenzen, eines realistischen Selbstwertgefühls mit einem emotional positiven Verhältnis zu sich selbst sowie der Fähigkeit zum Perspektivenwechsel und damit zusammenhängend zu Reflexivität. Die Herausbildung "eigenständiger Identität" fußt für das Individuum somit wesentlich auf der selbsttätigen Konstruktion von Mechanismen und Kompetenzen, die den Ablauf der Erfahrung strukturieren.

Die oben herausgearbeiteten Identitätssicherungen von Kontinuität und Konsistenz beziehen sich also keinesfalls auf die Identität der Inhalte von z.B. sozialen Zugehörigkeiten, Einstellungen oder Handlungsmustern im Lebensverlauf oder in unterschiedlichen Handlungsbereichen, sondern werden vermittelt durch das "Strukturprinzip" der Autonomie. "Danach stellen Veränderungen, die eine Person mit guten Gründen - willentlich und wissentlich - selbst vollzogen hat, keine Gefährdung ihrer Kontinuität dar, sondern werden im Gegenteil als authentische Verhaltensweisen einer unabhängigen Persönlichkeit wahrgenommen" (Nunner-Winkler 1988, 62). Im Mittelpunkt steht die Entfaltung von Autonomie als Kehrseite von Verunsicherung. Auf der kognitiven Ebene zielt sie auf Urteilssicherheit, die auf (auch affektive Elemente beinhaltender) Orientierungssicherheit beruhen kann; auf der affektiven Ebene auf emotionale Sicherheit, die vor allem in Gefühlen von Geborgenheit[1], Akzeptanz und Verlässlichkeit ankert; auf der konativen Ebene auf Verhaltens- und Handlungssicherheit (zur Unterscheidung von Verhalten und Handeln vgl. Möller 1988). Solche Sicherheiten unterscheiden sich von bloßen Gewissheiten dadurch, dass sie situativ unspezifisch und fast gänzlich kontextunabhängig eine flexible statt rigide Persönlichkeitsstabilisierung erlauben.

Allerdings ist der damit angegebene Funktions- und Sinnzusammenhang weitgehend vom Individuum her bestimmt. Der/die Einzelne ist aber auch immer gesellschaftliches Subjekt und steht damit in gesellschaftlichen Funktions- und Sinnzusammenhängen. Deshalb stellt sich die Frage, in welchem gesellschaftlichen Zusammenhang Autonomie auch soziale Bedeutung erhält. An dieser Stelle führt ein Ansetzen an dem kritisch-psychologischen Konzept des "Bedürfnisses nach Realitätskontrolle" weiter (vgl. Holzkamp-Osterkamp 1975, 1976). Ein solches "Bedürfnis nach Realitätskontrolle" zielt auf den im Sozialisationsverlauf ständig neu zu unternehmenden Versuch des Subjekts, abhängig von Produktivkraftentwicklung sowie von Grad und Form der Arbeitsteilung durch individuelle Beiträge im Kooperationszusammenhang der Gesellschaft die gesellschaftliche Realitätskontrolle zu garantieren und zu optimieren und

---

[1] Geborgenheit meint "ein Lebenssystem, das zumindest momentan weit über die Möglichkeit der exakten Erfassung durch wissenschaftliche Fachbegriffe hinausgeht. Man kann Geborgenheit mit Bildern beschreiben, aber nur schwer mit Begriffen analysieren". In seinem Zentrum steht aber - wie sich empirisch zeigen lässt - eine Kombination von Empfindungen von Sicherheit, Wärme, Vertrauen und Zuhause-Fühlen (vgl. Mogel 1995. In jedem Fall lässt es sich mit Böhnisch (1994, 193) ex negativo als "auf die Überwindung sozialer Isolation und die Einbindung in soziale Milieus gerichtete emotionale Befindlichkeit" definieren. Sicherheit wiederum lässt sich mit Gehlen als ein "Hintergrundsgefühl des einer Lage Gewachsenseins" begreifen.

dabei gleichzeitig und untrennbar davon subjektive produktive und auf interpersonale Verständigung hin angelegte Kompetenzen zu entwickeln, die potentiell eine emotional befriedigende, bewusste und auch vorsorgend-planerische Verfügung über die jeweiligen Lebensbedingungen gestatten (vgl. detaillierter: Möller 1988). Unter dem Aspekt lebensbiografisch spezifischer Entwicklungsphasen dürfte die Lebensphase Jugend jenen Abschnitt im Lebenslauf darstellen, in dem die biografische Bedeutung der Entwicklung individueller Realitätskontrolle im Prozesszusammenhang mit der intergenerationellen Anschlussfähigkeit an Praxen gesellschaftlicher Realitätskontrolle in hervorgehobener Weise im Mittelpunkt der Entwicklungsaufgaben steht.

Entwicklungspsychologie und Jugendforschung begreifen die Adoleszenz als ersten Höhepunkt der Identitätsentwicklung (vgl. Fend 1991). Weitere altersspezifische Binnendifferenzierungen geben zu erkennen, dass in der Frühadoleszenz Konflikte der Distanzierung, in späteren Jugendphasen Konflikte der Neuorientierung vorherrschend sind (vgl. Döbert/Nunner-Winkler 1975). In der ersten Phase stehen Absetzungsbestrebungen von elterlichen und anderen erzieherischen Autoritäten (vor allem LehrerInnen) und Reglementierungen im Vordergrund, die im allgemeinen zu einer im Vergleich zur Kindheit größeren emotionalen Distanz zu den Eltern und zu einem "'Liebesentzug' gegenüber der Schule" (Fend 1990, 101) führen. In der damit eher verzahnten als von ihr abgetrennten zweiten Phase bilden die Reorganisation von Werten und Lebensführung sowie der Entwurf von Perspektiven die Leitthematiken.

Insbesondere für die frühe Jugend ist das Oppositionsmotiv dominant. Es wird nicht nur in der "Reorganisation der Abhängigkeit von den Eltern" (und von anderen Erwachsenen) virulent, sondern prägt gleichermaßen auch den Funktionszusammenhang des "Aufbau(s) neuer Beziehungsmuster zu Gleichaltrigen" (Fend 1990, 16). Es werden Risikoverhaltensweisen (besonders verbreitet z.B. Rauchen und Alkoholtrinken), sonstige Absetzungen von kindlicher Anpassungsbereitschaft (maskulinistische Selbstbehauptung bei Jungen, Orientierungen an sexualisierter Weiblichkeit bei Mädchen, Streitereien um abendliche Ausgangsregelungen etc.) und - z.T. als deren Medium - jugend-/subkulturelle Symboliken und Stilbildungen verfolgt, die im Spannungsverhältnis von Anpassung und Rebellion stehen. Einerseits sind sie Dokumente der Anpassung, weil sie in weiten Teilen Werte und Verhaltenspraxen der Erwachsenengesellschaft für sich - aus Erwachsenensicht allerdings zumeist zu frühzeitig - reklamieren (Tabak- und Alkoholkonsum, "ein richtiger Mann sein", motorisiert mobil sein, rotlackierte Fingernägel besitzen, "tun und lassen können, was man möchte" u.ä.m.), andererseits sind sie rebellisch, weil sie bewusst Absetzungen einerseits vom Verhalten der eigenen Kindheitszeit, andererseits von den Konventionen und Erstarrungen der Erwachsenengesellschaft beinhalten und deshalb Konflikte mit Autoritäten eingehen (vgl. dazu, insbesondere zur Geschlechtsspezifik des Risikoverhaltens: Fend 1990; Helfferich 1994, v.a. 70ff). Dabei ist nach wie vor zu beobachten, dass geschlechtsspezifische Unterschiede dahingehend fortbestehen, "dass die Mädchen Entwicklungsprobleme eher somatisierend und nach innen, die eigene personale Wertschätzung betreffend verarbeiten, Jungen aber entsprechende Belastungen stärker externalisieren" (Fend 1990, 95).

Rechtsextreme Orientierungen bei Jugendlichen sind vor diesem Hintergrund vermutlich als Resultate des Versuchs zu werten, im Rahmen von Identitätsbildungsprozessen als Entwicklungsaufgabe Eigenständigkeit zu erreichen und damit die o.e. Sicherheiten zu gewinnen. Die Ursachen[2] für das offensichtliche Scheitern dieses Versuchs müssen demzufolge im Prozess der geschlechtsspezifisch verlaufenden Erfahrungsproduktion und -bearbeitung unter Bezugnahme auf die dort vorfindlichen Ressourcen bzw. Ressourcenbeschränkungen und Bezugspunkte für soziale und personale Identität gesucht werden.

Politische Sozialisationsprozesse dabei gerade in bezug auf die 13- bis 15jährigen zu untersuchen, birgt zwar die Schwierigkeit, bei so jungen ProbandInnen noch "keine klar strukturierte politische Orientierung" (Boehnke 1988, 151) wie bei Erwachsenen und älteren Jugendlichen erheben zu können, nimmt aber gerade damit den Herausbildungsprozess politischer Überzeugungen in den Blick. Denn: "Die Jahre der frühen Adoleszenz, von zwölf bis sechzehn, sind die entscheidenden Jahre für das Entstehen politischen Denkens." (Adelson 1980, 272).

Selbstverständlich sind Prozesse der Vergesellschaftung von historisch spezifischen gesellschaftlichen Entwicklungen abhängig. Diesbezüglich erkennen wir als historisch aktuellen Vergesellschaftungsmodus vor allem die Tendenz zur Individualisierung wie sie insbesondere von Beck (1983, 1986) herausgearbeitet wurde. Kernaussage des Individualisierungstheorems ist, dass im Zuge der Auflösung alltagsweltlicher, von Generation zu Generation tradierter, gleichsam "naturwüchsiger" Milieus mit ihren spezifischen Wohn- und Kommunikationsformen sowie (gerade auch) politischen Werte- und Deutungswelten tiefgreifende Wandlungsprozesse der sozialen Beziehungen zwischen den Subjekten um sich gegriffen haben.

Zum ersten werden die Subjekte sukzessive aus traditionellen Bindungen und Versorgungsbezügen herausgelöst und auf ihr individuelles (Arbeitsmarkt-) Schicksal mit seinen Chancen und Risiken verwiesen. Soziale Ungleichheit individualisiert sich (Freisetzungsdimension).

---

[2] Wenn im folgenden von der Suche nach Ursachen die Rede ist, dann geht es nicht in einem naiven Sinne um ein Aufspüren der "eigentlichen Ursachen". Wir zielen nicht an, immer weiter auf dem Pfad der Ursachenkette, Schritt für Schritt zurück die eine "wirklich grundlegende Ursache" zu isolieren. Vielmehr gilt es, die subjektiven Sinnzuschreibungen zu rekonstruieren und ggf. ein Zusammenwirken und sich Verzahnen subjektiver Sinnzuschreibungen verschiedener Subjekte im Konstitutionsprozess einer Situation bzw. von Realität überhaupt aufzudecken (vgl. dazu auch Quensel 1986).

Zum zweiten schmelzen traditionale Sicherheiten in Gestalt von selbstverständlich erscheinendem Handlungsweisen, Glaubenssätzen und leitenden Normen ab (Entzauberungsdimension).

Zum dritten entstehen aber auch neue Formen der sozialen Einbindung und Kontrolle, die an Stelle milieuförmiger Integration treten können (Re-Integrationsdimension).

Folge für das politisch relevante Orientierungsverhalten ist eine Enttraditionalisierung "ständisch" eingefärbter Klassenlagen und das Verblassen der Evidenz, in einer Klassengesellschaft zu leben. Von daher zerbröseln die Selbstverständlichkeiten einer unter Berufung auf Traditionen vornehmbaren politischen Verortung der eigenen Person. Dieser Umstand bringt einerseits eine historisch neuartige Optionsvielfalt, als deren Kehrseite andererseits aber auch weitreichende Verunsicherungen für die Individuen mit sich, weil der traditionsvermittelte, kollektive Erfahrungs- und Deutungszusammenhang verloren geht und intermediäre Instanzen wie Familie, Arbeitsgruppe, Nachbarschaft u.ä. in ihrer Bedeutung für die soziale, kulturelle und politische Orientierung ihren alten Stellenwert einbüßen. Gleichzeitig nimmt die Komplexität und globale Vernetzung sozio-politischer Problem- und Konfliktlagen in einer Weise zu, die ihre individuelle Bearbeitungsmöglichkeit immer unwahrscheinlicher werden lässt. Das Abschmelzen der Milieus und ihrer Orientierungsfunktionen hinterlässt damit gleichsam ein Vakuum sozialer und politischer Standortbestimmung und Identitätsbildung, das sich auf der Schattenseite des Individualisierungsprozesses als verunsichernde soziale Desintegration niederschlägt, innerhalb derer die Medien des Erwerbs und Erhalts von Anerkennung entschwinden, einer Anerkennung, die sowohl Wertschätzung als aber auch vor allem gleichsam noch "darunter" das Zuerkennen gleicher sozialer, kultureller und politischer Rechte meint. In eben diese Leerstelle können nun Angebote ethno-biologischer oder anderweitig (quasi-)naturvermittelter Zuordnungsmerkmale hineinstoßen. Die Eingrenzung bzw. Abgrenzung der eigenen Person, Gruppe oder Ethnie wird dann über "naturvermittelte" Ungleichheitskriterien wie Rasse, Hautfarbe, Nation, Geschlecht etc. ansteuerbar. Fünf Beschaffenheiten machen diese Merkmale dafür scheinbar so tauglich: Sie sind sinnlich konkret wahrnehmbar, weisen zeitliche Konstanz auf, sind praktisch irreversibel, ihr Besitz ist ebenso wenig argumentativ erworben wie argumentativ abweisbar und sie können als Ausgleich für soziale Verluste in zentralen gesellschaftlichen Leistungsbereichen dienlich sein. Gerade bei Jugendlichen können sie vermutlich um so mehr verfangen, als die sich in jener Lebensphase befinden, die auf den Erwerb und die Ausbildung einer eigenständigen Identität zugeschnitten ist und innerhalb derer deshalb Fragen von Selbstbild, Zugehörigkeit und Differenz hochgradig virulent werden und auf Antwort drängen. Dies dürfte verschärft für die Phase der frühen Jugend gelten, treten doch hier entsprechende Anforderungen lebensgeschichtlich betrachtet neu auf den Plan.

4.2 Methodische Anlage

Methodisch folgt die hier vorgelegte Untersuchung den Prinzipien einer am "interpretativen Paradigma" orientierten "qualitativen", besser: "rekonstruktiven" (vgl. Bohnsack 1991, bes. 8; auch: Böttger 1996) Sozialforschung.

Der theoriebildende Ertrag von methodisch vergleichbaren Studien (vgl. z.B. Heitmeyer u.a. 1992; Hopf u.a. 1995; Rieker 1997) stellt unbestreitbar unter Beweis, dass qualitatives Herangehen themenbezogen Sinn macht. Dies gilt auch längst über eine bloße Anforschungs-Funktion hinaus, insbesondere in Hinsicht auf die uns zentral interessierenden Zusammenhänge zwischen Rechtsextremismus-Neigung bzw. -Distanz einerseits und Geschlechtersozialisation andererseits, wie Hopf u.a. (1995) diesbezüglich explizit Desiderate aus der Sicht ihrer Forschungsresultate umreißen. Positive Erfahrungen liegen darüber hinaus auch themenunabhängig mit qualitativen Projekten gerade in der Kindheits- und Jugendforschung vor (vgl. zusammenfassend Heinzel 1997; bezogen auf die Altersgruppe der 13- 15jährigen auch Sander/Vollbrecht 1985).

Allerdings begibt sich die vorliegende Arbeit nicht so weit aus dem Prinzip der theoretischen Offenheit heraus wie es die "theorie-orientierte qualitative Forschung" (vertreten durch Hopf u.a. 1995, hier: 23) tut. Deshalb werden auch nicht, wie dort, Tableaus präsentiert, die theoretische Vorab-Kategorisierungen untereinander in Beziehung setzen und mit dem empirischen Material füllen. Sie bieten zwar eine übersichtliche Strukturierung der Daten. Genau darin liegt aber auch ihr Problem. Sie produzieren das Problem, die Multiperspektivität und Deutungsfülle von qualitativ erhobenen "O-Tönen" so sehr straffen und stromlinienförmig glätten zu müssen, dass theoretisch "nicht passend" erscheinende Bestanteile allzu leicht unter den Tisch fallen. Mit dieser Schwierigkeit ist wohl auch nur zu erklären, weshalb - wie bereits im Kapitel zum Stand der Forschung kritisiert - die geschlechtsspezifischen Auswertungsaspekte der Hildesheimer Studien eigentümlich blass bleiben (Hopf u.a. 1995) oder gar nahezu gänzlich fehlen (vgl. Rieker 1997). Eben solche Ausblendungen bzw. Dunkelstellen werden vermeidbar, wenn zwar ein theoretisches Vorverständnis durchaus nicht versteckt und offensiv eingebracht, aber nicht von vornherein zum Raster der Auswertungsarbeiten erhoben wird.

4.2.1 ProbandInnengruppe und Erhebungsverfahren

Bei der vorliegenden Untersuchung handelt es sich um eine Studie, die vom 01.05.1992 - 30.06.1995 in Baden-Württemberg durchgeführt wurde. Probanden und Probandinnen waren 40 am Anfang der Erhebung 13jährige, zu ihrem Schluss 15jährige Jungen (N= 20) und Mädchen (N =20). Die statistische Mortalität konnte äußerst gering gehalten werden: 37 Fälle (alle beteiligten Jungen, 17 Mädchen) konnten über den gesamten Erhebungszeitraum hinweg begleitet werden. Von ihnen hatten 33 Personen die deutsche Staatsangehörigkeit. In sechs dieser Fälle handelte es sich jedoch um Söhne und Töchter von Migrantenfamilien bzw. aus binationalen Ehen. Weitere 5 ProbandInnen verfügten insoweit über Migrationserfahrungen, als sie entweder aus Aussiedlerfamilien stammten oder aus den neuen Bundesländern zugewandert waren. Somit ergeben sich 15 Fälle (8 w, 7 m) mit (unterschiedlichen) Migrationserfahrungen im weiteren Sinne.

Die Auswahl erfolgte nach Gesichtspunkten des "theoretical sampling" (Glaser/Strauss 1967). Ihr Ziel ist die theoretische Sättigung, d.h. die Auflistung möglichst sämtlicher auftretender Merkmalsausprägungen. Aus diesem Grund wurden auch Fälle von Jugendlichen einbezogen, die trotz lebenslagenspezifischer Ähnlichkeiten bzgl. der Gefährdungspunkte Distanzierungen oder positive Verarbeitungen einer im weitesten Sinne "rechtsextremen" Vergangenheit zeigen. Es wird damit auch ein Stück weit der u.a. von Rieker (1997, 109) formulierten Forschungslücke begegnet, wonach nicht-rechtsextreme und "nicht-ethnozentrische Orientierungen bisher kaum Thema der Forschung sind". Dieser Zuschnitt folgt auch der pädagogisch inspirierten Überlegung, dass erzieherische bzw.- soziale Arbeit womöglich genauso viel - wenn nicht mehr - aus dem Beispielcharakter positiver Verläufe wie aus der Analyse problematischer Prozesse lernen kann.

Erhebungsmethodisch standen im Sinne der "within-method" der Triangulation (dazu: Denzin 1978, 301) neben ExpertInnen-Gesprächen, Milieu-Erkundungen und Aktenstudium in Einzelfällen leichtstrukturierte und problemzentrierte Leitfaden-Interviews im Mittelpunkt (vgl. dazu Witzel 1982, 1996). "Problemzentrierung" im Sinne einer Fokussierung auf Kern-Themen, "Gegenstandsorientierung" im Sinne der Orientierung der Methodik an der Eigenart des Forschungsobjekts und "Prozessorientierung" im Sinne der schrittweisen Gewinnung und Prüfung von Daten (vgl. ebd.) stehen dabei im Vordergrund. Die Entscheidung für Leitfaden-Interviews und gegen stärker erzählgenerierende Techniken (zu dieser Unterscheidung vgl. Friebertshäuser 1997a) folgte der Überlegung, die Interview-Thematik eingrenzen und auf den Kernbereich Rechtsextremismus konzentrieren zu wollen und darüber hinaus durchaus mit einem gewissen theoretischen Vorverständnis an die Untersuchung heranzugehen (vgl. zu diesen Vorteilen problemzentrierter Interviews innerhalb der qualitativen Gewaltforschung gegenüber "reinem Narrativismus" auch die Erfahrungen von Böttger 1997, 1998). Das Dilemma von Leitfaden-Bürokratie einerseits und Strukturlosigkeit produzierender Offenheit andererseits wurde durch eine Teilstrukturierung gelöst. Sie ermöglicht, "dass der Forscher/Interviewer auf der einen Seite den vom Befragten selbst entwickelten Erzählstrang und dessen immanente Nachfragemöglichkeiten verfolgen muß und andererseits gleichzeitig Entscheidungen darüber zu treffen hat, an welchen Stellen des Interviewverlaufs er zur Ausdifferenzierung der Thematik sein problemorientiertes Interesse in Form von exmanenten Fragen einbringen soll" (Witzel 1982, 90).

Die Befragungen erfolgten über drei Erhebungszeitpunkte hinweg (Herbst 1992, Herbst 1993, Herbst 1994) und wurden durch zusätzliche kleine Fragebogen-Erhebungen - im wesentlichen für demografische und die objektive Lebenslage betreffende Angaben - ergänzt (Leitfäden und Fragebögen sind bei Bedarf beim Autor zu beziehen). Insgesamt liegen also 37 x 3 auswertbare Interviews und 37 x 3 Fragebögen vor. Die Interviews hatten eine Dauer von rd. 1 ½ bis 2 ½ Stunden und fanden im Regelfall in Räumen statt, die zur Lebenswelt der Befragten gehör(t)en: entweder bei ihnen zuhause oder in Einrichtungen der Jugendarbeit. Im Einzelfall wurden Besonderheiten der Interviewsituation und Sachverhalte, die nicht auf dem Tonband festgehalten werden konnten (z.B. nonverbale Äußerungen des/der Befragten oder seine Auskünfte im Vor- oder Nachgespräch), sich aber aus Sicht des /der Interviewenden als relevant darstellten, in einem schriftlichen Postskriptum bzw. Memo festgehalten. Unsere Studie folgte damit einer Methodik, die sich im Hinblick auf vergleichbare Studien bestens bewährt hat (vgl. v.a. Heitmeyer u.a. 1992, Hopf u.a. 1995, Rieker 1997).

Qualitative sozialwissenschaftliche Forschung hat sich in besonderer Weise mit dem Problem einer möglichen Diskrepanz zwischen Deutungen der Befragten selbst und denen der ForscherInnen auseinander zu setzen. Wissenschaft, die sich nicht anheischig macht, über die Köpfe der Befragten hinweg Schlüsse zu ziehen und Folgerungen aufzustellen, muss an der Reduktion einer solchen Kluft gelegen sein, ohne sich deshalb schlicht die Deutungen der ProbandInnen zu eigen machen zu müssen. Eine Rückspieglung vorgenommener Auswertungen an die "LieferantInnen" des Auswertungs-Materials ist nicht nur forschungsethisch geboten, sondern auch geeignet, Klärungen und Differenzierungen voranzutreiben. Zur Gültigkeitsüberprüfung der von uns vorgenommenen Deutungen des jeweils in den Vorjahren erhobenen Materials wurden deshalb den Befragten bei den Abschlusserhebungen eingangs des Interviews in der Funktion von Instrumenten "kommunikativer Validierung" sog. "Steckbriefe" vorgelegt. In jugendgemäßer Form enthielten sie die Aufbereitung der Grundzüge unseres jeweiligen Fall-Verständnisses. Die Befragten hatten damit die Möglichkeit, eigene Sichtweisen zu präzisieren, zu modifizieren und zu spezifizieren oder die der ForscherInnen auf ihren Fall aus ihrer Perspektive zur Korrektur anzumelden. Letzteres traf in keinem Fall zu.

Sämtliche Interviews wurden professionell so weit wie für unsere Zwecke nötig (vgl. Hitzler/Honer 1997, 12, Fn. 3) mit Hinweisen auf Pausen und Betonungen transskribiert, dabei in Bezug auf die Namen der ProbandInnen sowie sonstige Namens- und Ortsnennungen zu Datenschutzzwecken codiert und fallweise zusammen mit den Fragebögen und sonstigen fallrelevanten Informationen (z.B. Memos der Interviewenden, die unmittelbar nach dem Interview für wichtig gehaltene erste Eindrücke wiedergeben) geordnet. Sie werden für weitere Auswertungen und zum Zwecke der intersubjektiven Überprüfbarkeit der vom Forscherteam angestellten Deutungen vorrätig gehalten und können auf Anfrage ebenso wie die verwendeten Erhebungsinstrumentarien samt Steckbriefbeispiel zur Verfügung gestellt werden.

4.2.2 Zur Operationalisierung des Begriffs 'Rechtsextremismus'

In Absetzung von Positionen der grundsätzlichen Ablehnung des Extremismus-Begriffs (vgl. dazu und zur Abklärung des Rechtsextremismus-Begriffs mit verwandten Termini wie Rechtsradikalismus, Totalitarismus, Fundamentalismus, Rassismus, Nationalismus, (Neo)Nazismus und (Neo)Faschismus detaillierter: Möller 1998a) nehmen wir unseren Ausgangspunkt von der durch Heitmeyer (1987) vorgelegten und - überwiegend zustimmend - breit rezipierten Definition des Rechtsextremismus. Danach besteht Rechtsextremismus aus zwei miteinander verbunden auftretenden Kernelementen: aus Ideologien der Ungleichheit wie nationalistischen Überhöhungen, rassistischen Abwertungen und totalitären Normverständnissen sowie aus verschiedenen Stufen von Gewaltakzeptanz. Ideologien der Ungleichheit bergen in diesem Verständnis Grundüberzeugungen von der angeblich naturbedingten Ungleichwertigkeit von Angehörigen unterscheidbarer gesellschaftlicher Gruppierungen wie z.B. Rassen, Ethnien und Nationen. Abweichend von Heitmeyer gehen wir allerdings mit Theodor Geiger, ohne dessen positivistische Auffassungen teilen zu müssen, davon aus, dass in Vorstellungssyndromen über gesellschaftliche Tatbestände und Verhältnisse nicht nur ideologische Gehalte, sondern auch "die nicht systematisierten oder wenig systematisierten Gefühle, Gedanken und Stimmungen..., die die gegebene Gesellschaft, Klasse, Gruppe, Profession usw. aufweist" (Geiger 1932, 77ff), eingehen. Solche "Mentalitäten" als milieubedingte psychische Dispositionen gesellschaftlicher Gruppierungen bilden den Nährboden, zumindest aber die mit Ideologien in Wechselwirkung befindlichen Begleiter von Ideologiebildung. Sie bilden die gleichsam habitualisierten Niederschläge sozialer Alltagserfahrungen und liegen als solche jenseits politisch-programmatischer Kenntnisse und darauf bezogener Reflexionen.

4.2.2.1 Ungleichheitsvorstellungen

Eingedenk dessen sprechen wir neutraler von Ungleichheits*vorstellungen*. Der Terminus bietet den Vorteil, ProbandInnen nicht voreilig als VertreterInnen oder wenigstens TrägerInnen von Ideologien, also von bestimmten gesellschaftspolitisch relevanten Denksystemen, einstufen zu müssen, sondern von ihnen gemachte Äußerungen auch ggf. mit streuenden Stimmungen und Gestimmtheiten, also eher gefühlsmäßigen als kognitiv strukturierten Orientierungsgrundlagen in Verbindung bringen zu können. Eine derartige Öffnung der Wahrnehmungsperspektive erscheint gerade in Bezug auf Jugendliche geboten. Dies gilt nicht nur in Hinsicht auf die Tatsache, dass rechtsextreme jugendliche Straftäter vielfach als kaum oder "nicht ideologisch motiviert" eingestuft werden. Vielmehr noch ergibt sich ihr Erfordernis aus der Erkenntnis der politischen Sozialisationsforschung, wonach gerade jüngere Jugendliche erst im Begriffe sind, ein für sie subjektiv gültiges gesellschaftliches Orientierungssystem aus affektiv verwurzelten Grundorientierungen heraus zu konstruieren (s.o.).

Ungleichheitsvorstellungen können unterschiedlichen Charakter besitzen. Sie können nicht allesamt als gleich problematisch i.S.v. demokratiegefährdend oder individuell und sozial schädigend eingestuft werden und besitzen verschiedene Muster ihrer Rechtfertigung. Letzteren besondere Beachtung zu schenken, erscheint auch deshalb erforderlich, um subjektive Logiken als ihr "Unterfutter" freilegen zu können. Daher unterscheiden wir zum einen auf zwei Dimensionen, der *Wertungsdimension* und der *Handlungsdimension*, unterschiedliche Typen, zum anderen verschiedene *subjektive Begründungsmuster*.

Differenzierungen auf der *Wertungsdimension* folgen der Erkenntnis, dass das Konstatieren von Ungleichheit zwischen einzelnen Menschen oder Gruppierungen von Menschen in höchst unterschiedlichem Ausmaß mit Wertungen verbunden ist. Das bloße Registrieren von Ungleichheit im Sinne eines Feststellens von Verschiedenartigkeit über die Bestimmung von Differenz und Identität jeweiliger Wahrnehmungsobjekte - wie dies ja z.B. die Forschungen zur sozialen Ungleichheit tun - ist ein grundlegendes Prinzip menschlichen Erkenntnisgewinns und als solches nicht problematisch und erst recht nicht unter politischen Vorzeichen skandalisierbar. In diesem Falle wird Ungleichheit gleichsam horizontal und nicht vertikal-hierarchisch gedacht. Erkenntnistheoretische Fragen nach dem Grad der Konstruiertheit unserer Realität bzw. von dem, was wir dafür halten, einmal ausgeklammert, ist es unstrittig, dass z.B. die Biologie der Frau andere Merkmale aufweist als die des Mannes oder dass AfrikanerInnen gegenwärtig durchschnittlich auf geringerem Wohlstandniveau leben als EuropäerInnen. Selbst wenn man in Rechnung stellen kann, dass solche Feststellungen nicht gänzlich wertfrei erfolgen, sondern z.B. Selektionsprozessen von Relevanzen unterliegen, die zu bestimmten wahrnehmungsbezogenen, gedanklichen und gefühlsmäßigen Agenda als Grundlagen entsprechender Äußerungen führen, oder in Kontexten erfolgen, die heimliche Wertungen beinhalten, so sind die darin und damit u.U. zum Ausdruck gelangenden Wertungen doch deutlich verhaltener als bei Bekundungen wie "Frauen sind weniger wert als Männer" oder "Schwarze sind dümmer als Weiße". Bei erstgenannten sprechen wir deshalb von Ungleichheitsfeststellungen, bei letzteren dagegen haben wir es mit Ungleichheitsvorstellungen im Gewand von Ungleichwertigkeitsvorstellungen zu tun. Hier wird Ungleichheit sich nur vorgestellt (auch deshalb Ungleichheits*vorstellungen*) und tritt Abwertung offen zutage. Hier bedarf es keinerlei spekulativer Interpretationen, um dies festzustellen. Um unsere Auswertungen von (zu) weit ausgreifendem Spekulationsballast, sachlich ungerechtfertigten Unterstellungen oder gar Stigmatisierungen der ProbandInnen zu entlasten, unterscheiden wir deshalb im Interesse einer materialnahen Auswertung Ungleichheitsfeststellungen, die - auch wenn der Gesprächskontext einzelner Äußerungen jeweils mitbedacht wird - bloße Verschiedenartigkeit betonen, von solchen, die Ungleichwertigkeitspositionen zum Ausdruck bringen.

Auf der *Handlungsdimension* unterscheiden wir diese beiden Typen nach dem Grad ihrer Aktionsnähe. Diesbezüglich ergeben sich drei Typisierungen.

Ein erster Typus umfasst Meinungen, Einstellungen und Haltungen, die nicht mehr sind als die Wiedergabe subjektiv repräsentierter (Ungleichheits-)Vorstellungen über relevante politisch-soziale Verhältnisse (z.B.: "Asylbewerber sind arbeitsscheu und liegen uns auf der Tasche.").

Ein zweiter Typus beinhaltet Orientierungen, bei denen Ungleichheitsvorstellungen in Ungleichbehandlungsforderungen übergegangen sind (z.B.: "Asylbewerber sind arbeitsscheu und liegen uns auf der Tasche. Deshalb sollten wir sie alle aus Deutschland rausschmeißen.").

Eine dritte Form geht noch einen Schritt weiter. Sie besteht darin, dass Ungleichbehandlung nicht nur gefordert, sondern darüber hinaus auch selbst umgesetzt wird (z.B.: "Asylbewerber sind arbeitsscheu und liegen uns auf der Tasche. Deshalb sollten wir sie alle aus Deutschland rausschmeißen. Ich trage das Meinige schon dazu bei: ein bisschen Angst machen...").

Mindestens so ergiebig wie die Fokussierung auf Ungleichheitsvorstellungen dürfte die Berücksichtigung von Gleichheitsvorstellungen, Gleichbehandlungsforderungen und aktiven Gleichbehandlungen sein. Auch hierfür sind die inhaltlichen Dimensionen und Argumentationsmuster von subjektiven Begründungen bzw. Motivationen zu eruieren.

Darüber hinaus stellt sich die Frage, inwieweit eigene Erfahrungen von Gleich- oder Ungleichbehandlung auf die Entstehung und Entwicklung von Ungleichheits- oder Gleichheitsvorstellungen einwirken.

4.2.2.2 Gewaltakzeptanz
Die Gewalt-Vokabel wird im außer- und innerwissenschaftlichen Bereich längst derart häufig und zugleich disparat verwendet, dass ein Ansetzen an einer bestimmten Theorie arbiträr erscheint. Deshalb wählen wir unseren Ausgangspunkt bei der obigen sozialisationstheoretischen Grundannahme, wonach das aktiv realitätsverarbeitende Subjekt ein realitätskontrollförderliches Verfügen über die jeweiligen Lebensbedingungen anstrebt. Aktuell schädigend und perspektivisch entwicklungsbehindernd sind soziale Bedingungen und die sie tragenden Personen dann, wenn sie die Entfaltung und Befriedigung von Bedürfnissen nach Realitätskontrolle im oben beschriebenen Sinne einschränken oder gänzlich verhindern. Sie verletzen die Integrität der Person. Indikator für solche Verhältnisse sind für das Individuum Empfindungen von Verfügungslosigkeit über Rahmenbedingungen des eigenen Lebens und Erfahrungen von Auslieferung an fremdbestimmte Zwänge. Schädigend und entwicklungsbehindernd agieren Jugendliche selber dann, wenn sie die Freiheit der Realitätskontrolle des Anderen beschneiden und zur kommunikativen Verständigung zur Regelung von Konfliktfällen nicht bereit sind.

In diesem Sinne begreifen wir auch jene Macht- und Herrschaftsausübung als illegitime Gewalt, deren Legitimität unter Bezugnahme auf die normativen Teile unseres sozialisations- und identitätstheoretischen Konzepts (Handlungsfähigkeit, Autonomie und Befriedigung des Realitätskontrollbedürfnisses) bestritten werden kann. Genauer: Kurzfristige Einschränkungen individueller Verfügungsmacht - mit welchen Mitteln auch immer erzielt - üben zwar Gewalt aus, mögen aber unter bestimmten Umständen oder partiell legitim sein, soweit sie einem demokratisch kontrollierten Gemeinwohl dienen oder dem "wohlverstandenen Interesse" eines nachweislich auf keinem anderen Wege zu unterstützenden Subjekts folgen. Wo solche Einschränkungen jedoch mit Schädigungen und Entwicklungsbehinderungen einhergehen, stellen sie illegitime Gewalt dar. Darunter fällt explizit nicht Notwehrhandeln, Gefahrenabwehr o.ä., wenn die Verhältnismäßigkeit der Mittel gewahrt wird.

Anknüpfend an die o.e. Heitmeyersche Rechtsextremismus-Definition und in Präzisierung des bei Heitmeyer (1987) sowie Heitmeyer u.a. (1992) skizzierten Verständnisses (vgl. ebd. 13f) ist nunmehr klarzustellen, dass rechtsextreme Orientierungen die Verkoppelung von Ungleichheitsvorstellungen und Gewaltakzeptanz in spezifischer Weise voraussetzen. Ungleichheitsvorstellungen allein oder Ungleichheitsvorstellungen, deren Durchsetzung mit legaler und legitimer institutioneller Machtausübung gesucht wird, sind ggf. z.B. als (struktur)konservativ oder reaktionär zu bezeichnen, erfüllen aber im Rahmen des demokratischen Verfassungsstaates nicht den Tatbestand von Rechtsextremismus. Das Kennzeichen rechtsextremer Gewaltakzeptanz ist ihre Ausrichtung entweder auf Gewaltanwendung als personale (d.h. ohne institutionellen Auftrag ausgeführte) Handlungsform oder auf Gewaltanwendung als illegitime institutionelle Gewalt. Obrigkeitsstaatlich-repressive Gewaltakzeptanz, die "Repression" - hier folgen wir der Definition von Kaase/Neidhardt (1990, v.a. 63ff) - in der Forderung nach einer strengeren und z.T. auch rabiater durchgreifenden Staatsgewalt unter Inkaufnahme von Gesetzesverletzungen durch Angehörige der Staatsorgane propagiert, ist Hand in Hand mit Ungleichheitsvorstellungen nach unserer engen Rechtsextremismus-Definition kein exklusives Syndrom des rechten Extremismus, weil hinter ihm auch Motive eines auf Systemerhaltung angelegten Konservativismus stecken können. Wollte man doch ein entsprechendes Verständnis zugrunde legen, ließe sich nach den empirischen Befunden von Kaase und Neidhardt zum Ausmaß des Repressionspotentials in Deutschland nahezu jeder dritte Erwachsene einem rechtsextremen Spektrum zuordnen. Offenbar handelt es sich hier eher um einen Übergangsbereich, der vom Pol extremistischer Rechtsaußenpositionen bis zu einem Pol systemstabilisierungsfixierten (Neo-)Strukturkonservativismus reicht und Brückenfunktion für den Rechtsextremismus erfüllt. Dies macht auch der Befund deutlich, dass rd. 45% der so definierten Repressiven sich selbst als politisch "rechts" stehend einstufen (vgl. ebd.). Insofern es sich hierbei um Orientierungsbestände innerhalb eines Strömungsbereichs mit extremistischen Kongruenzflächen handelt, kommen wir nicht umhin, auch solche "rechten" - und eben nicht unbedingt rechtsextremistischen - Elemente zu erfassen. Dies gilt um so mehr, als sie häufig in rechtspopulistischen Argumentationsfiguren auftauchen, die nicht nur bei extremistischen Positionen und Politikern Verwendung finden.

In Konkretion dieser Erwägungen (ausführlicher dazu vgl. Möller 1999b) stellt sich die Gewaltakzeptanz des Individuums (oder eines Kollektivs) als eine Haltung dar, die physische und nicht-physische Gehalte haben kann und auf

Personen oder die Destruktion von Sachen bezogen ist. Dabei müssen nicht nur verschiedene Gewaltqualitäten diverser "Härtegrade" (z.B. gestische Bedrohung, Einsatz von Fäusten, Stich- oder Schusswaffengebrauch), sondern vor allem auch verschiedene Aktionsniveaus unterschieden werden:

1. tatsächliche eigene Gewaltanwendung,

2. eigene Gewaltbereitschaft (ohne dass eine Gewaltausübung erkennbar wäre) bzw. Gewaltandrohung,

3. Akzeptanz fremdausgeübter Gewalt - sei sie von Privatpersonen ausgeübt, institutionell und/oder obrigkeitsstaatlich-repressiv (zu diesem Begriff vgl. oben). Hier ist es nötig, zu differenzieren zwischen

- Duldung

- Billigung

- Propagierung und

- Stimulanz dieser Form von Gewaltakzeptanz.

4.2.3 Auswertungsverfahren

Die in dieser Arbeit vorgenommenen Auswertungen lassen sich methodisch grob im Felde der Techniken qualitativer Inhaltsanalyse (vgl. Mayring 1993) verorten. Konkreter handelt es sich - abhängig von der gewählten Erhebungsweise - im Kern (abgesehen von den Fragebogenauswertungen) um Interpretationen problemzentrierter Interviews. Mit leichter Modifikation wurden folgende, in der Bielefelder Rechtsextremismus-Studie (Heitmeyer u.a. 1992) bewährten Interpretationsschritte unternommen (vgl. zu diesem Komplex auch: Schmidt 1997):

1. Zunächst wurden die soziodemografischen und sonstigen Angaben zur objektiven Lebenslage der ProbandInnen aus dem Fragebogen zusammengestellt.

2. In einem ersten Durchgang durch das Daten-Material des Einzelfalls wurden zum einen ergänzende Angaben zur Lebenslage Erzählsequenzen des/der Befragten entnommen und den aus dem Fragebogen bekannten Fakten hinzugefügt, zum anderen Stellen im Transkript markiert, die in irgendeiner Weise auffällig erschienen, sei es weil sie irritierend wirkten, Widersprüche enthielten, Gedankenabbrüche zu erkennen gaben oder in anderer Weise ins Auge stachen.

3. In einem dritten Schritt wurde gezielt nach Passagen gesucht, die nach dem Vorverständnis des Forschungsteams zunächst als thematisch interessant einzustufen waren, also Passagen, in denen bspw. Gewalttaten beschrieben wurden, fremdenfeindliche Äußerungen erfolgten oder sich Zusammenhän-

ge andeuteten, die auf der Folie der individualisierungs- und sozialisationstheoretischen Fundierung der Studien aussagekräftig erschienen.

4. Erst nachdem bezogen auf den ersten Erhebungsschnitt etwa die Hälfte der Fälle entsprechend durchmustert worden war, entstand nach und nach unter stetigen Modifikationen, einen inhaltlichen Kern gleichwohl beibehaltend, ein Auswertungsraster (Näheres dazu bei Möller 1999b). Diese tentative Herangehensweise sollte sicherstellen, dass einerseits das erhobene Material nicht 'vergewaltigt' werden und seinen Aspektreichtum wie seine Eigenart durch theoretische Vorab-Kategorisierungen nicht verlieren konnte, dass aber andererseits auch kein 'Ertrinken in der Datenflut' erwartet werden musste, eine Gefahr, die bei qualitativ operierenden Analysen immer gewärtig ist. Dieses Auswertungsraster war nach der Durchforstung des Materials des ersten Schnitts soweit gediehen, dass es auch für die Analyse der Daten der folgenden Erhebungsschnitte zugrundegelegt werden konnte.

5. Im nächsten Schritt konnte das Auswertungsraster dazu eingesetzt werden, Interview-Passagen (und nachrangig auch Fragebogen-Daten) begrifflichen Kategorien zuzuordnen und den Zusammenhang zwischen ihnen zu strukturieren. Auf dieser Basis konnte ein erster Interpretationstext pro Einzelfall entlang des Rasters angelegt werden. Ab der Interpretation des zweiten Schnitts wurde es dahingehend erweitert, dass auch die längsschnittlichen Qualitäten, also Kontinuitäten und Diskontinuitäten zwischen den Erhebungszeitpunkten aufgenommen werden konnten.

6. Eine nächste Interpretationsstufe bestand in der Validierung der von einem Mitglied des Forschungsteams vorgelegten ersten Version einer Einzel-Interpretation entlang des verabschiedeten Rasters durch eine Gruppendiskussion im Team. Sie verlief nach dem Konsens-Prinzip. D.h.: Über strittige Deutungen wurde solange verhandelt bis eine intersubjektive Übereinstimmung über die zu treffende Formulierung für sie zustande kam. Dieses Verfahren war einerseits ungeheuer zeitaufwendig, erscheint aber andererseits unverzichtbar, um die subjektiven Deutungen des/der einzelnen InterpretIn intersubjektiv einzuholen.

7. Es erfolgten daraufhin u.U. mehrstufige Überarbeitungen der Einzel-Interpretationen und ihr erneuter Durchgang in der ForscherInnengruppe. Dies - wie erwähnt - solange bis konsensfähige Texte vorlagen. Um eine evtl. Ignoranz von inhaltlichen Brüchen im Verlauf der Selbst-Reports der Jugendlichen und interpretativ konstruierte biografische Glättungen von Seiten des Forschungsteams zu vermeiden, wurde darauf geachtet, die Auswertungen schnittbezogen vorzunehmen, d.h. jede Interpretation eines einzelnen Falls vor der nächsten Erhebung im Längsschnitt abgeschlossen zu haben.

8. Nach zwischenzeitlichen Quer-Interpretationen über die Gesamtheit der ProbandInnengruppe hinweg während der Laufzeit des Projekts wird ein

abschließender Schritt mit der hier vorliegenden Arbeit unternommen: die Quer-Interpretation des gesamten Materials und ihre verdichtende Anbindung an vorliegende Theorien zum Themenbereich.

In die Interpretation einbezogen wurden 37 Fälle. Unter dem Aspekt ihrer Aussagekraft für die zentralen Untersuchungsbereiche wurden sie allerdings gewichtet, so dass zwei Typen von Interpretationsdokumenten mit jeweils unterschiedlichen 'Verdichtungsgraden' von Materialdeutungen entstanden:

1. Einzel-Interpretationen

Wie erwähnt wurden Interpretationen grundsätzlich pro Schnitt angefertigt. Aus darstellungsökonomischen Gründen müssen sie allerdings in diesem Band erheblich gerafft in einem auf alle drei Schnitte bezogenen geschlossenen textlichen Zusammenhang vorgelegt werden. Ein Nachteil dieser Darstellungsweise liegt in dem durch ihre Kürze bedingten Verzicht auf längere O-Ton-Sequenzen aus den Interviews und der damit verbundenen eventuell auftretenden Schwierigkeit für den Leser/die Leserin, die Interpretation in ihren Einzelheiten nachvollziehen zu können. Andererseits hätte eine ausführlichere Präsentation einen Informationswust zur Folge, der den Rahmen dieser Arbeit bei weitem sprengen würde.

2. Fallskizzen

Hier haben wir es mit Fällen zu tun, bei denen ein ausführliches Interpretationsdokument letztlich nicht sonderlich ergiebig wäre, bei denen aber entweder zu bestimmten Themenbereichen interessante Erkenntnisse gefunden werden können oder die unter Vergleichsgesichtspunkten über die Gesamtgruppe der ProbandInnen oder von bestimmten Teilgruppierungen hinweg wichtig erscheinen. Entsprechend verdichtet und skizzenhaft präsentieren sich die Falldeutungen in Gestalt kurzporträtähnlicher Überblicke über die Grundzüge der gefundenen Entwicklungen.[3]

---

[3] Im folgenden werden die Auswertungen entlang von vier Leitfällen vorgenommen. Für ein tieferes Verständnis können (und sollten) weitere Interpretationen unter www.hfs-esslingen.de/wischaft/forschung/veroeff-wis/rechte-kids aus dem Internet heruntergeladen werden.

5. Ergebnisse der Studie

Eine grundsätzliche Schwierigkeit der Präsentation qualitativer Forschungsergebnisse besteht im Problem der Auswahl von Interpretations-Material bzw. genauer im Falle der von uns notwendigerweise favorisierten Bündelung solchen Materials in Form von Einzel-Interpretationen: der Auswahl von Fällen und ihrer Zuordnung zu Auswertungsaspekten.

Als allgemeinstes Kriterium für eine solche Auswahl dürfte die 'Interessantheit' des jeweiligen Falls gelten. Nur: An was bemisst sich, ob ein Fall 'interessant' ist, oder nicht? Sicher gelten in der Wissenschaft diesbezüglich andere Rationalitäten als etwa im Journalismus. 'Interessant' ist für uns nicht der außergewöhnliche, sensationelle Fall, sondern derjenige, der am aussagefähigsten ist; und zwar am aussagefähigsten im Hinblick auf die zentralen Fragestellungen. Insofern der 'interessante' Fall in diesem Sinne einer ist, der keinen herausgehobenen Einzelfall darstellt, sondern in gewisser Hinsicht - dem Interesse an komparativer Analyse folgend (vgl. Bohnsack u.a. 1995, 425) - auch für andere Fälle des Samples charakteristisch ist, handelt es sich bei ihm meist gerade nicht um die reißerische Abnormität, sondern um den/die 'normale(n) Jugendliche(n) von nebenan'. 'Interessant' sind unter diesem Blickwinkel also primär Fälle, die den Zusammenhang von Geschlechtszugehörigkeit und Verläufen auf der Ebene von rechtsextremen Orientierungen in Richtung auf Affinität(saufbau) und/oder Distanz(ierung) bei FrühadoleszentInnen erhellen helfen, sekundär solche Fälle, die den Zusammenhang von Jugendkultur bzw. von Migrationserfahrungen mit diesen Prozessen zu klären versprechen.

Unter diesen Voraussetzungen erfolgt die Auswahl exemplarischer Fälle im wesentlichen nach zwei Kriterien: nach dem Komplexitätsgrad, den sie für interpretative Analysen bieten und nach der Qualität und Fülle von Vergleichsgesichtspunkten, die sie für andere Fälle hergeben. Konkreter: Es handelt sich um Fälle, die möglichst aspektreich sind, möglichst umfassend unterschiedliche Niveaus von Ungleichheitsvorstellungen und Gewaltakzeptanz beinhalten, dabei in jedem Fall auch hohe Niveaus einschließen, möglichst von einer Bewegung im Spektrum von Affinitätsaufbau und Distanzierung gekennzeichnet sind sowie Vergleichsgesichtspunkte untereinander und 'Anschlussstellen' für Vergleiche mit kurzinterpretierten Fällen bieten können.

Von Affinität(saufbau) und Distanz(ierung) sprechen wir im weiteren Verlauf dieser Arbeit in bezug auf rechtsextreme Orientierungen im folgenden Sinne:

Affinität meint, dass eine wie auch immer im Einzelfall zu bestimmende Nähe zu dem fokussierten Gesichtspunkt vorliegt. Diese Nähe kann auch die ganze oder teilweise Übernahme in das individuelle Orientierungs- und Verhaltensrepertoire einschließen. Konsolidierung bedeutet, dass diese Nähe über einen gewissen Zeitraum betrachtet gleich bleibt. Wird von Affinitätsaufbau gesprochen, so wird der Prozess der Herstellung dieser Nähe, also der der Annäherung an rechtsextreme Orientierungen in den Mittelpunkt gerückt. Anders als bei Konsolidierungsprozessen zeigt dann die Verlaufskurve gleichsam nach oben. Bei Distanzierungsprozessen verhält es sich genau umgekehrt: Die Verlaufskurve geht nach unten. Es ist ein Vorgang des Abrückens vom jeweiligen Orientierungs- und/oder Verhaltensmuster zu konstatieren. Handelt es sich hierbei also um eine Beschreibung eines Veränderungsprozesses, so reservieren wir den Distanz-Begriff dafür, entweder eine anfängliche, also in seinem Zustandekommen längsschnittlich betrachtet nicht zu rekonstruierende, allenfalls retrospektiv einzuholende Absetzung vom betreffenden Muster auszudrücken oder eine durchgängig gleichbleibende Distanz im Sinne eines Konsolidierungsprozesses zu beschreiben.

5.1 *Entwicklungsverläufe der Inhalte und Strukturen von rechtsextremen Orientierungen*

Dieser Abschnitt hat keinen höher gesteckten Anspruch als den einer Beschreibung der Verläufe von Inhalten und Strukturen von rechtsextremen Orientierungen auf der Basis einer Gesamtschau über alle ProbandInnen hinweg. Eine Deutung von möglichen Ursachen der skizzierten Prozesse wird hier noch nicht vorgenommen. Es werden also nur die charakteristischen Trends in deskriptiver Weise wiedergegeben. Die Beschreibung dient dazu, Kontinuitäten und Diskontinuitäten von Verläufen über die Einzelfälle hinweg zu dokumentieren. Dies erscheint zum einen wichtig, um die ausführlicher berücksichtigten Fälle in das Gesamt der Untersuchungsgruppe einordnen und sich damit ein Bild darüber verschaffen zu können, inwieweit der jeweilige Fall die Untersuchungsgruppe repräsentiert oder eher eine Abweichung von ihrer Gesamtentwicklung darstellt. Zum anderen lassen sich auf diese Weise Analyseversuche anschlussfähig halten, die die Besonderheiten von (in den Folgeabschnitten präsentierten) Einzel-Verläufen auf den Gehalt von allgemeineren Prozessen z.B. lebensphasenspezifischer und geschlechtsspezifischer Charakteristik oder von politischen Vorkommnissen prüfen wollen.

Der besseren Übersicht halber werden zunächst die die beiden Teilaspekte 'Gewaltakzeptanz' und 'Ungleichheitsvorstellungen' betreffenden Verläufe in Gestalt von Verlaufskurven, jeweils bezogen auf den Einzelfall, nach Geschlechtern getrennt grafisch dargestellt. Es handelt sich dabei zwangsläufig, der Darstellungsweise geschuldet, nur um eine sehr grobe Übersicht von im wesentlichen heuristischen Wert. Immerhin aber gibt sie für die Gesamtgruppe fallbezogen auf einen Blick Auskunft über die Existenz oder Nicht-Existenz von Anstiegs-, Konsolidierungs und Distanzierungsphasen, ihre etwaige zeitliche Platzierung im Studienverlauf und die ungefähre, d.h. nicht mit mathematischer Exaktheit bestimmbare Höhe des Niveaus von Gewaltakzeptanz (GA) bzw. von Ungleichheitsvorstellungen (Uvo) über den gesamten Untersuchungszeitraum hinweg.

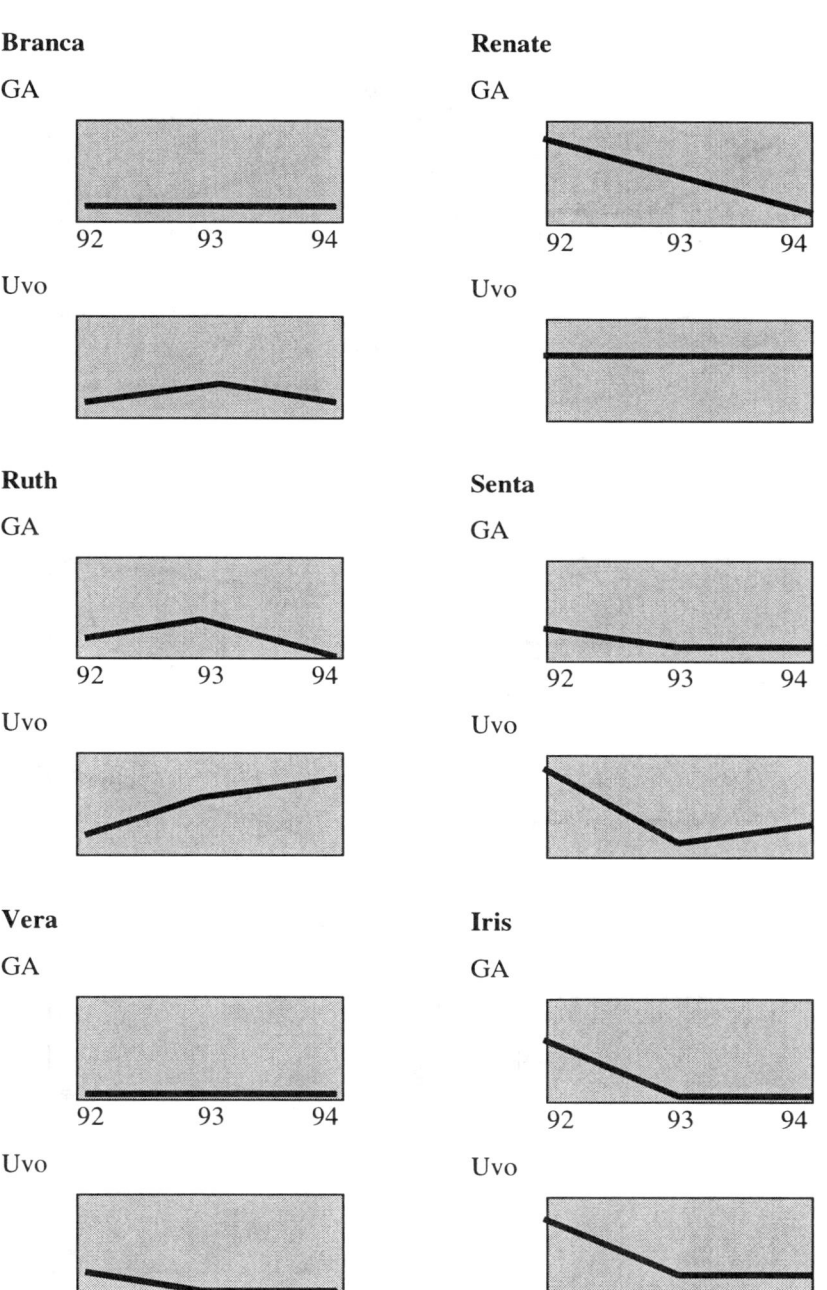

Larissa

GA

92 93 94

Uvo

Lisa

GA

92 93 94

Uvo

Ilona

GA

92 93 94

Uvo

Jutta

GA

92 93 94

Uvo

Thea

GA

92 93 94

Uvo

Sieglinde

GA

92 93 94

Uvo

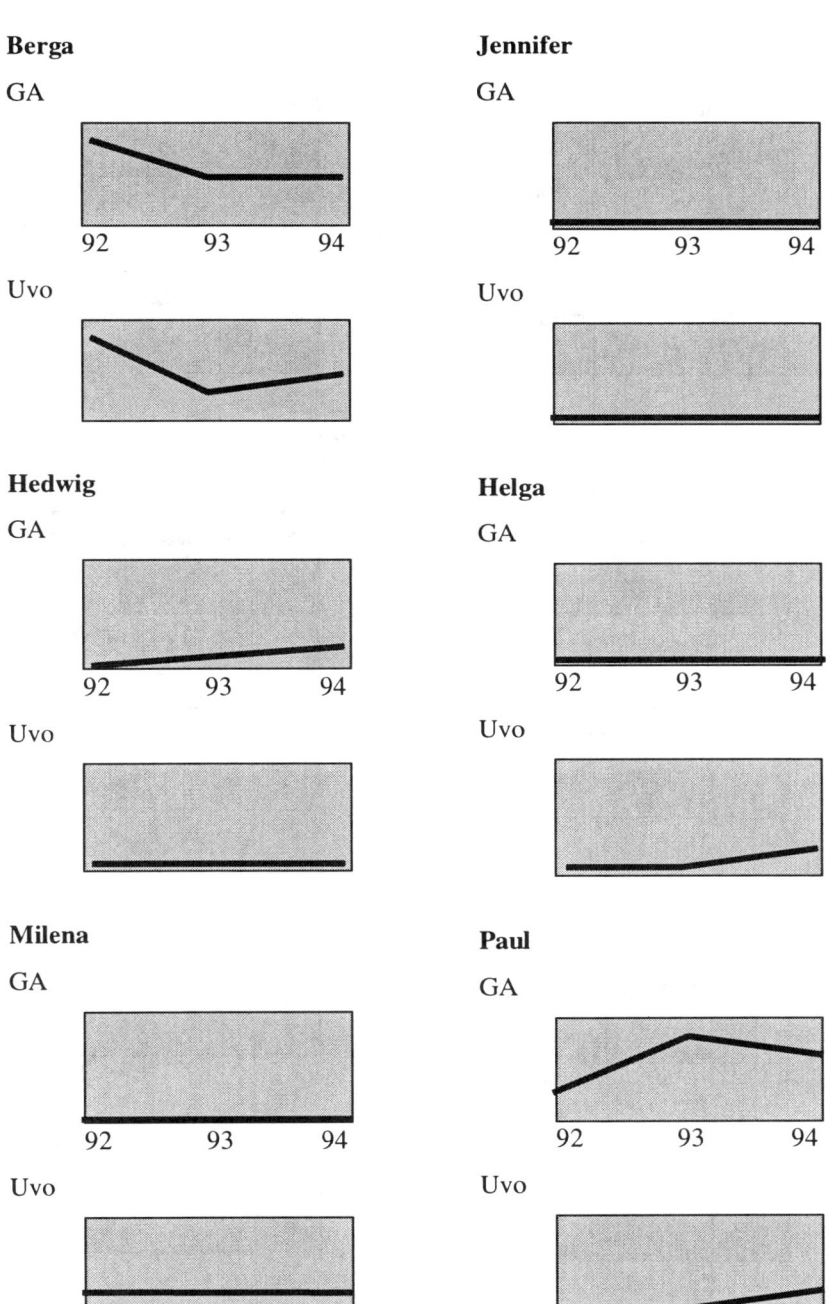

Oswin

GA

92   93   94

Uvo

Leo

GA

92   93   94

Uvo

Thomas

GA

92   93   94

Uvo

Johannes

GA

92   93   94

Uvo

Norbert

GA

92   93   94

Uvo

Rüdiger

GA

92   93   94

Uvo

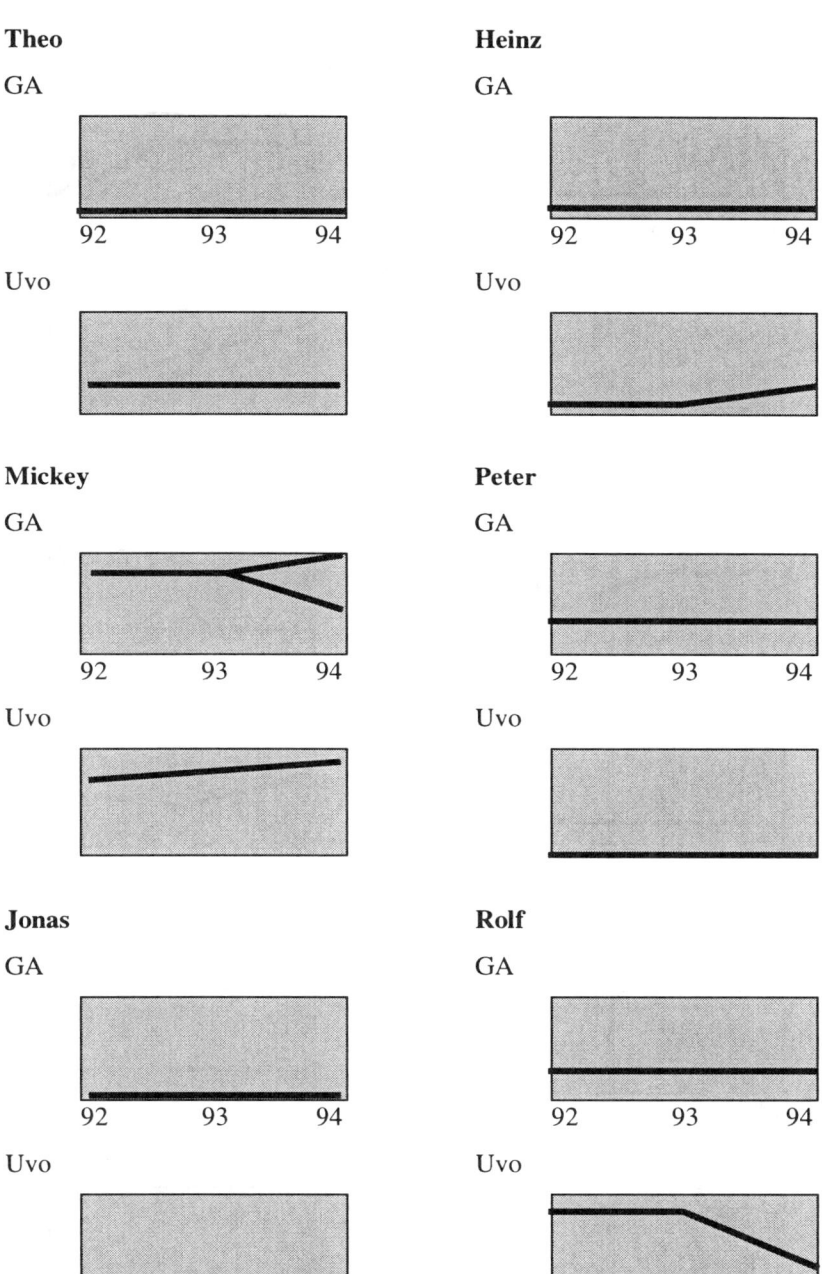

Ludwig
GA

Uvo

Enrik
GA

Uvo

Volker
GA

Uvo

Felix
GA

Uvo

Robert
GA

Uvo

Carlo
GA

Uvo

Jakob

GA

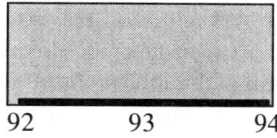

92 93 94

Uvo

In Spezifizierung der bisher vorgenommenen terminologischen Abklärung zum Begriff des Rechtsextremismus ist es unumgänglich, zu klären, was unter der 'Stärke' von Ungleichheitsvorstellungen oder unter der 'Höhe' eines bestimmten Gewaltniveaus zu verstehen ist. Spätestens wenn man sich in der Längsschnittbetrachtung aus der Materialanalyse heraus gezwungen sieht, Veränderungen von Ungleichheitsvorstellungen und Gewaltakzeptanz in Termini wie 'Anstieg', 'Zunahme' bzw. 'Absinken', 'Reduktion' u.ä. zu fassen, stellt sich die Frage, wohin bzw. von wo aus diese Prozessverläufe erfolgen und ob es nicht z.B. einen Unterschied macht, ob jemandes Gewaltakzeptanzanstieg von mehr oder weniger regelmäßig stattfindenden, blutig verlaufenden Faustkämpfen ausgehend irgendwann in Auseinandersetzungen mit Messereinsätzen - vielleicht sogar mit organisiertem Hintergrund - mündet oder ob im Laufe der Untersuchungszeit aus einer Duldung institutioneller Gewaltformen in einer bestimmten Situation einmal die Billigung dieser Gewaltformen wird; ein Anstieg von Gewaltakzeptanz ist in beiden genannten Fällen zu registrieren, aber ganz offensichtlich doch auf einem sehr unterschiedlichen Niveau! Höchst unwahrscheinlich ist es, dass differenzierungslos gleiche Deutungs- und Erklärungsangebote greifen. Von daher kommt man nicht umhin, unterschiedliche Gewaltniveaus oder -höhen in die Überlegungen einzubeziehen. Analoges gilt für die Bestimmung des Niveaus von Ungleichheitsvorstellungen

Bei der Interpretation des Einzelfalls sind wir in der Lage, jeweils inhaltlich zu klären, welche Orientierungs- und Verhaltensweisen dem Akzeptanz- oder Distanz(ierungs)verlauf zugrunde liegen. Auch bei der Quer-Interpretation kommt man durch eine darauf bezogene komparative Analyse weiter. Allerdings offenbart das erhobene Material selbst, dass es wenig Sinn macht, faktisch höchst unterschiedliche Aktionsniveaus (bei Gewalt) oder Wertungsdimensionen (bei Ungleichheitsvorstellungen), versehen mit den Etiketten "Affinitäts(aufbau)" bzw. "Distanz(ierung)" 'in einen Topf zu werfen'. Wir operieren deshalb im folgenden auch synonym mit den Begriffen des Ungleichheitsvorstellungs- bzw.

Gewaltniveaus, der -höhe oder des -levels und verstehen darunter einen Faktor, der sich aus der Nähe zu Ungleichbehandlungen bzw. aus der Häufigkeit und dem Härtegrad des Gewaltverhaltens bzw. der Personen ergibt und so die lebensweltliche Bedeutsamkeit, sozusagen das Ausmaß der Trägerschaft von rechtsextremer Orientierung im Sinne seiner Auswirkung auf die Alltagsgestaltung des Subjekts, seine Lebensbewältigung, Realitätskontrolle und Sozialintegration wiedergibt. Er bemisst sich nicht an einem von außen gesetzten absoluten Maßstab, sondern resultiert aus den durchgeführten Fallvergleichen. Es handelt sich dabei selbstverständlich nicht um einen more geometrico quantitativ bestimmbaren Punktewert, sondern um ein qualitatives Interpretationsergebnis, das sich damit bescheidet, eine grobe Orientierungshilfe im Spannungsfeld zwischen ausgesprochen großer Ungleichheitsvorstellungs- bzw. Gewaltbelastung und deren Fehlen oder nur teilweisem Vorhandensein zu konstruieren. Ihre Gültigkeit ist vorläufig durch das Durchlaufen eines kommunikativen Validierungsprozesses in der Forschergruppe legitimiert.

Letzteres gilt auch für den Fall des Konstatierens eines bestimmten Eskalationsniveaus. Darunter verstehen wir die jeweilige 'Schärfe' der Gewaltformen, also den Bedrohungsdruck, der von ihnen ausgeht, den Härtegrad der eingesetzten Gewaltmittel und die dabei in Kauf genommenen, ausgeteilten bzw. erlittenen Verletzungen. Auch diesbezüglich macht es ganz offenbar Sinn, Differenzierungen vorzunehmen, wird doch die nachhaltige Verletzung der körperlichen Integrität allein schon somatisch ganz anders erlebt als bspw. ein stets unblutig verlaufendes spielerisch gemeintes Raufen unter gleichaltrigen Freunden. Insofern drängt sich im Interpretationsprozess auf, nach in diesem Sinne eskalationsförderlichen und -hemmenden Faktoren zu fahnden, wenn die Deskription von Verläufen der Gewaltakzeptanz nicht grob lückenhaft sein soll.

Wenn im weiteren verkürzt von 'Vertretern von Ungleichheitsvorstellungen' o.ä. oder von 'Gewaltakzeptierenden' bzw. auch 'Gewaltdistanzierten' die Rede ist, so handelt es sich um eine sprachliche Vereinfachung, die selbstverständlich nicht auf als dauerhaft unterstellte Persönlichkeitsmerkmale abhebt, sondern sich nur darauf bezieht, dass bestimmte Personen, innerhalb einer bestimmten Lebensphase entsprechende Orientierungen zum Ausdruck bringen.

In Bezug auf Inhalte und Strukturen rechtsextremer Orientierungen zeigt sich bei Jungen und Mädchen ein hoher Übereinstimmungsgrad. Er erlaubt, auf eine Zweiteilung der folgenden Ausführung unter geschlechtsspezifischen Gliederungsgesichtspunkten zu verzichten und notwendige Differenzierungen nur jeweils dort anzubringen, wo sie von der Sache her vorzunehmen sind.

Ein erster Erörterungspunkt macht freilich sogleich eine differenzierende Betrachtungsweise erforderlich. Er bezieht sich auf die rein mengenmäßige Verteilung von Ungleichheitsvorstellungen zwischen Probanden und Probandinnen.

Auch wenn angesichts der bewusst selektiven und nicht-repräsentativen Auswahl der Probanden daraus selbstverständlich keine quantitativen Schlüsse auf eine anzunehmende Grundgesamtheit gezogen werden können, ist doch für eine Einschätzung von im weiteren zu treffenden Aussagen über die Gesamtgruppe nicht unerheblich: Ein großer Anteil der männlichen Jugendlichen unseres Samples (ca. gut 3/4) hegt mehr oder weniger durchgängig bzw. zu einem bestimmten Zeitpunkt des Untersuchungsraums Ungleichheitsvorstellungen von jeweils ganz unterschiedlicher Stärke gegenüber anderen Gruppierungen von Menschen. Selbst bei Abwesenheit von Ungleichheitsvorstellungen verfolgen nur wenige Befragte (vor allem Peter, Robert) explizit Gleichheitsvorstellungen.

Die Gruppe der Mädchen der Studie weist nur zu etwa 2/3 Ungleichheitsvorstellungen auf. Durchschnittlich betrachtet erscheint ihr Niveau auch niedriger als das bei den Jungen. Dies kann im wesentlichen darauf zurückgeführt werden, dass sie auf der Handlungsdimension weniger gewichtig sind, sich also - aufgrund der größeren Gewaltdistanz - weniger als selbst vorgenommene Ungleichbehandlungen oder Bereitschaften dazu darstellen. Gleichheits- und Gleichbehandlungsvorstellungen tauchen im Vergleich zu Jungen häufiger auf, allerdings weniger dann, wenn es um ethnische Gleichheit und Gleichbehandlung geht als dann, wenn Gleichheit zwischen den Geschlechtern gefordert wird. Zudem finden sie sich bisweilen zeitgleich neben Ungleichheitsvorstellungen, ohne diese entscheidend bannen zu können.

Die Inhalte von Ungleichheitsvorstellungen ranken sich bei Jungen wie Mädchen nahezu ausschließlich um die sog. 'Ausländer- und Fremdenfrage'. Genauer: Zielpersonen von Ungleichheitsvorstellungen sind ganz deutlich vorrangig die in Deutschland lebenden Angehörigen anderer Nationen bzw. deutschstämmige MigrantInnen. Besonders stark betreffen sie Asylbewerber, (nicht ganz so) oft aber auch Nichtdeutsche mit gesichertem Aufenthaltsstatus (wie die sog. Gastarbeiter und ihre Familien) - diese meist soweit sie nicht hier geboren sind - sowie zugezogene Deutschstämmige aus Osteuropa (Aussiedler), manchmal auch Übersiedler aus der Ex-DDR. Die Unterschiedlichkeit der einzelnen Migrantengruppierungen im Sinne von Gruppierungen mit differentem rechtlichen Status wird von vielen Jugendlichen kaum erkannt und unter dem Etikett "Fremde" bzw. - teils fälschlich (z.B. bei russischen Aussiedlern) - "Ausländer" dem eigenen Blick verborgen.

Gewisse Ungleichheitsvorstellungen gegenüber Mädchen und Frauen werden zwar in manchen Äußerungen von Jungen spürbar. Sie beinhalten aber keine offenen Abwertungen oder Geringschätzigkeiten. Vielmehr beziehen sie sich auf ihre gegenüber Jungen und Männern als höher betrachtete Schutzbedürftigkeit, die dann die männliche Beschützerfunktion legitimieren soll, oder auf bestimmte, als weiblich attribuierte Eigenschaften (vor allem Kompromissfähigkeit, Zurückhaltung, besondere Kompetenzen für Haushaltsverrichtungen und Kindererziehung), wegen derer man(n) sie für die Erfüllung der traditionellen

Frauenrolle als besonders geeignet ansieht - ein Argument, mit dem nolens volens die Ungleichgewichte zwischen den Geschlechtern festgeschrieben werden. Unverhohlener Sexismus findet sich demgegenüber kaum.

Auch bei manchen Mädchen findet sich eine Orientierung an traditionellen Geschlechterbildern. Im Vordergrund steht dann, Zuständigkeiten in der geschlechtsspezifischen Aufgabenverteilung als natürlich oder quasi-natürlich (z.B. aufgrund archaisch verwurzelter Traditionsstränge) zu betrachten. Derart begründet wird allerdings bis auf eine einzige Ausnahme (Berga) bloß Verschiedenheit konstatiert und nicht eigene Ungleichwertigkeit unterstellt.

Juden, Behinderte, Obdachlose oder andere gesellschaftliche Minderheiten werden in keinem Fall von Ungleichheitsvorstellungen betroffen. Ihr Verhältnis zu diesen Gruppierungen thematisieren die Jugendlichen von sich aus bis auf wenige Ausnahmen ohnehin nicht. Aber auch darauf angesprochen, äußern sie keine diesbezüglichen Probleme. Für Behinderte und Obdachlose gilt eher das Gegenteil: In einigen Fällen wird mehr Solidarität mit ihnen und ihre stärkere soziale Unterstützung eingefordert - dann freilich nicht selten auch in sie nahezu für die Legitimation anderweitiger Ungleichheitsvorstellungen instrumentalisierender Weise: indem nämlich die bedauernswerten "deutschen Penner" gegen die angeblich überversorgten Ausländer ausgespielt werden. Auf Juden wird nur als Opfer der nationalsozialistischen Vernichtungspolitik eingegangen. Selbst in den extremsten Fällen und Phasen rechtsextremer Orientierung erfolgt aber eine Distanzierung von dieser Politik, wenn dann auch gleichzeitig vorgebliche Errungenschaften des Nationalsozialismus ("es wurde viel für die Jugend getan"; Autobahnbau; drastischer Abbau der Arbeitslosigkeit) in geschichtsklitternder Weise gelobt werden.

Eine Ordnung auf der Wertungsdimension lässt erkennen, dass Ungleichwertigkeitsvorstellungen im Sinne rassistischer Ideologie fast nie vertreten werden. Zwar bedient man sich in einzelnen Fällen eines rassistisch anmutenden Vokabulars (z.B. "Ungeziefer", "Zeugs", "Kanaken"), es muss dann jedoch keine Verwurzelung des politischen Denkens in entsprechenden biologistischen Überzeugungssystemen ausgemacht werden. Statt dass Begründungen für getane Äußerungen dieser Couleur mit Verweis darauf explizit geliefert oder per interpretativem Schluss erkennbar würden, macht man eher einen Rückzieher und bekundet, "eigentlich nichts gegen Ausländer" zu haben. Will man darin kein rein taktisch motiviertes Verhalten sehen - und dafür gibt es in der Tat eingedenk der geringen Reflexivität und substanzschwachen politischen Orientiertheit sowie nicht vorhandenen oder naiv-mangelhaften Strategieüberlegungen der sich entsprechend äußernden Personen jede Veranlassung -, so sind solche Einlassungen wohl als wenig durchdachte Übernahmen von Mentalitäten aus einem Teil des gesellschaftlichen Diskurses einzustufen. Dieser Umstand bedeutet freilich keine Entwarnung. Denn er verweist nicht nur auf die Verantwortung der Erwachsenen für rechtsextreme Orientierungen unter Jugendlichen, sondern auch auf die Gefahren, die bei einer gelungenen ideologischen Fundamentierung rassistischer Ausdrucksweisen lauern. Schließlich ist eher anzunehmen als auszuschließen, dass einmal habitualisierte rassistische Redeweisen die Tür zur Beeinflussung durch einschlägige Denkweisen öffnen. Abgesehen davon fordern sie von Betroffenen und anderen Gegnern rassistischer Positionierungen mit hoher Wahrscheinlichkeit Reaktionen der Gegenwehr heraus, die möglicherweise als Angriff gewertet werden könnten und die Person damit mehr und mehr in ein Freund-Feind-Schema verstricken, aus dem es zunehmend schwieriger werden dürfte, einen Ausweg zu finden.

Wenn einerseits rassistische Abwertungen keinesfalls die Regel beim Vertreten von Ungleichheitsvorstellungen sind, so sind andererseits doch durchweg je Fall mehr oder minder stark wertende, nicht nur im Sinne erkenntnisanalytischer Differenzbestimmung neutral bloße Verschiedenheit von der Eigengruppe konstatierende Positionierungen zu registrieren. Die Argumentationsfiguren ihrer subjektiven Begründungsmuster bemühen im wesentlichen Verweise auf national-kulturelle, ökonomisch-materielle und verhaltensbezogene Faktoren.

Erstgenannte finden sich am häufigsten in Bezeugungen eines diffusen Unbehagens an der Anwesenheit von Menschen fremder Kulturkreise in Deutschland, das sich dann in Gefühlen der Ver-, Ent- oder auch Überfremdung (zu dieser Differenzierung vgl. Möller/Müller 1992) niederschlägt. Insbesondere wird der über eine gewisse, subjektiv unterschiedlich angesetzte Schwelle betriebene Zuzug von Ausländern in das von einem selbst und der eigenen Familie bewohnte Viertel als unangenehme kulturelle Veränderung des sozialen Nahbereichs wahrgenommen. Meist wird mit ihm gar nicht einmal konkreter Ärger im Sinne offener Konflikte mit den Neuhinzukommenden verbunden. Eher gilt er als Indikator für eine Verarmung und infolgedessen auch für eine Stigmatisierung des eigenen Stadt- oder Ortsteils in den Augen nicht dort wohnender Menschen. Daneben wird auf einen (evtl. auch nur drohenden) Wandel des öffentlichen Klimas hingewiesen: Wegzug deutscher Familien und Geschäftsleute, anwachsende Isolation der verbleibenden Deutschen durch kulturelle Selbstsegregation der Ausländer und/oder sprachliche Verständigungsprobleme, Veränderung des öffentlichen Straßenbilds (z.B. durch zahlreiche kopftuchtragende türkische Frauen), mehr lärmende Kinder aufgrund des relativen Kinderreichtums ausländischer Familien etc. Dies gilt insbesondere, wenn der eigene Wohnblock betroffen ist. Hinzu kommen Befürchtungen von Belästigungen: mehr Anmache durch ausländische Jugendliche auf der Straße, Bettelei, erhöhte Verschmutzung von Straßen und öffentlichen Plätzen durch ein wahrgenommenes wenig umweltfreundliches Verhalten von AusländerInnen sowie Drogenhandel (vor allem im Falle des Zuzugs von Asylbewerbern). Dabei weist man medialen Berichterstattungen, Hörensagen oder auch selbst getroffenen Einzelbeobachtungen Belegqualität zu. Durchgängig liegt in Fällen von Äußerungen eines derartig geprägten Unbehagens an der Anwesenheit von AusländerInnen oder anderen MigrantInnen in Deutschland resp. im eigenen Wohngebiet die Ansicht zugrunde, die jeweils ins Visier genommene Fremdgruppierung (z.B. "die" Ausländer, "die" Türken, "die" Aussiedler, "die ganzen

Fremden aus aller Herren Länder") habe ihre eigene, der deutschen nicht oder nur sehr konfliktuös kompatible Kultur; eine Kultur, die man nicht in jedem Fall explizit für minderwertig, wohl aber für störend in bezug auf das Weiterleben in jenen Gewohnheiten, Werten und Normen hält, die man als "deutsche Kultur" ansieht.

Eine offene Aufwertung oder gar Idealisierung der Eigengruppe (z.B. nach dem Motto "wir Deutsche sind besser") wird nur sehr selten bzw. gar nicht vorgenommen. Wenn ein "Stolz, Deutsche(r) zu sein", zu erkennen gegeben wird, dann bezieht er sich in der Regel auf die wirtschaftlichen Leistungen der bundesrepublikanischen Bevölkerung und immerhin noch öfter auf landschaftliche Schönheiten oder kulturelle Errungenschaften als auf nationalistische Mythen und ihre Traditionen. Eine national(istisch)-kulturelle Überheblichkeit gelangt darin durchgängig nicht zum Ausdruck. Häufig werden bei der Betonung der positiven Seiten des Deutschseins auch Relativierungen angebracht. Letztere scheinen mit zunehmendem Alter zu steigen und sich auch im Prozess des Abrückens von vormalig rechtsextrem konturierten Vorstellungen zu vermehren. Sie beziehen sich auf Aspekte wie Leistungsfixiertheit, übertriebene Konsumorientierung, mangelnde "Locker"heit, Engstirnigkeit und Übergenauigkeit. In dieser Hinsicht sieht man dann andere Nationalcharaktere dem der Deutschen sogar überlegen.

Insofern sind es weniger deutlich rigide Abwertungen der Fremd- und klare Aufwertungen der Eigengruppe, die das Verhältnis der Ungleichheits-Vertreter zu "Fremden" kennzeichnen, als Erfahrungen und Befürchtungen des Gestörtwerdens in habitualisierten Lebens- und Vorstellungswelten. Bezeichnend ist in dieser Hinsicht die häufig auftauchende Formulierung, doch "nur in Ruhe gelassen" werden zu wollen - oft mit dem Zusatz versehen, dann werde man die anderen auch in Ruhe lassen. "Ruhe" meint hier offenbar subjektiv empfundene Störungsfreiheit. Man ist anscheinend bemüht, mit dem Begriff wohl auch die Bescheidenheit der eigenen Ansprüche zu signalisieren ("Mehr als meine Ruhe will ich ja gar nicht") und nicht einmal auf besondere Vorteile beim Sicheinlassen auf die multikulturelle Gesellschaft pochen zu wollen.

Diese Ruhe sieht man deutlicher noch verletzt, wenn ökonomisch-materielle Argumente gegen die Multikulturalisierung der Gesellschaft vorgebracht werden. Sie heben vornehmlich auf Ressourcen-Konkurrenz ab. Wiederum unter Verweis auf Medienberichte, Alltagsdiskurse oder Einzelbeobachtungen und einzelne Eigenerfahrungen erkennt man in den Fremden Wettbewerber um Ausbildungs- und Arbeitsplätze, (preiswerte) Wohnungen und andere knappe Güter. Dabei sind sie dennoch teilweise in bestimmten inferioren Segmenten des Arbeitsmarkts ("Drecksarbeit") notgedrungen wohlgelitten, wird doch unterstellt, Deutsche hätten an entsprechenden Arbeitsplätzen kein Interesse. Gleichzeitig wird mit solcher relativen Großzügigkeit bei der selbstbetriebenen Durchlöcherung eigener Ungleichheitsvorstellungen in Form von Wegnahme-Argumenten selbstredend eine Degradierung arbeitender Nichtdeutscher innerhalb eines Kosten-Nutzen-Kalküls vorgenommen (es gilt das Motto: Wenn schon Ausländer, dann nur für die Arbeit, die kein Deutscher machen will).

Zudem wird auf die finanzielle Belastung, ja die z.T. wahrgenommene Überbelastung des Sozialstaats durch sie, vor allem durch Asylbewerber, aber auch durch Aussiedler hingewiesen. Man inkriminiert ihre angeblich übertriebene Alimentierung ("kriegen gleich alles in den Arsch geschoben") unter Verweis auf "billige Kredite für die Aussiedler" ("Haus und alles") sowie Symbole für deren Lebensstandard, über die man selber nicht verfügt: Satellitenschüsseln an der Hauswand, mehrere Farbfernseher, chromglänzende BMWs vor der Haustür etc. Dabei wird der Eindruck geäußert, solche Prosperität werde auf eigene Kosten oder zumindest durch die Steuerzahlungen der eigenen Eltern ermöglicht ("die Leben wie die Made im Speck, und wir müssen das alles zahlen"). Teilweise wird Sozialneid derart dramatisiert, dass man sich selber als Unterdrückter fühlt und damit die realen Abhängigkeitsverhältnisse geradezu umdreht (z.B. Johannes: "Wir sind doch die Sklaven"). Insofern die Politik für diese Situation verantwortlich gemacht wird und man ihr keine durchschlagenden Veränderungen zutraut, sieht man sich um so mehr aufgerufen, die Verhältnisse selber mittels migrantendistanzierten oder gar gewaltsamen Verhaltens zurechtzurücken, je dramatischer man die eigene soziale Benachteiligung wahrnimmt. Als Hilfsargument kommt bisweilen hinzu, dass - anders als die Bürgerkriegsflüchtlinge, deren Fluchtursachen alle anerkennen - die in ihrem Heimatland politisch Verfolgten auch eine (Mit-)Schuld an ihrer Flüchtlings-Situation trügen ("Warum machen sie so was auch?").

Auffällig allerdings und gleichzeitig lebenswelt- und geschlechtsbezogen leicht zu erklären ist, dass die 13- bis 15jährigen Jungen noch stärker altersgemäße Objekte hegemonial-maskuliner Konkurrenz in den Vordergrund rücken: die Vorherrschaft auf der Straße, in der Schule, in Jugendeinrichtungen und Diskotheken. Der territoriale Widerstreit ist für sie - um so mehr, wenn sie Ungleichheitsvorstellungen mit eigener personaler Gewaltakzeptanz verbinden - die bedrückendste Konkurrenzerfahrung. Dies ist wenig verwunderlich, weil sie in einer Altersphase leben, die einerseits bei fast allen über die gesamte Zeit hinweg durch Schulbesuch und ein Wohnen daheim geprägt ist und sie andererseits ihre Freizeit zumeist außerhäusig auf der Straße oder in relativ altershomogenen Umgebungen verbringen. Hinzu kommt die traditionelle Orientierung von Jungen und Männern auf den öffentlichen Raum und seine Beherrschung. Insofern diesbezüglich gleichgültig ist, ob die Gegnergruppierung aus Asylbewerber- oder sonstigen Migrantenjugendlichen besteht, wird auf dieser Ebene auch der Unterschied, der im Hinblick auf Steuerzahlerargumente zwischen in den Arbeitsmarkt integrierten Migranten und Flüchtlingen gemacht wird, hier wieder verwischt: Übergreifend sind es "die Ausländer", die einem hier als Gegner gegenüberstehen. Dies ist auch eine Bredouille für diejenigen Jugendlichen, die aus Migrantenhaushalten stammen, aber gegen in ihren Augen unangepasste ausländische Jugendliche und Asylbewerber(jugendliche) feindlich eingestellt sind.

Verhaltensbezogene Faktoren werden als Begründungsmuster für Ungleichheitsvorstellungen häufig in Verbindung mit den genannten Argumenten angeführt.

Dabei werden zum einen als multikulturell bedingt wahrgenommene Ver-, Ent- und Überfremdungsgefühle letztlich als Folge betrügerischer Machenschaften auf Seiten der Immigrierenden betrachtet. Das Wort vom "Asylbetrug" macht die Runde. "Scheinasylantentum" kennzeichnet dann das Verhalten missliebiger Flüchtlinge. Hinter den beobachteten Insignien einer angeblichen Prosperität von Migrantenfamilien wird zum anderen Leistungserschleichung und sonstiges kriminelles Verhalten vermutet. Derartige Annahmen bauen sich z.T. unter Zuhilfenahme von in den Medien oder per Alltagsdiskurs rezipierten Einzelfällen mehrfachen Sozialhilfebezugs durch Asylbewerber und von Auszügen aus Kriminalstatistiken auf. Vor diesem Hintergrund wird insbesondere der Drogenhandel als typisches Ausländerdelikt ausgemacht und dieser Umstand ohne Würdigung sozialer Entstehungszusammenhänge als Anti-Integrationsargument ins Feld geführt.

Vermeintliche Unbescheidenheit, die sich im ökonomisch-materiellen Bereich - angeblich insbesondere bei nichtarbeitenden AsylbewerberInnen - als Alimentierungshaltung verbunden mit Arbeitsverweigerung und Anspruchsdenken realisiert ("mit nichts zufrieden"), wird Nichtdeutschen alltagskulturell als Anmaßungsallüren und Überheblichkeit ("die benehmen sich wie die Kings") angekreidet. Wo sich solche Unverschämtheit mit Aggressivität paart, wird - primär von deutschen Jungen - eine überdurchschnittliche Provokativität - vorrangig jugendlicher 'Ausländer' - registriert ("auch noch frech werden"). Auch sie gilt als harter Beleg für ungerechtfertigte Unbotmäßigkeit und mangelnden Anpassungswillen auf Seiten von EinwanderInnen bzw. ihrer Nachkommen. In die gleiche Richtung weisen Fingerzeige auf eine angebliche Unordentlichkeit Nichtdeutscher, überlautes und platzgreifendes Gebaren und konsumkulturelle Rückständigkeit, die sich in "altmodischer" Kleidung manifestiert.

Auf dieser Ebene verhaltensbezogener Faktoren am meistgenannten und bedrückendsten jedoch ist in erster Linie für Mädchen eine sich angeblich im Vergleich mit deutschen Jungen und Männern überproportional realisierende Bereitschaft zu sexueller Belästigung und allgemeiner, vor allem aber sexualisierter Gewalt bei männlichen Ausländern. Dies gilt unabhängig davon, ob diese Einschätzung aus eigener Erfahrung oder aus anderen Quellen abgeleitet wird. Die 'Anmache' durch 'Ausländer' wird als im allgemeinen unvermittelter, "härter", "aggressiver" und weniger "witzig" erlebt. Erfahrungen und Bedrohungsempfindungen beziehen sich auf gemachte oder befürchtete Erlebnisse im öffentlichen Raum, bspw. in Schwimmbädern und auf der Straße, und reichen von obszönen verbalen Attacken bis hin zu körperlichen Übergriffen.

Nach unserer Definition macht erst ein Zusammenfließen von Ungleichheitsvorstellungen und Gewaltakzeptanz eine rechtsextreme Orientierung aus. Daher ist zu fragen, ob und wenn ja, wie sich die beschriebenen Ungleichheitsvorstellungen mit Gewalt(befürwortung) verknüpfen.

In dieser Hinsicht gilt auch für die Spezifik rechtsextremer Gewalt das, was unter geschlechtsspezifischem Blickwinkel im übrigen auch für die allgemeine Gewaltakzeptanz festgestellt werden kann: Jungen sind gewaltnäher; sie neigen daher auch stärker als Mädchen dazu, Ungleichheitsvorstellungen und Gewaltakzeptanz miteinander zu verbinden. Anlässe sind privater und politischer Natur, wobei die politische Motivation oft eher als äußerliche Färbung der Zwistigkeiten erscheint denn als ihr inhaltlicher Kern. Nicht selten tritt sie in jugendkultureller Fassung auf und wirkt insofern nur schwach ideologisch-kognitiv verankert. Mehr scheint sie im Dienst adoleszenter Absetzungsbestrebungen unterschiedlicher Gleichaltrigengruppen und -Szenen untereinander und/oder im Funktionszusammenhang der Ablösung von kindlicher Unselbständigkeit, subjektiv wahrgenommener elterlicher Bevormundung und darüber hinaus gehenden gesellschaftlichen Einpassungsanforderungen zu stehen.
Und: Sofern vorhanden, ist die Gewaltakzeptanz von Mädchen auch in diesem politischen Spektrum verhaltener. Sie begnügt sich fast ausschließlich mit der Befürwortung verschärfter institutioneller und fremdausgeübter personaler Gewalt unter recht(sextrem)en Vorzeichen.

Wo eine Verbindung von Ungleichheitsvorstellungen und Gewalt erfolgt, liegen bei Jungen vornehmlich territoriale Konflikte mit 'ausländischen' Jugendlichen vor. Soziale Zugehörigkeits- und Abgrenzungsmerkmale verlaufen dann über Definitionen, die entlang ethnischer Kriterien entwickelt werden. Manchmal vermischen sie sich aber auch derart mit lokalen und jugendkulturellen Kriterien (z.B. sind dann "die türkischen Rapper aus A-Stadt" das Ziel der Angriffe), dass nur noch schwer erkennbar ist, welches Zuordnungs- bzw. Abgrenzungskriterium das primäre ist.

Bei richtungsgleich orientierten Mädchen werden zwar auch Argumente räumlicher Bedrängung als subjektive Begründungsmuster ihrer Orientierungen angeführt, sie heben sich allerdings nicht aus der Gesamtgemengelage fremdenfeindlicher Haltungen heraus. Ungleichheitsvorstellungen, die auf andere Kritikpunkte bezug nehmen, sind mindestens genauso wichtig, wenn nicht wichtiger (etwa ökonomisch-materielle Argumente und Belästigungsszenarios). Diesbezügliche Relevanzen sind aber nicht unterschiedlich bei denen, die Ungleichheitsvorstellungen mit Gewaltakzeptanz verbinden und bei denen, die Ungleichheitsvorstellungen ohne diese Verbindung aufweisen (zu weiteren Details vgl. Kap. 5.2).

Betrachtet man die Verlaufslinien, so lässt sich kein einheitliches Bild ausmachen. Man kann also nicht von der - ohnehin naiven - Vorstellung ausgehen, rechtsextreme Orientierungen verliefen in der Altersspanne zwischen 13 und 15 Jahren überindividuell nach einer irgendwie gearteten biografischen Eigentümlichkeit. Prozesse von Konsolidierung sind genauso zu registrieren wie solche von Affinität(saufbau) und Distanzierung; letztere teilweise auch zu jeweils unterschiedlichen Zeitpunkten bei ein und derselben Person (vgl. z.B. Felix, Thomas), so dass sich auch nicht generell davon ausgehen ließe, eine einmal eingeleitete 'Richtungsentscheidung' sei unumkehrbar.

5.2 Rechtsextreme Orientierungen im Kontext geschlechtsspezifischer Sozialisation

Während die vorangegangenen Abschnitte die gefundenen Verläufe von rechtsextremen Orientierungen nur deskriptiv darboten, wird in diesem Kapitel der Versuch unternommen, sie erklärend zu verstehen.

Als Erklärungsfolie bietet sich nicht nur theoretisch, sondern auch empirisch, d.h. hier: nach der Sichtung des erhobenen Materials selber, die geschlechtsspezifische Sozialisation in ihrer Charakteristik für die frühe Jugendphase an. Denn wie oben näher ausgeführt lassen sich Sozialisationsprozesse im Jugendalter (im übrigen: in ähnlicher Weise auch darüber hinaus) nur auf dem Hintergrund der Suche nach Geschlechtsidentität verstehen. Solange wir in einer "Kultur der Zweigeschlechtlichkeit" (Hagemann-White) leben, stellt sich für die Orientierung des Subjekts dabei das Entweder-Oder einer männlichen oder weiblichen Geschlechtsidentität.

Auch die Untersuchung politischer bzw. politisch relevanter Sozialisationsprozesse lässt sich nicht losgelöst davon betrachten. Entsprechend differenzieren wir die Analyse grundsätzlich nach geschlechtsbezogenen Aspekten; d.h.: Wir betrachten die Verläufe von männlichen Jugendlichen und weiblichen Jugendlichen in ihrer jeweiligen Spezifik. Dabei streben wir zuerst die Klärung des Ursachengeflechts von Affinität(saufbau), danach die von Distanz(ierung) an.

In der diese Überlegungen umsetzenden Gliederung dieses Kapitels eröffnen wir jeden Abschnitt mit einer Einzel-Interpretation, die den oben bereits erwähnten materialnahen Nachvollzug subjektiver Begründungsmuster der Befragten aus einer kritisch-distanzierten Position heraus bietet. Das Interesse, dem Material tatsächlich gerecht zu werden und Interpretationen nachvollziehbar zu halten, zwingt uns zu einer intensiven Auseinandersetzung mit und zur ausführlichen Darstellung der Einzel-Interpretationen. Kürzere Fassungen könnten womöglich eingängiger wirken und dadurch 'lesefreundlicher' sein, würden aber nicht dichte, sondern hochverdichtete Beschreibungen liefern, die die Konkretionen, Deutungsvielfalt und Nuancierungen, die das Daten-Material gerade als qualitatives zu bieten vermag, verschwinden lassen würden.

Im anschließenden Arbeitsgang wird der Fall - beschränkt auf seine im jeweiligen Analysezusammenhang des Abschnitts bedeutsamen Segmente - mit dem begrifflichen Instrumentarium unserer theoretischen Bezugspunkte reformuliert. Durch Hinzuziehung weiterer Fälle, die das gefundene Erklärungsmuster infrage stellen, schlicht bestätigen oder ausdifferenzieren, wird die Analyse vorangetrieben. Wir wollen dabei bis zur Entdeckung von überindividuellen

Mustern vorstoßen. Diese wiederum werden dann bezüglich ihrer Entstehungs- und Verlaufsbedingungen auf die im Kap. 3 der Einzel-Interpretationen zusammengetragenen Einflussfaktoren gleichsam synoptisch 'abgeklopft'.[4] So kann eine Quer-Interpretation über die gesamte Befragtengruppe hinweg in Anbindung an das theoretische Gerüst der Studien entstehen.

5.2.1 Männliche Jugendliche

5.2.1.1 Affinität(saufbau)

Dieses Kapitel behandelt die Bedingungen, unter denen eine Affinität für rechtsextreme Orientierungen bei männlichen Jugendlichen zwischen dem 13ten und dem 15ten Lebensjahr feststellbar ist. Dabei ist das vordringliche Bestreben, Faktoren ausfindig zu machen, die nicht nur die Existenz dieser Affinität zu einem bestimmten Zeitpunkt, sondern auch ihren Aufbau erkenn- und nachvollziehbar werden lassen. Uns interessieren also weniger Momentaufnahmen als vielmehr Verläufe. Die methodische Anlage der Studie als Längsschnitt erleichtert es einerseits, solche Verläufe in mehr als nur retrospektivem Zugriff zu verfolgen, andererseits die Erörterung an einem Fall 'aufzuhängen', der eine Entwicklung in Richtung auf rechtsextreme Orientierungen von einem Lebenszeitpunkt diesbezüglicher Unbelecktheit bis zu einem vehementen und u.a. auch gewalthaltigen Vertreten solcher Orientierungen repräsentiert.

5.2.1.1.1 Fallbeispiel Rüdiger

"Ich meine, so wie es Rapper gibt und Heavies und so gibt 's halt auch die Skinheads. Aber die sind ein bisschen arg gewalttätig, finde ich immer. ... Also so was man halt vom Fernsehen aus sieht, also randalieren und so. Ich finde, das müsste nicht sein." (1992: 22;22-27)[5]

"... ich will nicht sagen, ich bin jetzt rechts, ich will auch nicht sagen, ich bin links, aber wenn jetzt einer kommt und ist bei fünf verschiedenen Stellen gemeldet und

---

[4] Hinsichtlich der Befunde zu den Bezugspunkten sozialer Identität sei angemerkt, dass sie inhaltlich so eng mit den Analysebereichen des Kapitels 3.1 der Einzel-Interpretationen bzw. mit der zugrundeliegenden Erklärungsfolie geschlechtsspezifischer Sozialisation verknüpft sind, dass sie im textlichen Zusammenhang mit ihnen abgehandelt werden.

[5] Der besseren Übersichtlichkeit und Vergleichbarkeit halber wird für die Einzel-Interpretationen eine eigene Abschnittzählung vorgenommen. Die angegebenen Seiten- und Zeilenangaben beziehen sich auf die Interviewtranskripte.

kassiert eine Menge Geld, also ein Asylant, ich mein', für die Leute bin ich auch nicht unbedingt." (1993: 33;3-7)

"Also ich glaube im letzten Interview hab' ich gesagt, nicht links, aber auch nicht rechts, glaube ich, ja. Und jetzt schon ein bisschen mehr rechts. Weil langsam nimmt es dann ein bisschen überhand, was so abgeht. ... Also ich denke 'mal, wenn, wenn, also das trifft jetzt nicht überall zu, aber wenn die ganzen Ausländer und Asylanten mehr 'rumschlägern und 'rumklauen und halt die Leute anpöbeln, also ich denke schon, also ein bisschen müssen sie jetzt langsam aufpassen, würde ich 'mal sagen." (1994: 22;39-23;18)

1. Objektive Daten zum Lebenskontext im Überblick

Rüdiger, zu Beginn der Studie 13 Jahre alt und evangelisch, lebt mit seinen Eltern und seinem 4 Jahre älteren Bruder in der zentralen Kerngemeinde (ca. 6.000 Einwohner) des Dorfes T. (insgesamt ca. 8.500 Einwohner). Der Vater arbeitet als Kfz-Meister in einer örtlichen Autowerkstatt; die Mutter ist halbtags in einem Büro angestellt. Der Bruder befindet sich in der Ausbildung bei der Post. Die Familie bewohnt eine eigenes Haus mit 8 Zimmern und einem großen Garten in einem Gebiet, das vorwiegend durch nach dem Krieg erbaute Einfamilienhäuser geprägt ist. Rüdiger verfügt über ein eigenes Zimmer. Im Haushalt sind als langlebige Gebrauchsgüter ein Farb-TV und ein Auto vorhanden. Rüdiger selbst besitzt eine Stereoanlage mit CD-Player, einen Heimcomputer und ein Schlagzeug, ab 1993 - zusammen mit seinem Bruder - zudem ein TV-Gerät und ab 1994 auch einen Video-Recorder. Der Junge geht in die Realschule in T. und ist die ganze Zeit über Mitglied in den örtlichen Tennis-, Musik- und Tischtennisvereinen, seit der zweiten Erhebung auch in einer evangelischen Jugendgruppe; ab 1994 geht er zweimal wöchentlich zu einem Tanzkurs. An Taschengeld stehen im anfangs ca. 50,- DM im Monat, im Folgejahr 70,- und beim dritten Schnitt 120,- DM zur Verfügung.

2. Politische Orientierungen
2.1 Allgemeine politische Orientierungen

Während R. sich noch 1992 selbst nur zu den Heavy-Fans rechnet, ihm Fußballfans, Skinheads und national eingestellte Gruppen "ziemlich egal" sind und er Hooligans explizit als Gegner bezeichnet (vgl. Fb.), rechnet er sich ein Jahr später auch zu den Fußballfans und sind ihm nun auch die Hooligans insoweit ein wenig näher gerückt, als er sie - wie weiterhin die anderen genannten Gruppierungen - nur noch als ihm "ziemlich egal" einstuft. 1994 bezeichnet er sich selber als "rechten Jugendlichen" und gibt an, Hooligans und Skinheads, aber auch - teils in scheinbarem Widerspruch dazu - "Ökos" und "Umweltschützer" "ganz gut" zu finden, ohne sich selber dazuzurechnen.

1992 zeigt R. wenig Interesse an institutioneller Politik. Seine politischen Haltungen sind von Kindlichkeit in bezug auf die Lösung politischer Konflikte (z.B.:"Alle in einen Keller, sperren und dann sollen sie sich da prügeln..."; 1992: 16;21-25) und kaum ausgebildetem eigenständigen Reflexionsvermögen geprägt. Trotz seines von außen als wohlbehütet erscheinenden Lebens ist R. aber gegenwarts- und zukunftsperspektivisch erheblich verunsichert. So ist er der Ansicht, 'früher' sei alles besser gewesen, weil jeder gewusst hätte, was er zu tun hatte. Moralische Grundsätze gelten seines Erachtens nicht mehr, und alles sei so schwierig geworden, dass niemand mehr wüsste, was los sei. Offenbar fühlt R. sich durch die Auflösung sozialer und normativer Verbindlichkeiten verunsichert.

Im Vergleich zum Vorjahr setzt R. sich 1993 mehr mit Politik auseinander. So kann er differenzierter zu entsprechenden Fragen Stellung beziehen. Seine eigene politische Haltung versucht er etwas vorsichtig zu umschreiben: "... ich will nicht sagen, ich bin jetzt rechts, ich will auch nicht sagen, ich bin links, aber wenn jetzt einer kommt und ist bei fünf verschiedenen Stellen gemeldet und kassiert eine Menge Geld, also ein Asylant, ich mein', für die Leute bin ich auch nicht unbedingt" (1993: 33;3-9). Im Gespräch kann er dann doch sich auf eine ungefähre Verortung seiner eigenen Position auf der politischen Skala festlegen: R: "Also nicht in der Mitte, aber auch nichts rechts." F: "Also ein bisschen rechts von der Mitte, oder so?" R: "Ja, bloß so ein bisschen (Lachen)" (1993: 38;30-32). Diese Standortfestlegung vermag er zwar nicht genauer zu begründen, aber es zeigt sich, dass er sie vor allem mit kritischen bis ablehnenden Aussagen über Asylbewerber bzw. über ausländische Jugendliche inhaltlich füllt (vgl. 2.2.).

1994 korrigiert R. für die Gegenwart seine im Vorjahr noch vorsichtige Einschätzung der eigenen 'rechten' politischen Orientierungen: "Und das mit der politischen Einstellung, ich tät' schon sagen, mehr rechts jetzt" (1994: 1; 32-33).

2.2 Ungleichheitsvorstellungen/Gleichheitsvorstellungen im Kontext von Fremdenfeindlichkeit und Rechtsextremismus

R. äußert 1992 keinerlei Vorbehalte und/oder Ungleichheitsvorstellungen bzw. Ideologien der Ungleichwertigkeit gegenüber Ausländern. MitschülerInnen seiner Klasse mit teilweise nichtdeutschen Eltern nimmt er nicht als ausländische SchülerInnen wahr und begründet dies mit deren durch den langen Aufenthalt in Deutschland bewirkte Integration: "Also einer, seine Eltern, von einem kommt der Vater aus Griechenland, aber in Deutschland ist er aufgewachsen. Und eine, da kommt der Vater aus Jugoslawien, aber die ist auch in Deutschland aufgewachsen. Und das sind ja eigentlich keine Ausländer" (1992: 34;31-37). Weitere ausländische Schüler in seine Klasse aufzunehmen, wäre ihm "eigentlich egal". Explizite Gleichheitsvorstellungen vertritt er jedoch nicht.

Im Folgejahr äußert R. erstmals - teils stark emotional besetzte - Vorbehalte gegenüber Ausländern. Hinsichtlich türkischer Migrantenjugendlicher verdichten sich diese erstmals zu Fremdenhass: "...da wird schon ein wenig Hass also aufgebaut, gegenüber gerade Ausländern oder so" (33;14-15). R. legitimiert diese Hassgefühle mit eigenen Opfererfahrungen: "Mal auf dem Schulhof, auf dem Schulweg und Schulhof sind es, wird man viel von Türken und so angemacht" (1993: 33;14-18). Diese Erfahrungen beziehen sich im wesentlichen auf Kränkungen: R: "Einmal sind wir nach Hause gelaufen, da haben sie einen angespuckt, und ich mein', das lasse ich mir nicht gefallen. Aber dann gab es auch ein bisschen hin und her, dann haben sie da gleich angefangen, sie kommen mit ihrem großen Bruder und ganzer family, ja, und dann ist man halt auch weiter gelaufen."F: "Ja, wieso haben die euch angespuckt, das kann doch nicht nur aus heiterem Himmel sein?" R: "Wir wissen es auch nicht, es kam einfach so. Oder ab und zu, ich weiß nicht, wie sie dazu kommen, irgendwie macht das denen Spaß oder so" (1993: 33, 23-33). Auffälligerweise sind es immer die anderen, die ihn verletzen und daran offenbar auch noch "Spaß oder so" haben; er selbst sieht sich und auch seine Freunde als unschuldige Opfer. Die Erwähnung von entsprechendem Fehlverhalten seitens seiner eigenen Cliquenmitglieder wird sofort mit dem Hinweis auf die Provokationen seitens der türkischen männlichen Jugendlichen abgeschwächt: "Ich mein', gut, es gibt von uns auch welche, die genau so sind, aber dann stehen sie da in ihrem Eck und grinsen einen an und lachen"(33,33-36). Die so wahrgenommen Beleidigungen und Provokationen wie Beschimpfungen, Spucken, Grinsen oder Lachen erachtet R. nicht nur als Affront gegen sich und seine Freunde, sondern zudem als Affront gegen seinen Nationalstolz: "Dann kommen da welche angehampelt und sagen, 'Deutschland nix gut, Deutschland scheiße', alles Idioten' und so, dann muss man sich ja überlegen, wieso sind sie dann erst gekommen. Ich mein', das Recht, also was heißt Recht da-

101

zu, aber wenn sie schon da sind, dann sollen sie sich auch nach anderen richten" (1993: 39;8-22).

Diese Hassgefühle hegt R. nur gegenüber bestimmten männlichen türkischen Migrantenjugendlichen. Er überträgt sie nicht auf alle Türken. So schließt er z.B. diejenigen Migranten, die schon seit langem hier leben, arbeiten und Steuern zahlen, sich also sowohl deutsche Normalitätsmuster als Vorbild nehmen als auch sich für das deutsche Wirtschaftswachstum einsetzen, von seiner Verurteilung aus: "Aber wenn jetzt gerade, wenn jetzt Türken da sind, die ihr Geld, die für ihr Geld arbeiten und die genau so Steuern bezahlen wie wir, ich mein', wieso nicht. Man hat sie ja hergeholt, damit Deutschland überhaupt wieder 'was geworden ist und gegen die Leute habe ich absolut nichts" (1993: 33;9-14; vgl. auch 33,36 -34,9). Diesen Menschen räumt R., orientiert an dem Motto der Fairness, ein Bleiberecht ein: "Ja, soll man welche raus schmeißen, die jetzt schon bald hier dreißig Jahre arbeiten? Ich mein', das ist ja auch hirnverbrannt. Ich meine, wenn jetzt irgendeiner jetzt, von mir aus 30, 40 Jahre in einem Betrieb arbeitet und auf einmal heißt es, 'Also dann 'tschüs, wir brauchen jetzt wieder, oder jetzt kommt ein Jüngerer daher', ich mein', dafür wäre ich auch nicht" (1993: 45,29-33).

Allerdings kommt in diesem Jahr ein erheblich größeres Misstrauen gegenüber Asylbewerbern hinzu. R. befürchtet, dass der deutsche Staat durch sie ausgenutzt werden könnte: "Aber wenn jetzt einer kommt und ist bei fünf verschiedenen Stellen gemeldet und kassiert eine Menge Geld, also ein Asylant, ich mein', für die Leute bin ich auch nicht unbedingt" (1993: 36,6-7). Trotzdem sieht er eine historische Verantwortung Deutschlands gegenüber Asylbewerbern gegeben, die geltend machen können, aus religiösen und politischen Gründen verfolgt zu werden. Ihnen sollte Zuflucht gewährt werden. Den sogenannten 'Wirtschaftsflüchtlingen' spricht er hingegen mit dem Hinweis auf die Arbeitslosigkeit in der BRD eine Asylberechtigung ab: R: "... ich mein', gut, das, was wir halt im zweiten Weltkrieg gemacht haben, was heißt wir, jetzt die Generation kann ja nichts dafür, aber ich mein', irgendwie muss man es halt auch wieder gutmachen und ich glaube, so kann man es schon probieren. Ich mein' ..." F: "Also, indem man aufnimmt, Flüchtlinge, oder so?" R: "Ja, also gegen Flüchtlinge habe ich ja gar nichts, also wenn jetzt jemand religiös verfolgt ist, oder politisch, oder der muss aus dem Land 'raus, sonst wird er erschossen oder sonst irgendwas, da habe ich nichts dagegen, die sollen kommen. Aber wenn da jetzt jemand kommt wegen seiner wirtschaftlichen Krise, weil er keine Arbeit kriegt, dann müsste ja bald jeder fünfte Deutsche, müsste weg, oder? Es werden so viele Leute entlassen..." (1993: 41;7-23).

Arbeitslosigkeit ist ihm durch die Erfahrungen seiner Mutter an ihrem Arbeitsplatz, deren KollegInnen z.T. wegen Rationalisierungsmaßnahmen entlassen wurden, ebenso nah wie durch die Perspektiven anderer Jugendlicher. Trotz dieser Verunsicherung lässt er eine grundsätzliche historische Verantwortung gegenüber Asylbewerbern gelten. Auch "würde" R. "nicht sagen", dass der überwiegende Anteil der Asylbewerber Wirtschaftsflüchtlinge seien, aber er verweist auf die öffentlich diskutierte Arbeitsplatz-Sicherungsargumentation mit ihrer quantitativen Logik: "Also, was man hört, viele werden ja als politisch verfolgt oder religiös. Aber wenn das jetzt so ein, da kam im Fernsehen, mit der Fähre sind sie da nach Italien rüber, also wenn da die ganze Fähre voll ist und sie wollen nach Deutschland, bloß, dass sie eine Arbeit bekommen, ich mein', dann würde ich schon sagen, da sollen sie erst mal schauen, dass die Deutschen eine Arbeit bekommen..." (1993: 41;26-39). Weiterhin wendet er sich gegen gängige, allzu simple Erklärungsansätze für das Phänomen 'Arbeitslosigkeit'. Er sieht deren Ursachen nicht primär in Personen, sondern in ökonomischen, aber für ihn letztlich undurchschaubaren Strukturen: R: "Ich mein', viele sagen auch, das ist auf die Ausländer zurückzuführen, aber ich mein', der Meinung sind wir nicht. Ich meine, was, in jedem Land gibt 's Arbeitslose und werden da entlassen und so, ich mein', da können ja nicht überall Ausländer dran schuld sein, also." F: "Was denkst du speziell, wieso wir gerade so eine große Arbeitslosigkeit haben?" R: "Ich weiß es nicht. Das ist halt wirtschaftliche Krise, ich habe keine Ahnung. Es fehlt halt, ich schätze mal, es fehlt an Geld" (1993: 45, 7-21). Bevor jedoch weiteren Menschen Asyl gewährt wird, sollen erst einmal Arbeitsplätze für Deutsche geschaffen werden, die seines Erachtens bislang zu faul waren, etwas für die deutsche Wirtschaft zu tun. Diese Argumentation beinhaltet einen Seitenhieb auf so wahrgenommene Normverletzungen des Leistungsprinzips aller 'tüchtigen' Deutschen: "Aber bevor halt jetzt welche herkommen und kriegen dann gleich einen Arbeitsplatz, sollte man halt zuerst 'mal schauen, dass es welche schon, wo bald 10 Jahre arbeitslos sind, dass die auch 'mal 'was arbeiten. Aber wir haben viele deutsche Arbeitslose, noch so, wenn es da 'mal einen Job hat, ein drekkiger, dann denken sie lieber, 'Nein, lieber bin ich arbeitslos und mache, ich mache mir doch nicht die Finger dreckig'" (1993: 45;33-46;1). Seine persönlichen Erfahrungen mit Asylbewerbern sind bislang positiv. Er räumt ihnen das Recht auf die eigene Kultur ein. Hinsichtlich der Gewährung des Wahlrechts ist sich R. unsicher. Für ihn spielt die Aufenthaltsdauer diesbezüglich eine ebenso große Rolle wie persönliche Leistungsbereitschaft und der Wille, zum Erfolg der deutschen Wirtschaft beizutragen: "Ich meine, ihre eigene Kultur, die können sie eigentlich wegen mir ruhig ausüben und was, also gerade, die dürfen ja auch nicht wählen, aber ich mein', ich bin mir jetzt da nicht so ganz sicher, ob man die jetzt wählen lassen soll oder ob es man es lassen soll. (...) Wenn jetzt einer zum Beispiel wegen mir, schon 20, 30 Jahre hier wohnt und arbeitet und macht, ich mein', wieso soll der nicht wählen, aber ich mein', das ist ja für den, wie sein richtiges Zuhause. Aber wenn jetzt da einer ankommt und wohnt jetzt gerade so zwei, drei Wochen hier, also dann würde ich sagen, er soll zuerst mal einen richtigen Arbeitsplatz haben und eine richtige Wohnung und so, und dann, dass, wenn er mal, wie soll man sagen, halt auch mal richtig Steuern bezahlt und so. Dann darf, dann sollen die auch wählen. Also ich hätte nichts dagegen" (1993: 54;25-55;5).

Im Vergleich zum Vorjahr äußert R. 1994 verstärkt ethnische Ungleichheitsvorstellungen, die sich inzwischen in Verknüpfung mit der Gewaltakzeptanz zu allgemeiner Fremdenfeindlichkeit verdichten. Dabei macht sich R. nicht mehr die Mühe, in seinen Meinungsäußerungen klar zwischen Migrantenjugendlichen und Asylbewerbern, von denen er letztlich spricht, zu unterscheiden. Allgemein sind sie für ihn "Ausländer" (s.u.).

R.s Überzeugungen sind dabei nicht in sich konsistent und beruhen offensichtlich - im Unterschied zu 1993 - nicht auf einer reflexiven Auseinandersetzung mit der Thematik. Vielmehr basieren sie auf Verallgemeinerungen und Unterstellungen, wenngleich er in einem Einzelfall noch dazu bereit ist, sie zu revidieren. Diese Verallgemeinerungen nannte er im Vorjahr noch nicht. Damals benannte er zwar schon Hassgefühle gegenüber männlichen türkischen Migrantenjugendlichen, doch übertrug er sie nicht auf (fast) alle Ausländer. In diesem Jahr empfindet er erstmals Hassgefühle allgemein gegenüber "Ausländern", die er mit deren in seinen Augen unangemessenem und provokantem Verhalten begründet: "Also ich denke mal, wenn, wenn, also das trifft jetzt nicht überall zu, aber wenn die ganzen Ausländer und Asylanten mehr 'rumschlägern und 'rumklauen und halt die Leute anpöbeln, also ich denke schon, also ein bisschen müssen sie jetzt langsam aufpassen, würde ich mal sagen. ... Also ich mein', ich gehe mal von uns aus, von der Clique, wo ich gerade dabei bin. Also wenn man da mal abends irgendwo ist und es kommen halt ein paar, was weiß ich, Türken herein und pöbeln da einen an, obwohl man bloß ganz normal an der Bar sitzt und was trinkt, ich mein', dann wird man schon ein bisschen, man bekommt halt einen Hass" (1994: 23;14-30).

R. begegnet männlichen Jugendlichen türkischer Nationalität, d.h. "Ausländern", vor allem in seiner Stammkneipe. Deren Lachen und Flüstern erachtet er als beleidigende Provokationen, zumal er im Vorjahr von einem türkischen Mädchen übersetzt bekommen hat, was sie über Deutsche geäußert hatten (s. Interview 1993): "Ha, weil wir jetzt halt, so gerade wo sitzt und zwei Tische weiter sitzen ein paar Ausländer halt, dann gaffen sie immer so 'rum und 'äh' und grinsen und machen da ihre Jokes, mit Flüstern. Und ich mein' dann, das lässt man sich auch nicht gefallen, da schreit man hinüber: 'Halt jetzt die Gosch oder ...' " (1994: 33;28-33). Auf solche empfundenen Provokationen reagiert R. sehr aggressiv und lässt es auf gewalttätige Auseinandersetzungen ankommen (vgl. 1994: 33;38-35;3).

Desweiteren begründet R. seinen Fremdenhass mit für ihn inakzeptablen Verstößen von Flüchtlingen gegen die allgemeine Sitte und Ordnung. Er macht sich dabei keinerlei Gedanken darüber, dass diese Verstöße ursächlich mit sozialer Not und Langeweile zusammenhängen könnten: "Ich mein', wenn gerade so, was mir, heute Mittag bin ich mit dem Hund gegangen allein und dann auf, und da waren so ein paar Asylanten, haben Grobmüll auseinander geschmissen, haben sie ihn angeschaut, auf die Straße geworfen. Dann wollt' ich mich schon hinstellen: 'Ja, sagt mal, Leute, könnt ihr das nicht wieder zurücklegen auf den Haufen?'. Aber, ich mein', ich halte da jetzt lieber mal meine Gosch, wenn ich bei den Leuten vorbeilaufe. Weil ich mein', das muss ja nicht sein, dass sie den Dreck, was die Leute da hinlegen, dass das gerade, was war es, Alteisen glaube ich, ja, dass die das dann in die Hand nehmen und schauen, was sie nicht brauchen können, werfen sie es wieder weg. Oder oben an der Schule, machen welche von der Gemeinde, machen Laub zusammen, da sitzt man am Fahrradständer, dann machen die da mühevoll das Laub zusammen, und dann fahren ein paar Kerle auf dem Fahrrad vorbei, auch Kleine, ich glaube auch von der 'Tenne' (Asylbewerberheim; d. Verf.), draußen so ein paar Kleine, fahren durch den Laubhaufen durch, schmeißen es wieder in der Gegend herum" (1994: 38;35-39;15). Während R. Asylbewerber wegen dieser fehlenden Sekundärtugenden wie Sauberkeit und Ordnung ablehnt, geht er nicht soweit, diese umgekehrt generell den Deutschen als Tugenden zuzuschreiben: "... ich kenne auch ein paar Leute, die sind nicht unbedingt sauber und sind auch nicht unbedingt nett und auch, also bei uns gibt es auch Viele, wo also, wenn man nach den Eigenschaften gehen müssten, dann wäre Deutschland nur noch halb so groß, glaube ich" (1994: 72;18-25).

R. begründet außerdem seinen Unmut gegenüber 'Ausländern' mit dem Hinweis auf Asylmissbrauch, demzufolge Asylbewerbern Steuergelder unrechtmäßig zukommen, die z.B. von seinen Eltern bezahlt würden. Allerdings kann R. diesbezüglich keine Sacharguments liefern. Vielmehr verweist er schnell wieder auf deren Verstöße gegen die allgemeine Ordnung: "... Also mein Vater ist nicht rechts, aber da, wie soll man sagen, ich mein', am Ende sind es ja, was die ganzen, sie zahlen ja, für die ganzen Scheinasylanten und dieses und jenes und ich mein', wenn dann überall, gerade heute Mittag, da ist mein Vater auch wieder zum Arbeiten gefahren, wo der Asylant da den Müll auf der Straße herum geworfen hat, ich mein', das muss ja auch nicht sein" (1994: 60;23-27). Im Vorjahr gab R. an, die BRD habe aufgrund ihrer Vergangenheit die Verantwortung, politisch und religiös Verfolgte aufzunehmen, während Wirtschaftsflüchtlinge aufgrund der Arbeitsstellenknappheit abgelehnt werden sollten. Diese Arbeitsplatz-Sicherungs-Logik ist inzwischen einer diffusen 'Das-Maß-ist-voll'-Logik gewichen: "Ich mein', auf eine Art, man lässt bloß noch 'rein, man lässt bloß noch 'rein und fragt gar nicht darum, wo man sie hin stecken soll" (1994: 62;13-15). Gleichzeitig lehnt er jedoch ein Vorrecht der Deutschen auf einen Arbeitsplatz ab. Für ihn zählt allein die Leistung, nicht die nationale Zugehörigkeit. "Die, wo halt besser sind" (Memo) sollen eine offene Stelle bekommen. Ergänzend gilt für ihn das "Windhund"-Prinzip: "Wer zuerst da ist, kriegt den Job, die Wohnung etc." (Memo).

Dementsprechend lehnt R. auch völkisches Gedankengut (noch?) entschieden ab. Mit der Frage nach deutschen Wesenszügen weiß er nichts anzufangen: "Keine Ahnung auch" (72;8). Als gemeinsames Kulturgut sieht er keineswegs die sogenannten Sekundärtugenden wie Fleiß, Disziplin, Ordnung, Sauberkeit (s.o.), sondern allein die deutsche Sprache: "Jeder Deutsche spricht deutsch, ja, ich mein, was hat hier, ich mein, jeder hat andere Eigenschaften." (72,13-14) Schwierig wird für ihn jedoch die Zuordnung deutscher Staatszugehörigkeit. Seine Ansicht, jeder sei deutsch, der/die in Deutschland geboren sei - "Also ich mein', also für mich sind nur die Deutsche, die in Deutschland geboren sind." (72;31-32) -, revidiert er sofort, als er auf die Frage der Nationalität von Migranten angesprochen wird. R. weicht auf die allgemeine deutsche Gesetzgebung als institutionelles Entscheidungskriterium aus: "Alle, wo einen Pass haben." (73,5). Den länger hier lebenden 'Ausländern' würde er jedoch eher die deutsche Staatszugehörigkeit zubilligen als neu zugereisten deutschstämmigen Aussiedlern (33,21-24). Als deutsche Staatsbürgerpflichten nennt R., "nett sein zu den Leuten, die einem selbst nett sind", "sich anständig benehmen" und "auf jeden Fall nicht Leute zusammenschlagen, die einem nichts gemacht haben" (Memo). Ganz offensichtlich nennt R. diese deutschen Pflichten in Abgrenzung zu den von ihm gehassten Verhaltensweisen von türkischen Jugendlichen. Mit Blick auf die historische Vergangenheit fordert R., "die Deutschen sollten sich auch so verhalten, dass man vom Nazi-Ruf 'runterkommt" (Memo).

Im Rahmen seiner auf Vorurteilen basierenden Verallgemeinerungen und Pauschalisierungen gegenüber Fremden ist R. noch bereit, eine große Ausnahme in seinem Bild über 'Ausländer' zuzulassen. Er benennt diesbezüglich den türkischen Wirt seiner Stammkneipe: "Das ist eigentlich der beste Türke, den ich kenne" (27;34). Diese Wertschätzung wird anderen türkischen Besuchern seiner Stammkneipe nicht entgegengebracht und führt folglich nicht zu einer Relativierung seiner negativen Einstellung gegenüber 'Ausländern' im allgemeinen (28,4-20). Vielmehr abstrahiert R. von der türkischen Nationalität des Wirts, nimmt also den Wirt nicht als Türken wahr, sondern als nationalitätsfreien, geschätzten "Kumpel": "Ich mein, ich sehe den, ich sehe den Besitzer nicht als Türken an, ich weiß auch nicht. (Lachen). Das ist ein Kumpel" (1994: 28;18-20).

2.3 Gewaltakzeptanz
R. billigt 1992 weder in politischen noch in unpolitischen Kontexten selbst- und fremdausgeübte Gewalttätigkeit und zeigt auch keine eigene Gewaltbereitschaft. Aus diesem Grund, allerdings nicht aus zusätzlichen inhaltlichen Gründen, distanziert er sich von Skinheads ("die sind ein bisschen arg gewalttätig"; 22,23), wie er sie aus dem veröffentlichten Meinungsbild kennt. In ähnlicher Form bewertet er z.B. die Ausschreitungen, die es kurz zuvor im Rahmen der Fußballeuropameisterschaft gab und die auch Gesprächsgegenstand in der Clique waren ("Bloß weil jetzt die Mannschaft gewonnen oder verloren hat, von denen man jetzt ein Fan ist. Wieso muss man da gleich Geschäfte kaputtschlagen und Autos anzünden?"; 1993: 27;32-35). Seine Argumentation orientiert sich pragmatisch an der Frage der Notwendigkeit, basiert also nicht auf einer grundsätzlichen Ablehnung von Gewalt: "Ich mein', ein Fußballspiel ist ja nicht dazu da, dass man sich danach schlagen kann. Die sollen hingehen, das Fußballspiel anschauen und wenn die Mannschaft verliert, dann hat sie verloren. Und wenn nicht, dann sollen sie sich darüber freuen" (1993: 28;5-9).

1994 dagegen akzeptiert R. fremd- und selbstausgeübte Gewalt, zumindest im Zusammenhang von Auseinandersetzungen mit jenen türkischen, männlichen Migrantenjugendlichen, denen gegenüber er inzwischen Hassgefühle entwickelt hat. Als Ursache für diese gewalttätigen Auseinandersetzungen, bei denen er sich auf den Zusammenhalt unter seinen Freunden verlassen kann, reichen Provokationen aus: "Dann habe ich sie nur ein bisschen angeschaut, dann kamen die gleich her: 'Was schaust du mich an?', weisst du, so halt. Dann: 'Sag mal, was soll das, ich habe dich doch nur angeschaut'. Dann hat er gesagt: 'Du bist es nicht wert, dass du mich anschaust'. Dann habe ich gesagt: 'Jetzt warte mal geschwind'" (1993: 42;36-40).

Offenbar kommt es auch im Umfeld der örtlichen Diskothek zu gewalttätigen Auseinandersetzungen zwischen seiner Clique und anderen, hauptsächlich türkischen Jugendlichen: "Da sind sie halt herumgehopft. Und dann ist der an so einen Türken drangekommen. Der hat ihn gleich gepackt, dann haben die angefangen, dann hat der dem eine, dann hat der eine gesetzt bekommen, der Türke. Und auf einmal standen halt 20 um den einen herum. Und ich mein', das ist halt bei denen so, sobald da einer in eine Schlägerei verwickelt ist, da stehen halt immer gleich 20 hinter dem. Aber die hat man herausgeworfen, und dann war der Fall auch erledigt" (1993: 44;20-29). Hier wird nicht deutlich, inwieweit das Berühren des Türken - "Und dann ist der an so einen Türken drangekommen" - seitens eines deutschen Jugendlichen womöglich nicht nur ein Versehen war, sondern provokative Elemente beinhaltete. In jedem Fall wird eine Mitschuld erst gar nicht erwogen, sondern mit dem Hinweis auf den Zusammenhalt türkischer Jugendlicher zu entkräften versucht. Die Schuld für die Prügelei gibt R. den türkischen Migrantenjugendlichen. Seines Erachtens liegt hierin - trotz des Mitwirkens von Deutschen - die Bestätigung gesellschaftlicher Vorurteile gegenüber diesen Jugendlichen: "Ja, da waren es auch hauptsächlich Türken, was sich geschlagen haben. Also ich mein', viele Leute denken jetzt, das ist wieder ein Vorurteil, aber das war echt so. Sobald es da mal eine Schlägerei gegeben hat, dann waren es immer Türken. Dann konnte man auch schauen, oder hinschauen, wo man wollte, die haben auch oft angefangen" (1993: 44;11-18). Trotz eigener Gewaltbereitschaft und -akzeptanz grenzt er sich von der Gewaltbereitschaft dieser Gegner ab. Offenbar interpretiert und legitimiert er die eigene Gewaltausübung eher als Maßnahmen der Notwehr, die der türkischen Jugendlichen dagegen als Provokation: "Ich meine, sie halten gut zusammen, aber ich mein', die wollen immer gleich alles mit Gewalt lösen, also ich blicke das nicht. Ich meine, wenn das ihnen Spaß macht, sich herumzuschlagen, dann sollen sie zusammen in einen Raum gehen und sollen sich selber in der Gegend herumschlagen. Aber da braucht man doch nicht gleich jeden zusammenschlagen, wenn der was zu denen sagt" (1993: 44;35-45). Subjektiv folgerichtig betrachtet er diese Jugendlichen, die er überwiegend dem Bereich der Hauptschule zuordnet, als Menschen, mit denen er am liebsten nichts zu tun haben will: "Man meidet halt, man meidet sie" (1993: 34;17). In der Schule hatte er sich zeitweilig schon selbst mit einem Springmesser bewaffnet. Inzwischen verzichtet er darauf, weil er schulische Sanktionen hätte befürchten müssen und weil er sich inzwischen sicher ist, sich mit seinen körperlichen Kräften behaupten zu können (33,30-31,5). Dies ist wahrscheinlich angesichts seiner doch recht kräftigen und massigen Statur eine realistische Einschätzung (außerdem erzählte Oswin, ebenfalls ein Mitglied der Clique von R., dass dieser meistens ein selbstgefertigtes Schlagutensil, eine Art Aluminium-H bei sich trägt; siehe "Oswin"). Seiner Einschätzung nach kommt es an der Realschule im Vergleich zur Hauptschule "relativ wenig" zur körperlichen Gewalt (33,20-21). Doch kommt es inzwischen "öfters" an dem von einigen älteren Hauptschülern 'belagerten' Engpass auf dem Schulweg, von dem R. schon im Vorjahr berichtete, zur "Klopferei" (31,12).

1994 äußert der Junge eine umfassende Gewaltakzeptanz, die er auf sein eigenes und auf fremdes Verhalten bezieht. So bejaht er unumwunden eigene Gewaltbereitschaft: "Wenn halt einer kommt, und er meint, er brauche eine unbedingt auf die Gosch, das kann er haben" (1994: 40;18/ 19). Dabei setzt er diese Gewaltbereitschaft auch in eigene Gewalttätigkeit um. Im Interview verweist er stolz auf diverse Narben, die er sich bislang zugezogen hat (45;20-24). Allerdings betont R., nicht spontan gewalttätig zu werden, sondern erst nach einem 'begründetem Anlass', für den verbale Provokationen ausreichen: "Ich lasse ihn erst mal eine Weile reden und wenn es mir dann halt zu bunt wird, dann gerade halt dann packe ich ihn am Kragen ..." (1994: 41; 8-11). Unklar ist allerdings, inwieweit R. sich von der eigenen Clique zur Gewalt anspornen lässt oder inwieweit er selbst als fördernder Part auftritt. Einerseits hält er sinnlose, actionorientierte Gewalt nicht für opportun, andererseits bezeichnet er diejenigen, die diese Gewalttätigkeit in Gestalt offener Provokationen ablehnen, als "Hosenscheißer", was in seinem Alter und unter dem Gesichtspunkt 'männlicher Normal-Sozialisation' betrachtet eine harte und klare Verurteilung darstellt: "Ja, also Vorschläge kamen schon bei uns, dass man gesagt hat: 'Auf, Leute stehen wir auf, gehen wir mal ein bisschen auf die Straße und schauen wir mal, ob es was zum Klopfen gibt!' Aber dann ist die Hälfte wieder Hosenscheißer, dann sagen sie nein" (1994: 40;7-11).

Nicht selten kommt es inzwischen zudem mit deutschen Jugendlichen zu Schlägereien. So wurde z.B. ein "schönes absichtliches Foul" nach einem Basketballturnier mit Gegengewalt gerächt, wobei R. als einer der "Hauptdarsteller" auftrat. Diejenigen aus seiner Clique, die lediglich zusahen, bezeichnet er als "Angsthasen": R: "Da war es halt jetzt wieder so, das wieder ein paar Angsthasen dabei waren, bei uns, und ich mein', wenn da einer ein schönes absichtliches Foul macht während dem Spiel und man knallt mit dem Kopf auf den Boden, dann geht man halt nach dem Spiel mal in die Umkleide von dem und fragt, was das sein soll. Und dann werden sie halt auch noch gleich frech." F: "Und dann?" R: "Ha na, gerade, nicht gerade, ich mein', brutal war es nicht, aber man hat sich halt auch immer in der Gegend herumgeschubst und da an den Kopf hingeschlagen, und dann hat der sich wieder da den Kopf angeschlagen"(1994: 42;22-43;1). Diese gewalttätigen Auseinandersetzungen auch unter deutschen männlichen Jugendlichen dienen offenbar insbesondere der körperorientierten, "männlichen" Selbstinszenierung: "Irgendwie waren beide Hauptdarsteller, weil ich hatte danach einen Burren am Kopf und der hatte auch einen Burren am Kopf" (1994: 44;34-36). R. kalkuliert dabei durchaus die Risiken der Gewaltanwendung ein. Im Unterschied zu deutschen Jugendlichen ist er gegenüber türkischen Migrantenjugendlichen aufgrund des zu befürchtenden Zusammenhalts seiner 'Gegner' eher vorsichtig (40;31- 41;4). Nationalitätsbezogene Provokationen spielen bei gewalttätigen Auseinandersetzungen eine große Rolle. Im Vergleich zum Vorjahr stehen diese inzwischen u.a. in einem deutlicheren Zusammenhang mit jugendkulturellen Abgrenzungsbestrebungen. So schildert R. einen harten Kampf mit den "Rappern", die deshalb abgelehnt werden, weil zu ihnen auch Jugendliche anderer nationaler Herkunft gehören: R: "'S Härteste? Mmh, ich würde 'mal sagen, das vor dem 'Light'. Nein, das war doch, doch, doch, ah stimmt, zwei Mal war das vor dem 'Light'. Einmal haben wir die Gosch voll bekommen und einmal ... sind wir so auseinander." F: "Also 'Gosch voll bekommen', das heißt, ihr habt dann kräftig eingesteckt, oder wie?" R: "Ha ja, wir sind halt nach Hause gekommen, ein bisschen eine geschwollene Backe, aber - kräftig eingesteckt?" F: "Aber das war dann wieder mit türkischen Jugendlichen?" R: "Das war Mischmasch ... Das waren ein paar Türken und ein paar Deutsche, aus E." F: "Und die sind gegen euch zusammengestanden, oder wie?" R: "Ja." F: "Ja, waren das dann verschiedene Szenen, also Rapper gegen Heavies, oder?" R: "Ja, das waren alles Rapper (Betonung)" (43;22-44,1).

Obwohl R. selbst in seiner ablehnenden Haltung gegenüber 'Ausländern' verallgemeinert und pauschalisiert, lehnt er solche Verallgemeinerungen in Gewaltsituationen entschieden ab. Bei Gewaltaktionen herrscht offenbar der Ehrenkodex, sich nicht an den 'Kleinen' und 'Schwachen' zu vergreifen, der auch mit dem Hinweis auf pauschale Einschätzungen der 'Gegner' nicht durchbrochen werden darf. Hier sind alle Jugendlichen einer Meinung, so dass R. vor einer entsprechenden Vergeltungsaktion "mit denen (Türken) noch ganz gut reden" (36; 20) konnte: "... sie haben gemeint, wir, da haben sie es auch wieder auf die Allgemeinheit bezogen, wir Deutschen würden auch mal Türken schlagen. Und dann habe ich gemeint, das ist noch lange kein Grund, dass man da so einen kleinen Deutschen dann zusammenschlägt. Und, ja, dann hat man halt gesagt, 'Ja, ist okay', und dann haben sie gemeint, 'Wir wollen jetzt keine Probleme'. Und dann haben wir gemeint, 'Ja, ist okay, wir wollen auch keine Probleme'. Ja, und dann ist man halt weitergegangen" (1994: 36;32-39). Diese Auseinandersetzungen sind insgesamt für R. so normal geworden, dass er nicht mehr über deren Ursachen reflektiert. Sie geschehen "halt", als wären sie natürlich, als müssten sie "halt" sein: "das hat sich, glaube ich, so ergeben. Wir sind, glaube ich, an dem, also gerade an das 'Light' hingelaufen, dann haben sie halt schon so ein bisschen herumgeguckt. Und ich mein', von uns haben auch ein paar blöd herumgeguckt. Und dann ist man halt ein bisschen aneinander hoch, und dann haben wir halt Händel gekriegt" (1994: 44;11-14).

Alkohol spielt bei diesen Prügeleien eine selbstverständliche Rolle, was wieder aus seiner Wortwahl "halt" deutlich wird. Schon eine Rekonstruktion der Geschehnisse fällt dadurch schwer: "Kratzer. Das war, ich glaube, daneben geschlagen, gegen die Wand... Das war halt auch schon ein bisschen im angetrunkenen Zustand" (1994: 45;25-26).

Bei derartigen gewalttätigen Auseinandersetzungen sind die männlichen Jugendlichen unter sich. Gleichwohl billigt R. auch Gewalttätigkeiten unter Mädchen, wenngleich er diese als amüsante und spektakuläre, also nicht ernstzunehmende Raritäten abwertet. Über deren Ursachen macht er sich ebenso wenig Gedanken wie bei eigenen gewalttätigen Auseinandersetzungen: R: "...da haben die Mädle fast eine Schlägerei angefangen mit Mädle. (...) Die haben sich so an den Haaren gekriegt, an den Haaren gezogen. (Lachen)" F: "Und angeschrieen, oder was?" R: "Ja." F: "Und was ist da dann der Grund, also?" R: "Das weiß ich bis heute noch nicht. (...)" F: "Und die Kerle haben sich dann herausgehalten, oder wie?" R: "Ha, wir haben uns, wir haben uns hingesetzt und haben gelacht, also wir fanden es ganz amüsant. Also es ist ja was Seltenes, oder?" (1994: 48;37-49;27).

3. **Zusammenhang von politischer Orientierung und Gewaltakzeptanz mit sozialen Erfahrungen und Erfahrungsstrukturierung**
3.1 **Erfahrungen und Bearbeitungsressourcen**
3.1.1 **Problembelastungen und zentrale Interessenlagen**
1992 gibt R. an, "zur Zeit keine Probleme" zu haben (Fb. 2). Dies deckt sich auch mit dem Bild, das sich im Verlauf des Gespräches ergibt. Er lebt und bewegt sich in auch von ihm subjektiv so wahrgenommenen, zufriedenstellenden Strukturen und Zusammenhängen und steht derzeit unter keinem besonderen Anforderungsdruck. Seine gegenwarts- und zukunftsperspektivische Verunsicherung wird von ihm subjektiv nicht als Problem wahrgenommen.

Im Folgejahr benennt er Probleme in der Familie, mit anderen Jugendlichen und in der Schule.

Innerhalb der Familie kommt es zu Problemen sowohl mit seinem Bruder als auch mit seinen Eltern. Mit seinem Bruder "gibt es öfter Streitereien" (13;28), die er auch als "Kleinkrieg" (1;22) bezeichnet. Als Grund dafür gibt er die Entwicklung unterschiedlicher Interessen an. So haben sich die beiden Brüder gemeinsam einen Fernseher gekauft, doch interessieren sie sich für unterschiedliche Filme (1;16-30).

Auch mögen beide grundsätzlich die gleichen Musikrichtungen, "aber die Gruppen wo er halt hört, die finde ich beschissen, aber er findet die, wo ich höre, nicht besonders." (2;9-10). Da die körperlichen Kräfteverhältnisse zwischen den beiden inzwischen einigermaßen ausgeglichen sind, ist es für R. klar, dass er sich dem Bruder nicht unterordnen will: "Nein, das würde mir nie einfallen" (2;35). Er hat gelernt, Körperkraft zur Durchsetzung eigener Interessen einzusetzen, und so tragen die Brüder "ab und zu" ihre Meinungsverschiedenheiten durch "kleinere Schlägereien" aus (2;21). Mit seinen Eltern ergeben sich Konflikte, weil er sich nicht mehr fraglos an deren Wertvorstellungen orientiert. So kann er deren religiös bestimmtes Verhalten nicht mehr ernst nehmen: "... ab und zu heißt es 'mal, so um neun kommen meine Eltern ins Zimmer und sagen, 'jetzt steh doch mal auf und gehe in die Kirche', aber na ja, man schläft halt lieber" (1993: 12;6-9). Auch kommt es aufgrund seines Freizeitverhaltens ("Wegbleiben") und des neuerlichen Tabak- und Alkoholkonsums ("gut, ab und zu kommt man halt nicht besonders nüchtern nach Hause") zu Auseinandersetzungen (vgl. 13;28-40).

Offenbar in seinem Bestreben, sich von niemandem mehr etwas gefallen lassen zu müssen, orientiert sich R. auch nicht mehr fraglos an den institutionellen Normvorgaben in der Schule, was ebenfalls Probleme nach sich zieht. Sein Leistungsdurchschnitt hat sich von der Note '2' auf '3-4' verschlechtert. R. nimmt sich kaum noch Zeit für die Erledigung seiner Hausaufgaben. Dadurch macht er neuerdings die Erfahrung, nicht mehr schnell und einfach den schulischen Leistungsanforderungen gerecht werden zu können (26;3-5). Zudem ist wegen seiner Widerständigkeit gegen Lehrer sein Verhältnis zu ihnen deutlich schlechter geworden (26;34-35). Mit seinem Klassenlehrer kommt R. gar nicht mehr zurecht (27;14-15); er hält ihn für einen "Dummschwätzer" (27,34). Außerdem hat er Schwierigkeiten mit seinem Mathematiklehrer, von dem er sich schon seit dem 5. Schuljahr vorverurteilt sieht (26;37-27;2). Er reagiert auf dessen vermeintliche Ungerechtigkeiten mit Widerstand: "Und dann kam er schon 'rein, am Anfang von dem Schuljahr, kam er 'rein und sagt: 'Nur damit ihr es wisst, ich habe mich nicht um euch gerissen!' Dann hat es bei mir schon 'mal gesetzt. Dann habe ich gedacht: 'Warte du nur'. Also so, also so braucht er mir auch nicht kommen dann. Und irgendwie hat er das halt gemerkt" (1993:26;37-27;8). Weiterhin wehrt sich R. gegen persönliche Beleidigungen ("Dann sagte er zu mir: 'Du bist aber blöd'." 29;1) und gegen Unterstellungen ("Und dann habe ich gesagt: 'Also, entweder glauben Sie es, oder nicht - das ist mir so langsam egal'." 1993: 29;34-37). In seiner Gegenwehr fühlt er sich von den Erwachsenen schon gar nicht mehr ernstgenommen: "Wir werden schon gar nicht mehr für voll genommen." (1993: 28;16); "Ich mein, wie ich gesagt habe, der nimmt mich nicht für voll!" (1993: 29;34). R. handelt sich in seinem Bestreben, sich als heranwachsender Mann nun nichts mehr gefallen zu lassen, erheblichen Ärger ein (28;12-16). Inzwischen ruft der Klassenlehrer häufiger bei den Eltern an ("das grenzt schon bald an Telefonterror"; vgl. 29;6-9). Von seinem Klassensprecher ("der bekommt die Gosch nicht auf..."; 1993: 28;18) fühlt er sich im Stich gelassen. So bewegt er sich - wobei er die Schuld dafür nur bei den anderen sieht - in einer Spirale von Frust, Widerständigkeit und Sanktionen: "Ich setze mich nicht hin und sage nichts und lasse den da eintragen und lasse den da meine Eltern anrufen. Ich mein', ich sage was. Und das weiß der auch ganz genau" (1993: 29;40-30;1).

Zu seinem Ärger mit den Lehrern kommt, dass sich im Vergleich zum Vorjahr die Kontakte zu seinen Mitschülern erheblich verschlechtert haben (13;2-4). Die Ursache für die Zerstrittenheit mit ihnen sieht er komplett auf Seiten seiner Mitschüler: R: "Gerade bis, also letztes Jahr noch im Sommer, war ich noch viel mit denen von der Realschule, also gerade aus meiner Klasse, (...) früher habe ich auch anders über die gedacht, aber jetzt weiß ich, was das für Typen sind." F: "Ja, beschreib mal, wie sind die?" R: "Also ich sage es 'mal, wie ich es denke, es sind Kameradenschwei-

109

ne." F: "Was meinst du damit?" R: "Vorne herum sind sie in Ordnung und hinten herum wird dann gelästert, und dann gehen sie heim und erzählen das, ich hätte das gemacht, und ich hätte jenes gemacht, und dabei haben sie genau das Gleiche gemacht." F: "Dann geht es gleich über die Kanäle weiter, zwischen den Eltern und so?" R: "Ja. Bei mir haben sie auch schon angerufen, bei meiner Mutter, da hat einer, also das war mein bester Freund, letztes Jahr noch und da hat dem seine Mutter bei meiner Mutter angerufen, ich hätte geraucht, und das war der größte Raucher, wo bei uns dabei war (Lachen). Ja, und seitdem ist Schluss. Ich meine, verarschen lasse ich mich nicht von denen" (1993: 14;28-15;11). R.s Wortwahl "Kameradenschweine" ist eine üblicherweise eher in militärischen und/oder rechtsextremistischen Zusammenhängen gebrauchte Verurteilungsformel. Offenbar kommt im Zuge seiner neuen Cliquenaktivitäten zu einem Zusammenprall verschiedener Bewertungssysteme. Es handelt sich bei diesem Verstoß gegen das Tabu "Verpetzen" um den letzten Stein des Anstoßes. Wie schon im Vorjahr erkennbar verbindet R. mit 'Verpetzen' Vertrauensverlust und einen Zusammenhaltsbruch. Dies interpretiert er inzwischen unter der Maßgabe, sich nichts mehr gefallen lassen zu wollen. Verschiedene Konfliktanlässe - "wegen lauter kleinen Sachen" - summierten sich im Laufe der Zeit. Jetzt ist R. gewillt, sich gegenüber seinen Mitschülern zu behaupten, von denen er sich nach seiner Wahrnehmung viel zu viel hat bieten lassen: "Also ich habe mir früher viel gefallen lassen von denen, aber jetzt nicht mehr" (1993: 16; 24-25). Sein Bestreben, sich zu behaupten, geht mit einer völligen Distanzierung von seinen Mitschülern und mit Kompromisslosigkeit einher: "Und ich mein', ich bin der Typ, ich lasse mir nicht viel sagen, also wenn da mal irgendwas vorfällt, dann sage ich, dann gehe ich hin zu dem und sage, 'Gut, du hast das und das gesagt, für mich bist du gestorben'. Ich mache kein großes Theater" (1993: 15;31-35). Dieses vermutlich an gesellschaftlichen Bildern von männlicher Härte, Coolness und Selbstdurchsetzung orientierte Selbstverständnis führt dazu, nur noch "ab und zu mal" mit den Mitschülern zu reden und sie lediglich für das Zur-Verfügung-Stellen von Hausaufgaben zu instrumentalisieren (16; 12-16). Seine Eltern haben versucht, ihn wieder zu mehr sozialer Einbindung in die Klasse zu bewegen, doch stießen sie damit bei ihm auf taube Ohren: "Also bis Ende letzten Jahres haben sie immer an mich hin geredet, also ich soll auch mit denen zusammen sein, die gerade so in dieselbe Schule gehen und so. Aber ich mein', was soll ich mit denen zusammen sein, die mich sowieso bloß verarschen. Also ich mein', das ist ja auch unmöglich" (1994: 17;33-38).

Nicht nur innerhalb der Schule, sondern auch in seiner Freizeit hat R. zunehmend Ärger mit anderen Jugendlichen. Mit türkischen Jugendlichen kommt es zu gewalttätigen Auseinandersetzungen insbesondere im Umfeld der örtlichen Diskothek. R. billigt dabei fremd- und selbstausgeübte Gewalt. Provokationen seitens der eigenen Clique zumindest aber Verhaltensweisen, die als solche gedeutet werden können und die u.a. auch zu den Auseinandersetzungen führen, werden mit dem Hinweis auf das Verhalten der jeweils anderen abgeschwächt (vgl. Gewaltakzeptanz).

Für die Zukunft wünscht R. sich - trotz seines Bestrebens, sich als zum Mann Heranwachsenden nichts mehr gefallen zu lassen - nicht mehr Freiheiten. Vielmehr möchte er einigermaßen seine Schulzeit hinter sich bringen: "Nein, ich mein', also mehr Freiheiten nicht. Ich mein', jetzt muss ich schauen, dass ich die Schule richtig herumbringe, ich mein', was will ich da noch mehr weg" (1993: 24;17-19).

Rüdigers Problembelastungen haben sich 1994 etwas verlagert und in ihrer Bedeutung offenbar an identitätsgefährdender Relevanz gewonnen.

Mittlerweile beklagt er trotz Taschengelderhöhung einen Mangel an Geld (Fb. 10). Sein Alkoholkonsum ist so exzessiv, dass er in einer Stunde "30, 40 Mark" vertrinken kann (27;3). Aus diesem Grunde hat sich der Treffpunkt seiner Clique von der Kneipe noch stärker auf die preisgünstigere 'Grillecke' verlagert. Daneben gibt R. inzwischen an, unter Zeitnot zu leiden. Da er für die Schule mehr arbeiten muss, wenn er sein Berufsziel noch erreichen will, kommt er in Konflikte mit seinen Freizeitinteressen (64;21-32): "Ja, gut, aber so, ich mein', montags abends bin ich zu Hause, dienstags abends zu Hause, Mittwochabend Tanzkurs und Jugendkreis, und dann am Donnerstagabend Tanzkurs und Freitag, ich mein', dann ist's schon wieder eine Woche" (1994: 64;35-39). Seiner Mutter scheint das Ausmaß seiner außerhäuslichen Aktivitäten nach wie vor "zwar nicht recht" (65;14) zu sein, doch findet sie sich damit ab. Lediglich bei extrem mangelnden Schulleistungen werden Verbote ausgesprochen, an die R. sich dann hält (65;30-33). R. gibt selbst zu, schulische Probleme zu haben. Diese ergeben sich aus seiner konstant nachlassenden Schulleistungen - "Und schulische Leistungen sind auch noch ein bisschen runter" (1;29-30) - und dem sozialen Ärger: "Ja, noch ein bisschen Zoff in der Schule" (3;11). Die Ursachen für seinen fortgesetzten Leistungsabfall sieht R. primär in seiner eigenen Faulheit: "... da bin ich halt einfach zu faul" (16;19). Zu dem Leistungsabfall kommt noch die lediglich befriedigende Note hinsichtlich seines Sozialverhaltens hinzu (2;24-25), die nach seiner Befürchtung die Erfüllung seines über die Jahre stabilen Berufswunsches infragestellt: "Das mit der Polizei ... das klappt wahrscheinlich nicht." (1;23-25) Für R. ist dies ein Problem und führt dazu, dass er "in ein paar Fächern" verstärkt lernen will, um einigermaßen durch die anstehenden Prüfungen zu kommen (7;25-31). Diese erhöhte Lernbereitschaft umfasst nicht die Nebenfächer, sofern er kein Interesse an ihnen hat (16;18-23).

R. ist demzufolge nicht gerade engagiert, sein Berufsziel zu erreichen. Vage sieht er für sich die Möglichkeit, sich erst nach einem Jahr Wartezeit bei der Polizei zu bewerben (2;10-11). Auch könnte er sich vorstellen, eventuell noch zwei Jahre auf das Berufskolleg in der benachbarten Kleinstadt N. zu gehen, um die Fachhochschulreife zu erreichen. Doch hat er sich darüber bislang noch nicht weiter informiert (8;11-18). In seinem derzeit eher noch unentschlossen wirkenden Zustand schließt er auch den direkten Eintritt in ein Arbeitsverhältnis nicht aus: "Ich weiß halt nicht genau, was. Ich mein', wenn sich noch was findet, dann, und es ist was einigermaßen, was mir Spaß macht, wo man auch einigermaßen Geld verdient, dann könnte man sich das schon noch überlegen" (8;23-27). Insgesamt zeigt R. wenig Eigeninitiative und Handlungsbereitschaft, das Problem hinsichtlich seiner Lebensplanung in den Griff zu bekommen und konstruktiv zu bewältigen. Seine Bewältigungsstrategien gehen nicht über erste Anfangsschritte hinaus. Möglicherweise verdrängt er die Gefährdung seiner Berufsperspektive, weil sie auch eine Gefährdung seiner Selbstwertkonstruktion darstellt.

Sozialen Ärger hat R. seit einer Klassenfahrt nach England nicht mehr so sehr mit seinen Mitschülern - "also seitdem ist es ein bisschen besser, aber sind immer noch ein paar Idioten." (8;39-40) -, aber immer noch mit den Lehrern. Zu einigen von ihnen ist sein Verhältnis "schlechter" geworden (9;15). Die Ursachen liegen vermutlich darin, dass R. unverändert die Überzeugung vertritt, sich nichts mehr gefallen lassen zu wollen, seien es persönliche Kränkungen (12;13-13;3) oder als solche empfundene Ungerechtigkeiten. Lediglich die Probleme mit seinem Klassenlehrer haben sich etwas gemildert: "Also ich mein', man hat mich schon noch ein bisschen auf dem Kieker, aber es ist eigentlich um einiges besser geworden" (1994: 10;23-25). Ein Konfliktbewältigungsgespräch der genannten Klasse mit dem Klassenlehrer und der Schulleitung hat offenbar dazu beigetragen, Ungerechtigkeiten seitens des Lehrers abzubauen und umgekehrt regelverletzendes Verhalten seitens der Schüler zu reduzieren (9,23-38). Anscheinend versuchen demnach beide Parteien, sich etwas moderater zu verhalten: "Also, man reißt sich halt ein bisschen mehr am Riemen" (10;9). Von Seiten des Rektors wird R. zu den schlimmsten Schülern in der Klasse gezählt (14;16-19). Demzufolge zieht er inzwischen ein eher resignatives Fazit hinsichtlich der Möglichkeiten, an der Schule Kritik zu üben: "Ja, ich mein', ich bin langsam zur Einsicht gekommen, dass man gegen einen Lehrer nichts machen kann. Also alleine auf keinen Fall, weil dann ist man immer der Idiot" (1994: 13;14-17).

Als derzeit größtes Problem benennt Rüdiger den Ärger mit anderen Jugendlichen, der sich offenbar im Zuge der Cliquen-Auseinandersetzungen ergibt (siehe 2.3). Weiterhin erwähnt R. Stress im Wohnumfeld, auf den er im Interview aber nicht weiter eingeht. Möglicherweise handelt es sich hierbei ebenfalls um die Cliquen-Streitigkeiten. Er weist aber auch auf eine Kontroverse mit der Nachbarin über das Thema "Ansiedlung eines Asylbewerberheimes im Viertel" (s.u.) hin.

Wenngleich es für Rüdiger noch kein Problem darstellt, würde er inzwischen gerne seine jahrelange Ausbildung am Schlagzeug besser umsetzen können als in dem örtlichen Musikverein. Rüdiger verweilt nach eigenem Bekunden lediglich im Musikverein, um das Instrument spielen zu lernen (57;3). Die damit verbundenen lästigen Vereinsverpflichtungen wie Briefe austragen oder Instrumentenauf- und -abbau nimmt er dafür notgedrungen in Kauf (57;1 - 27). Sowohl mit den alten als auch mit den jungen Vereinsmitgliedern kommt Rüdiger nicht mehr besonders gut aus: "Ja, und ich mein', mit den Alten kommen wir nicht immer so gut aus, wie mit den Jungen, aber man kommt auch nicht immer mit den Jungen gut aus" (1994: 56;35-38). Gleichwohl bleibt Rüdiger nach wie vor aktiv im Verein, beteiligt sich an allen Proben, Konzerten und Geselligkeiten, wobei ihm der dabei gebotene kostenfreie Alkoholkonsum nicht ungelegen zu kommen scheint: "Ha, also ich mein', wenn man auf einem Konzert ist, mit der Musik oder irgendwo spielen muss, dann ist ja Frühschoppen und so alles gleich dabei. ... Ich mein', dann geht man halt da mit" (1994: 56;18-22). Viel lieber jedoch würde er - anders als in den Vorjahren - inzwischen in einer eigenen Band spielen, in der nicht etwa "Popmusik", sondern "richtige Musik" gespielt werden sollte. In seinen Wünschen, für deren Realisierung er jedoch nicht aktiv wird, hat diese "richtige Musik" viel zu tun mit der auch bei seinen Gewaltaktivitäten deutlich gewordenen körperbetonten Selbstinszenierung: "(...) es muss halt was dahinterstecken, das muss laut sein und muss Kraft dafür haben und, und schnell, das ist die Hauptsache" (59;19-21). Damit wird erkennbar, dass die maskulin konnotierte und/oder politisch rechtsorientierte Musik, die in seiner Clique gehört wird, für ihn an Bedeutung gewonnen hat, dass ihm mit der inhaltlichen Distanzierung von der dörflichen Musikkapelle aber gleichzeitig Möglichkeiten der Selbstbestätigung über die von ihm erfolgreich gespielte Musik verloren gegangen sind.

3.1.2 Erfahrungen im sozialen Nahraum und seine sozio-emotionalen Ressourcen
Familie
Der Alltag in der Familie gestaltet sich nach R.s Schilderung von 1992 in geregelten Bahnen und ist in seinem äußeren Ablauf durch die Berufstätigkeit der Eltern bestimmt. Dies heißt für ihn, dass er beim Frühstück noch Mutter und Bruder antrifft, während die ganze Familie sich dann wieder zum Mittag- bzw. Abendessen einfindet. Bei diesen Gelegenheiten werden "eigentlich spontan" alltägliche Themen angesprochen (3;3-8). Raum für ein längeres Zusammensein ist "abends halt" (1;40) und vor allem an den Wochenenden: "Da unternehmen wir eigentlich öfters 'mal 'was". Dies beinhaltet z.B. die im Ort wohnenden "Oma und Opa besuchen gehen, auch 'mal wegfahren, Tagesausflug und so was" (2;8-11). Manche der Unternehmungen - "gerade so Tagesausflüge in so Freizeitparks und so, Schwimmbad" - werden von ihm bzw. seinem Bruder angeregt, und R. bewertet diese gemeinsamen Aktivitäten positiv (vgl. 2;21-27). Infolge der regelmäßigen Kontakte im Alltag nimmt R. schnell wahr, wie die Eltern "aufgelegt sind, ob sie gut aufgelegt sind

oder halt nicht so gut" (3;16-17), wie auch umgekehrt seine Befindlichkeiten nicht verborgen bleiben und von ihnen bemerkt werden. Doch erzählt er zu Hause "eigentlich" wenig von persönlichen Problemen. Ärger mit Lehrern thematisiert er beispielsweise nur dann, wenn er eine Eintragung ins Klassenbuch erhalten hat, d.h. wenn sich die Konsequenzen nicht verbergen lassen: "Erfahren tut er es ja so oder so. Dann ist es eigentlich für mich egal" (7;10-11). Probleme ohne entsprechende Konsequenzen wie "bei einem Streit mit einem Freund oder so und dann halt verschiedene Sachen in der Schule" (7;17-18) sind für ihn "auch nicht so schlimm" (4;3) und somit für ihn innerhalb der Familie nicht der Rede wert. Dennoch fühlt er sich zu Hause "eigentlich schon ernstgenommen. Also wie ein Kind werde ich nicht behandelt" (5;37-38), was er allerdings nicht an gemeinsamen Gesprächen, sondern an als solche wahrgenommenen Vertrauensbeweisen festmacht wie Überlassen von Reparaturarbeiten oder Erlaubnis zum Übernachten bei Freunden (6;3-7). Die von den Eltern gesetzten Grenzen für das abendliche Nachhausekommen - unter der Woche ca 20 Uhr und am Samstag gegen 22 Uhr (10;22-23) - werden von ihm akzeptiert, vor allem auch angesichts ähnlicher Regelungen bei seinen Freunden (13;9-11). Subjektiv hat er auch den Eindruck, dass sich "alle beide gleich" (6;36) in seine Situation als Jugendlicher hineindenken können. Bei auftretenden Schwierigkeiten handelt er jedoch entlang geschlechtsbezogener Zuweisungen. An seine Mutter wendet er sich bei für ihn unangenehmen Problemkonsequenzen wie etwa einem Eintrag ins Klassenbuch (6;29-32). Dies hat zum einen mit ihrer größeren Verfügbarkeit zu tun: "Meine Mutter, die ist auch, die geht nur halbtags arbeiten, die ist mittags zu Hause" (11;13-14). Zum anderen reagiert sie im Vergleich zum Vater verständnisvoller, der bei Vergehen des Sohnes als Strafinstanz auf den Plan tritt (13;16-36). Insgesamt fühlt er sich vor allem bei ihr geborgen und hat den Eindruck, sich auf sie verlassen zu können (vgl. auch Fb.1): "Also meine Mutter, die reagiert gerade bei, gerade bei dem Eintrag hat sie nicht so, also so böse reagiert. Und mein Vater reagiert halt aber ein bisschen böse" (6;40-7;3). Von seinem Vater fühlt sich R. akzeptiert (Fb.1). Allerdings wendet dieser neben Strafen wie Taschengeldkürzungen (13,16-36) und Fernsehverbot (14;9-13) auch körperliche Härte an: "Da habe ich von meiner Mutter, habe ich 2 Mark genommen und habe mir ein Eis gekauft. Und das hat sie dann heraus bekommen. ... Ja, ich habe halt ein paar hinter die Ohren bekommen" (14;15-27). Auch bei körperlichen Sanktionierungen ist er im Nachhinein mit dem Verhalten des Vaters einverstanden: "Ja, ich finde schon, dass es so recht war" (14;34). Daneben fungiert der Vater für ihn als erster Anlaufpunkt, wenn es im technischen Sinne 'irgendwo klemmt': "Ich muss meistens halt gerade so, so im Garten 'mal 'was machen, und dann denke ich halt immer, da kennt sich der Vater am besten aus. Dann frage ich halt ihn" (6;20-22). Die Möglichkeiten, sich an seinen Vater zu wenden, bestehen jedoch nicht kontinuierlich, sondern sind von dessen jeweiligen emotionalen Befindlichkeiten abhängig: "wenn er ab und zu gut aufgelegt ist ... " (7;36).

Insgesamt ist sein Verhältnis zu den Eltern nicht von Vertrauen und der Bereitschaft zu ernsthaften und intensiven Auseinandersetzungen miteinander gekennzeichnet, sondern bewegt sich zwischen normativen Vorstellungen von Familienbindungen, in denen die Mutter den verständnisvolleren und integrativen Part und der Vater den strengeren, nach traditionellen Männlichkeitsmustern erziehenden Part übernimmt. Das Gefühl von Anerkennung vermitteln sie ihm vor allem beim Erbringen von guten schulischen Leistungen und außerdem bei der Mithilfe im Haushalt (10;38-11;3). Die Eltern ermahnen R. auch, sich vor allem in der Schule anzustrengen: "Sie sagen halt also, es muss halt die nächste Arbeit besser sein und ich muss mich halt am Riemen reißen, wenn ich einigermaßen, dass ich eine gute Note bekomme im Zeugnis" (1992: 39;8-11).

Mit seinem Bruder versteht er sich "ganz gut" (9;3), was nicht ausschließt, dass es hin und wieder wegen alltäglicher Konfliktpunkte zu kleineren Reibereien kommt. Dabei zieht R. immer den Kürzeren und erlebt somit seinen Bruder aufgrund vorhandener Körperkraft als den 'Erfolgreicheren' von beiden: "ich fliege ab und zu, nein meistens aus dem Zimmer" (11;36-37). Wie schon von seinem Vater wird ihm in seiner Sozialisation auch von seinem Bruder die Bedeutsamkeit von Körperkraft für die Durchsetzung eigener Interessen vor Augen geführt. R. muss dies wohl oder übel ohne große Gegenwehr akzeptieren, "weil da hätte ich wenig Chancen" (12;6-7). Latent fühlt er sich gegenüber dem Bruder hinsichtlich der Anschaffung von Konsumgütern und der abendlichen Ausgangszeiten benachteiligt, was ihn aber anscheinend nicht weiter belastet: "Auf das kommt es mir eigentlich nicht an" (1992: 13;8-9).

Insgesamt findet R. seine Familie in Ordnung (15;2-9). Veränderungswünsche gibt es deshalb für ihn momentan keine: "Mmh, gar nichts, glaube ich. Ich finde es so eigentlich ganz gut" (1992: 15;15-16).

1993 ist das Verhältnis von R. zu seiner Familie distanzierter geworden (vgl. 1993: 23;32-37). Obwohl er sich grundsätzlich bei den Eltern geborgen fühlt, angibt, bei Problemen grundsätzlich mit ihnen reden und mit tatkräftiger Unterstützung rechnen zu können, sich sogar als Persönlichkeit von ihnen akzeptiert fühlt (Fb.3), ist nach seiner Einschätzung sein Verhältnis zu ihnen "auch nicht mehr so, wie es 'mal war, sagen wir es 'mal so" (1993: 23; 27-28). Seine Beziehung zu seinem Bruder ist "jetzt auch nicht mehr so" (1993: 1;16). Ebenso wie mit seinen Eltern startet er auch mit seinem Bruder kaum noch gemeinsame Unternehmungen (3;5). R. legt auch kaum noch Wert darauf (3;11-12). Vielmehr bringen es seine Freizeitaktivitäten und die im Vergleich zum Vorjahr deutlich ausgedehnteren Ausgangszeiten mit sich, dass er "ziemlich wenig zu Hause" ist (8;27-38). Die Eltern räumen ihm - vermutlich orientiert an gesellschaftlichen Bildern von Jungenverhalten - notgedrungen Freiräume ein, sei es hinsichtlich seines neuerlichen Tabak- und Alkoholkonsums, sei es hinsichtlich erweiterter Ausgangszeiten: "Ja, ich mein', begeistert sind sie nicht davon, aber die anderen machen es auch. Dann denken sie halt, jetzt lassen wir ihn halt auch" (1993: 14;16-18).

1994 fühlt sich Rüdiger zwar in seiner Familie noch geborgen und ist sich sicher, mit ihrer aktiven Hilfe rechnen zu können; als Person fühlt er sich jedoch nicht respektiert (Fb. 9). Dennoch ist die Atmosphäre zu Hause entspannter geworden. So sieht R. seinen Bruder, der ihm völlig gleichgültig geworden ist (Fb. 9), durch dessen Berufsausbildung in einer ca. 2 Fahrstunden entfernten Stadt seltener. Auch zu seinen Eltern hat sich sein Verhältnis etwas entspannt. R. bekundet, seine Eltern "nicht immer, aber immer öfter" (67;5) nicht anzulügen. Offenbar hat er im Vorjahr noch versucht, mit Lügen Konflikten aus dem Weg zu gehen (67;10-26). Inzwischen weiß er, dass der Rückhalt in seiner Familie an die Bedingung "Ehrlichkeit" geknüpft ist: "Wenn es die Wahrheit ist, was ich sage, dann bekomme ich schon Unterstützung" (1994: 66;39-40). Über den Ablauf seiner abendlichen, z.T. auch gewaltbestimmten Aktivitäten bewahrt R. aber eher Stillschweigen: "Ha, ich mein', solange es nicht handgreiflich geworden ist, sage ich eigentlich nichts zu Hause" (68;40-69;1). Bei allzu offensichtlichen Spuren versucht er zu beschwichtigen: "Ja, da hat man halt gesagt, 'man hat ein bisschen Auseinandersetzung gehabt, war er nicht so schlimm'..." (69;9-10). Seine Eltern haben sich inzwischen mit der Freizeitgestaltung ihres Sohnes abgefunden, wenngleich sie nicht ihren Vorstellungen entspricht (67,28-35). Dies gilt auch für seinen Umgang mit Alkohol: "Und ich mein', das sehen sie jetzt nicht so eng" (68;9). Für ihn selbst sind diese Freizeitgestaltungsformen mittlerweile zum festen Bestandteil seines Lebens geworden; ein

Verzicht auf sie erscheint kaum denkbar: "Also, das ist wirklich schwer, dass man das schafft" (69;22-27).

Schule
Rüdigers Gefühlslage hinsichtlich der Schule ist 1992 zwar nicht ungetrübt, aber im Grundton positiv (29;5-15). Die jeweilige Befindlichkeit ist weitgehend von den schulischen Inhalten - "das kommt auf die Fächer an" (29;20) - und Strukturen abhängig. Überwiegend ist R. "eigentlich sehr zufrieden" (31;6-8). Seine Leistungen liegen über dem Klassendurchschnitt - "Schlechtestes bis jetzt waren immer Dreier" (39;15) - und so hat er in der Schule reale Erfolgserlebnisse. Dementsprechend zeigt er eine deutliche Leistungsmotivation (vgl. 31;33-37. Ganz wichtig sind für ihn zudem die als befriedigend erlebten Sozialkontakte in der Schule: "Ja, zur Zeit das Wichtigste? Ha, es ist halt gut, dass man sich da, da trifft man sich jeden Morgen miteinander und man hat eigentlich auch Spaß" (1992: 31;24-27). Ein engerer Kreis von teilweise längeren Klassenfreundschaften bildet die für ihn wichtigste soziale Bezugsgruppe in der Klasse, obwohl es "gibt ... auch wieder Zeiten, also da kommen wir alle gut miteinander aus" (34;5-6). Einige Jungen entsprechen nicht seiner Leistungsnorm (32;24-28). Einige Mädchen findet er zudem "ziemlich eingebildet" (34;2-3). Der Hälfte der Mädchen in seiner Klasse wirft er außerdem ungenügende Leistungsmotivation vor (34;13-23). Die in seiner Beurteilung von Mitschülern deutlich zutage tretende Leistungsorientierung geht einher mit einer entschiedenen Ablehnung von Strebertum. So beteiligt er sich an Ausgrenzungsmaßnahmen gegenüber einem "Streber" (32,34), weil dieser sich den Mitschülern gegenüber unkollegial verhält und einfach "nie" bei kleineren Störaktionen im Unterricht mitmacht (32;37-33;1). Für ihn ist der "Streber" der "Außenseiter" der Klasse (33;9). Fehlender Zusammenhalt in Form von "Verpetzen" ist im Vergleich zum Strebertum jedoch eine wahre Todsünde. Entsprechend beteiligt er sich an Sanktionen gegen Personen, die diesen Kodex verletzen; denn Verpetzen bedeutet wohl für ihn so etwas wie Vertrauens- und Zusammenhaltsbruch: "Also früher hatten wir 'mal einen, der wollte unbedingt in die Parallelklasse. Und der hat uns auch, egal was war, andauernd hat er uns verpetzt. Und den haben wir dann 'mal öfters in der Pause zusammengeschissen und Wasser auf den Stuhl getan und lauter solche Sachen" (1992: 33, 1992: 19-24). Fazit: Die Schule ist für R. ein von ihm weitgehend akzeptierter Lebensbereich, in dem er sich insofern anpasst, als dass er zentrale Prinzipien und Anforderungen dieser Institution (Leistungsorientierung, Konkurrenzprinzip, Pflichtbewusstsein) bejaht und auch gegenüber aus seiner Sicht in diesen Punkten 'abweichenden' Mitschülern vertritt. Durch entsprechend gute Leistungen, deren Erbringung ihm anscheinend nicht schwer fällt, kann er sowohl den Erwartungen seiner Eltern als auch denen der LehrerInnen entsprechen. Dennoch sieht er sich nicht als "Streber", wobei er vor allem das eigene Sozialverhalten im Blick hat, denn gelegentlich verstößt er auch gegen institutionell gesetzte Normen.

Schulischer Leistungsabfall, der Abbruch sozialer Beziehungen zu etlichen seiner Mitschüler und die Konflikte mit manchen Lehrern (siehe Problembelastungen) lassen R. 1993 im Gegensatz zum Vorjahr den Schulbesuch nicht mehr attraktiv erscheinen (3;28-36). So nimmt er sich kaum noch Zeit für die Hausaufgaben (vgl.23;32-37). Nur wenige Lehrer mag er, weil sie "halt auch mal einen Spaß verstehen" (27,31). Von seinen Mitschülern achtet R. lediglich noch zwei Jungen (15;38-16;3) und zwei Mädchen, die sich auch in seiner neuen Freundesclique bewegen. Diese vier schätzt er, weil sie sich nicht nur verbal über so wahrgenommene Missstände in der Schule beschweren, sondern sich auch aktiv zur Wehr setzen und sich wie er selbst erheblichen Ärger einhandeln (28,11-16). Als einen der wenigen Lichtblicke im laufenden Schuljahr bewertet R. den dreitägigen Besuch der Polizeifachschule im Rahmen des von der Schule aus organisierten Berufpraktikums. Zur

115

Polizei ging R. auf Anregung eines anderen Jugendlichen. Aufgrund dieses Einblicks hat R. seine Berufsperspektive konkretisiert: "Also mir hat es gefallen. ... Also ich schaue, dass ich hinkomme, also auf die Polizeischule" (1993; 20;36-39). Als Motiv dieses Wunsches nennt R. außer dem implizierten Aspekt 'Männerbereich' - "mit lauter Frauen herumrennen, da habe ich auch keine Lust darauf" (20;24) - nennt R. neben sachlich-inhaltlichen Arbeitsorientierungen wie "Spaß", 'Abwechslung', "viele Möglichkeiten" und 'gutes Arbeitsklima' ("Super-Gemeinschaft") deutlich instrumentelle Arbeitsorientierungen hinsichtlich des Geldverdienens - "Also wenn man sich jetzt weiterbilden lässt zum Oberkommissar, dann verdient man schon viel. Oder gerade, also ich will entweder zur Bundesstaffel oder zu so einer Spezialeinheit, und da verdient man auch nicht sonderlich schlecht. Man kann damit leben, hat er gesagt. Man hat auch öfters 'mal einiges übrig." (21;9-34) - und der Arbeitsplatzsicherheit: "man kann nicht so schnell entlassen werden" (22;11). Verbrechungsbekämpfung übt für ihn keinen sonderlichen Reiz aus. Möglicherweise sind auch Gespräche im eigenen Elternhaus über die Arbeitsplatzeinsparungen in der Textilbranche, in der die Mutter beschäftigt ist (23;4-12), ausschlaggebend dafür, dass er soviel Wert auf Arbeitsplatzsicherheit legt. Trotz der ausgeprägt instrumentellen Arbeitsorientierungen wie Verdienst und Sicherheit hat für R. dieser Berufswunsch vermutlich durchaus insofern weiterreichende Identitätsrelevanz, als er mit diesem Beruf Aspekte verbinden kann, die er auch in seiner Clique sucht: 'Männlichkeit', Zusammenhalt und Stärkedemonstration. Die Tatsache, dass er aufgrund der entfernt gelegenen Ausbildungsstätte zumindest während der Woche von zuhause weg wäre, stört ihn nicht sonderlich - im Gegenteil, er kann es sich durchaus vorstellen, schon relativ bald eigenständig zu sein (25;9-11). Während indes seine Wortwahl bei der Beschreibung der Erfahrungen bei der Polizei auf Orientierungszusammenhänge mit seiner Clique hinweisen könnte - "Super-Gemeinschaft", "Bundesstaffel", 'Spezialeinheit" - und R. auch mit dieser Berufsperspektive 'Männlichkeit', Zusammenhalt und Stärkedemonstration verbindet, was er gerade in seiner gewaltorientierten Clique sucht, stellen u.a. die ausgiebigen Cliquenaktivitäten diese Perspektive in Frage.

1994 hat R. in der Schule soziale und leistungsbezogene Probleme. Er kann keine Erfolgserlebnisse machen, sondern erlebt sich innerhalb der institutionellen Hierarchie als der Unterlegene. Hinzu kommt, dass er aufgrund seiner schulischen Schwierigkeiten keine Aussicht mehr auf einen Platz in der Polizeischule zu haben glaubt. Immerhin hat sich sein Verhältnis zu den Mitschülern im Verlauf und im Gefolge einer Klassenfahrt nach England etwas entspannt. Dennoch findet R. innerhalb der Schule wenig sozialen Rückhalt. So interessiert er sich nicht für die meisten seiner Mitschüler, so wie sich diese überwiegend auch nicht für ihn interessieren (11;20-21). Einen Zusammenhalt der SchülerInnen in seiner Klasse gegen z.B. einen unbeliebten Lehrer sieht er als nicht möglich an (vgl. 1994: 13;32-33). Wie schon im Abschnitt "Problembelastungen" aufgezeigt, spricht einiges dafür, dass R. ausbleibende Erfolgserlebnisse und Selbstbestätigungsmöglichkeiten in der Schule mittlerweile verstärkt durch gewalttätige Auseinandersetzungen mit anderen Jugendlichen zu kompensieren versucht, weil sie inzwischen seine Berufsperspektive und seine diesbezügliche Selbstwertkonstruktion extrem gefährden. Durch Gewaltsamkeit aber gelangt er kurzfristig zu Erfolgen, zu Beweisen seiner Eigenständigkeit, 'Stärke' und 'Männlichkeit', die ihm Respekt einbringen und die ihm ansonsten versagt bleiben.

Freundes- und Bekanntenkreis
R. trifft sich im ersten Erhebungsjahr jeden Nachmittag mit Freunden (1992: 1;16-19). Dabei handelt es sich um unterschiedliche soziale Zusammenhänge. Zum einen verbringt er seine Freizeit mit einigen Mitschülern - "sieben, fünf Stück" - aus sei-

ner Nachbarschaft (vgl.17;31-33). Allerdings kommt es selten vor, dass sich alle gemeinsam zusammenfinden. "Meistens" kommen die Jungen "bloß zu zweit oder zu dritt." (18;2) zusammen. Mit einem von ihnen kommt R. "super aus", weshalb er ihn als seinen besten Freund bezeichnet. Diese Bewertung orientiert sich vor allem an der Häufigkeit des Zusammenseins (vgl. 18;9-15). Die beiden besuchen einander zudem zu Hause und sind deshalb bei den jeweiligen Familien bekannt. Als Qualität der Freundschaft sieht R. die dadurch offenstehenden Unternehmungsmöglichkeiten in der Freizeit. In der Freundschaft stehen gemeinsame Aktionen im Vordergrund (vgl. 1992: 18;32-33), nicht aber gegenseitiges Vertrauen oder die Möglichkeit, persönliche Probleme miteinander zu besprechen.

R., sein bester Freund und einige Kumpels aus der Nachbarschaft besitzen zum anderen "Baumhütten", auf denen sie sich bei schönem Wetter treffen. Diese Clique besteht derzeit aus neun deutschen Jungen, von denen sechs in die Real- und drei in die Hauptschule gehen. R. zählt sich zu der Kernclique von "vier, fünf, die sind eigentlich einiges zusammen. Die sind auch öfters auf dem Baum und die unternehmen auch öfters 'mal was" (25;5-7). Auf diesem Baum hat jeder der Jungen "seinen eigenen Platz". Gemeinsam unternehmen sie Fahrradtouren, gehen ins Schwimmbad (19;3-6) oder grillen abends gemeinsam (19;30-36). Die ganze Clique entscheidet darüber, welche neuen Jugendlichen überhaupt mitmachen können, wobei sie sich je nach Sympathie (20;15-19) für oder gegen einen Bewerber entscheiden: "Also Mutproben oder so, das machen wir nicht" (20;8-9). Als Qualitäten dieser Clique benennt er insbesondere deren Anregungscharakter: "auf der Baumhütte ist eigentlich immer 'was los" (26;21). Zudem besteht außerdem die Möglichkeit, dort auch über persönlichere Dinge reden zu können: "So Schule, so was für Probleme der eine zu Hause hat" (26;26-27). Und wenn "es 'mal Streit gibt, der ist dann eigentlich schnell wieder behoben. Oft gibt es sowieso nie Streit" (24;11-13). Ebenso verneint R. Auseinandersetzungen mit anderen Cliquen, obwohl es gelegentlich auch schon zu Zerstörungen ihres Refugiums gekommen ist: "Also wir sind schon 'raufgekommen, dann war alles abgerissen" (21;22-23). Die 'bedrohlichste' Situation in seinen Augen war der 'Besuch' eines Skinheads, von dem ihnen erzählt worden ist: "Neulich war ein Skinhead oben ... Ich meine, ob das alles stimmt, das wissen wir nicht" (1992: 21;23-31). Dennoch reichte diese Begebenheit aus, um die Clique so zu verunsichern, ja zu verängstigen, dass sie sich "eine ganze Zeit nicht mehr" auf ihrem Baum traf (22;3-13). Insgesamt ist R. hinsichtlich seiner diversen Beziehungen zu Freunden und Kumpels zufrieden. Die von ihm berichteten Aktivitäten und Unternehmungen in diesem Freundeskreis weisen keinerlei Besonderheiten, z.B. hinsichtlich subkultureller Neigungen oder auch auffälliger Verhaltensweisen in Richtung Grenzübertretungen und Normverletzungen auf. Es bietet sich der Gesamteindruck von noch eher kindtypischen und unbeschwerten Erlebnisformen.

1993 haben sich R.'s Freundschaftsbeziehungen durch den Eintritt in eine neue Clique etwa gleichaltriger Jungen und Mädchen und der damit einhergehenden Aufgabe existierender Freundschaften, die hauptsächlich zu Jungen aus der Nachbarschaft und aus seiner Schulklasse bestanden, deutlich verändert. Seine Baumhausclique hat sich teils durch die beginnende Berufstätigkeit einzelner Mitglieder, teils durch seine Abkehr von seinen Mitschülern aufgelöst (18,31-37). Zugang zu seiner jetzigen Clique fand er in der angebotsarmen Zeit der letzten Sommerferien. In der Urlaubszeit ruhen die Vereinstätigkeiten - auch jene also, an denen R. teilnimmt - fast gänzlich. Außerdem existieren in dem Dorf keinerlei Angebote offener Jugendarbeit. Durch befreundete Jugendliche bekam R. in dieser Zeit Zugang zu jenen (18;15-24), mit denen er sich seither vorwiegend an informellen Treffpunkten (Bänke, "Grillecke") einfindet. Zu dieser gemischtgeschlechtlichen Clique zählen etwa 20 Jugendliche (vgl. 1993: 34; 23-27). Während zwei der Mädchen aus seiner Klasse sind, kommen fast alle Jungen von anderen Schulen. Bedingt durch den

Schulbesuch und die nahegelegene Hauptschule sieht er einzelne Cliquenmitglieder "halt jeden Tag eigentlich" (35;8). Die gesamte Clique trifft sich in der Woche "vielleicht ein, zwei Mal" (35;11). Am Wochenende treffen sie sich in der "Grillekke", "Kneipe" oder gehen "mal ins Kino" (35;18). Offenbar aufgrund fehlender Mobilitätsmöglichkeiten bleibt die Clique überwiegend im Dorf (35;21-22). Die damit augenscheinlich relativ gleichförmig verlaufenden Wochenenden bringen R. "Spaß". Der Besuch der "Grillecke" bedeutet für ihn für ihn die Erkundung der bisher den Erwachsenen vorbehaltenen Erfahrungsräume, die subjektive Wahrnehmung der eigenen Wichtigkeit und die Einübung männlicher Stammtischkultur: "(..) dann redet man über das, dann ich meine, wir kennen also den Wirt ziemlich gut, dann später diskutiert man mit dem (...) also, wir sind da schon so ziemlich Stammkunden. Also wir sind viel drin. Also da kommen dann gerade so ältere Opas und so, wenn die 'reinkommen, und dann diskutiert man immer um den ganzen Tisch herum. Das macht eigentlich Spaß. Also man bringt gut zwei, drei Stunden drin vorbei" (1993: 35;27-36).

Subjektiv hat R. das Gefühl, sich auf seine Clique ebenso verlassen zu können und sich in ihr ebenso geborgen zu fühlen wie in seiner Familie (Fb.3). In seiner Clique fühlt er sich zudem als Mensch völlig akzeptiert: "Und da, wo ich jetzt bin, in der Clique, da wird man akzeptiert." (15;11-12). Besondere Konformitätserwartungen gibt es nach seiner Wahrnehmung nicht: "Also halt nicht so, dass man hinkommt, und man hat einen Gruppenzwang oder so .." (15;16). Fraglich ist allerdings, ob die von ihm der Gruppe zugeschriebenen emotionalen und unterstützenden Qualitäten tatsächlich vorhanden sind. Deutlicher noch als im Vorjahr wird vielmehr das Muster traditioneller Jungenfreundschaften, bei denen Jungen viele kennen, mit vielen reden, mit vielen gemeinsam etwas unternehmen und Spaß erleben, bei denen allerdings wirklich intensive Beziehungen fehlen. So nennt R. seine Freunde überhaupt nicht beim Namen ("Die vom Gymi (...) und dann die von der Realschule und der Hauptschule..." ; "(...) gut, vom Gymi sind auch zwei (....) ich kann sie gut leiden." ; "Da sind viele Mädchen ..."usw.; 35;6-37;24), obwohl er sich auf die Diskretion der Forschungsteams verlassen kann. Eine solche Namenlosigkeit lässt auf die Unverbindlichkeit der Clique schließen. R. fühlt sich schon allein deshalb mit einigen enger befreundet, weil er sie öfters sieht (36;9-12). Darüber hinaus existiert für ihn keine besonders herausragende Beziehung im Sinne einer intensiven Freundschaft (vgl. 36;30-34). Die Clique hat eine gemeinsame Vorliebe für Heavy-Rock (37,18-27). Zur favorisierten Musik zählen aber offenbar auch rechtsradikale Musikstücke: "Also ich höre gerne, Böhse Onkelz ab und zu, ... oder Sepultura, was noch, Rage, ..., ja, Danzig, aber das hören auch viele von der Clique" (1993: 37;32-35). R. unterscheidet dabei - bezogen auf die "Onkelz" nicht zwischen den älteren, radikaleren und den gemäßigteren Stücken: "von der ältesten CD bis zur neuesten gefallen sie mir." (38;12-13). Von den 'härtesten' Sachen nimmt er mittlerweile etwas Abstand: "Also Störkraft haben wir auch Kassetten, aber die hör' ich nicht mehr" (38;1-2).

Angesichts der Gewaltbereitschaft männlicher Cliquenmitglieder gegenüber männlichen türkischen Migrantenjugendlichen dient die Cliquenzugehörigkeit R. offenbar der männlichen Selbstdefinition über Härtestil, körperliche Stärke, Kampfbereitschaft und 'Kameradschaft'. In der Clique findet er Bestätigung in seinem Bestreben, sich von anderen nun nichts mehr gefallen lassen zu wollen, während er überall sonst deshalb nur Probleme hat. Der Selbstbeweis von Männlichkeit führt vielleicht dazu, insbesondere in dominant auftretenden männlichen türkischen Migrantenjugendlichen Rivalen zu sehen. Die Ursache seiner Zuwendung zu einer gewaltorientierten, 'männliche' Härte demonstrierenden Clique liegt damit dann vor allem in seiner Suche nach Identität, bei der er sich an normativen Mustern von rigider 'Männlichkeit' orientiert. Zum Zwecke der Selbstaufwertung wird gegenüber männlichen türkischen Migrantenjugendlichen als Grund für die Händel mit ihnen die Verletzung seines Nationalempfindens angeführt, was möglicherweise subjektiv weniger verletzlich macht als eine sich selbst eingestandene Suche nach neuen Identitätsmustern und vielleicht nach Anerkennung von Seiten der Mädchen. Letzteres erklärt die Diskothek als zentralen Austragungsort von Schlägereien. Von der Musik, über die sich die Clique offensichtlich definiert und die Kampfbereitschaft und Härte symbolisiert, wird vermutlich eine Beeinflussung in Richtung politischer Homogenisierung innerhalb der Clique ausgehen. R. hört erst rechtsradikale Musik, seitdem er mit diesen Jugendlichen befreundet ist. Die Freundesbeziehungen scheinen nicht tragend in Problemsituationen zu sein. R. hat in seiner Abkehr von seinen bisherigen Freunden und seinen Eltern also niemandem, mit dem er über seine neuerlichen Schwierigkeiten reden kann, um sie konstruktiv zu bewältigen. Durch Action-Orientierung verdeckte Sprachlosigkeit kann zu einer Verdichtung der Probleme führen und möglicherweise bei R. dazu, das Unbehagen an der eigenen Lebenssituation in Unbehagen gegenüber 'männliche Rivalen' zu transformieren. In der selbstausgeübten Gewalt im Rahmen seiner Cliquenzugehörigkeit findet R. die Möglichkeit, sich trotz ausbleibender Erfolgserlebnisse in der Schule doch in seiner Freizeit überlegen zu fühlen, sich kurzzeitig als Sieger zu sehen und sich dabei vermeintlich als 'Mann' selbst zu beweisen. Wie wichtig die Clique geworden ist, lässt sich auch an seinen Wünschen für die Zukunft ablesen:" vor allem, dass so die ganze Clique halt zusammen bleibt" (57;6-11).

Die Freundesclique ist für R. 1994 noch mehr als im Vorjahr der wichtigste emotionale Bezugspunkt in seinem Leben. In ihr fühlt er sich so akzeptiert, wie er ist, er wähnt sich geborgen und ist sich sicher, immer auf die Hilfe der Freunde zählen zu können (Fb. 9). Seit den vergangenen Sommerferien hat sich die Clique allerdings zweigeteilt. Die Ursache für diese Trennung war ein Streit wegen eines Mädchen (3;15 - 4;3). Nach wie vor ist die Gruppe gemischtgeschlechtlich. Hauptschüler sind in der Clique allerdings gar nicht mehr vertreten. Bedingt durch die geringere Größe sieht R. den Kern seiner Clique regelmäßiger (26;28-35). Dadurch kommt es zu vermehrten Gesprächen untereinander. Insgesamt bewertet er den eingetretenen Strukturwechsel in der Clique eher positiv, z.B. hinsichtlich eines größeren Zusammengehörigkeitsgefühls (vgl. 1994: 26;19-24). Einen einzelnen besten Freund hat R. nach wie vor nicht. Er und seine Kumpels haben auch allesamt keine Freundin. In ihnen sehen sie offensichtlich die personifizierte Gefährdung für ihren Zusammenhalt untereinander: "Nein, aber ich mein', so wie wir, mit den Leuten, wo wir zusammen sind, da hat gerade keiner eine Freundin, soviel ich weiß und wir sagen immer zueinander, 'Leute, wenn einer eine Freundin hat, dann rennt er nur noch der hinterher' und das ist blöd. Und die meisten, die wollen sowieso bloß mit, die sind also, viel sind gerner mit uns weg als mit ein paar Mädle, oder so" (1994: 71; 24-26). Die Mädchen in der Clique hingegen haben inzwischen andere Interessen entwickelt. Sie verfügen über Freundschaften mit älteren männlichen Jugendlichen außerhalb der Clique (26;3-6). Auch hinsichtlich des Alkoholkonsums zeigen sie andere Interessen als die Jungen: "Also es kommt mal ganz selten vor, dass bei uns ein Mädle irgendwie, ich mein', gut, die trinken auch mal was, einen Jacky oder, aber dass die jetzt so richtig ein Bier nach dem anderen, nein..." (1994: 54;8-10).

Bedingt durch Geldknappheit besucht die Clique inzwischen noch häufiger die 'Grillecke' und geht seltener in die örtliche Kneipe. Die Jungen mögen dort die traditionelle männliche Stammtischkultur: "Die 'Grillecke' ist zwar von der Größe und vom, was weiß ich, ein Scheißdreck halt gegen das 'Kneiple', aber wenn man da 'reinkommt, in die 'Grillecke', dann ist immer Stimmung. ... Man kommt 'rein, und dann schreit, von der Ecke schreit einer 'Hoy', und von da schreit einer: 'Hallo, auch mal wieder da'. Und der Wirt, also die wo drauf sind, die sind auch immer brutal nett, ja" (1994: 27;20-28). Diese Stimmung und Atmosphäre in der "Grillecke" spricht jedoch die weiblichen Jugendlichen in der Clique nicht sonderlich an, so dass der männliche Teil des öfteren unter sich verweilt (48;29-33).

Hinsichtlich der politischen Orientierungen benennt R. ebenfalls geschlechtsspezifische Unterschiede. Die Jungen vertreten im Vergleich zu den Mädchen politisch weiter rechtsorientierte Positionen, auch wenn diese teils angeblich sexuelle Belästigungserfahrungen mit Ausländern gemacht haben. R. scheinen daher diese politischen Haltungen der Mädchen zu verwundern: "...die Mädle, ich mein' die haben ja auch schon einiges mitbekommen so ... im Schwimmbad, oder, dass sie da halt angegrapscht worden sind, oder was weiß ich, gerade auch von Türken oder so. Aber ein paar sind auch links, oder mittel... neutral" (1994: 48;2-11). Angesichts dieses Ausmaßes der geschlechtsspezifischen Differenzen insgesamt ist durchaus zu vermuten, dass sich die Clique in absehbarer Zeit wieder auflösen könnte. Stabilität scheint R.s Clique nicht auszuzeichnen, wenngleich sie für ihn der wichtigste emotionale Bezugspunkt ist. Nach wie vor erzählt R. von keinem einzelnen Jugendlichen persönlich, sondern spricht stets in der "Wir"-Form. Die Größe der Clique hat sich seit dem letzten Jahr gewandelt, ebenso wie teilweise die personelle Zusammensetzung. So zählt seit diesem Jahr auch ein Punker, ein "total Linker", zur Clique (29;11-23). Insbesondere sein äußeres Erscheinungsbild und sein Musikgeschmack weisen ihn als "total Linken" aus: "Der will sich die Haare abrasieren, also Punk, Irokesenschnitt, und farbige Schnürsenkel in seine Springerstiefel 'rein. Dann hört er auch wieder ganz andere Musik wie wir. Aber ich mein, es ist trotzdem ein Kumpel. Also wir machen ihm nichts, er macht uns nichts, wir lassen ihn links sein, und er lässt uns rechts sein" (1994: 30;13-19).

Vor allem die Musikrichtung ist das Definitionskriterium für die politische Überzeugung (30;25). Die recht(sextremistisch)e Überzeugung macht sich nach R. an der Vorliebe für folgende Musikgruppen fest: "Also gerade alte Onkelz und Sturmtrupp und Störkraft und Endstufe und Wartank und ... Da gibt es genug" (1994: 31;3-4). An diese Musik kommt die Clique durch die "richtigen Leute" (1994: 31;11): "Also, wir haben eine Liste da so 'mal bekommen, und das war ein Freund von meinem Freund vom Gymi. Und dann haben wir das zu Hause angekreuzt, was wir wollen und wie viel, und dann hat der das immer weitergegeben, und auf einmal haben wir das gehabt" (1994: 31;17-22). Die Aussage, die Kontaktperson habe das "immer" weitergegeben, zeigt, dass die Clique regelmäßig bei dem anonymen Versand bestellt. Dort beziehen sie nicht nur Musik, sondern auch "T-Shirts", "Aufnäher und solches Zeugs halt" (31;34-35). Das Zusammengehörigkeitsgefühl zwischen den "Kerlen" (71;27) innerhalb der Clique ergibt sich demnach zum Teil durch die Vorliebe für rechtsradikale Musik, die auf dem Jugendschutzindex steht und an die man nur über 'verschwiegene Wege' kommt. Auch die Fahne wird als Symbol für die politische Überzeugung herangezogen: "Ha, ich mein, der Linke, der hat sich Hammer und Sichel ins Zimmer gehängt. Und dann ist halt der eine davongerannt und auf den nächsten Markt und hat sich eine Deutschlandfahne gekauft und hat sich das ins Zimmer gehängt" (1994: 34;16-20).

Zugleich scheint sich das Gemeinschaftsgefühl auch dadurch herzustellen, dass einzelne in der Clique aus Furcht vor Kontaktverlust nicht äußern, was sie tatsächlich denken und wollen: "Man kommt halt so gut aus, untereinander aus, dass man einem, man hört halt auf einen. ... wir sind einfach, wir haben immer die gleiche Meinung, ich weiß auch nicht. Vielleicht, vielleicht sind das auch jetzt, vielleicht sagen die bloß genau dasselbe, wenn ich auch bloß, weil sie nicht als Idioten dastehen wollen, aber die meisten wissen eigentlich, dass man bei uns nicht, dass man bei uns eine Meinung haben kann"(1994: 53;2-6).

Das Gemeinschaftsgefühl erwächst zudem aus der Bereitschaft jedes einzelnen zum Zusammenhalt innerhalb der Clique. Dieses Kriterium zählt mehr als etwa individuelle körperliche Kraft: R: "Wir gehen eigentlich bei uns gehen wir nicht nach stark und schwach, sondern, okay oder nicht okay, so. ... dann gehen wir halt nicht nach der Stärke, oder wie der aussieht, sondern halt, ob es jetzt okay ist, oder nicht okay ist, wie er sich halt gibt so." F: "Ja, beschreib das 'mal näher, was heißt da okay, oder was wäre nicht okay?" R: "Ob es jetzt, ja, ob er jetzt lästert, oder, oder, oder ...." F: "Wie lästert?" R: "Vorne herum mit uns gut redet und dann wenn er in der Klasse ist, mit seinen Leuten, das er dann sagt, 'oh, sind das Idioten' und und ..." (1994: 49;39-50;16). Der Zusammenhalt in gewalttätigen Auseinandersetzungen mit anderen, in der Regel türkischen Jugendlichen, ist unausgesprochenes Prinzip. Dabei wird der Ehrenkodex eingehalten, sich gegenüber Schwächeren fair zu verhalten : R: "Ja, das kommt halt darauf an, wie die Gegenüber aussehen und ob es jetzt Große oder ... Ich mein', wenn jetzt einer von uns Großen also Streit anfängt, mit einem, dann hält sich der Rest auch 'raus, aber so bald es halt mehr werden, dann mischt sich halt der Rest auch ein. Wenn sich halt, einer von den weniger Starken mit einem anlegt, dann ist es sein Problem, dann muss er schauen, wie er es herum bekommt. Und wenn jetzt da halt noch ein paar dazu kommen, dann gehe ich halt zu ihm." F: "Ja, gibt es bei euch so ein bisschen eine Regel, dass es klar ist, dass alle zusammenhalten, wenn es mal hart auf hart geht, oder gibt es die Regel nicht?" R: "Also eigentlich ist es selbstverständlich, dass man sich so gegenseitig aus der Scheiße zieht. ... Ja, ich denke schon. Ich mein', wir halten schon gut zu einander" (1994: 51;14-30). Wichtiger als körperliche Kraft erscheint deshalb auch das gemeinsame Spaß-Erleben: "Man lässt den halt stark sein und lässt den halt schwach sein, das ist ja egal. Hauptsache, man kann miteinander lachen" (1994: 52; 22-23). Dieser Gewichtung steht allerdings seine Einlassung entgegen, dass Jungen ohne Bereitschaft zur Gewaltdemonstration und zur zumindest gelegentlichen Provokation als "Angsthasen" und "Hosenscheißer" tituliert werden. Der Zusammenhalt in 'Gefahrensituationen' führt zu gelegentlichen Bekundungen persönlicher Anerkennung und ist insofern für R. ein eindeutiger Beweis der Wertschätzung: "... dann heißt es auch mal, 'du bist schon in Ordnung'. Und wenn man gerade mal irgendwie Streit gehabt hat und danach verträgt man sich wieder, dann 'Ha, bin ich froh, dass ich dich jetzt, dass ich mich wieder mit dir vertrage'. Und ich weiß auch nicht. Wenn halt die Leute zu einem sagen, 'Ha ja, du bist wenigstens immer für einen da'" (1994: 70;18-24).

Ein Zeichen der Zugehörigkeit ist die Kleidung, die insbesondere bei den Abendaktivitäten am Wochenende angelegt wird. Sie symbolisiert die politische Orientierung der Clique und die eigene Kampfbereitschaft. Da von ihr offenbar eine durchaus furchteinflößende Wirkung ausgeht, stärkt sie nicht nur das eigene Selbstwertgefühl, sondern kann auch eine gewisse Schutzwirkung erfüllen: "Ich mein', dass man mich anpöbelt, das kommt sowieso nicht so oft vor. Ich mein', ich mein' gut, am Wochenende sind wir sowieso ein bisschen anders angezogen als unter der Woche. ... Da geht man auch mal mit den Springerstiefeln aus dem Haus, oder, oder gerade 'mal Jeansjacke und Kapuzenpulli"(1994: 47;23-30).

Unter den männlichen Jugendlichen scheint das Zusammengehörigkeitsgefühl von besonderer Bedeutung zu sein. Es kommt zustande durch gemeinsame Aktivitäten, in denen Spaß, Alkoholkonsum, Demonstration von eigener und Gruppen-Stärke eine große Rolle spielen, durch Erprobungen des Zusammenhalt auch in 'Gefahrensituationen' und durch die gemeinsame Vorliebe für rechtsorientierte Rockmusik, u.a. solcher, die auf dem Jugendschutzindex steht. Neben dem 'Maskulinismus' scheint der Zusammenhalt für R. zu einem entscheidenden Qualitätsmerkmal der Clique geworden zu sein. Der Zusammenhalt ist für R. möglicherweise in dem Maße wichtiger geworden, in dem er sich über gewalttätiges Auftreten verstärkt Möglichkeiten der Selbstbestätigung und damit auch Problembewältigung sucht. Andere Problemverarbeitungsweisen stehen ihm offenbar nicht zur Verfügung, da er weder in der Familie und in der Schule noch unter seinen engen Freunden auch nur einen einzigen Menschen hat, der sich mit ihm verbal über seine Schwierigkeiten auseinandersetzen würde.

Freizeit
R. betätigt sich 1992 neben den oben beschriebenen Aktivitäten gemeinsam mit einem Freund aktiv im Tennisverein (40;37-38), wobei ihm das über das unmittelbar Sportliche hinausgehende Vereinsgeschehen dort "egal" ist. Eher sporadisch auftauchendes Mitglied ist er im Tischtennisverein - "da gehe ich fast nicht mehr hin" (39;25). Regelmäßig einmal pro Woche besucht R. den vom örtlichen Musikverein, in dem er ebenfalls Mitglied ist, angebotenen Übungstermin für "Trommel" bzw. Schlagzeug: "Wir sind jetzt zu dritt. Wir haben das zu dritt vor einem Jahr angefangen. Jetzt sind wir halt am üben" (39;34-36). Wenngleich für ihn die Musik im "Vordergrund" (40;34) steht, genießt er doch gleichzeitig das vom Jugendleiter forcierte gesellige Vereinsleben (vgl. 1992: 40;9-11).

1993 bleibt R. trotz seiner neuerlichen Cliquenbezogenheit eingebunden in stabile Verpflichtungen. So besucht einen Tanzkurs, nimmt weiterhin Schlagzeugunterricht und spielt in der örtlichen Musikkapelle (vgl. 12;17-27). Weiterhin nimmt R. nach seiner Konfirmation an einem neu gegründeten, gemischtgeschlechtlichen evangelischen Jugendkreis teil (10;37-40). Bei der positiven Bewertung dieses Angebotes spielt eine Rolle, dass die Jugendlichen dort eigene Themen und Vorschläge einbringen können, aber auch, dass sich ein großer Teil seiner Kumpels aus der Clique ebenfalls in der Gruppe befindet: "So um sechs gehen wir in den Jugendkreis, alle miteinander" (1993: 9;12-13). Diese Truppe stellt in der Jungschar "gut die Hälfte ... gerade die sind auch immer samstagabends dabei" (1993: 11;30-33). Demgegenüber stellt das christliche Moment keine besondere Motivation für Rüdiger dar, wie er auch in die Kirche "so ziemlich gar nicht mehr" geht: "Also so mein, soviel Spaß macht mir das nicht mehr" (1993: 11;38-12;2). Darüber hinaus trifft R. sich regelmäßig mit seiner Clique. Gegenstände der Beschäftigung sind dabei immer wieder auch die 'Verbotsbereiche' Alkohol und Rauchen (19;26-39). So ist auch in letzter Zeit zunehmend die "Grillecke" für R. und seine Kumpels zu einem wichtigen Aufenthaltsort geworden (1993: 35;24-36;2). Fazit: Parallel zu und trotz der Einbindung in die Clique bleibt R. stabil integriert in verschiedene soziale Zusammenhänge der Dörflichkeitsstruktur. Diese Einbindungen bieten einen gewissen Gegenpol zur Beeinflussung durch seine Clique. Über die Musik erfährt R. Erfolgserlebnisse, über den kirchlichen Jugendkreis erlebt er einiges an Freizeitmöglichkeiten und wird an Diskussionen herangeführt.

R. ist 1994 nach wie vor in seiner Freizeit in unterschiedliche Gruppen eingebunden. Während "gerade im Sommer also täglich" die etwas versteckte Hütte in einer kleinen Parkanlage des Dorfes aufgesucht wird, bieten derzeit noch Tanzkurs und kirchlicher Jugendkreis zusätzliche Kontaktmöglichkeiten der Jugendlichen untereinander. Zudem sind für R. und seine Freunde auch bestimmte überörtliche Lokale attraktiv geworden (vgl. 28;38-28;4). Zusammen mit seinem evangelischen Jugendkreis unternahm R. in den letzten Sommerferien eine Freizeit, die als Besuch der christlichen 'Communauté von Taizé' organisiert war. Von dieser Organisation war er hinsichtlich inhaltlicher Aspekte durchaus begeistert: "Also so hier, bei uns im Kreis herum, gehe ich also nicht gerne in die Kirche, aber die Kirche dort, die gefällt mir. Das ist mal was Anderes. Also ich mein', wenn ich jetzt dort wohnen würde, dann würde ich auch nicht unbedingt jeden Tag in die Kirche gehen, aber also wo wir die eine Woche dort waren, da war ich jeden Abend dort. Also die hat mir mal richtig gefallen" (1994: 5;13-20).

In seiner Freizeit spielt zudem das Musikmachen eine große Rolle. Nach wie vor ist er Mitglied im örtlichen Musikverein und beteiligt sich aktiv an den Proben, Konzerten, Geselligkeiten. Doch vermutlich aufgrund seines durch die Cliquenmitgliedschaft bewirkten veränderten Musikgeschmacks fühlt er sich dort nicht mehr in dem Maße wohl wie noch in den Vorjahren (siehe 'Problembelastungen'). Dennoch: R. ist insgesamt in seiner Freizeit in unterschiedliche Organisationen eingebunden, die teils (noch?) ein Gegengewicht zu seinen politischen Orientierungen bieten. So konnte er sich im Zuge der Freizeit mit dem evangelischen Jugendkreis durchaus für religiös geprägte Organisationen jenseits der Amtskirche begeistern. Sein veränderter Musikgeschmack führt allerdings mittlerweile zu einer gewissen Distanzierung von seinem Musikverein. Damit drohen für ihn weitere Möglichkeiten einer positiven Selbstwertkonstruktion über reale Erfolgserfahrungen abseits von Violenz verloren zu gehen.

Nachbarschaft und Wohnumfeld
Bis zum Zeitpunkt der ersten Erhebung hat sich R. im Rahmen seiner vorwiegend in der Nachbarschaft bzw. dem weiteren Umfeld seines Viertels stattfindenden Freizeitaktivitäten sowie aufgrund des Besuchs der örtlichen Realschule bislang in seinem Alltag nahezu nur in seinem Heimatort aufgehalten. Dort ist er mit den Strukturen und auch den Personen seiner direkten Umgebung vertraut, wobei dies z.T. auch einer Besonderheit seines Wohngebietes geschuldet ist. Dieses wurde nämlich in den 50er-Jahren als sogenannte 'Flüchtlingssiedlung' am Rande des damaligen Dorfes angelegt, um die aus den ehemals deutschen, heute polnischen, tschechischen, ungarischen etc. Gebieten geflohenen Familien (zu denen auch die Großeltern von R. zählten) unterzubringen. In diese damals noch stark konturierte räumliche Abtrennung von den 'Einheimischen' eingelagert war eine im Vergleich zu der vorwiegend landwirtschaftlich geprägten Ausgestaltung des alten Ortskernes nüchterne, einheitliche und zweckmäßige Bebauung mit Reihenhäusern bzw. sparsam zugeschnittenen Einfamilienhäusern sowie quasi die Neugründung einer kleinen protestantischen Kirchengemeinde, ebenfalls wieder im Kontrast zur angestammten, fast ausschließlich katholischen Bevölkerung. Über Jahrzehnte hinweg blieb dann dieser Teil des Dorfes 'die Siedlung', ein im Bewusstsein der Dorfbewohner eigenständiger, nie ganz integrierter Wohnbereich. Erst im jüngerer Zeit veränderte sich diese Situation durch Einheirat, Mitgliedschaft in Vereinen, Berufstätigkeit in einheimischen Betrieben etc., wobei der Kernbereich dieses Gebietes immer noch vorwiegend von den wenigen noch lebenden 'Flüchtlingen' bzw. deren Nachkommen bevölkert wird. In diesem Kontext bekommt z.B. die Einbindung Rüdigers in die evangelische Kirchengemeinde sowie die Orientierung auf den unmittelbaren Nahbereich seines Elternhauses ein besonderes Gewicht dergestalt, dass er sich damit in einem immer noch homogenen und untereinander stark verknüpften Milieu bewegt. Er selbst fühlt sich in dieser Umgebung mit den darin enthaltenen und von ihm genutzten Ressourcen wohl und kann einem Wegzug z.B. in eine größere Stadt nichts Positives abgewinnen (vgl. 1992: v.a. 47; 27-31):

War R. im Vorjahr noch überwiegend auf sein direktes Wohngebiet und den angrenzenden Außenbereich des Dorfes (Baumhütte) hin orientiert, bewegt er sich seit 1993 in seiner Freizeit überwiegend im Zentrum des Dorfes an bestimmten informellen Treffpunkten der Jugendlichen. Dazu zählen eine kleine Parkanlage, aber auch zunehmend kommerziell ausgelegte Treffpunkte wie Kneipen und Diskothek.

1994 wird die Nachbarschaft von R. als problematisch empfunden. Allerdings erklärt er dies nicht näher. Möglicherweise kommt es zu Konflikten hinsichtlich der Lautstärke, die die Gruppenaktivitäten teilweise begleiten. Möglicherweise gibt es aber auch politisch motivierte Konflikte mit den Nachbarn: "Jetzt neben mir die Nachbarin, die, die ist jetzt im Altersheim und dann hat die Tochter gemeint, sie wollte uns ärgern, dann hat sie gemeint, sie vermietet das Haus jetzt an Asylanten. Dann hat mein Vater gesagt, dann geht er ins Gefängnis, bevor da Asylanten 'reinkommen. ... dann hat er gesagt, dann habe ich gemeint, 'also dann lassen wir uns den Kopf rasieren', ... dann hat mein Vater gesagt, 'das ist das Erste, was wir machen'" (1994: 60;3-12).

3.1.3 Medienrezeption und sonstige Ressourcen politisch relevanter Information
1992 liest R. Zuhause 'manchmal' die Computerzeitschrift "Chip" (Fb.3), hört Musik im Bereich Heavy-Rock, u.a. Guns 'n Roses (43;35-38), spielt Computer und bevorzugt im Fernsehprogramm "am liebsten Komödien, gerade ... Police Academy" und "ab und zu auch 'mal" Actionfilme (vgl.42;26-28). Unter den Filmen gefallen ihm vor allem die, in denen die Gewalt nicht im Vordergrund steht: "da gibt es kein Gemetzel, und man bringt eigentlich selten einen um und so. Das gefällt mir eigentlich" (42;35-40). Mit seinen Eltern schaut er sich "auch 'mal Reportagen, Sendungen so" (15,22-30). "Ab und zu auch 'mal" beteiligt R. sich an den politischen Gesprächen der Eltern (17, 14-15), wobei er aber keine gegensätzliche Ansicht vertritt (17,20): "Waren alle gleiche Meinungen" (16,17), "da waren wir alle der gleichen Meinung" (15,37), "wir fanden..." (16,17). Andere kontinuierliche Bezugspunkte für politische Informationen sind nicht zu erkennen. So spielt der Schulunterricht diesbezüglich keine konstruktive Rolle. Dies mag daran liegen, dass er mit seinem Gemeinschaftskundelehrer nicht gut zurechtkommt. Dies begründet er mit dessen eintöniger Unterrichtsgestaltung (29,25-38), mit der fehlenden Aktualität der Unterrichtsinhalte (30,13-17) und dessen autoritärem Verhalten (30,26,32). Hinsichtlich seiner differenzierten Kritik sieht R. sich in Übereinstimmung mit seinen Mitschülern: "Also in unserer Klasse kann man fragen, wen man will, die sagen, also Gemeinschaftskunde, also mit dem kann man sie jagen" (1992: 29,25-27). Während R.s privates Leben problemlos erscheint und er überall in sozial befriedigender Weise integriert ist, zeigt er doch Verunsicherung hinsichtlich seiner Gegenwart und seiner Zukunftsperspektiven (s.o.). Aufgrund seiner Quellen politischer Informationen und des bisher kaum ausgebildeten eigenständigen Reflexionsvermögens liegt es nahe anzunehmen, dass sich die Verunsicherung der Erwachsenenwelt seiner Eltern auf ihn niedergeschlagen haben könnte.

1993 liest R. "manchmal" Zeitungen, Zeitschriften und Illustrierte. Ein bis zwei Stunden am Tag sieht er fern. Am liebsten guckt er dabei Actionfilme, manchmal auch Nachrichten und Jugendmagazine an. Im Gegensatz zum Vorjahr übernimmt er seine politischen Orientierungen nicht mehr fraglos von seinen Eltern. Eher scheint er sie inzwischen von seiner neuen Clique zu beziehen, in der vermutlich auch über den Rechtsrockkonsum ein politischer Homogenisierungsprozess abläuft. Dieser Musikkonsum scheint nicht nur beliebigen musikalischen Geschmackspräferenzen zu folgen, denn man hört im Spektrum der rechtsradikalen Musik das "Härteste vom Härtesten" (1993: 37;18-20), sogar Musik, die auf dem Index des Jugendschutzes steht. Ein schulischer Einfluss auf seine politischen Orientierungen ist nicht erkennbar. Einen Gegenpol zur Clique stellt der evangelische Jugendkreis dar. Ein Teil der Clique ist dort ebenfalls Mitglied. Bei den Treffen führen die Jugendlichen u.a. Diskussionen mit politisch anders eingestellten Jugendlichen: "Ich meine, da sind wir dann immer verschiedener Meinung" (11;5-6). Insofern er gerne zu den Treffen geht, ist von einem Einfluss dieses jugendorientierten kirchlichen Angebotes auf R. auszugehen, auch wenn sich dieses nicht an eindeutigen Markierungspunkten festmachen lässt.

1994 ist R.'s Medienkonsum zurückgegangen. So sieht er noch 1 Std. am Tag Fernsehen. Dabei schaut er sich am häufigsten Horrorfilme an, manchmal Action- und Kriegsfilme, selten Sexfilme. Sein Videorekorder trägt offenbar zu dem veränderten Fernsehkonsum bei, in dem etwa Nachrichtensendungen keinen Platz mehr haben.

'Printmedien' rezipiert er im Vergleich zum Vorjahr seltener (Fb.), jedoch spricht er mit seinen Eltern über spezifische politische Themen: "Ich mein, was wir zu Hause reden ab und zu, das ist halt, wenn in der Zeitung gestanden ist, dass da wieder ein Scheinasylant war und so" (1994: 62;40-63;2). R. beruft sich bei seinen politischen Verallgemeinerungen und Pauschalisierungen u.a. auf seinen Vater. Dieser empfindet in seiner Funktion als Steuerzahler gegenüber Asylbewerbern offenbar Sozialneid und trifft damit bei R. auf offene Ohren: "Also, mein Vater ist nicht rechts. Aber da, wie soll man sagen, am Ende sind sie ja ..., sie zahlen ja für die ganzen Scheinasylanten und dieses und jenes" (1994: 62;14-17). Sogar eine potentielle Bereitschaft zu gemeinsamen fremdenfeindlichen Aktivitäten deutet sich an (s. 'Nachbarschaft/Wohnumfeld'). Beide sind sich einig in ihrer Empörung über die so wahrgenommenen Verstöße der Asylbewerber gegen Ordnung und Sauberkeit (62;17-21). Selbst 'gefügiges' Verhalten seitens der Asylbewerber, wie die Bitte um Spenden und das Anbieten der eigenen Arbeitskraft, wird als lästig und störend empfunden: "Also, ich habe schon öfters zu meinen Eltern gesagt, also, ich mein, also mein Vater ist auch nicht unbedingt ein Linker, ich mein, gut, okay, das regt, glaube ich, jeden auf, wenn die Asylanten zehnmal am Tag in die Ortschaft 'reinlatschen und ob sie eine Cola haben können und ob sie das haben können und ob sie nicht mal den Rasen mähen können und und ... " (1994: 61;25-32). Dieses Verhalten und der Unmut einiger Deutsche darüber wurde vor allem durch die Berichterstattung über die Hintergründe der Krawalle in Rostock-Lichtenhagen in den Medien dargestellt. Gleichwohl ist R. sich darüber im klaren, dass er sich hinsichtlich seiner Ablehnung von Migrantenjugendlichen und Asylbewerbern auf Einzelfälle, Gerüchte und Vorurteile beruft. Dennoch sieht er darin keine Veranlassung, seine Ungleichheitsvorstellungen zu hinterfragen (vgl. 1994: 62;10-15): R: "Es sind nicht alle so, aber ich mein', es ist halt das allgemeine Bild von denen. Ich mein', es ist auch viel Vorurteil dabei, ja, aber ich mein', man sagt das halt so, ich mein', das hat man schon, das sind halt die Vorurteile." F: "Aber du würdest dann sagen, also in bestimmter Richtung sind sie einfach, werden die bestätigt, oder sind sie dann richtig, diese Einschätzungen?" R: "Ja, das, sie werden halt, die meisten, ich weiß auch nicht, die meisten sind halt frech, sie schreien einem auf der Straße hinterher 'Scheiß Deutschland'. Und auf eine Art leben sie von einem" (1994: 61;27-33).

Hinsichtlich seiner politischen Orientierungen weiß R. sich zudem in Übereinstimmung mit dem Großteil seiner Clique. Er verfügt über keinerlei kontinuierliche Bezugsquellen von politischem Allgemeinwissen, doch kommt er durch seine Clique an Informationsmaterialien von rechtsextremer politischer Propaganda. Vor allem die rechtsorientierte Rockmusik ist neben entsprechenden Gewalterfahrungen nach seiner eigenen Auffassung prägend für die politischen Überzeugungen der Clique: F.: "Und wie ist das gekommen, dass ... du sagst, du bist ein bisschen ein Rechter...?"R.: "... Ich mein, ein bisschen so rechts, das waren wir eigentlich schon immer. Und dann hat mal einer so angefangen mit 'Böhse Onkelz', normale CD kaufen. Dann hat man alle gehabt, und dann hat man gemeint, jetzt schauen wir mal, vielleicht bekommen wir irgendwo was anderes her, was es nicht mehr im Laden gibt. Ja, und dann sind halt da ein paar Lieder drauf, die gefallen einem, und dann schaut man halt weiter, wo es noch was gibt" (1994: 31;36-32;11). Weiterhin besitzen einige Gruppenmitglieder Flugblätter und Konzertplakate von rechtsorientierten Organisationen, die sie sich in ihrem Zimmer aufhängen. Wie die Musik dienen sie offenbar der stilistischen Selbstvergewisserung der eigenen recht(sextrem)en politischen Orientierung: F: "Was sind sonst noch so Faktoren, wo du sagst, das ist für uns jetzt gerade rechts?" R: "Ich weiß auch nicht, also, also ein paar haben auch Deutschlandfahne im Zimmer hängen und Flugblätter hat auch einer im Zimmer hängen, ein paar (Lachen)." F: "Ja, was für Flugblätter?" R: "Oh, so vom, also gerade so von verschiedenen Gruppen, so also Konzert und so und halt ihre Slogan drauf und alles drauf und dann halt so, so, so, so, so, wie soll man sagen, von so Versammlungen halt, also ja, also von verschiedenen Gruppen halt." F: "Von verschiedenen Organisationen auch?" R: "Ja" (1994: 32; 20ff). Zu Informationsveranstaltungen rechtsextremer Organisationen geht die gesamte Clique allerdings nicht (vgl. 1994: 32;33).

Inhaltlich trägt etwa der Geschichtsunterricht nur partiell zu einem Hinterfragen seiner politischen Orientierungen bei. Die Klasse hat gerade eine Einheit zum Nationalsozialismus und zum zweiten Weltkrieg abgeschlossen. Diese Thematik findet R. "eigentlich interessanter" (18;6) als die Weimarer Republik, weil Krieg, eine traditionell durchaus männliche Auseinandersetzungsdomäne, und anschauliche Action im Unterricht gegenüber Fragen der Politik für ihn offenbar stärker in den Vordergrund traten: "Sobald es ein bisschen viel um Politik geht, und wie man den wählt und warum man den wählt und was der da früher gemacht hat, das ist mir dann relativ egal. Was heißt 'interessant'? Halt der ganze Ablauf von dem Krieg und so, jetzt wo wir die Filme angeschaut haben dazu, und ich mein', das behält man auch, wenn es gut ist" (1994: 18;8-28). Trotz entgegengesetzter Selbsteinschätzung - "das weiß man eigentlich schon, das meiste weiß man ja." (18;28-29) - führte sein geringes Interesse für die politischen Erklärungen und Hintergründe bei der Leistungsüberprüfung lediglich zur Note 4,8 (17;23).

Die traditionell von der Realschule zum Konzentrationslager in Dachau durchgeführte Klassenfahrt war für ihn insbesondere unter dem Gesichtspunkt des Unterrichtsausfalls interessant: "Hauptsache, einen Tag lang keine Schule, was soll es" (18;37-38). Offenbar konnte schon eher der Film "Schindlers Liste" R. dazu anregen, sich intensiver mit dem Nationalsozialismus auseinander zu setzen. Innerhalb seiner Klasse lehnten die Schüler die historischen Ereignisse übereinstimmend ab, wohingegen seine Cliquenmitglieder vom Gymnasium unterschiedlicher Ansicht waren (19;29-38). Innerhalb seiner Clique kam es aufgrund dieses Filmes zu Kontroversen. Insbesondere die Mädchen vertraten offensiv andere Meinungen als die Gymnasiasten: "Wenn gerade, wenn ein paar Mädle von uns in der Realschule, wenn wir uns abends getroffen haben, mit ein paar vom Gymi und dann hat einer gesagt, 'ja, das war geil, wo der den Einen erschossen hat' oder so. Dann sagen die, 'Mensch, bist du blöd' und 'da sieht man mal, was du im Hirn hast'" (1994: 20;3-8). Auch R. selbst hat sich durch den Film zur Reflexion über die NS-Zeit anregen lassen. Trotz seiner sonstigen Gewaltakzeptanz findet er den Film "ziemlich ... brutal" (21;6). R. erkennt hinsichtlich der Brutalität durchaus Parallelen zur heutigen Zeit, vergleicht aber aufgrund seiner Unkenntnis historisch und politisch nicht Vergleichbares: "Ich mein', da schaltet man den Fernseher ein um halb acht oder um acht, dann sieht man genau das Gleiche, ja. Es gibt halt zum Nachdenken, was man früher mit den Leuten gemacht hat, bloß weil sie Juden waren, oder" (1994: 21;10-13). Seine Reflexionsbereitschaft über historische Parallelitäten endet an diesem Punkt. Die Judenverfolgung lehnt er entschieden ab: "Es war auf keinen Fall gut." (20;35-36) Doch über die Judenverfolgung hinaus kann er wenig konkrete Kritikpunkte nennen. Wie es überhaupt zum Nationalsozialismus kam, welche politischen und gesellschaftlichen Faktoren eine Rolle spielten, hat R. im Geschichtsunterricht nicht verstanden: R: "Ich weiß auch nicht, das ist halt, was will ich sagen. Da war ein Depp, und der wollte eine Weltherrschaft an sich reißen, so irgendwie." F: "Und der Rest hat halt mitgemacht, oder?" R: "Das waren Mitläufer. Ja, was wollten sie anders machen dann, nachher wären sie halt erschossen worden" (1994: 21;14-19).

Während sich die Schulklasse hinsichtlich der Ablehnung der historischen Vergangenheit einig war, gingen die Meinungen in einer Diskussion im Deutschunterricht anlässlich eines Spielfilmes über den Überfall einiger Skinheads auf Migranten auseinander (22;16-22). Auch R. ist nicht dazu bereit, aus seinen historischen Kenntnissen Schlussfolgerungen für die Gegenwart zu ziehen. Eine historisch begründete Verpflichtung oder Verantwortung sieht R. für seine Generation nicht. Im Gegensatz zum Vorjahr, in dem er zumindest noch die historische Verantwortung von Deutschen gegenüber heutigen politisch und religiös Verfolgten bejahte, plädiert er inzwischen mit dem Hinweis auf die Gnade der späten Geburt dafür, mit der Vergangenheit abzuschließen. Die typische 'Schlussstrichmentalität' kommt zum Ausdruck: F: "Haben wir noch Verantwortung für damals, oder haben wir keine mehr?" R: "Ich glaube mal weniger. ... Mmh, ich mein', was können da die Leute dafür, die, nicht einmal die können ja was dafür, die nach dem zweiten Weltkrieg auf die Welt gekommen sind. Die haben damit nichts zu tun." (1994: 25;3-15); "Das ist vorbei, und man kann nichts damit ändern, wenn man jetzt zwei Stunden länger darüber redet" (1994: 26;20-22). Die Judenverfolgung lehnt R. zwar ab, die Abgrenzungen zu neonazistischen Gruppierungen heute erfolgen jedoch primär aus Angst vor Stigmatisierung und Sanktionen: "...da passen wir schon ein bisschen auf. Und ich mein', so richtige Hitleranhänger und so, das sind wir sowieso nicht" (1994: 47;7-9). Der Geschichtsunterricht hat somit - wenn auch nur wenige - historische Kenntnisse vermittelt, aber nicht zur Förderung eines historischen Bewusstseins beigetragen.

Einen größeren Einfluss auf die politischen Orientierungen hat der Wirt des Treffpunktes der rechtsorientierten Clique. Aufgrund der Freiheiten, die er den Jugendlichen einräumt sowie aufgrund seiner gewinnenden Art abstrahiert R. von dessen türkischer Nationalität: "Der ist nett, der. Da kommt man 'rein, dann egal, ob er jetzt an der Decke hängt und schraubt 'was hin, ... oder macht gerade für jemand das Essen, da dreht er sich 'rum, lässt alles liegen, springt erst mal her und sagt 'Hallo und was kriegt ihr?' . Und wenn du mal zu wenig Geld dabei hast, dann sagt er: 'Ist egal, zahlst du halt, gibst du mir halt das nächste Mal 50 Pfennig Trinkgeld', oder was weiß ich, ja" (1994: 27;36-28;3). Zwar bleibt die Wertschätzung dieses Menschen auf den Einzelfall bezogen, gleichwohl kommt es durch den Wirt zu regelmäßigen Begegnungen zwischen dieser Clique und türkischen Migrantenjugendlichen und Erwachsenen, bei denen immerhin Höflichkeitsformen gewahrt bleiben: F.: "Ist das dann nicht gerade in der 'Grillecke', wenn der Betreiber und der Wirt selber Türke ist, dass da öfters dann auch türkische Jungen, Jugendliche hinkommen, wo ihr dann wieder Zoff habt, oder so?" R: "Also die türkischen Jugendlichen, die da 'reinkommen, das sind zwei Stück oder drei. Und ich mein', mit denen haben wir nicht viel am Hut, man sagt 'Hallo' und 'Tschüs'." F.: "Wieso kommen da so wenig, also normal habe ich jetzt gedacht, da kommen mehr Landsleute von ihm hin, oder?" R: "Also viel erwachsene Türken." F.: "Erwachsene." R: "Was heißt viel, das ist, also am Wochenende ist es ausgeglichen. Ab und zu ist auch gerade der Besitzer, das ist der Einzigste was drin ist an Türken"(1994: 28;4-19). In spannungsgeladenen Situationen greift der Wirt regulierend ein, bevor es zu Eskalation kommt: "Ja, und dann kam der Wirt und hat gemeint, er soll sich auf seinen Arsch setzen und sein Kebab weiter essen und wir sollen uns wieder an unseren Tisch setzen (Lachen) und auch unsere Sachen weiteressen oder weitertrinken" (1994: 35;27-31). Dieser türkische Wirt akzeptiert auch die Kleidung der Clique, die hinsichtlich ihrer politischen Orientierung eindeutig Signale aussendet: "Ich mein', wir sind auch schon zum Ali 'rein, also mal eine Zeit lang, da hatten wir alle ziemlich kurze Haare. Und dann sind wird auch, sind auch wir auch Samstagabends in die 'Grillekke' 'reingelaufen, da hat auch die Hälfte Springerstiefel angehabt, hochgekrempelte Jeanshosen. Ich mein', der Ali ist halt da gesessen und hat gemeint, 'Ha ja, wenn es euch gefällt, könnt ihr so herumlaufen'. Weil andere laufen 'rum in ihrer Kutte, mit Aufnähern drauf, von der Gruppe und von der Gruppe, andere springen herum, haben die Hose unten in den Kniekehlen hängen. Jeder soll herumlaufen, wie es ihm gefällt" (1994: 46;30-47;1). Diese Toleranz, die gewinnende Art und die Freiheiten, die der türkische Wirt gewährt, lassen ihn in den Augen von R. als "Kumpel" (28;20) erscheinen.

3.1.4 Erfahrungen mit und Ressourcen von gesellschaftlicher und politischer Teilhabe

Abgesehen von den oben geschilderten sozialen Integrationsformen verfügt R. 1992 durchgängig nicht über Erfahrungen und Ressourcen gesellschaftlicher Teilhabe. Eine explizit politische Teilhabe wird weder von ihm gepflegt noch gefordert.

Einen expliziten Anspruch auf allgemein-politische Teilhabe meldet R. auch 1993 weiterhin nicht an. Im Hinblick auf ganz konkrete persönliche Probleme mit Lehrern in der Schule sucht er zwar den Klassensprecher auf seine Seite zu ziehen und zum Handeln zu veranlassen, fühlt sich von diesem jedoch im Stich gelassen und kann insofern diesbezüglich nicht die Erfahrung eines Erfolges von Gegenwehr innerhalb formalisierter Bahnen machen. Prompt reagiert er in diesem Lebensbereich mit apolitischer Widerständigkeit. Auch bezüglich seiner von ihm selbst zunehmend politisch gedeuteten Zwistigkeiten mit ausländischen Jugendlichen kann er nicht die Erfahrung einer möglichen Einflussnahme über Ressourcen politischer Beteiligung machen. Solche Ressourcen ließen sich durch jugendarbeiterisches Handeln herstellen. Ihr Fehlen trägt augenscheinlich dazu bei, dass andere Kanäle politischer Mitspracheversuche, u.a. gewalthaltige Auseinandersetzungen, gesucht werden. Dessen ungeachtet realisiert er mehr und mehr seine gesellschaftliche Teilhabe am Ortsgeschehen im Kontext informeller und formeller jugendspezifischer Betätigungsmöglichkeiten. Dabei weisen seine sozialintegrativen Bemühungen eine deutliche geschlechtsspezifische Kontur auf.

Wie schon im Abschnitt 'Problembelastungen' dargelegt, sieht R. auch 1994 innerhalb der Schule für sich kaum Möglichkeiten der gesellschaftlichen Teilhabe. Von seinen Mitschülern fühlt er sich bei Protestaktionen im Stich gelassen, vom Klassensprecher fühlt er sich nicht aktiv unterstützt (s.o.). Im letzten Schuljahr wurde mehr oder weniger gemeinschaftlich der Versuch gestartet, den Klassenlehrer "abzusägen". Auch bei dieser Aktion fühlte R. sich vom Großteil der Klasse alleingelassen. Immerhin führten Konfliktlösungsgespräche zur Verbesserung der Situation (s.o.). Vor dem Hintergrund der angestrebten Zielsetzung kann R. das erreichte Ergebnis kaum als Erfolg verbuchen (vgl. 1994: 14;31-34). Da gesellschaftliche Teilhabe für R. aktive und kompromisslose Widerständigkeit bedeutet, die ihm selbst viel Ärger einbrachte, zieht er für sich das resignative Fazit, in der Schule nicht mitbestimmen zu können: "Ja, ich mein', ich bin langsam zur Einsicht gekommen, dass man gegen einen Lehrer nichts machen kann. Also alleine auf keinen Fall, weil dann ist man immer der Idiot" (1994: 13;14-17).

Wie schon in der Schule sieht R. politische Teilhabe lediglich in persönlichem Widerstand als gegeben an. Ansonsten macht er sich über Möglichkeiten politischer Teilhabe keine Gedanken. So würde er - wie sich andeutet nicht ohne aktive Unterstützung seines Vaters - gegen die Errichtung eines Asylbewerberheims im Rahmen rechtsextremer, d.h. auch Gewalt beinhaltender Aktivitäten persönlich kämpfen (s.o.). Rechtsextremistische politische Organisationen hingegen interessieren ihn nicht (31;34-37). Entweder unbekümmert oder aber distanziert-vorsichtig erwähnt R. gleichwohl vorhandene Kontakte zwischen seiner Clique und einschlägig aktiveren Leuten: F: "Aber ihr habt schon auch Kontakte zu Leuten, die jetzt organisiert sind, die jetzt Mitglied irgendwo, in der was weiß ich, FAP oder die jetzt rechte Skins sind, oder?" R: "Ja, also ich mein', wir kennen genug Leute, aber ob die jetzt unbedingt in so Organisationen sind, das wissen wir nicht." F: "Das weißt du gar nicht." R: "Ich weiß gar nicht, ich glaube, der war in Hamburg oben im Urlaub und da hat er die Flugblätter, halt irgendwie auf der Straße 'rumgelegen, oder was weiß ich, dann hat er sie halt mitgenommen. ... Ja, ich mein', vom Gymi da ein paar

Leute, die kennen wieder ein paar Leute aus Tübingen und dann hat man sich halt auch schon mal gesehen und mit denen geredet und so" (1994: 32;4-27). Diese Bekanntschaften verbleiben jedoch nach seiner Darstellung im informellen Bereich, eine gezielte Teilnahme an organisierten Veranstaltungen oder Treffen gibt es nicht (32;33).

Die Gefährdung seines angestrebten Berufes bei der Polizei als Folge fehlender Leistungen scheint R. zu verdrängen. Sein Engagement zur Erreichung besserer Abschlussnoten hält sich - wie schon dargelegt - in engen Grenzen. Nach wie vor vertritt er vage eine Mischung aus sachlich-inhaltlichen - "einigermaßen, was mir Spaß macht" (8;25) - und instrumentellen Arbeitsorientierungen - "wo man auch einigermaßen Geld verdient" (8;26).

3.2 Kategorien, Kompetenzen und Mechanismen der Erfahrungsstrukturierung
3.2.1 Zentrale Bezugspunkte sozialer Identität

R.s zentrale Bezugspunkte sozialer Identität liegen 1992 vorrangig in seinem *lokalen Sozialraum* und seinen *Beziehungen im sozialen Nahraum*. Im einzelnen handelt es sich um seinen Wohnort und seine soziale Integration in die Klassengemeinschaft, in Freundesgruppen sowie (noch?) in kirchliche Zusammenhänge. Diese sozialen Bezugspunkte stützen seine kindliche Rollenidentität. Zu Hause und in der Schule übernimmt R. noch immer die Position des Kindes, das die von Erwachsenen vorgegebenen Rollenerwartungen fraglos übernimmt. R. fühlt sich eng verbunden mit seinem Wohnumfeld. Er fühlt sich in seinem Wohnort zuhause (47;32-33) und zwar vor allem wegen seiner Freunde und seines "Baumes", einem Platz, der unter gleichaltrigen Jungen offenbar sehr begehrt ist und als eine Art geschlechtsspezifisches Integrationsmedium fungiert (47,21-31). Ganz wichtig ist für ihn zudem die soziale Integration in unterschiedliche Zusammenhänge. So bewogen ihn Freundschaften dazu, die am Ort ansässige Realschule zu besuchen und nicht das weiter entfernt gelegene Gymnasium, dessen Besuch für ihn zwar möglich gewesen war, aber doch Distanz zu seinen bisherigen Freunden bedeutet hätte (35;30-36;5). Darüber hinaus ist R. eingebunden in unterschiedliche Freundeskreise und seine Familie. Angesichts der Qualität dieser sozialen Beziehungen ist gleichwohl fraglich, inwieweit er in ihnen Unterstützungssicherheit findet.

Der eigene *Sozialstatus* ist ihm insofern wichtig, als er betont, dass er durchaus das Gymnasium hätte besuchen können (35;30) und dass er zur Leistungsspitze innerhalb seiner Klasse gehöre (35;14-18). In seinen Freundschaften aber ist der Status ohne Bedeutung. Zwar übernimmt R. die generelle institutionelle Tendenz zur gegenseitigen Abschottung zwischen Haupt- und Realschule, die in dem Ort direkt nebeneinander liegen: "Da hat man eigentlich kaum Kontakt, da spricht man kaum was miteinander" (37, 14-15), doch gleichzeitig sind Hauptschüler auch in seiner Baumhausclique. Die soziale Integration wiegt schwerwiegender als der Sozialstatus, was gelegentlich eine große Rolle beim alltäglichen Aufeinandertreffen von Haupt- und Realschülern an einem Engpass des Schulweges spielen kann (s.a. Interview 'Senta'). Hier machen sich einige ältere Hauptschüler offenbar einen 'Spaß' daraus, die passierenden SchülerInnen - "das machen die eigentlich bei jedem" - zu behindern (37;25-31). Die Tatsache, dass R. einige dieser Hauptschüler kennt - "einer ist auch auf dem Baum" - entschärft diese für die anderen und vor allem jüngeren SchülerInnen zeitweilig bedrohliche Konstellation (38;3-11).

So ist es im ersten Jahr der Erhebung insgesamt eher die Integration in die jugend- und jungenspezifische Dörflichkeitskultur als eine etwaige Orientierung an darüber hinaus gehenden *jugendkulturell*en Angeboten, die sein Verständnis von Jugendlicher- und Jungesein prägt.

Im Gegensatz zum Vorjahr bezieht R. 1993 Stabilisierungsaspekte seiner sozialen Identität nicht mehr aus seinen schulischen Leistungserfolgen und seiner dortigen Eingebundenheit. Seine Leistungen haben erheblich nachgelassen, sein schulischer Status ist ihm offenbar zur Zeit überhaupt nicht wichtig. Mit seinen Mitschülern will er nichts mehr zu tun haben. Auch seine Baumhausclique hat sich aufgelöst. Während all diese Bereiche an Bedeutung verloren haben, hat für R. die *nationale Zugehörigkeit* an Identitätsrelevanz gewonnen. So benennt er den 'Stolz' darauf, ein Deutscher zu sein: "...wir sind einfach stolz" (39;11-12). Insbesondere ist er darauf stolz, was die Deutschen nach dem zweiten Weltkrieg zum Wiederaufbau des Landes geleistet haben, von der Geschichte des Nationalsozialismus aber distanziert er sich: "...wir sind aber nicht stolz, was da der Hitler da gemacht hat" (39;10-12). Seine diesbezügliche Wortwahl "wir sind..." weist auf die Identitätsrelevanz seiner neuen sozialen Bezugsgruppe, seiner Clique, hin. Diese Clique lebt einen 'Maskulinismus', der sich im Härtestil, in Kampfbereitschaft, in Coolness und Kameradschaft niederschlägt und dabei eine rigide Orientierung an traditionellen Männlichkeitsnormen darstellt. Mit dieser Clique erkundet R. bisher den Erwachsenen vorbehaltene Erfahrungsräume und übt sich in männlicher Stammtischkultur. Die Beziehungen untereinander sind unverbindlich, wenngleich man in Auseinandersetzungen mit türkischen Jugendlichen zusammenhält. Zu diesen Gewalttätigkeiten kommt es - so R. - durch die Verletzung seiner persönlichen Integrität und seines Nationalempfindens mittels Provokation; allerdings spielt vermutlich die Konkurrenz um die Aufmerksamkeit der Mädchen eine ebenso große Rolle wie der Wunsch nach individuellem Stärkeempfinden zu einer Zeit, in der er in seinem Bestreben um Selbstbehauptung und -durchsetzung überall Probleme bekommt. Im Rahmen der gewalttätigen Auseinandersetzungen werden jugendkulturelle Abgrenzungsbestrebungen sichtbar, die um so notwendiger zu werden scheinen, je bedeutsamer die Cliquenzugehörigkeit für die eigene Identitätsstabilisierung ist. Zur Clique gehört offenbar als Stilmerkmal eine Vorliebe für rechtsradikale Musik dazu, die R. sich nun sukzessive aneignet. Der eigene Sozialstatus in der Clique, in der sowohl Gymnasiasten als auch Hauptschüler sind (13;4-10), ist unwichtig. Auf Kosten der umfassenden Bedeutsamkeit dieser Clique haben andere Beziehungen im sozialen Nahraum wie Schulfreundschaften oder Familienzusammenhänge gravierend an Bedeutung verloren.

1994 bezieht R. Facetten seiner sozialen Identität aus seiner ihm qua Geburt selbstverständlichen nationalen Zugehörigkeit zum deutschen "Heimatland oder Vaterland": "Ha, ich mein', Deutschland ist halt, ist Vaterland. Ich mein', wer auf der Welt ist nicht stolz auf sein Heimatland oder Vaterland halt. Ich denke 'mal, dass jeder irgendwie an dem, an das Land, an dem Land hängt, wo er geboren ist" (1994: 32;39-33;2). Indem R. das 'Vaterland' mit dem 'Heimatland' gleichsetzt und er sich damit die Sprachgewohnheiten eines konservativen bis recht(sextrem)en Spektrums zu eigen macht, wird deutlich, wie emotional besetzt das Kriterium nationaler Einbindung inzwischen für ihn geworden ist. Dies ergibt sich vermutlich durch die an Gewicht zunehmenden Problembelastungen, durch das Ausbleiben von Selbstbestätigungsmöglichkeiten und nicht zuletzt durch die Beeinflussung seiner politischen Orientierungen durch den Cliquenkonsens und den in der Clique favorisierten Musikstil. Zugleich erklärt dies, warum er in wachsendem Maße schon kleinste Provokationen nicht nur als persönliche Verletzungen erfährt, sondern als Angriffe auf sein Nationalempfinden deutet und sie deshalb Gewaltaktivitäten nach sich ziehen können.

Mit seiner regionalen und lokalen Umgebung fühlt sich R. weiterhin eng verbunden. Er möchte zukünftig möglichst "hier in der Gegend bleiben, hier fühle ich mich wohl" (Memo). Allerdings verblasst die Bedeutsamkeit der lokalen Einbindung über die Integration in Elemente der Dörflichkeitskultur zugunsten jugendkultureller Orientierungen und Ausrichtungen am Begriff deutscher Nationalität.

Der Sozialstatus spielt hinsichtlich seiner sozialen Identität insoweit eine Rolle, als er ihn durch materielle Hilfeerwartungen von Asylbewerbern - bezogen auf seine Familie aktuell, bezogen auf seine Person eher im Zukunftsstadium eigener Berufstätigkeit - bedroht sieht. Dass außer ihm selbst nur noch Gymnasiasten zu seiner Clique gehören, ist nicht erkennbar als eine besondere Wertschätzung für die Demonstration eines gehobenen Status zu deuten, sondern scheint eher mit Verwerfungen der ehemaligen Clique entlang anderer Konfliktlinien bzw. Interessengegensätzen zu tun zu haben. Entschieden wichtiger als Statusfragen sind für ihn gegenwärtig die Beziehungen im sozialen Nahraum. Am bedeutsamsten ist für ihn die Zugehörigkeit zu einer Clique, in der er Gemeinschaft, Spaß, Action und Zusammenhalt in Konfliktsituationen erlebt. In dieser Clique spielen zahlreiche Elemente traditioneller Männlichkeit eine bedeutende Rolle: die Dominanz der Jungen gegenüber den Mädchen, die aggressiven und körperbetonten Auseinandersetzungen als Form der Selbstinszenierung und als Ausdruck der Kampfbereitschaft, der Härtestil, der in Schimpfwörtern wie "Angsthasen" und "Hosenscheißer" für schwächere Cliquenmitglieder zum Vorschein kommt, der Alkoholkonsum und die kumpelhaften Beziehungen, in deren Rahmen es keinen 'besten Freund' gibt.

Über die Cliquenorientierung kommt es inzwischen auch zu jugendkulturell geprägten Konflikten, die u.a. über Gewalttätigkeiten ausgetragen werden. Die Bedeutung jugendkultureller Ein- und Abgrenzungsbestrebungen ist für R. um so wichtiger, als er sich über gewalttätiges Auftreten verstärkt Möglichkeiten der Selbstbestätigung und damit auch der Problembewältigung sucht. Andere Problemverarbeitungsweisen stehen ihm offenbar nicht zur Verfügung.

3.2.2 Individuelle Kompetenzen bzw. Mechanismen zum Aufbau personaler Identität

R. zeigt zu Anfang der Erhebung in seinem Alltag wenig *Reflexivität*. Vielmehr orientiert er sich entlang der vorgefundenen und für ihn selbstverständlichen Strukturen. Er passt sich teilweise stark an die als zufriedenstellend bzw. als bewältigbar erlebten Anforderungen an, übernimmt von außen gesetzte Normen und gerät dadurch bislang fast in keinem Punkt in Konflikt oder Widerspruch mit den bestimmenden Personen oder Institutionen. Dadurch verzichtet er zwar darauf, eigene Interessen auszuloten und ggf. auch aktiv durchzusetzen, kann aber andererseits durch die Nutzung und die Einbindung in verschiedene Zusammenhänge bislang gut mit dieser Situation des 'Mitschwimmens im Strom' leben.

Dabei zeigt er in seinen sozialen Beziehungen wenig Bereitschaft zur *Empathie*. Gemeinsame Aktionen stehen in den Freundschaften im Vordergrund, Gespräche im Hintergrund. All seinen Freunden geht es seines Erachtens gut (26,39); private Probleme "gab es eigentlich noch gar nie" (26;36). Auch mit seinen Eltern oder mit seinem Bruder führt er keine intensive Auseinandersetzungen, die von dem Bemühen um gegenseitiges Verständnis getragen werden. Bei Komplexen wie Familie und Freundschaft ist R. eher sprachlos. Mit substantiellen Punkten seines Alltags geht R. eher oberflächlich um. Diese wenig artikulierungsfähige 'Unbeholfenheit' erscheint als Moment eines deutlich *geschlechtsbezogenen* Verhaltens.

In sozialer und auch in politischer Hinsicht zeigt R. durchaus Toleranz. In politischer Hinsicht basiert diese vor allem auf seinem Desinteresse. So scheint er über zahlreiche Themen bisher nur wenig nachgedacht zu haben, obwohl er gegenwarts- und zukunftsperspektivisch verunsichert ist. Auch in sozialer Hinsicht äußert R. Toleranz gegenüber anderen, seien es Hauptschüler, seien es Migrantenjugendliche.

R. verfügt über eine positive *Selbstwert*konstruktion (Fb. 8). Fraglich ist, inwieweit angesichts der traditionell männlichen Sozialisationseinflüsse durch seinen Bruder und seinen Vater einerseits, die Körperkraft als *Konfliktregelungs*mittel und als Mittel zu Durchsetzung eigener Interessen einsetzen, und angesichts fehlender Gesprächsmöglichkeiten andererseits er zukünftig dazu in der Lage sein wird, Konflikte konstruktiv zu bewältigen.

Ab 1993 distanziert sich R. von vorgefundenen und vormals selbstverständlichen Strukturen. Er passt sich nicht mehr an Anforderungen und Normen an, sei es im Elternhaus, sei es in der Schule. Vielmehr will R. sich jetzt behaupten und sich nichts mehr gefallen lassen, wodurch es zu erheblichen Konflikten mit seinem Bruder, mit den Eltern, mit seinen Mitschülern, seinen Lehrern und mit türkischen männlichen Migrantenjugendlichen kommt. R. zeigt aber keine Konfliktfähigkeit, um diese neu aufgetretenen Probleme konstruktiv bewältigen zu können. Vielmehr bricht er Beziehungen zu ehemaligen Freunden ohne erkennbare Vermittlungsversuche ab, will sich gegenüber LehrerInnen mit Widerständigkeit durchsetzen und konfrontiert seine Eltern mit kompromisslosen Verhaltensweisen. Gesprächsfähigkeit über seine Konflikte zeigt er nicht, was auch damit zusammenhängt, dass er in seiner Biographie offenbar bislang nicht erfahren hat, wie wichtig Gespräche zur Klärung von unüberschaubar erscheinenden Schwierigkeiten sind (siehe 1992). Diesbezügliche Möglichkeiten sind auch in seiner neuen Clique nicht gegeben, in der persönliche Ängste und Schwächen nicht mit dem von ihr propagierten 'Maskulinismus' zu vereinbaren sind. Härtedemonstration und 'männliche' Coolness verschütten möglicherweise vorhandene Ansätze zur Reflexivität, Toleranz und Empathie in sozialen Bereichen. Stößt er auf Schwierigkeiten, so fühlt er sich vielmehr stets als Opfer. Er ist nicht bereit, sich die Empfindungen anderer in schwierigen Situationen vor Augen zu führen, andere Sichtweisen zu tolerieren oder über eigene Fehler zu reflektieren.

Subjektiv hat R. das Gefühl, mit dieser Härte und Coolness mehr zu sich selbst gefunden zu haben und über eine positive Selbstwertkonstruktion zu verfügen: "Also, ich habe mir früher viel gefallen lassen von denen, aber jetzt nicht mehr" (1993: 16;24-25). Auch sein Berufswunsch, Polizist zu werden, trägt vermutlich zu einer positiven Selbstwertkonstruktion über (diesbezüglich institutionalisierte) Wehrhaftigkeitsmuster bei.

In politischer Hinsicht hingegen zeigt R. trotz Beeinflussung durch die Clique eine durchaus gestiegene Reflexionsbereitschaft. Vermutlich hängt dies mit seiner Integration in den kirchlichen Jugendkreis zusammen. Bei gemeinsamen Treffen diskutieren die Jugendlichen oftmals kontrovers über politische Fragen, und R. muss sich so mit völlig anderen politischen Haltungen auseinandersetzen. So kann er seine politischen Meinungen inzwischen durchaus begründen. Lediglich hinsichtlich männlicher türkischer Jugendlicher greift R. zu Verallgemeinerungen, fühlt sich von ihnen angegriffen und entwickelt Hassgefühle.

1994 bewegt sich R. generell in seinem Alltag einerseits entlang vorgefundener Strukturen, andererseits inzwischen in Abgrenzung zu ihnen. Elemente der Anpassung zeigt er im Rahmen seiner Mitgliedschaft zum örtlichen Musikverein und zum evangelischen Jugendkreis sowie durch den Besuch des Tanzkurses. Allerdings sind durch seinen Konsum rechtsorientierter Musik schon Distanzierungsprozesse vom Musikverein und den dort gepflegten Musikstilen in Gang gesetzt worden, in deren Rahmen reale Erfolgserlebnisse nicht mehr als Selbstbestätigungsmöglichkeiten zur Verfügung stehen. Demgegenüber finden Abgrenzungsversuche im Zuge identitätsbezogener Suchbewegungen im Zusammenhang mit seiner Widerständigkeit in der Schule sowie vor allem mit seiner Cliquenzugehörigkeit statt. Dabei zeigt er wie in den Vorjahren wenig Bereitschaft zur Reflexivität, Toleranz und Empathie. In politischer Hinsicht lässt R. sich beeinflussen, ohne selbst aktiv zu Medien zu greifen, um Sichtweisen zu überprüfen. Auch mit anderen Menschen setzt er sich wenig auseinander. Er toleriert sie, solange sie ihn nicht infrage stellen - seien dies Cliquenmitglieder, seien es andere Jugendliche. Über verbale Konfliktfähigkeit verfügt er nur eingeschränkt; nicht zuletzt wohl gerade deshalb, weil er wirklich niemanden hat, mit dem er über seine Schwierigkeiten, Ängste und Probleme reden und nach Lösungs- oder Verarbeitungsmöglichkeiten suchen könnte.

Auch gegenüber türkischen Mitbürgern ist R. tolerant, sofern sie sich in der 'Grillekke' aufhalten. Offenbar trägt der von seinen Kumpels und von ihm akzeptierte türkische Wirt zu dieser Toleranz bei, der auch Höflichkeitsformen geschuldet sind. Am Wochenende fungieren türkische Jugendlichen hingegen als Gegner, gegen die er sogar Hass empfindet. In seiner Clique wird 'Maskulinismus' als Fundament ihrer selbst propagiert. So kann R. sich in ihr über Kampfbereitschaft und Härte als 'männlich' beweisen. Dazu gehört auch, sich am Wochenende stärkesymbolisierende und furchteinflößende Kleidung anzulegen. Gewalt als Konfliktregelungs- und Durchsetzungsmittel ist für ihn inzwischen so normal geworden, dass er über die konkreten Anlässe und Ursachen nicht mehr sonderlich nachdenkt. Heterosexuelle Beziehungen werden als Verlust deklariert, denn sie gefährden den Zusammenhalt unter den "Kerlen". Über die derartig verstandene 'Männlichkeit' und Cliquenzugehörigkeit baut R. Selbstwertkonstruktionen auf. Andere Erfolgserlebnisse, sei es im schulischen, im musikalischen oder berufsperspektivischen Bereich bleiben aus und stehen ihm somit als positive Eckpunkte der Identitätsstabilisierung nicht zur Verfügung. Über diese Selbstwertkonstruktion verortet R. im wesentlichen auch seinen politischen Standort: "Also Kerle sind wir, bis auf den einen, also sind wir also Mitte rechts. ... Zwischen Mitte und ganz rechts so in der Mitte" (1994: 47;34-40).

4. Zusammenfassung
R. zeigt sich im Untersuchungszeitraum als ein Junge, dessen zunächst von Ungleichheitsvorstellungen freie, aber im ganzen unbestimmte, kaum reflektierte politische Haltungen deutlich durch die Mitgliedschaft in einer politisch rechtsorientierten und einen gewalthaltigen Maskulinismus pflegenden Clique verändert und nachhaltig geprägt werden. Seit dieser Mitgliedschaft entwickelt er Gewaltakzeptanz und Ungleichheitsvorstellungen, die schließlich rechtsextremistische Konturen von Fremdenfeindlichkeit annehmen.

Im einzelnen zeigt sich von 1992 bis 1994 durchgehend, dass R. keinen Menschen kennt oder sucht, mit dem er über seine im Verlaufe der Biographie deutlich ansteigenden eigenen Schwierigkeiten und Probleme sprechen könnte. Er hat zwar viele Freundschaften zu verschiedenen Jungen, doch ermöglichen diese eher vielfältige Unternehmungen und das Einnehmen neuer Erfahrungsräume als intensive Gespräche. Auch mit seinen Eltern und seinem Bruder sind derartige Auseinandersetzungen miteinander nicht möglich. So zeigt er im Untersuchungszeitraum kontinuierlich auch kaum Ansätze zur Reflexivität und zur Empathiefähigkeit in sozialen Beziehungen. Seine Problembelastungen wachsen von 1992 bis 1994 im Zuge seines Wunsches nach Selbstdurchsetzung erheblich an.

Allerdings erfährt R. Mechanismen der Erfahrungsstrukturierung seitens seines Vaters und seines Bruders, die ihm rigorose Selbstdurchsetzung auch mittels körperlicher Härte als erfolgreich erscheinen lassen. Während er zunächst in der Familie aufgrund seiner körperlichen Statur eher der Unterlegene unter den männlichen Mitgliedern ist, macht er 1993 erstmals die Erfahrung, zu den vermeintlich Überlegenen gehören zu können. Diese Erfahrung vermittelt ihm eine neue Clique, der er sich jetzt zugehörig fühlt. In dieser Clique wird ein ausgeprägter 'Maskulinismus' gelebt, der sich im Aufsuchen männlicher öffentlicher Erfahrungsräume, in der

Dominanz der Jungen gegenüber Mädchen, in einem Härtestil körperbetonter Kampfbereitschaft gegenüber anderen, vor allem auch türkischen Jugendlichen, in hohem Alkoholkonsum, in dem Zusammenhalt in 'Gefahrensituationen' und in der actionorientierten Oberflächlichkeit der Beziehungen untereinander zeigt. R. findet im Rahmen gewalttätiger Auseinandersetzungen mit anderen Jugendcliquen Formen der Selbstbestätigung, die ihm zunehmend in der Schule aufgrund eines deutlichen Leistungsabfalls und im sonstigen Alltag versagt bleiben.

Nationale Zugehörigkeit wird seit 1993 für R. als Kriterium sozialer Zugehörigkeit wichtig, weil sie stabil ist und ihn bei all seinen sonstigen Distanzierungen von bisherigen Freundschaften zu einem Teil einer 'Gemeinschaft' macht. R. übernimmt sukzessive die politischen Orientierungen seiner neuen Clique und trägt sie weiter, weil er nicht zur Reflexivität und Empathie in der Lage ist und zudem nicht über ein Selbstwertgefühl verfügt, das ihm ermöglicht, aus eigener Selbstsicherheit und Zufriedenheit heraus Toleranz gegenüber anderen zu empfinden. Er steckt voller Identitäts- und Orientierungsprobleme, die sich über den Zeitraum von 1993 bis 1994 noch verdichten.

So empfindet er zwar 1993 schon Hassgefühle gegenüber türkischen männlichen Jugendlichen, die er nicht nur mit persönlicher Kränkung, sondern auch mit Verletzungen seines Nationalempfindens durch ihr Auftreten begründet, doch überträgt er diese weder auf alle türkischen MitbürgerInnen, noch fällt er pauschal ein negatives Urteil über AsylbewerberInnen. 1993 spricht er sich noch für eine historische Verantwortung der Deutschen gegenüber politisch und religiös Verfolgten aus. Hingegen ist er aufgrund der Arbeitslosigkeit in der BRD gegen die Aufnahme von sogenannten 'Wirtschaftsflüchtlingen'; eine Position, mit der er durchaus im politischen Akzeptanzbereich und im Rahmen der gegenwärtigen Rechtsordnung liegt, deren Legitimation sich nichtsdestoweniger letztlich nur auf das nationale Vorrecht eingesessener StaatsbürgerInnen berufen kann

Offenbar beeinflusst durch seine Clique, seinen rechtsradikalen Musikkonsum nebst einem dadurch geöffneten, teils konspirativen Zugang zu einer (augenscheinlich noch) nicht organisierten Szene und durch seinen Vater, der insbesondere gegenüber Asylbewerbern negativ eingestellt ist, überträgt er 1994 seine Hassgefühle gegen türkische männliche Jugendliche auf nahezu alle AusländerInnen. Er begründet seine Aversionen mit vermutetem Asylmissbrauch, mit Verstößen gegen Tugenden wie Sauberkeit und Ordnung sowie mit Verletzungen seines Nationalempfindens durch ein angeblich anmaßendes Verhalten Nichtdeutscher. Diese Begründungen sind eher abstrakt und scheinen dem öffentlichen und in Rüdigers Umfeld verbreiteten Diskurs über das sog. 'Ausländerproblem' abgelauscht zu sein. Sie zeigen auf, dass nicht etwa konkrete Ängste um einen eigenen Arbeitsplatz oder um zukünftigen Wohlstand zugrunde liegen. Vielmehr werfen sie ein Licht darauf, über wie wenig Ressourcen zur konstruktiven Strukturierung eigener Erfahrungen er verfügt und wie immer mehr (1994) rechtsextremistische Orientierungen ihm das Empfinden nationaler 'Aufwertung' vermitteln. Möglichkeiten politischer Teilhabe kann er für sich nach anfänglicher Verunsicherung (1992) zunehmend nur in Formen persönlicher Kampfbereitschaft erkennen.

Gegenpole zur Clique - allerdings unzureichende - bieten kontinuierlich seine Integration in den Musikverein und in den kirchlichen Jugendkreis. Im Musikverein macht R. 1993 noch Erfolgserfahrungen, im Jugendkreis erlebt R. Spaß und Action, setzt sich mit anderen politischen Überzeugungen auseinander und lernt, diese zu tolerieren. Zudem vermag der türkische Wirt der 'Grillecke', dem Treffpunkt vor allem der männlichen Mitglieder der Clique, durch seine freundliche und verständnisvolle Art ihm ein modifiziertes Bild über türkische Mitbürger zu vermitteln. Es kann sich gegen andere Vorstellungsbilder jedoch nicht durchsetzen, da R. diese positiven Erfahrungen mit ihm im Gegensatz zu seinen negativen Erfahrungen im Umgang mit Nichtdeutschen und zu entsprechenden Hörensagen nicht ethnisiert.

Eine Loslösung von seiner über die Clique vermittelten und durch sie stabilisierten Haltung erscheint am wahrscheinlichsten, wenn es ihm gelänge, neue Medien der Selbstwertkonstruktion und Anerkennung zu gewinnen und darüber zu einer Absicherung seiner Identität(sentwicklung) zu kommen.

5.2.1.1.2 Quer-Interpretation - der Fall Rüdiger im Gesamtzusammenhang einschlägiger Fälle

Insofern sich zunächst die 'extremsten' Fälle für eine Erörterung aufdrängen, kann die Erklärung einer Affinität für rechtsextreme Orientierungen ihre Ausgangspunkte im Kontext unserer Auswertungen an zwei Stellen nehmen: in Spezifizierungen von bzw. Differenzbestimmungen gegenüber anderweitiger personaler Gewaltakzeptanz einerseits und in Verbindung damit bei der Analyse von Entstehung und Verlauf von Ungleichheitsvorstellungen andererseits. Ein erster Analyseschritt beschäftigt sich daher mit der Frage: Welche Eigenart besitzt personale rechtsextreme Gewaltakzeptanz bzw. welche Unterschiede zeigen sich im Vergleich zu allgemeiner Gewaltakzeptanz und welche Rolle spielt die Existenz von Ungleichheitsvorstellungen in Verkoppelung mit personaler Gewaltakzeptanz? Dabei sind die Zusammenhänge mit sozialen Erfahrungen und mit personal repräsentierten Kompetenzen und Mechanismen zum Aufbau personaler Identität herauszuarbeiten. Anschließend kann im Vergleich damit auf Konstellationen eingegangen werden, die sich bei Jungen zeigen, die zwar Ungleichheitsvorstellungen zum Ausdruck bringen, aber sie nicht mit personaler Gewaltakzeptanz verbinden.

Teilaspekt: Rechtsextreme Gewaltakzeptanz
Klären wir zunächst die Rolle der personalen Gewaltakzeptanz und beschränken wir uns dabei fürs erste auf einen Vergleich zwischen den beiden Fällen von Rüdiger und Paul (Interpretation siehe Internetadresse).

Hinsichtlich der Affinität für psychische und physische Gewaltsamkeit ist hier prima facie kein bedeutsamer Unterschied auszumachen. Rüdiger zeigt wie Paul das Maskulinitätsmuster von Selbstbehauptung als violenter Wehrhaftigkeit. In beiden Fällen entspringt es der subjektiven Empfindung eines permanenten Angegriffenwerdens, gegen das integritätssichernd anzugehen ist, um Handlungsfähigkeit im Interesse an Realitätskontrolle zu sichern. Aus solcher Verteidigungsmentalität erwächst für beide die Notwendigkeit, Kampfesmut zu demonstrieren, um - wie übereinstimmend wahrgenommen wird - die im Falle von Wehrlosigkeit in Gefahr stehende männliche Ehre zu schützen.

In beiden Fällen auch wird die Grenze zu offensiver Selbstdurchsetzung überschritten. Das Muster gleicht sich: Erlittener Provokation wird eine violente Reaktion entgegengesetzt, die wiederum vom Gegner als Provokation aufgefasst wird, so dass dieser sich aufgefordert sieht, seinerseits seine Wehrhaftigkeit unter Beweis zu stellen. Es entsteht eine im allgemeinen eskalierende Spirale von Provokation und Gegenprovokation, innerhalb derer letztlich Aktion und Reaktion nicht mehr voneinander abgeschieden werden können. Die Frage, wer angefangen hat, ist nicht mehr beantwortbar. Eingebettet ist dieser Mechanismus bei beiden Jungen in Cliquenauseinandersetzungen, die im Rahmen territorialer Zwistigkeiten ausgetragen werden. Sie offenbaren das traditionale Männlichkeitsmuster interpersonalen Dominanzgerangels. Und sie orientieren sich am selben Regelwerk. Zu diesem Kodex gehören neben der soeben erwähnten Demonstration maskuliner Durchsetzungsweisen über permanente Kampfbereitschaft und die damit betriebene Sicherung der männlichen Ehre auch das Zeigen von Schmerzresistenz, eine gewisse Vorbeugung gegenüber ungewollter Eskalation und die Normalisierung der Gewalt. Schmerzresistenz wird im Falle Rüdigers (vgl. auch z.B. Johannes) sogar in einen Stolz auf Narben und "Burren" gekleidet. Sie erscheinen ihm wohl als äußerlich vorweisbare Insignien seiner Kampfbereitschaft. Stärke wird als Härte in Szene gesetzt. Eskalationsprävention wird - ähnlich wie bei Paul - dadurch gesucht, dass man mit dem Gegner Absprachen trifft, mit dem Einsatz durchaus vorhandener Waffen (noch?) zurückhält und auf das Einhalten von Fairnessregeln pocht und auch selber bedacht ist (z.B. bzgl. eines Angriffs auf Schwächere).

Auch das Normalisierungsmuster verläuft ganz ähnlich: Ein "echter Kerl" setzt seine physischen Kräfte (entweder notfalls oder aus "fun", als Lust an der Provokation) gewaltsam ein und stellt so unter Beweis, ein "richtiger Mann" und kein ängstliches Kind, ein "Hosenscheißer" eben (Rüdiger), zu sein. Insofern liegt es für beide Jungen auf der Hand, dass es "halt" zu Gewalttätigkeiten kommt. Es wird ein Automatismus unterstellt, dem bei Strafe eines Verlustes an Männlichkeits-Attestierung nicht zu entfliehen zu sein scheint.

Diese grundlegenden jungentypischen Mannhaftigkeitsbeweise mittels physischer Gewaltsamkeit (vgl. ausführlicher dazu Möller 1999b) werden bei Rüdiger wie bei Paul begleitet von anwachsenden Problemen in der Schule. Schwierigkeiten, den gestellten Leistungsanforderungen nachzukommen, verbinden sich mit disziplinarischen Auffälligkeiten. Schulische Erfordernisse werden so immer stärker als Zumutungen interpretiert, denen Ungerechtigkeiten, vorrangig von Seiten der Lehrpersonen, beigemengt werden. Diesen gegenüber wiederum sieht man sich einer unterlegenen Position der Machtlosigkeit, die auch durch die Schülermitverwaltungs-Chancen nicht ausgeräumt werden kann, so dass man mit Rückzug, oft aber auch mit trotziger Widerständigkeit reagiert. Man reproduziert das Wehrhaftigkeitsbestreben aus dem Bereich der schulfreien Zeit, scheint aber darum zu wissen, dass offene Violenz gegen Lehrpersonen hier nicht opportun ist. Daher - so scheint es - bleibt nichts als Leistungsunlust, -verweigerung, Disziplinlosigkeit und eine allgemeine Schulmüdigkeit als Protestform übrig.

Sowohl bei Paul als auch bei Rüdiger sind die Freizeitgewohnheiten ihrer jungendominierten Cliquen, deren Mitglied sie sind, stark von außerhäusigen Aktivitäten in einem männlich konnotierten Umfeld bestimmt. Treffen auf öffentlichen Plätzen des Heimatortes, wo man in größeren Gruppen "abhängt", werden allmählich von gemeinsamen Disko- und Kneipenbesuchen (vor allem am Wochenende) abgelöst.

Hoher Alkohol- und Zigarettenkonsum hat dabei anscheinend die Funktion, Erwachsenen- und spezifischer: Männerstatus zu symbolisieren. Er zieht zwar Geldknappheit nach sich. Diese aber geht weder bei Paul noch bei Rüdiger soweit, dass aus ihr das Entstehen von Gewaltbereitschaft im Sinne einer Bereicherungsabsicht erklärlich würde.

In beiden Fällen scheinen die Eltern relativ hilflos den negativen Entwicklungen ihrer Söhne gegenüberzustehen. Jedenfalls bieten sie keine personalen Ressourcen für Umsteuerungen an. Auffällig ist, dass jeweils Väter und Brüder, ungeachtet differenter politischer Orientierungen, offenbar aufgrund eines weitgehend geteilten Männlichkeitsbildes eher gewaltförderlich wirksam sind.

Auch in Hinsicht auf den Entwicklungsstand personaler Kompetenzen wie Reflexivität, Empathie, verbale Konfliktfähigkeit usw. ähneln sich Paul und Rüdiger. Sie verlieren spätestens dann ihre handlungsleitende Wirkung, wenn durch ihren Einsatz das fragile, weil anscheinend stetiger Bestätigung bedürfende Männlichkeits-Selbstbild zu kippen droht.

Angesichts dieser (und vereinzelter weiterer) Gemeinsamkeiten der Fälle bleibt bis hierher die Frage offen, warum die jeweils vorfindliche und in beiden Fällen (wenn auch in etwas unterschiedlichen 'Kurven') steigende Gewaltakzeptanz so differente, ja über weite Strecken größtenteils gegensätzliche politische Kontur aufweist.

In dieser Hinsicht bieten sich zwei Unterschiede im sozialen Milieu der Jugendlichen als Erklärung an.

Zum einen ist auffällig, dass beide von ihren Eltern politisch beeinflusst zu sein scheinen: der eine (Paul) in Richtung auf eine ausländerfreundliche, der andere (Rüdiger) in Richtung auf eine eher ausländerfeindliche Haltung.

Zum anderen - und dies wiegt aufgrund des orientierungsverleihenden Gewichts, das beide Jungen (für einen Außenstehenden leicht nachvollziehbar) diesen Kontexten aus ihrer Sicht beimessen, wohl schwerer - differieren die Freundschafts- und Cliquenbeziehungen dahingehend, dass in einem Fall (Paul) ein selbstverständliches gemeinsames Aufwachsen mit Ausländern, insbesondere ausländischen Gleichaltrigen, mit denen er befreundet ist, gegeben ist, während im anderen Fall (Rüdiger) - von vereinzelten Ausnahmen im Klassenverbund abgesehen - anscheinend erst zwischen dem ersten und dem zweiten Erhebungszeitpunkt ein Kontakt mit ausländischen Jugendlichen zustande kommt, wobei die Migranten dann als Gruppe auftreten und als provozierend wahrgenommen werden. Hat Paul durch den alltäglichen Kontakt und das Zusammensein mit Migrantenjugendlichen unter ihnen Freunde gefunden und definiert sie - dabei durchaus auch seinem Maskulinitätsmuster von Freundschaft folgend - über den Freundesstatus als "Kumpel" in die von ihm konstruierte 'Wir-Gruppe' hinein anstatt sie als "Ausländer" von sich als Deutschem abzusetzen, treten sie in Rüdigers Lebenszusammenhang als Gegner, zumeist massenhaft, für ihn bedrohlich ("mit ihrem großen Bruder und ganzer familiy", "da stehen halt immer gleich 20 hinter dem") und anlasslos provozierend als "die Ausländer" oder "die Türken", also als eine über das Kriterium anderer nationaler Zugehörigkeit bestimmte Gruppierung auf. Genauer gesagt handelt es sich um männliche Migrantenjugendliche mit nichtdeutschem Pass oder nichtdeutscher Herkunft. Dies ist wichtig zu betonen, weil bei Rüdiger erkennbar wird, dass der Ausgangspunkt seiner Orientierung nach rechts ganz offensichtlich von Streitereien zwischen Jugendlichen, noch genauer: männlichen Jugendlichen gebildet wird.

Seine Rechtswendung ist also - jedenfalls in ihren Anfängen - einerseits eingelagert in Konflikte zwischen Jugendlichen, andererseits - diese spezifizierend - in Konflikte zwischen Jungen. Er schließt von seinen Erfahrungen ausgehend zunächst noch nicht pauschalisierend auf die Gesamtheit der nichtdeutschen Wohnbevölkerung oder gar auf 'rassische' Merkmale bzw. Nationalcharaktere hoch. Allerdings erkennt er andererseits auch nicht, dass seine Konflikte auf der Ebene von Jungen-Auseinandersetzungen liegen wie sie ähnlicher Art und Weise auch ohne ausländische Beteiligung ablaufen könnten.

Diese Lagerung des Aufbaus von Gewaltakzeptanz mit rechtsextremer Kontur lässt sich auch in ähnlicher Weise bei anderen männlichen Jugendlichen des Samples finden, die zu irgendeinem Zeitpunkt des Erhebungszeitraumes rechtsextreme Tendenzen, also Ungleichheitsvorstellungen in Kombination mit Gewaltneigung, äußern (vgl. neben Rüdiger vor allem auch Enrik, Oswin, Norbert, Johannes, Leo, Thomas, Mickey).

Dabei erweist sich der Faktor der Cliqueneinbindung als ausschlaggebender als der der politischen Übereinstimmung mit den Eltern.

Mehrere dieser Jungen stehen mit ihren politischen Ansichten explizit im Gegensatz zu den Auffassungen ihrer Eltern (z.B. Enrik, Leo), bei anderen deutet sich zwar, wie z.B. bei Rüdiger, eine gewisse Sympathie für die rechte Denkweise der Söhne, vor allem durch die Väter, an, wird u.U. auch fremdenfeindlicher Gewalt, selbst wenn man sie letztlich ablehnt, ein gewisses Verständnis dadurch entgegengebracht, dass man in ihr den nachvollziehbaren Versuch einer Gegenwehr von Deutschen gegen die Multikulturalisierung der v.a. Arbeitsmärkte und Wohnviertel erblickt, wird aber eine Beteiligung des eigenen Sohnes daran abgelehnt. Für die letztgenannte Position sind Befürchtungen einer Stigmatisierung und darob bedingten Verdüsterung der Zukunftsaussichten des eigenen Nachwuchses verantwortlich. In diesem, in unserem Sample allerdings eher seltenen Fall mag das elterliche politische Orientierungsmilieu durch einen Mangel an Vermittlung demokratischer Überzeugungen und/oder autoritäre Auffassungen den eigenen Kindern die Übernahme von Beständen rechtsextrem orientierter Denk- und Verhaltensweisen begünstigen; eine direkte Lenkung in diese Richtung ist allerdings nur im Falle von Thomas beobachtbar. Auch in den Fällen, wo Gewaltakzeptanz im Gewande von Männlichkeitsgebaren durch Väter vermittelt wird, ist sie eher unpolitischer Natur, jedenfalls nicht erkennbar explizit mit Anti-Minderheiten-Einstellungen verknüpft. Damit ergibt sich für den Einfluss der von den Eltern ausgehenden Sozialisation in Richtung auf eine rechtsextrem getönte Gewaltakzeptanz der Söhne: Eine manifeste Steuerung in diese Richtung liegt nicht vor. Eher ergibt sich in manchen Fällen das Bild der Vermittlung einer in Maskulinitäts-Profile gegossenen allgemeinen Gewaltakzeptanz durch die Väter einerseits und eines politischen Orientierungsmilieus andererseits, das statt klarer Grenzziehungen zu rechtsextremen Einstellungen eher fließende Übergänge offenbart. Die Verbindung von beidem nehmen dann in der Regel aber erst die Söhne vor; dies dann durchaus zum Unwillen der Eltern. Dabei beziehen sie gleichgerichtete Informationsquellen und - neben großen Brüdern (vgl. z.B. Enrik und Rüdiger), die als Leitbilder auf der Suche nach männlicher Identität und einem gesellschaftlichen Standpunkt dienen, - Verhaltensvorbilder aus außerfamiliären Bereichen ein. Dieser Umstand erscheint schließlich als ausschlaggebend für eine rechte Zuspitzung der Gewaltakzeptanz.

Stärker noch als in Fällen von elterlicher Sympathie für recht(sextrem)e Orientierungen gilt dies dort, wo zu Hause eher gegenteilige Auffassungen vorherrschen. Hier könnte zwar davon ausgegangen werden, dass eine rechtsextreme Selbstinszenierung der Söhne im Zusammenhang mit generationenspezifischen Konflikten bzw. protestgetränkten Ablösungsprozessen vom Elternhaus steht und insofern ein latenter (intentional kontraproduktiv wirkender) Einfluss vorliegt. Ungeklärt bliebe aber dann, warum der Protest sich gerade in bräunlichem Gewande präsentiert und nicht andere Formen der Absetzung und des Aufbegehrens präferiert werden.

Es zeigt sich, dass - wie im Falle Rüdigers - eine bestimmte Anlage der Gleichaltrigenbeziehungen der Verkoppelung von Gewaltakzeptanz und Ungleichheitsvorstellungen ein Anwendungsfeld bietet. Die stete Alltagspräsenz dieser Beziehungen und die hohe Bedeutung, die ihnen von Seiten der Jugendlichen attribuiert wird, sind geeignet, ein dauerhaftes Verhaltensmuster aufzubauen, zu verdichten und zu habitualisieren.

Der Kern der Beziehungsstruktur liegt darin,

- dass man sich cliquenförmig in (meist größeren) jungendominierten Gruppen zusammenschließt,
- sich an öffentlichen Orten aufhält,
- sich primär über die Gemeinsamkeit von Aktivitäten und jugendkulturellen Vorlieben definiert,

- einen traditionellen Männlichkeitsstil interpersonaler Dominanz begleitet von hohem Alkohol- und Zigarettenkonsum pflegt,

- Territorialkonflikte und ggf. andere interethnische Konkurrenzen mit männlichen 'ausländischen' Jugendlichen violent austrägt.

Nur der letzte Punkt ist der, der 'rechte' Cliquen von anderen gewaltförmig auftretenden unterscheidet. Das 'Rechtssein' baut sich also im wesentlichen über eine Frontstellung gegenüber Gruppierungen männlicher ausländischer Jugendlicher auf (vgl. auch Norbert, Oswin, Enrik, Leo, Johannes, Mickey, Thomas). Sie werden entweder in der Schule (vgl. Norbert) oder - häufiger - im Freizeitbereich als bedrohlich wahrgenommen. Diese Bedrohlichkeit resultiert nicht nur aus einer subjektiv so eingeschätzten Überzahl, sondern wird auch auf ein Spektrum von wahrgenommenen Verhaltensweisen zurückgeführt, das sich von provokantem und beleidigendem Gebaren über das Nichteinhalten von Fairnessregeln bis zu grundloser körperlicher Aggressivität erstreckt. Dramatisierungen von Zustandsbeschreibungen (ihre auch für Jungen gültige Charakteristik findet sich in Kap. 5.2.2.1.2 beschrieben) geben dabei Argumentationsfiguren ab, die eine Immunisierung der Begründungsmuster der eigenen Orientierung bieten. Unabhängig vom objektiven Realitätsgehalt solcher Einschätzungen, wirken sie, weil sie subjektiv Realität definieren, als Auslöser eines Verhaltens, das anfangs als violente Gegenwehr verstanden wird, sich aber mit der Zeit in der oben beschriebenen Provokationsspirale derart verheddert, dass zwischen Offensive und Defensive nicht mehr zu unterscheiden ist. Grundlegend ist also auch hier das oben herausgearbeitete Maskulinitätsmuster. Dieses wiederum - dies wird im Vergleich der Jahre 1992 und 1993ff. bei Rüdiger ganz deutlich - muss im Kontext altersspezifischer Entwicklungsaufgaben gesehen werden: im Zusammenhang des Versuchs, die kindliche Identität hinter sich zu lassen und Identitätsbezüge an neuen Horizonten auszurichten. In seinem Rahmen verlocken Verhaltensgewissheiten, die die angestrebten Verhaltenssicherheiten vorspiegeln.

Teilaspekt: Ungleichheitsvorstellungen
Eine politische Färbung erhalten die Gewaltsamkeiten, die als Kraftprotzereien und Revierstreitigkeiten beginnen, erst damit, dass Ungleichheitsvorstellungen einbezogen werden. Rüdiger z.B. ethnisiert diese Ebene und greift damit auf Wahrnehmungsschemata zurück, die in einer nationalstaatlich verfassten Gesellschaft wie der deutschen den Globalisierungstendenzen der Arbeitsmärkte zum Trotz gang und gäbe sind. Im Klartext: Er subsumiert seine Gegner nicht unter der Rubrik 'Jugendliche' oder unter der Rubrik 'Jungen', sondern unter der der 'Ausländer'. Entsprechend fallen seine Fremddefinitionen, die von ihm angestrebten sozialen Einbindungen und die daraus erwachsenden Deutungen aus. Dabei darf freilich nicht übersehen werden, dass - seiner Auskunft nach - die Migrantenjugendlichen, mit denen er zu tun hat, sich demonstrativ und für ihn in kränkender Manier von Deutschland und den Deutschen absetzen ("Deutschland nix gut, Deutschland scheiße, alles Idioten") und damit seiner

ethnisierenden Interpretation des Konflikts den Boden bereiten. Offensichtlich vorangegangene Prozesse der Selbst-Ethnisierung Nichtdeutscher belegen wie tief gesamt-gesellschaftlich - und nicht nur unter Deutschen - die Ethnisierung sozialer Konflikte verbreitet ist. Und um einen sozialen Konflikt handelt es sich anscheinend auch bei dem für Rüdiger zu Beginn seiner Rechtsentwicklung stehenden Ärger: der Belagerung eines Engpasses durch (hauptsächlich ausländische) Hauptschüler auf dem Schulweg der (zumeist deutschen) RealschülerInnen.

Gefangen in derartige "Wir"- und "Die da"-Zuordnungen bei der Auslegung eines für ihn emotional bewegenden, weil seine Ehre und Würde durch Bedrohungen und Kränkungen in Mitleidenschaft ziehenden Konflikts, wendet er dieses Muster in der Folge auch auf andere ihm vergleichbar erscheinende Auseinandersetzungen (z.B. in der Diskothek) an. Mehr noch: Allmählich zunehmend betrachtet er auch gesamt-gesellschaftliche Phänomene durch die Brille der Ethnisierung. Er 'entdeckt' ein angebliches Ausländer- und 'Asylanten'- Problem. Dabei geht er zwar nicht so weit, den Einsatz personaler Gewalt zu seiner 'Lösung' zu fordern oder gar zu proben, verharmlost aber z.T. die Gewalt von rechts und nimmt am Beispiel konkreter Vorfälle (Magdeburg) die Polizei gegen Vorwürfe zu laschen Einschreitens in Schutz. Nichts desto weniger deutet er für den Fall der in Rede stehenden Errichtung eines Asylbewerberheims in seiner Nachbarschaft - wie sein Vater - symbolisch seine Gewaltbereitschaft an. Seine Gewaltakzeptanz begibt sich damit erstmals in ein Feld außerhalb jugendlicher Cliquen-Auseinandersetzungen vor. Auch hier wiederum ist es eine (potentielle) konkrete Betroffenheit im Lebenszusammenhang, die ihn für Umsetzungen seiner Gewaltbereitschaft in konkrete Gewalttätigkeit anfällig werden lassen könnte. Diese Ausweitung der Gewaltakzeptanz ist darüber erklärbar, dass die mittlerweile in anderen Situationen interethnischer Konflikte eingegangene Gewalttätigkeit inzwischen quasi-ideologisch mit einem immer dichter werdenden Kranz von Ungleichheitsvorstellungen gegenüber Nichtdeutschen umgeben ist.

Setzt man das Auftreten von Gewaltakzeptanz und das von Ungleichheitsvorstellungen im Falle Rüdigers in ein zeitliches Verhältnis, so zeigt sich deutlich, dass die Entwicklung der letzteren seiner Gewaltbereitschaft und -tätigkeit nachgängig sind. Nicht weil Rüdiger bestimmte politische (latente oder manifeste) Überzeugungen hätte und sie real umsetzen möchte, setzt er auf Gewalt. Vielmehr stattet er seine maskulinistischen, von der Suche nach männlicher Identität bewegten Gewaltförmigkeiten mit einem zunehmend von ihm selber politisch gedeuteten Motivationshintergrund und Legitimationshorizont aus. Von ihnen ausgehend entwickelt er nach und nach an Schärfe gewinnende pauschalisierende Bilder von Fremden, weitet seine Vorbehalte ihnen gegenüber aus und ist weniger zum Aufbringen von Verständnis ihnen und ihrer Lebenssituation gegenüber bereit. Dadurch wiederum scheint seine Gewaltschwelle gegenüber 'Ausländern' zu sinken, was dann wieder zu einer Vermehrung von interkulturellen Konfliktsituationen für ihn führt. Diese verlangen dann nach

Einordnung in den Zusammenhang seines zurückgelegten Erfahrungsverlaufs - und stoßen damit die Reproduktion und ggf. den Ausbau bereits scheinbar bewährter Deutungsmuster an. Eine Eskalationsspirale schraubt sich hoch.

Dass sie in Gang gesetzt und nicht durchbrochen wird, hängt nicht zuletzt mit zweierlei Faktoren zusammen: zum einen dass ethnisierende Auslegungen - wie bereits angedeutet - z. T. durch offizielle politisch-institutionelle Vorgaben zum Stammbestand verbreiteter gesellschaftlicher Deutungsmuster von sozialen Konflikten gehören; zum anderen dass die Problematik des Aufbaus männlicher Identität über gewaltförmiges Handeln nicht nur nicht zum Gegenstand kritischer Reflexion erhoben, sondern auch geradezu als Normalität von Jungenverhalten gehandelt wird.

Andere rechtsextrem orientierte Jungen des Samples geben im Prinzip, wenn auch nicht im Ablauf so deutlich nachweisbar, ähnliche Schwerpunktsetzungen zu erkennen. Vorrangig ist auch bei ihnen - zumindest anfänglich - eine Anti-Haltung gegenüber einer als ungerechtfertigt, ja als unverschämt eingestuften Anspruchshaltung von Jungen aus der im Regelfall cliquenförmig auftretenden jugendlichen "Ausländer-Szene". Wenn etwa Enrik (1992) sich darüber beklagt, sie würden "hier die großen Macker spielen", gegenüber "Asylanten" sich aber neutral gibt und anmerkt, dass es ihm "lieber wäre", "wenn sie nicht die Asylanten, sondern.... Ausländercliquen eher schlagen täten" und begründend anmerkt "mit Asylanten hatte ich irgendwie auch noch nie Streit", tritt deutlich die Gewichtung dieses Komplexes hervor (ähnlich auch bei z.B. Norbert, Oswin, Johannes, Mickey). Es stellt sich also der Eindruck her, dass die Ablehnung von Ausländern bei diesen Jungen - bei allen Einseitigkeiten ihrer Wahrnehmung und evtl. Fehleinschätzungen - durchaus erfahrungsbezogen ist. Erfahrungsunabhängig kursierende Deutungsmuster werden von ihnen eher ergänzend herangezogen. Dies betrifft vor allem Wegnahme-Argumente im Hinblick auf Arbeitsplätze, Wohnungen, Kindergartenplätze und soziale Unterstützungsleistungen etc., Steuerzahlerargumente ("die leben von unserem Geld"), Verletzungen deutscher Ordentlichkeits- und Sauberkeitsvorstellungen, "Asylbetrug" u.ä. Vorbehalte, für die es nur vereinzelt Hinweise auf Eigenerfahrungen gibt, die dann verallgemeinernd hochgerechnet werden. Näher an Eigenerfahrungen angesiedelt werden demgegenüber Vorwürfe einer erhöhten Kriminalitätsbereitschaft, mangelnder Anpassungsbereitschaft und Überflutungsmethaphern. Dies kann deshalb kaum verwundern, weil zum ersten der Schritt von der Klage über erhöhte Aggressivität bis zu Kriminalitätsunterstellungen (vor allem in Hinsicht auf Gewalt- und Drogendelikte), die zudem mit der Polizeilichen Kriminalstatistik belegbar erscheinen (vgl. zur Kritik solcher Belegversuche Möller 1999b), nicht weit ist, zum zweiten schon dem Auftreten ausländischer Jugendcliquen ein Abweichen von den bei deutschen geltenden Normen und Kodices, primär im Gewaltbereich, zugeschrieben wird und zum dritten die Empfindung einer Verengung der "kleinen Lebenswelten" (B. Luckmann) der deutschen Jugendlichen durch ausländische Jugendliche und die Gefahr einer territorialen Verdrängung aus angestammten Bereichen selbst das Gefühl einer Überflutung in Alltagsbereichen wiedergibt. Trotz dieser Differenzierung bleibt aber festzuhalten, dass der Zugriff auf gesamtgesellschaftlich auch in der Erwachsenengesellschaft verbreitete Deutungsmuster fast immer supplementär erfolgt (letztlich selbst bei Thomas, bei dem eine solche Anlehnung besonders deutlich hervorsticht). Den Kern der Fremdenfeindlichkeit der Jungen unserer Studie bilden Alltagserfahrungen. Sie werden zwar in Rastern gedeutet, die gesellschaftlichem mainstream entsprechen (vor allem im Raster 'Ethnisierung'), sind aber deshalb noch nicht ideologischen Versatzstücken oder gar ganzen Überzeugungssystemen eines in sich geschlossenen fremdenfeindlichen, rechtsextremen Weltbilds untergeordnet. Dafür spricht auch, dass (neo)nationalsozialistische Haltungen gar nicht und offen rassistische Positionen nur in seltenen Ausnahmefällen bezogen werden. Bei 'unseren' Jungen liegen keine ideologisch gesättigten Orientierungssyndrome, sondern eher nationalistische Gestimmtheiten mit vereinzelten Brücken zu ideologischen Mustern vor.

Dem mögen nicht zuletzt wohl auch altersspezifische Gründe zugrunde liegen; genauer: Entwicklungspsychologisch betrachtet erstreckt sich das Bedürfnis nach Realitätskontrolle, in dessen Dienst auf problematische Weise die recht(sextrem)e Gewalttätigkeit steht, im frühen Jugendalter - wie sich auch aus dem Radius der Streifzüge der Jugendlichen ablesen lässt - eher auf das Wohnumfeld bzw. den lokalen Nahraum. Weiter gesteckte gesellschaftliche Rahmenbedingungen kommen erst mit zunehmendem Alter in den Blick.

Muss der Motivationshintergrund rechtsextremer Gewaltakzeptanz bei den 13- bis 15jährigen Jungen also im wesentlichen in geschlechtsspezifischer Violenz und ihrer Stilisierung im Zuge männlichen Identitätsaufbaus im alltagseingelagerten Aktionsfeld interethnischer Konfliktaustragung erkannt werden, so ist erklärlich, dass ein Setzen auf systemisch-strukturelle bzw. institutionelle Gewalt genauso nachrangig erfolgt, wie eine Begründung der eigenen politischen Haltung mit vom unmittelbaren Alltag der Jugendlichen eher abgewandten fremdenfeindlichen Vorbehalten. Das Pochen auf solche Gewaltpotentiale vermag zwar durchaus die angestrebten Maskulinitäts-Stilisierungen mit einem Kranz an sozial akzeptierter Gewaltanwendung umgeben, alleine würde es aber aus Sicht der betreffenden Jugendlichen für Mannhaftigkeitsbeweise nicht als ausreichend empfunden werden. Sympathiebekundungen für männlich dominierte Institutionen staatlich verfasster und kontrollierter Gewaltanwendung (z.B. Polizei, Bundesgrenzschutz, Militär) und privater Ordnungskräfte (Sicherheitsdienste) passen zwar durchaus zum Funktionszusammenhang personaler Gewaltakzeptanz, weil sie aber auf fremdausgeübte und zudem geordnete Gewalt vertrauen, kommen sie alters- und mit ihnen verbundenen geschlechtsspezifischen Interessen nicht genügend hingegen. Diese Gewaltpotentiale sind der Welt der Konfliktregelungen von Erwachsenen entlehnt und vermögen aus der Perspektive dieser Jungen allenfalls eine an- und eingepasste Männlichkeit zum Ausdruck zu bringen.

Zusammenhänge mit sozialen Erfahrungen

Betrachten wir zusätzlich die Abhängigkeit rechtsextremer Orientierung von Gesichtspunkten, die unser Interpretationsraster auf Erklärungen hin abklopft, so zeigt sich:

Im Lebenskontext der rechtsextrem orientierten männlichen Jugendlichen 'unseres' samples treten keine eindeutigen Gemeinsamkeiten ihn bestimmender objektiver Faktoren zutage. Klassen- und Schichtenzuordnungen bilden ebenso wenig typische Merkmalsausprägungen wie berufliche Stellungen der Eltern, die Qualität oder Lage der Wohnung, Stadt-/Landansiedlung, konfessionelle Zugehörigkeit, das Niveau der besuchten Schulform o.ä.m. Nicht einmal die ethnische Abstammung oder die nationale Zugehörigkeit erscheint besonders aussagemächtig, denn es sind durchaus nicht nur deutsche Jugendliche die Rechtstendenzen offenbaren (vgl. Enrik, Mickey; dazu auch weiter unten).

Allerdings zeigt sich schon in Einzelfällen, dass materiell schlechter Versorgte aus ihrer relativen Deprivation heraus auch Migranten-Gruppierungen wie Asylbewerber wegen ihrer Armut bzw. der angenommenen Überwindung durch illegale Bereicherung bzw. Geschäfte (vor allem Drogen) ablehnen, weil sie befürchten, dadurch selber einen Statusverlust zu erleiden (vgl. z.B. Thomas). Wie Vergleichsfälle ähnlich gestellter Jugendlicher mit gänzlich anderer Orientierung zeigen (vgl. z.B. Ludwig, Robert, Volker), ist hier aber kein Automatismus zu unterstellen.

Die Verbindung von negativen Wohnumfeldbedingungen und Konkurrenzen um Raum bekommt freilich in machen Fällen eine politische Tönung dadurch, dass der Zuzug von Ausländern als Verfremdung des Viertels wahrgenommen wird; ein Umstand, der zwar noch nicht Gewalt gegen Ausländer erklärt, wohl aber einen Hinweis auf ein Konkurrenzerleben abgibt, das man u.U. (dazu vgl. das folgende) entsprechend mit Ungleichheitsvorstellungen in Verbindung bringt (vgl. z.B. Heinz, Felix, Johannes, Oswin, Rüdiger 1994).

Erklärungsträchtiger als die sog. objektiven Faktoren sind die sozialen Erfahrungen, die die Jugendlichen in ihrem Lebenszusammenhang machen, und die Art und Weise wie sie sie strukturieren.

Zunächst fällt auf, dass die rechtsorientierten Jungen durchgängig überdurchschnittlich stark von Problemen belastet sind.

Dabei handelt es sich zwar auch in einer Reihe von Fällen um Konflikte im Elternhaus, die durch jugendtypische Grenzüberschreitungen (vor allem in Hinsicht auf Ausgeh-Regeln und Tabak- wie Alkoholkonsum) und in mehreren Einzelfällen durch darüber hinausgehende Devianz und darauf folgende elterliche Entrüstung bzw. Sanktionierung zustande kommen. Diese gehen aber in der Regel (noch?) nicht so tief, dass ein totales Zerwürfnis zwischen den Generationen die Folge wäre und sich dauerhafte Abneigungen aufbauen würden. Man findet nach Phasen des Konflikts wieder einen modus vivendi.

Beunruhigender wirken für die Jungen - auch nach ihren Eigenangaben - meist zwei andere Problemfelder: Schwierigkeiten in der Schule und Ärger mit anderen Jugendlichen, wie auch im Falle Rüdigers.

Bei den Schulschwierigkeiten treten im allgemeinen Disziplin- und Leistungsprobleme miteinander verkoppelt auf. In jedem Fall ergibt sich für die betroffenen Jugendlichen hier nicht die Chance, ein stabiles Selbstwertgefühl auf der Basis von Kompetenz, Wertschätzung und Autonomie aufzubauen. Schlechte Noten spiegeln alles andere als Leistungsfähigkeit zurück; sich wiederholende und eskalierende schulinterne Sanktionierungen attestieren alles andere als soziale Akzeptanz und der Versuch, Eigenständigkeit, wenn schon nicht über Leistung möglich, so zumindest durch selbstbewusstes Auftreten zu demonstrieren, zeitigt keinerlei Erfolg, manchmal nicht einmal in der Peergroup der Klassenkameraden, die den betreffenden dann als "Angeber" (vgl. z.B. auch Oswin) titulieren und Abstand von ihm halten. Das Outen des Jungen als "rechtsradikal" gibt der von Seiten der Schule und ihrer Vertreter vorgenommenen Distanzierung eine besondere Note. Schulische Problembelastungen haben im Prinzip die gleiche Funktion wie bei allgemeiner nicht-rechter Gewaltakzeptanz - mit einer Spezifizierung: die oft erfolgende Etikettierung des Jugendlichen als "Rechtsradikaler" durch die Lehrpersonen führt zu einer Stigmatisierung, die womöglich auf Dauer als Selbststigmatisierung übernommen wird, weil damit die eigene Person eine Identität zugewiesen bekommt, die das Odium des aufrechten Kämpfers und unbeugsamen Helden gegen von der Schule repräsentierte institutionelle und sonstige Erwachsenen-Zumutungen umweht. Anzunehmen ist, dass damit eher eine Verfestigung der Selbstpositionierung im rechten Abseits als deren Aufweichung verbunden ist (vgl. u.a. auch den Fall "Till" in Heitmeyer u.a. 1992)

Der Ärger mit anderen Jugendlichen bezieht sich auf die bereits mehrfach erwähnten, meist im Cliquenverbund ausgetragenen Streitereien im Wohnumfeld. Ihr einzig erkennbarer Unterschied zu jenen Zwistigkeiten, die die sich "links" (Volker und Robert) oder unpolitisch verstehenden gewaltorientierten Jugendlichen austragen, besteht darin, dass die Gegner - zumeist, nicht bei jeder Schlägerei - ausländische Jungen/junge Männer sind. Problembelastungen, die aus diesem Lebensbereich resultieren, wirken offenbar im Sinne der oben aufgewiesenen beiden Momente der Provokationsspirale und des Aufschaukelungsverhältnisses zwischen Gewaltakzeptanz und Ungleichheitsvorstellungen.

Neben den bereits erwähnten Zusammenhängen des Verhältnisses zu den Eltern im sozialen Nahraum der Familie kommt in einer Reihe von Fällen älteren Brüdern nicht nur eine orientierende Funktion in Richtung Gewaltakzeptanz, sondern spezifischer auch in Richtung rechtsextremer Orientierungen zu. Nie wird dabei allerdings erwähnt, dass die Brüder gegenüber ihren jüngeren Geschwistern regelrecht propagandistisch werbend und zielgerichtet ideologievermittelnd aktiv würden. Eher gelten sie den Jüngeren als ein bewundernswertes Vorbild für Männlichkeitstugenden wie Coolness, violente Durchsetzungsfähigkeit und Härte, für Eigenschaften mithin, die sich in jungenspezifischer Form gerade in violenten Cliquen-Auseinandersetzungen recht(sextrem)er Kontur demonstrieren lassen. Entsprechend eifern die um Mannhaftigkeitsbeweise bemühten Jungen ihnen wahrscheinlich nach. Teilweise fungieren sie auch aktiver als Zugangsöffner für rechte Cliquen. Insoweit ist ihnen nicht die komplette Verantwortung, wohl aber Unterstützerfunktion für die Rechtswendungen der Jüngeren zuzuschreiben.

In Hinsicht auf einen Einfluss der Schule ist zusätzlich zu den in den voranstehenden Abschnitten gemachten Erläuterungen über den Zusammenhang mit Leistungsversagen, disziplinarischen Schwierigkeiten und evtl. innerschulischen Peer-Konflikten die nicht nur im Falle Rüdigers offensichtliche Wirkungslosigkeit des Geschichtsunterrichts über den Nationalsozialismus anzumerken, jedenfalls soweit man sich von ihm einen Abbau von oder eine Vorbeugung vor rechtsextremen Tendenzen unter den Schülern erhofft. Diese hängt ganz offensichtlich mit der Herkunft rechtsextremer Haltungen bei den Jugendlichen zusammen. Sie resultieren eben nicht aus kognitiv strukturierten Überlegungen und ideologischen Überzeugungen, die ihre Anleihen bruchlos im Nationalsozialismus nehmen. Insoweit trifft die - bestenfalls - diesbezüglich geleistete Aufklärungsarbeit der Schule gar nicht den Ursachenkontext für die Rechtsorientierungen der Jugendlichen heute. So ist es nicht unlogisch oder unglaubwürdig, wenn diese sich durchaus von der Person Hitlers, der Judenverfolgung und der damaligen Kriegslüsternheit distanzieren, aber Ausgrenzungsverhalten gegenüber Migranten goutieren. Für sie hat ihre Einstellung gegenüber den Fremden in Deutschland nichts mit dem Nationalsozialismus gemein. Und in der Tat: Selbst wenn Bezüge über eine Integration in die rechte Szene aufgemacht werden, sei es dass historische Symboliken zitiert werden und (neo)national(sozialistisch)es Liedgut gehört wird oder sei es durch entfernte, in unseren Fällen allenfalls über Mittelsmänner verlaufende einschlägige Organisationskontakte, so wurzeln doch die Auslöser für Rechtsschwenks unmittelbar in den sozialen Erfahrungszusammenhängen des Alltags der Jugendlichen (vgl. z.B. auch Leo).

Wie oben schon erwähnt sind vor allem die Erfahrungen im Freizeitbereich und die dort gelebten Freundschaftsbeziehungen in der Altersgruppe 'unserer' Jungen prägend. Dies gilt nicht nur für eine allgemeine, politisch unspezifische, sondern auch für rechtsextreme Gewaltakzeptanz. Offenbar bildet die rechte Clique einen Kristallisationspunkt in vielerlei Hinsicht:

- In ihrem Rahmen findet nicht nur die nicht unbedingt rechte maskuline Selbstinszenierung mit den ihnen inhärenten Gewaltförmigkeiten statt, sie bietet auch einen sozialen Rahmen, in dem sich Mannhaftigkeit mit der der überkommenen Beschützer-Funktion entlehnten tatkräftigen Sorge um "Recht und Ordnung", mit nationaler Gesinnung und soldatischen Tugenden (Kameradschaft u.ä.) ausweisen kann. Auf der Suche nach männlicher Identität und im Interesse an einer Überwindung kindlicher Identität werden hier in Selbstorganisation Jugendlicher Angebote greifbar, die deshalb verlockend sind, weil sie traditionelle Männlichkeit auf eine Weise lebbar machen, die radikal ist und angesichts von mangelnder Selbstsicherheit gerade deshalb Selbstgewissheit verspricht. Sie suggerieren: Ein rechter Mann ist in jedem Fall ein echter Mann. Er ist diesbezüglich über jeden Zweifel erhaben.

- Im Cliquenkontext laufen Geschehnisse ab, die eine Vermittlung von Gewaltakzeptanz und Ungleichheitsvorstellungen begünstigen. Gewalthaltige interethnische Konfliktaustragungen sind die Ereignisse, über die sie erfolgt.

- Darüber kann eine gesellschaftliche und politische Selbstverortung erfolgen. In gewisser Weise kommen damit rechte Cliquen der Entwicklungsaufgabe entgegen, sich ein gesellschaftliches und politisches Werte- und Normensystem anzueignen und innerhalb dessen handlungsfähig zu werden. Rechte Cliquen bieten einen Standpunkt an, dessen Einnahme sich im wesentlichen über die Erfüllung von zwei intellektuell relativ anspruchslosen Voraussetzungen realisieren lässt: die Beteiligung an interethnischer Gewalt und das Zurschaustellen rechter Symbolik. Kaum irgendwo anders ist die politische Positionierung so einfach. Denn die Gesellschaft insgesamt, insbesondere die Medien, erleichtert sie dadurch, dass sie rechte Jugendliche ganz weitreichend und nahezu vollständig genau über diese beiden Verhaltenselemente identifiziert. Insoweit kann es nicht ausbleiben, dass man sich als rechter Junge nicht nur in Gegnerschaft zu Ausländern, primär männlichen ausländischen Jugendlichen, sieht, sondern auch in Frontstellung gegenüber "Linken" und "Autonomen" (vgl. z.B. Enrik, Leo), wobei deren Definition im Kern über deren Ausländerfreundlichkeit, bestimmte Treffs und symbolische Ausstattungsmerkmale (lange und/oder gefärbte Haare, "linke" Rockmusik u.ä.m.) verläuft.

- Hier kann die gegenseitige Bestätigung der ihr Angehörigen in ihren Auffassungen und ihrem Handeln durch Wiederholungstendenzen der immer gleichen Konflikterfahrungen und darüber Angleichung der jeweiligen Deutungen der Einzelnen erfolgen. Indem die Clique zum eigentlichen Bezugspunkt der Aktivitäten und Meinungsbildungen wird - und dies für alle Beteiligten - zieht sie ihre Mitglieder in ihren Bann.

- Die Clique kann als Ort politischer Information fungieren. Eher selten und meist nur nach einer gewissen Lebensdauer der Gruppe hat diese Information den Charakter einer gegenseitigen (oder bei 'unseren' jüngeren Jugendlichen eher von außen herangetragenen) ideologischen Unterrichtung. Häufiger finden Elemente recht(sextrem)er Kultur (Fahnen, Plakate, CDs, Aufnäher u.ä.) Eingang. Sie bauen weniger ein ideologisches Gerüst als einen recht(sextrem)en Symbolraum auf; dies mit mindestens drei Folgen: Zum ersten verfestigt sich bei den in ihm Befindlichen die politische Selbstpositionierung. Zum zweiten nehmen auch Außenstehende eine Verdichtung der

Rechtsorientierung wahr, zumal sie ja gerade im allgemeinen gewohnt sind, entsprechende Zuschreibungen über solche äußeren Signets vorzunehmen. Zum dritten verringert sich durch das Zusammenspiel beider Prozesse die Wahrscheinlichkeit von gegenseitigem Kontakt, Kommunikation und damit Verstehen.

- Die jugendkulturelle Einbindung in eine rechte Szene und Symbolik verleiht der Clique somit Stabilisierungskraft. Dies gilt umso mehr, als sich darüber automatisch Gegnergruppen auftun: Jugendkulturen, die als Feinde wahrgenommen werden, Rapper z.b., unter denen sich zahlreiche ausländische Jugendliche befinden. Trotz solcher Homogenisierungstendenzen nach innen kann nicht übersehen werden, dass nicht nur das rechtsorientierte Weltbild der einzelnen Mitglieder (noch?) nicht geschlossen ist, sondern auch die Clique insgesamt nicht immer eine Hermetik aufweist, die anders orientierte Jugendliche nicht duldete (im Falle Rüdigers bspw. den Punk). Wahrscheinlich wirkt sich hier nicht zuletzt auch eine Altersspezifik aus: Von jüngeren Jugendlichen, für die jugendliche Cliquenbildungen biografisch neu sind, ist anzunehmen, dass sie stärker experimentierend mit dieser Sozialformation umgehen und nicht sonderlich daran interessiert sind, sie rigide sozial zu schließen.

Wie bei allgemeiner Gewaltakzeptanz (dazu: Möller 1999b) so ist auch bei den rechtsextrem orientierten Jungen unserer Studie, genauer: bei Jungen, die sich in bzgl. vertretener Rechtsextremismus-Haltungen besonders bemerkenswerten biografischen Phasen befinden, auffällig, dass sie keine Freundin im Sinne einer halbwegs festen Beziehung ("miteinander gehen") haben oder sie eine solche Beziehung gegenüber dem Kontakt in der Jungengruppe deutlich als zweitrangig betrachten. Die Clique scheint insoweit auch als sozio-emotionale Ressource tauglich zu sein und entsprechende Gewissheiten zu vermitteln. Dies mag als ein weiterer Umstand für die starke Einbindung in die jugenddominierte rechte Clique und damit in eine soziale Szenerie wirken, deren Aktionsrichtung immer wieder denselben, die vorhandene Einstellung prinzipiell bestärkenden Typus von Erfahrungen bietet (vgl. auch Kap. Distanzierung).

Die gegenwärtige Jugendarbeit schafft es nicht, eine vergleichbare Sozialisationswirksamkeit zu entfalten. Wenn sie gänzlich fehlt, wie in der angebotsarmen Sommerzeit, in der Rüdiger Kontakt zur rechten Clique bekommt, kann sie für die Identitätssuche Jugendlicher zwangsläufig keine Unterstützung bieten, so dass sie problematischen Entwicklungen erst gar nicht vorbeugen kann. Dort, wo Kontakte bestehen, haben sie eine deutlich geringere Sozialisationskraft als die Cliquen. Man mag dies für strukturell verankert halten. Andererseits lässt sich aber nicht ausschließen, ja aufgrund von Erfahrungen aufsuchender Jugendarbeit sogar vermuten (vgl. z.B. Krafeld/Möller/Müller 1993), dass mehr Alltagspräsenz in den Lebenszusammenhängen der Jugendlichen, gerade auch in ihren Cliquen, gleichbedeutend mit mehr Einfluss in Richtung auf eine Hilfestellung für die Vermeidung sozialer Auffälligkeit wäre. Nicht allein im Falle Rüdigers ist schon bemerkenswert, dass ein Gegensteuern gegen Gewaltakzeptanz und Ungleichheitsvorstellungen weder durch die offene Jugendarbeit, noch - trotz zu unterstellender Bemühungen in diese Richtung - durch mittels Jugendarbeit initiierte wöchentliche Treffen in Jugendkreisen, sondern eher (im guten Sinne) unprofessionell durch der rechten Position gegenläufige Einzelerfahrungen mit Personen des Alltags (bei Rüdiger durch den türkischen Wirt der "Grillecke") erfolgt.

Eine irgendwie auffällige Rezeption von Print- und Funkmedien ist im Vergleich der Fälle nicht-rechter mit rechts(extrem) orientierten Jugendlichen bis auf eine Ausnahme nicht feststellbar: Die rechten Jungen haben eine deutliche Vorliebe für Rechtsrock ("Böhse Onkelz"; "Störkraft" u.ä. Gruppen). Dies bedeutet nicht, dass nicht auch begleitend andere Musikstile gehört werden (vgl. z.B. Norbert und Thomas). Insbesondere Heavy Metal gehört noch zu den favourites. Andererseits ist es auch nicht so, dass Jugendliche ohne vorliegende Kombination von Ungleichheitsvorstellungen und Gewaltakzeptanz diese Musik nie hörten. Dennoch hat sie bei ihnen längst nicht den Stellenwert, der ihnen in der rechten Szene zukommt. Für 'unsere' Konsumenten von Rechtsrock sind nur z.T. die Texte der Lieder ausschlaggebend (z.B. anfangs des Erhebungszeitraums für Oswin; auch für Norbert, der sie aber anders als Oswin nicht als "rechtsradikal" einstuft). Mindestens ebenso wichtig, wenn nicht wichtiger, scheint das zu sein, was der nicht nur passiv rechte Musik konsumierende, sondern sie auch aktiv in einer Skinband spielende Enrik als Qualitätsmerkmal angibt: laut, schnell, hart, kraftvoll (ähnlich auch Rüdiger und Thomas). Nicht zufällig handelt es sich um Adjektive, die mit den in der Szene vertretenen Männlichkeits-Idealen konnotieren (vgl. dazu auch Möller 1997, 1999a).

Es ist nicht ersichtlich, dass bei den rechtsextrem orientierten Jugendlichen mehr als bei anderen Jugendlichen die eigenen Teilhabemöglichkeiten als defizitär betrachtet werden. Eher fühlen sie sich als Deutsche von der Politik im Stich gelassen. Sie leiden unter der Multikulturalisierung der deutschen Gesellschaft. Gleichzeitig vermögen sie keine Anstrengungen der etablierten Politik zu erkennen, ihre Sorgen und Nöte ernst zu nehmen, geschweige denn ihre Probleme spürbar anzugehen. Sie beschweren sich nicht nur darüber, dass die Konkurrenz um Ressourcen wie Arbeit und Wohnung durch die Anwesenheit von Migranten in Deutschland wächst. Nicht selten nehmen sie sogar wahr, gegenüber Migranten geradezu sozial benachteiligt zu werden. Sie führen hier allerdings nicht nur die o.a., von ihrem unmittelbaren Alltag als Jugendliche eher entfernten Wegnahme-Argumente an und inkriminieren auch nicht nur eine angeblich zu gute Versorgung von Ausländern, insbesondere von Asylbewerbern, aber auch von Aussiedlern mit sozialen Unterstützungsleistungen. Vielmehr beziehen sie sich jenseits solcher Interpretamente des fremdenfeindlichen (Erwachsenen-)Diskurses auch und vorrangig auf Probleme in ihrem eigenen Lebensumfeld: eine angebliche Bevorzugung von ausländischen Schülern in den Schulen, die sie besuchen, eine angebliche allgemeine Schutzhaltung gegenüber Ausländern, verbunden mit einer vorschnellen Etikettierung und Stigmatisierung rechter Jugendlicher als Unruhestifter und Gewaltauslöser, eine Übervölkerung von Diskotheken und Jugendhäusern durch fremdländische Jugendliche/junge Leute, so dass man sich in seiner Bewegungsfreiheit im "eigenen" Land eingeschränkt wähnt, u.ä.m. Dass Bedrängungen wie diesen politischerseits kein Riegel vorgeschoben wird, nehmen sie zum Anlass, selbst für Verhältnisse zu sorgen, die Deutsche wieder in 'angestammte Rechte' versetzen. Sie können damit das Selbstbild eines politisch handelnden, aufrechten Deutschen zeichnen, der von der etablierten Politik ignorierte skandalöse Zustände beseitigt und dabei nicht nur auf seinen persönlichen Vorteil bedacht ist, sondern darüber hinausgehende nationale Interessen verteidigt. Man sieht sich damit eine Beschützerrolle spielen, die nicht nur an klassische Männlichkeitsfunktionen anknüpft, sondern auch die Moral auf ihrer Seite zu haben scheint, tritt man doch für Schwache und Hilfsbedürftige (z.B. Kinder, Mädchen und Frauen, ggf. Obdachlose) aus der nationalen "Wir"-Gruppe ein. So treibt nicht (jedenfalls nicht primär) ein wahrgenommener Mangel an jugendgemäßen Teilhabemöglichkeiten, wohl aber die Untätigkeit von Politik und Verwaltung - zwei Bereiche die 'unsere' Jugendlichen noch kaum auseinander zu halten vermögen - zu politisch prekären und illegalen Aktionen an. Dessen ungeachtet könnten - wie der Fall von Oswin anzudeuten vermag - verbreitete, gut ausgeschilderte und mit guter Aussicht auf Wirksamkeit ausgestattete Kanäle politischer Beteiligung unzweifelhaft manches von dem auffangen, was sich als Unbehagen jetzt im recht(sextrem)en Spektrum ergießt und dort festzusetzen droht.

Zusammenhänge mit Kompetenzen und Mechanismen zum Aufbau personaler Identität

Hinsichtlich ihres Reflexions-Verhaltens sind die rechtsextrem orientierten Jungen basal durch Eigenarten gekennzeichnet, die auch für generell gewaltakzeptierende Jungen gelten (vgl. Möller 1999b). Spezifizierend lässt sich für die Ebenen der Selbst-, Verhältnis- und Sachverhalts-Reflexivität ausmachen:

Die reflexive Spiegelung der eigenen Person, ihrer Gestimmtheiten sowie ihrer Denk- und Verhaltens- bzw. Handlungsweisen ist nicht nur wie bei generell gewaltakzeptierenden Jungen überhaupt dadurch gekennzeichnet, dass sie spätestens vor einem Erkennen der subjektiven Funktion von Maskulinitätsmustern abbricht. Ihr mangelt es zudem an mindestens zweierlei:

- an einer selbstkritischen Betrachtung ethnisierender Deutungen und daraus schlussgefolgerter Verhaltensaufforderungen in Richtung auf interethnische Gewaltakzeptanz sowie
- an der kritischen Sicht auf die Legitimationsbasis der in Anschlag gebrachten nationalen und/oder Ansässigkeits-Vorrechte der eigenen Person.

Der erstgenannte Punkt bezieht sich auf den Befund, dass keiner der rechts(extrem) orientierten Jungen die von ihnen eingegangenen gewaltsamen Händel unter einer anderen Perspektive als der des interethnischen Konflikts wahrnimmt. Dass es sich hier um eher jugendtypische, genauer jungentypische

Auseinandersetzungsformen handelt und sie von daher ihre jeweilige subjektive Funktionalität auf Seiten der jeweiligen Konfliktgegner erhalten, kommt ihnen nicht in den Sinn. Zwar werfen sie den als Gegnern wahrgenommenen ausländischen Jugendlichen gerade Verhaltensweisen vor, die männliches Dominanzgebaren widerspiegeln (insbesondere Überheblichkeit: "die führen sich auf wie die Kings", "Macker"tum, territoriale Besetzungen, Aggressivität, Gewalt), bringen sie aber nicht mit maskulin konnotierten Zwistigkeiten in Verbindung. Von ethnisierenden Deutungen bringt sie auch nicht die Beobachtung ab, dass eine Reihe von Gegnergruppen nicht allein aus ausländischen Jugendlichen besteht, sondern auch deutsche Mitglieder hat. Selbst eine eigene nichtdeutsche Abstammung oder eine eigene nichtdeutsche Staatsangehörigkeit hebt diese Perspektive nicht (vgl. Enrik) bzw. nicht gänzlich (vgl. Mickey) auf.

Mindestens vier Gründe sprechen offenbar gegen eine Veränderung der Wahrnehmung:

Zum ersten würde ein Aufgeben der ethnisierenden Deutungen den Blick auf die eigenen Probleme beim Aufbau männlicher Identität freigeben: Wenn das Verhalten der Gegner nicht mehr mit dem Ausländer-Status erklärt werden könnte und eher als Versuch, Männlichkeit zu beweisen, interpretiert werden müsste, stieße man auch auf die eigenen diesbezüglichen Schwierigkeiten, weil sich dann das Bild ergäbe, dass Jungen Jungen gegenüberstehen und so die klare Trennlinie "wir" Deutsche hie, "die" Ausländer da verloren ginge. Dies aber wäre mit erheblichen eigenen Verunsicherungen verbunden und 'muss' deshalb abgewehrt werden.

Zum zweiten verschafft Ethnisierung eine gesellschaftliche und politische Identität und spielt damit die Erfüllung einer wichtigen altersspezifischen Entwicklungsaufgabe vor. Man kann sich wie ein Erwachsener fühlen, der seine Position im politischen und gesellschaftlichen Kräftefeld gefunden hat. Ein Wechsel der Perspektive wäre mit dem Verlust dieses Stückchens an demonstrierbarer Eigenständigkeit verbunden, beinhaltete also ebenfalls Gefährdungen für den eingeschlagenen Weg des Identitäts-Aufbaus.

Zum dritten kann sich die Interpretationsweise der Jugendlichen auf gesellschaftlich vorherrschende Einschätzungen sozialer Konfliktlinien stützen. Anders formuliert: Wenn ethnisierende Sichtweisen sozialer Probleme ohnehin auch in der Erwachsenengesellschaft gang und gäbe sind, wieso sollte dann die nachwachsende Generation nicht auf sie zurückgreifen?

Zum vierten stellt die ethnische oder nationale Zugehörigkeit ein soziales Zuordnungs- resp. Abgrenzungskriterium dar, das ausgesprochen voraussetzungslos erfüllt wird. Weder individuelle Eigenarten noch individuelle Leistungsfähigkeiten sind mit ihm verknüpft. Für seine Anwendung spricht also nicht nur seine große Verbreitung innerhalb dominanter gesellschaftlicher Deutungsmuster und offizieller Rechte-Zuweisungen, sondern auch seine leichte Handhabbarkeit. Sie beruht letztlich darauf, dass es von der Person als ganzer abstrahiert und deshalb keine nähere, aufwendige Beschäftigung mit ihr erforderlich erscheinen lässt. Insgesamt führt all dies zu scheinbarer Urteils-, und darauf aufbauend Orientierungssicherheit, faktisch zu Urteils- und Orientierungsgewissheit. Denn über Ethnisierung wird eine Generalisierung vorgenommen, die differenzierende Deutungen verunmöglicht. Dazu passt der Befund, dass die rechtsextrem orientierten Jungen, die einzelnen Status-Gruppierungen von MigrantInnen oft kaum oder letztlich gar nicht unterscheiden. Flüchtlinge, ausländische Arbeitnehmer und ihre Familienangehörigen, eingedeutschte Ausländer, deutsche Staatsangehörige nichtdeutscher Herkunft oder Abstammung, vielfach sogar Aussiedler - je höher (auch innerhalb der von uns geführten Interviewsequenzen) die fremdenfeindlichen Stimmungen aufkochen, um so eher werden sie alle in einen Topf geworfen und übertragen sich damit Vorbehalte, die auf gemachte oder gehörte Erfahrungen mit einer bestimmten Gruppierung zurückgeführt werden, auch unversehens auf alle anderen.

Der zweite Punkt markiert den Umstand, dass keiner der Rechtsorientierten das Prinzip des nationalen Vorrechts der Deutschen oder doch zumindest das Prinzip eines Vorrechts, das auf Ansässigkeits-Dauer beruht, bzgl. des Zugangs zu relevanten Ressourcen infragestellt. Man beruft sich hier offensichtlich auf ein Abstammungs- bzw. Eingesessenen-Recht - und kann sich dabei sicher sein, sich damit keinesfalls außerhalb der Legalität oder gesellschaftlich akzeptierter Legitimität zu befinden. Wenn die meisten sogar so weit gehen, Abstufungen unter Migranten-Gruppierungen dahingehend vorzunehmen, dass schon lange in Deutschland Lebenden bzw. hier Geborenen Vorrang vor relativ Neuhinzugezogenen eingeräumt wird, ja wenn ihnen z.T. sogar eine Gleichstellung mit Deutschen (z.B. bei der Arbeitsvermittlung) zugestanden wird, offenbart sich, dass hier im Kern vorgebliche Anciennitäts-Rechte angeführt werden. Dort, wo sie nicht mit nationaler Zugehörigkeit verkoppelt, sondern aus der Dauer (und ergänzend dazu zumeist: sozialen Unauffälligkeit) abgeleitet werden, ist es also nicht etwa ein irgendwie gearteter Nationalismus, der nicht Gegenstand der Reflexion würde, sondern das Pochen auf Anciennitäts-Rechte. Man mag Ansichten für problematisch halten, die die Verteilung von Rechten im wesentlichen von der Dauer der Anwesenheit auf einem bestimmten Territorium abhängig machen, kann aber andererseits darin auch einen gewissen Demokratisierungs-Fortschritt gegenüber Auffassungen wahrnehmen, die sie nur an nationale, ethnisch-kulturelle oder gar rassische Kriterien binden. So gesehen stellen die Toleranzbereitschaften mancher 'rechten' Jugendlichen die in der Erwachsenengesellschaft dominanten in den Schatten.

Auf der Ebene der Reflexion des Verhältnisses zum Konfliktgegner wird nahezu durchgängig durchaus eine Eskalation der Spannungen wahrgenommen. Solange aber eine Selbstauffassung als 'Rechter' gegeben ist, wird der eigene Anteil daran nicht zum Thema gemacht. Erst aus einer Nachbetrachtung wird die Integration in die Szene und ihre sukzessive Verfestigung ("immer mehr reingerutscht") erkannt (vgl. Enrik), wenn auch die eigene Verantwortung dafür im allgemeinen selbst dann nicht von Grund auf analysiert wird. So aber wird die Schuld an den Auseinandersetzungen immer wieder auf der Gegnerseite festgemacht (vgl. v.a. Leo).

Der Sachverhalt ethnisierender Deutungen wird vielfach als nicht besonders diskussionswürdig eingestuft. Negative Eigenschaften und Verhaltensweisen von MigrantInnen werden dann als schlichtes Faktum beschrieben ("ist nun mal so"). Teilweise werden eigene ethnisierende Deutungen aber auch durchaus von sich aus als Problem thematisiert. Hier wirkt sich vermutlich die gerade in den Jahren der Untersuchung starke öffentliche Diskussion über Fremdenfeindlichkeit aus. Man gibt sich dann aber mit Äußerungen zufrieden wie "das mag sich jetzt vielleicht wieder wie ein Vorurteil anhören, aber..." und verweist dann auf selbstgemachte negative Erfahrungen mit Ausländern. Klammern wir die von uns mit unserem methodischen Arsenal nicht beantwortbare Frage nach der Wahrheit entsprechender Berichte einmal aus und nehmen sie als das, was wir sie nehmen müssen, nämlich als Erfahrungen mit realem und nicht nur phantasiertem Hintergrund, gehen wir zusätzlich von solchen Fällen aus, wo solche Erfahrungen nicht schlicht pauschalisiert, sondern nur zu einem Gesamtbild der subjektiven Sicht auf konkrete Kontakte mit Ausländern collagiert werden, so sind entsprechende Vorwürfe gegenüber Migranten nicht simpel als Lüge zu zeihen, auch nicht, wie in manchen Fällen angebracht, auf eine reflexionslose Generalisierung zurückzuführen, sondern allenfalls in ihrer Basierung auf vereinseitigenden Deutungen zu kritisieren. Die Schieflage aber besteht dann gerade darin, a) soziale Spannungen in Blickverengung durch die Brille der Ethnisierung wahrzunehmen und b) Ursachenkomplexe, die tatsächlich mit der Lebenslage der Betroffenen als Migranten zusammenhängen, entweder gänzlich unberücksichtigt zu lassen oder zumindest nicht so weit in die Überlegungen einzubeziehen, dass sie für das eigene Handeln maßgeblich werden könnten.

Auch für rechtsextrem orientierte Jungen gilt, was für allgemein gewaltorientierte gilt (vgl. nochmals Möller 1999b): Empathiefähigkeit kann ihnen nicht grundsätzlich abgesprochen werden und kommt durchaus in bestimmten Feldern auch zum Einsatz. Spezifizierend kommt aber hinzu: Ein Perspektivenwechsel in die Rolle von Gegnern bzw. Opfern wird über deren Abwertung vorgenommen. In keinem Fall liegt dabei ein geschlossenes rassistisches Weltbild vor und nur in den seltensten Fällen klingen dabei einzelne Versatzstücke aus dem Fundus des Rassismus an. Weitaus öfter kreidet man ihnen kulturelle Rückständigkeit, religiöse Intoleranz (von Muslimen) oder materielles Schmarotzertum an. Daneben verweist man auf die rechtliche Inferiorität aufgrund des Migranten-Status, aus dem man die Moral legitimer Ungleichbehandlung ableitet: Die deutsche (wie jede nationalstaatlich verfasste) Rechtsordnung sieht nun einmal vor, dass Ausländer nicht dieselben Rechte haben wie Deutsche; ergo: warum sollten sie dann von mir als Einzelperson gleichgestellt behandelt werden? So wird die rechtliche Ungleichstellung von Ausländern zur Legitimationsbasis für Ungleichbehandlungen oder Ungleichbehandlungsforderungen im Alltagshandeln. Erneut verweist eine Bruchstelle der Reflexivität von Jugendlichen auf eine solche der Gesamtgesellschaft und ihrer rechtlich-politischen Ordnung.

Man könnte vielleicht vermuten, dass die verbale Konfliktfähigkeit rechtsextrem orientierter Jungen die von allgemein Gewaltakzeptierenden übertrifft und könnte dafür eine unterstellte Einbindung in ein System zwar recht(sextrem)er, gleichwohl aber kognitiv strukturierter und kommunizierbarer politischer Einsichten, Argumentationslogiken und darauf beruhender Haltungen verantwortlich sehen. Dies ist aber nicht der Fall. Der Grund dafür liegt darin, dass sich bei 'unseren' Jungen - vermutlich wohl auch altersabhängig - ein solches rational-kognitives Überzeugungssystem entweder gar nicht oder nur höchst diffus findet. Im übrigen wurde ja auch bereits oben herausgearbeitet: Primär geht es ihnen nicht um eine über einen Austausch von Argumenten organisierbare Umsetzung ihrer Ungleichheitsvorstellungen, sondern um Maskulinitätsinszenierungen auf dem Wege zu einer geschlechtsspezifischen Identität. Sich und Konflikte zu verbalisieren, muss ihnen dabei als genau das falsche Mittel erscheinen.

Neben jenen Punkten, die die Fähigkeit und Bereitschaft zur Übernahme von Verantwortung für gewaltakzeptierende Jungen überhaupt kennzeichnen (vgl. ebd.), sticht bei rechtsextrem Orientierten eine spezifische Moralisierung ins Auge. Sie reklamieren nicht nur eine Beschützerrolle für Einzelne oder Gruppierungen von Hilfsbedürftigen. Vielmehr sehen sie ihr Vorgehen als einen Dienst, den sie der nationalen Sache oder zumindest ihrer gesamten Status-Gruppe (so bei dem Kroaten Mickey) erweisen. Die Konstruktion von und die Einbindung in eine entsprechende Wir-Definition vermag ihnen das Selbstbild eines gemeinwohlorientierten, auch in Grenzbereichen einsatzbereiten Gesellschaftsmitglieds zu vermitteln. Angesichts von subjektiv wahrgenommen sozialen Benachteiligungen der Deutschen bzw. Alteingesessenen verschafft es ihnen sogar das comichafte Profil eines Rächers der Enterbten. Er muss die Moral einfach auf seiner Seite haben.

Über diese Konstruktionen wird ein Selbstwertgefühl erstellbar, das auf dem Ausweis von Maskulinität, der Beteiligung an Selbstorganisationsprozessen (in Jugendcliquen und -kulturen), scheinbar erwachsener Autonomie, der Einnahme einer von außen mit Aufmerksamkeit bedachten gesellschaftlichen und politischen Rolle und der Übernahme einer sozial-moralischen Position aufbauen kann. Indem es sich gleichzeitig von breit geteilten gesellschaftlichen Deutungsmustern (z.B. in Hinsicht auf Männlichkeitsbilder, Ethnisierung, nationale Bevorrechtung) gestützt sehen kann, als deren radikale Zuspitzung sich die mit ihm verbundene Position begreift, müssen ihre Vertreter sich weder als Rebellen gegen die Grundfesten der gesellschaftlichen und politischen Ordnung in Szene setzen, noch als anti-sozial begreifen, wodurch ihre Einschätzungen Stabilisierung erfahren. Erst dann, wenn sie erkennen, dass u.U. vielleicht die Grundrichtung, nicht aber (mehr) die Wahl ihrer Mittel toleriert und sanktioniert wird, scheinen sie in der Lage zu sein, zu erkennen, dass so soziale Anerkennung höchstens in den Cliquen- und Szene-Zusammenhängen, nicht aber in nennenswertem und verwertbarem Maße darüber hinaus erzielbar ist und sie ihre Identitätssuche umsteuern müssen, wenn sie negativen Stigmata entgehen wollen. Bis dahin aber bleiben sie auf der Suche nach Befriedigung ihres Realitätskontrollbedürfnisses in das von ihnen errichtete Geflecht von Selbst-, Verhaltens- und Orientierungsgewissheit verstrickt, das ihnen identitätsrelevante Sicherheiten vorspiegelt, aber nicht gewährt.

Jungen mit Ungleichheitsvorstellungen ohne damit verbundene personale Gewaltakzeptanz

Die obigen Ausführungen beziehen sich erklärtermaßen auf männliche Jugendliche, deren rechtsextreme Orientierung durch ein Zusammenfließen von Ungleichheitsvorstellungen und primär personaler Gewaltakzeptanz gekennzeichnet ist. Bestandteile rechtsextremer Orientierungen müssen aber auch bei jenen ausgemacht werden, die entweder die von ihnen vertretenen Ungleichheitsvorstellungen gar nicht mit Gewaltakzeptanz verbinden (dies ist allerdings ein Muster, das gar nicht auftritt, weil immer mindestens legitime institutionelle Gewalt gefordert wird) oder die sie 'nur' (und nicht neben personaler Gewalt auch) mit (illegitimer) institutioneller Gewaltanwendung verknüpfen (vor allem die Fälle Felix, Heinz und Paul 1994, teilweise auch Theo in Form eines Ambivalenzmusters und anfänglich Rolf, bei dem gewalttätige Auseinandersetzungen mit ausländischen Jugendlichen privaten, unpolitischen Charakter zu besitzen scheinen). Hier befinden wir uns im zumeist populistisch besetzten Übergangsbereich von rechtem Extremismus und rechtsorientiertem Strukturkonservativismus. Jugendliche, deren Haltung sich hier ansiedelt, unterscheiden sich also im wesentlichen durch ihre größere recht(sextrem)e Aktionsferne. Aber haben sie womöglich auch andere Gründe und Begründungsmuster für ihre Ungleichheitsvorstellungen? Und: Welche Differenz weisen sie in ihren Lebensumständen, Erfahrungsweisen und Erfahrungsstrukturierungen gegenüber den schon beschriebenen rechtsextrem orientierten Jungen unserer Studie auf und welche Gemeinsamkeiten sind ihnen zuzuschreiben?

Auf der Basis der bisher dargelegten Befunde wäre es naheliegend anzunehmen, dass diese Jugendlichen sich vor allem dadurch von den bereits beschriebenen rechtsextrem Orientierten unterscheiden, dass sie keine ja so eng mit personalen Gewaltakzeptanzen verbundenen traditionellen Männlichkeits-Stilisierungen aufweisen. Für Heinz und Theo gilt dies tatsächlich (zu ihren und anderen Gründen von Gewaltdistanz(ierung) vgl. Möller 1999b).

Paul, Felix und Rolf dagegen zeigen durchaus und deutlich eine im Zusammenhang von Versuchen maskuliner Identitäts-Entwicklung stehende personale Gewaltakzeptanz; nur verbinden sie sie nicht erkennbar mit den auch bei ihnen vorhandenen Ungleichheitsvorstellungen. Felix geht zwar so weit, sich (1992 und 1994) als "Rechter" zu outen und Rolf lässt (schon 1992, aber vor allem 1993) in seiner eigentlich gegenläufig gemeinten Einlassung "Ich bin kein

Ausländerfeind, ich bin kein Rechtsradikaler oder so, ich möchte das andeuten, aber was zuviel ist, ist zuviel" (und nicht nur an dieser Stelle) eine ähnliche Orientierung durchblicken, doch beide gerieren sich nicht - vorsichtiger formuliert: sehen sich nicht - als Akteure, eher als Voyeure (vor allem Felix) rechter Gewalt. Die Gründe für diese Zurückhaltung scheinen bei beiden unterschiedlich zu sein.

Felix hält rechte Gewaltanwendung schlichtweg für "dumm". Er bringt zu bedenken, dass die Adressaten für das Unbehagen, dass mit rechter Gewalt zum Ausdruck gelangt, schlecht gewählt sind: "... die sollen nicht gegen die Ausländer, sondern mehr gegen die Regierung Streifzüge machen" und markiert darüber hinaus jugendpolitische Defizite: "Die sollen sich mehr um die Jugendlichen kümmern". Neben solcher ursachenbezogener Reflexion im Hintergrund seiner Einschätzung, die offenbar auch auf historischen Kenntnissen beruht (vgl. Fallskizze Felix), wird er offenbar auch von seiner Gewaltmoral in Schranken gehalten. Er lehnt gewalttätige Auseinandersetzungen auf einem Eskalationsniveau der "Roh"heit oberhalb von bloßen "Raufereien" mit Grenzen traditioneller Gewaltmoral ("wenn einer auf dem Boden liegt, dann hören wir auf") ab. Dazu wiederum scheinen auch jene Stabilisierungen seiner Persönlichkeitsentwicklung beitragen zu können, die sich aus Erfolgserlebnissen in der Schule, im pädagogisch betreuten Freizeitbereich und aus für ihn tragfähigen Sozialkontakten zu Peers sowie aus trotz aller Schwierigkeiten der äußeren Lebensumstände doch insgesamt positiven familiären Bindungen ergeben. Bei dem ersten und dem zuletzt genannten Aspekt (Ursachenreflexivität, entwicklungsförderliche Identitätsstabilisierungen in Schule, Familie und Peer-Bereich) haben wir es mit Gesichtspunkten zu tun, die Unterschiede zu jenen Kompetenzen und Mechanismen der Erfahrungsstrukturierung bilden, die rechtsextrem orientierte Jugendliche mit personaler Gewaltakzeptanz nach unseren Befunden aufweisen

Bei Rolf erscheint es fast so, als wenn das genaue Gegenteil dessen, was Felix' Zurückhaltung vorrangig bewirkt, vorliegt: nicht eine hohe Reflexivität, sondern ein sich als relativ reflexionslos erweisendes 'Sich-treiben-Lassen' von äußeren Lebensumständen. Es ist zudem von politischem Desinteresse gekennzeichnet. Von daher ist zum einen erklärlich, dass er die gewalttätigen Auseinandersetzungen mit türkischen Jugendlichen wie die mit deutschen als unpolitische private Händel ansieht und dass er zum anderen Ungleichheitsvorstellungen nicht mehr benennt, als sich seine Lebensumstände 1994 geändert haben. Jetzt geht er sogar - allerdings nur zu einer politischen Äußerung gedrängt durch eine Frage zu seiner politischen Selbstzuordnung - so weit, sich als "ein bisschen links" zu verstehen, wobei sein Nachsatz ("weil ich mit rechts nichts zu tun haben will") die dennoch immer noch bestehenden Grenzen einer eigenständigen und reflektierten politischen Orientierungsfähigkeit klar aufzeigt. Bezogen auf Fälle wie dem von Rolf, also auf Fälle, bei denen Realitätskontrolle und (eingeschränkte) Handlungsfähigkeit wenig auf Eigenständigkeit und interner Kontrolle beruht, liegt die Vermutung nicht fern, dass weitgehend die scheinbaren Zufälle der Gestaltung der äußeren Lebensbedingungen in bestimmten Abschnitten des Lebens für eine Kombination von Ungleichheitsvorstellungen und Gewaltakzeptanz ausschlaggebend werden können.

Paul bringt seine Vorwürfe gegenüber "Zigeunern" und materiell schlechter gestellten Ausländern wahrscheinlich deshalb nicht mit seiner zu diesem Zeitpunkt noch vorhandenen personalen Gewaltakzeptanz in Verbindung, weil er seine politische Identität zum ersten wie in den Vorjahren klar auf Haltungen stützt, die er auf der linken und ausländerfreundlichen Seite des politischen Spektrums verortet und sich zum zweiten ausdrücklich vor einer Generalisierung von negativen Einzelerfahrungen, die er mit Angehörigen dieser Gruppierungen gemacht hat, hüten möchte ("nicht gleich verallgemeinern, dass alle Zigeuner, jetzt sagen wir mal, Arschlöcher sind..."). Zwar gelingt ihm letzteres nicht ganz (denn an anderer Stelle beschwert er sich - bezogen auf "30 Zigeuner", die man in einer umgebauten Scheune eines Bekannten untergebracht hat: "überall klauen sie die Fahrräder"), für ihn subjektiv aber führt er für solche Diebstähle und andere ihm illegitim erscheinende Wohlstandsausstattung von Asylbewerbern (BMW vorm "Zigeunerhaus"; vgl. Interpretation "Paul", Abschnitt 2.2) keine ethnisierenden Erklärungen an. Insoweit kann er sich mit sich und seiner politischen Grundorientierung im Einklang befindlich wähnen, wenn er seine Wehrhaftigkeit gegenüber solchen Übergriffen auch auf sein Eigentum (sein gestohlenes BMX-Rad) mit gewaltförmiger Wehrhaftigkeit im Einzelfall beantwortet, aber seine Gewaltakzeptanz darüber hinaus nicht mit fremdenfeindlichen politischen Motiven belegt.

Überhaupt ist eine gewisse Hemmung vor der Verallgemeinerung einzelner negativer Erfahrungen, manchmal auch nur in Form des Zulassens von Ausnahmen von einer an sich sonst wahrgenommenen Regelhaftigkeit von Eigenschaften oder Verhaltensweisen Nichtdeutscher (vgl. Felix) denjenigen gemeinsam, die Ungleichheitsvorstellungen aufweisen, sie aber nicht selbst per Gewaltanwendung umsetzen (wollen).

Damit zusammenhängend ist registrierbar, dass sie Ungleichheitsvorstellungen besitzen, die nicht oder nur andeutungsweise Ungleichwertigkeitselemente beinhalten, u.U. eher vorsichtig ethnisch-kulturelle Unterschiede andeuten, aber in keinem Fall zu biologi(sti)schen oder rassistischen Denkweisen greifen.

Pauls 1994 erstmals auftauchende Ungleichheitsvorstellungen scheinen damit zusammenzuhängen, dass er sich - wohl auch wesentlich mangels anderer in der Erwachsenengesellschaft allgemein sozial anerkannter Bezugspunkte für den Aufbau von Selbstwertgefühl - stark (prestige)konsumorientiert zeigt, aber gewärtigen muss, dass ihm spätestens in Zukunft dafür Ressourcen fehlen werden, da sich seine persönlichen Zukunftsaussichten verdüstern, über eine berufliche Normalbiographie höheren Aspirationsniveaus die Integration in die Erwachsenengesellschaft zu bewerkstelligen. Die meisten anderen Jungen unseres Samples lassen dieses Muster nicht erkennen. Allenfalls bei Robert deutet sich 1994 an, dass er wegen wachsender Orientierung an Erwachsenen-Konsummustern individualisierter denkt, sein politisches Interesse nachlässt und deshalb auch weniger aktiv Gleichheitsvorstellungen äußert. Eine gewisse Abschwächung 'antirechter' Selbstpositionierung ist also feststellbar. Ungleichheitsvorstellungen aber zeigt er nicht. Insofern zeigt sich nur in Ansätzen dasjenige Affinitäts-Muster, für das der Fall "Sammy" in der Bielefelder Rechtsextremismus-Studie (vgl. Heitmeyer u.a. 1992) steht. Eine mögliche Erklärung bietet sich über den Faktor des Lebensalters bzw. der Lebensphase an. Während die Bielefelder Studie im ersten Lehrjahr der Probanden einsetzte und sie in der späten Jugendphase bis zum 21. Lebensjahr begleitete, sind unsere Jugendlichen anfangs gerade dem Kindesalter entwachsen, gegen Ende des Erhebungszeitraums zum Großteil noch Schüler, durch die damit gegebene ökonomische Abhängigkeit noch an die Konsum-Muster der Familie gebunden und bewerkstelligen deshalb ihre persönliche soziale Positionierung (noch) weniger über den demonstrativen Verweis auf den Besitz von prestigeträchtigen Konsumartikeln oder auf Konsumgewohnheiten. Im Falle von Heinz deutet sich allerdings an, dass eine Absetzung von ausländischer Wohnbevölkerung und damit verknüpfte Anfälligkeiten für Ungleichbehandlungsvorstellungen dort, wo keine rechtsextreme personale Gewaltakzeptanz und/oder interethnisches Konkurrenzerleben unter Jugendlichen/ Cliquen vorliegen, nicht nur über Konsum-Muster, sondern auch über starke Aufstiegsorientierungen erfolgen können (vgl. Fallskizze Heinz).

So ergibt sich für Jungen mit Ungleichheitsvorstellungen ohne personale Gewaltakzeptanz bzw. für solche, die zumindest von vorher innegehabten minderheitenfreundlichen Haltungen abrücken, das Gesamtbild, dass, wenn für ihre politische Orientierung nicht die gleichen interethnischen, meist cliquenbezogenen Konflikte unter Jugendlichen "auf der Straße" ausschlaggebend sind wie für Jungen, die ihre Ungleichheitsvorstellungen mit rechtsextremer personaler Gewaltakzeptanz koppeln, sie darüber anfällig zu sein scheinen, dass sie die Entwicklungsressourcen für ihre personale Identität primär im Felde von Konsum, Besitzvermehrung und sozialem Aufstieg suchen. Sie sind dann für Begründungsmuster anfällig, die populistischen Argumentationsfiguren aus dem Erwachsenendiskurs folgen.

Insgesamt jedoch - so scheint es - nehmen Jungen mit Ungleichheitsvorstellungen ohne personale Gewaltakzeptanz interethnische Konflikte zwar wahr, dies auch durchaus auf den gleichen Feldern wie die rechtsextrem orientierten Jungen mit personaler Gewaltakzeptanz, halten sie meist auch für bedrückend, bewerten sie aber nicht so hoch, dass sie sich aufgerufen sähen, selbst in einem politischen Sinne tätig zu werden. Entsprechend verwenden sie auch weniger dramatisierende Argumentationsfiguren. Diese Haltung wird ihnen offenbar durch zwei Umstände erleichtert: Zum einen wird sie dadurch ermöglicht, dass sie die von den perzipierten Konflikten ausgehenden Gefährdungen nicht als für sie identitätsbedrohlich wahrnehmen, sei es, weil ihre Identität über Erfahrungen in anderen wichtigen Lebensbereichen vorläufig gefestigt erscheint und deshalb nicht so schnell aus den Fugen gerät (vgl. Theo, Heinz, Felix, Paul), oder sei es, weil sie sich wenig über das Bestreben der Herausbildung sachlich-inhaltlicher Interessen und/oder ohne nahezu jegliche politisch gerahmte Deutungen entwickelt und sich damit in weiten Bereichen einem Kräftespiel äußerer Einflussfaktoren überlässt, die mehr oder weniger zufällig, d. h. jedenfalls ohne großes Zutun des Subjekts, Rahmenbedingungen der Lebensführung mit sich bringen, die eigenes fremdenfeindliches Handeln subjektiv nicht funktional erscheinen lassen (vgl. Rolf). Zum anderen sehen sie sich persönlich in der Lage, den von ihnen wahrgenommenen Konkurrenzlagen zu entraten, indem sie ihre Identitätsentwicklung an aus der Erwachsenengesellschaft entnommenen, sozial akzeptierten Bezugspunkten ausrichten, Diese feien sie zwar gegen personale Gewaltakzeptanz, nicht jedoch gegen Ungleichheitsvorstellungen, wie sie mit Karrierismus, Macchiavellismus und Wohlstandschauvinismus verbunden sein können.

5.2.1.2 Distanz(ierung)

5.2.1.2.1 Fallbeispiel Enrik

"Wenn man die richtigen Klamotten anzieht und eine bestimmte Frisur hat, dann bekommt man gleich eine auf die Schnauze. ... Die kommen dann her und fragen, ob du rechts bist, und wenn du ja sagst, dann hast du sofort eine auf dem Maul." (1992: 3;14 ff)

"Früher war es halt so, dass ich gegen Ausländer halt was hatte und so, und dann war das vielleicht ein bisschen extremer und so. Heute ist es so, mir ist das egal. Wenn mich ein Deutscher anmacht, haue ich dem auf's Maul, genauso, wenn es ein Ausländer ist." (1993: 6;27-31)

" ... aber (früher war, d.V.) es irgendwo echt nur noch Party, Spaß haben, Musik, Fußball, Konzert, aber das hat sich jetzt, das entwickelt sich jetzt alles in eine Partei, Uniform, geschnittene Haare, Recht und Ordnung. Ich habe mehr so die Tradition, den Kult bewundert, das hat mir gefallen so, (...) da war Politik eigentlich nicht so im Vordergrund. Vielleicht hat es eine kleine Rolle gespielt, aber ich sehe das alles mehr so im grauen Hemdkragen und schön geschniegelt und Partei und den Politikern in den Arsch kriechen, und ich weiß auch nicht, das geht alles irgendwo verloren." (1994: 31;17 ff)

1.   Objektive Daten zum Lebenskontext im Überblick
Enrik ist zu Beginn der Untersuchung 13 Jahre alt, katholisch und lebt mit seinen Eltern und seinem 5 Jahre älteren Bruder in U., einem Dorf mit ca. 10.000 Einwohnern, ca. 15 S-Bahn-Minuten von der Innenstadt einer Großstadt und ca. 4 km von der Stadt W. mit 80.000 Einwohnern entfernt. E. besucht wie sein Bruder die Realschule im ca. 3 km entfernten B. Beide Eltern haben Realschulabschluss und sind berufstätig: Der Vater ist laut Enrik "Vizemeister" bei einem großen Elektrogeräte-hersteller; die Mutter arbeitet im Dorf als "Gemeindeschwester". Die Familie bewohnt innerhalb eines größeren Mehrfamilienhauses eine Vierzimmer-Mietwohnung mit Balkon. Das Haus liegt in einem Ortsteil von U. Im Haushalt gibt es an langlebigen Gebrauchsgütern ein Farb-TV, Stereoanlage, CD-Player, Videorecorder und ein Auto. E. hat ein eigenes Zimmer und besitzt verschiedene Musikinstru-

mente (Gitarre, Schlagzeug), ab 1993 auch eine eigene Stereoanlage, einen CD-Player und eine größere CD-Sammlung. An Taschengeld stehen ihm anfangs 60,- , später (1993) 80,- , dann (1994) 100,- DM im Monat zur Verfügung und er bekommt zusätzlich für bestimmte Anlässe noch öfter Geld von seiner Mutter.

Zum Interviewtermin erscheint E. 1992 in einem olivgrünen Blouson, in Jeans und Turnschuhen. Die Haare trägt er sehr kurz geschnitten, an den Schläfen und im Nacken hochrasiert und auf der Scheitellinie etwas länger - eine sogenannte "flat"-Frisur. Aus der Sicht des Interviewers ist er damals von der Statur her stark bzw. fast schon korpulent gebaut. Zum letzten Interviewtermin erscheint er äußerlich sehr verändert. Der Junge hat durch regelmäßiges Fitness-Training 26 Kilo abgenommen und ist viel muskulöser geworden. Außerdem trägt er seine Haare jetzt anders und hat sie rot gefärbt.

2. Politische Orientierung
2.1 Allgemeine Orientierung

Ordnet sich Enrik 1992 selbst noch der Gruppierung der "Fußballfans" zu - wobei bei seinem Outfit und Gehabe (s.u.) auffällig ist, dass er die Sparte "Skinheads" übergeht (Fb.1992;4) -, findet Hooligans "ganz gut" und gibt Punks, Linke und Autonome als Gruppierungen an, die er "nicht so gut leiden" kann, so verzichtet er 1993 und 1994 auf eine Selbstzuordnung ganz und findet nur noch Hooligans "ganz gut". "Rechte" Gruppierungen sind ihm inzwischen "ziemlich egal" geworden.

Im Gespräch wird 1992 seine Ausrichtung und die seiner Clique konkret(er) als "nach rechts orientiert" erkennbar (2; 29): "Wir sind eben so, wir können uns nirgends einordnen, keine Hools und keine Skins, also eher Hools als Skins, sagen wir das mal so" (1992: 2; 35 ff). Mit dieser vorsichtigen Äußerung spielt E. auf einen "Stilwechsel" an. Anscheinend unterlag seine Einstellung erst in jüngster Zeit einer - zumindest äußerlichen - Modifizierung vom Skin zum Hooligan: "Wir laufen jetzt ja auch eigentlich ganz normal herum, Joggingschuhe und so, so sind wir lange genug herumgelaufen ... früher hatten wir alle Docs und so Bomberjacken"(1992: 4;30ff). Er begründet diese Abschwächungstendenz sowohl mit taktischen Gründen im Sinne des Vermeidungsverhaltens von Konflikten als auch mit einem Bewusstseinswandel in einigen Aspekten: "...und es ist nicht mehr so extrem, also bei mir ist es eigentlich jetzt nicht mehr so, die Ansicht" (1992: 4;38 ff). Dies bezieht er auf eine gewisse Mäßigung in der politischen Haltung: "Früher waren wir gegen alles... halt gegen jeden, gegen Asylanten, gegen Ausländer, gegen alles, was es halt so gibt" (1992: 5;3 ff).

1993 meint er in noch stärkerer Abschwächung, er habe "keine bestimmte Richtung" (5;36) mehr. Auch für seine Clique ("normale Leute.";6; 6ff) sieht er keine bestimmte Szenenzugehörigkeit mehr gegeben. Hiermit korrespondiert auch sein veränderter Musikgeschmack. So hört er z.B. nur noch selten "Oi-Musik" - " die Musik gefällt mir schon noch, aber die Texte nicht mehr so" (38;1 f) -, dafür aber häufiger Ska, Rap und "Metallica" (38;9 ff). Von den als "links" eingestuften Gruppen mag er mit Einschränkungen sogar "Die Ärzte". Auch in bezug auf verschiedene Feindbilder lässt E. deutliche Abschwächungstendenzen erkennen. Während Ausländer, Linke, Autonome und Punks bei der letzten Befragung noch deutlich als gefährliche Gegner wahrgenommen wurden, so äußert er über Punks und Linke jetzt lediglich, dass er sie "nicht leiden kann", er fühlt sich aber anscheinend nicht von ihnen bedroht (vgl. 1993: 38;34ff). Auffallend ist, dass er inzwischen ausdrücklich auch "Wehrsportgruppen" und "deutsch-nationale Gruppen" "nicht so gut leiden" kann (vgl. Fb.). Noch eklatanter scheint seine Einstellungsveränderung gegenüber Ausländern zu sein. E. nimmt eine eindeutige Relativierung seines alten Gegnerbildes zugunsten der Ausländer vor: "Ausländer sind manchmal Deppen, die

Deutschen sind Deppen. Keine bestimmte Einstellung" (1993: 5;35 f); "Ja früher war es halt so, dass ich gegen Ausländer halt was hatte und so, und dann war das vielleicht ein bisschen extremer und so. Heute ist es so, mir ist das egal. Wenn mich ein Deutscher anmacht, haue ich dem aufs Maul, genauso, wenn es ein Ausländer ist" (1993: 6;27 ff). Genauer nach seiner eigenen politischen Einstellung befragt, gibt E. an: "Ich bin halt nicht mehr rechts" (1993: 5;23), wobei er diesen Gesinnungswechsel nicht näher begründen kann ("... ich habe halt nicht mehr, ich habe keine rechte Einstellung mehr", 5;28). Insgesamt sind E.s Äußerungen dazu - z.B. konkret zu seiner Einstellung gegenüber Asylbewerbern befragt - aber sehr indifferent und widersprüchlich. So meint er an einer Stelle: "Ja gut, die Meinung ist noch so wie früher. Mein Gott, die Leute, wo verfolgt werden, die sollen dableiben, die wo einfach reinkommen (Pause)... Dabei ist es doch eigentlich egal, weil mich haben sie eigentlich noch nie so gestört" (1993: 9;1-5).

E. zeigt sich auch sonst politisch ziemlich desinteressiert unsicher und wortkarg (vgl. z.B.1993: 18;7ff). Zu konkreten Vorkommnissen (Solingen) und Problemen (Arbeitslosigkeit) befragt, äußert er sich nur sehr oberflächlich: "Mein Gott, man fand es halt schlimm." (1993: 18;24); "Keine Ahnung, ich weiß nicht, woran das liegt." (1993: 11;22); "Also mir ist das eigentlich egal. Ich glaube, man könnte ganz gut damit leben, wenn man wieder mit deutschen Autos herumfahren würde, aber mir ist das eigentlich egal" (1993: 12;1ff). In diesen Äußerungen offenbart sich seine Distanziertheit ("man") in der Verurteilung ausländerfeindlicher Gewalt ebenso wie seine Gleichgültigkeit ("egal") und eingestandene Inkompetenz ("keine Ahnung") (auch) in der Einschätzung anderer gesellschaftlich bedeutsamer Probleme.

1994 gibt sich E. noch immer politisch völlig desinteressiert ist ("Wie gesagt, ich interessiere mich für Politik eigentlich keinen Meter, und ich schaue auch keine dummen Wahlspots oder so an, das interessiert mich einfach nicht, jetzt mal echt, das ist für mich kein Thema" (1994: 18;8-11; vgl. auch 19; 29ff). Resultierend aus dem schulischen Geschichtsunterricht und einem Besuch des Konzentrationslagers Dachau akzeptiert E. aber als Tatsache, dass im "Dritten Reich" Juden und politische Gegner systematisch vernichtet wurden: F: "Also wie es jetzt da noch (in Dachau, d.V.), was man noch sieht, war das realistisch, denkst du also?" E: "Ja." F: "Weil, es gibt ja auch viele Leute, die sagen, ja, das war gar nicht so wild..." E: "Nein, nein, das war schon..." F: "War schon...?" E: "War schon wild"(1994: 12;2ff).

Auf die Verantwortung von Deutschen angesprochen, relativiert er: E:"Was heißt Verantwortung? Ich meine, die Nachkriegsgeneration, also nicht, dass die Verantwortung noch viel trägt. Die sollten dann schon wissen, was war und so, aber ich denke nicht, dass da jetzt irgendwie, dass man da ein schlechtes Gewissen haben sollte. Von wegen hier, und wie schlimm sind wir doch, und was für Scheiß, die anderen bauen genauso den gleichen Mist, und keinen interessiert es. Und die haben meistens die größte Fresse." F: "Ja, was meinst du jetzt mit den anderen?" E: "Gerade andere Länder, Amerika z.B., in Vietnam kommen heute noch verkrüppelte Kinder auf die Welt, das weiß auch keine Sau, oder die Russen, Stalin und so weiter, Jugoslawien, die Welt schaut wieder zu, in Jugoslawien gibt es die gleichen Arbeitslager und Konzentrationslager, wie sie damals im Dritten Reich waren, und keinen Arsch interessiert es, und alle schauen zu. Wenn der Krieg vorbei ist, heißt es wieder, oh, das schlimme Jugoslawien, was haben sie gemacht, aber die haben nur zugeschaut. Deswegen ist es mir ziemlich relativ" (1994: 14;28ff). Die Kenntnisse über die Zustände in Jugoslawien wird er von seinem bosnischen Vater haben. Obwohl es daher möglich wäre, dass E. nur 'nachplappert', was er wiederholt gehört hat, scheint es doch eher so, dass er sich über die Problematik ernsthafte Gedanken gemacht hat, vor allem, weil er Verwandte in Bosnien hat. Auffällig an E.s Äußerung ist, dass er verschiedene Entlastungsstrategien verwendet: Zum einen wandelt er die Frage nach der Verantwortung der Nachkriegsgenerationen in eine Schuldfrage an den Verbrechen der Nazis um. Diese durchaus gängige Argumentation bewirkt, dass aus der berechtigten Ablehnung der Schuld der Nachkriegsgenerationen eine unberechtigte Ablehnung der Verantwortungsübernahme erwächst. Die Notwendigkeit der Erfüllung einer moralischen Pflicht gegenüber den betroffenen Völkern ist somit nicht mehr gegeben. Zum anderen ist die Frage nach der Schuld auch immer eine "Gewissensfrage" ("...ich denke nicht (...), dass man da ein schlechtes Gewissen haben sollte"). Im Zuge der Verharmlosung der "eigenen" Schuld kommt es zu Schuldzuweisungen an andere Völker bzw. Nationen ("...die anderen bauen genauso den gleichen Mist..."). Dieser Mechanismus bewirkt eine unkorrekte historische Relativierung der NS-Zeit ("... in Jugoslawien gibt es die gleichen Arbeitslager und Konzentrationslager, wie sie damals im Dritten Reich waren...") und somit eine Entlastung von der eigenen Geschichte.

Wie im Vorjahr distanziert E. sich inzwischen vom "rechten Standpunkt", interessanterweise indem er sich von der Skin-Bewegung abgrenzt (vgl. dazu auch den Abschnitt "Reflexivität"): "... aber (früher war, d.V.) irgendwo echt nur noch Party, Spaß haben, Musik, Fußball, Konzert, aber das hat sich jetzt, das entwickelt sich jetzt alles in eine Partei, Uniform, geschnittene Haare, Recht und Ordnung. Ich habe mehr so die Tradition, den Kult bewundert, das hat mir gefallen so, (...) da war Politik eigentlich nicht so im Vordergrund. Vielleicht hat es eine kleine Rolle gespielt, aber ich sehe das alles mehr so im grauen Hemdkragen, und schön geschniegelt und Partei und den Politikern in den Arsch kriechen, und ich weiß auch nicht, das geht alles irgendwo verloren." (1994: 31;17ff); "Mir ist das auch egal, für mich ist das Thema abgehakt, und ich habe damit eigentlich nichts ... Das ist für mich kein Thema mehr" (1994: 32;23ff). Aus der Retrospektive ordnet er seine Skin-Vergangenheit also eher jugendkulturellen Vorlieben, relativ unabhängig von expliziten politischen Positionsbestimmungen, zu. In jedem Fall bemängelt er die Durchstrukturierung und Organisierungsversuche und damit die Bemächtigungstendenzen der etablierten Rechten in bezug auf die Szene.

2.2 Ungleichheitsvorstellungen/Gleichheitsvorstellungen im Kontext von Fremdenfeindlichkeit und Rechtsextremismus

Speziell an die Adresse der nichtdeutschen Jugendlichen richtet Enrik 1992 die Erwartung, dass sie sich in ihrer, in seinen Augen lästigen und nur geduldeten Anwesenheit wenigstens in die gegebenen Strukturen und Normen einfügen "und nicht hier die großen Macker spielen." (5; 40ff). Seine Wahrnehmung, dass sie sich nicht derartig "anpassen" (ebd.) wollen, begründet seine Bewertung ihres Verhaltens als unangemessene, z.T. aufmüpfige Anspruchshaltung. Hierzu gehört für ihn auch die Beobachtung, dass sich diese Jugendlichen in recht festen familienähnlichen bzw. familienverbindenden Gruppen ("Clans") (3; 20) bewegen und dementsprechend auftreten. In der Tat gibt es in und um W. eine ausgeprägte "Streetfighter"-Szene. Jugendliche aus dieser Szene - "Hauptsächlich Ausländer, also, ja, gerade die, die sich auch so treffen, in Cliquen und so" (1992: 3; 37ff - sind dann auch der primäre "Feind" für E.

Im Gegensatz zu diesen Bildern von bedrohlichen Zusammenrottungen steht das anscheinend relativ unproblematische Interagieren mit Ausländern (z.B. in der Klasse, vgl. auch Abschnitt Schule) bzw. das Bekanntsein einzelner Nichtdeutscher im Dorf: "Also bei uns im Ortsteil wohnen auch welche, aber die Ausländer, die dort wohnen, mit denen kommen wir auch gut aus, denn die kennen wir schon" 1992: 4;10ff). Diese Erfahrungen stehen aber eher isoliert neben seiner grundsätzlichen Anti-Haltung. Auch beim Versuch, seine ursprüngliche Einschätzung im Zuge des oben angedeuteten begonnenen Gesinnungswandels zu relativieren, überwiegt bei E. Nützlichkeitsdenken. Einwanderer werden danach vor allem als notwendige Arbeitskräfte in eher unattraktiven Bereichen gebraucht: "Mmh, ich meine, ohne Ausländer geht es ja auch nicht so, gerade in der Landwirtschaft und so und überhaupt" (1992: 7;30ff).

Im gleichen Interesse an Reduktion seiner Extremposition betont E. seine derzeit nicht-ablehnende, sozusagen neutrale Haltung gegenüber Asylbewerbern: "Und jetzt gegen Asylanten habe ich jetzt eigentlich gerade gar nichts, weil die wollen eigentlich gar nicht so. Das finde ich auch einen Schwachsinn, dass so viele Asylanten überfallen werden, das bringt eigentlich gar nichts, weil die wollen gar nichts, wollen hier einfach bloß; anstatt Asylantenheime zu überfallen, sollten sie lieber mal so ein paar Diskos von Ausländern, das wäre vielleicht ein bisschen besser, weil Asylantenheime, also gegen Frauen und Kinder und ..., bringt sowieso nix. Und mit Asylanten hatte ich irgendwie auch noch nie Streit" (1992: 5;7ff). Es vermischen sich hierbei also verschiedene Argumentationslinien: Flüchtlinge werden, vor allem im Vergleich zum 'Hauptfeind Ausländer', als nicht persönlich gefährlich wahrgenommen, d.h. es gibt keinen direkten "Stress" (wie z.B. Bedrohung, Anmache, Gewalttätigkeiten) mit ihnen; es wird ihnen eine eher anspruchslose Haltung bescheinigt. Schließlich wirkt auch ein taktisches Denken in der nüchternen Einschätzung, dass Gewalt gegen 'Unschuldige' ("Frauen und Kinder") allgemein verurteilt wird und somit in der Bilanz schon unter funktionalistischen Gesichtspunkten negativ verbucht werden muss ("bringt sowieso nichts"). Die Kritik an der Gewalttätigkeit gegen Asylbewerber(familien) bricht dann unvermittelt ab, um in die Propagierung von Gewalt gegen Ausländer (genauer: solche Ausländer, die er wohl als Konkurrenz in für ihn wichtigen Lebensräumen - hier: Disko - wahrnimmt) überzugehen. Der Beteuerung der Nicht-Beeinträchtigung durch die Anwesenheit von Flüchtlingen entgegen wirkt aber die Aufspaltung dieser Gruppe in 'gut und böse', die durch anscheinend übernommene Deutungsmuster (siehe auch die Übereinstimmung mit den Eltern in diesem Punkt) ermöglicht wird. Dazu benutzt Enrik die Kollektivsymbole "Scheinasylant" (7;32) bzw. "Wirtschaftsflüchtling" ("die hier mehr Kohle machen wollen als zu Hause"; 7;36 f), die sich mit der von ihm kritisierten Anspruchshaltung verknüpfen bzw. füllen lassen. Als Begründungen für die verschiedenen Feindbilder fungieren in diesem Jahr, vor allem hinsichtlich der ausländischen Jugendlichen, die schon erwähnten Einschränkungen seines Lebensstils bzw. -raumes sowie Anmacherfahrungen und Bedrohtheitsgefühle (s.u.). Allerdings ist nicht immer ganz klar, auf welche Gruppe er sich gerade bezieht - ein konkretes Beispiel für Gewalttätigkeiten handelt von einer Situation, in der ein Mitglied der Band von "Linken" überfallen wurde. Beiden "Gegner-Gruppen" weist E. noch 1992 deshalb auch die Rolle von Aggressoren zu, die grundlos und unverhofft Streitereien bzw. gewalttätige Auseinandersetzungen vom Zaun brechen.

1994 äußert E. im Interview keinerlei Ungleichheitsvorstellungen gegenüber Ausländern mehr und gibt an, mittlerweile weder mit Ausländern noch mit Aussiedlern "Stress" zu haben (vgl. 27;6 ff). Insgesamt scheint die Anwesenheit von Ausländern in Deutschland für E. kein explizites Thema mehr zu bilden. Er kann sich sogar vorstellen, später einmal im Ausland zu leben. In diesem Zusammenhang bewundert er sogar die - von ihm als "locker" eingeschätzte - Mentalität bestimmter anderer Völker: " ... in Jugoslawien (...), da geht alles viel lockerer ab," (1994: 29;3 ff); "Jamaika oder so, das hört sich cool an"(1994: 29;31).

2.3 Gewaltakzeptanz
Enrik offenbart in den beiden ersten Befragungsjahren deutliche Gewaltneigungen auf fast allen Ebenen. Zwar verneint er 1992 nicht ausdrücklich gewaltfreie und demokratische Konfliktlösungen und meint auch, dass es mit Einschränkungen ("aber nicht überall", 33;36 f) Gerechtigkeit gibt. Gleichzeitig erfährt er aber die

Normalität von Gewalt als alltägliches Handlungsmuster, z. B. bei Auseinandersetzungen und Konflikten in der Schule - "vielleicht auch mal eine kleine Klopferei oder so ... das kommt immer vor" (36;33ff) - oder in Streitsituationen mit seinem Bruder: "..., richtig verklopft kann man auch nicht sagen, das ist ganz normal, eben so ein bisschen" (33;23f). Enrik hat sich dann "gewehrt und danach bin ich eben weg" (33;28) - Gewalt dient dann der Selbstbehauptung und es gilt, möglichst gut aus der Sache rauszukommen. Immer wieder taucht das Moment der Verharmlosung auf, z. B. im Zusammenhang mit Erlebnissen in der Hooligan-Szene: "Wobei man sagen muss, dass die Hools eigentlich mehr harmlos sind, die klopfen sich und das war es dann" (1992: 15;10ff). Enrik schildert diese Auseinandersetzungen als gleichsam sportlichen, körperlichen Wettkampf, quasi "Mann gegen Mann" (vgl. 16;26 ff) und betont den Frust-Abbau dabei: "Die lassen einfach ihre Aggressionen heraus, die sich bei denen angesammelt haben, die lassen sie samstags heraus und dann können sie ..." (1992: 16;1 f).

Gerade emotionale Qualitäten von Gewalt sind seiner Ansicht nach hochbesetzt und bringen Befriedigung: "Spaß, einfach das Gefühl, das Actiongefühl im Bauch" (1992: 16;3ff). Gewalthaltige Geschehnisse bekommen auch für ihn selbst so ihre eigene Faszination mit Elementen von Spannung, Abenteuer, Abwechslung und Risiko: "Nach einem VfB-Spiel. Da sind wir mal mit auf die Königsstraße, da ist es abgegangen, aber wir haben halt nur zugeschaut" (1992: 14;16ff). Dieses Gefühl von Faszination verbunden mit Verharmlosung äußert Enrik auch, als er auf die Ereignisse in Rostock-Lichtenhagen angesprochen wird: "Ein bisschen lustig haben wir das schon gefunden" (1992: 6; 34). Beeindruckt hat ihn dabei vor allem die Größe und Stärke der randalierenden Menge: "Also wie viele das war'n!" (1992: 6; 35). Im Vollzug eines Handlungsbedarfs, d.h. als Beenden eines schon längerandauernden, in seinen Augen unbefriedigenden Zustands sieht Enrik die Legitimation für diese Ausschreitungen: "Dass überhaupt mal etwas gemacht wird halt" (1992: 6; 35f). Politische oder moralische Bedenken äußert er nicht. Auch im direkten Erfahrungsbereich betont E. die Legitimität seiner bzw. cliqueneigener Begründungsmuster für Gewalt: "Wir haben noch nie so richtig ohne Grund was angefangen." (17;10 f), wobei immer auch das enthaltene Risiko eingeschätzt und die damit verbundenen Folgen kalkuliert werden: "Also wenn die anderen überlegen sind, dann gehen wir eben, halten uns dann zurück" (1992: 12; 2ff).

Auf die Gültigkeit von Fairnessregeln angesprochen, verneint er sie mit einem wissenden Lachen und meint: "Das ist nirgends mehr so" (16; 37). Enrik findet dies zwar nicht in Ordnung, nimmt aber die Tatsache fast schicksalhaft hin: "Vor allem wenn man in solch einer kleinen Gruppe ist, zu fünft und die Gegner kommen einem entgegen, dann bist du eben verloren" (1992: 15;3 ff). In der durch den Revanche-Gedanken angetriebenen Gewaltspirale werden die als Feindbild abgewerteten ausländischen Jugendlichen plötzlich zum gleichwertigen Partner in diesem "Spiel": "Ich meine, wenn die Ausländer zu mir herkommen und so und ich bin alleine, dann sagen sie, ah und so, dann sage ich, was soll das, einer gegen einen, dann sagen die, na also, wenn wir z. B. mit Ausländern diskutieren, und sagen, das macht halt jeder, z. B. wenn zehn Skinheads einen Ausländer zusammenschlagen und die, die sind dann auch zu zehnt und dann machen sie das auch und dann geht es eben immer so hin und her. Da ist keiner besser oder schlechter" (1992: 16; 38ff). Generell billigt Enrik personale Gewalt gegen Migranten: "Und wenn sie von jemanden aufs Maul kriegen, dann ist es mir egal" (1992: 5; 36f). Und in der Ablehnung von direkter Gewalt gegen Flüchtlinge fordert er umso schärfer Aktionen gegen seine primären "Gegner": "Anstatt die Asylantenheime zu überfallen, sollten sie lieber mal so ein paar Diskos von Ausländern ..." (1992: 5; 11ff); "Aber mir wäre es halt lieber, wenn sie nicht die Asylanten, sondern die Ausländer, wo hier halt, welche hier halt so, Ausländercliquen, wenn sie solche eher schlagen täten" (1992: 6; 39ff).

Hinsichtlich repressiver staatlicher Gewalt wünscht er sich ebenfalls eine härtere Gangart als Lösungsversuch dieses von ihm wahrgenommenen Problems, so z.B. durch die sofortige Abschiebung von "Scheinasylanten" (8; 7ff) bzw. "eben härter vorgehen. Einreiseverbot und so" (18; 19f). Ebenso plädiert er für ein härteres Durchgreifen der Polizei: "...wenn es um die harten Drogen geht, schon. Müsste man schon machen!" (17; 39f). Auch die Einführung der Todesstrafe könnte Enrik sich "in manchen Sachen schon" (18; 8) vorstellen. Allerdings spricht er sich im familiärem Bereich gegen körperliche Sanktionen aus: "Das bringt ja nichts, Bestrafungen, in meinen Augen" (1992: 32; 18f).

In puncto eigener Gewalttätigkeit übt er Zurückhaltung: "Weil wir halt noch die Jüngeren sind!" (1992: 15;22ff), wobei in seiner Begründung unklar bleibt, ob dies aus taktischen Gründen geringer Durchsetzungswahrscheinlichkeit oder unter Hinweis auf das Einhalten altersspezifischer Normen geschieht. Allerdings findet er es "überwiegend" richtig, dass bei ihm "die Faust ziemlich locker" sitzt bzw. dass er schon ausrasten könnte, wenn ihn "einer schief anguckt" (Fb.1992; 9). Über eigenes praktiziertes Gewalthandeln äußert Enrik nichts bzw. erweckt er den Eindruck, dass er sich hier noch (oder wieder) zurückhält. Anscheinend war er noch nie in härtere Auseinandersetzungen verwickelt (vgl. 7;9ff). In Anbetracht seines 'früheren Daseins' als Skin bzw. seines jetzigen Status Hool und der Einbindung in einer der Gewalt nicht abgeneigten Clique - "wenn's uns dann halt stinkt, dann ..." (11; 6) - sind hier aber konkrete Erfahrungen, evtl. noch unterhalb der Ebene härterer körperlicher Auseinandersetzungen anzunehmen. Außerdem bemerkt er, dass er sich normalerweise mit "CS-Gas" ausrüstet zur Verteidigung (vgl. 37;2). Hierunter fällt auch das fast durchgängige Auftreten zu dritt oder viert bzw. das Meiden von "gefährlichen" Orten.

Fazit für 1992: Enriks "rechte" Orientierung "gegen Ausländer" ist primär nicht ideologisch aufgeladen, sondern ist auch ohnedies funktional für die Legitimation und Begründung seiner ausgeprägten Gewaltakzeptanz. Dadurch finden die, wesentlich durch die Mechanismen männlicher Lebensbewältigung (Risikoverhalten, Abenteuer- und Erlebnisdrang, Konkurrenzorientierung) bzw. durch die Eigendynamik der männlichen Clique (Raumbesetzung, Inszenierungen) gespeisten Gewaltphantasien (siehe dazu weiter unten) eine konkrete Zielgruppe. Außerdem können dadurch die durch das eigene Verhalten (z.B. während der "extremen" Phase als Skin) mitverursachten Reaktionsweisen der nichtdeutschen Jugendlichen (Zusammenschluss zu wehrhaften bzw. zunehmend militanten Cliquen und Gangs; offensive Auseinandersetzung mit der rechten Szene) quasi in einer Ursache-Wirkung-Verkehrung auf diese als Schuldige zurückgeworfen werden, wobei als Rückkoppelungseffekt evtl. die eigene Feindbild-Orientierung bestätigt und weiter gefestigt wird. Während die vormalige Phase als Skinhead wohl wesentlich durch das Vorbild des älteren Bruders mitbestimmt war - dieser war nach Aussagen eines Jugendarbeiters eine bekannte Figur in der rechten Skin-Szene von W. -, ist die aktuelle Ausrichtung Enriks als Hooligan vor allem auch taktischen Erwägungen geschuldet, d.h. der im Verhältnis eher ungefährlicheren Möglichkeit, als Hool zwar im Gewaltbereich aktiv zu sein, dabei aber nicht so stark im Brennpunkt des öffentlichen Interesses zu stehen und vor allem nicht so stark der Aufmerksamkeit und der damit verbundenen Repressionen der öffentlichen Kontrollorgane sowie der damit verbundenen politischen Stigmatisierung zu unterliegen. Zweifellos existieren bei Enrik aber auch noch politisch rechte, zum Teil übernommene Deutungsmuster, die u. a. durch seine Einbindung in die "Szene" (z. B. Oi-Band und die entsprechenden Inhalte) am Leben gehalten und evtl. auch verstärkt werden.

Im Bereich der Gewaltakzeptanz hat sich bei E. 1993 seit dem letzten Interview wenig geändert. E. billigt und erlebt Gewalt, jedoch erlebt er diese Gewalt als harmlos und akzeptiert sie als einen "normalen" Teil seines Lebens und Verhaltens: "... dann schlägt man sich kurz, ... und dann hat sich das" (1993: 6;21 ff).

Beleuchtet man die verschiedenen Ebenen von Gewalt, so fällt zunächst auf, dass E. fremdausgeübte - und hier auch staatlich ausgeübte - Gewalt durchaus billigt bzw. sogar fordert. Einerseits versteht er die von den jugendlichen Türken ausgeübte Gewalt als für ihn aus verständlicher Wut heraus begangene Vergeltungsmaßnahme (vgl. 19;4) und kann das Handeln der Türken daher nachvollziehen; andererseits fordert er eine harte Bestrafung für die Jugendlichen, die den Anschlag in Solingen begangen haben: E: "Ich meine, immerhin sind sie ja Mörder, also Strafen würde ich schon geben." F: "Eine lange oder schwere?" E: "Ja, Gefängnis, einige Jahre." F: "Obwohl sie noch so jung sind?" E: "Ja. Also mit 16 muss man langsam wissen, was man tut, finde ich, denke ich, deswegen" (1993: 19; 26 ff). Das erstaunt umso mehr, als E. die Schuldfähigkeit der Täter extrem niedrig ansetzt und die Intentionalität ihres Handelns gering schätzt: "Ja die wo so was machen, sind meistens Mitläufer. Wollen sich irgendwie beweisen oder wollen auffallen, im Mittelpunkt stehen. Oder wurden überredet, was weiß ich. Wollen den Coolen heraushängen lassen, denken sich nichts dabei oder ist gar nicht die Absicht, kommt aber sowas dabei heraus"(1993: 19;12 ff). Dieser Gedankengang zeigt auch einiges über Enriks eigenes Verhaltensmuster im Bereich der Gewaltanwendung: Ohne sich auf irgendeine rationale Art Gedanken über die Wirkung auf die Opfer zu machen oder sich damit auseinander zu setzen, warum gerade bestimmte Menschen zu Opfern werden, scheint sich hier die Erklärung für Gewalt im Bereich von weit verbreiteten Standards (nicht nur) jugendtypischer männlicher Sozialisation (hier: unreflektierte Coolness, Auffallenwollen) zu finden. Trotzdem fordert E. hohe Strafen für die Täter, nicht, weil die Tat grundsätzlich jeglichen Menschenrechten und demokratischen Grundsätzen zuwiderläuft, sondern eher, weil er erkennt, dass eine solche Tat aus dem Rahmen des normalen gesellschaftlichen Gefüges von Regeln und Gesetzen fällt und aufgrund des Todes der Opfer nicht mehr ohne weiteres verharmlost werden kann. Da E. selbst hohe Anpassungstendenzen zeigt (vgl. Enrik 1992) und sich den Regeln und Normen der Gesellschaft unterwirft, um keinen Sanktionen ausgesetzt zu sein, kann er die von den Tätern begangene Norm- bzw. Gesetzesverletzung nicht tolerieren, weil er dann die Richtigkeit seines eigenen Verhaltens in Frage stellen müsste.

Wie im letzten Interview bringt er auch 1993 zum Ausdruck, dass er bereit ist, Gewalt anzuwenden, wenn es seinen eigenen Interessen dient. Im Freizeitbereich scheint es zu gewalttätigen Auseinandersetzungen zu kommen ("Dann schlägt man sich kurz."; 6;19 ff). Gerade dann, wenn E. sich "angemacht" fühlt (ebd.) - wobei er diesen Begriff nicht näher definiert -, ist er bereit, Gewalt einzusetzen. Dabei hebt er nicht mehr Ausländer als primäre Feinde hervor: "Wenn mich ein Deutscher anmacht, haue ich dem aufs Maul, genauso, wenn es ein Ausländer ist" (1993: 6; 30 ff). Gleichzeitig betont E., dass Schlägereien sehr selten vorkommen und dass es auch verbale Möglichkeiten gibt, einen Konflikt zu lösen: E: "Z.B. derletzt in der Disko, da haben gerade so Ausländer aus Sch. oder H., oder was das war, haben sie gemeint, sie wollen mich schlagen, weil ich früher mal rechts war." F: "Ach, das wussten die dann?" E: "Ja, ja. Ja gut, stelle mich hin mit meinen Kumpels." F: "Hier drin?" E: "Ja. Hauptteil Ausländer, kamen die halt an, ja, dann kam einer von denen zu mir her, hat mit mir geredet, dann habe ich ihm gesagt, dass ich nicht mehr rechts bin, und dann hat sich das gehabt. Da gab es nichts" (1993: 7;8-18). Der Druck, den er hier als "Ex-Rechter" von den Ausländern erfährt, offenbart einen möglichen Grund für E.s Kurskorrektur: dass er sich auch zwangsläufig anpassen muss, wenn er das Jugendhaus weiter besuchen will.

Während E.s Gewaltbereitschaft im privaten Bereich stabil bleibt, vielleicht auch zunimmt - diesbezüglich sind die auswertbaren Angaben E.s widersprüchlich -, distanziert er sich im Gegensatz zu früher von politischer Gewalt. Danach befragt, ob er sich vorstellen kann, eine ähnliche Tat wie die Solinger Jugendlichen zu begehen, antwortet er: "Mit dreizehn vielleicht, aber ich glaube nicht, dass so was gemacht worden wäre, damals. So ein Feuer legen oder so, das glaube ich nicht" (1993: 20;1 ff). Auch wenn er in seiner Einlassung bezeichnenderweise grammatisch das Akteursbezeichnungen vermeidende Passiv wählt, gibt er hier doch zu erkennen, dass er einerseits ähnliche Aktionen angesichts des damals von ihm bezogenen Standorts nicht gänzlich ausschließen kann - wobei er mit dem Hinweis auf das Alter aber wohl auch eine damalige Unreflektiertheit und geringere Reife für eine solche Möglichkeit in Anrechnung bringt -, andererseits aber auch anscheinend schon derzeit das Eskalationsniveau eines Brandanschlages für zu hoch gehalten hätte.

Eine Schlägerei wegen Mädchen kann E. sich vorstellen (vgl. 30;1 ff). Sollte er sein Mädchen "mit einem anderen erwischen", so würde er "erst ihm eine aufs Maul (geben, d.V.) und dann ihr." (30;5). Diese Art von Gewaltbereitschaft reproduziert ein weitverbreitetes männlich(-adoleszent)es Verhaltensrepertoire in der maskulin hegemonialisierten Gesellschaft.

Fazit für 1993: Enriks Selbsteinschätzung seiner Einstellung ("nicht mehr rechts") korrespondiert vordergründig mit seiner veränderten Einstellung gegenüber Ausländern. Auch das zunehmende Abweichen von extremen Gruppen deutet auf eine Distanzierung von stereotypen Feindbildern hin. Das nähere Kennenlernen von ausländischen Jugendlichen im Freizeitbereich hat offenbar dazu geführt, dass E. "Ausländer" nicht mehr als anonyme Masse oder konkret bedrohliche Gruppe wahrnimmt, sondern in Individuen differenziert. Es ist jedoch zu vermuten, dass E. nach wie vor z.T. rechte Gedankenmuster internalisiert hat und seine neugewonnene "Neutralität" eher einem Kosten-Nutzen-Denken entspringt, das daraus resultiert, dass er sich in seiner Freizeit zunehmend mit Ausländern arrangieren muss, soll es nicht zu permanenten Konfliktsituationen kommen. Dafür spricht auch, dass E. sich von Rechtsdenkenden nicht distanziert, sondern Verständnis für ihre Haltung hat und sie als "normale Leute" bezeichnet. E. betont, dass es zur Zeit "wenig Probleme" gibt und dass er mit den meisten Leuten mehr oder weniger gut "klarkommt". Dies und seine Abkehr von extremen Gruppen weisen auf eine hohe Anpassungstendenz hin (vgl. Enrik 1992). Anders als seine anscheinend gemäßigtere Einstellung gegenüber Ausländern ist seine Bereitschaft nicht gesunken, Gewalt im privaten Bereich auch selber auszuüben. Hierbei richtet(en) sich die Gewalt(phantasien) nicht mehr stereotyp gegen als "Gegner" empfundene Gruppen, sondern nur noch gegen Personen, die E. "anmachen", also - zumindest nach seiner subjektiven Wahrnehmung - seine Integrität angreifen. Die Tatsache, dass E. den Begriff des "Anmachens" verwendet und nicht genauer definiert, spricht dafür, dass er hier eher auf bestimmte Reizwörter oder 'Anmachgesten' reagiert und durch eine prompte Reaktion darauf seine Wehrhaftigkeit demonstrieren will, als dass er in Reaktion auf von ihm reflektierte, inhaltliche Aspekte anderer Meinungen oder Einstellungen Gewalt einsetzt. Andere Gewaltvorstellungen (z.B. in Zusammenhang mit Konkurrenz um Mädchen) entspringen mindestens ebenso deutlich gängigen Mechanismen geschlechtsspezifischer Jungensozialisation.

1994 hat Gewaltausübung einerseits für E. jegliche Attraktivität im Sinne eines aktiv gesuchten Faszinosums verloren. Andererseits zeigt er aber nach wie vor Gewaltbereitschaft verbunden mit hoher Reaktanz. Seine Äußerungen belegen zudem, dass er Gewalt noch immer normalisiert und verharmlost. Nach seiner Einstellung zur Gewalt befragt, antwortet er: "Ich bin schon ruhiger geworden" (1994: 20;23);

"Ja also von mir aus kommt gar nichts. Geh weg, ich will meinen Spaß haben, schau auch keinen krumm an oder so, wenn mich jetzt einer anrempelt oder so und sagt 'hey, Entschuldigung' dann ist das ja o.k. und so" (1994: 26;14 ff).

Enrik entwickelt - ähnlich wie im ersten Interview, nunmehr aber nicht bezogen auf Ausländer - wieder starke Bedrohtheitsgefühle und fühlt sich als Opfer, womit er seine eigene Gewaltbereitschaft, in Form von Gegenwehr oder auch Rache eingesetzt, begründet und rechtfertigt. Diese Bedrohtheitsgefühle resultieren aus einer konkreten Erfahrung von Gewalt, die er vor kurzem gemacht hat. Nach eigenen Angaben sind er und ein paar Freunde grundlos die Opfer einer Schlägerei geworden, die andere deutsche Jugendliche begonnen haben. Im Verlauf der Schlägerei ist E. die Nase gebrochen worden (vgl. 21;19 ff). Aufgrund der erlebten Übermacht der anderen Jugendlichen und somit seiner eigenen relativen Wehrlosigkeit entwickelt er starke Bedrohtheitsgefühle: "Das Schlimme sind nicht die Schmerzen, das ist Scheiße, das ist nach drei Tagen weg, das ist nur das, dass du im Endeffekt nirgendwo mehr hingehen kannst, ohne die ... Wenn ich irgendwo hingehe, muss ich immer damit rechnen, du hast immer irgendwo, pass auf, du musst aufpassen, es kann losgehen" (1994: 22;18 ff). Diese Erfahrung hat auch zu großer Wut geführt, so dass E. - zumindest nach seiner verbalen Bekundung - zum äußersten bereit wäre: "... das ist das, was ich nie akzeptieren werde. Und wenn ich zu diesem Zeitpunkt irgendeine Waffe gehabt hätte, dann hätte ich ihn umgebracht, das ist mir so zur Zeit scheißegal" (1994: 22; 12-16). Wohl der Umstand, dass E. sich durch das durchgeführte Fitnesstraining körperlich sehr verändert hat und auch "stärker" geworden ist sowie seine noch vorhandenen lockeren Beziehungen zur Hool-Szene bewirken, dass aus seinen Bedrohtheitsgefühlen keine manifesten Angstgefühle resultieren, die in Vermeidungsverhalten münden (vgl. 1994: 27;22 ff).

E. zeigt also latent noch immer eine hohe Gewaltbereitschaft. Er generalisiert seine Erfahrung und sieht eine allgemein zunehmende Gewaltbereitschaft in der Gesellschaft. Dieses führt er u.a. auf "mangelnden Respekt" der Jüngeren vor den Älteren und auf ein "Absinken der Hemmschwelle" bei der Jugend zurück (vgl. 22; 26 ff). Den Grund dafür, dass sich schon Kinder "blutig" schlagen, sieht er in einem gestiegenen Fernsehkonsum, obwohl der Grund für seine eigene Gewaltbereitschaft nicht das Fernsehen, sondern eher die "rechte" Szene war ("Nein, nicht vom Fernsehen. Bei uns war das halt so, da waren wir in der rechten Szene ...."; 1994: 23;21 ff): "Das hat aber, das ist aber ein Gesellschaftsproblem, das hat, glaube ich, Fernsehen, gerade im Fernsehen sieht man, und das ist cool, und der große Bruder sagt dann wahrscheinlich noch, hey, hau gleich aufs Maul, und das wird halt immer krasser. In zehn Jahren werden wir amerikanische Verhältnisse hier haben, so dass hier jeder mit Colt herumläuft und solche Scherze" (23; 6 ff).

Obwohl die gemachte Gewalterfahrung E. stark verunsichert hat, zeigt er in seinen diesbezüglichen Bewertungen dieser Situation wie gewohnt starke Abschwächungs- und Normalisierungstendenzen wie "dumm gelaufen halt" (1994: 21;39) und "ist passiert, härtet ab" (1994: 24;24). Das deutet darauf hin, dass er sich nicht wirklich mit seiner eigenen Verletzbarkeit auseinandersetzen kann, sondern sie hinter die Fassade scheinbarer männlicher Invulnerabilität verdrängt. Rückblickend auf seine eigene vormalige Gewaltbereitschaft - "früher bin ich halt weg in die Disko und wollte da auch Streit oder so, habe es auch darauf angelegt, ich habe auch bloß gewartet, bis irgendwas ist", (26;20 ff) - verklärt und verharmlost E. sein früheres Verhalten, obwohl er im ersten Interview ebenfalls starke Bedrohtheitsgefühle gegenüber anderen (ausländischen) Jugendgruppen entwickelte: "Da war das ein Kräftemessen, dann war das o.k., da hat man sich geschlagen und der Bessere hat gewonnen ... da ist man aber nicht zu zwölft auf einen Typen los oder zu dritt und hat ihn ohne Grund da irgendwie, jetzt also aufs Maul gehauen oder so" (1994:

23;27 ff); "Ja mein Gott, man hat sich halt immer Leute gesucht, wo man gewusst hat, die wollen 's auch, ja, das war halt, zwischen denen Gangs oder zwischen den Banden ist es halt Tradition, dass man sich mal misst, ja wer ist besser drauf, wer ist der Gewinner ..." (1994: 23;27 ff). Im Gegensatz zu der "heutigen" Gewalt, die E. als bedrohlich und unfair empfindet, schätzt er die damals von ihm ausgeübte Gewalt im Widerspruch zu seiner schon 1992 gemachten Einlassung, Fairnessregeln seien verlorengegangen, eher als einen "sportlichen Wettkampf" ein, in dem alle (männlichen) Beteiligten die gleichen Chancen hatten, und der deshalb nicht moralisch bewertet wird. Dass es sich hier bei ihm um eine ritualisierte Gewaltauffassung und die Verherrlichung bestimmter Gewalttraditionen handelt, wird an Formulierungen wie "...Kräftemessen...", "nicht zu zwölft auf einen Typen los", nicht "ohne Grund", "wo man gewusst hat, die wollen 's auch", "Tradition" etc. deutlich. Nach seiner momentanen "Reizschwelle" für Gewaltanwendung befragt, antwortet E.: "Wenn er ein Mädle von mir anmacht oder so, oder wenn er einen Kumpel anmacht" (1994: 25;36 f) und "Ich lass mich von keinem Wichser nennen oder so, das sehe ich gar nicht ein" (1994: 26;8 f). Damit sind Lebensinhalte als Auslöser benannt, die traditionelle Stützpfeiler männlicher Identität betreffen: Die Konkurrenz um Mädchen, der kumpelhafte Zusammenhalt unter Jungen und die eigene sexuelle Integrität, die durch den Vorwurf der Selbstbefriedigung - der in das unter Männern/Jungen gebräuchliche Schimpfwort "Wichser" gekleidet wird - verletzbar erscheint.

Gegenüber fremdausgeübter Gewalt zeigt er Toleranz und Gleichgültigkeit, solange sie ihn selbst nicht betrifft und er davon ausgehen kann, dass sie von den Beteiligten aktiv gesucht wird: "Ja z.B. wenn sie auf Gewalt aus sind, dann sollen die sich die Leute suchen, die auch auf Gewalt aus sind oder so, aber das ist dann mehr weniger der Fall, dass so was ankommt. Falls sich da mal ein paar klopfen, die sollen das beide richtig jetzt wollen und so ..." (1994: 25;20 ff).

3. Zusammenhang der politischen Orientierung mit sozialen Erfahrungen und Erfahrungsstrukturierung
3.1 Erfahrungen und Bearbeitungsressourcen
3.1.1 Problembelastungen und zentrale Interessenlagen

1992 rückt Enrik neben "kleineren" Ärgernissen und Konfliktpunkten (nur teilweise befriedigende Freizeitmöglichkeiten; Anpassungsdruck, Kontrolle und Stigmatisierung im Dorf) eine andere Problematik in den Vordergrund: die Bedrohung und die damit verbundene Einschränkung seiner Lebensmöglichkeiten durch ausländische Jugendliche - "Türken, alles Türken, Italiener, Griechen." (4; 19) - und durch "Linke, Autonome" (9; 14). Diese Gruppen macht er in diesem Jahr verantwortlich für Einschränkungen seines Lebensstils, da er sich damit konfrontiert sieht, dass seine Kleidung, seine äußere Erscheinung und sein Auftreten quasi ein "Risikofaktor" ist: "Zum Beispiel jetzt, da wo wir auf die Schule gehen, in dem Ort, das ist sehr schlimm, also da braucht man gar nichts großes tun, da bekommt man, wenn man die richtigen Klamotten anzieht und eine bestimmte Frisur hat, dann bekommt man gleich eine auf die Schnauze" (1992: 3; 12ff). Damit korrespondiert in seiner Wahrnehmung eine Einengung des Raumes - "In W. gehe ich eben nur in unseren Proberaum" (4; 14f) - , also das Gefühl, dass bestimmte Orte und Plätze gefährlich und deshalb zu meiden sind: "Und in W. ist es so, am Abend nach der Probe z.B., wir gehen nicht über den Bahnhof ... weil da würden wir sicher wieder von einem solchen Clan eine auf die Schnauze bekommen" (1992: 3;17ff). Er ist also gezwungen, ein Ausweichverhalten an den Tag zu legen - "wenn ich halt eine Menge Ausländer zusammen sehe, dann mache ich eben einen Bogen um sie herum und laufe nicht zwischendurch" (7;11ff) - bzw. sich in "feindlichem Gebiet" möglichst nur im Rahmen der schützenden Gruppe, also zu dritt oder zu viert, zu bewegen. Durch das Anmach-Verhalten der ausländischen Jugendlichen fühlt er sich belästigt und provoziert: "... dann schreien sie dir hinter her und sagen, komm mal her und so und überhaupt, das kann ich halt nicht ab" (1992: 4;5 f). Ansatzweise beschreibt E. seine Lage in diesem Jahr als die eines potentiellen Opfers, das gejagt und nicht in Ruhe gelassen wird: "Die kommen dann her und fragen dich, ob du rechts bist, und wenn du ja sagst, dann hast du sofort eine auf dem Maul!" (1992: 3; 33ff). Allerdings verbergen sich hinter diesen (und auch anderen - siehe die Hooliganerlebnisse) potentiell gewalthalthaltigen Konfliktsituationen nicht nur bedrohliche, sondern 1992 noch auch reizvolle Aspekte, die auf seine Bedürfnisse nach Action, Abenteuer, Spannung und Risikoerfahrung hinweisen.

1993 haben sich im Vergleich zum ersten Interview Verschiebungen ergeben. Wahrscheinlich bedingt durch seine veränderte Einstellung gegenüber Ausländern und durch ein unauffälligeres Outfit (E. kleidet sich nicht mehr als Skin oder skinähnlich, vgl. 1993: 6;33 ff) kommt es i.d.R. nicht mehr zu Territorial- und Konkurrenzverhalten und damit zu zumindest latent gewalthaltigen Konflikten zwischen E.s Clique und ausländischen Jugendgruppen. Dies vermindert E.s Bedrohtheitsgefühle und sein Empfinden, von diesen Gruppen in seiner persönlichen Freiheit eingeengt zu werden. Das veränderte Auftreten von E.s Clique (E. schätzt seine Freunde auch nicht mehr als "rechts" ein; vgl. 7; ff) hat dazu geführt, dass die Kette von gegenseitigen Provokationen und Schuldzuweisungen zwischen den einzelnen Gruppen unterbrochen worden und somit ein mehr oder weniger gewaltfreies Nebeneinander möglich geworden ist. Ursächlich für E.s verändertes Auftreten ist möglicherweise das veränderte Freizeitangebot, das ihm und seinen Freunden zur Verfügung steht. Da keine Übungsräume, die mit Instrumenten bzw. Verstärkern ausgerüstet sind, mehr verfügbar sind, und den ehemaligen Bandmitgliedern das Geld zum Eigenerwerb fehlt (vgl. 3;7 ff), hat sich die (Skin-)Band aufgelöst. Daher kommen die Mitglieder der Clique jetzt weniger mit ihren ehemaligen, rechtsorientierten Bekannten zusammen, sondern verbringen jetzt viel Zeit im neueröffneten Jugendhaus, das einen hohen Stellenwert für E.s Freizeitgestaltung hat (vgl. 9; 19f). Möchte E. das - auch von ausländischen Jugendlichen stark frequentierte - Jugendhaus weiter nutzen, mag es ihm ratsam erscheinen, sich den gegebenen Erfordernissen (friedliches Zusammensein mit ausländischen Jugendlichen) anzupassen.

E. selbst gibt als sein z.Zt. größtes Problem "die Schule" an (Fb. 2;10). Durch die Teilnahme an einem kaufmännischen Praktikum und die Erzählungen von bereits arbeitenden Bekannten ist ihm bewusst geworden, dass es schwierig ist, eine gute Lehrstelle zu bekommen, bzw. nach der Lehre übernommen zu werden (vgl. 1993: 11;7 ff). E. ist klar geworden, dass er einen guten Abschluss (Mittlere Reife) benötigt, um überhaupt Chancen auf dem Arbeitsmarkt zu haben. Notenmäßig steht er aber in der Schule z. Zt. nicht gut ("Mathe vier bis fünf, Physik und Chemie auch so", 14;27). E. schätzt sich selbst als "faul" ein (vgl. 14;38 f) und interessiert sich für viele Fächer in der Schule nicht (1993: 14;32 ff). Da er aber eingesehen hat, dass er lernen muss, um einen guten Abschluss zu bekommen, empfindet er den Rest seiner Schulzeit als "stressig" (vgl. 15;15 f). In diesem Bereich ist bei E. ein Reifungsprozess im Sinne von Vorausplanung und Abstimmung des eigenen Verhaltens auf zu erwartende Probleme eingetreten. E. richtet sein Verhalten nicht mehr nur nach augenblicklichen Bedürfnissen und Situationen aus, sondern erkennt, dass er Aussichten hat, mit einer gegenwärtigen Verhaltensmodifikation ("lernen") seine zukünftige Situation beeinflussen bzw. verbessern zu können.

Während E.s Hauptbelastung 1993 im schulischen Bereich lag, hat sich 1994 eine Ausdehnung der Belastungen auf verschiedenen Lebensbereiche ergeben. So gibt er im Fragebogen an, dass seine größten Probleme "zu wenig Geld", "schulische Probleme" und "die weitere Lebensplanung" sind (vgl. Fb. 3;10).

Abgesehen davon, dass E. - wie schon erwähnt - wieder starke Bedrohtheitsgefühle verspürt, die zu einer subjektiv empfundenen Einengung unbekümmerter Bewegungsfreiheit führen, liegt seine größte Belastung z. Zt. darin, dass er einerseits gerne einen gutbezahlten Beruf erlernen möchte, um am gesellschaftlichen Wohlstand partizipieren zu können, dass er aber andererseits für sich selbst keine guten Chancen sieht, dies zu erreichen. Er distanziert sich deshalb von gültigen gesellschaftlichen Leistungsprinzipien und schwankt z. Zt. zwischen Identifikation und Gegenidentifikation in bezug auf das Leistungsprinzip als dem wesentlichen sozialen Platzierungsmechanismus unserer Gesellschaft. Mit E.s hohem Anspruchsdenken in bezug auf Konsumstandards ("...bin halt ein bisschen eitel," 35;25 und ".. in tollen Klamotten oder so, fühle ich mich dann wohl", 35;35) korrespondiert seine Einschätzung, "zu wenig Geld" zu haben und die Problembelastung in der Schule, da er - wie er weiß - einen möglichst guten Abschluss machen muss, um überhaupt eine Chance auf dem Arbeitsmarkt zu haben. Enrik stellt hohe Konsumansprüche und möchte dementsprechend später einen Beruf ausüben, der nicht näher konkretisierte sachlich-inhaltliche ("Spaß") und instrumentelle Arbeitsinteressen zu befriedigen erlaubt und in dem er sich nicht besonders "anstrengen" muss, aber trotzdem viel Geld verdient: "Ich bin kein Handwerker, ich bin auch kein Techniker. Außerdem hasse ich es, dreckige Arbeit zu machen oder sonst einen Scheiß. Ich möchte einen sauberen Kragen." (1994: 10;27 ff;); "Was ich mir wünsche? Einen Job, der mir Spaß macht und viel Geld bringt." (1994: 35;34 f); "Und ich habe halt ziemlich hohe Ansprüche, gerade was Klamotten betrifft oder so, bei mir muss es halt immer das Teuerste sein. Den Standard, wo ich habe, den kann ich mir halt so nicht leisten" (34;39 ff). Diese Äußerungen und auch E.s Bemühungen in der Schule (er hatte im ersten Halbjahr des letzten Schuljahres drei Fünfen und hat sich im zweiten Halbjahr in allen drei Fächern verbessert, vgl. 5;26 ff) zeigen, dass er sich eindeutig mit der Leistungsgesellschaft identifiziert und auch bereit ist, Opfer im Sinne von Bedürfnisaufschub zu bringen, um sich in die Erwachsenengesellschaft integrieren zu können. Den hohen Grad der erfolgten Anpassungsbereitschaft an das gesellschaftlich gültige Leistungsprinzip zeigen auch einige Redewendungen, die E. im Gespräch verwendet: "Von nichts kommt nichts." (1994: 34;34); "Irgendwo muss ich auch schauen, wo ich bleibe." (1994: 34;38 f); "Man bekommt halt nichts geschenkt im Leben" (1994: 36;5).

Allerdings hat E. auf seine bisher eingeschickten Bewerbungen auf Lehrstellen im kaufmännischen Bereich nur Absagen erhalten, was bei ihm zu Frustrationen und mangelndem Selbstvertrauen geführt hat. Die Angst vor weiteren Absagen führt dazu, dass E. in dieser Hinsicht recht fatalistisch geworden ist und einfach alles auf sich zukommen lässt ("Ich mache halt gar nichts in der Beziehung", 10;16). Ausgelöst durch die - als relativ ausweglos erlebte - Situation, entwickelt er große Zukunftsängste und Unzulänglichkeitsgefühle, was wiederum verursacht, dass er sich von dem Leistungsprinzip und der Konsumorientiertheit der Gesellschaft und von Deutschland als Heimatland kritisch distanziert: "Also... ich weiß bloß, dass ich später mal vielleicht aus Deutschland weg will." (1994: 28;3 f); E: "Also die Deutschen, die Leute sind wirklich so, ich weiß auch nicht, grau (...), irgendwie so komisch drauf, alles so streng. Wenn man sich umschaut so, in der S-Bahn oder so, hocken sie alle mit so einem Face da, und ... " F: "Also nicht lebenslustig oder so?" E: "Ja. Der Deutsche hat echt nur Sorgen, dass er seinen Job hat, dass er die Kohle hat, die sparen für's Alter, alles mögliche, (...) konservativ." (1994: 28;13 ff); "In Deutschland dreht sich jetzt alles ums Geld, kommerziell ohne Ende, und im Urlaub habe ich es gesehen in Jugoslawien, da rennen die 14jährigen in der Disko rum, und es kümmert sich keiner darum, es ist halt mehr locker" (1994: 29;3 ff). Indem sich E. von den gesellschaftlichen Mechanismen distanziert, an denen er eigentlich gerne teilhaben würde, kann er seine eigenen Frustrations- und Unzulänglichkeitsgefühle verdrängen und muss sich selbst nicht die Schuld geben, wenn er sich aktuell nicht besonders anstrengt und selber in dieser Gesellschaft nicht die gewünschten Ziele erreichen sollte: "In zehn Jahren kann ich immer noch normal werden und vernünftig denken ..." (1994:34;16 ff). Die Abgrenzung von zielstrebigem Leistungsdenken und die Befürwortung von "Lockersein" und "Leben wollen" (vgl. 29;31 ff und 34;10 ff) fußen aber wohl auch in alterstypischen Denkmustern der Jugendsozialisation im Sinne von Sinnfindung, von Protest oder 'es anders machen wollen'. So ergibt sich bei E. momentan eine Diskrepanz zwischen Identifikation und Gegenidentifikation in bezug auf Leistungsprinzip und Konsumorientiertheit, was bei ihm zu nicht unerheblichen - zumindest momentanen - Unsicherheitsgefühlen führt. Einerseits ist er bereit, sich für das Erreichen seiner beruflichen (Zukunfts-)Ziele anzustrengen, andererseits hält er sich eine - mit seinem jugendlichen Alter begründete - Karenzzeit zugute, die ihm eine gewisse Bequemlichkeit und aktuellen Lebensgenuss ermöglicht.

3.1.2 Erfahrungen im sozialen Nahraum und seine sozio-emotionalen Ressourcen
Familie
Enriks Familienverhältnisse sind über den gesamten Erhebungszeitraum hinweg stabil. Er sieht 1992 alle vorgelegten Unterstützungsdimensionen (Geborgenheit, Akzeptanz, Vertrauen, tatkräftige Hilfe, Fb. 1992; 1) eingelöst und lässt in den Folgejahren diesbezüglich nicht mehr als die üblichen Ablösungsprozesse vom Elternhaus erkennen.

1992 fühlt sich E. in seiner Familie "eigentlich ganz wohl so" und sieht zumindest keine Konflikte in einer Größenordnung, "dass ich mich jetzt darüber groß aufregen müsste" (30; 23ff). Streitereien um seinen Ausgang hält er auch noch 1994 für "Lapalien" (15; 34ff); Selbstbestimmung in den Bereichen Kleidung, Verwendung des Taschengelds und Unternehmungen wird ihm schon früh gewährt (vgl. 1992: 30;33 ff). Zum Vater hat E. am meisten Distanz, obwohl er ihn zunächst positiv beschreibt: "Er erlaubt eben viel, es gibt kaum etwas, was er nicht erlaubt" (1992: 29; 26f). E. möchte aber nicht so werden wie sein Vater, denn es stört ihn "so die ganze Art ... korrekt und überhaupt" (1992: 29; 39ff). Das beste Verhältnis hat er schon 1992 zum Bruder (vgl.30;7). Dieser stimmt auch politisch mit ihm in der Rechtsorientierung im Gegensatz zu der "Mitte"-Position der Eltern überein (vgl.1992: 31; 21ff). Unter diesem Aspekt zeigt sich E. beeindruckt vom älteren Bruder: "... früher war er halt schon auch da bei den Skins dabei, das hat sich ja alles herumgesprochen, aber jetzt nicht mehr so ' (1992: 22; 39f). Deshalb bejaht er auch ansatzweise ("manchmal vielleicht" ; 1992: 25; 37f) den Vorbild-Impuls. Gemeinsam verbrachte Zeit gibt es in der Familie wenig, da beide Eltern berufstätig sind, und auch E. während der Woche seine Verpflichtungen hat (u.a. zwei feste Abendtermine). In seiner eigenen Einschätzung sieht er dies unproblematisch, wobei er dann meistens für sich alleine Musik hört. Von gemeinsamen Unternehmungen hält er nicht viel (vgl.25; 7 ff).

Hinsichtlich der politischen Meinungen liegen E. und seine Eltern zwar auseinander (s.o.); es gibt aber bzgl. der Ausländer-Thematik auch Übereinstimmungen: "Was man gerade so über Ausländer hört, z.B. auch gerade gegen Scheinasylanten und so, das finden sie auch nicht so toll" (1992: 31; 35ff).

Auffallend oft betont E. die Normalität seiner Familie mit Äußerungen wie "ja natürlich ... wie überall" (31; 2ff), "das ist ganz normal" (28; 12), "so im großen und ganzen geht es eigentlich" (27; 22). In bezug auf Bestrafungen der Kinder durch die Eltern verlegt E. solche Vorkommnisse in die Vergangenheit (vgl. 32;11 ff). Die doch vorhandenen Konfliktpotentiale (Taschengeld, Weggehen, Ansichten) entschärft er in seiner Darstellung durch den Hinweis auf ihre Normalität in einer durchschnittlichen Familie. Hinsichtlich der politischen Differenz bzgl. der Konflikte um das gewalthaltige Verhalten sowie des entsprechenden Outfits der Söhne, verbunden mit der Sorge um den guten Ruf der Familie (32; 2ff), kommt als weiteres Erklärungsmuster Resignation auf Seiten der Eltern ins Spiel.

Ebenfalls als normale und alltägliche Sache schildert E. "öfters" vorkommende körperliche Auseinandersetzungen mit seinem vier Jahre älteren Bruder, wobei er anklingen lässt, dass diese Konflikterfahrungen mehr emotionale Bewältigung von ihm verlangt haben: "Gewehrt und dann bin ich eben weg. (...) Ach, das war nicht so schlimm. Ungerecht, ich habe mich eben aufgeregt und was weiß ich" (1992: 33; 23 ff). Indem E. sehr stark die Normalität seiner Familie betont und kaum direkte Kritik äußert, wird die Durchschnittlichkeit dieses Lebensbereiches fast eine Grundqualität für ihn. Es gibt in seiner Darstellung weder Höhen noch Tiefen, alles ist "halb so wild" (s.o.). Insgesamt bietet sich 1992 das typische "Jungen-in-der-Familie"-Bild: Das Einräumen vieler Freiheiten und Spielräume bei gleichzeitiger und selbstverständlicher Inanspruchnahme der Grundversorgung, ohne sich allerdings auf große Auseinandersetzungen einlassen zu müssen.

Auch 1993 schätzt E. insgesamt seine Familie als "normal" ein, und auftretende Streitereien werden von ihm nicht unbedingt als belastend empfunden. Noch immer ist sein Bruder für ihn ein Identifikationspunkt, obwohl dieser aufgrund seiner Ausbildung und wegen seiner Freundin nur noch wenig Zeit für ihn hat.

1994 ist nach Enriks Auskunft in den Familienbeziehungen "alles gleich" geblieben (1994: 15; 4). Da sein Bruder seit längerem eine Ausbildung macht und nicht mehr viel Zeit für ihn hat, scheint jedoch keine Möglichkeit für E. mehr gegeben zu sein, persönliche Gespräche mit seinem Bruder zu führen.

Schule
Auch im Lebensbereich Schule kann sich E. angesichts nur geringer Bewältigungsanforderungen 1992 recht gut einrichten, d.h. auch eher unbefriedigende bzw. wenig motivierende Strukturen in Kauf nehmen, solange er sich in der Klasse im Kreis seiner Kumpels befindet und solange er nicht zu größeren Auseinandersetzungen aufgefordert wird. Diese Möglichkeit, z.B. aufgrund seiner politischen Orientierung, lehnt er mit Blick auf die Lehrer dementsprechend kategorisch ab.

1993 scheint sogar eine Art von Identifikation mit dem Leistungsprinzip erfolgt zu sein, da E. selber einsieht, dass er für gute Noten lernen muss, und dass er diese guten Noten benötigt, um eine Lehrstelle zu bekommen. Dieser Mechanismus wird von ihm akzeptiert und nicht in Frage gestellt.

Auch 1994 hat E. - abgesehen von der höheren Lernbelastung - in der Schule keine größeren Probleme und kann sich mit dem schulischen Anforderungskatalog arrangieren. Während sein bester Freund die Schule verlassen hat, hat E. jetzt einen engeren Kontakt zu einigen seiner MitschülerInnen und ist darüber besser in die Klassengemeinschaft integriert.

Freundes- und Bekanntenkreis
Den größten Teil seiner Freizeit verbringt E. 1992 mit drei festen "Kumpels", die im selben Ort (z.T. in der selben Straße) wohnen und mit denen zusammen er auch eine (Skin-)Rockband bildet. Sowohl als Freundes-Gruppe als auch als Band sind sie seit ca. einem Jahr zusammen. Außerdem gehen alle vier in die gleiche Klasse, wobei zwei Jugendliche ein bzw. zwei Jahre älter sind als E. Sie treffen sich "immer so um 17 Uhr oder so ... mehr abends, dann gehen wir nochmals weg, also am Wochenende oder so" (1; 9ff). Generell "sind wir auch meistens draußen ... jetzt zum Beispiel ist gerade Wasen (= Stuttgarter Volksfest; d. Verf.), in Disko oder so ... auf Parties gehen wir oft zu jemandem" (1; 23ff). Fester Treffpunkt der vier ist

eine Bushaltestelle in U., und zwar aufgrund ihrer zentralen Lage zwischen den Wohnungen der Jungen. Wenn sie sich dort aufhalten, passiert von außen betrachtet wenig: "Sitzen, etwas erzählen", sie machen "nicht viel Reden über alles, so was gerade anliegt oder so" (2; 11ff). Man sieht sich in politischer Übereinstimmung, die E. mit der konkreten, evtl. auch vorsichtigen Zuordnung als "nach rechts orientierte" (2; 29) Jugendliche zum Ausdruck bringt. Die Gruppe fungiert als Quelle von Geborgenheit, Akzeptanz und Vertrauen (Fb. 1992).Weitere Qualitäten der Gruppe sind für E. die Möglichkeit der Problemansprache bzw. der Unterstützung durch tatkräftige Hilfe (vgl. 12;1 ff) und die Schutzfunktion für den Einzelnen, gewährleistet durch die informelle Regel des Zusammenhalts in der Not (vgl. 11;34 f). Ein gemeinsames Interesse ist weiterhin die Musik, d.h. "eben so Oi-Musik, dann noch ganz normale Sachen so wie "Guns'n Roses", "Metallica" und so" (8; 38f). Als Beispiel für erstere Richtung nennt E. "Störkraft und so". Bei einem kurzen Besuch im Probekeller der Band bestätigten sich die mit der Befürwortung von Rechtsrock verbundenen Vermutungen über präferierte Inhalte. Bei zwei zur kurzen Einsicht ausgehändigten Texten handelte es sich um diffamierende Äußerungen gegen Autonome und gegen Türken, verbunden jeweils mit der Aufforderung, konkret gegen diese Gruppen vorzugehen. Zum freitagnachmittäglichen Probetermin im Jugendhaus von W. fahren sie als Vorsichtsmaßnahme immer zusammen als Gruppe: "Und in L. ist es so, am Abend nach der Probe z.B., wir gehen nicht über den Bahnhof, wir gehen da vor, weil da würden wir sicher wieder von einem solchen Clan eine auf die Schnauze bekommen' (1992: 3; 17ff).

Der Zusammenhalt in der Gruppe erweist sich vor diesem Hintergrund als notwendige Begleiterscheinung ihres exponierten Auftretens als "rechte Truppe": F:"Ja und wie erklärst du dir das, dass ihr immer gleich eine auf die Schnauze bekommt, wegen eurem Outfit, oder?" E:"Ja, wahrscheinlich. Die kommen dann her und fragen dich, ob du rechts bist und wenn du ja sagst, dann hast du sofort eine auf dem Maul" (1992: 3; 30ff). In diesem Zusammenhang erklärt sich evtl. auch eine Art Entschärfung in der Art der Präsentation der Gruppe als taktische Maßnahme: E:"Na ja, wir laufen jetzt ja auch eigentlich ganz normal herum, Joggingschuhe und so, so sind wir lange genug herum gelaufen und ..." F: "Mit was?" E:"Früher hatten wir alle Docs und so, Bomberjacken. F: "Also mehr Klamotten wie Skins?" E:"Ja." F:"Und wieso macht ihr das jetzt nicht mehr, ist das euch zu gefährlich oder?" E:"Ja, auch. Und es ist nicht mehr so extrem, also bei mir ist es jetzt eigentlich nicht mehr so, die Ansicht." F:"Was heißt extrem, kannst du das mal beschreiben, wie das war?" E:"Früher waren wir eben gegen alles" (1992: 4; 30ff). Im Kontext von Gewalterfahrungen steht auch eine weitere Aktivität der Gruppe. Der Besuch des Fußballstadions folgt bei E. nicht nur dem Interesse am Sport: "Ein Hool geht eben nach jedem VfB-Spiel sich schlagen. Wir gehen auch manchmal zum VfB, aber, also der J. der geht auch oft mit den Mob, also zu den richtigen, die Hools, den J. will ich jetzt hier mal nicht als Hool definieren, aber wie, der T., L. und ich, wir halten uns noch 'n bisschen zurück, weil wir die Jüngeren sind." F:"Also das heißt ihr geht zum VfB wegen dem Fußballspiel?" E:"Ja, auch wegen dem Spiel." F. :"Aber auch um zu schauen, was sonst noch läuft?" E:"Ja" (1992: 15;18 ff).

Einzige größere Problembelastung ist für E. und seine Gruppe die Einschränkung ihres Radius und die Bedrohung durch den ' Feind' von außen, also zum einen Autonome und Linke - "Also den J., das waren keine Ausländer, das waren Linke, also den J. haben sie sich mal gepackt, also war ich mit meinem Bruder in der R., dann ist der J. gekommen mit seinen Freunden, dann haben sie ihm Steine nachgeworfen, dann haben sie sich den J. gepackt, auf das Auto geworfen und ihn mit Schlagstöcken geschlagen." (4; 22ff) - und zum anderen Ausländer (vgl. auch 4;10 ff). Der "Stress" mit den ausländischen Jugendlichen - "Türken, alles Türken, Italiener, Griechen" (4; 19) - nervt E. gewaltig: "...aber das kotzt uns eben an, dass man hier nicht so herumrennen darf, wie man will, ohne dass man dumm angemacht wird, weil die Ausländer ... " (4; 32ff). Obwohl er selbst bisher 'verschont' blieb, ist er immer auf der Hut: "Wie gesagt, ich habe bis jetzt noch nie eine auf die Schnauze bekommen und wenn ich eben eine Menge Ausländer zusammen sehe, dann mache ich eben einen Bogen um sie herum, und laufe nicht zwischendurch" (1992: 7; 9ff).

Bis zur Befragung 1993 haben sich innerhalb von E.s Clique Veränderungen ergeben. Während er zum Zeitpunkt des letzten Interviews noch mit drei Jungen regelmäßig zusammen war, trifft er sich jetzt nur noch regelmäßig mit dem Jungen, der auch bei ihm in der Klasse ist. Den zweiten sieht er noch "oft", während er sich mit dem dritten gar nicht mehr trifft, weil die beiden sich aus Gründen, über die E. keine Angaben macht, zerstritten haben. Sein bester Freund hat für E. einen hohen Stellenwert, weil er sich von ihm akzeptiert fühlt, mit ihm über persönliche Probleme sprechen kann und von ihm tatkräftige Unterstützung in Notsituationen erwartet. Die politische Übereinstimmung zwischen den Jugendlichen ist weiter gegeben, weil nach E.s Einschätzung seine Freunde ebenfalls nicht mehr "rechts" sind (vgl. 1993: 7;30 ff). Die Band, in der die vier Jugendlichen spielten, hat sich aufgelöst, weil sie keinen Übungsraum, der mit Instrumenten ausgestattet ist, mehr zur Verfügung hatte. Aus diesem - und keinem explizit politischen - Grund wird der Treff mit den Übungsräumen, der sich in der naheliegenden Stadt W. befindet, nicht mehr von E. und seinen Freunden besucht, so dass sie auch nicht mehr häufig mit Jugendlichen aus der "rechten Szene", die sich dort aufhielten, zusammentreffen. E.s Clique besucht jetzt häufig das neueröffnete Jugendhaus, wo sie auch mit Ausländern zusammenkommt. Die veränderte Einstellung der Jugendlichen und ihre angepasstere Kleidung hat anscheinend dazu geführt, dass die Gruppe sich unter den ausländischen Jugendlichen bewegen kann, ohne von diesen gleich als Provokation oder 'Feind' wahrgenommen zu werden.

Die im letzten Erhebungsjahr für E.s Entwicklung relevanteste Erfahrung im Freundeskreis ist, dass einer seiner besten Freunde vor kurzem plötzlich gestorben ist (über die Gründe macht E. keine Angaben). Ihm fällt es sehr schwer, seinen Tod zu verarbeiten: "Scheißgefühl. Ich bin noch immer nicht darüber hinweg. Kommt halt einem alles so banal vor, und denkt man, früher hat man große Probleme gehabt, und wenn so was passiert, dann es ist aber scheißegal" (1994: 2;7 ff). Klingt im zuletzt aufgeführten Zitat bereits an, dass E. bestimmte Dinge (hier: eigene Probleme und ihre Bedeutsamkeit) vor dem Hintergrund dieser Erfahrung neu bewertet, so hat diese Erfahrung auch bewirkt, dass E. die Wichtigkeit eigener Leistungsorientierung im Alltag anders bewertet: "...wozu soll ich mir jeden Tag einen Horrorstress machen, und ich meine, mein bester Kumpel ist draufgegangen, der war 18, wenn man so was miterlebt hat, da stellt man ziemlich viele Sachen in Frage" (1994: 34;4 ff). Konkrete Auswirkungen hat diese Erfahrung auch auf E.s gegenwärtige und sein zukünftiges Verhalten gerichtete 'Lebensphilosophie': "... ich bin jetzt jung, ich möchte noch, ich möchte meine Jugend genießen, ich möchte ziemlich viel vom Leben haben" (1994: 34;15 ff).

Eine weitere wichtige Bezugsperson ist für E. 1994 ein Mädchen, das er vor einem Monat durch den verstorbenen Freund kennen gelernt hat. Bei dieser Freundin erlebt er Akzeptanz, Geborgenheit, Vertrauen und tatkräftige Unterstützung (vgl. Fb. 1994;9). Das bald 19jährige Mädchen, zu dem er nach eigenem Bekunden eine "Bruder-Schwester-Beziehung" (vgl.8;7) hat, wohnt 20 Minuten von E. entfernt, ist Deutsche, arbeitet als Kauffrau und besitzt ein eigenes Auto. Anfänglich hat sie E. fast täglich besucht, z. Zt. hat sie einen Freund und kommt immer sonntags zu E.. Allerdings telefonieren die beiden täglich. Wenn E. sich mit ihr trifft, gehen sie zusammen etwas trinken, oder sie gehen zu mehreren in eine Disko. E. gibt an, dass das Mädchen die gleichen Interessen hat wie er (vgl. 8;18 ff) und dass er "alles" mit ihr bereden kann (vgl. 9;12 ff).

Die Clique als Gesellungsrahmen hat für E. nicht mehr so einen hohen Stellenwert wie in der Zeit der ersten Interviews ("ab und zu geht man zusammen weg"; 1994: 20;3).

Freizeit
1992 besucht Enrik jeden Mittwochabend zusammen mit seinen drei Freunden eine Jugendgruppe im katholischen Gemeindezentrum von U. Auf die Frage nach den Qualitäten der Jugendgruppe antwortet E. mit einer Art Rechtfertigung: "Wir haben ja sonst nichts Besseres zu tun" (19; 8), kann dann aber auch einige Vorzüge benennen: "Das ist manchmal schon echt lustig"; es läuft dort "alles mögliche, auch reden, weggehen manchmal, Ausflüge, Minigolf spielen und so. Und viele Sachen eben" (19; 8ff). Vor allem die zwei Betreuer sind für E. ein positiver Faktor. Sie sind für ihn ernsthafte Gesprächspartner, bieten die Möglichkeit zu Auseinandersetzungen über verschiedene Meinungen und vermitteln das Gefühl von menschlicher Akzeptanz: E:"Mit denen kann man auch gut reden und so." F:"Über was redet ihr mit denen?" E:"Über alles." F:"Ja, z.B.?" E:"Auch über Rechtsradikalismus und so und über Gott und die Welt eben." F:"Sind die dann eher so eurer Meinung oder halten die dagegen?" E:"Die sind normal, neutral. Die schwallen uns eben immer voll." F:"Mit was?" E:"Mit allem möglichen." F:"Ja, sag mal?" E:"Dass das voll die Idioten wären und dass sie das gar nicht verstehen können, dass sie so sind, aber sonst ganz in Ordnung so, also sie akzeptieren das." F:"Das verstehe ich nicht ganz, wenn sie euch da einerseits ..." E:"Ja, wenn wir jetzt mal in einer solchen Diskussion drin sind, dann sagen sie eben, dass sie unsere Meinung total nicht verstehen können und so, aber so normal, das ist denen egal, sie sagen nur, dass das nicht ihre Meinung ist" (1992: 19; 16ff). Am Dienstagabend ist für E. 1992 noch immer der Probetermin der Jugendkapelle des örtlichen Musikvereins. Die Diskrepanz zu der von ihm bevorzugten Rockmusik kommentiert er mit einer Äußerung, die den Eindruck des 'Übersichergehenlassens' vermittelt, gefolgt von dem Hinweis, dass sich das "Problem" mittelfristig von selbst durch seinen Austritt lösen wird (vgl. 1992: 20;36, 23; 4ff):

Ein weiteres Angebot im Dorf, welches Enrik und seine Gruppe wahrnehmen, sind die von kommerziellen Teams veranstalteten Diskos im Bürgerhaus der Gemeinde. Auch hierbei weiß er, dass die dabei gebotene Musikauswahl und wohl auch die damit vorgenommene Steuerung der Besucherschaft nicht gerade seinen Interessen entspricht; er kann dem Angebot aber trotzdem noch etwas Gutes abgewinnen: "Hauptsache man kann irgendwo hingehen" (ebd.). Deutlich zeigen sich die Ungereimtheiten und Widersprüche zwischen der mit Abgrenzung verbundenen rechten Orientierung der Gruppe und der fast schon selbstverständlichen Nutzung traditionell-dörflicher Strukturen, obwohl E. die erwachsenendominierten bzw. fremdbestimmten Angebote kritisiert. Dies erklärt sich aus zwei Wirkungsmomenten, die miteinander verknüpft sind: Zum einen müssen aufgrund fehlender Alternativen die im Dorf vorhandenen Möglichkeiten genutzt werden, um wenigstens das Bedürfnis nach Abwechslung bzw. nach Kontakt und Gemeinschaft abzudecken; die damit verbundenen, unbequemen Anforderungen lassen sich ertragen, solange sie nicht zu belastend werden (Bsp.: Musikverein). Zum anderen gelingt es der Gruppe punktuell, vorhandene "Nischen" (Bsp.: Jugendgruppe) für sich zu nutzen bzw. zu besetzen.

Enriks Freizeit läuft im Abschlussjahr der Studie noch geregelter ab: "...ich bin viel zu Hause. Was heißt viel? Ich komme von der Schule nach Hause, gehe trainieren, gehe wieder nach Hause, gehe irgendwohin und komme wieder, wenn es Zeit ist. Das ist gleich geblieben. Am Wochenende geht man halt weg, freitags, samstags"

(1994: 15;16 ff). E. geht an allen fünf Wochentagen mit Freunden jeweils für ca. zwei Stunden ins Fitnessstudio; an den Wochenenden besucht er mit seinen Freunden Kneipen oder Diskos ("bin mehr so der Weggehtyp"; 16;12). In dem Jugendhaus, dass er zum Zeitpunkt des letzten Interviews noch fast täglich besuchte, ist er schon seit ca. einem halben Jahr nicht mehr gewesen. Als Grund hierfür gibt E. an, dass ihm die Leute im Jugendhaus "zu jung" sind, dass ihm die Musik nicht gefällt und dass am Wochenende (Disko) ab 22.30 Uhr "nichts mehr los ist", weil die Jüngeren dann schon nach Hause gehen (vgl. 16;1 ff). Der Umstand, dass E. seine Freizeit hauptsächlich mit seinem Freund und seiner Freundin verbringt und das Jugendhaus nicht mehr besucht, hat zur Folge, dass er in seinem privaten Umfeld kaum noch mit ausländischen Jugendlichen oder Bekannten aus der rechten Szene zusammenkommt. An der kath. Jugendgruppe nimmt E. ebenfalls nicht mehr teil. Die Betreuer hatten lt. E.s Angaben keine Zeit mehr und haben jemand anderem den Schlüssel überlassen. E. und seine Freunde haben dann mit dem Fitness-Training angefangen und die Gruppe nicht mehr besucht.

Wohnumfeld/Nachbarschaft
Zusammen mit seinen Kumpels hält sich E. 1992 vorwiegend in seinem Wohnort auf, den er regelmäßig nur zum Schulbesuch im Nachbarort und zum wöchentlichen Probetermin in W. verlässt. Die Leute sind für ihn "wie überall" (24; 14), und U. ist für E. der gewohnte Rahmen seit seiner Kindheit. Die Aspekte eines überschaubaren und vertrauten Gemeinwesens erscheinen umso heller im Kontrast zu der als bedrohlich erlebten und mit manch Unbekanntem versehenen benachbarten Großstadt (vgl. 22;10 ff). Hinzu kommt die beschriebene Nutzung bestimmter Strukturen und Angebote (Verein, Jugendverbandsarbeit, Bürgerhaus). In bezug auf bestimmte jugendliche Bedürfnisse sieht E. durchaus noch Versorgungslücken; diesbezüglich hofft er 1992 auf die bevorstehende Eröffnung eines neuen Jugendhauses im Ort (vgl. 22;2 ff). Auseinandersetzen muss sich E. mit den Mechanismen der formellen und informellen sozialen Kontrolle im Dorf. E. weiß, dass er der Dorföffentlichkeit nicht entrinnen kann: "Das spricht sich eben so herum, was man halt so macht" (1992: 22; 36ff). Der damit einhergehende "schlechte" Ruf und die entsprechenden Stigmatisierungen sind ihm auch nicht egal; er wehrt sich aber nicht aktiv dagegen, sondern denkt, dass sich diese für ihn unangenehmen Reibungspunkte durch Ignorieren bewältigen bzw. aus der Welt schaffen lassen: E:"Wenn eben irgendwo etwas passiert, in U., so, was weiß ich, dass irgendwelche Wände beschmiert werden mit rechtsradikalen Parolen, dann fällt der Verdacht immer gleich ein bisschen auf ein paar wie mich." F:"Aber trotzdem habt ihr so etwas schon mal gemacht, dass ihr etwas herumgeschmiert habt oder so gesprayt?" E:"Nein, ich nicht, mein Bruder und ..." F:"Ja und was macht ihr dann, wenn ihr immer wieder konfrontiert werdet, dass ihr immer die Bösen seid, einen schlechten Ruf habt, wehrt ihr euch dann, oder?" E:"Ja, an sich schon." F:"Ja, wie macht ihr das dann, versucht ihr zu diskutieren, oder?" E:"Zur Zeit, also, wir lassen sie eben reden." F:"Ja, oder versucht ihr besonders brav zu sein oder so vom Outfit her (Lachen)?" E:"Nein, nein. Die Leute haben das halt gemacht, dass uns das recht wenig krebst, wenn die das machen, dann lassen sie es jetzt eben ganz" (1992: 25; 1ff).

1993 haben sich in E.s Einschätzung seines Wohnumfeldes und seiner Nachbarschaft keine Änderungen ergeben. Da er nicht mehr nach W. zu Probeterminen der Band fährt, und auch das Jugendhaus in seinem Dorf eröffnet hat, hält er sich jetzt fast ausschließlich in seinem direkten Wohnumfeld auf.

1994 spricht er Umstand, dass E.s Freundin ein Auto hat, dafür, dass sich die Jugendlichen an den Wochenenden nun auch weiter von ihrem Wohnort entfernen, um Diskos oder Kneipen in Nachbarstädten/-orten zu besuchen.

3.1.3 Medienrezeption und sonstige Ressourcen politisch relevanter Information

Laut eigenen Angaben (vgl. Fb1, 3a+b) liest E. 1992 keine Zeitungen/Zeitschriften oder Illustrierte. Im Fernsehen schaut er sich regelmäßig die "Bill-Cosby-Show" und das "Nachrichtenmagazin" "Explosiv" an. Gerade die zuletzt genannte Sendung bereitet politische Themen weniger sachlich als emotional polarisierend in 'reißerischer' Form auf. Es ist naheliegend, anzunehmen, dass E. viele oder wenigstens manche politisch relevante Informationen und Standpunkte, nicht zuletzt über die Ereignisse in Rostock-Lichtenhagen, aus dieser Sendung bezogen hat. Die Musik, die er hört (und mit seiner Band selber spielt), hat recht(sradikal)e Texte, so dass auch durch dieses Medium eine Beeinflussung gegeben ist. In der von E. besuchten Jugendgruppe der kath. Kirche wird mit der Gruppe und den zwei erwachsenen Betreuern u.a. über "Rechtsextremismus" gesprochen. Die Betreuer sprechen sich dabei gegen rechte Bewegungen aus, vermitteln E. aber ungeachtet dessen, dass sie um seine rechte Orientierung wissen, ein Gefühl von menschlicher Akzeptanz. Da E. seinerseits die Betreuer akzeptiert, kann davon ausgegangen werden, dass E. - trotz seiner gegenteiligen Ansichten - sich den Argumenten der beiden nicht ganz verschließen kann. Die Schule spielt für E. in diesem Bereich eine eher untergeordnete Rolle. Inhaltlich interessiert er sich für kein Fach besonders. Die Ansichten seiner Eltern liegen aus seiner Sicht in der politischen "Mitte", während sein Bruder die gleichen Ansichten hat wie er (vgl. 1992: 31;21ff).

Politisch relevante Informationen gewinnt 1993 im medialen Bereich - wenn überhaupt - nur aus der inzwischen "manchmal" gelesenen Tageszeitung und den TV-Nachrichten, punktuell evtl. noch aus Jugendmagazinen wie "Metal Hammer" und "Kerrang". Die schon erwähnte Veränderung seiner Musik-Vorlieben führt ihn von manifester rechter Beeinflussung durch dieses Medium weg. In der von E. besuchten Jugendgruppe scheint nicht mehr explizit über das Thema "Rechtsextremismus" gesprochen zu werden. Die Themen ergeben sich je nach Interesse der Jugendlichen und werden nicht von den Betreuern vorgegeben (vgl. 10;27ff). In der Schule zeigt E. weiterhin keine besonderen Interessen, allerdings ist er gespannt auf die Behandlung des Zweiten Weltkrieges in Geschichte. Evtl. erhofft sich E., seine eigene politische Position durch diesen Unterrichtsinhalt auf eine rationalere Grundlage zu stellen, wobei die Zentrierung seines Interesses auf Kriegsgeschehnisse (gegenüber politischen und sozio-ökonomischen Hintergründen des Krieges bzw. der NS-Zeit) für einen Jungen seines Alters nicht ungewöhnlich ist, aber doch die Verengung seines historischen Interesses verdeutlicht. Speziell über Solingen ist laut E.s Angaben in der Schule nicht gesprochen worden (vgl. 18;10ff). Insgesamt wirkt sich E.s politisches Desinteresse auf die Beteiligung im Unterricht und auf die Auswahl der von ihm konsumierten Zeitschriften/Fernsehsendungen selektiv aus, so dass sich sein Informationsstand einerseits nicht verbessert, andererseits durch mangelnde Bereitschaft, sich mit solchen Themen zu befassen, auch kein Interesse geweckt werden kann.

Aus dem medialen Bereich scheint E. 1994 weiterhin wenig politisch relevante Information zu gewinnen (vgl. Fb.). Das gleiche gilt auch für aktuelle politische Themen im Schulunterricht (vgl. 1994: 17; 1ff). Etwas anders sieht es für den Bereich "Drittes Reich", der im Geschichtsunterricht behandelt wurde, aus. Obwohl E. auch hier nur "ein bisschen interessiert" war (vgl. 11;10) und meint, es sei "nicht viel hängen geblieben" (vgl. 11;23ff), so kann er sich jetzt doch differenzierter zu diesem Thema äußern als in den letzten Interviews (vgl. Kap. 2.1). Im Unterricht selbst wurden Texte besprochen, die Klasse hat den Film "Schindlers Liste" gesehen und das ehemalige KZ Dachau besucht. Diese Unterrichtsinhalte scheinen E. - vielleicht unbewusst - doch beeindruckt zu haben: " ... war schon wild" (Judenvernichtung, 12;9); ... "guter Film", der Film war "auf jeden Fall realistisch" (zu "Schindlers Liste"; 12;10ff).

3.1.4 Erfahrungen mit und Ressourcen von gesellschaftlicher und politischer Teilhabe

E. nimmt - vorwiegend in den ersten Jahren des Untersuchungszeitraums - an den für ihn interessanten gesellschaftlichen Angeboten in seinem Wohnort Anteil (z.B. Musikverein, Jugendgruppe, Diskos im Gemeindehaus). Möglichkeiten oder gar Erfahrungen der politischen Teilhabe (z.B. SMV) werden von E. aber nicht erwähnt, wahrscheinlich, weil er sich wegen seines bekundeten politischen Desinteresses nicht dafür interessiert. Von organisierten rechtsextremen Gruppen hält E. schon 1992 nicht viel: "Ich weiß es nicht, das finde ich nicht so toll. Gerade so 'Sieg Heil' schreien und so, das finde ich nicht so gut" (1992: 8, 23-25).

1993 hat sich in diesem Bereich kaum etwas verändert. E.s implizit geübte Kritik an einigen Unterrichtsinhalten ("...man kann in Gemeinschaftskunde interessantere Themen machen"; 1993: 17;12f) und ihrer ausbleibenden Veränderung bzw. Aktualisierung lässt vermuten, dass er die Schule als etwas generell Fremdbestimmtes empfindet. Dies ist möglicherweise auch ein Grund für seine fehlenden Teilhabeinteressen, z.B. an der SMV. Relevant für E.s soziale Teilhabewünsche ist jetzt im wesentlichen seine persönliche Zukunftsplanung (s.o.). Er hat konkrete Ziele ins Auge gefasst ("Abschluss machen, Lehre anfangen, Führerschein (80er-Kraftrad; d. V.) machen", 37;27), auf deren Erreichung er jetzt einen großen Teil seiner Aufmerksamkeit konzentrieren muss. Er glaubt, dass er durch entsprechendes Verhalten in der Lage ist, Einfluss auf seine Zukunft zu nehmen: "Ich lerne nur für mich und nicht für meine Eltern" (1993: 27;14f). In diesem Bereich weiß E. sehr genau, was er will (vgl. auch 1993: 27;26f).

E. zeigt am Ende des Untersuchungszeitraums noch immer kein Interesse, sich konkret für bestimmte politische Dinge in entsprechenden Gruppen o.ä. zu engagieren. Als Zukunftsplanung hat sich E. nun zum Ziel gesetzt, einen möglichst guten (kaufmännischen) Ausbildungsplatz zu bekommen. Dafür war er zum Zeitpunkt des letzten Interviews auch bereit, für einen guten Schulabschluss zu lernen, während er momentan - wahrscheinlich bedingt durch Absagen auf seine Bewerbungen - in der Schule wieder etwas nachlässt und nicht mehr so gut steht ("man bekommt halt nichts geschenkt im Leben"; 1994: 35;36ff). E. hat vor, den Grundwehrdienst der Bundeswehr zu absolvieren, eine Absicht, in der eine Identifikation mit Deutschland als "Vaterland" ebenso widerhallt wie sein ansonsten vertretenes Männlichkeitsmuster.

3.2 Kategorien, Kompetenzen und Mechanismen der Erfahrungsstrukturierung
3.2.1 Zentrale Bezugspunkte sozialer Identität

Obwohl sein Vater Bosnier ist, hat E. die deutsche Staatsangehörigkeit und fühlt sich von der *Nationalität* her als Deutscher. Da E. nur deutsch - und nicht jugoslawisch - spricht, erfolgt seine Eigendefinition als Deutscher über den bloßen Besitz des deutschen Passes hinaus wohl auch aus Gründen gelebter kultureller Einbettung in das 'Deutschtum'. Ist er aber 1992 noch "stolz" auf Deutschland, so trifft er im Folgejahr darüber keine Aussage und lehnt 1994 explizit "Stolz" auf Deutschland als "Heimat" ab. Vermutlich sind es seine aus den erfolgten Absagen auf seine Bewerbungen resultierenden Frustrations- und Unzulänglichkeitsgefühle, die eine Distanzierung von der Leistungs- und Konsumorientiertheit bedingen, die er gerade Deutschen attestiert. Dadurch, dass E. Leistungsprinzip und Konsumorientiertheit vordergründig verurteilt, muss er die Schuld für ein evtl. Versagen in diesen Bereichen auch nicht bei sich selbst suchen.

Dass er 1992 gerade den Entwicklungsgrad der Landwirtschaft als Positivum Deutschlands erwähnt, lässt sich aus der Herkunft aus seinem *regionalen und loka-*

len Sozialraum, also dem ländlich geprägten Dorf, erklären. Später ist nicht eindeutig auszumachen, inwieweit E. diesen seinen regionalen und lokalen Sozialraum noch als Heimat empfindet. Wahrscheinlich ist aber, dass er aufgrund von Freizeitaktivitäten, die im weiteren Umfeld stattfinden, seinen Heimatort nicht mehr als alleinigen, vertrauten Rückzugsort betrachtet, sondern sich auch in einem weiter begrenzten Gebiet heimisch fühlt, was sicherlich zu neuen Perspektiven führt.

E.s *Sozialstatus* als Sohn einer Mittelschichtsfamilie (beide Elternteile sind in mittleren Berufspositionen tätig) ermöglicht es ihm, am Wohlstand der Gesellschaft zu partizipieren. Seine Verwendung der Kollektivsymbole "Scheinasylant" und "Wirtschaftsflüchtlinge", gegen die etwas zu unternehmen ist (vgl. 7, 32- 40), weist 1992 darauf hin, dass er Angst hat, dieser Wohlstand könnte durch diese Gruppierungen gefährdet werden. E.s Einbindung in das gesellschaftliche Gepräge seines Dorfes, die von der Dorfgemeinschaft ausgeübte Kontrolle des Verhaltens der Jugendlichen sowie sein Sozialstatus als mittelständiger Realschüler, der bald eine Lehre beginnen möchte, scheinen ab 1993 aber auch weitgehend ursächlich für seine starken Anpassungsbestrebungen zu sein. Will er sich in Zukunft eigenständig Integration in die Erwachsenengesellschaft und den erwünschten Wohlstand erwerben, so muss er sich jetzt den Regeln und Gesetzen der Gemeinschaft unterwerfen, um nicht mit negativen Konsequenzen rechnen zu müssen. Grundsätzlich ist die Kontrolle in dörflichen Gemeinschaften viel dichter als in größeren Städten, so dass E. für Protest, Auflehnung oder gewalttätiges Handeln kaum Schlupflöcher bleiben. Seine Distanzierung vom "rechten Standpunkt" erscheint vor diesem Hintergrund konsequent und logisch.

1994 scheint seine Identifikation mit Normen und Regeln der Gesellschaft aber auch so weit fortgeschritten, dass er an gewalttätigen Ausschreitungen wirklich kein Interesse mehr hat.

E.s *Geschlechtersozialisation* hat bedeutenden Einfluss auf seine hohe Gewaltbereitschaft und Reaktanz. Diese Verhaltensweisen basieren vornehmlich auf den noch immer gängigen Standards der Jungensozialisation. Er identifiziert sich mit seinen Freunden/seiner Clique und setzt sich mit ihr über Territorial- und Konkurrenzverhalten von den als "Gegner" wahrgenommenen (ausländischen) Jugendgruppen ab. Über die Identifikation mit seiner Clique/den Hools und die Gegenidentifikation in bezug auf "Ausländer", "Punker", "Linke" etc. baut er sich seine Identität als "rechter" Junge auf.

Die Bedeutung des Geschlechts als Bezugspunkt sozialer Identität verschiebt sich jedoch im Laufe seiner biografischen Entwicklung und bewirkt eine Verhaltensänderung: Er bewegt sich ab 1993 von der Gegenidentifikation weg. Stattdessen definiert er sich zunehmend als "reifer" gewordenen, älteren Jugendlichen, der die Kontaktanbahnung zum anderen Geschlecht sucht. Noch immer ist die Gemeinsamkeit mit den Freunden, das gemeinsame Verbringen der Freizeit, miteinander reden, zusammen etwas trinken und auf Parties gehen für ihn von zentraler Wichtigkeit. Jedoch zeigen sich bei E. und seinen Freunden Reifungsprozesse und Modifikationen in der Beurteilung anderer Menschen und somit Konsequenzen für ihr Verhalten - speziell ausländischen Jugendlichen gegenüber. E.s Reaktanz ist zwar noch immer sehr hoch. Jedoch kommt sie nicht mehr grundsätzlich diesen Jugendlichen gegenüber zum Tragen, sondern E. differenziert jetzt zwischen Menschen, die ihn "anmachen" und solchen, die ihn nicht "anmachen". Da E.s Interesse an Mädchen zugenommen hat, hat sich auch sein Verhalten in der Öffentlichkeit verändert. Es geht jetzt nicht mehr vornehmlich darum, sich anderen männlichen Jugendlichen als "coole Gruppe" zu präsentieren, sondern eher darum, Mädchen "anzumachen" (vgl. 1993: 28;13ff).

1994 hat Enrik 26 Kilo abgenommen und ist wesentlich muskulöser geworden. Das Bewusstsein, sein Äußeres in gewisser Weise beeinflussen zu können - E. will noch weitere 10 Kilo abnehmen (vgl. 3;16f) -, scheint bei ihm ein positives Körpergefühl und ein gesteigertes Selbstbewusstsein hervorgerufen zu haben. Daher kann er seine Selbstbestätigung jetzt u.a. möglicherweise eher über sein Äußeres als über bestimmte aggressive, 'machohafte' Verhaltensweisen finden. Die Ursachen für E.s ambivalente Einstellung im Bereich der Gewaltakzeptanz sind ebenfalls in den (nicht nur) für ihn gültigen Mustern männlicher Sozialisation angesiedelt: "Ich weiß, wie es abgeht auf der Straße z.B., ich war halt noch nie so der Typ, der Mamasohn oder so ..." (1994: 33;13ff). Im Rahmen der eigenen Identitätsfindung hat E. sich (schon) so weit mit den gesellschaftlichen Normen und Regeln identifiziert, dass er Gewalt verurteilt -auch politische Gewalt ist für ihn kein explizites Thema mehr - und sich eindeutig davon abgrenzen will. Andererseits ist seine Konfliktfähigkeit aber noch nicht so weit entwickelt, dass er souverän mit Konflikten oder Situationen, die gegen seine (männliche) Ehre oder die seiner Freunde gehen, umgehen kann. Das gängige Leitbild von männlicher Selbständigkeit, Widerständigkeit und Durchsetzungskraft führt dann dazu, dass E. weiterhin eine hohe Reaktanz zeigt. Sie zielt darauf ab, sich gegen 'Konkurrenz' oder vermeintliche Angreifer durchzusetzen. Sein Interesse am anderen Geschlecht hat sich weiter verstärkt. Die fast 19jährige Freundin ist z. Zt. eine seiner wichtigsten Bezugspersonen. Die Tatsache, dass seine Freundin einige Jahre älter ist als E., bewirkt vermutlich, dass er sich zum einen besonders vernünftig und "reif" benimmt, um vor ihr bestehen zu können, sich zum anderen aber auch - durch die privaten Gespräche vermittelte - "reifere" Ansichten der Freundin zueigen macht. Insgesamt definiert sich E. zunehmend als 'vernünftiger' junger Mann, der zwar "Spaß am Leben" haben will, aber auch seine Zukunft nicht ganz aus den Augen lässt.

Die Tatsache, dass E. sich 1992 an die Hools angeschlossen und engeren Kontakt zur "rechten Szene" hat, lässt sich weniger mit ideologischen Gründen als mit seiner *jugendkulturellen Orientierung* erklären, in diesem Zusammenhang mit seiner Suche nach Abenteuer, Risiko und "Action". Durch sein Verhalten als "Hool" bzw. "rechter" Junge kann er Situationen herbeiführen oder an ihnen teilhaben, in denen er diese Wünsche befriedigen kann, ohne mit allzu großen Konsequenzen oder Sanktionen rechnen zu müssen.

1993 richtet sich E.s jugendkulturelle Orientierung nicht mehr auf diese Gruppierungen aus und auch rechtslastige Oi-Musik hört er nur noch selten. Bedingt durch die Auflösung der Band und seine veränderte Einstellung trifft er auch nur noch selten mit der rechten Szene aus W. zusammen. Sicherlich auch durch die Eröffnung des Jugendhauses in seinem Wohnort begründet, bewegt er sich z. Zt. fast ausschließlich im näheren Wohnumfeld und nimmt dort die multikulturell ausgelegten Angebote für Jugendliche wahr. Seine Suche nach Risiko und Gewalt ist mehr oder weniger dem Wunsch nach Spaß, Erlebnis und (freilich nicht immer gewaltloser) Action gewichen.

1994 konzentriert er sich noch mehr auf das Vorbild seiner Freunde (vor allem der älteren) und auf allgemeine Unternehmungen wie mit Freunden weggehen, Diskotheken und Kneipen besuchen, "Spaß haben" und "etwas erleben". Dies hat zur Folge, dass er in seiner Freizeit kaum noch mit Bekannten aus der "rechten" Szene oder mit ausländischen Jugendlichen zusammentrifft, so dass in diesem Bereich keine auslösenden Momente für die Übernahme von "rechtem" Gedankengut oder das Eingehen von aggressiven Auseinandersetzungen mehr gegeben sind. Schien zum Zeitpunkt der zweiten Erhebung noch gerade das Zusammensein mit ausländischen Jugendlichen im damals neueröffneten Jugendhaus reduzierend auf das Vertreten von Ungleichheitsvorstellungen und das Eingehen gewaltsamer Konflikte einzuwirken, so hat diese Funktion nun offenbar seine auf 'Normalität' gerichtete Zukunftsperspektive übernommen.

1992 unterstützen E.s *Beziehungen im sozialen Nahraum* seine "rechte" Einstellung. Die Vorbildfunktion seines Bruders, der ebenfalls in die "Skin-Szene" eingebunden ist sowie seine "rechte" Clique, sein Mitmachen in einer Skin-Band und seine im wesentlichen darüber verlaufenden Kontakte zur "rechten" Szene in W. fördern seine Selbstdefinition als "rechter" Junge.

1993 dagegen fördern geänderte Beziehungen seine Entwicklung zu einer "neutraleren" Einstellung. Sein Bruder, der durchaus Vorbildfunktion für ihn hat, bewegt sich nicht mehr in der rechten Szene, sondern macht eine Lehre als Einzelhandelskaufmann.

Die Mäßigung von E.s Haltung und seine Zukunftspläne werden vor allem ab 1994 stark von seinen z. T. älteren Freunden bewirkt. Sie sind bereits berufstätig und verfügen über eigenes Geld, so dass ihre Ansichten und daraus resultierende Ansprüche andere sind als die (jüngerer) Schüler. Davon scheint E. - was seine Ansichten und sein Verhalten betrifft - insgesamt im Sinne integrativer Vorstellungen zu profitieren.

3.2.2 Individuelle Kompetenzen bzw. Mechanismen zum Aufbau personaler Identität

Enrik präsentiert sich 1992 als ruhiger, souveräner und z.T. fast schon "cooler" Gesprächspartner. Dies gilt vor allem für die Passagen der Unterhaltung, in denen es um Einschätzungen der Szene bzw. des "Gegners" und um Freizeitunternehmungen geht. Die dabei gezeigte Überlegtheit ist zum einen einer grundlegenden Haltung von Vorsicht und Misstrauen gegenüber jeglichem Interesse an seiner rechten Orientierung geschuldet, zum anderen äußert sich darin ein selbstgewisses Auftreten als "rechter" Junge, der sich durch die Einbindung in die gleichdenkende Gruppe wohl und bestärkt fühlt. E. baut sein *Selbstwert*gefühl also zu diesem Zeitpunkt über Mechanismen der Herstellung von Selbstgewissheit auf.

1993 scheint eine situationsunabhängige, weniger reaktante und flexiblere Selbstsicherheit zu entstehen. Sie kann auf der Kompetenz fußen, sich bewusster und reflektierter von wenig durchdachten politischen Orientierungen (z.B. "Rechtssein" als Modeerscheinung) distanzieren, andere Bereiche (z.B. Schule) reflektierter beurteilen und sein Verhalten auf die erfolgte Einschätzung abstimmen zu können. E. zeigt nun trotz seiner immer noch hohen Reaktanz Tendenzen, andere Menschen und seine Beziehung zu ihnen differenzierter zu beurteilen als zum Zeitpunkt des letzten Interviews (vgl. Fb.). Sein Verhalten den vormals als Gegner wahrgenommenen ausländischen Jugendlichen gegenüber zeigt mehr Toleranz, soweit er nicht mehr grundsätzlich aggressiv auf diese Gruppierung reagiert, sondern danach differenziert, wer ihn "anmacht". Diese zunehmende Toleranz scheint in dem erzwungenen (?) Miteinander mit den ausländischen Jugendlichen begründet zu sein.

1994 haben E.s integrativeren Ansichten und seine zunehmenden Kompetenzen haben dazu geführt, dass sein Selbstwertgefühl jetzt noch stärker aus flexiblen Selbstsicherheiten aufbauen kann, die er aus dem Vertrauen in die eigenen Fähigkeiten und die erlebte Akzeptanz und Anerkennung durch seine Freunde gewinnt. E. offenbart jetzt eine weiter zunehmende Fähigkeit zu Toleranz. Nun sind "Ausländer" für ihn kein explizites politisch relevantes Thema von Ungleichheitsvorstellungen mehr. Auch in anderen Bereichen zeigt E. mehr Toleranz. Seine früher stark ausgeprägten Vorurteile Punks und Linken gegenüber scheinen ebenfalls nicht mehr vorhanden zu sein. E. hat jetzt selbst rotgefärbte Haare, was auch als ein Zeichen der Distanzierung vom "rechten" Standpunkt gewertet werden kann.

E.s *Reflexivität* ist 1992 noch nicht sehr stark ausgebildet: Grundsätzlich problematische bzw. konflikthafte Sachverhalte versucht Enrik über eine ihnen zugeschriebene Selbstverständlichkeit ("halb so wild"; "das ist ganz normal"; "das kommt überall vor, oder?") zu entschärfen. Die solchermaßen häufig erscheinende Normalisierungstendenz bewirkt aber, dass wichtige Bestandteile seiner Realität nicht reflektiert werden. Obwohl Enrik vermittelt, dass er eher zu den 'Durchblickern' gehört (z.B. in der Einschätzung der Schule oder auch der betreuten Jugendgruppe), steht dieses Selbstbild im Gegensatz zur Tatsache, dass er seine eigene Lebenssituation in Aspekten nicht durchschaut. Es ist deshalb auch nicht verwunderlich, dass sich in seiner grundlegenden Einstellung immer wieder eine Haltung des 'Über-sich-Ergehenlassens' ("also man kann es aushalten") bzw. des Sich-Einrichtens in den Verhältnissen ("Mein Gott, so schlecht ist es auch nicht") durchsetzt. Probleme werden dann nicht aktiv angegangen, sondern lösen sich manchmal von selbst (Beispiel Musikverein) bzw. werden 'ausgesessen' ("wir lassen sie eben reden"). Eine ausgeprägte Anpassungsorientierung, die sich ja auch in entsprechendem Verhalten niederschlägt, bleibt somit weitgehend unerkannt; zum anderen steht sie augenscheinlich im Gegensatz zu der v. a. den ausländischen Jugendlichen angelasteten Einengung der eigenen Selbstverwirklichung ("man nicht so rumrennen darf, wie man will"). Aber im Vorwurf "sollten sie sich eigentlich auch anpassen" wird ja gerade die (eigene, erzwungene) Anpassung an unbefriedigende Strukturen auch von ihnen eingeklagt bzw. kann der Verstoß dagegen, d. h. dass diese Jugendlichen sich anscheinend nicht in bestimmte Verhältnisse fügen und sich ihnen unterwerfen, zur Schuldzuweisung und, in der Folge, bekämpft werden. Enriks Betätigung in der Rockband wie auch sein Hooligan-Sein sind Versuche, sein Leben in die eigene Hand zu nehmen. In Bezug auf ersteres sind dies die Möglichkeiten, sich auszudrücken, kreativ tätig zu sein und zusammen mit anderen sich selbst zu verwirklichen. Durch die ideologische Ausrichtung der Musik und die damit verbundene Abhängigkeit von der "Szene" (z.B. Songtexte von 'außen' als vorgegebene Inhalte) ist aber auch dieser noch zusätzlich mit Zukunftsvorstellungen besetzte Bereich - Enrik nennt als Traumberuf "in einer Band Schlagzeug spielen" (29;17) - mit Einschränkungen und Anpassungsleistungen - diesmal freilich ganz anderer Art - verknüpft. Bei den Hooligan-Aktionen mit den für Enrik wichtigen Faktoren Spaß, Action, Risiko und Abenteuer geht es um das Kontrollieren von Situationen und um das Erleben von Stärke in körperlichen Auseinandersetzungen. Aufgrund des bestimmenden Moments der Gewalt gegen andere bzw. aufgrund des rücksichtslosen Einsatzes des eigenen Körpers gegen sich selbst und des Agierens in größeren Verbänden und Massen mit ihren Eigendynamiken unterliegt auch diese Form von Selbstbestätigung starken Zwängen bzw. selbstschädigenden Momenten. Dennoch stellt sich an die Frage, inwieweit die Zugehörigkeit zur "rechten" Subkultur für Enrik auch Momente von Protest bzw. Widerstand gegen die zahlreichen Anpassungsforderungen und Abhängigkeiten beinhaltet, denen er im Rahmen seiner dörflichen Lebenswelt und seines Lebensalters unterliegt. Die Inszenierungen und Normverletzungen als Skin/Hool erscheinen aus dieser Sicht als Katalysator, um eine anderweitig scheinbar nicht einlösbare Eigenständigkeit zu demonstrieren.

1993 gibt E. deutlicher Ansätze von Reflexivität zu erkennen. Nach den Ursachen seiner damaligen "rechten" Einstellung befragt, antwortet er: E: "Irgendwo war es auch eine Mode. Früher war eigentlich jeder zweite rechts." F: "Was heißt, hier in U., oder was, oder wo?" E: "Nein, überhaupt. Es war mal eine kurze Zeit so eine Mode, halt so halb Mode, halb so eine kurze Begeisterung mal. Das hat sich dann wieder gelegt nach einer Zeit" (1993: 7;32ff). Obwohl seine Reflexionsfähigkeit noch nicht so weit reicht, dass er sich darüber Gedanken macht, warum er einer Mode gefolgt ist, kann man doch erkennen, dass E. die Schuld für sein damaliges Verhalten nicht bei "den" Ausländern sucht und sich selbst dadurch ins Recht zu setzen sucht, sondern dass er die Ursachen indirekt bei sich selbst sieht (er selber ist einer "Mode" gefolgt).

Besonders in der rückblickenden Beurteilung seines früheren Verhaltens (Einbindung in die Skin- und Hool-Szene) zeigt sich 1994 E.s zunehmende Reflexivität: Er erkennt, dass ihn an diesen Gruppen eindeutig jugendkulturelle - ja "kult"ische - und nicht politische Aspekte gereizt haben: " ... aber es war irgendwo echt nur noch Party, Spaß haben, Musik, Fußball, Konzert ... Ich habe mehr so die Tradition, den Kult bewundert so, das hat mir gefallen so, genießen... wo man echt sich getroffen hat, wo man seinen Spaß gehabt hat, da war Politik eigentlich nicht so im Vordergrund" (1994: 31; 16ff). Die politische Komponente war für ihn eher ein "Nebeneffekt", der "irgendwie" dazu gehörte (32;1ff). E. bezeichnet sich selber eher als Mitläufer in dieser Szene, da er aufgrund seines geringen Alters immer der "Kleine" war ("...ich war halt nie so dabei, ich war halt immer der Kleine..."; 32;35f). Er erkennt die damalige Vorbildfunktion seines Bruders als Grund für seine Zugehörigkeit zu o.a. Gruppierungen (30;22ff). Obwohl E. sich aufgrund seiner wachsenden Einsicht in diese Problematik eindeutig von der Zugehörigkeit zu Skins und Hools distanziert, reicht seine Reflexionsfähigkeit noch nicht so weit, dass er begreift, dass er durch seine damalige politische Selbstverortung die Rechte anderer Menschen in Abrede gestellt hat und gegen sie agitiert hat. Im Gegenteil: Enrik bereut sein damaliges Verhalten nicht ("nein, auf keinen Fall, war eine lustige Zeit"; 33;1). Möglicherweise kommen ihm aber die Wirkungen seines damaligen Denkens und Verhaltens auf andere auch nicht zu Bewusstsein, weil er sich selbst anrechnet, zu diesem Zeitpunkt noch sehr jung und ohnehin bloß jugendkulturell rechts gestimmt gewesen zu sein.

Lehnt 1992 E. noch sehr weitgehend *Verantwortlichkeit* für sein Tun ab, so macht 1993 z.B. E.s Äußerung "mit 16 muss man wissen, was man tut" (19;31) in bezug auf die Solinger Täter - wie seine Selbsteinschätzung im schulischen Bereich - deutlich, dass er zunehmend bereit ist, Verantwortung für sich selbst zu übernehmen. Seine Bereitschaft, für gute Noten freiwillig zu arbeiten und keine "Mogelstrategien" anzuwenden (vgl. 15;4ff), zeigt, dass offenbar eine Identifikation mit dem gesellschaftlichen Leistungsprinzip stattgefunden hat. Insgesamt erscheint es so, als ob E.s starke Anpassungstendenzen schon in diesem Jahr nur noch z. T. einem Kosten-Nutzen-Kalkül entspringen und wenigstens z.T. freiwillig aus Einsicht und/oder geänderten Interessen heraus erfolgen (z.B. keine Teilnahme an Fußballfan-Auseinandersetzungen mehr, Distanzierung von den Hools).

Auch 1994 ist E. bereit, Verantwortung für sich selbst zu übernehmen (z.B. Schule), jedoch ist er noch nicht unbedingt geneigt, Verantwortung für andere zu übernehmen. Dies zeigt sich u.a. an seiner mangelnden Bereitschaft, sich für gemeinnützige Dinge zu engagieren oder an seiner Ablehnung der Verantwortungsübernahme der Nachkriegsgenerationen für die Verbrechen, die im Dritten Reich begangen wurden. Allerdings kann E. sich für sich vorstellen, später als (Bundeswehr-)Soldat in Jugoslawien zu kämpfen, wobei hier unterstellt werden kann, dass er sich hier ebenfalls über die Tragweite einer solchen Handlungsperspektive wohl kaum bewusst sein wird.

1992 weisen die Äußerungen hinsichtlich seiner aktuellen (Fb.1; 2) bzw. auch schon früher gegebenen Problemfreiheit - "ich hab' noch nie etwas gehabt, wo ich jetzt große Hilfe gebraucht hätte" (1992: 27; 15-17) - darauf hin, dass Enrik sich grundsätzlich in der Lage sieht, auch schwierige Situationen zu bewältigen. Seine hohe Reaktanz und Gewaltbereitschaft sind aber eher Anzeichen dafür, dass E.s verbale *Konfliktfähigkeit* nur sehr schwach ausgebildet ist.

Kommt es zu Konflikten mit anderen Jugendlichen, zeigt E. 1993 immer noch eine hohe Gewaltbereitschaft ("...die suchen einfach Streit mit jemand. Und ich habe keinen Bock, mich von einem Großmaul anlabern zu lassen. Dann passiert es halt", 7;3ff), jedoch betont er auch, dass er kaum noch Probleme mit anderen Jugendlichen hat. In einem Fall wird auch seine zunehmende Bereitschaft, Konflikte mit ausländischen Jugendlichen verbal zu lösen (vgl. 7;8ff), deutlich. Auch die Tatsache, dass E. sich manchmal verbal mit seinem Vater auseinandersetzt, scheint dafür zu sprechen, dass seine Konfliktfähigkeit steigende Tendenz zeigt.

Auch 1994 zeigt E. trotz gestiegener Konfliktfähigkeit noch hohe Reaktanz. Hier scheinen sich noch die Mechanismen der männlichen Sozialisation (z.B. Anstreben von Fähigkeiten wie Widerständigkeit und physische Durchsetzungskraft des Mannes) durchzusetzen.

1992 gerät seine ansonsten gute Verbalisierungsfähigkeit ins Stocken, wenn er auf die für ihn heikleren Bereiche von Zwischenmenschlichkeit, Emotionalität und *Empathie* im Zusammenhang mit Familie, Schule oder Freundschaft angesprochen wird. Enrik benützt dann des öfteren bestimmte Lautfolgen ("phh" und "aah" und "pffh"), die in ihrem ärgerlichen bzw. abwertenden Klang die Lästigkeit dieser Themen und in ihrer Sprachlosigkeit seine mangelnde Auseinandersetzung damit andeuten. In den häufig gebrauchten Redewendungen "was weiß ich" bzw. "und überhaupt" bringt er diese Abwehrtendenz noch direkter zum Ausdruck.

Ob sein 1993 geäußertes Verständnis für das Verhalten der jugendlichen Türken in Solingen nach dem Anschlag als erste Anzeichen für Empathie gewertet werden können, oder ob E. hier lediglich die Billigung seiner eigenen Verhaltenstendenz in so einer Situation (Wut und Rache) auf die Türken projiziert, ist nicht ganz eindeutig. In anderen Lebensbereichen (z.B. Familie) zeigt E. aber immer noch die gewohnten Abschwächungs- und Normalisierungstendenzen, die aufzeigen, dass seine Reflexions- und Empathiefähigkeit hierauf (noch?) nicht übergegriffen hat.

E.s Fähigkeit zur Empathie nimmt 1994 weiter zu. Dies wird in seinen Äußerungen zur Kriegs- und Menschenrechtssituation in Jugoslawien etc. (vgl.13;38ff) deutlich. Auch die Tatsache, dass er "Freundschaft" sehr hoch bewertet, und die Beziehung zu seinem Freund und seiner Freundin sehr eng zu sein scheint, lässt darauf schließen, dass er ihnen Empathie entgegenbringt.

4. Zusammenfassung

Enrik präsentiert sich als ein Junge, dessen hohe Reaktanz und Gewaltakzeptanz zunächst u.a. aufgrund seiner - vor allem durch die Vorbildfunktion seines Bruders bewirkten - jugendkulturellen Orientierung an der Skin- und Hool-Szene in "rechten" Selbstinszenierungen seiner Clique und Gegenidentifikationen in bezug auf andere (ausländische) Jugendgruppierungen sowie der Faszination am Ausleben von kollektiver Gewalt(phantasie) bei Fußballspielen ihre Befriedigung finden. Im Laufe seiner biografischen Entwicklung verändert sich aufgrund verschiedener Erfahrungen im Lebensalltag und der damit verbundenen Entwicklungsprozesse seine vormals "rechte" Sichtweise in eine tolerantere, nicht mehr von Ungleichheitsvorstellungen gegenüber AusländerInnen und anderen Gruppierungen geprägte, "neutrale" Einstellung. Seine Gewaltakzeptanz ist von solchen Abschwächungstendenzen nicht berührt, weil sie eher in immer noch gängigen traditionellen Standards der Jungen-Sozialisation fußt als ausschließlich als Instrument der Durchsetzung von vertretenen Ungleichheitsvorstellungen dient. Sie scheint im Vergleich der beiden ersten Erhebungszeitpunkte gleich zu bleiben, wenn nicht eher noch zuzunehmen, dann aber aufgrund negativer Erfahrungen E.s als Gewaltopfer ihre Faszinationskraft zu verlieren.

Ausschlaggebend für E.s Entwicklung sind zum einen prägende Erfahrungen im Freundeskreis und in seiner Familie sowie ein - durch äußere Umstände hervorgerufenes - verändertes Freizeitverhalten: Bedingt durch die Auflösung der Skin-Band, das damit verbundene seltenere Zusammentreffen mit rechtsdenkenden Jugendlichen aus W. und besonders die Neueröffnung eines Jugendhauses im Wohnort von E., ergibt sich in dem im des zweiten Interview fokussierten Zeitraum eine Dezentralisierung seiner Einbettung in die rechte Szene. E. besucht fast täglich das Jugendhaus, das auch vermehrt von ausländischen Jugendlichen frequentiert wird. Das nähere Kennenlernen dieser Jugendlichen führt dazu, dass E. Ausländer nicht mehr als eine anonyme, bedrohliche Gruppierung wahrnimmt, sondern sie in Individuen differenziert. Somit wird ein friedliches Nebeneinander möglich. E. ist der Besuch des Jugendhauses sehr wichtig, so dass er sich offenbar einem verstärkten Anpassungsdruck, der von den ausländischen Jugendlichen auf ihn als ehemalig "rechten Jungen" ausgeübt wird, beugt. Schon in dieser Phase treten bei E. (und nach seiner Auskunft auch innerhalb seiner Clique) keine Ungleichheitsvorstellungen in bezug auf Ausländer mehr auf. Zu diesem Zeitpunkt hat sich E.s Bruder bereits von der Skin-Szene distanziert und macht eine kaufmännische Ausbildung, so dass eine Vorbildfunktion im Sinne einer Rechtsorientierung nicht mehr und im Sinne einer Abwendung davon ziemlich wahrscheinlich gegeben ist.

In der Zeit nach dem zweiten Interview ergeben sich für E. einschlägige Veränderungen und Erfahrungen im Freundeskreis. So führt der plötzliche Tod eines guten Freundes dazu, dass er seine Lebensanschauungen relativiert und andere Prioritäten setzt. Außerdem arbeiten sein bester Freund und eine fast 19jährige Freundin, mit denen E. in dieser Zeit häufig zusammen ist, im kaufmännischen Bereich. Ihre Ansichten, ihre Ansprüche und ihr Freizeitverhalten haben Einfluss auf ihn. Er besucht mit ihnen Kneipen und Diskotheken, während das Jugendhaus von ihm nicht mehr aufgesucht wird, da ihm die Leute dort inzwischen "zu jung sind" (vgl. 1994: 15;39 ff). Daher trifft E. im privaten Bereich nicht mehr häufig mit Ausländern zusammen. Damit ist die Potentialität von Konkurrenz um Räume, Mädchen etc. ebenso wenig mehr gegeben wie die Chance zur Distanzierung vom "rechten" Standpunkt durch Kontakte zu Ausländern. Letztere resultiert jetzt aus seinem Umgang mit seinen Freunden und seiner Zukunftsorientierung. Rechtsdenkende Jugendliche trifft er im privaten Bereich ebenfalls nicht mehr, so dass aggressiven Auseinandersetzungen und rechter Beeinflussung auch unter diesem Aspekt kein Vorschub mehr geleistet wird.

Im Laufe seiner biografischen Entwicklung hat zum anderen und mit der erwähnten Veränderung seines Erfahrungsbereiches selbstverständlich zusammenhängend auch die erfolgreiche Bewältigung von für die frühe Jugend charakteristischen Entwicklungsaufgaben und -stadien positiven Einfluss auf E.s Persönlichkeitsentwicklung und somit auf seine zunehmende Distanzierung von seiner vormals "rechten" Einstellung.

Im psycho-biologischen Bereich hat E.s Suche nach einer männlichen Geschlechtsidentität großen Einfluss auf sein Verhalten: Im Rahmen seiner Identitätssuche ist in der Zeit, in der das erste Interview liegt, die Identifikation mit seiner gleichgeschlechtlichen Clique, die sich wiederum jugendkulturell an der Skin- und Hool-Szene orientiert, von enormer Wichtigkeit. Enriks in verbreiteten Mechanismen männlicher Identitätsbildung, vor allem während der Jungensozialisation begründete, hohe Reaktanz und Gewaltakzeptanz sowie seine Suche nach Risiko, Abenteuer und Action finden hier in verschiedenen Hinsichten Befriedigung: Durch die Selbstinszenierung der Clique als "rechte Truppe" und die Gegenidentifikation in bezug auf andere (ausländische) Jugendgruppierungen, das Spielen in einer Skin-Band, das Hören von "Oi-Musik" und die damit verbundene Einbettung in die "rechte" Szene gewinnt E. sein Selbstwertgefühl über die Herstellung einer Selbstgewissheit, indem er sich als 'rechter Junge in einer rechten Gruppe' definiert. Auch die Teilnahme als sich selbst in die Hooligan-Szene hineindefinierender Zuschauer an gewalttätigen Ausschreitungen von Hools am Rande von Fußballspielen trägt dazu bei, dass er seine Bedürfnisse im Ausleben bzw. Erleben von kollektiver Gewalt befriedigen kann.

Während seiner weiteren Entwicklung verliert die Clique für E. an Bedeutung, dafür interessiert er sich zunehmend für das andere Geschlecht. Ausgelöst durch den Tod des Freundes und die enge Beziehung zu einem älteren Mädchen gewinnt eine nicht cliquenangebundene Vorstellung von stärker gesprächs- als actionorientierter Freundschaft für ihn zunehmend an Wert. Dies hat positiven Einfluss auf seine Identitätsentwicklung und sein Verhalten dahingehend, dass seine Fähigkeit zu Toleranz, Reflexivität und Empathie steigt. Folglich resultiert auch sein Selbstwertgefühl mehr und mehr aus der Kompetenz, Sachverhalte, Mechanismen und Beziehungen zu reflektieren und sich bewusst anpassen bzw. distanzieren zu können.

Das von E. durchgeführte Fitnesstraining und die damit einhergehende Veränderung seines Körpers führen zu einem positiven Körpergefühl und tragen so ebenfalls zum Aufbau eines Selbstwertgefühls bei, das auf Vertrauen in die eigenen Fähigkeiten basiert.

Das von E. absolvierte Berufspraktikum im kaufmännischen Bereich (sowie das Vorbild seiner Freunde und seines Bruders) hat dazu geführt, dass er sich Gedanken um seine Zukunft macht und das Interesse entwickelt, einen Beruf erlernen zu wollen, der ihm "Spaß" macht und in dem er "viel Geld" verdient (vgl. 1994: 35;34ff). E. möchte sich in die Erwachsenengesellschaft integrieren und am gesellschaftlichen Wohlstand partizipieren. Seine zunehmende Identifikation mit dem Leistungsprinzip und der Konsumorientiertheit führt dazu, dass er stärker bereit ist, in dieser Hinsicht Verantwortung für sich selbst zu übernehmen, z.B. in der Schule für die Erlangung eines guten Abschlusses zu lernen. U.a. diese zunehmende Einsicht in die Funktionsweise von Mechanismen der Gesellschaft bedingt, dass E. sich stärker anpasst, um negative Konsequenzen für die Zukunft zu vermeiden. Auf der anderen Seite scheint er sich auch als eine Art Frustrations-Prophylaxe als eher Unterdurchschnittliches leistender Schüler, der um die Bedeutung von guten Noten bei der Lehrstellenvergabe weiß, eine gewisse Distanziertheit vom für ihn typisch deutschen Leistungs- und Konsumdenken aufzubauen; dies nicht zuletzt dadurch, dass Sinnfragen durch den Tod eines nahen Freundes akut werden. Diese Krise an Leistungsfixiertheit, 'Scheuklappen-Normalität' und Konsumismus stellt die Sinnhaftigkeit konkurrenten Verhaltens um die damit verbundenen Ressourcen überhaupt in Frage. Sie kann deshalb als Schutz davor wirken, die eigenen Ausgangsposition im 'Rennen' um Ausbildungsplätze und andere Normalitätsstandards der Integration in die Erwachsenengesellschaft über das Propagieren einer Ausgrenzung von 'Ausländern' verbessern zu wollen - ein Gedanke, der nach dem politischen Sozialisationsverlaufs E.s nahe liegen könnte. Hinzu kommt, dass E. - legt man seine retrospektive Deutung seines ehemaligen 'Rechtsseins' zugrunde - ohnehin eher fun- und "Kult"-Funktionen als politische Interessen in seiner Szenenzugehörigkeit verfolgt hat und die Instrumentalisierung der Szene durch organisierte Rechte "im grauen Hemdkragen und schön geschniegelt" als Bedrohung, ja Verlust genau dessen einstuft.

Die "Normalitäts"-Perspektive vor Augen, ist es zudem nicht verwunderlich, wenn er sich von der Ausübung politischer und zunehmend auch privater Gewalt distanziert, wobei latent allerdings noch immer eine hohe Reaktanz und Gewaltbereitschaft in Form von Gegenwehr und Rachegelüsten vorhanden ist (vgl. 1994: 20ff).

In ihnen klingen die in den Vorjahren vehementer zutage getretenen Externalisierungs-Charakteristika der Jungen-Sozialisation nach.

5.2.1.2.2 Quer-Interpretation - Der Fall Enrik im Gesamtzusammenhang einschlägiger Fälle

Der Fall Enrik ist eigentlich in zweierlei Hinsicht interessant: Im Hinblick auf Affinität und im Hinblick auf Distanzierung bzgl. einer rechtsextremen Orientierung. Die in Bezug auf den Fall interessant erscheinenden Aspekte für den Aufbau und den Erhalt von Affinität (besonders bedeutsam: Geschlechtsspezifik) wurden bereits in der obigen Interpretation herausgearbeitet und in ihren fallübergreifend bemerkenswerten Gesichtspunkten im entsprechenden Kapitel in Ergänzung zum Fall Rüdiger behandelt (vgl. zum Gewaltaspekt auch Paul). Sie sollen deshalb hier nicht wiederholt werden.

Für Antworten auf die Frage, wie Distanz gegenüber rechtsextremen Orientierungen zustande kommen kann, ist der Fall insofern ergiebig, als er einen Prozess der Distanzierung von einer vorher vorhandenen rechtsextremen Tendenz zu beschreiben vermag und nicht nur eine immer schon bestehende und über den Erhebungszeitraum beibehaltene, stabile Distanz widerspiegelt. Insofern beinhaltet er eine Entwicklung, die gerade vor dem Anwendungsinteresse von Erkenntnissen aus Studien wie der unseren, nämlich der pädagogischen Bearbeitung von Entwicklungen Jugendlicher nach rechts, bedeutsam erscheint. Unser eigenes Interesse dagegen ist zusätzlich auch darauf bezogen, Faktoren dafür zu eruieren, dass rechtsextreme Orientierung von vornherein verhindert werden. Von daher liegt ein Interesse der Quer-Interpretation darin, einen Vergleich dieser beiden Konstellationen (Distanzierung vs. Distanz) anzustellen.

Damit dies mit der nötigen Differenziertheit getan werden kann, bietet sich an, zwischen einer Distanz(ierung) von recht(sextrem)em Denken und einem Nichtvorhandensein bzw. Nachlassen rechts(extrem) orientierten Engagements zu differenzieren. Ersteres lässt sich in der Entwicklung von Ungleichheitsvorstellungen, letzteres, insofern dies das bei unseren Jugendlichen - wohl vor allem altersbedingt - einzige vorfindliche Engagement ist, in der Entwicklung von politisch konturierter Gewaltakzeptanz auffinden. Wie in den Auswertungen zu Affinitätsmustern von Gewaltakzeptanz und von rechtsextremen Orientierungen fahnden wir dabei nach Verursachungsmomenten im Lebenskontext und den darin gemachten sozialen Erfahrungen[6] sowie in der Art und Weise der

---

[6] Anders als bei dem Kapitel zur/zum Affinität(saufbau) von rechtsextremen Orientierungen bei Jungen werden die Bezüge der Teilaspekte "Ungleichheitsvorstellungen" und "rechtsextrem orientierte Gewaltakzeptanz" zu den jeweiligen sozialen Erfahrungen ihrer Träger in unmittelbarem textlichen Zusammenhang mit der analysierenden Beschreibung dieser beiden Kernelemente erörtert. Dieses Vorgehen hat einen inhaltlichen Grund: Anders als bei den einschlägigen Affinitäts-

Erfahrungsstrukturierung im Kontext des Aufbaus sozialer und personaler Identität.

Zusammenhänge mit sozialen Erfahrungen
Teilaspekt: Distanz(ierung) von rechtsextrem orientierter Gewalt

Weiter oben (vgl. Kap. 5.2.1.1) wurde aufgewiesen, dass für die männlichen Jugendlichen der zentrale Motivationshintergrund rechtsextremer Gewaltakzeptanz in geschlechtsspezifischer Violenz und ihrer Stilisierung im Zuge männlichen Identitätsaufbaus im alltagseingelagerten Aktionsfeld interethnischer Konfliktaustragung liegt. Dies ließe vermuten, dass eine Distanzierung von einer in dieser Richtung politisch wirksam werdenden personalen Gewaltakzeptanz dann wahrscheinlich wird, wenn durch solche Konflikte gekennzeichnete Situationen sich reduzieren oder sie aus dem Erfahrungsbereich der Jugendlichen gänzlich verschwinden. Genau dies ist der Fall.

Im Falle Enriks z.B. zeigt sich ein Nachlassen territorialer Konflikte. Dies scheint zum einen im Zusammenhang mit einer Veränderung seiner Freizeitgewohnheiten, genauer: der -orte und -beziehungen, zu stehen. Sie wird zunächst (1993) durch die Neu-Eröffnung eines Jugendhauses in seinem Heimatort möglich - ein Angebot, das er explizit begrüßt, weil es ihn "von der Straße" und damit von dem Austragungsort der Territorialkämpfe weghholt. Im Jugendhaus lernt er ausländische Jugendliche kennen, die nicht seinen bisherigen Eindruck von "Ausländern" bestätigen. Er lernt, einzelne Jugendliche als individuelle Persönlichkeiten mit jeweiligen Stärken und Schwächen wahrzunehmen und nicht weiter als Angehörige einer sozialen Einheit ("Ausländer") einzuschätzen, die er pauschal ablehnt. Daneben sieht er sich auch gezwungen, sich den Bedingungen der neuen Freizeit-Situation - ausländische Jugendliche sind nicht einfach ausschließbar - anzupassen und mit ethnisierenden Vorwürfen, Vorbehalten oder gar Ungleichheitsvorstellungen, die seinem bisherigen Denken entsprechen würden, zurückhaltend zu sein. Gleichzeitig hat sich seine rechte Skin-Band nach Aufkündigung des Proberaums, (noch) nicht aus politischen Gründen, aufgelöst, so dass auch dadurch das Zusammentreffen mit 'rechtsdenkenden' Jugendlichen, die sich in der Stadt, in der auch sein Proberaum war, ballen, seltener und seine Integration in eine entsprechend gefärbte jugendkulturelle Szene schwächer wird. Dafür ist wohl auch der Ausstieg des Bruders aus der Szene verantwortlich, der ihm auch Vorbild für seinen eigenen Einstieg war. Im Folgejahr stellt sich die Konstellation seiner Freizeitbetätigungen zwar etwas anders dar. Was jedoch bleibt, ist ein Aufsuchen von Freizeiträumen und Freundschaftsbeziehungen, die fernab der alten Konkurrenzen liegen. Während die neuen Freizeitorte durch gewachsene Mobilität möglich werden, bildet sich über die neuen Beziehungen mit älteren sozial integrierten

---

Mustern - dort mit dem Kriterium der Spezifik der Geschlechtsidentität - hebt sich hier nicht ein Gesichtspunkt derart hervor, dass er vorrangiger Beachtung Wert wäre und andere soziale Erfahrungsaspekte daher mit Bezug auf ihn besondere Bedeutung erhalten.

jungen Leuten, darunter bezeichnenderweise auch eine junge Frau, eine neue Freundschaftserfahrung und ein neues Freundschaftsverständnis heraus, das hinter sich lassen kann, was nach unseren oben wiedergegebenen Erkenntnissen rechtsextreme personale Gewaltakzeptanz fördert: Aufenthalt auf öffentlichen Straßen und Plätzen, Jungenzentrierung und -dominanz, actionorientierte Cliquenförmigkeit mit nondiskursiven, emotional oberflächlichen Binnenstrukturen, Demonstration von Coolness etc.. Tun sich hier neue Bezüge für seine Sinnsuche auf, so wird durch das triggering event des plötzlichen Todes eines guten Freundes eine gewisse Tiefenschürfung dabei angestoßen. Ergänzend übt das Bestreben, gegen Ende der Schulzeit neu ins Blickfeld rückende berufliche Optionen zu sichern, einen gewissen Normalisierungsdruck aus. Mittels ausgedehnten Trainings gelingt es ihm außerdem, sein körperliches Erscheinungsbild selbstwertstützend zu verändern, so dass er auch von daher körperliche Gewalt zu Selbstdarstellungszwecken nicht mehr benötigt. Entscheidend ist aber offensichtlich insgesamt die Veränderung seines Erfahrungsraums und der darin eingegangenen sozialen Beziehungen. Durch sie kristallisiert sich für ihn so etwas wie ein neues Lebensthema, zumindest Lebensabschnittsthema heraus. Allein das Vorbild des Ausstieges des Bruders, hätte für eine Kurskorrektur wohl nicht ausgereicht, weil ihm damit noch keine funktionalen Äquivalente für jene Befriedigungsversuche seines Bedürfnisses nach Realitätskontrolle geliefert worden wären, die er in seinem gewalthaltigen Rechtssein suchte. Vergleichbares gilt für eine von anderen Veränderungen abgespalten gebliebene Veränderung seiner körperlichen Erscheinung. Der Wunsch allein, Zukunftsoptionen zu sichern, scheint ebenfalls nicht ausreichend erklärungsmächtig. Zum einen scheint er nicht nur durch den Umstand des nahenden Schulabschlusses, sondern in seiner besonderen subjektiven Bedeutsamkeit und Lagerung vor allem auch durch das Vorbild des Bruders und die neuen Freundschaftsbeziehungen mit schon Berufstätigen entstanden zu sein. Zum anderen ist nicht erkennbar, dass Erik die Realisierung dieses Wunsches ausdrücklich von einem Abstandnehmen von rechtsextremer Gewaltakzeptanz abhängig sieht. Eher bringt er sie mit Anstrengungsbereitschaft in der Schule und einem damit als verknüpft betrachteten guten Schulabschluss und ein gewisses Zufallsmoment in Verbindung, Aber auch die eigene Anstrengungsbereitschaft in der Schule bringt er nicht mit einer Reduktion rechtsextremer Gewaltakzeptanz in Verbindung. Es findet sich z.B. kein Hinweis darauf, dass er glaubt, die Zeit, die er nun ins Lernen investieren muss, durch einen Verzicht auf Gewalthändel aufbringen zu müssen oder durch ihn schulisch besser gelitten zu sein und so seinen Notendurchschnitt zu verbessern. Das Streben nach 'Normalität' mag ihn insofern in seiner politischen Unauffälligkeit bestärken, motivational ausschlaggebend ist es jedoch nicht.

Im Fall von Erik wird aber auch deutlich, dass für einen Abbau rechtsextrem konturierter personaler Gewaltakzeptanz nicht ein Abbau der Orientierung an traditionellen Maskulinitätsmustern vorausgesetzt werden muss. Enrik weist sie auch nach seiner politischen Wendung auf. Das einzige, was inzwischen fehlt, sind die alltagseingelagerten interethnischen Konfliktanlässe, die der allgemeinen Gewaltakzeptanz ihre politische oder politisch deutbare Richtung geben. Seine 1994 konstatierbare Ambivalenz innerhalb seiner allgemeinen Gewaltakzeptanz hat andere Gründe.

Ein Vergleich mit anderen Fällen von Distanzierung bestätigt das bei Enrik vorgefundene Muster. Er deutet auch die Relevanz des Vorhandenseins emotional positiv getönter Beziehungen zu gleichaltrigen weiblichen Personen und die Wichtigkeit positiver Kontakte zu Ausländern für den Abbau einer pauschalisierenden Ablehnung, die wiederum die Wahrscheinlichkeit rechter Gewaltakzeptanz erhöht, an.

Auch Oswin prägt ab 1994 andere Freizeitgewohnheiten aus, die ihn die früheren Territorialkämpfe nicht mehr erleben lassen. Gleichzeitig verliert seine ehemalige rechte Straßen-Clique für ihn zugunsten von Ausgeh-Unternehmungen mit älteren Freunden an Bedeutung. Auch bei ihm ist auffällig, dass eine junge Frau (seine Schwester) ihn offenbar in diese neuen Beziehungsformen einführt. Hinzu kommt, dass er über sein Engagement in SMV und Jugendgemeinderat mit anderen Jugendlichen (u.a. auch ausländischen) in anderen Situationen und auf andere Weise - aufgrund dieser Gremien naturgemäß stärker diskursiv und weniger jungenzentriert - in Kontakt kommt. Von ihm mitgetragen wird außerdem die Unterstützung einer ehemaligen ausländischen Putzfrau durch seine Familie - ein Umstand, der ihm im Falle einer gleichzeitigen pauschalisierenden Ablehnung von Migranten subjektiv nicht logisch erschiene und der ihm geradezu als Ausweis von Linkssein gilt. Ähnlich bestärkend wie bei Enrik wirken auch bei ihm schulische bzw. berufliche Optionssicherungswünsche für die Zukunft.

Bei Johannes ändern sich Verläufe des von uns begleiteten biografischen Abschnitts ebenfalls im Zusammenhang mit Wandlungen in für ihn wichtigen Erfahrungsräumen und Beziehungen. Aufgrund wachsender Mobilität verbringt er weniger Zeit im Viertel. Dadurch verlieren die für ihn durch die hohe Anzahl an Ausländern dort aufkommenden Bedrängungs- und Bedrohtheitsgefühle an Stärke. Außerdem hat er ab 1993 eine Freundin, eine Beziehung, die ihn - auch nach seinem eigenen Bekunden - sowohl von seinen ehemaligen "brutalen" und wie er selbst mit Pistolen ausgestatteten Freunden wegführt, als auch aufgrund des Ausländerinnen-Status seiner Freundin (Makedonierin) ihm eine pauschale Verurteilung von Ausländern nicht mehr bruchlos erlaubt. Zudem lernt er über ein Berufs-Praktikum Migranten persönlich kennen. In der Folge sieht er sich aufgefordert, seine alten Einstellungen zu überdenken. Dies geht bei ihm sogar so weit, dass er sich 1994 als "links" deklariert, weil er nun "mehr für Ausländer als für Rechtsradikale" ist, und sogar an einer Anti-Republikaner-Demonstration teilnimmt.

Ein Abbau der Akzeptanz fremdausgeübter personaler Gewalt (etwa der von anderen Jungen aus der ehemaligen Clique) geht mit der Distanzierung von selbstausgeübter rechtsextrem orientierter Gewalt einher. Wie weit er geht, kann auf Basis unserer Daten - weil unser Erkenntnisinteresse diese Frage nicht systematisch einschloss - nicht exakt bestimmt werden. Fest steht nur, dass eine Duldung, wenn auch nicht Billigung, weiter gegeben sein kann und keinesfalls ein Automatismus zwischen eigener Gewaltdistanzierung und aktiven Einschreiten gegen Gewalt unterstellt werden darf.

Der Fall Norberts lässt ebenfalls ein Abflauen rechter Gewaltakzeptanz beobachten. Es ist allerdings gänzlich anders gelagert als in den schon genannten Fällen. Keineswegs ist nämlich bei ihm davon auszugehen, dass in einem in den Fällen von Enrik, Oswin und Johannes gegebenen Maße nicht nur seine tatsächliche Gewalttätigkeit, sondern auch seine Gewaltbereitschaft sinkt. Bei ihm lässt nur die gewaltsame Demonstrativität von rechter Gesinnung aus Opportunitätsgründen nach. Aus Angst vor Überlegenheit seiner Gegner, deren Hochrüstung (Waffen) und ihrer mit Sicherheit erwartbarer Gegengewalt im Falle einer von ihm ausgehenden Aggression steckt er zurück. Territorial-Konkurrenz betrifft ihn, im Gegensatz zu den anderen genannten Fällen, weiterhin. Daher erscheint es auch logisch, dass die von ihm vertretenen Ungleichheitsideologien anders als in diesen Fällen nicht abnehmen.

Auch die medialen Berichterstattungen und Kommentierungen von fremdenfeindlichen Anschlägen haben offenbar dazu beigetragen, dass 'Rechtssein' öffentlich deutlich stigmatisiert wurde und man sich entweder deshalb aus entsprechenden Szenen zurückzog und das Outfit wechselte oder darüber hinaus tatsächliche Betroffenheit verspürte. In diesem Fall wird der Eindruck bekundet, die fremdenfeindlichen Akteure seien "zu weit gegangen"; mit ihnen wolle man nicht in einen Topf geworfen werden.

Einen Abbau der Akzeptanz von institutioneller Gewalt kann man in keinem der von uns beobachteten Fälle erkennen. Will man darin mehr als einen Zufall sehen, so lässt sich in Rechnung stellen, dass wir es hierbei mit Gewaltformen zu tun haben, die a) z.T. für legal und legitim gehalten werden, b) dem Bereich sozialer Akzeptanz von Erwachsenen zugeordnet werden können und c) Register bereitstellen, die Jugendlichen für die Regelung von Konflikten in ihrem Alltag entweder nicht zur Verfügung stehen oder nicht oder kaum präsent sind. Insofern ist anzunehmen, dass ihr Vorhandensein anders als personale Gewaltförmigkeit in der Regel weder kognitive Dissonanzen im Zuge der Bemühungen Jugendlicher zur Integration ihrer Person in die Erwachsenengesellschaft auslöst, noch sie aufgrund eventueller Veränderungen der Lebenskonstellationen ihres Alltags unter Legitimationsdruck geraten.

Setzen wir die Fälle von Distanzierung zu denen von Distanz in Beziehung, so erkennen wir:

Eine umfassende Distanz zu rechtsextremer Gewalt haben drei Gruppierungen von Jungen: logischerweise zum ersten jene Jugendlichen, die sich dauerhaft im "linken" bzw. ausländerfreundlich denkenden Spektrum verorten (also etwa Paul, Robert, Volker, Ludwig); zum zweiten solche, die überhaupt (noch) nicht politisch denken und sich deshalb auch nicht politisch positionieren (z.B. Jakob, Carlo, Rüdiger 1992) sowie zum dritten Jungen, die sich gegenüber personaler Gewaltanwendung - aus welchen Gründen im einzelnen auch - generell ablehnend oder zumindest nicht befürwortend zeigen.

Weniger scharf verläuft die Grenzlinie bei jenen, die Ungleichheitsvorstellungen aufweisen und zwar personale Gewalt nicht gutheißen, aber institutionelle Gewalt propagieren oder zumindest billigen oder dulden. Hier sind die Grenzen zwischen illegitimer und legitimer Gewaltanwendung fließend, wie schon die Veränderung des Asylrechts-Paragraphen vorführt, durch die ein staatliches Vorgehen legalisiert und damit auch für weite Teile der Bevölkerung legitimiert wurde, das vorher illegal gewesen wäre und seine Legitimität nicht aus einer entsprechenden gesetzlichen Grundlage hätte herleiten können. Doch nicht nur der historische Wandel von Auffassungen zur Legalität und Legitimität der konkreten Anwendung des staatlichen Gewaltmonopols, der ja bezogen auf die Asylrechts-Reform in unserem Erhebungszeitraum liegt, sondern auch ein weiterer Umstand erschwert eindeutige Rubrizierungen von Haltungen der Jugendlichen unter den beiden Rubriken 'legitime' und 'illegitime' institutionelle Gewalt: Ausflüge in den Bereich der Befürwortung oder auch nur Duldung illegitimer staatlicher Gewaltanwendung werden von den Jugendlichen eher andeutungsweise unternommen und stehen auch oft im Gegensatz zu Stellungnahmen, die an anderer Stelle des Interviews abgegeben werden (z.B. bei Heinz: Einerseits propagiert er in Bezug auf das Verhältnis von Deutschen und Migranten "Jeder sollte gleiche Rechte haben", andererseits will er "keine mehr reinlassen..."). Wenn vom Interviewer an solchen Stellen genauer nachgefragt wird, macht man einen Rückzieher oder verliert sich ins Nebulöse, um nicht missverstanden oder als widersprüchlich wahrgenommen zu werden. Hinzu kommt, dass nicht einmal von Erwachsenen, deshalb erst recht nicht von 13- bis 15jährigen erwartet werden kann, dass sie die Rechtslage so gut kennen, dass man eine differenzierte Position zu einer derart kniffligen Frage zu beziehen oder zumindest im Gesprächsverlauf auftretende Widersprüche aufzulösen vermag. Nicht einmal gesamtgesellschaftlich besteht eine Übereinkunft darüber, wo die Grenzen zwischen Rechtskonservativismus und Rechtsextremismus verlaufen. Die selbst offiziell und auf höchsten politischen und Verwaltungs-Ebenen unterschiedlichen diesbezüglichen Einschätzungen der Partei der 'Republikaner' legt davon Zeugnis ab. Insofern haben wir es bei dieser Form von Gewaltakzeptanz mit einer Strömungsgröße zu tun. Sie wird großflächig von rechtspopulistischen Argumentationsfiguren ausgefüllt. Ihr gegenüber zeigt sich keiner der Ungleichheitsvorstellungen oder Vorwürfe und Vorbehalte gegenüber Migranten besitzenden Jungen distanziert.

Allerdings muss wie bei den Faktoren, die Affinität für rechtsextreme Orientierungen nahe legen, auch hier ein Zusammenhang zwischen rechtsextremer Gewaltakzeptanz und Verankerungs'tiefe' von Ungleichheitsvorstellungen registriert werden. Er ist beim Distanz-Muster erwartungsgemäß genau umgekehrt wie im Falle von Anfälligkeit. Während bei letzterem Ungleichheitsvorstellungen offenbar dazu dienen sollen, identitätsrelevante Verunsicherungen zu vermeiden, zu kaschieren oder zu beseitigen, wird interethnischen Konkurrenzen und Konflikten beim Distanz-Muster eher der Stellenwert eines Ärgernisses unter anderen, nicht aber einer Identitätsbedrohung zugesprochen. Entsprechend schwächer fällt der Druck auf eigentätiges Handeln zu ihrer Beseitigung zum Zwecke der Sicherung eigener Realitätskontrolle und Handlungsfähigkeit aus.

Teilaspekt: Ungleichheitsvorstellungen
Im Kapitel zum Affinitätsaufbau rechtsextremer Orientierungen wurde herausgearbeitet, dass Ungleichheitsvorstellungen vorrangig erst im Zusammenhang mit der vorgeblichen Normalität maskuliner Gewaltakzeptanz von den betreffenden Jungen entwickelt werden und - zugespitzt formuliert - nicht Ungleichheitsvorstellungen zu (personaler) Gewaltakzeptanz führen, sondern umgekehrt Gewaltakzeptanz mit Ungleichheitsvorstellungen 'aufgeladen' wird. Deshalb ist anzunehmen, dass Ungleichheitsvorstellungen in Rückgang befindlich sind, wenn nicht unbedingt eine andere Felder betreffende, aber doch die politisch gleichgerichtete Gewaltakzeptanz nachlässt. Eben dies ist auch der Fall. Insofern treffen die im vorangegangenen Abschnitt genannten Reduktionsfaktoren von rechtsextremer Gewaltakzeptanz auch auf ein Abschmelzen von Ungleichheitsvorstellungen zu. Grob formuliert: Wer keine interethnischen Konflikte (mehr) gewaltsam austrägt und wem es gelungen ist, neue tragfähige Freundschafts-Beziehungen außerhalb der alten Clique aufzubauen, für den verlieren auch die alten Ungleichheitsvorstellungen an Bedeutung.

Ein Vergleich der diesbezüglich besonders interessanten Fällen von Enrik, Oswin, Johannes und Norbert lässt freilich den Eindruck aufkommen, dass das Ausmaß einer entsprechenden Distanzierung von einer Zusatzbedingung abhängig ist, nämlich, inwieweit sie tatsächlich aufgrund inhaltsbezogener Reflexionen erfolgt, oder nur ein Kosten-Nutzen-Kalkül darstellt. Letzteres ist im Falle Norbert offensichtlich und führt deshalb nur zu einer oberflächlichen Veränderung des gezeigten Verhaltens, nicht aber zu einem Wandel bei seinen Ungleichheitsvorstellungen. Auch für Oswin kann trotz des Vorhandenseins weiterer Distanzierungsmomente ein Kosten-Nutzen-Kalkül nicht als letztlich ausschlaggebend ausgeschlossen werden. Im Falle Enriks sind neben Aspekten solcher Berechnungen von Vor- und Nachteilen (vgl. seine Anpassung im hauptsächlich von Ausländern besuchten Jugendhaus) in jedem Fall andere Veränderungen seiner Lebensumstände (s.o.) und der Umstand, sein ehemaliges Rechtssein eher jugendkulturell als politisch auffassen und damit als relativ leicht ablegbare "Mode" statt tiefergehende Überzeugung deuten zu können, wichtiger. Die beiden Letztgenannten kommen allerdings über eine letztlich indifferente Position, entweder nur eher "linkes" Gestimmtsein (Oswin) oder schlichte Gleichgültigkeit gegenüber Migrationsproblemen (Enrik) kaum hinaus. Es kann deshalb nicht ausgeschlossen werden, dass in Fällen wie diesen Ungleichheitsvorstellungen nur in die - möglicherweise vorübergehende - Latenz eingehen, ohne wirklich abgebaut worden zu sein. Entsprechend bleibt die

Gefahr ihres Wiederauftauchens bestehen. Demgegenüber zeigt sich im Falle von Johannes weitaus deutlicher eine reflektierte Distanzierung. Er argumentiert bei in den Jahren 1993 und 1994 gegenüber unterschiedlichen Adressatengruppen (bezogen auf Migranten allgemein 1993; bezogen auf Asylbewerber 1994) nunmehr aufgegebener Ungleichheitsvorstellungen jeweils damit, Erfahrungen mit ihnen gemacht zu haben, die ihn zur Revison seiner alten Vorstellungen zwangen: Eine makedonische Freundin zu haben, war ab 1993 mit seinem Bild von MigrantInnen, das Kennenlernen arbeitswilliger und menschlich angenehmer Flüchtlinge durch ein Praktikum in der Friedhofsgärtnerei 1994 mit dem von Asylbewerbern nicht mehr in Einklang zu bringen. Aus diesem Fall und dem Vergleich mit den anderen soeben genannten ließe sich schlussfolgern, dass nicht nur ein Wegfall der Auslöser von negativen ethnisierenden Deutungen, sondern stärker noch die Existenz positiver Gegenerfahrungen auflösend auf Ungleichheitsvorstellungen und bestärkend für den Aufbau von Gleichheitsvorstellungen wirken. Und dennoch bleibt fraglich, wie stark sich derart zustande gekommene Umorientierungen gegen weitere Verformungen resistent erweisen. Schließlich basieren sie auf der jeweiligen persönlichen Erfahrung und höchstens ansatzweise auf - freilich darüber angestoßenen - grundlegenden politischen Überlegungen. Wenn also Erfahrungsbereiche sich durch äußere Veränderungen der Lebensumstände wandeln sollten oder zukünftige negative einzelne Erfahrungen dem gewonnenen positiv(er)en Bild von Minderheiten entgegenstünden, wäre dann das politische Bewusstsein gefestigt genug, um Kehrtwendungen in Richtungen auf Ungleichheitsvorstellungen nicht mehr zuzulassen? Auf der Basis unserer Daten kann diese Frage nicht mehr beantwortet werden. Dazu bedürfte es einer systematischen Erfassung von Distanz-Mustern und Distanzierungsprozessen in einem fortgeschritteneren Lebensalter. Aus der Bielefelder Rechtsextremismus-Studie lässt sich diesbezüglich der Befund entnehmen, dass erst eine Autonomie-orientierte politische Identität stabil genug ist, antidemokratischen Gefährdungen, die durch besondere Problembelastungen aufkommen könnten, gegenzusteuern (vgl. vor allem die Fälle Daniel und Leonhard in: Heitmeyer u.a. 1992).

Die obenstehenden Erörterungen beziehen sich auf Fälle, bei denen eine Distanzierung von Ungleichheitsvorstellungen parallel zu einer Distanzierung von rechtsextrem konturierter personaler Gewaltakzeptanz erfolgt ist. Es bleibt die Frage, wie ein Bedeutungsverlust von Ungleichheitsvorstellungen in Fällen erklärt werden kann, die diese Form der Gewaltakzeptanz nicht aufweisen. Sie können hier durch die beiden Jungen Rolf und Felix vertreten werden. Sie offenbaren zwar die Akzeptanz körperlicher Gewalt, beziehen sie aber nicht auf von ihnen im politischen Kontext gedeutete gewalthaltige Konflikte, bei denen die Adressaten ihrer Ungleichheitsvorstellungen, hier wie in allen Fällen recht(sextrem)er Orientierung ganz vorrangig Migranten, Gegner wären. Es zeigen sich bei den beiden Jugendlichen vordergründig ähnliche Faktoren wie die, die für einen Rückgang rechtsextremer Gewaltakzeptanz verantwortlich gemacht werden können: ein positiver Kontakt mit Ausländern bzw. eine konkurrenz- und konfliktreduzierende Veränderung der Lebensumstände.

Felix lernt die von ihm früher abgelehnten Ausländer dadurch anders kennen, dass er einen Ausländer als Stiefvater erhält und ihn zu schätzen beginnt. Er grenzt darüber solche Ausländer aus seinen Ablehnungshaltungen aus, die diejenigen Kriterien erfüllen, die sein neuer Vater ihm 1993 noch zu erfüllen scheint: kein "Scheinasylant", sondern tatsächlich politisch Verfolgter sein, "nichts Krummes machen, "sich halt an Regeln halten", "vor allem gewissenhaft arbeiten". Mittels dieser Konstruktion eröffnet er sich zwar einerseits neue Deutungen auf Migranten, indem er von der Erfahrung mit seinem Stiefvater ausgehend auf die Gruppierung der Migranten generell hochschließt - "die meisten Ausländer" kommen ihm jetzt "nett", "hilfsbereit, einsatzbereit, freundlich", "nicht krimineller, ja sogar "verständnisvoller" als die Deutschen vor -, kann er aber andererseits seine Ungleichheitsvorstellungen gegenüber Asylbewerbern, deren Verfolgtheit er eben in der Regel nicht wie bei seinem Stiefvater nachgewiesen sieht, und gegenüber "Russen", wohl Aussiedlern, denen er betrügerische Bereicherungsabsichten unterstellt, beibehalten. Die von einer Einzelerfahrung ausgehende generalisierende Sicht erweist sich für ein Aufbrechen dieser Positionen als nicht ausreichend. Im Grunde stellt sie mit umgekehrten politischen Vorzeichen denselben Mechanismus dar, der anderen zum 'Beleg' genau gegenteiliger Auffassungen dient (s. Kap. Affinität(saufbau)). Felix' politische Reflexivität ("...die sollen nicht gegen die Ausländer, sondern mehr gegen die Regierung Streifzüge machen" und "Die (PolitikerInnen; d.V.) sollen sich mehr um die Jugendlichen kümmern") vermag zwar - gemeinsam mit anderen Faktoren (s.o.) - seine Gewaltakzeptanz zu zügeln, erstreckt sich aber nicht auf seine Ungleichheitsvorstellungen insgesamt. Es kann deshalb nicht verwundern, dass seine Ungleichheitsvorstellungen wieder aufkommen, als er von der Schwarzarbeit seines Stiefvaters erfährt und sich nun in einer schwer zu ertragenden Klemme zwischen seinem nach wie vor - auch nach Eigenbekunden - "rechten" Denken und einer familiären Situation befindet, die diesem eigentlich entgegensteht.

Der Fall Felix führt damit vor, dass eine positive Einzelerfahrung mit Migranten, selbst eine sehr alltagsnahe, familienbezogene, noch längst keine breite und dauerhafte 'Ausländerfreundlichkeit' bewirkt. Im übrigen deutet auch das Beispiel des türkischen Wirtes in Rüdigers "Grillecke" darauf hin. Solche Erfahrungen vermögen zwar Brüche in pauschalierende Zustandsbeschreibungen der multikulturellen Gesellschaft zu schlagen, sie zu zerschlagen reichen sie aber nicht hin. Bezogen auf den Fall von Felix - und auch von Rüdiger - wird deutlich, dass sie gegen die orientierungsstiftende Kraft identitätsrelevanter Empfindungen von Ressourcenkonkurrenz nichts auszurichten vermögen.

Eben dies unterscheidet den Fall von Felix, bei dem sich Ungleichheitsvorstellungen nur zwischenzeitlich reduzieren und dann wieder erstarken, von dem Rolfs. Bei ihm schlägt eine Veränderung der Lebenssituation zu Buche, die die von ihm vormalig verspürten Konkurrenzen und Konfliktlagen mit Migranten(jugendlichen) erheblich reduziert. Er hat die Integration in das berufliche Ausbildungssystem geschafft, erhält darüber und über einen Nebenverdienst eine finanzielle Absicherung, entwickelt auf dieser Grundlage positive Zukunftsaussichten, ist finanziell in der Lage, seine Freizeit an kommerziellen Orten zu verbringen, bei denen keine interethnischen Konfliktanlässe gegeben sind, ist schon durch seine zeitliche Anspannung einem 'Abhängen' im Viertel und entsprechenden Konfliktanlässen (z.B. um Raum) enthoben und sieht auch in seiner Berufsschulklasse mit nur drei Ausländern Deutsche deutlich in der Mehrzahl. Es stellt sich der Eindruck ein: Gerade weil Rolf Ausländern aus dem Wege gehen kann, verliert sich die Wichtigkeit ethnisierender Deutungen. Freilich ist diese Distanz mindestens so fragil wie bei Felix oder in anders gelagerten Fällen, denn bei Rolf ist überhaupt nicht erkennbar, dass andere als äußere Faktoren für den Verlauf seiner Vorstellungen ausschlaggebend sind. Erst recht ist keine Autonomie-orientierte politische Identität auszumachen.

Insgesamt ergibt sich damit für die Fälle einer Distanzierung von vorher vertretenen Ungleichheitsvorstellungen eine erhebliche Skepsis gegenüber der Nachhaltigkeit des erfolgten Wandels. Um Kriterien entdecken zu können, die imstande sind, eine relativ dauerhafte Absenz von Ungleichheitsvorstellungen zu begünstigen, verspricht es daher ertragreicher zu sein, nach Fällen Ausschau zu halten, die vom ersten bis zum letzten Erhebungszeitpunkt Distanz zeigen. Ein anschließender nochmaliger Vergleich mit Fällen, bei denen eine anfänglich vorhandene gänzliche oder wenigstens relative Distanz nicht durchgehalten wurde, vermag dann noch genauer solche Faktoren zu isolieren, die Distanz bewirken oder begünstigen.

Bei Fällen, die durchgängig Distanz zeigen, sind noch einmal zwei Typen zu unterscheiden: Fälle, bei denen Distanz im Sinne eines Nicht-Vorhandenseins von Ungleichheitsvorstellungen vorliegt und Fälle, die eine zwar beibehaltene, aber nur relative Distanz zu Ungleichheitsvorstellungen aufweisen.

Der erstgenannte Typus wird im wesentlichen durch zwei Gruppierungen von Jugendlichen gebildet: zum ersten von Jugendlichen, die Haltungen der Solidarisierung mit Minderheiten, vor allem ethnischen, vertreten, zum anderen von solchen, die sich eine gewisse Kindlichkeit bewahrt haben.

Zur ersten Gruppe gehören Robert, Volker und Ludwig (Paul deshalb nicht, weil er ab 1994 Ungleichheitsvorstellungen vertritt). Bei allen dreien ist das Solidarisierungsmuster offenbar im Kontext ihrer eigenen relativ sozial deprivierten Situation entstanden (eine soziale Lage, die man bei Paul z.B. nicht feststellen kann; ein Umstand, der nicht unbedeutsam für seine von den drei genannten Fällen abweichende Entwicklung im Jahre 1994 zu sein scheint). Sie können ausländische Jugendliche in ihrem sozial eher benachteiligten (Wohn- und Schul-)Umfeld aufgrund dessen als ihresgleichen und als "Kumpel" betrachten. Dass sie es tun und nicht - was genauso gut denkbar wäre - wie andere

Jungen in ähnlicher sozialer und materieller Situation in Ressourcen-Konkurrenz treten, hat bei den dreien durchaus nicht dieselben Ursachen.

Robert ragt insofern hervor, als er explizit Gleichheitsvorstellungen vertritt. Sie entsprechen seinem allgemeinen Menschenbild und einer darin eingelagerten proletarischen Selbstauffassung, für die ein niedriges Anspruchsniveau in Gestalt eines bloßen "Klarkommen"-Wollens kennzeichnend ist. Diese Ansichten wiederum haben sich entwickelt vor dem Hintergrund einerseits einer reflektierten Bearbeitung der eigenen, sich in äußerst schwierigen sozialen Konstellationen vollziehenden Sozialisation, andererseits eines entwickelten und sich weiter entwickelnden historischen Bewusstseins. So kann er sich mit der Situation von ausländischen Arbeitnehmern und deren nachwachsender Generation bzw. der von anderen Gruppierungen "auf der Schattenseite des Lebens", wie z.B. von Flüchtlingen, identifizieren und deshalb auch seine nicht unerhebliche physische Gewaltakzeptanz in diese Richtung lenken. Bestärkt wird diese Orientierung (jedenfalls bis 1994) durch ihre Einbettung in die jugendkulturelle Selbstzuordnung als Punk und Heavy-Fan sowie deren Definition als "links", weil anti-rechts.

Der Fall Volker ähnelt dem seines "Kumpels" Robert. Auch er ist gleichsinnig jugendkulturell eingebunden und in seiner Gewaltakzeptanz politisch anti-rechts gestimmt. Und auch er entwickelt deutlich erkennbar aufgrund seiner ebenfalls ähnlichen Lebenssituation ihm selbstverständlich erscheinende Solidaritätsgefühle für ethnische Minderheiten. Seine Reflexivität dagegen erreicht die von Robert bei weitem nicht. Politisch erfolgt seine Festlegung im "linken" Spektrum letztlich begründungslos, denn es mangelt ihm sehr an Argumenten für seine Haltung. Dass keine autonome politische Selbstverortung seiner politischen Richtungsentscheidung zugrunde liegt, lässt sich auch daraus ablesen, dass er noch in der Abschlusserhebung resümiert, letztlich sei es wohl sein "pro Ausländer" gestimmtes soziales Umfeld gewesen, das ihn entsprechend beeinflusst habe. Die bei Volker vorliegende Konstellation politischer Orientierung erscheint damit als höchst fragiler Demokratiegarant.

Ludwig weicht von den genannten Fällen vor allem dadurch ab, dass er ein Junge ist, der eine Solidarisierung mit Ausländern nicht nur im Zusammenhang eigener sozialer Benachteiligung, sondern auch aufgrund eigener kultureller Fremdheit vornimmt: Er ist als Kind einer Aussiedler-Familie aus Russland nach einem Zwischenaufenthalt in Ostdeutschland und mit eigenen Wohnerfahrungen im Aussiedlerheim in den Westen Deutschlands gekommen. Insofern zieht er für sich das fast schon fatalistisch klingende, jedenfalls Anpassungsdruck vermittelnde Fazit: "Man muss sich ja mit denen verstehen". Aufgrund privater Freundschaften mit Ausländern, u.a. auch mit einem pakistanischen Asylbewerber, hat er "was gegen Nazis". Gleichwohl ist diese Haltung bei ihm kaum politisch konturiert, was sich auch daraus ersehen lässt, dass er für den Ernstfall eines Angriffs auf einen Ausländer angibt, ihm nur dann beizustehen, wenn er ihn "kenne". Bestärkend kommt auch bei ihm seine jugendkulturelle Orientierung als Rapper hinzu.

Betrachten wir die drei Fälle 'quer', so ergibt sich die Vermutung, dass eine über den Erhebungszeitraum hinausreichende, dauerhafte Distanz zu Ungleichheitsvorstellungen wohl am ehesten bei Robert erwartet werden kann. Er ist jemand, der sein Verhalten und das seiner Mitmenschen im politischen Kontext und mit Bezugnahme auf vorhandene oder wünschbare Grundregeln des gesellschaftlichen Zusammenlebens deutet und sich deutlich weniger als die anderen externer Kontrolle unterwirft. Dessen ungeachtet scheint als Bestärkungsfaktor für Distanz-Muster zu Ungleichheitsvorstellungen eine bestimmte jugendkulturelle Orientierung ähnlich fungieren zu können, wie eine anders gelagerte jugendkulturelle Orientierung am entgegengesetzten Pol des politischen Kräftefelds.

Eine zweite Gruppierung von Fällen mit Distanz-Mustern findet sich bei Jungen, deren Denk- und Verhaltensweisen noch sehr kindlich wirken (z.B. Carlo, Jakob, Jonas). Damit ist gemeint, dass sie sich zum einen in ihrem Verhalten weitgehend unhinterfragt den Anpassungserfordernissen von Schule, Elternhaus und sonstigem sozialem Umfeld beugen, ihre Freizeit eher mit sozial unauffälligen, oft häuslichen Spiel-Aktivitäten verbringen, ihre geschlechtsspezifische Identitätssuche eher dezent, ohne sonderliche Maskulinitäts-Allüren und ohne große Konflikte angehen, keine Cliquenbindungen im Sinne jungenzentrierter Straßencliquen eingehen, Gewaltakzeptanz verabscheuen oder wenigstens auf niedrigem Niveau (Schubsen, Beinchen stellen u.ä.) halten, in puncto. Alkohol- und Zigarettenkonsum zurückhaltend sind bzw. ihn ablehnen etc. Zum anderen ist ihr Denken entweder noch gar nicht oder nur äußerst schwach andeutungsweise von gesellschaftsbezogenen Überlegungen oder gar politischen Interessen bestimmt. Im Grunde zählt für sie nur ihre private Welt und ihr persönliches Auskommen darin.

Eine vordergründige Erklärung für ihr unauffälliges, politisch in jeder Hinsicht gar nicht existentes Verhalten wäre, dass es sich um 'Spätentwickler' (vgl. Fend 1990) handeln dürfte, die nicht nur erst mit einiger Verzögerung Entwicklungsphasen durchmachen, die Altersgleiche schon hinter sich haben, sondern (nach Fend deshalb) diese auch mit weniger Turbulenzen absolvieren. Diese Interpretation ist aber deshalb nicht ausreichend, weil sie keine Erklärung dafür anbietet, wieso die mit der Spätentwicklung zusammenhängenden Denk- und Verhaltensweisen, will man sie nicht schlicht mit biologisch individuell festgelegten Abläufen von Reifeprozessen erklären, überhaupt auftreten. Eine Antwort erschließt sich über die Beobachtung, dass diese Jugendlichen offensichtlich ein Gefühl selbstverständlichen Integriertseins in die für sie wichtigen sozialen Geflechte besitzen. Vom Elternhaus über die Schule bis zur Freizeit - bei ihnen läuft einfach alles nahezu rund. Ernsthafte Problembelastungen sind bei ihnen Fehlanzeige. Dass dies so ist hängt offenbar damit zusammen, dass einerseits sie in diesen Feldern in ausreichendem Maße Ressourcen für ihre

Identitätsentwicklung vorfinden, andererseits aber auch weder von innen, z.B. durch psychophysisch relevante Entwicklungsschübe, noch von außen durch vielleicht zufällig auftretende, besonders bemerkenswerte, aus dem Alltag herausragende Ereignisse Dissonanzen angestoßen werden. So kann/muss ihr Jungenleben in festen Bahnen verlaufen.

Das genaue Gegenteil ist bei Rüdiger der Fall. Bei ihm verändern sich die Stützpfeiler seiner sozialen Integration und die Bezugspunkte seiner personalen und sozialen Identität nach 1992, wo er noch einen kindlichen Eindruck macht, in der oben ausführlich beschriebenen Weise rapide und fundamental. Ihm können die angestammten Sozialisationsinstanzen keine Identitätsstabilisierungen mehr bieten.

Heinz, Theo und Mickey stehen für Fälle, bei denen zwar Ungleichheitsvorstellungen vorhanden sind, bei denen aber eine Distanz zu Ungleichheitsvorstellungen bezogen auf bestimmte Adressatengruppierungen gegeben ist.

Heinz steht im Hinblick auf seine sozialen Absicherungen und seine Aktivitätspräferenzen eigentlich ähnlich da wie die gerade beschriebenen 'kindlichen' 13- bis 15Jährigen. Seine Lebenswelt erweckt den Eindruck von Wohlgeordnetheit. Er hat vorbehaltlos ihn unterstützende, gleichwohl sanft kontrollierende Elternbeziehungen, kann über eine diskursive Gesprächskultur im Elternhaus verfügen, zeigt sich in der Schule leistungsstark, fährt im Sport Erfolge ein, verfolgt spiel-, sport- und bastelbezogene unproblematische Freizeitinteressen, unterhält darüber vermittelte unproblematische Freundschaftsbeziehungen und bekundet realistische und gleichzeitig positive Zukunftsaussichten. Wenn er, trotz seiner prinzipiellen Überzeugtheit von der Notwendigkeit von Rechtsgleichheit, dennoch Ungleichbehandlungsvorstellungen ausprägt, hängt dies damit zusammen, dass sein von Hochhausbebauung und großen Mehrfamilienhäusern geprägtes Wohnviertel durch den allmählichen Zuzug von immer mehr Ausländern sich für ihn zu verfremden droht, wobei der erwünschte Fortzug der Familie durch Knappheit an für die Familie bezahlbaren Wohnungen schon seit längerem scheitert und noch zusätzlich auf einer von den Kindern des Viertels und auch von ihm persönlich genutzten Spielwiese ein Asylbewerberheim errichtet werden soll. Der Fall von Heinz weist damit auf, dass durchaus tragfähige soziale Integrationserfahrungen in Schule, Elternhaus und Freizeit noch längst keine Garantie für Distanz zu Ungleichheitsvorstellungen bieten. Vielmehr scheinen solche Dämme brechen zu können, wenn durch eine als unverhältnismäßig wahrgenommene ethnische Durchmischung des alltäglichen Lebensumfelds die Schwelle von einem Sich-befremdet-Fühlen zu Verfremdungsgefühlen überschritten wird (vgl. dazu auch Möller/Müller 1992). Dass der Zuzug Nichtdeutscher ins Viertel von Heinz (und vermutlich auch von seiner Familie insgesamt, die ja abzuwandern gedenkt) überhaupt als Bedrohung wahrgenommen wird, hängt sicher zum einen damit zusammen, dass er die Ausweitung von negativen Erfahrungen, die er bisher mit einzelnen ausländischen Jugendlichen auf der Straße gemacht hat ("Stunk machen", "gleich anfangen Schlägerei und so") und die er nicht pauschalisierend ethnisiert, befürchtet und ihn Ressourcenkonkurrenz (z.b. das "Asylantenheim" auf der Spielwiese) bedrängt. Zum anderen könnte die im Vergleich mit den Fällen von Robert, Volker und Ludwig bei Heinz vorliegende Aufstiegsorientierung als Gymnasiast, der sich aus 'kleinen Verhältnissen' emporzuarbeiten gedenkt, das Bemühen um Absetzung vom Geruch von Armut und sozialer Benachteiligung, der mit der Ansiedlung von Asylbewerbern verbunden wird, anheizen.

Bei Theo stellen sich die sozialen Konstellationen vordergründig betrachtet ganz ähnlich dar wie bei Heinz. Auch er ist ein in 'kleinen Verhältnissen' lebender Junge, mit positiven Elternbeziehungen und einer optionssichernden Schulkarriere, der über seine Freizeitinteressen (bei ihm: Musik) zusätzlich eine Bestärkung seiner Handlungsfähigkeit erfährt. Über letzteres baut er auch Freundschaften auf, die seine in den Vorjahren jeweils bestehende lose Mitgliedschaft in zwei verschiedenen, mindestens z.T. eher rechts und maskulinistisch orientierten Cliquen ablösen. Im wesentlichen die Anspruchshaltung unbotmäßiger oder kulturell unangepasster Ausländer und die finanziellen Belastungen durch Asylbewerber gelten ihm unter Hinweisen, wie sie ähnlich auch Heinz vorbringt, als Gründe für seine diesbezüglichen Vorbehalte und Vorurteile. Er allerdings nimmt im Gegensatz zu Heinz, der eine Verfremdung Deutschlands durch Ausländerzuzug generell kritisiert, deutsch assimilierte Ausländer explizit aus seinen Ungleichheitsvorstellungen heraus. Ziemlich unzweifelhaft ist dies darauf zurückzuführen, dass er selbst zwar deutscher Staatsangehörigkeit, aber Kind von Migranten (Eltern griechisch bzw. türkisch) ist, die sich ganz offenbar der deutschen Art zu leben und deutschen Gewohnheiten angepasst haben.

Auch bei Mickey scheint für eine Begrenzung seiner z.T. vehement vorgetragenen Ungleichheitsvorstellungen auf bestimmte Zielgruppen der Umstand entscheidend zu sein, dass er selbst einer Migrantenfamilie (Kroaten) entstammt ("als Deutscher wäre ich mehr rechts"). So nimmt er Flüchtlinge, die politische Verfolgung nachweisen können und ihm nicht nur als "Scheinasylanten" erscheinen und angepasste Ausländer von seiner ablehnenden Haltung aus. Seine Violenz, die in bezug auf Auseinandersetzungen unter Jugendlichen von Felix bestätigt wird, und auch seine erhebliche politisch motivierte Gewaltbereitschaft, kann oder muss(?) er deshalb auf andere Ausländer in Deutschland bzw. auf Slowenen und Serben beziehen, wobei er letztere - sicherlich kriegs- und vertreibungsbedingt - mit derart abgrundtiefem Hass betrachtet, dass aus ihm sogar Tötungsphantasien resultieren..

Wenn bis hierher bereits der Einfluss der sozialen Erfahrungen in den Lebensbereichen von Familie, Schule, Freizeit, Bekannten-/Freundeskreis sowie Nachbarschaft/Wohnumfeld mit bezug auf jeweils spezifische Konstellationen der Distanz zu rechtsextremen Orientierungen beschrieben wurde, so stellt sich jetzt noch in Anlehnung an die für die Einzel-Interpretationen vorgenommenen Rasterung mit Bezug auf beide Teilaspekte die Frage nach der Bedeutung von

Medienrezeption und sonstigen Ressourcen politisch relevanter Information bzw. von Erfahrungen mit und Ressourcen von gesellschaftlicher und politischer Teilhabe.

Bezüglich ersterem ergibt sich ein wenig überraschendes Gegenbild zu den für rechtsextrem Orientierte festgestellten Präferenzen und Gewohnheiten. Dies in zweierlei Hinsicht.

Das eine ist: Als Musikvorliebe dominiert nicht Rechtsrock, sondern bei einer Teilgruppe vornehmlich Punk und Rap, teilweise aber auch Heavy-Musik. Liegt schon bezüglich einer Affinität zu rechtsextremen Orientierungsmustern die Vermutung nahe, dass weniger textliche Aussagen als die Einbettung in einen bestimmten jugendkulturellen Stil als Bestärkungsfaktor fungieren, so scheint für eine rechtsextrem-distanzierte oder gar anti-rechte Haltung erst recht nicht die inhaltliche Aussage von Musikstücken verantwortlich zu machen. Kein Jugendlicher nämlich bezieht die Wertschätzung von Punk oder Rap aus entsprechend politisch gedeuteten Texten. Wichtiger ist offenbar die Symbolkultur, die den Rahmen für solche Musikstile abgibt.

Das andere ist: Stärker als rechtsextrem Orientierte hören andere Distanzierte - eher solche, die dem 'kindlichen' Typus entsprechen - den Rock und Pop des 'mainstreams', durch den sie sich dann gar nicht jugendkulturell in spezifischer Weise binden. Insoweit vermeiden sie auch die politische Positionierung, die bestimmten Jugendkulturen zugeschrieben wird. Offenbar suchen sie sie auch gar nicht.

In Hinsicht auf den sonstigen Mediengebrauch kristallisieren sich keine bedeutsamen Unterschiede heraus - mit einer Ausnahme: Distanzierte scheinen mehr zu lesen; vielleicht nur deshalb, weil sie weniger actionorientiert sind und sich weniger auf der Straße aufhalten. Allerdings deutet sich in manchen Fällen auch an, dass sie speziell durch die Lektüre historisch-politischer Stoffe zu differenzierteren Reflexionen auf diesem Gebiet gekommen sind.

Ein politischer Einfluss der Eltern scheint für Distanzhaltungen mit wesentlich zu sein. Keiner der Distanzierten hat ein Elternhaus, in dem rechtsextreme Ansichten zuhause wären. Sie entstammen im Gegenteil zum Großteil Elternhäusern, in denen eine demokratische Grundhaltung vorhanden ist und oft auch aktiv an die Kinder weitervermittelt wird. Niemand gibt auch abseits von politischen Themen gravierende Probleme mit den Eltern an. Insgesamt lässt sich schließen, dass 'funktionierende' Eltern-Sohn-Beziehungen eine gute, wenn auch - wie das Affinitäts-Kapitel aufzeigt - nicht hinreichende Bedingung für die Vermeidung rechtsextremer Anfälligkeit sind.

Eine aktive Rolle der politischen Unterrichtung in der Schule bei der Verhinderung oder positiven Aufarbeitung rechtsextremer Orientierungen ist in keinem Fall erkennbar. Ihr Einfluss wird vermutlich weniger über den Weg manifester politischer Sozialisation wirksam. Bedeutsamer scheint diesbezüglich für die Möglichkeit von Distanzhaltungen zu sein, dass die Schule für die Jungen ohne größere Disziplin- und Leistungsschwierigkeiten absolvierbar erscheint oder sogar Gelegenheiten für Erfolgserlebnisse und damit ausgesprochen positive Konnotationen bietet (wie etwa bei Theo und Heinz).

So wie die Freundschaftsbeziehungen in den rechten Cliquen als Katalysator dienen können, so ist auch davon auszugehen, dass bei den Distanzierten Freundschaftskontakte nicht ohne politischen Einfluss auf sie bleiben. Diesbezüglich sind im wesentlichen zwei Muster zu registrieren: Entweder erfolgt über jugendkulturelle Zuordnung eine Einbindung in nicht- oder anti-rechte Bezüge oder man gibt sich mit Freunden ab, die ebenso wenig politisch denken wie man selbst.

Hinsichtlich Erfahrungen mit politischer Teilhabe lässt sich unter Bezugnahme auf den Fall von Oswin die Vermutung aufstellen, dass ein zum rechtsextremen Handeln alternatives Beteiligungsangebot neue Teilhabeerfahrungen und Perspektiven zu vermitteln vermag, die unakzeptablem politischen Engagement entgegensteuern könnten. In den meisten anderen Fällen allerdings kann man Distanzierungsprozesse mit diesem Faktor nicht erklären (und im übrigen auch bei Oswin ja nicht vollständig; s.o.). Dies hängt wahrscheinlich damit zusammen, dass die meisten Jungen ihr recht(sextrem)es Handeln gar nicht primär als Durchsetzung politischer Forderungen begreifen, sondern es vielmehr im Funktionszusammenhang der Erzielung einer möglichst stabilen geschlechtsspezifischen Identität und ihrer untauglichen Konstruktionsversuche über violente Maskulinitätsinszenierungen steht. Wenn also der Motivzusammenhang in seinem Kern kein politischer ist, sondern allenfalls an seiner Außenhaut politische Symptomatiken aufdeckt, können auch beteiligungsorientierte politische Alternativangebote nur begrenzt funktionale Äquivalente abgeben.

Andere Distanzierungsprozesse profitieren weniger von einer gewachsenen politischen als von einer gewachsenen gesellschaftlichen Teilhabe. Dies gilt zumindest im Hinblick auf eine Zunahme der sozialen Integration durch eine Erweiterung bzw. Veränderung des Freundeskreises, die Aufnahme gegengeschlechtlicher Beziehungen, die Normalisierung der Schulsituation oder die Einfädelung in eine normalbiografische berufliche Laufbahn.

Für Distanz, im Gegensatz zu Distanzierung, scheint genau solche Integration in gesellschaftliche Normalitäts-Muster von Anfang an begünstigend, wenn auch hier wiederum nicht hinreichend (vgl. Heinz, Theo, Paul), zu wirken.

Zusammenhänge mit Kompetenzen und Mechanismen zum Aufbau personaler Identität[7]
Distanz(ierungs)haltungen werden, soweit sie nicht aus bloßen Opportunitätsgründen erfolgen (vgl. Norbert, z.T. auch Oswin und Enrik), dem Kräftespiel

---

[7] Wegen ihrer engen inhaltlichen Verknüpfung mit den Einflüssen von Bereichen der sozialen Erfahrungen und der dort vorhandenen Bearbeitungsressourcen wurden die Bezugspunkte sozialer Identität bereits im voranstehenden Kapitel berücksichtigt.

äußerer Einflüsse folgen (vgl. Rolf), Unveränderbarkeiten des eigenen sozialen Status zuzuschreiben sind (vgl. Mickey), "linken" jugendkulturellen Gestimmtheiten gehorchen (vgl. Volker) oder einer kindlich anmutenden politischen Abstinenz entspringen (vgl. Jakob, Jonas und Carlo), absehbarerweise am nachhaltigsten durch die Entfaltung von Reflexivität in Gang gesetzt und am Leben erhalten.

Besonders deutliche Beispiele dafür sind Robert und Johannes (1993 - da noch mit Abstrichen gegenüber Asylbewerbern - und 1994). Beide nehmen die Chance zum Perspektivenwechsel wahr, indem sie sich in die Lage von Migranten hineinversetzen. Während dies aber auch noch bspw. Paul (vor allem 1992 und 1993) und Ludwig gelingt, deuten sie die Situation von ihnen bekannten Ausländern nicht nur vorwiegend in privaten, sondern auch in politischen Bezügen. Sie bringen ihnen deshalb nicht nur persönliche Empathie, sondern auch politisches Verständnis entgegen. Warum diese Differenz vorliegt, lässt sich kaum erklären. Anzunehmen ist aber, dass sie mit Reflexionsanstößen zusammenhängt, die Robert durch die Gesprächs-Offenheit in seiner Restfamilie und Johannes durch seine Freundin und - nachgeordnet - durch seine Arbeitskollegen im Praktikum erhält; Sachverhalte, die nicht oder wenigstens nicht in gleichem Ausmaße für Paul und Ludwig vorliegen.

Bei Enrik und Oswin zeigen sich durchaus ebenfalls (allerdings erst 1994) reflexive Momente. Sie stecken jedoch einerseits wohl noch in einer Anfangsphase ihrer Entwicklung und zeigen sich auch andererseits im Vergleich zu den im Abbau befindlichen Ungleichheitsvorstellungen als nicht sonderlich gewichtig. Womöglich hängt dieser Unterschied zu Johannes (und Robert) damit zusammen, dass die Erfahrungs-Reflexionen, die sie 'fremdenfreundlicher' werden lassen, in Bereichen machen, die ihnen persönlich weniger nah und wichtig sind als die Kumpel-Beziehungen zu bzw. gegengeschlechtlichen Partnerschaften mit Migranten und Migrantinnen von Robert und Johannes.

In den Fällen von Theo, Felix und Heinz tritt zwar die von ihrem Reflexionsvermögen eingenommene Funktion der Vorbeugung bzw. Verhinderung personaler Gewaltakzeptanz mit rechtsextremem Zuschnitt deutlich hervor und wird ihre Reflexivität auch im Sinne einer Eingrenzung von ihnen gehegter Ungleichheitsvorstellungen wirksam, erstreckt sie sich allerdings nicht auf die Analyse der Situation der von ihnen abgelehnten Gruppierungen der sog. Wirtschaftsflüchtlinge und sonstigen alimentierungsabhängigen Ausländer. Sie offenbaren damit Auffassungen, die auch in der Mitte des organisierten politischen Spektrums üblich sind. Genau dies wissen sie auch: Heinz z.B. verortet sich innerhalb des Rechts-Links-Spektrums "eigentlich mittendrin", Theo bezeichnet sich als "nicht links...,aber auch nicht rechts", Felix nennt sich "neutral" (1993). Nicht zu Unrecht halten sie ihre populistisch anmutenden Positionen für politische Normalität. Insofern wäre eigentlich eher zur Frage Anlass, warum Erwachsene nicht die Reflexivität aufbringen, die nötig ist, um solche Positionen aufzugeben. Diese Fragestellung lässt sich freilich auf der Basis unserer Daten nicht beantworten. Mit Bezug auf 'unsere' Jugendlichen und auf die oben ausgebreiteten Befunde zu den Bedingungen von Distanz(ierungs)haltungen ließe sich vermuten, dass ihre Reflexivität deshalb abbricht, weil sie sich entweder von den Adressatengruppierungen ihrer Ungleichheitsvorstellungen wesentlich in der freien Nutzung ihnen ansonsten zur Verfügung stehender Ressourcen bedrängt oder bedroht sehen (Heinz und Theo) oder eine durch näheres Kennenlernen im Intimbereich der Familie in Gang gesetzte Reflexionsbewegung wegen Enttäuschungserfahrungen wieder ins Stocken gerät und zu einer identitätsbedrohlichen Widersprüchlichkeit der Orientierung führt (Felix).

Insgesamt erweist sich damit Reflexivität als eine notwendige Bedingung für nachhaltige Distanz(ierung)en zu rechtsextremen und -populistischen Orientierungen, aber nicht als eine hinreichende. Hinzu kommen muss mindestens eine Lebenssituation bzw. -auffassung, die Identitätsbedrohungen bzw. deren subjektive Empfindung vermeidet.

Die Fähigkeit zu Empathie, also einem nicht nur rational vollzogenen, sondern auch einfühlenden Perspektivenwechsel begünstigt Distanzmuster. Wie die Fälle von Volker und Ludwig verdeutlichen, steht dessen Nachhaltigkeit aber in Frage, wenn sie nicht in ein politisches Überzeugungssystem eingebunden wird, das es ermöglicht, Solidarisierungen mit einzelnen persönlich bekannten Personen oder mit Angehörigen der eigenen Stilgruppierung begründbar in einem politischen Sinne zu transzendieren.

Distanzierte zeigen sich eher als rechtsextrem Affine dazu bereit, Konflikte verbal auszutragen. Dies gilt zumindest dann, wenn sie entweder keinerlei personale Gewaltakzeptanz aufweisen oder wenigstens eine ehemalige Gewaltakzeptanz überwunden oder reduziert zu haben scheinen. Für die anderen Distanzierten (Volker, Robert) verlaufen die Grenzen eines Nutzens von Verbalisieren vordergründig dort, wo sie ihren Gegnern Einsichtsfähigkeit kraft Arguments absprechen und tiefgründiger betrachtet an solchen Stellen, wo Gewalt ihnen zu Zwecken der Identitätsstabilisierung im Sinne eines Mannhaftigkeitsbeweises angebracht erscheint.

Politische Verantwortungsübernahme inklusive der Bereitschaft dazu scheint auf den ersten Blick ein wenig aussagekräftiges Kriterium der Unterscheidung von rechtsextrem Orientierten und Distanzierten zu sein. Die Gruppierung derjenigen, die sich eher zufällig, d.h. aufgrund nicht kontrollierter äußerer Lebensumstände distanziert zeigen, übernehmen weder Verantwortung für sich, noch für unterstützungsbedürftige andere (z.B. Volker). Eine zweite Gruppierung von Jungen übernimmt zwar Verantwortung für sich, vor allem zum Zwecke des eigenen Fortkommens, wird aber genau durch solche Zentrierung auf den Erfolg der eigenen Persönlichkeit von politisch relevanten Verantwortungsübernahmen für andere ferngehalten (z.B. Heinz). Bestenfalls stellt man sich schützend vor die Statusgruppe, der man angehört (vgl. Theo). Eine dritte Gruppierung übernimmt politische Verantwortung im Sinne einer Solidarisierung mit Angegriffenen. Politisches Denken ist in ihrem Hintergrund aber nur auszumachen, wenn sie mit einer entsprechenden Reflexivität gepaart ist.

Neben Reflexivität erweist sich ein stabiles Selbstwertgefühl als wesentlichste Stütze von Distanz(ierungs)-Mustern. Jungen, denen es gelingt, Selbstsicherheit - nicht Selbstgewissheit - aufzubauen, sind am stärksten gegen Anfälligkeiten geschützt und auch am ehesten bereit, in einem politischen Sinne - dies kann für manche allerdings Gewalt einschließen - gegen Ungleichheitsvorstellungen anzugehen. Sie prägen auf dieser Grundlage Orientierungssicherheit aus.

Robert ist diesbezüglich ein gutes Beispiel. Aber auch Enrik, Oswin, Johannes und Rolf machen im Verlaufe des Untersuchungszeitraums Entwicklungen durch, die ihnen den Zugang zu neuen Quellen der Selbstwertkonstruktion ermöglichen. Bei anderen Jungen (z.B. Heinz, Theo, Felix) scheinen sie zumindest dazu beizutragen, Ansätze von Ungleichheitsvorstellungen im Zaum zu halten. Bei den meisten handelt es sich um soziale Anerkennungen, die sie in Schule, Elternhaus, über mehr als nur oberflächliche, d.h. neben gemeinsamen Unternehmungen durch diskursive Interaktionsstrukturen gekennzeichnete Freundschaften und/oder durch positive Erfahrungen wie Leistungsfreude und Erfolg bei Freizeitaktivitäten wie z.B. Musik und Sport bzw. die Übernahme von im weitesten Sinne gemeinwohlorientierten Aufgaben, etwa im Rahmen von Jugendarbeit (durch Beteiligung an Selbstorganisationsprozessen) oder Jugendmitbestimmungsmodellen (z.B. SMV, Jugendgemeinderäte) erhalten. Sie wirken als Schutz vor Ungleichheitsvorstellungen, zumal dann, wenn sie nicht als Belohnungen für Normalitätsorientierungen, sondern als Zeichen persönlicher Wertschätzung aufgefaßt werden können. Solche Bestätigungen geben Sicherheit dadurch, dass sie die Handlungsfähigkeit des Individuums belegen, damit die ihnen zugrundeliegenden Handlungen mit Sinnhaftigkeit auszeichnen und über die Vermittlung eines Gefühl des Gebrauchtwerdens, mindestens aber der Erfüllung von Erwartungen, den Nutzen des individuellen Beitrags zum gesellschaftlichen Kommunikations- und Kooperationszusammenhang erfahrbar werden lassen; dies in einem größeren und gesellschaftlich wie für die persönliche Entwicklung wichtigeren Zusammenhang als dem der Clique. Sie spiegeln damit dem einzelnen seine Kompetenz zur Realitätskontrolle zurück. Diese muss dann nicht durch die Ausgrenzung von tatsächlichen oder vermeintlichen Konkurrenten um als realitätskontroll- und damit auch identitäts- und sicherheitsrelevant betrachtete Ressourcen gesucht werden (ähnlich, aber mehr als Mutmaßung auch Böhnisch 1994, 99).

Mindestens zwei Einschränkungen müssen aber gemacht werden:

Zum ersten erweisen sich manche Konstruktionselemente von Selbstwertgefühl als hochproblematisch. Eine stramme Ausrichtung an individueller Leistungsfähigkeit und Konsum scheint Normalitätsvorstellungen zu begünstigen, die im Blick auf Hilfebedürftigkeit und materielle Armut eben darin vornehmlich selbstverschuldete Miseren und finanzielle Lasten für die sozial Integrierten ausmachen. Insoweit sie im Rückgriff auf populistische Argumentationsfiguren die Ursachen sozialer Notlagen primär an mangelnder Willigkeit und Arbeitsamkeit der Betroffenen ("ich hab ja nichts gegen die, die sich benehmen und durch ehrliche Arbeit ihr eigens Geld verdienen wie wir") und/oder deren Unterstützungserschleichung ("Scheinasylant") festmachen, leisten sie Tendenzen einer Entsolidarisierung, wenn nicht gar Ausgrenzung Vorschub. Individuelle Realitätskontrolle wird dann von gesellschaftlicher Realitätskontrolle abgekoppelt bzw. letztere wird in der bloßen Addition des jeweiligen Privatnutzens der Individuen gesehen.

Zum zweiten kann nicht ohne weiteres von der Dauerhaftigkeit von sicherheitsliefernden Selbstwertstützen ausgegangen werden. Die Fälle von Rüdiger und (ab 1994 auch) Paul deuten an, dass z.B. durch die Verunsicherung von normalbiografischen Zukunftsperspektiven Bezugspunkte der Selbstwertkonstruktion, die sich in Hinsicht auf Ungleichheitsvorstellungen als prekär erweisen, in die im Zuge des Interesses an Identitätsentwicklung entstehenden Absicherungs-Lücken stoßen können.

Insgesamt kann resümierend über die vorgenommenen Differenzierungen hinweg und damit gezwungenermaßen grob verkürzend, weil nur auf besonders hervorstechende Relevanzen bezogen, festgehalten werden, dass rechtsextreme Orientierungen von Jungen verhinder- oder abbaubar erscheinen, wenn

1. ihr sozialer Erfahrungsbereich so beschaffen ist, dass

- sie Bezugspunkte für die Entwicklung sozialer Identität jenseits von Angeboten rechtsextremer Provenienz (Nationalismus, Rassismus usw.) und auch jenseits von auch außerhalb des rechtsextremen Spektrums gebräuchlichen ethnisierenden Zuordnungen beziehen können,

- sie die subjektive Funktionalität von Gleichheitsvorstellungen innerhalb ihrer eigenen Lebensvollzüge erfahren können,

- sie alltäglichen Kontakt zu (ethnischen) Minderheiten haben, dabei aber unter Lebensbedingungen aufwachsen, die interethnische Konkurrenzen und Konflikte nicht aufweisen oder sie zumindest unterhalb der Schwelle von Identitäts-Verunsicherungen halten,

- sie die Entwicklung ihrer Geschlechtsidentität außerhalb traditioneller Maskulinitätsmuster interpersonaler Dominanz betreiben können,

- sie im Elternhaus eine leistungsunabhängig unterstützende und sanft kontrollierende Erziehung im Rahmen diskursiv angelegter Interaktionsstrukturen und bei authentischer Vermittlung demokratischer Grundüberzeugungen erfahren,

- sie in der Schule ihre Leistungsfähigkeit und ihre lebensweltliche Einbindung in Gleichaltrigengruppen positiv gespiegelt bekommen und Anreize für die Weiterentwicklung sachlich-inhaltlicher, insbesondere auch politisch-historischer Interessen erhalten,

- sie im Wohnumfeld Verhältnisse vorfinden, die räumliche und soziale Ressourcen für eine möglichst ungehinderte Identitätsentwicklung in hinreichendem Maße bereithalten,
- sie im Freizeitbereich, bspw. mittels Jugendarbeit, sachlich-inhaltliche Interessen (z.B. im Bereich von Musik und Sport) entwickeln und ausbauen können, die sinnstiftend auf der Suche nach Bezugspunkten für soziale Identität zu wirken vermögen,
- sie im Peer-Kontext in die Lage versetzt werden, mehr als oberflächliche, weniger aktions- als kommunikationsbezogene Freundschaftsbeziehungen zu pflegen,
- sie positive Zukunftsaussichten mit realistischen Perspektiven auf Chancen zu sozialer Integration, vor allem über schulische Qualifizierung und eine berufliche Normalbiographie, und zu demokratischer politischer Beteiligung gewährt bekommen.

2. sie über individuelle Kompetenzen zum Aufbau personaler Identität verfügen, die darin bestehen,

- ihr Reflexionsvermögen so weiterzuentwickeln, dass es sich in differenzierender Weise, d.h. auch unter Zuhilfenahme von Kompetenzen wie Perspektivenwechsel und Empathie, auf die Analyse sozialer Interaktionen und politischer Phänomene erstrecken kann und dabei eine eigenständige und sichere Positionierung erlaubt, die auf bloße Gewissheiten verzichten und Orientierungs- und Handlungssicherheit beim Erwerb und Erhalt von Handlungsfähigkeit im Rahmen der Befriedigung des Bedürfnisses nach Realitätskontrolle im politisch relevanten Bereich eröffnet bzw. absichert,
- ein Selbstwertgefühl aufbauen zu können, dessen Konstruktionselemente das Subjekt sich selbst nicht nur als individuell handlungsfähig, sondern auch als geschätzten Beiträger zum gesellschaftlichen Kommunikations- und Kooperationszusammenhang im Rahmen weithin sozial akzeptierter Handlungsformen (nicht nur, aber vor allem in den Bereichen von Bildung, Arbeit, Hilfeleistung) empfinden lassen können.

Selbstverständlich werden die individuellen Kompetenzen nur in aktiver Auseinandersetzung mit den Erfahrungsbedingungen, unter denen die Sozialisation der Subjekte abläuft, entfaltet werden können. Insofern handelt es sich hierbei nicht nur um Persönlichkeitseigenschaften, deren Erwerb dem Belieben oder Willen des Einzelnen anheim gestellt ist. Vielmehr verweisen sie auf den Auftrag der Sozialisationsinstanzen und der für sie Verantwortlichen, entwicklungsförderliche Bedingungen vorzuhalten.

5.2.2 Weibliche Jugendliche

5.2.2.1 Affinität(saufbau)

5.2.2.1.1 Fallbeispiel Ruth

"Asylanten oder was das sein sollen da unten, ... die könnten sie wirklich abschieben." (1992: 17;33 ff)

"...und dann regt das schon irgend wie auf, wenn du denkst, ist voll Arbeitsplatzknappheit und dann kommen die noch und suchen auch noch Arbeit, obwohl es eh keine gibt oder wenig gibt." (1993: 16;7-11)

"Also wenn jetzt zum Beispiel ein Türke sich beim F. bewerben würde und ich, und er würde den Türken nehmen, ich glaube, ich würde mich zu Tode aufregen. Irgendwie, ich, ich weiß nicht warum, aber er muss ja nicht kommen und mir meinen Job wegnehmen in Deutschland so. Das hört sich jetzt scheußlich an, aber es ist so (Lachen)." (1994: 44;39-45)

1. Objektive Daten zum Lebenskontext im Überblick
Ruth, 1992 13 Jahre alt und katholisch, lebt über die gesamte Erhebungsdauer hinweg mit ihren Eltern, ihrem 5 Jahre älteren Bruder und der Großmutter in B., einem Dorf mit ca. 5.000 - 6.000 Einwohnern. Beide Eltern haben einen Realschulabschluss; der Vater ist von Beruf Postbeamter, die Mutter arbeitet regelmäßig an einem Tag in der Woche als Friseurin. Ruth besucht die örtliche Realschule, der Bruder eine weiterführende Schule in einem Nachbarort. Die Familie bewohnt ein Eigenheim mit Garten, das in einem Viertel mit Einfamilienhäusern, direkt an der örtlichen Durchgangsstraße liegt. Die Familie bewohnt 6 Zimmer, der Rest wird von der Großmutter genutzt; Ruth hat ein Zimmer für sich allein. Zum Haushalt gehören ein Farb-TV, ein Heimcomputer, Musikinstrumente, eine Spülmaschine und ein Auto. Ruth selbst verfügt anfangs über einen Cassettenrecorder, später zusätzlich über Stereoanlage und Walkman (1993) sowie einen CD-Player und eine Gitarre (1994). Ihr stehen zunächst monatlich ca. 50,- DM, in den Folgejahren mit 30,- DM weniger Taschengeld zur Verfügung, das sie sich ab 1994 durch "irgendwelche Arbeiten, Babysitten" (Fb.1) aufbessert.

2. Politische Orientierungen
2.1 Allgemeine politische Orientierungen
1992 interessiert sich R. eher wenig für Politik. Auch ihre jugendkulturelle Orientierung - sie selbst bezeichnet sich als Fan von Musikgruppen - lässt keine deutliche politische Richtung erkennen, wenngleich festzustellen ist, dass sie Punks "ganz gut" findet und Skinheads "ganz ablehnt". Sie unterhält sich aber mit Freunden ab und an über jeweils aktuelle Thematiken wie etwa die Entdeckung der Einrichtung von Konzentrationslagern im ehemaligen Jugoslawien (36;8-10). Die Jugendlichen stellen bei Gesprächen über Politik offenbar stets wieder die eigene Ohnmacht gegenüber weltpolitischen Problemen fest (vgl. 1992: 36;1-4). Dieses Ohnmachtgefühl ist für R. bedrückend und frustrierend (36;11-13). Sie gibt an, aufgrund der Ereignisse in den letzten Jahren richtig unsicher geworden zu sein und die Zukunft als unberechenbar einzustufen (Fb.).

1993 ordnet sich das Mädchen selbst keiner Gruppe oder Szene zu, findet aber neuerdings Skinheads, rechte Jugendliche und Grufties "ganz gut" (Fb.11). Ihr politisches Interesse entwickelt sich dahingehend, dass sie verstärkt alltagspolitische Entwicklungen in ihrer unmittelbaren sozialen und örtlichen Umgebung wahrnimmt, während allgemeinpolitische Themen eher in den Hintergrund treten.

1994 ordnet sich R. nach wie vor keiner Gruppe oder Szene zu. Während sie allerdings im Vorjahr noch Skinheads, rechte Jugendliche und Grufties "ganz gut" fand, sind es in diesem Jahr Umweltschützer und Wehrsportgruppen. Für institutionengebundene Politik scheint sich R. bislang nur kaum zu interessieren. R. fällt es entsprechend schwer, auf Fragen nach gesellschaftlichen Problemen abstrakt zu antworten (vgl. !994: 50;37-51;2).

2.2 Ungleichheitsvorstellungen/Gleichheitsvorstellungen im Kontext von Fremdenfeindlichkeit und Rechtsextremismus

R. weist 1992 keine ideenmäßig durchstrukturierten oder emotional ausgeprägten Ungleichheitsvorstellungen auf. Allerdings empfindet sie Unbehagen an der Anwesenheit von Ausländern in ihrem Wohnort. Zumindest stört sie sich an ihrem quantitativen Auftreten und ihrer damit einhergehenden Auffälligkeit für sie. Dieses Unbehagen geht soweit, dass sie sich reflexartig für die Abschiebung von Asylbewerbern aus Deutschland ausspricht. So meint sie über "die Asylanten oder was das da sein sollen da unten ...hinter der Kurve, die können von mir aus ruhig gehen, weil ich meine, da sind, was weiß ich, wie viele Leute in einem Haus drin, und dann sitzen sie immer auf der Straße herum und so und haben Musik darin und kommen sich groß vor und ... also die könnten sie wirklich abschieben" (1992: 19;31-37). Sie inkriminiert hier die - wie sie andeutet - möglicherweise aus der Enge der Unterbringung resultierende, für sie ungewöhnliche und wohl auch normverstoßende Gewohnheit, einen Teil des Lebens nach draußen zu verlagern und damit möglicherweise Störungen zu verursachen ("Musik") sowie die in ihren Augen damit verbundene Demonstration von Unbescheidenheit ("sich groß vorkommen"). Politische Überlegungen über die Hintergründe von Sammelunterbringung stellt sie ebenso wenig an wie sie Gedanken über die politisch-moralische Rechtfertigung ihrer Forderung oder die Folgen von Abschiebung verliert.

Der Kern ihres Ablehnungsmotivs bleibt nicht auf Asylbewerber beschränkt. Die allein schon zahlenmäßige Auffälligkeit im öffentlichen Raum kritisiert sie auch am Auftreten von türkischen Migrantenjugendlichen vor einer auch von ihr besuchten Diskothek, wenngleich sie weiß, gegen ihre bloße Anwesenheit, selbst in der beklagten Massierung, "nicht viel sagen" = einwenden zu können. Als suche sie nach Argumenten für ihre Ablehnung schließt sie in der Aussagesequenz unmittelbar daran eine Äußerung an, mit der sie eine allein durch die Quantität des Auftretens schon gegebene Konkurrenzsituation zu zahlenmäßig gleichstarken Gruppierungen von Deutschen ins Spiel bringt, die für sie augenscheinlich zwangsläufig Gewalttätigkeiten nach sich zieht: "... da sind viele Türken, und darum sind die eigentlich, die sind, wenn sie alle zusammen sind, sind die eigentlich eine genauso große Gruppe wie wir. Also ich meine, da kann man nicht viel sagen, ich mein, es hat auch schon Auseinandersetzungen gegeben, z.B. vor der Disko oder so, hat es auch schon Schlägereien oder so, aber es sind auch schon ganz schön viele, also wenn man alle zusammennimmt" (1992: 18;6-14).

Deutet sich hier ein Ablehnungsgrund an, der dem gegenüber Asylbewerbern vorgebrachten ähnlich ist, so ist auch ihr Ausgrenzungsinteresse, selbst gegenüber des Bewohnern des "Türkenviertel(s) ... weiter da hinten" (18;4-5) in ihrem Wohnort, über die sie sonst keine kritischen Äußerungen macht, dasselbe. Angesprochen auf eine diesbezügliche Unterscheidung zwischen Asylbewerbern und Ausländern mit anderem Aufenthaltsstatus bzw. längerer Anwesenheit, gibt sie an, diese "eigentlich nicht" zu treffen: "Eigentlich nicht. Die sind alle gleich, die könnten alle abhauen, also so gesehen" (1992: 18;14-17). Andererseits schwächt sie diese Haltung dadurch ab, dass sie bekundet, von diesen Problemen aktuell nicht (mehr) besonders betroffen zu sein, eine gewisse Gewöhnung an die Anwesenheit der Ausländer feststellen und Kontakt vermeiden zu können: "...jetzt ist das eigentlich kein Thema mehr, weil die sind ja jetzt schon ewig da eigentlich... also wir reden nicht besonders viel mit ihnen... in letzter Zeit ist eigentlich nicht mehr viel gegangen...schlägereimäßig und so" (1992: 18;26-27). R. hat demnach subjektiv das Empfinden von Raumbegrenzung und dadurch zumindest latente Bedrohung durch 'Ausländer'; dies allerdings ohne sagen zu können, dass sich ausländische Jugendliche in ihrem Dorf als in sich geschlossene Gruppierung treffen. Vielmehr gibt es einen Ausländer ("ist Italiener, aber dem seine Eltern wurden schon in Deutschland geboren"; 1992: 26;1) in der eigenen Clique und andere Ausländer bei den "Heavies".

Obwohl sich R. nicht der rechten Szene zuordnet, rechtsextremistische Gewalttaten verurteilt und auch rechtsextreme Musik ablehnt, zeigt sie 1993 doch eindeutig Sympathie für politisch extrem rechte Orientierungen einiger Jugendlichen in ihrem Freundeskreis. Dies wird hauptsächlich durch ausländerfeindliche Äußerungen deutlich. Hier finden sich Ausgrenzungstendenzen, Kriminalitätszuordnungen, Verweise auf Gewaltbereitschaft (siehe Abschnitt "Gewaltakzeptanz") und 'Wegnahme-Argumente', obwohl sie andererseits betont, zwei ausländische Jugendliche in ihrem Bekanntenkreis zu haben und sich auch bei gezielter Nachfrage nach Gleichbehandlung oder Ungleichbehandlung immer für Gleichbehandlung ausspricht. Unter dem Begriff 'Ausländer' stellt sie sich - ähnlich dem Vorjahr - hauptsächlich "die ganzen Türken halt und Asylanten" (13;26) vor. Diejenigen, die für sie vertraut sind, ordnet sie weniger der Rubrik 'Ausländer' zu (vgl. 1993:15;12-18). Grundsätzlich geht sie davon aus, dass alle Menschen gleich sind und spricht sich für Gleichbehandlung sowie für die jeweils gleichen Rechte aller aus, wobei sie annimmt, dass die meisten Menschen in ihrem sozialen Umfeld diese Auffassung teilen (vgl. 15;22-36). Einen ausländischen Freund oder eine ausländische Freundin zu haben, kann sie sich deshalb auch vorstellen (15;9). Jedoch erachtet sie die Anpassung an hiesige Lebensverhältnisse als wichtigste Voraussetzung für eine jeweilige Gleichbehandlung. Wer ihres Erachtens nicht anpassungsbereit ist, den nimmt sie als 'Gegner' wahr (vgl. 13;31-33). Vor allem kann sie jene nicht leiden, die einerseits Kritik an Deutschland und insbesondere an der Region üben, andererseits aber jene knappen Räume in Anspruch nehmen, die ihrer Auffassung nach sonst anderen Jugendlichen zur Verfügung ständen wie etwa die Diskothek vor Ort (in Sch.): "Ja, gerade die, die wo sagen zum Beispiel, was weiß ich, 'Deutschland ist ein scheiß Land' und so, und dabei leben sie selber hier, und 'B. ist ein volles Kaff und ein Saukaff und so und total beschissen', aber in Sch. kommen sie jeden Samstag und so" (1993: 13;35-39). Für die Berechtigung zum Erwerb der deutschen Staatsbürgerschaft ist insofern - anders als sie es 1992 noch zumindest in bezug auf einen 'Ausländer' in der eigenen Clique eingeräumt hatte - das 'Geburtsrecht' für sie nicht von übergreifend-entscheidender Bedeutung; denn "...einer, der hier geboren ist, kann immer noch gegen uns sein" (1993: 14;28-29). Vielmehr erachtet sie die Anpassungsbereitschaft an deutsche kulturelle Verhältnisse, insbesondere auch an die Verhältnisse in der speziellen Region, als Voraussetzung zum Erwerb deutscher Staatsangehörigkeit. Bei entsprechender Anpassung ist für sie die jeweilige nationalstaatliche Zugehörigkeit kein zu rechtfertigendes Kriterium dafür, Menschen auf dem Arbeitsmarkt zu benachteiligen (vgl. 18;31). Grundsätzlich tritt sie für eine Gleichstellung von Deutschen und Ausländern bei der Arbeitsplatzvergabe ein (18;35-37). Sie spricht sich statt dessen für eine Auswahl nach Leistungskriterien aus (vgl. 1993: 18;14-17; auch 19;1). Zu den entscheidenden Vergabekriterien von

Arbeitsplätzen gehören für sie weniger schulische Voraussetzungen, was sicherlich mit den eigenen Schulnoten in einem Zusammenhang steht, als vielmehr entsprechende Arbeitsfähigkeiten vor Ort und 'angemessenes' Verhalten (18;23-24).

Sie hört in ihrem Umfeld, dass sich "ganz normale" Leute für eine Bevorzugung der Deutschen aussprechen, vermutet aber, dass dies nur diejenigen sind, die insgesamt ausländerfeindlich eingestellt sind (19;7-16). Als Grund für die steigende Arbeitslosigkeit sieht sie die zunehmenden Umstrukturierungen am Arbeitsplatz im Zuge technischer Modernisierung an (vgl. 17;7-11). Ein geringerer Einsatz von Maschinen ist für sie eine Möglichkeit, mehr Vollbeschäftigung zu erreichen (vgl. 18;6-7). Damit personalisiert sie nicht die Ursachen von Arbeitslosigkeit. Offenbar verfügt sie über differenziertere Informationen, weil Menschen aus ihrem eigenen sozialen Umfeld von Arbeitslosigkeit betroffen sind (16;30-38). Um so mehr sieht sie sich emotional bedroht, durch die Anzahl der hiesigen 'Ausländer' keinen Arbeitsplatz zu finden: "... dann regt das schon irgendwie auf, wenn du denkst, ist voll Arbeitsplatzknappheit, und dann kommen die noch und suchen auch noch Arbeit, obwohl es eh keine gibt, oder wenig gibt" (1993: 16;2-11). Diese Argumentation weist auf den Wunsch nach Ressourcensicherung durch soziale Schließung hin, vor allem auf die Sicherung der derzeit knappen Ressource Arbeit.

Daneben macht sie Ausländer für steigende Kriminalität verantwortlich und glaubt, wenn diese das Land verlassen müssten, gäbe es einen Großteil an Kriminalität weniger: "...wenn man es jetzt mal so sieht, gerade so die ganzen Überfälle und so alles, was alles mit Kriminalität zu tun hat, da sind ein Haufen Ausländer dabei auch" (1993: 49;27-30). R. beruft sich bei solcher Aussage auf die Berichterstattung in den Medien (vgl. 49;39). Insgesamt zeigt sich: Ihre rational begründeten Gleichwertigkeits- und Gleichberechtigungspositionen sind nicht in der Lage, ihren emotional geäußerten Bedrohungsgefühlen und Konkurrenzängsten derart entgegenzuarbeiten, dass sie einen wirksamen Schutz vor Ungleichbehandlungspositionen böten.

Wohlstandswünsche und Arbeitsplatzsuche nennt sie auch als von ihr angenommene Hauptgründe für Anträge auf Asyl: "... das ist halt gerade wegen Arbeit und wegen dem Geld und so" (1993: 42;31-32). R. vermutet, dass die Kriegssituation beispielsweise auf dem Balkan seltener einen Grund darstellt: "Also ich glaube wegen so, weil da unten alles zusammengebombt wird oder so, glaube ich weniger. Es gibt bestimmt welche, aber so glaube ich eigentlich weniger" (42;33-35). Gleichwohl lässt sie grundsätzlich eine Kriegssituation noch als Grund gelten, Asyl zu beantragen: "Wenn es ihnen wirklich schlecht geht und wenn er hier wohnt, oder wo er gewohnt hat, in seiner Heimat kein Haus mehr hat und so, weil da voll Krieg ist, da würde ich es noch eher einsehen..." (42;38-40; vgl. auch 43;1). Eine eindeutige Zustimmung zeigt sich hier jedoch nicht, sondern eher verhaltene Befürwortung ("noch eher einsehen"). Im Zusammenhang mit Hunger befürwortet sie ebenfalls eine Asylbewilligung, wie auch im Zusammenhang mit Raumnot (vgl. 43;15-17). Denjenigen aber, die ihres Erachtens nicht nur einer Misere entkommen wollen, sondern bloß ein besseres Lebens erstreben und daher für sie eher sogenannte "Wirtschaftsflüchtlinge" sind, spricht sie eine Asylberechtigung ab (vgl. 43;6-9). Dabei wähnt sie sich hinsichtlich ihrer Meinung in Übereinstimmung mit den meisten Menschen in ihrer sozialen Umgebung. Aus eigener Erfahrung kennt sie das Asylbewerberheim vor Ort nicht (vgl. 42;22). Sie vermutet aber, dass die dort lebenden Menschen wenig Platz haben (42;17-18). Ihres Erachtens haben die meisten Menschen Verständnis für die Situation derjenigen, die vor Ort in dem Asylbewerberheim leben (vgl. 43;39-44;2). Dies ist durchaus ein Unterschied zur eigenen Ansicht im Vorjahr, der zufolge sie recht starkes Unbehagen gegenüber dem zahlenmäßig massiven Erscheinungsbild der Fremden in bzw. vor dem Asylbewerberheim empfand. Gerade unter Gleichaltrigen nimmt sie Toleranz gegenüber Asylbewerbern wahr (vgl. 44; 4ff), während sie eher von den Älteren ("Erwachsenen") hört, dass sie AsylbewerberInnen ablehnen, Abschiebeforderungen stellen und über Verstöße gegen eine vorgeblich spezifisch deutsche Sekundärtugend wie Sauberkeit klagen: "...halt irgendwie 'Scheiß Ausländer' und so und 'Die sollen mal gehen und so und ihren Dreck herumliegen lassen' und so. Obwohl die Deutschen ja genauso tun - aber das ist halt nicht so schlimm, weil es Deutsche sind" (1993: 44;10-15).

Während R. im Vorjahr noch eindeutig Sympathie für explizit rechte Orientierungen einiger Jugendlichen in ihrem Freundeskreis zeigte, hat sich dies bis 1994 durch ihren neuen Freund und eine dadurch bedingte zunehmende Distanz zur Clique etwas gemäßigt. Nach ihren Angaben ist auch das Auftreten ihrer Freunde aus dieser Clique "wieder ganz normal" geworden: "Das war doch so ein Vogel, was sie gehabt haben, also total Springerstiefel angezogen haben und Bomberjacken. Aber jetzt sind sie wieder ganz normal" (1994: 29;28-30). Werden solche Demonstrationen des Rechtsseins retrospektiv als eine Art von modischer Marotte ("Vogel") gedeutet, haben sich gegenüber 'Ausländern' - insbesondere gegenüber türkischen Jugendlichen - 'Wegnahme-Argumente' und Ausgrenzungstendenzen insbesondere mit Bezug auf den Arbeitsmarkt geradezu verschärft. Vor allem in Hinblick auf ihre ganz persönliche berufliche Zukunftsperspektive lehnt sie jegliche Gleichbehandlung von 'ausländischen' und deutschen Jugendlichen entschieden ab. Die Konkurrenzangst um einen eigenen Arbeitsplatz hat ihre Haltung diesbezüglich verhärtet (vgl. Eingangszitat). R. bekräftigt diese Wegnahme-Argumentation mit heftiger Kritik an den türkischen Jugendlichen, die ihres Erachtens in der Bundesrepublik Ressourcen in Anspruch nehmen, gleichzeitig aber auf dieses Land schimpfen. In einem argumentativen Rundumschlag führt R. auch sofort ihre Kritik an Asylbewerbern an, die nach ihrer Einschätzung zu großzügig versorgt werden und mehr finanzielle Unterstützung bekommen, als sie zum Leben brauchen: "Auf jeden Fall würde ich mich voll aufregen, weil man, gerade so zu Türken, die benehmen sich zum Teil echt Scheiße. Und dann kommen sie nach Deutschland, dann sagen sie 'Scheiß Deutsche' - das echt, da könnte ich echt reinschlagen. Oder gerade wenn man den Asylanten dann echt das Geld voll hindrückt, und die bekommen zum Teil echt mehr als sie brauchen zum Überleben, wenn (Lachen) es so sagen kann, das regt mich dann voll, also so was regt mich auf" (1994: 45;8-17). Offenbar lässt die Wahrnehmung von Ressourcenknappheit auf dem Arbeitsmarkt, die mit nahendem Schulabschluss in beängstigende Nähe rückt, immer weniger Differenzierungen zu. Die Vorwürfe sind von R.s Seite nicht neu, sondern gewinnen an Intensität.

Im Unterschied zum Vorjahr geht R. 1994 auch nicht mehr davon aus, dass alle Menschen ein grundsätzliches Recht auf Gleichbehandlung hätten und z.B. die Vergabe von Arbeitsplätzen unabhängig von nationaler Zugehörigkeit vorrangig nach Leistungskriterien erfolgen sollte. Vielmehr scheint es für sie festzustehen, dass aus einem Zusammengehörigkeitsgefühl der Einheimischen heraus Fremde in jedem Land immer gehasst werden: "...so der Zusammenhang und der Hass ist überall gleich" (1994: 48;15-16). Das hindert R. nicht, sich in der Imbissbude am Ort, die von einem Türken betrieben wird, mit ihrer Clique zu treffen (vgl. 45;23-33). Auf diese Weise lernt sie "ab und zu ein paar (Türken; d. Verf.) kennen" (45;26). Diese Nähe zu türkischen Mitbürgern führt allerdings nicht zu positiven Kontakten oder gar Freundschaften (45;20-21), sondern zu verstärkten Neidgefühlen angesichts des so wahrgenommenen Wohlstands der 'Fremden'. Die Neidgefühle werden offenbar auf alle 'Ausländer' übertragen, egal ob es sich um türkische MitbürgerInnen oder um AsylbewerberInnen handelt. Unterschiedslos wird allen unterstellt, zuviel Geld vom deutschen Staat zu bekommen. Die eigene unsichere Berufsperspektive und damit die Unsicherheit, inwieweit sie sich selbst später einen gewissen Wohlstand erwirtschaften kann, lässt offenbar auch im Hinblick auf den

Lebensstandard keine differenzierten Wahrnehmungen mehr zu, sondern trägt zur emotionalen Aufladung von Konkurrenzgefühlen u. a. in Gestalt von Übertreibungen bei: "Das sieht man ja, gerade wenn die so nobel herumrennen und so und die teuersten Autos fahren und die, ich weiß auch nicht, eine voll schön eingerichtete Wohnungen zum Teil haben, oder was heißt Wohnungen, ja, Zimmer halt und so. (...) Die fahren da echt zum Teil mit BMW und Mercedes rum und so was, das kotzt mich halt an (Betonung), weil viele von uns da, die können sich, die können sich da keinen BMW leisten und dann, die arbeiten hier nicht mal was dafür wahrscheinlich und schieben voll die Kohle ein. Also ich finde es übertrieben, sie bekommen übertrieben viel Geld" (1994: 45;34-46;11). Diese Konkurrenzgefühle werden von völliger Unkenntnis über die tatsächlichen Lebensbedingungen z.B. von Asylbewerbern und weiteren Übertreibungen eigener Zurücksetzung begleitet: F.: "Weißt du, wie viel Geld die Asylbewerber bekommen?" R.: "Nein, eigentlich so wissen tue ich es nicht, aber das muss so viel sein, bestimmt mehr wie, wie ein Normaler verdient, ein normaler halt Angestellter ..." (1994: 46;38-47;2).

Neben enormen Konkurrenzgefühlen angesichts der Ressourcenknappheit auf dem Arbeitsmarkt mit Folgen für den eigenen Lebensstandard kritisiert R. wie schon im Vorjahr eine von ihr wahrgenommene Überheblichkeit und Unverschämtheit sowie mangelnde Anpassungsbereitschaft an deutsche Gepflogenheiten insbesondere bei türkischen MitbürgerInnen. Letztere erscheint ihr erforderlich, weil Ausländer ihrer Ansicht nach in Deutschland Gastrechte genießen und nicht das gleiche Recht wie Einheimische beanspruchen können: "Sie brauchen ja nicht kommen und sagen, 'So und so sieht es aus und scheiß Deutsche, und das macht man jetzt so und so', sondern sie sollen sich anpassen. Sie kommen ja zu uns und wir nicht zu ihnen" (1994: 47;33-37). R. unterstellt unter diesem Gesichtspunkt türkischen Jugendlichen eine nationalistisch begründete Aggressivität gegenüber deutschen Jugendlichen. Dazu zählt, sie gleichsam absichtlich anzuwenden, um deutsche Jugendliche auf deutschem Boden zu verprügeln: "...also zum Beispiel, eine Bekannte von mir haben sie schon, haben Türken schon zusammengeschlagen, weil sie halt Deutsche sind, aber in Deutschland, also total blöd eigentlich. Da kommen sie nach Deutschland, um Deutsche zu schlagen, und wir gehen auch nicht in die Türkei und schlagen zurück. Ja" (1994: 47;39-48;3).

Zudem stört sie sich "irgendwie" an den Kopftüchern, die von türkischen Mädchen und Frauen getragen werden (57;16-17). Möglicherweise ist neben anderen Faktoren das Kopftuch für R. ein Symbol mangelnder Anpassungsbereitschaft, die R. allen 'Ausländern' unterstellt (vgl. 57;30). So vermutet sie auch, dass türkische MitbürgerInnen sich gar nicht dafür interessieren, wie es in der BRD politisch und wirtschaftlich vor sich geht (vgl. 1994: 53;3-9). Insofern lehnt R. auch ein Wahlrecht für Ausländer in der BRD entschieden ab (vgl. 52;17-19). Nur jenen, die "schon ewig hier leben", "also die hier geboren sind und hier weiterhin leben und einen ganz normalen Job haben und so", würde sie ein solches Wahlrecht zugestehen. Diese Menschen sind für R. "Deutsche eigentlich" (53; 25ff). Eine weitere Ausnahme macht sie bei jenen, die im Besitz eines deutschen Passes sind, auch wenn dies "noch lange nicht" für sie heißt, "dass sie auch Deutsche sind" (52;27-34).

Eine Lösungsmöglichkeit der vorrangigsten politischen Probleme in Deutschland - und diese sieht sie mit der Anwesenheit von Ausländern zusammenhängen - erkennt R. derzeit nicht, wenngleich sie sich für klärende Gespräche zwischen Deutschen und 'Ausländern' ausspricht (vgl. 1994: 57;26-38). R. sieht damit nicht mehr pauschal in einer Abschiebung aller Ausländer eine Möglichkeit der Reduzierung der Probleme. Im Vorjahr war ihr dies emotional trotz der noch damals geäußerten Gleichwertigkeitspostulate am liebsten. Lediglich "Asylbetrüger, die wo echt nur kommen, weil es ihnen in Deutschland halt besser geht, weil sie in Deutschland halt

Geld bekommen, ohne zu arbeiten oder so, obwohl sie, wenn sie sich anstrengen würden, in ihrer Heimat vielleicht auch Arbeit hätten", sind ihr "halt echt zu viele" und sollten ihres Erachtens nicht mehr kommen dürfen (vgl. 1994: 53;30-54;2).

2.3 Gewaltakzeptanz

R. begegnet 1992 in ihrem Alltag des öfteren psychischer Gewalt in Form von verbaler Belästigung. Hauptsächlich am Treffpunkt der "Heavies", der gegenüber dem der eigenen Clique liegt (s.u.), fühlt sie sich bedroht, wenn sie alleine dort vorbeigehen muss. Sie, die sie als "anders eingestellt" bezeichnet, "weil sie rauchen und trinken und in Wirtschaften rumhängen" (15;1ff), treffen sich "oben an der Brücke an der Schule. Da sind immer so die Heavies und so und lassen sich vollaufen oder so. Ich meine, da gehe ich ungern vorbei, weil, ich weiß nicht, es mir eben, ich meine ungern, ich gehe schon vorbei, aber dann machen sie einen dumm an und dann musst du einfach weiterlaufen" (1992: 15;32-38). Verbale Gegenwehr getraut sich R. im Regelfall nur mit Rückhalt der Clique (vgl. 1992: 15;37-40). Die Freundesclique gewährt ihr Schutz vor dieser Form der Belästigung, indem sie gegebenenfalls als Reaktion darauf körperliche Stärke demonstriert: "... mit denen ich in letzter Zeit zusammen bin, die lassen sich nichts gefallen. Also wenn jetzt mal einer kommt, z.B. was weiß ich, 'Wie siehst du denn aus?' oder so, und dann fragt er zuerst ganz anständig, z.B. 'Warum? Hast du was dagegen?' oder so, und wenn er ja sagt, dann nimmt er ihn schon mal am Kragen oder so" (1992: 16;5-13). Diese körperliche Stärke wird dann zum Schutz der Mädchen von männlicher Seite gezeigt. Über sie tragen gleichzeitig die beiden verschiedenen Jugendszenen an diesem Ort ihre Konkurrenzen aus. Immerhin ist auch R. nach eigenen Angaben (Fb.) 1 - 3 mal im Monat dabei, wenn es darum geht, "andere Jugendliche 'aufzumischen'". Physische, mit Waffengewalt ausgetragene Auseinandersetzungen scheinen dabei nicht vorzukommen und werden von R. wie ihren potentiellen Konterparts als sinnlos abgelehnt: "Aber o.k., dass sie uns jetzt da mit dem Springmesser anfallen, das läuft nicht. Das bringt auch gar nichts, und das sehen die selbst ein" (1992: 35;24-27).

R. lehnt physische Gewalt für sich selbst grundsätzlich ab, es sei denn, sie erscheint ihr durch Notwehr gerechtfertigt. Während R. psychische Gewalt zwar als Bedrohung, aber nicht als Gewalt wahrnimmt, macht sie sich keine Gedanken über institutionelle Formen der Gewaltausübung. Ihre Wunschgedanken hinsichtlich der Ausweisung von Asylbewerbern erachtet sie offenbar nicht als eine Variante von Gewaltakzeptanz.

1993 ist R. mittlerweile vertraut mit Szenen körperlicher Gewalt, weil es zwischen ihrer Clique und 'ausländischen' Jugendlichen hin und wieder zu tätlichen Auseinandersetzungen kommt. Die Schuld dafür gibt sie den anderen Jugendlichen, die sich nach ihrer Wahrnehmung durch die Kleidung einiger ihrer Cliquenmitglieder in ihrem Feindbild bestärkt und provoziert sehen: "Jetzt halt nur ein paar Beispiele, oder einzelne. Da sind wir hin, und ein paar von uns haben halt gerade so Springerstiefel und so an gehabt und Bomberkittel, und dann haben sie gemeint, sie müssten gleich eine Schlägerei anfangen. Also wir haben ihnen echt nichts getan" (1993: 7;36-40). Schon ein "dummer Spruch" (45;1) reicht, um sich als Opfer eines Angriffes zu sehen und Gewalt als legitimes Selbstverteidigungsmittel anzuwenden. Verbale und tätliche Angriffe sieht R. als Ursachen von Gewalt. Hinzu kommt ihres Erachtens eine Konkurrenz unter Jungen um die Aufmerksamkeit der Mädchen in der Diskothek (8;22): "Oder einer kommt her und sagt - das war der Hammer - einer ist hergekommen und hat gemeint, er soll seine Freundin nicht so anschauen und dann hat er ... auch gleich eine Schlägerei angefangen" (1993 7;40-8;5).

R. schreibt Gewaltbereitschaft generell den ausländischen Jugendlichen - egal welcher konkreten nationalen Herkunft - zu, während sie ihre eigene Gruppe überwiegend als friedfertig wahrnimmt: "Also wir haben schon echt voll das Gefühl, die sind voll schlägersüchtig. Die wollen das wirklich, weil wenn man immer herkommt und sagt, 'Schau meine Freundin nicht an, und wenn du das noch einmal tust, dann bekommst du drauf' und so, dann zeigt ja voll, dass die echt bloß eine Schlägerei wollen" (1993: 45;28-34). Das Gros ihrer Clique will sich ihrer Meinung nach nicht an derartigen körperlichen Auseinandersetzungen beteiligen und zieht sich statt dessen lieber zurück (vgl. 8;5-8). Der Rest der Clique reagiert in sogenannter "Notwehr" auf die Aggressionen der anderen: "Meistens fangen die Türken an." (45;26). Aber auch aussiedlerdeutsche Jugendliche nimmt sie in Gewaltsituation als 'Ausländer', als "Russen" wahr. Obwohl sie gewaltsame Vorgehensweisen nicht für legitim hält, wertet sie Gewalttätigkeiten, die von Angehörigen ihres Bekanntenkreises ausgehen, nicht negativ, weil es für sie ein wehrhaftes Verhalten gegenüber Angriffen seitens türkischer Jugendlicher darstellt. Auch sie selbst 'wehrt' sich mit körperlicher Gewalt, wenn sie es für notwendig erachtet: "Ich halte mich da eigentlich zurück da. Okay, wenn mich jetzt einer dumm anmacht oder so, ich meine, ich habe auch schon eine drauf bekommen oder so. (Lachen) Aber ich schlage auch mal hin oder so, aber so extrem, dass ich jetzt voll herum schlägere, so bin ich nicht" (1993: 45;18-24). Sie ist sich aber auch der Unterstützung und des Schutzes seitens männlicher Cliquenmitglieder sicher, wenngleich sie es - vermutlich aus einem Harmoniebedürfnis heraus - nicht gerne sieht, wenn es ihretwegen zu Schlägereien kommt (46;23-35). R. begründet ihre Zurückhaltung mit der deutlichen Härte der 'Gegner' (oder möglicherweise auch der eigenen Freunde; vgl. die nicht fortgesetzte "Wir"-Einlassung im folgenden Zitat) bei Schlägereien: "Ich halte mich eigentlich immer ziemlich heraus, weil wir, die werden schon ganz schön rabiat, oder so" (1993: 45;23-24).

Rechtsextremistisch motivierte Gewalt wie in Solingen, bei der es Tote gab, lehnt R. in Übereinstimmung mit ihrer Clique entschieden ab. Ihres Erachtens sind ihre körperlichen Auseinandersetzungen mit 'Ausländern' keinesfalls gleichzusetzen mit diesen Exzessen rechtsextremistisch motivierter Gewaltbereitschaft (vgl. 1993: 42;11-13). Lediglich "so total Rechtsradikale" (47;26) sind nach ihrer Meinung aus Hassbeweggründen unter den BefürworterInnen derartiger Aktionen zu finden, "weil die halt schon von Anfang an gegen Ausländer sind" (47;28-29). Ihres Erachtens können solche Übergriffe als Auslöser dafür betrachtet werden, dass sich Gemäßigtere von der rechten Szene distanzieren (47;33-37). Insgesamt lehnt R. zwar willkürliche gewalttätige Angriffe gegen ausländische MitbürgerInnen ab, hält aber personale Gewaltausübung seitens ihrer männlichen Cliquenmitglieder aus so empfundener Notwehr für legitim: "Das kommt darauf an, weil ich meine, wenn jetzt zum Beispiel, wenn sie jetzt sagen würden, 'Hey, da wohnt eine Türkenfamilie', obwohl sie gar nichts getan haben, werden dann die Scheiben eingeschlagen, und die Leute dann verprügeln, das finde ich nicht gut. Aber gerade, wenn es jetzt, also bei unseren Jungen halt, wenn da jetzt, wenn da jetzt welche kommen und meinen, die müssen irgend einen dummen Spruch lassen oder gerade eine Schlägerei anfangen, dann stehe ich auch nicht hin, oder wir stehen auch nicht hin und sagen, 'Ja, toll, macht die fertig', sondern wir schlagen dann auch zurück" (1993: 44;34-45;5).

Gewalt an ihrer Schule betrachtet sie nicht als Problem. Es kommen zwar kleinere Schlägereien unter Jüngeren vor, jedoch ordnet sie sie in den Bereich der 'Normalität' ein (24;7-10). R. legitimiert gewaltsame Auseinandersetzungen in der Schule ("eine auf das Maul"; 24; 23ff), wenn sie in Folge von 'Petzverhalten' eines Schülers als Rache zustande kommen, da sie dieses Verhalten als normverletzend und unkameradschaftlich betrachtet (vgl. 1993: 24;23-28).

Insgesamt scheinen 1994 gewalttätige Auseinandersetzungen in R.s Erfahrungswelt inzwischen im Vergleich zum Vorjahr eine geringere Rolle zu spielen ("Ab und zu eine Schlägerei oder so";14;27). Zwar kommt es in ihrer Clique zu gewaltsamen Klärungen von Zwistigkeiten, sei es bei übler Nachrede untereinander oder bei Geldausleihen, die nicht zurückgezahlt werden (15;4-17), "aber nicht so voll, dass Blut gespritzt ist oder so - so eine 'reinhauen, das ist nicht so schlimm" (14;17-19). Sie selbst hat sich noch nie bedroht gefühlt in ihrer Clique. Insbesondere Schlägereien seitens ihrer Clique mit türkischen Jugendlichen gehören offenbar der Vergangenheit an. Auch in der Schule ist das Ausmaß an körperlicher Gewalt "eigentlich gleich geblieben" und somit eher gering: "Ab und zu mal schlägern sie ein bisschen herum und so, was weiß ich, aber mehr so aus Spaß... so Gewalt, so voll eigentlich nicht" (1994: 25;1-7). Offenbar haben die Jungen mit derartigen Selbstinszenierungen bzw. Schlägereien gegenüber den Mädchen auch angegeben; denn R. bezweifelt inzwischen, inwieweit sie diesbezüglich die Wahrheit gesagt haben: R.:"Ich habe gedacht, die haben irgendwelche Ausländer zusammengeschlagen oder sich mit irgendwelchen Gruppen zusammengetan oder so. Sie haben es halt gesagt." F.: "Also das haben sie nicht gemacht, Ausländer zusammengeschlagen?" R.: "Nein. Wahrscheinlich, was weiß ich, haben sie es cool gefunden. Sie sind mit einem Baseballschläger herumgerannt oder so" (1994: 29;41-30;8). Womöglich werden von den Jungen im nachhinein die Konfrontationen aber auch verharmlost. Immerhin nämlich erkennt sie einen Grund für das nun veränderte Auftreten in der Sinnlosigkeit, die die Jugendlichen mittlerweile in diesen Auseinandersetzungen sehen: "Vielleicht haben sie es eingesehen, dass es doof war. (Lachen) Ja, es bringt ja nichts" (1994: 30;11-12). Sie findet Schlägereien inzwischen "bescheuert" (14;27-32). Es wäre ihrer Meinung allerdings etwas anderes, wenn man in Berlin sich gewalttätig für die eigenen Interessen einsetzen würde. Offenbar nimmt R. an, durch massiveres Auftreten in einer Großstadt mehr erreichen zu können, als durch kleinere Schlägereien auf dem Lande: "Ja, in B., was willst du da machen? Jetzt wenn das in Berlin oder so wäre, da schließen sich ja oft so Jugendliche zusammen und so. Die erreichen da auch was, die schlägern da echt herum" (1994: 33;16-19). Insofern könnte man annehmen, dass das Abrücken von Gewalt nicht politisch-moralische, sondern funktionale Gründe hat. Möglicherweise ist dieser Verweis auf Berlin auch nur eine Selbstrechtfertigung für nun nicht mehr gewalttätiges Handeln gegenüber Ausländern, bei der man vermeintlich sein Gesicht wahren kann. Im Nachhinein stellt R. sich auf die Seite derer, die schon immer diese Gewalt im Auftreten der Jungen verurteilt haben: "Ja, wir haben immer gesagt, dass es doof ist, und die Mädle hauptsächlich, dass es bescheuert ist, was sie machen und so" (1994: 30;14-15).

Eine möglicherweise steigende Kriminalität in der Gesellschaft ist für R. kein Thema, mit dem sie sich auseinandersetzt. Im Unterschied zum Vorjahr gibt sie Ausländern keine Schuld mehr an ihr. Zwar hat sie von einem Anstieg der Einbrüche in ihrer Nachbarschaft gehört, doch fühlt sie sich selbst in ihrem Alltag nicht unsicher und bedroht. Eine erweiterte Ausrüstung der Polizei mit Sanktionsmöglichkeiten hält sie eher für überflüssig (55;39-56;1).

Fazit: Anscheinend aufgrund zunehmender Distanz zu ihrer Clique haben sich R.s Haltungen gegenüber 'Ausländern' etwas gemäßigt. Es erfolgen keine Kriminalitätszuordnungen und Unterstellungen von 'unbegründeter' Aggressivität mehr. Andererseits haben sich ihre teils emotional besetzten ausländerfeindlichen Haltungen noch verdichtet angesichts einer nun in greifbare Nähe rückenden Konkurrenz auf dem Arbeitsmarkt.

3. Zusammenhang von politischer Orientierung und Gewaltakzeptanz mit sozialen Erfahrungen und Erfahrungsstrukturierung
3.1 Erfahrungen und Bearbeitungsressourcen
3.1.1 Problembelastungen und zentrale Interessenlagen

R. nennt zu Beginn der Untersuchung als größtes Problem das Verhältnis zu ihren Eltern (Fb.). Zwar empfindet sie sie zu diesem Zeitpunkt als Vermittler von Geborgenheit und Verlässlichkeit, doch fühlt sie sich als eigenständige Persönlichkeit nicht akzeptiert. Von ihren Eltern sieht sie sich reglementiert - wobei diese sich offenbar an gesellschaftlichen Bildern traditionell weiblicher Sozialisation orientieren -, gleichzeitig aber nicht als Mensch mit eigenen Ideen und auch Sorgen verstanden: "..und egal, was ich ihnen erzähle, dann sagen sie immer, hast du wieder dein großes Maul offen gehabt" (1992: 9;27-29). Entsprechend ist bei dem von ihr empfundenen Unverständnis der Eltern ihre Neigung gering, von sich zu erzählen. Sie ist froh, "wenn sie nicht so viel fragen" (vgl. 9;31), zumal R. - durchaus selbstkritisch - tatsächlich sich selbst ein "großes Maul " attestiert (9;26-27). So kann sie mit ihnen auch nicht über persönliche Probleme reden und glaubt, ebenso wenig mit tatkräftiger Unterstützung rechnen zu können, wenn es ihr schlecht ginge (Fb.). Zu Hause stört sie sich daran, zu wenig Freiräume für sich zu haben. Garten- und Reparaturarbeiten gehören zu den Aufgabenbereichen ihres Bruders (3;18-19), sie übernimmt traditionell dem weiblichen Zuständigkeitsbereich zugesprochene Haushaltstätigkeiten. Freitags, wenn die Mutter ganztags arbeitet, ist sie allein für den Haushalt zuständig (vgl. 3;5-10). Sie hat das Gefühl, dass die Aufgaben ungerecht verteilt sind (vgl. 4;4), erfüllt jedoch die an sie herangetragenen geschlechtsspezifisch zugeordneten Pflichten und fügt sich den Anforderungen und ihrer Rollenzuweisung, ohne sie weiter zu hinterfragen. Ihren achtzehnjährigen Bruder fordert sie gelegentlich zur Mitarbeit auf, wozu dieser aber offenbar nur selten bereit ist (3;28). R. akzeptiert zwar grundsätzlich die ihr zugeteilten Aufgaben (vgl. 3;40) und fühlt sich durch sie nicht überfordert (vgl.4;13), doch stört es sie, durch sie in ihrer Freizeitgestaltung eingeschränkt zu werden: "... wenn andere weggehen und ich dann noch nicht fertig bin, dann ist das schon ab und zu blöd" (1992. 3;32-35). Ihre Eltern fordern von ihr, ihre Freizeitbedürfnisse mit der Erledigung von Haushaltsaufgaben in Einklang zu bringen (vgl. z.B. 1992: 12;1-7). Auch begrenzen die Eltern die abendlichen Ausgangszeiten ihrer Tochter - für R. ein Ausdruck von "Überängstlich"keit (vgl. ebd. 8;12-16). So darf R. abends nur selten länger weggehen als "bis acht Uhr höchstens oder halb neun oder halb zehn sehr selten" (1;27-29), so dass R.s Ausgehverhalten der Herd ständiger Streitereien mit den Eltern ist (vgl. 11;34). Gleichzeitig aber zeigen die Eltern nach R.s Empfinden nur geringes Interesse daran, was ihre Tochter in ihrer Freizeit macht (6;21-28).Bei Konflikten mit den Eltern, die hauptsächlich über "Unordentlichkeit" und zu häufige außerhäusliche Aktivitäten entstehen, entzieht R. sich klärenden Gesprächen und bevorzugt Rückzug (vgl. 11;12-14). Offenbar hat sie nicht das Vertrauen, dass Gespräche zur Verbesserung der Situation beitragen könnten: "... das hat sowieso keinen Sinn, mit denen darüber zu reden"(1992: 13;32-36). Die ihr offenbar lästigen Auseinandersetzungen stuft R. jedoch als Normalität ein, da diese ihres Wissens nach so auch bei den anderen Jugendlichen zu Hause geführt werden (8;31-33). Über persönliche Probleme kann R. 1992 zu Hause "höchstens" (5;4) mit ihrem Bruder sprechen, meistens - und vor allem bei Problemen mit den Eltern - wendet sie sich aber an ihre Freundinnen (vgl. 4;20-40).

1993 hat R. im Vergleich zum Vorjahr erheblich größere Probleme mit ihren Eltern, mit der Schule und mit ihren biografischen Zukunftsperspektiven (Fb. 10).

Letztere werden ihr von den Eltern offenbar als Mahnung sehr negativ vor Augen gehalten, um sie zu erhöhten Leistungsanstrengungen in der Schule zu bewegen (vgl. 5;1-6). R. erachtet ihren Leistungsabfall in der Schule zwar nicht als dramatisch (vgl. 2;22-24) - nach eigener Meinung gehört sie eher zum mittleren Leistungsniveau (vgl. 11;4-6) -, sie frustriert aber dennoch das Nachlassen ihrer Leistungen, das sie mit erhöhten Leistungsanforderungen in der Schule begründet (vgl. 10;35-36). Nach ihrem subjektiven Empfinden lernt R. "schon viel" für die Schule, wenn auch "jetzt nicht den ganzen Tag, so ist das nicht" (11;21-26) Zeitweilig versuchte R. auch, durch einen Platzwechsel im Klassenzimmer sich besser auf den Lehrstoff konzentrieren zu können, was jedoch nicht zum Erfolg führte (vgl. 23;10-14). So erlebt sie sich als ohnmächtig gegenüber den allgemein an sie gestellten Leistungsanforderungen. Kombiniert ist dieses Ohnmachtgefühl mit der subjektiven Wahrnehmung, in den Augen der Lehrer wegen fehlender Leistungen nun weniger wert zu sein als andere MitschülerInnen (vgl. 22;32-40). Insbesondere von ihrem Klassenlehrer fühlt sie sich aus diesem Grund inzwischen vorverurteilt und ungerecht behandelt (vgl. 32;1-7). Allerdings scheint nicht nur sie diese Schwierigkeiten mit persönlicher Wertung im Unterricht zu haben. Die gesamte Klasse beschwerte sich im vergangenen Jahr beim Schulleiter über das Ausmaß der ungerechten Beurteilungen, was immerhin zur Verbesserung der Situation führte, nicht aber zur grundlegenden Verbesserung des Lehrer-SchülerInnen-Verhältnisses (vgl. 22;26-29).

Zudem macht sie sich jetzt Sorgen, inwieweit sie zukünftig einen Ausbildungsplatz und eine langfristige Beschäftigung finden wird (17;33-39). R.s Versuche, über diese Probleme mit ihren Eltern zu reden, tragen ihr lediglich Maßregelungen und Ermahnungen ein: "...sie sagen halt, ich muss mehr lernen und im Unterricht mehr aufpassen und so nicht mehr so viel reden" (1993: 4;19-21). Die Eltern führen offenbar R. vor Augen, welche negativen Zukunftsperspektiven sie bei mangelnder Leistungsbereitschaft hat (vgl. 6;6-11). Eine differenzierte Auseinandersetzung gemeinsam mit der Tochter über ihre Zukunftswünsche erfolgt jedoch nicht. Dies mag vielleicht mit einem weiteren Problem im Eltern-Tochter-Verhältnis zusammenhängen: Offenbar verstößt R. gegen gesellschaftliche und von ihren Eltern aufgestellte Normalitätserwartungen. Zwar übernimmt sie mehr und mehr traditionell dem weiblichen Geschlecht zugewiesene Haushaltstätigkeiten - "das, was meine Mutter eigentlich auch tut" (37;6) -, doch verstößt sie mit ihrem Auftreten gegen gesetzte Normen. So trägt sie zeitweilig die Haarfarben Lila, Rot und Grün. Auch hatte sie sich einmal schon völlig die Haare abrasiert (40;6-9). Damit machte sie sich nicht nur politisch verdächtig, rechts zu sein, sondern verstieß auch gegen die Vorstellung von gepflegten, langen Haaren als ein Symbol von Weiblichkeit. Ihrer Mutter ist dies - vermutlich im Hinblick auf die dörfliche Nachbarschaft - peinlich, wobei die Kopfrasur von ihr allerdings nicht mit politischem Rechtsextremismus (z.B. rechte Skins), sondern mit dem Aussehen KZ-Gefangener assoziiert wird: "Ich habe es auch mal ganz extrem gehabt, also dass man nur noch die Haut gesehen hat. Und dann hat sie gemeint irgendwie, das sieht aus, als ob ich vom KZ komme, oder also ... sie hat gemeint irgendwie, sie müsste sich schämen wegen mir oder so"(1993: 40;22-30). Einen politischen Hintergrund sieht die Mutter in den Haargestaltungsvorlieben ihrer Tochter offenbar nicht (vgl. 41;1). Die von ihr empfundene Peinlichkeit erstreckt sich also nicht darauf. An der Haargestaltung zeigt sich, dass R. in ihrem Wunsch nach Freiräumen jenseits von gesellschaftlichen Konventionen und rollenspezifischen Verhaltenszuschreibungen teils radikale - jedenfalls in ihrem familiären und dörflichen Umfeld so gedeutete - Wege einschlägt. Dies führt innerhalb der Familie insbesondere zu Rollenkonflikten zwischen ihr und ihrer Mutter (vgl. 1;13-14). Nicht nur im Haushalt fühlt sich R. von ihr bevormundet - "Ja, die pfuscht immer voll hinein. Ich kann das nicht leiden." (37;23-24) -, sondern offenbar grundsätzlich. Zwischen beiden werden Machtkämpfe ausgetragen. So findet R. nach wie vor in ihrer Mutter keineswegs eine Ansprechpartnerin für ihre Probleme: "Mit ihr kann man gar nicht diskutieren." (37;32-33). Die Mutter vermittelt R. nicht das Gefühl, sich mit ihren Ansichten ernsthaft auseinander zu setzen. So fühlt R. sich insbesondere von ihr nicht als Mensch akzeptiert: "Ich weiß nicht, sie ist halt, sie hat ihre Meinung, und ich habe das Gefühl, sie denkt immer, was weiß ich, ich habe eh nichts zu sagen, oder so" (1993: 37;35-37). Vielmehr hat sie den Eindruck, im Vergleich zu ihrem Bruder von ihr viel stärker eingeengt zu werden. So werden Normverstöße bei ihr erheblich strenger geahndet: "Ich weiß nicht, wenn ich mal irgendwas anstelle und so, das ist dann auch gleich viel dramatischer, wie es jetzt mein Bruder oder so tut. Also so habe ich das Gefühl zumindest" (1993: 38;2-7). Mit ihrem Vater scheint R. diesbezüglich weniger Probleme zu haben als mit ihrer Mutter (38;22-24). Beide zusammen aber wirken auf sie wie eine Front, die keine Verständigung untereinander mehr möglich macht (vgl. 1993: 38;16-21). Dieses Verhältnis zu den Eltern scheint R. sehr zu belasten. Im Unterschied zum Vorjahr findet sie zumindest nach ihrem subjektiven Eindruck nunmehr bei ihnen weder Geborgenheit noch die Sicherheit, mit tatkräftiger Unterstützung immer rechnen zu können (Fb 9). Den Eltern ist nach ihrer Beschreibung durchaus bewusst, dass das Verhältnis zu ihnen für R. ein Problem ist (4;25). Doch alle Beteiligten sind nicht in der Lage, durch Gespräche die Schwierigkeiten zu bewältigen (vgl. 4;29-32). R. wünscht sich von den Eltern mehr Verständnis und generell eine veränderte Ansicht über ihre Person: "Ich weiß nicht, dass sie vielleicht, dass sie auch mal versuchen, mich zu verstehen, oder so. Oder dass sie ihre Meinung mal ändern" (1993: 5;39-6;1).

1994 hat R. im Vergleich zum Vorjahr gleichbleibende Probleme mit ihren Eltern und in der Schule, aber größere Sorgen hinsichtlich ihrer biografischen Zukunftsperspektiven. Zudem benennt sie die Kalamität, zu wenig Zeit zu haben (Fb. 10). Von ihren Eltern fühlt R. sich noch immer bevormundet, in ihren Freiräumen eingeschränkt und unverstanden: "Wir verstehen uns halt immer noch nicht so toll. Es gibt oft Krach, und sie meinen halt, sie müssen mir vorschreiben, was ich zu tun habe, und das sehe ich halt nicht ganz ein, ja" (1994: 1;28-31). Die wahrgenommenen Einengungen seitens ihrer Eltern beziehen sich auf Regelungen hinsichtlich ihrer Ausgangszeiten (vgl. 1;33). Zudem reibt sie sich weiterhin an den Vorhaltungen ihrer Eltern über ihre mangelnde Arbeitsbereitschaft in der Schule (vgl. 1;35), ihre Unordentlichkeit zu Hause (vgl. 3;25-26) und über den Ton, in dem sie mit ihren Eltern redet (vgl. 3;29). Mit ihrem Vater alleine kommt R. besser zurecht, "weil meinen Vater kann man gut um den kleinen Finger wickeln" (2;30-31). Ihre Mutter hingegen nimmt sie wie schon im Vorjahr stärker als diejenige wahr, die sich zu ihrem Ungunsten in ihr Leben "einmischt" (2;30). Für R. sind ihre Eltern nach wie vor keine Vertrauenspersonen. Ihnen gegenüber hat sie. den Eindruck, sich nicht behaupten zu können (7;40-8;2). Im Unterschied zu den Vorjahren begegnet sie allerdings dem Streit im Elternhaus, der gelegentlich bis zu Rauswurfdrohungen geht (vgl. 10;16-17), mit mehr Resignation und Distanz: "Wie soll sich das entwickelt haben? (...) es ist gleich geblieben eigentlich, immer noch der gleiche Scheiß. (Lachen) Das ist nur, bis man es gewöhnt ist (Lachen)" (1994: 9;34-40). Gleichwohl sähe sie gerne ihre Eltern als Ansprechpartner, wenn dies nur möglich wäre: F.: "Wenn du einen Wunsch frei hättest, so im Zusammenleben mit deinen Eltern und mit deinem Bruder, was würdest du dir da wünschen?" R.: "Ich weiß nicht, also zum Beispiel, dass ich ein gutes Verhältnis mit ihnen habe, also dass ich halt über alles mit ihnen reden kann, ja. Ja, dass ich halt mit ihnen reden kann über alles und dass sie nicht immer gleich dagegen tun, sobald ich was sage, so ja" (1994: 11;34-41). "In der letzten Zeit" redet R. "ziemlich oft" mit ihren Eltern über ihre Berufsperspektiven, die für sie inzwischen ein großes Problem darstellen. Ihre Eltern wollen ihr unter Ausnutzung ihrer eigenen Kontakte bei der Suche von Ausbildungsstellen helfen. In dieser Hinsicht nimmt R. ihre Ratschläge und Hilfe an, während sie Ermahnungen bezüglich ihres Lernverhaltens eher überhört (vgl. 10;4-11). Letzteres scheint in einem Zusammenhang zu stehen mit ihren Zeitproblemen, denen zufolge sie zu wenig Zeit für sich zu haben meint.

Auch in der Schule hat sich nach R.s Wahrnehmung nicht viel verändert (vgl. 17;32). Zum Klassenlehrer ist das Verhältnis der Klasse besser geworden (vgl. 17;32-37), und "meine Noten sind eigentlich ein bisschen schlecht" (17;38-39). R. ist "froh", wenn sie bei Leistungsüberprüfungen die Note "4" erhält (16;40). Schulische Aufgaben, denen sie für sich keinen Sinn entnehmen kann, regen R. nach wie vor zu entschiedenem Widerstand an. Als sie z.B. im HTW-Unterricht dazu aufgefordert wurde, einem traditionellen Frauenideal folgend eine "Krabbeldecke" herzustellen, hat R. "das schon voll aufgeregt, weil das bringt mir ja nichts, das bringt mir nichts, was will ich mit dem?" (20;33-35). R. lässt es in einem solchen Fall auf harte Kontroversen ankommen. Der Spruch, der ihr Leben ihres Erachtens am besten beschreibt, ist derzeit entsprechend: "Nur tote Fische schwimmen mit dem Strom" (1994: Fb., 11)

3.1.2 Erfahrungen im sozialen Nahraum und seine sozio-emotionalen Ressourcen
Familie
Der äußere familiäre Rahmen bietet zunächst ein Bild von Ordnung und Orientierung. Die Familie, die mit der Großmutter unter einem Dach, aber in getrennten Wohnungen lebt, verbringt regelmäßig bestimmte Zeiten miteinander, z.B. das Abendessen. Das gemeinsame Mittagessen mit der Mutter und der Großmutter ist ebenso ein regelmäßiger Bezugspunkt wie die nachmittäglichen Kontakte mit der Mutter, wenn diese nicht ihrer Teilzeitarbeit (1 Tag pro Woche) nachgeht. Gemeinsame Aktivitäten am Wochenende finden jedoch nicht mehr statt, da R. und ihr Bruder inzwischen lieber etwas mit Freunden unternehmen (vgl. 1992: 2;26ff). Im Unterschied zu ihren Eltern (siehe Problembelastungen) fühlt R. sich von ihrer Oma akzeptiert. Die Beziehung zu ihr bezeichnet sie als "gut" (vgl. 3;4). Bei ihrem Bruder fühlt sie sich innerhalb der Familie am meisten geborgen. Sie nennt ihn als wichtigen Gesprächspartner (vgl. 10;25-26). Streitigkeiten mit ihm betrachtet sie als "Alltäglichkeit", die sie nicht als Belastungen empfindet, sondern eher als spielerische Aktionen. Handgreiflichkeiten bei Auseinandersetzungen kommen nicht vor, die Konflikte werden verbal gelöst. Trotz des guten Kontakts benennt R. eine Bevorzugung des Bruders durch die Eltern vornehmlich bezüglich der Weggehmöglichkeiten, die sie jedoch dem Altersunterschied von 4 Jahren zuschreibt (vgl. 12;21-24).

Anerkennung in der Familie bekommt R. hauptsächlich über "gute Arbeit" im Haushalt und in der Schule. Anerkennung über körperliche Nähe lehnt R. aber deutlich ab, wobei ihr Sprachgebrauch zur Begründung ihrer Einstellung auf eine deutliche emotionale Distanz zu den Eltern hinweist: "... in den Arm nehmen, da wehre ich mich absolut immer dagegen...Nein, ich finde das irgendwie ekelhaft" (1992: 10;13-15). Der Bekanntenkreis von R. wird von den Eltern, die nicht großes Interesse an ihm bekunden, weitgehend akzeptiert. Über den Kontakt zu ein paar älteren Jugendlichen zeigen sich die Eltern jedoch nicht erfreut (6;12-17).

R. schätzt grundsätzlich an ihrer Mutter, dass diese "nicht rummault" wie etwa die Mutter ihrer Freundin. Die Berufstätigkeit ihrer Mutter befürwortet R., auch wenn sie dadurch verstärkt für den Haushalt zuständig ist. Kritikpunkte oder negative Einschätzungen führt R. nicht an: "Da fällt mir eigentlich nichts ein" (9;15). Besonders positiv am Vater benennt R. die Tatsache, dass er viel mit der Familie unternimmt: "Also er unternimmt schon ziemlich viel mit uns, also wenn ich so an andere Väter denke, die sitzen vor dem Fernseher und schauen Fußball und so. Also unserer spielt Schach mit uns, auch Tischtennis und so" (1992: 9;19-23). Kommt es zu

Verboten, so sind die Eltern in ihrer Einhaltung konsequent. Besonders die Mutter empfindet R. als unnachgiebig (13;3-7).

Obwohl sich äußerlich nichts verändert hat, hat sich nach Ruths Angaben bis zum Zeitpunkt der zweiten Erhebung die Beziehung zu den Eltern verschlechtert (siehe auch Abschnitt 3.1.1). Die Anforderungen hinsichtlich der Übernahme von Arbeiten im Haushalt an sie sind gestiegen, sie "muss jetzt schon ein wenig mehr tun" (1993: 37;2). Ihre Aufgaben erstrecken sich auf traditionell der Hausfrauenrolle zugeschriebene Tätigkeiten: "... ich muss jetzt halt auch oft backen oder so, oder putzen halt viel, halt auch das, was meine Mutter eigentlich auch tut" (1993: 37;4-6). Diese Arbeiten verrichtet sie lieber allein; in Zusammenarbeit mit der Mutter sieht sie sich von dieser in ihre Eigenständigkeit nicht genügend gewürdigt und bevormundet (vgl. 37;27). Ihr Bruder übernimmt weiterhin im Haushalt eher Aufgaben, die traditionell dem männlichen Zuständigkeitsbereich zugeordnet werden: "draußen im Garten und so, so elektrische Sachen und so, im Wald und so" (1993: 37;9-10). R. akzeptiert diese geschlechtsspezifische Rollenverteilung. Arbeiten, die mit körperlicher Anstrengung verbunden sind, möchte sie nicht gern erledigen, weil sie ihr als zu schwer erscheinen (vgl. 37;19). Negativ bewertet werden nur die unterschiedlichen Verhaltenserwartungen, die an "Benehmen" gestellt werden. Trotz der genannten Ungleichbehandlung ist der Kontakt zum Bruder nach R.s Angaben (noch) besser als im letzten Jahr (vgl. 5;20). Es ergeben sich vermutlich durch altersabhängige Entwicklungen (vgl. 5;26) weniger Konfliktpunkte (vgl. 5;22-23). Wenn es zu Konflikten kommt, werden diese schnell durch Gespräche geregelt (vgl. 4;4-6). Sie benennt ihn auch als denjenigen in der Familie, von dem sie sich akzeptiert fühlt und tatkräftige Unterstützung bekommt (Fb; 9). Mit ihm zusammen geht sie "öfters zusammen fort" (3;39), wodurch R. in ihrer Freizeitgestaltung auch mobiler geworden ist (vgl. 1993: 4; 1-2).

R.s Verhältnis zu ihren Eltern ist im Abschlussjahr der Studie unverändert problembelastet. Die häuslichen Anforderungen an sie sind aber nicht weiter gestiegen (vgl. 1994: 3;38-39). Regelungen bezüglich ihres Zeitpunktes des Nachhausekommens werden offenbar von den Eltern einseitig festgesetzt, von ihr aber nicht akzeptiert. Bei ihren Eltern fühlt R. sich weiterhin weder geborgen, noch als Mensch akzeptiert. Auch hat sie unverändert nicht den Eindruck, mit ihrer tatkräftigen Unterstützung rechnen zu können, obwohl ihr die Eltern helfen, einen Ausbildungsplatz zu finden (Fb., 9). Mit ihrem Bruder versteht R. sich nach wie vor gut. Sie benennt ihn auch als denjenigen in der Familie, von dem sie sich akzeptiert fühlt, doch im Unterschied zum Vorjahr meint sie, sich auf tatkräftige Unterstützung von ihm nicht mehr verlassen zu können (Fb., 9). Innerhalb der Familie gibt es1994 für sie so niemanden, mit dem sie über persönliche Schwierigkeiten reden könnte (ebd.).

Schule
R. geht 1992 meistens "gerne in die Schule". Vor allem sind ihr die Kontakte zu ihren MitschülerInnen wichtig, "weil da ist man eigentlich auch immer mit seinen Freunden zusammen" (19;30-32). Zu ihnen sind die Beziehungen sowohl innerhalb der Klasse als auch klassenübergreifend gut. R. "fühlt sich eigentlich in der ganzen Klasse (in der auch zwei ausländische Jungen sind; d.V.) wohl" (1992: 21;15).

Die schulischen Leistungsanforderungen bewältigt R. nach ihren eigenen Angaben recht gut ("Man kommt gut durch"; 23;40). Ihr besonderes Interesse an schulischen Inhalten gilt den Fächern Musik, Sport und Religion. R. schätzt vor allem den Religionslehrer, weil dieser in Problemsituationen den SchülerInnen als Gesprächspartner zur Seite steht (20;14): "Zu dem hat jeder du gesagt, und der hat auch nie Religion gemacht, sondern mit dem konnte man über alles reden. Da hat man auch über die Probleme mit den anderen Lehrern gesprochen, mit ihm besprochen, das war schon gut" (1992: 20;20-23).

Besonders negativ fallen ihr Lehrer auf, die "ganz die Lehrer sind" und keinen Spaß verstehen (22;40-23;28). R. wünscht sich eine stärkere Beteiligung und Einbindung in unterrichtsbezogene Entscheidungsprozesse, was ein ausgeglicheneres Verhältnis zwischen LehrerInnen und SchülerInnen ermöglichen würde (vgl. 24;6-9). Gemeinsam mit anderen strebt sie aktiv Veränderungen an, obwohl es nach ihrer Einschätzung "nur sehr selten was" nutzt (24;17-18). Ihre eigene Vorstellung vom Unterricht und vom LehrerInnenverhalten beschreibt sie folgendermaßen: "Ich würde auf die Schüler hören, was sie sagen und so, und auch mal das tun, was den Schülern Spaß macht...; auch wenn sie Probleme haben und so und nicht bloß immer den sturen Unterricht durchziehen" (1992: 24;38-25;3).

1993 hat R. erheblich mehr Schwierigkeiten in der Schule (vgl. auch Abschnitt 3.1.1). In ihre Klasse allerdings ist sie stabil integriert. Sie findet sie ganz "normal", ohne größere Probleme (20;32). Weiterhin positiv bewertet sie diejenigen LehrerInnen, die nicht nur den Lehrstoff vermitteln wollen, sondern sich außerdem für ihre SchülerInnen interessieren: Besonders den Vertrauenslehrer sieht sie als Ansprechpartner, betont aber, diese Möglichkeit für sich selbst noch nicht benötigt zu haben (vgl. 1993: 4;13-14). Insgesamt macht ihr der Unterricht "schon echt Spaß" (23;37). Besonders interessant sind für sie Themen wie Aids oder das Zusammenleben mit Ausländern (vgl. 11;40-12;3), deren Wichtigkeit sie aufgrund persönlicher und allgemeiner Relevanz betont: "Ich habe schon noch was dazugelernt, und es hat mich eigentlich auch interessiert, weil irgendwo betrifft es uns ja eigentlich alle und so"(1993: 12;5-8). Als Ziele für die restliche Schulzeit nennt R. "auf jeden Fall einen guten Abschluss" zu machen (1993: 25;27-23). Hierin sieht sie die Voraussetzung, um einen Arbeitsplatz ihrer Wahl zu finden.

1994 haben sich parallel zu R.s unveränderten Leistungsschwierigkeiten in der Schule die sozialen Beziehungen unter den MitschülerInnen in ihrer Klasse verbessert. Während sie im Vorjahr noch bestritt, zu denjenigen zu gehören, die ihre MitschülerInnen teils massiv unter Druck setzen, distanziert sie sich nachhinein von ihrem früheren Verhalten: "...dass ich einen voll niedermache, das mache ich nicht mehr. Das habe ich früher auch mal gemacht, aber mache ich nicht mehr" (1994: 22;18-21). Der im obigen Zitat gemeinte Schüler gehörte nach ihrer Schilderung zu denjenigen, die am Wochenende nie ausgingen und statt dessen sich im Rahmen ihrer Familie vor den Fernseher setzten (vgl. 23;1-7). R. veränderte ihre Haltung gegenüber diesem Jungen nicht aus Einsicht in die Brutalität ihres Verhaltens, sondern aus dem Bestreben, Sanktionen zu vermeiden: "Das bringt auch nur Ärger." (22;22). Inzwischen kommt R. mit diesem Schüler "eigentlich ganz gut aus" (22;38), zumal er und seine Freunde mittlerweile am Wochenende auch ausgehen: "Jetzt gehen wir eigentlich alle fort und so, da trifft man sich schon öfter mal" (1994: 23;7-9). Diese Begründung für ein inzwischen besseres Verhältnis untereinander lässt darauf schließen, mit wie wenig Toleranz R. bislang anderen Jugendlichen, die weniger aktionszentriert waren, begegnete. Inzwischen scheint R. überhaupt offener auf andere Jugendliche zuzugehen. So hat sie insgesamt den Eindruck, mit allen KlassenkameradInnen besser auszukommen (21;40-22;7).

R. beschreibt inzwischen auch das Verhältnis zu ihrem Klassenlehrer als positiv verändert. Nach ihrer Wahrnehmung ist er nicht mehr "so hochnäsig", und auf der Klassenfahrt war er "genial", "echt saugut drauf" (18;30-36). Lediglich das Setzen von Grenzen seinerseits auf der Rückfahrt "war halt nicht so gut" (18;38-39). Hier zeigt sich wieder deutlich, dass R. sich höchst ungern an Regeln hält, wenn sie keinen Sinn in ihnen erkennen kann. Gesellschaftliche Konventionen werden nicht selbstverständlich akzeptiert. Vielmehr überlegt sie sich gar nicht, welche Folgen es für die Aufsichtsperson haben könnte, wenn SchülerInnen betrunken von einer Klassenfahrt nach Hause kommen. Möglicherweise ist dieses Verhalten übertragbar auf etliche ihrer Haltungen gegenüber Regelungen. R.s Lieblingsfächer sind HTW und Sport. Beide Fächer machen ihr "halt Spaß" und spornen sie deshalb zu Leistungsbereitschaft an: "wenn mir was Spaß macht, bin ich da drin auch gut" (21;34). Während des letzten Schuljahres hatte R. die Gelegenheit, ein berufsorientiertes Praktikum zu machen. Sie arbeitete in dieser Zeit als Floristin. Obwohl die Arbeit ihr inhaltlich gefällt, lehnt sie doch die instrumentellen Arbeitsumstände wie Arbeitszeiten und stehende Tätigkeit ab (vgl. 6;16-24). Aus eigenem Engagement heraus absolvierte R. in den vergangenen Herbstferien noch ein weiteres Praktikum bei einem Malerbetrieb. Sollte sie eine Ausbildungsstelle bekommen, möchte sie in diesem Betrieb eine Lehre machen und sich danach beruflich weniger in konventionellen, sondern mehr in szeneorientierten Kreisen bewegen: "Dass ich halt eine Lehre als Maler mache, und dann weiter mache, halt Carbrush oder so, halt irgendwelche Autos anmalen, also nicht weiter Häuser anstreichen, das will ich nicht..." (1994: 6;32-35).

Freundes- und Bekanntenkreis
R. rechnet sich 1992 zu einer Clique von acht bis neun Jugendlichen. Teils sind die Jugendlichen gleich alt, die männlichen teils auch ein paar Jahre älter als sie. Die Clique besteht bis auf eine Ausnahme aus deutschen Jugendlichen. Besondere Stilelemente weist die Clique nicht auf (vgl. 26;33). Die Jugendlichen tragen lediglich T-Shirts von bevorzugten Musikgruppen (vgl. 26;27-30). Daneben besteht eine gewisse Übereinstimmung in ihrer Konsumorientierung (vgl. 42;4-14). Der zentrale Treffpunkt der Freundinnen und auch der Clique ist ein öffentlicher Platz im Dorf, der von den Jugendlichen intensiv genutzt und deshalb als ihr Territorium betrachtet wird: "Also wir treffen uns immer, also am Platz unten, das sind vor der Halle die Bänke. Also da sind so viele Bänke, und da treffen wir uns. Und das ist eben, da sind eben nicht nur wir, da sind alle Jugendlichen so gesehen, also die, wo noch nicht arbeiten müssen. Und nachmittags sind immer alle da, also fast halb B. von Jugendlichen, da ist schon was los" (1992: 14;3-10). Gebietsansprüche, z.B. Treffpunkte zwischen den einzelnen Cliquen in B., sind klar aufgeteilt und werden von allen respektiert (vgl. 28;33-40). Die relative diesbezügliche Konfliktfreiheit hängt vermutlich mit dem hohen wechselseitigen Bekanntheitsgrad zusammen ("Es gibt welche, die sind bei den Heavies dabei, aber auch bei uns"). Zwar gibt es keine direkten 'Gegnerschaften', aber doch klare Abgrenzungen: "...ich komme eigentlich mit ihnen aus, aber ich möchte eigentlich nichts mit ihnen zu tun haben"(1992: 35;22-24).

Wichtig sind den Jugendlichen aus der eigenen Clique gemeinsame Erlebnisse und Abenteuer wie z.B. Zelten oder das nächtliche Davonstehen aus dem Elternhaus (vgl. 28;3-8). Bestimmte Erkennungszeichen, Zugehörigkeitssignets, Rituale oder Mutproben gibt es nicht (vgl. 28;14). Auch Grenzüberschreitungen wie Alkohol-, Tabak-, sonstiger Drogenkonsum oder kleinkriminelle Delinquenzen findet die Gruppe wie R. selbst auch "absolut blöd" (36;21). R. betont eher die Möglichkeit zur offenen und gleichberechtigten Meinungsbekundung als Merkmal der Gruppe (vgl. 27;5-7). Unterschiedliche Meinungen werden nach ihrer Wahrnehmung gleichberechtigt behandelt (vgl. 42;21). Keiner wird ihres Erachtens in seinen Entfaltungsmöglichkeiten eingeengt (vgl. 27;23-24.). Jungen und Mädchen haben nach R.´s Angaben den gleichen Stellenwert: "... keine Unterschiede zwischen Jungen und Mädchen und reden auch, die reden mit dir total offen über alles. Und ich meine, die respektieren auch, obwohl sie, die sind jetzt, was weiß ich, vier Jahre älter oder drei bis vier Jahre sind die älter, und also die sind eben total in Ordnung und so" (1992: 34;24-31). Inwieweit diese Selbstwahrnehmung tatsächlich der Realität entspricht, ist fraglich. Allein ihre Wortwahl - "die reden mit dir..." und nicht 'wir reden miteinander..." - lässt auf eine geschlechtsspezifische Hierarchie innerhalb der Clique schließen. Wie auch immer: R. findet ihre Clique "voll in Ordnung und gut" (25;23) und fühlt sich in ihr wohl (26;40). Sie ist sich sicher, sich auf die anderen verlassen und jederzeit mit ihrer Unterstützung und tatkräftigen Hilfe rechnen zu können (vgl. 27;30). Konflikte und Unstimmigkeiten in der Clique werden verbal geregelt: "Da sprechen wir einfach drüber... dann sage ich das schon oder so, also egal, wenn es auch bloß eine Kleinigkeit ist, das sagen wir eigentlich schon"(1992: 29;6-22). Eine besondere politische Orientierung weist die Clique nicht auf. Insbesondere auch die 'Migrantenproblematik' ist für sie "eigentlich nicht so ein Thema".

Den größten Teil ihrer Freizeit verbringt R.in diesem Jahr, teils auch außerhalb des Cliquenverbundes, mit ihren Freundinnen, mit denen sie gemeinsam die Schule besucht und sich nachmittags wieder trifft (vgl. 1;12-16). Ihre gemeinsamen Aktivitäten bestehen vor allem aus Gesprächen, aus Besuchen des Schwimmbades oder des Kinos und aus gemeinsamen Stadtbummeln (vgl. 15;9-19). Als beste Freundin benennt R. ihre Freundin N., obwohl diese jetzt eher einer anderen Gruppierung in der Klasse angehört. Sie bespricht mit ihr alle Probleme und fühlt sich ihr stark verbunden: "Also wenn ich Probleme habe oder so, dann gehe ich natürlich immer noch als erstes zur N. ... Mit ihr kann ich gut darüber reden irgendwie, und sie ist voll die gute Freundin und so" (29;40-30;5). Besonders schätzt R. an ihrer Freundin, dass sie sich verbal gegenüber Belästigungen "total gut verteidigen" kann (30;36). Zusammen mit ihr wie auch mit ihrer Clique fühlt sie sich stärker: "Man hat eine größere Schnauze irgendwie" (30;27-28). Gegenseitige Hilfsbereitschaft ist in dieser Mädchenfreundschaft selbstverständlich: "Und es ist egal, was es ist, man hilft sich eigentlich immer, man ist immer zusammen" (1992: 32;14-16). Konflikte scheint es zwischen den beiden Freundinnen kaum zu geben. Sollten sie auftreten, werden eher unter der Kategorie "Missverständnisse" einsortiert (32;32-33) und dann verbal oder schriftlich gelöst: "...dann spricht man sich eben aus, (...) meistens regeln wir das mit einem Brief, eigentlich" (1992: 32;18-22). Beide Mädchen schreiben sich "regelmäßig" Briefe (vgl. 32;24). Insgesamt ist R. der Rückhalt, den sie sowohl bei ihren Freundinnen als auch in der Clique findet, besonders wichtig: "Freundschaft ist da, dass man jemand hat, wenn es mal einem, dass man jemand hat, wenn .... dass man nicht einsam ist und dass, was weiß ich, Freunde braucht man einfach, ohne Freunde kann man nicht leben"(1992: 43;2-6).

1993 haben sich R.s Freundschaftsbeziehungen erheblich gewandelt. Ihre "beste Freundin" ist inzwischen nicht mehr die aus dem Vorjahr, sondern eine andere. Zwischenzeitlich hatte R. auch einen Freund aus der unorganisierten rechten politischen Szene und kleidete sich während dieser Zeit wie ihr Freund mit Bomberjacke und Springerstiefeln (vgl. 41;10-15). Möglicherweise beeinflusste diese Freundschaft auch ihre damalige Haargestaltungsvorliebe, die bei ihren Eltern Anstoß erregte (s. o.). Seit einem Monat hat R. nun ihren "ersten richtigen" Freund (33;33-35). Sie hat bei ihm ganz im Gegensatz zu den Eltern und so wie bei keiner anderen Person das Gefühl, sich auf ihn verlassen zu können (vgl. 35;15), sieht sich von ihm akzeptiert, erfährt Geborgenheit, kann mit ihm über persönliche Probleme reden und bekommt Unterstützung (Fb; 9) auch bei Streitigkeiten mit ihren Eltern (vgl. 35;23-25). Beide haben schon die Frage der Verhütung erörtert (34;38-40), doch R. entscheidet sich offenbar klar und selbstbewusst gegen mehr Intimität, weil ihr der Zeitpunkt dafür noch zu früh erscheint. Hierbei macht R. den Eindruck, genau zu wissen, was sie will, und nicht davon abgehen zu wollen (34;24-26). Ihr Freund besucht die 12. Klasse des Gymnasiums. Durch die neue Beziehung zu ihm hat sich ihr Bekanntenkreis dahingehend verändert, dass einerseits Gymnasiasten hinzugekommen sind (6;30-40) und andererseits sich der Kern der Clique aber im Zuge intensiver Paarbeziehungen etwas weniger häufig trifft (vgl. 26;26-29). Zum Kern der Clique zählen nach R.s Beschreibung etwa vier Mädchen und drei Jungen. Es schließen sich ihnen aber insbesondere am Wochenende noch weitere Jugendliche an, so dass insgesamt die Anzahl der Jungen in R.s Bekanntenkreis überwiegt (28;23-26). Im Vergleich zu Rüdiger, ebenfalls in diesem Forschungsprojekt interviewt und vor kurzem zu R.s Clique gestoßen, nennt R. ein geringeres Ausmaß an politisch rechten Orientierungen in ihrer Freundesgruppe (vgl. 41;14-17), was mit unterschiedlicher Identitätsrelevanz zusammenhängen dürfte. Manche aus ihrem Bekanntenkreis stellen ihre Einstellung symbolisch durch ihre Kleidung heraus: "ein paar von uns haben halt gerade so Springerstiefel und so an gehabt und Bomberkittel..." (1993: 7;36-38).

Im Unterschied zu Rüdiger zählt R. auch zwei männliche Jugendliche "fast" zur Clique: ".. also jetzt gerade mal im D. und so, da sind auch, da sind ein Haufen Türken und da sind auch zwei Leute, mit denen sind wir eigentlich oft zusammen, zwei Jungen, zwei Türken sind das. Mit denen kommen wir eigentlich gut aus" (1993: 13;4-8). Ein häufiger Kontakt zu ihnen ergibt sich durch gemeinsame Unternehmungen, zumal die türkischen Jugendlichen den anderen die gerade auf dem Land ersehnte Mobilität ermöglichen: "..mit den Zweien, also dem D. und dem T. kommen wir eigentlich ganz gut klar. Die sehen wir eigentlich auch fast jeden Tag, die gehören eigentlich schon fast zu unserer Clique dazu, wenn man es mal so nimmt. Die gehen oft mit uns fort so und haben uns auch schon mit genommen und so. Oder einer von denen fährt jetzt Auto, also das sind Brüder, und die haben uns auch schon mit genommen nach B. und so" (1993: 14;37-15;4).

Die Musikgeschmäcker innerhalb der Clique sind unterschiedlich: "Das ist eigentlich brutal verschieden. Die einen hören Death Metall, also Selputura und so, und die anderen hören Böhse Onkelz, und die hören wieder ganz normale Musik halt, oder halt, was heißt normal halt, so Tote Hosen und so"(27;28-32). Sie selbst hört am liebsten "Techno" (27;25-26). Gleichwohl gefallen ihr auch die Böhsen Onkelz (27;37-38). Doch trotz ihres Kontaktes zu politisch rechten Jugendlichen, lehnt sie die 'rechten Texte' der Böhsen Onkelz ab (vgl. 28;1-5). An neueren Texten hingegen schätzt sie den Bezug zur eigenen Erfahrungswelt und Wahrnehmung: "Das stimmt irgendwie, was sie singen so, alles eigentlich" (1993: 28;7-8).

Innerhalb der Clique gibt es nach R.s Darstellung keine Hierarchie (vgl. 31;31-32;28). So hätten auch Jungen und Mädchen gleich viel zu sagen (vgl. 29;15), wie überhaupt jede/r seine/ihre Wünsche in die Clique einbringen könnte. Bei konkreter Nachfrage, wann sie selbst einen Vorschlag eingebracht habe, der berücksichtigt worden sei, antwortet sie jedoch ausweichend und geht zügig zu einer verallgemeinernden Darstellung über: "Ja, man hat schon mal gesagt, was weiß ich, da sagt halt jeder, auf was er Bock hat, oder..." (1993: 29;18-19). Ihre Äußerungen lassen somit darauf schließen, dass sie und vermutlich auch die anderen Mädchen in der Clique sich eher an den Vorgaben der Jungen orientieren und sich demnach den Jungen unterordnen. Wahrscheinlich erfolgt diese Orientierung an männlichen Vorgaben auch in politischer Hinsicht. Offenbar lehnt R. sich jeweils an die politischen Haltungen der männlichen Jugendlichen aus ihrem unmittelbaren sozialen Umfeld an.

R. hat nicht nur einen neuen Freund und in diesem Zusammenhang neue Kontakte zu anderen Jugendlichen geschlossen, sondern sie hat auch eine neue beste Freundin. Diese besucht die Parallelklasse in ihrer Schule, so dass sie sich regelmäßig in den Pausen treffen können (vgl. 32;36). Zu ihrer alten Freundin hat sie schon vor etwa einem Jahr die Freundschaft abgebrochen, wofür sie allerdings keine Gründe nennt. R. verbringt jetzt die meiste Zeit - außer mit ihrem Freund - mit ihrer besten Freundin M. Beide Mädchen besuchen sich gegenseitig zu Hause, womit die Eltern auch einverstanden sind (vgl. 32;39-33;1). Bei M. fühlt sie sich geborgen und akzeptiert. R. ist sich sicher, jederzeit mit ihrer tatkräftigen Hilfe rechnen zu können (Fb; 9).

R.s Freundschaftsbeziehungen haben sich zum Zeitpunkt des letzen Interviews wieder gewandelt. So hat sie jetzt einen neuen Freund, der nicht in ihrer Clique ist. Demzufolge verbringt R. auch weniger Zeit mit ihrer alten Clique (vgl.1994: 1;11-14). Dazu kommt, dass alle Jugendlichen inzwischen "andere Interessen" entwickelt und "weniger Zeit" haben (23;21-22). Für R. ist diese Gruppe "keine so gute Clique mehr" (23;16). Trotzdem fühlt R. sich weiterhin in ihr akzeptiert und geborgen (Fb.,9). Die Vorzüge ihrer Freundesgruppe sieht sie in der Lockerheit im Umgang untereinander und in dem "Gut-drauf-Sein" (vgl. 1994: 32;1-4). R. hat den Eindruck, die Freunde ihrer ehemaligen Clique hätten sich von ihren bisherigen politisch rechtsextremen Orientierungen distanziert: "Jetzt ziehen sie sich wieder ganz normal an, und früher war das immer voll so, 'Wow, wir sind rechts' und so, aber das sind sie nicht. Ich weiß nicht, das hat man halt so gesagt. (...) in einem Nest wie B. kannst du nicht viel erreichen, wenn du sagst, 'Ja, super, ich bin rechts'. Das bringt doch nichts" (1994: 29; 38-41). Nach R.s Einschätzung war es einst für die Jugendlichen interessant und vom Image her anregend, Dokumentationen rechtsextremer Orientierungen und Handlungsweisen öffentlich vorzunehmen. Offenbar haben die Jugendlichen mittlerweile eingesehen, welchen Ärger sie sich selbst mit einem solchen Auftreten in einem kleinen Ort einhandeln und wie politisch nutzlos Handlungen wie Schlägereien mit 'Ausländern' - zumindest dort - sind (vgl. 30;1-3). Das heißt allerdings nicht, dass sich ihre Orientierungen gewandelt hätten: F.: "Und ist das jetzt auch noch, dass ihr euch darüber unterhaltet, oder jetzt nicht mehr?" R.: "Ich weiß auch nicht, gerade wenn sie wieder so einen doofen Spruch loslassen gegen Ausländer und so. (...) Ja, das sage ich denen schon. Ja, wie ich halt darüber denke, das kommt darauf an, ich bin auch nicht unbedingt für Ausländer, so halt" (1994: 30;20-32).

Mit ihrem neuen Freund ist R. seit etwa vier Wochen zusammen (vgl. 27;12). Sie kennt ihn allerdings schon länger durch das gemeinsame Volleyball-Spielen in ihrer Freizeit (vgl. 27;14-19). Er ist zwei Jahre älter als sie und ist lieber mit seinen Freunden zusammen - und R. schließt sich gerne seinem Freundeskreis an (vgl. 1994: 29;15-24). Während die Jungen aus ihrer ehemaligen Clique am Samstag nach wie vor in der Grillstube beim Türken "hocken" - "da ist es halt langweilig" (23;29) - , gehen R. und ihre Freundinnen dann lieber jeweils mit ihren Freunden aus (vgl. 23;20-30). Da ihr Freund über einen Führerschein verfügt, erweitert sich für R. der Radius der gemeinsamen Unternehmungen. Im Zuge dieser Beziehung hat R. "echt viele Leute kennen gelernt" und kann nirgends mehr hingehen, ohne Bekannte zu treffen (vgl. 14;8-9). Ihr Freund vermittelt ihr genauso das Gefühl von Geborgenheit, Akzeptanz und Unterstützungsbereitschaft wie ihre Freundin (Fb., 9). Zu ihr hat R. eine besonders intensive Beziehung. Mit ihr kann sie über alles reden (vgl. 1994: 4;22-33). So hilft ihr die Freundin, immer wieder Abstand beispielsweise zum Ärger mit ihren Eltern zu finden (vgl. 5;1-4). R. hat auch von sich selbst den Eindruck, eine gute Gesprächspartnerin zu sein (vgl. 42;33-34). Wichtig ist für R. zudem noch der Freund ihres Bruders geworden, der in der Nachbarschaft wohnt. Zu ihm hat sie im Zuge gemeinsamer Musikbegeisterung eine eher geschwisterliche Beziehung aufgebaut (vgl. 40;24-33).

Freizeit
Zweimal pro Woche besucht R. einen Sportverein, um dort Geräteturnen zu trainieren. Sie ist außerdem Mitglied in einem Reitverein, jedoch ohne ein eigenes Pferd zu besitzen. Sie nutzt statt dessen die Möglichkeit, mit einer Freundin zu reiten, deren Bekannte Pferde besitzen. Ansonsten gestaltet R. ihre Freizeit mit ihren Freundinnen und mit der Clique. Den Jugendkeller, eine institutionsgebundene Freizeitmöglichkeit am Ort, nutzt R. selten. Zum einen wird er hauptsächlich von älteren Jugendlichen besucht, zum anderen ist dieser nur an zwei Tagen in der Woche geöffnet (vgl. 38;12-14). Eine weitere Räumlichkeit, das B.-Stübchen, eine Kneipe,

wird bereits von einer anderen Gruppe "in Beschlag" genommen (vgl. 38;38-39;1). Sonstige kommerzielle Freizeitangebote stehen R. kaum zur Verfügung. Schwimmbad und Kino scheinen die einzigen Alternativen zu sein. So sieht R. vor allem an organisierten Jugendgruppen und erweiterten Räumlichkeiten für Jugendliche am Ort großen Bedarf (vgl. 38;38-39;1).

1993 trifft R. sich fast täglich mit ihrem Freund und mit ihrer besten Freundin M. Der Kontakt zur Gesamtclique ist insbesondere durch ihre Liebesbeziehung seit etwa vier Wochen etwas weniger geworden. Außer an einer Bushaltestelle nach der Schule und bei gemeinsamen Besuchen von im wesentlichen zwei Lokalen trifft sie ihre FreundInnen und Bekannte bei den Tanzkursen am Ort, von denen sie selbst einen belegt (vgl. 28;13-18). Mit den Cliquenmitgliedern besucht sie am Wochenende Diskotheken in den Nachbarorten (1;39). Die Disko am Ort sieht sie durch das schon im Vorjahr beklagte massive Auftreten türkischer Jugendlicher besetzt und als Freizeitmöglichkeit entwertet: "Die sind immer im Sch. Also wir sehen im Sch. eigentlich eine TürkenDisko, weil da sind echt mehr Türken drin, als von uns" (1993: 8;21-23). Die Türken sind dabei eindeutig 'die anderen', die in der Überzahl gesehen werden und die dem Ort durch ihre Anwesenheit aus R.s Perspektive ein Stigma aufdrücken.

Unabhängig von der Clique ist R. noch Mitglied im ortsansässigen Sportverein, in dem sie immer noch Geräteturnen und mittlerweile auch Volleyball zweimal pro Woche trainiert. Mit den dortigen Trainerinnen versteht sie sich gut. Mit einer von ihnen kann sie auch persönliche Gespräche führen (vgl. 10;30).

Trotz dieser zahlreichen Freizeitbeschäftigungen fehlt es R. 1993 an Möglichkeiten am Ort, sich mit Gleichaltrigen zu treffen (vgl. 4;29-31). Der Jugendkeller ist nach wie vor den Älteren vorbehalten (vgl. 9;3-7). So sind R.s Unternehmungen vielfach auf jungen- bzw. männerdominierte Räume beschränkt, in denen davon ausgegangen werden kann, dass die Mädchen sich hier den männlichen Freizeitgestaltungen anpassen müssen. Sie findet am Ort weder Raum, noch Unterstützung, eigenständig nach neuen Freiräumen in ihrer Freizeitgestaltung zu suchen.

1994 trifft sich R. in den Schulpausen und mittags mit ihrer besten Freundin, sofern Zeit dazu ist. Ihren neuen Freund sieht sie vor allem am Wochenende. In der Woche gehen beide zum Volleyballtraining, spielen aber in getrennten Gruppen (vgl. 27;22-35). Dieser Sport beeinflusst auch ihre sonstige Freizeitgestaltung, da sie seinetwegen bei gemeinsamen Unternehmungen mit ihm öfter früher nach Hause gehen oder keine Zeit für andere Vergnügungen mehr haben. R. schaut sich regelmäßig und gerne Spiele an, wenn ihr Freund dabei mitspielt (vgl. 28;37-38). Beim Volleyball ist R. innerhalb der eigenen Gruppe eine der Jüngsten. Sie genießt bei diesem Sport das Zusammengehörigkeitsgefühl, das im Zuge des Sports langsam gewachsen ist (vgl. 1994: 36;21-25). Jeden Mittwoch geht R. zu einem kirchlich gebundenen Jugendkreis. Hier genießt sie die Auseinandersetzung verschiedener Jugendcliquen miteinander: "Da kommen eigentlich noch andere, die nicht in unserer Clique drin sind, die sind so, ich weiß nicht, mit anderen zusammen, aber die kommen dann trotzdem in den Jugendkreis. Das ist auch immer voll gut eigentlich, weil dann treffen sich verschiedene Cliquen" (1994: 23;37-41). Während R. die Leiterinnen dieser Gruppe als "voll gut drauf" beschreibt, berichtet sie doch auch von dem Interesse des Kirchengemeinderats, diese sie offenbar störende Gruppe aufzulösen: "Am liebsten würden sie uns loshaben, würden sie den Jugendkreis auflösen" (1994: 24;19-20).

Vermutlich im Zuge sich wandelnder Zugehörigkeitsorientierung hat sich auch R.s Musikgeschmack tendenziell verändert. Mittlerweile hört sie nicht mehr nur "Techno", sondern eigentlich alles" (38;29). Musik spielt für sie "eine große Rolle":

R. hört verschiedene Musik zum Tanzen oder zum Nachdenken über Themen wie z.B. Drogen (vgl. 39;9-40;7). Insbesondere von dem Freund ihres Bruder kann R. sich immer die neuesten CDs ausleihen (vgl. 40;24-33).

Nachbarschaft und Wohnumfeld
R. nennt keine Veränderungswünsche bezüglich ihres nahen Wohnumfelds, fühlt sich innerhalb des Dorfes sicher und sieht kaum Anlas für vermehrte Sicherheitsvorkehrungen. Stellenweise wäre ihr jedoch eine bessere Beleuchtung verschiedener Straßen lieb (17;4-13). Die Einbindung in die Nachbarschaft sieht R. hauptsächlich als Schutzfunktion ("die Nachbarn passen auch auf, was passiert"), weniger als soziale Kontrolle (vgl. 16;32-39). An ihrem Wohnort fühlt R. sich folglich recht sicher. Lediglich die "Heavies" stellen für sie, zumal im angetrunkenen Zustand, eine Bedrohung dar (vgl. Abschnitt Gewaltakzeptanz). Trotzdem würde R. es begrüßen, wenn innerhalb ihres Stadtteils das Asylbewerber-Innenheim und die türkischen MitbürgerInnen verschwänden. Möglicherweise ist diese Abneigung gegenüber dem massiven Auftreten der 'Fremden' u.a. dadurch zu erklären, dass nach ihrer Wahrnehmung diese erheblichen Raum einnehmen. Den Jugendlichen am Ort hingegen fehlt es an geeigneten Räumlichkeiten, in denen sie auch bei schlechtem Wetter zusammenkommen können: "Also sie dürften echt mehr sein, weil wir haben die Bänke, oder wenn es mal regnet oder so, dann hat man bloß den Jugendkeller, und da sind schon wieder Ältere" (1992: 19;5-8). Zudem wird nach ihrer Wahrnehmung für Jugendliche im Dorf "viel zu wenig auf jeden Fall" an Freizeitgestaltungsmöglichkeiten angeboten (37;32). Zwar gibt es augenscheinlich keine Konkurrenz um einen konkreten Raum im Dorf zwischen deutschen Jugendlichen und Ausländern, jedoch erlebt R. - vermutlich wohl im Einklang mit ihren Freunden - das Leben von Ausländern im Ort als raumgreifend und erkennt darin eine ihr ungerechtfertigt erscheinende Anspruchshaltung ("kommen sich groß vor"), während mit den eigenen Raumbedürfnissen eher bescheiden umgegangen werden muss.

Offensichtlich hat sich im Vergleich zum vergangenen Jahr 1993 in ihrer nahen Umgebung nichts verändert. Sie schätzt den Ausländeranteil in ihrem Ort auf "ein bisschen mehr wie ein Viertel" (13;22). Real beträgt er aber nur 10%. Eine Zunahme von Gewalt sieht sie in ihrem Umfeld nicht, Gewalthandeln insgesamt schreibt sie aber eher Ausländern zu (vgl. 1993: 7;27-31).

Im Vergleich zum vergangenen Jahr hat sich 1994 in ihrer nahen Umgebung wenig verändert. Es gibt inzwischen mehr Kinder in ihrer Nachbarschaft, die sie durch den Lärm, den sie bei neuerlichen gemeinsamen Treffen machen, eher amüsieren und zuweilen auch nerven. Über den Ausländeranteil in ihrer Nachbarschaft äußert sie sich nicht. Nach ihrer Wahrnehmung aber ist die Einbruchsquote in ihrer Nachbarschaft steil angestiegen. Sie kritisiert diesbezüglich das langsame Eingreifen der Polizei und deren fehlendes Engagement bei der Suche nach den "organisierten Banden" (1994: 54;1-36).

3.1.3 Medienrezeption und sonstige Ressourcen politisch relevanter Information
1992 liest R. "regelmäßig" die Mädchenzeitschrift "Girl" und sieht "regelmäßig" die im Fernsehen gesendeten Nachrichten. Ansonsten konsumiert sie "manchmal" Filme wie Krimis, Spielfilme und Vorabendserien (Fb.). Neben ihrer aktiven und kontinuierlichen Anteilnahme an Tagespolitik durch die Wahrnehmung von Nachrichtensendungen spricht R. auch des öfteren mit ihren Eltern über politische Themen (Fb). Der Anlass dafür sind dann jeweils Informationen durch den Rundfunk (vgl.1992: 13;19-27). Hinsichtlich weltpolitischer Probleme scheint R. mit der Ansicht ihrer Eltern überein zu stimmen. Auch mit ihren FreundInnen unterhält R. sich über politische Themen. "Meistens" sind die Jugendlichen bei diesen Gesprächen

"alle einer Meinung" (1992: 36;4-5). Schule hat als Informationsquelle politischer Informationen zu diesem Zeitpunkt offenbar überhaupt keine Bedeutung.

1993 schaut täglich ca. 2 Stunden fern, am liebsten Horrorfilme, Splatterfilme, Actionfilme, manchmal phantastische Filme, selten Nachrichten (Fb;8). Ungefähr einmal monatlich geht sie ins Kino, manchmal leiht sie sich zweimal wöchentlich ein Video aus, oft aus der 'Gruselecke'. Dabei wird medialer 'Horror' von ihr nicht als solcher empfunden, sondern eher als Belustigung aufgefasst: "Ja, letzte Woche oder so, haben wir Armee der Finsternis angeschaut, den habe ich schon gut gefunden. Der war halt witzig. Das war eigentlich, da ist zwar Horror dran gestanden, aber war echt total witzig. Da sind so Knochengerüste herumgelaufen und so, war echt lustig" (1993: 52;7-12). Zum einen kann diese Aussage als Zeichen einer betonten Abhärtung betrachtet werden, möglich ist aber auch, dass bestimmte Filmgenres im eigenen Kontext umgedeutet werden. Sie mag Spannung vor allem, wenn der Ausgang des Films nicht durchschaubar ist; ein reines Horrorgenre, das nur 'Schlachtszenen' bietet, lehnt sie aber ab: "Jetzt mal so, wenn einem der Kopf abgehackt wird und so, und also wo jetzt überhaupt nichts Witziges dabei ist, das finde ich nicht gut, wo nur noch das Blut spritzt und so..." (53;12-17). Außerdem liest R. gerne Horrorstories (1993: 53;27-29). Lediglich "selten" sieht R. sich inzwischen Nachrichtensendungen an, wohingegen sie schon "manchmal" in Jugendmagazine hineinschaut (Fb 8). An Printmedien konsumiert sie weiterhin "regelmäßig" die Mädchenzeitschrift "Girl' " und "manchmal" die Tageszeitung (Fb. 6). Wenngleich sie sich somit nicht kontinuierlich durch Medien über politische Tagesthemen informiert, verweist sie doch z.B. bei der Klage über erhöhte Ausländerkriminalität auf Berichte der Medien (s.o.). Im Unterschied zu unserer Annahme einer politischen Beeinflussung durch ihre Clique benennt sie diese selbst nicht. Offenbar fühlt sie sich nicht von ihr politisch beeinflusst. In Ihrer Familie sind Gespräche über aktuelle politische Themen offensichtlich selten. So kennt R. die Meinung ihrer Eltern zu Themen wie z.B. Arbeitslosigkeit nicht (vgl. 17;1-4). Demgegenüber scheint ein politischer Unterricht an ihrer Schule durchaus für sie hinsichtlich einer Entwicklung politischer Haltungen von Bedeutung zu sein. Zum Thema 'Drittes Reich' hatte sie offenbar noch keine geschlossene Unterrichtseinheit (vgl. 25;10-24), doch zum Thema "Ausländer" festigte der Schulunterricht offenkundig die politischen Haltungen, die sie schon zuvor entwickelt hatte. Die SchülerInnen wurden nicht zu einem reflektierten und differenzierten Umgang mit diesem Thema angeregt, sondern eher in ihrer Vorurteilshaltung, bzw. ihrer Anpassungsargumentation, ihren Abgrenzungstendenzen und 'Überfremdungsvorstellungen' bestärkt: "Ja, eigentlich zum Schluss sind wir alle drauf kommen, dass sie, also dass es jetzt mal reicht mit denen, die wo hier sind in T. und so halt Umgebung, dass sie hier bleiben könnten, also so lange, so lange sie uns halt in Ruhe lassen und sich uns anpassen und so"(1993: 12;33-37). "Dass es jetzt mal reicht" ist offensichtlich auf die Anzahl ausländischer MitbewohnerInnen bezogen, "dass sie hier bleiben könnten" klingt etwas 'gönnerhaft' und macht ein der Eigengruppierung attestiertes Platzrecht aufgrund der nationalen Zugehörigkeit deutlich. "Uns halt in Ruhe lassen" weist Abgrenzungstendenzen auf und lässt die Frage offen, ab welchem Moment diese "Ruhe" gestört wird, ob also etwa schon die bloße Anwesenheit bestimmter Mengen von Ausländern in der Öffentlichkeit als sie störend empfunden werden.

R. schaut gegen Ende der Untersuchung nur einmal pro Woche zusammen mit Freunden ca. 2 Stunden fern (1994:Fb., 7). Manchmal sieht sie sich Sportsendungen, Horrorfilme und Actionfilme an, inzwischen manchmal auch Jugendmagazine. Ihr Medienkonsum ist insgesamt etwas weniger härteorientiert als im Vorjahr Splatterfilme, die sie u.a. im Vorjahr noch am liebsten sah, sieht sie nur noch selten. So sind Action-, Horror- und Splatterfilme durch Serien wie "Schlümpfe" in ihrer Werteskala von Platz 1 vertrieben worden. Ihre Vorliebe bei den Kinofilmen entsprechen dieser Orientierung an softem Konsum. R. kauft sich auch regelmäßig Zeitschriften, die sich mit Themen aus den Bereichen Musik und Film befassen (Fb., 6). Über Medien informiert sie sich nicht regelmäßig bzgl. politischer Themen. Doch sie spricht teils mit ihren Cliquenmitgliedern, teils mit ihren Eltern über politische Themen. Mit ihren Freunden werden Fragen über Ausländer gelegentlich erörtert (s.o.), mit ihren Eltern wird über Berichte im Fernsehen "diskutiert" (11;16). Ganz im Unterschied zu ihren sonstigen Auseinandersetzungen untereinander sind sie bei diesen Themen "meistens gleicher Meinung" (11;15). Anlass solcher Diskussionen sind beispielsweise Kriegsdarstellungen oder Berichte über Entführungen in den Nachrichten (vgl. 11;19-31). In der Schule hat R. noch nie Unterrichtsreihen zu politischen Themen wie Ausländerfeindlichkeit erlebt. Allerdings hat sie Gemeinschaftsunterricht bei einer Lehrerin, die zu ihrer Freude immer wieder Diskussionen über politische Fragen angeregt hat (vgl. 1994: 25;25-30). Im Unterricht wurde auch der Nationalsozialismus besprochen. R. fand dieses Thema sehr interessant (vgl. 26;20-24), "weil es halt bei uns war und so und weil, das ist ja noch gar nicht lange her" (26;14-16). So scheint es doch so zu sein, dass der politische Unterricht an ihrer Schule inzwischen durchaus für sie hinsichtlich einer Entwicklung politischer Haltungen nicht ohne Bedeutung ist.

3.1.4 Erfahrungen mit und Ressourcen von gesellschaftlicher und politischer Teilhabe

Wie erwähnt erscheint R. 1992 die Zukunft als unberechenbar. Alles ist ihres Erachtens angesichts der Ereignisse der letzten Jahre unsicher geworden (Fb.). Zugleich nimmt sie sich diesbezüglich als ohnmächtig wahr und hat den Eindruck, gegen das meiste, was ihr Sorgen bereitet, nichts ausrichten zu können (s.o. und Fb.). Wiederholt äußert sie das bedrängende Gefühl eigener Ohnmacht in ihrer Clique: "...zum Schluss kommen wir eigentlich immer darauf, dass wir es sowieso nicht ändern können" (1992: 36;1-2). Auch innerhalb der Schule, einer Erfahrungswelt, in der Spielraum für eigenes Engagement sein sollte, sieht sie wenig Möglichkeiten zur Mitbestimmung. Nach ihrer Erfahrung bringen Veränderungsbestrebungen "nur selten was" (1992: 24;17-18).

Gekoppelt an ihre Berufsvorstellungen gibt R. 1993 bzgl. ihrer gesellschaftlichen Teilhabewünsche an, gerne "viel Geld verdienen" (26;8), mit dem sie sich bestimmte Sicherheiten schaffen will, die deutlich an den vom Elternhaus gewohnten materiellen Hintergrund angelehnt sind: "... ein eigenes Haus bauen oder mindestens eine eigene Wohnung" (1993: 26;11-12). Sie wünscht sich, bald von zu Hause ausziehen zu können (26;15-16). In ihren Vorstellungen hinsichtlich ihrer eigenen zukünftigen Lebensplanung ist sie sich noch nicht so ganz sicher. Heirat steht für sie nicht im Vordergrund. R.s Perspektive zur Zeit ist es, "schon genug Geld" zu verdienen (36;32) und später ihre "eigene" Familie vielleicht in den Vordergrund treten zu lassen. Wenn sie je Kinder hätte, würde sie "auf jeden Fall nicht mehr arbeiten, oder halt am Anfang zumindest nicht" (36;18-19). In ihren Berufswünschen orientiert sie sich eher nach geschlechtsspezifischen Vorgaben. So möchte sie gerne "Textilgestalterin" werden (19;37). Durch ein Orientierungspraktikum in naher Zukunft will sie diesen Beruf kennen lernen. Informationen seitens einer Leiterin im Sportverein weckten ihr Interesse an diesem Arbeitsfeld, auf das sie allein trotz ihres Interesses am Zeichnen nicht gekommen wäre (19;31-20;8). Berufliche Alternativen sieht sie vage in Tätigkeiten "im Freien" (20;17), entweder als Pferdewirtin oder als Gärtnerin (vgl. 20;23-25). R.s Perspektiven gesellschaftlicher Teilhabe sind damit eher auf den individuellen, privaten Raum beschränkt. In politischer Hinsicht sieht sie ebenso wenig Mitwirkungsmöglichkeiten wie in institutionengebundener Hinsicht. Schule eröffnet nach ihren Erfahrungen keine Räume, in die SchülerInnen Eigenengagement für Mitwirkung und gegebenenfalls Veränderungen einbringen

können. Auch gibt es vor Ort keinerlei Freizeitangebote speziell für Mädchen, in denen sie Engagement für über das Private Hinausgehende entwickeln könnten.
1994 möchte R. bei einem Malermeister in die Lehre gehen. Ihr ist klar, dass es für sie bei dieser Ausbildung noch ein "Hindernis" sein kann, eine Frau zu sein, weil es noch ein "Männerberuf" ist. Allerdings glaubt sie, dass der Meister "keine Unterschiede macht" (43;37-40). Ihre Erfahrungen im Praktikum - "die haben mich so akzeptiert wie ich war" (44;8) - machen ihr Mut. Irgendwie reizt es R., sich dieser Herausforderung zu stellen, weil es ungewöhnlicher und damit auffälliger ist (vgl. 44;13-19). In ihren Berufswünschen orientiert sie sich somit inzwischen nicht mehr nur an geschlechtsspezifischen Vorgaben. Auch ihre Idee hinsichtlich des "Carbrush" zeugt von dem Wunsch eines nicht ganz üblichen und herkömmlichen Lebensweges. R. hat sich allerdings noch keine Gedanken darüber gemacht, was sie will, wenn sie diese Lehrstelle nicht erhält: "Ich weiß nicht, dann muss ich mal weiterschauen." (44;22-23). Diese Haltung ist politisch insofern brisant, als sich gezeigt hat, dass sich im Zuge stärker wahrgenommener Perspektivenunsicherheit ihre Haltungen gegenüber Ausländern emotionalisiert und zugleich verhärtet haben. R.s Perspektiven gesellschaftlicher Teilhabe sind jetzt nicht mehr nur auf den individuellen, privaten Raum beschränkt. Sie sieht inzwischen verstärkt Möglichkeiten gesellschaftlicher Mitwirkung. Schule ist mittlerweile für sie ein Ort geworden, in dem Mitsprachemöglichkeiten durchaus etwas bewegen können, sei es hinsichtlich der Unterrichtsinhalte, wo sie sich entschieden für ihre eigenen Interessen einsetzt (s.o.), sei es hinsichtlich des Verhaltens von einer Lehrkraft, das sich durch das Engagement einer Elternsprecherin positiv verändert hat: "Die hat sich echt, die hat sich echt voll eingesetzt für uns und wenn die sich nicht so eingesetzt hätte, dann wären wir auch nicht so weit gekommen. (...) ich denke, es hat viel gebracht eigentlich" (1994: 18;21-27). Auch politisch sieht R. inzwischen Möglichkeiten der Teilhabe. Diese orientieren sich freilich nicht an Vorgaben institutioneller Politik: "...Umweltschutz auf jeden Fall. Da sollte jeder einzelne mitmachen, dass er was erreicht. Und so Politik, ja gut, vielleicht manchmal sinnvoll, aber auch nicht immer, dass man sich da einmischt oder Gruppen bildet. Aber also im Umweltschutz auf jeden Fall und Tierschutz und so vor allem, also da finde ich schon, da sollte man sich schon voll einsetzen und jeder einzelne bei sich anfangen" (1994: 55;11-18).

3.2 Kategorien, Kompetenzen und Mechanismen der Erfahrungsstrukturierung
3.2.1 Zentrale Bezugspunkte sozialer Identität
Wichtige Bezugspunkte ihrer sozialen Identität sind für R. 1992 ihre Cliquenzugehörigkeit und ihr Wohnumfeld als *lokaler Bezugsrahmen*. 'Nationalität' hat für sie als identitätsstiftendes Kriterium keine Relevanz.

Auch 1993 fühlt sich R. eng mit ihrem *regionalen Sozialraum* als Heimat verbunden. Demzufolge schätzt sie es überhaupt nicht, wenn 'ausländische' Jugendliche Kritik am Land und insbesondere an der Region äußern. Sie fordert von 'Fremden' deren Anpassung an kulturelle Gepflogenheiten. Wer dazu nicht bereit ist, wird als Gegner wahrgenommen. Nationale Zugehörigkeit erscheint ihr somit unwichtiger als Anpassung.

R. fühlt sich 1994 unverändert eng mit ihrem regionalem Sozialraum verbunden. "Heimat" ist für sie da, wo sie aufgewachsen ist und sich daher "am wohlsten" fühlt (50;15-19). An diesem Ort und in der Umgebung tragen insbesondere die zahlreichen Sozialkontakte zu ihrem Wohlbefinden bei (vgl.43;10-23). Zudem ist die nationale Zugehörigkeit für sie noch wichtiger geworden. Sie bringt sie als Argument für eigene Bevorzugung vor, wenn sie sich in ihren Berufsperspektiven von ausländischer Konkurrenz auf dem Ausbildungsmarkt bedroht und zukunftsperspektivisch ihre Chancen auf Wohlstand vor diesem Hintergrund gefährdet sieht. Nationalität ist für sie somit im Unterschied zum Vorjahr zum Ausgrenzungskriterium geworden. Von Fremden fordert sie darüber hinaus unverändert die Anpassung an deutsche Gepflogenheiten; Anpassung ist für sie Moment und Zeichen der Integration. Kritik an Deutschland akzeptiert sie von 'Ausländern' keinesfalls, weil diese sich vielmehr aufgrund erhaltener Unterstützungsleistungen erkenntlich zeigen sollten.

R. fühlt sich 1992 einer Clique zugehörig, die ihr eigenes Profil in Abgrenzung von einer stärker *jugendkulturell* geprägten Gruppierung von "Heavies" gewinnt. Beide Cliquen nutzen - vermutlich in Ermangelung anderer Möglichkeiten - etwa den gleichen Raum, um sich zu treffen. Dabei wird Wert auf Abgrenzung ("wir wollen nichts mit denen zu tun haben") gelegt, ohne dass man ernstlich "Krach, also schlägereimäßig" (14;36) miteinander hat.

Jugendkulturelle Abgrenzungen, wie sie im Vorjahr noch deutlich sichtbar wurden, sind im Jahre 1993 hinsichtlich ihrer Identitätsrelevanz in den Hintergrund gerückt. Die "Heavies" sind R. eher "egal" geworden (Fb 11). Die jetzigen politischen Orientierungen ihrer Clique spielen für sie ebenfalls eine untergeordnete Rolle: F.: "Ist eure Clique eher rechts oder eher nicht so?" R.: "Nein, also die Clique ist eigentlich gar nichts. Außer vielleicht ein, zwei, aber die sind auch nicht so extrem rechts" (1993: 41;31-33). Wichtiger scheinen ihr die gemeinsamen Freizeitmöglichkeiten und die gemeinsamen Treffen zu sein. An Bedeutung hat die Clique für sie nur insofern zeitweilig etwas verloren, als sie jetzt mehr Zeit mit ihrem Freund verbringt. Ihr Freund und ihre beste Freundin M. gehören ebenfalls zur Clique. Im Freundeskreis findet sie insofern Geborgenheit, Gesprächsbereitschaft und Akzeptanz, die sie zu Hause nicht vorfindet.

Jugendkulturelle Abgrenzungen innerhalb der Gleichaltrigenszene und gegenüber dem Elternhaus spielen 1994 für sie keine Rolle mehr. R. kann sich inzwischen deshalb auch von dem ehemals rechtsextremen Auftreten der männlichen Cliquenmitglieder distanzieren. Das bisherige gewalttätige Handeln der Clique gegenüber Ausländern lehnt R. deshalb ab, weil sie es als nutzlos begreift. Sie teilt anscheinend nach wie vor im Kern die politischen Überzeugungen der anderen.

Die Beziehungen in ihrem *sozialen Nahraum* sind für R. noch 1992 von großer Selbstverständlichkeit und Vertrautheit unter den Jugendlichen geprägt (vgl. 14;19-21). Innerhalb ihrer Clique fühlt R. sich als gleichwertiger Mensch akzeptiert.

Im Laufe der Zeit bleibt zwar unverändert ihre Familienbeziehung für sie nicht von positiver Bedeutung. aber auch ihre Cliquenzugehörigkeit ist nicht mehr ein wichtiger Bezugspunkt ihrer sozialen Identität. Zwar findet sie es nach wie vor schön, von Menschen so akzeptiert zu werden, wie sie es in der Familie nicht wird, doch orientiert sie sich stärker an ihrer momentanen Paarbeziehung.

Scheint die Orientierung an einem *sozialen Status* 1992 überhaupt kein Bezugspunkt sozialer Identität zu sein, so wird 1993 der eigene Sozialstatus insofern ein Thema, mit dem sie sich auseinandersetzt, als sie später viel Geld verdienen möchte, um damit Freiräume zu gewinnen. Dass ihrer Ansicht nach Ausländer für die Arbeitsplatzknappheit in Deutschland mit verantwortlich sind, lässt die Realisierung dieser Zukunftsperspektive für sie auch noch 1994 besonders schwierig erscheinen.

Trotz der vermutlich vorhandenen Hierarchie zwischen den Geschlechtern findet sie anfangs in der Clique vermeintlich Möglichkeiten, sich von traditionellen *geschlechtsspezifischen* Normvorgaben zu distanzieren und auch einmal "eine große Klappe" haben zu können. Aus diesem Grund erfährt sie gelegentlich Zurückweisung seitens ihrer Eltern, die sich an ihrem verbal aufmüpfigen Verhalten und ihrem womöglich von ihnen als nicht mädchengemäß bewerteten Interesse an außerhäusigen Aktivitäten stören. R. will offenkundig nicht durch traditionell ausgerichtete Normvorgaben als Mädchen in ihren Freiheiten eingeschränkt werden, was auch zu Problemen mit ihren Eltern führt. Ganz wichtig ist diesbezüglich und möglicherweise auch im Hinblick auf manch notwendige Gegenwehr gegen (männliche) Peers für sie ihre beste Freundin N., in der sie hinsichtlich ihrer verbalen Schlagfähigkeit ein Vorbild sieht.

1993 ist eine sich individualistisch vollziehende Annäherung an geschlechtsspezifische traditionelle Rollenvorgaben zu beobachten. Mittlerweile stört sie sich nicht mehr an den traditionell den Hausfrauen zugewiesenen Aufgaben im Haushalt. Vielmehr ist sie inzwischen stolz auf ihre entwickelten Fähigkeiten und kann es entsprechend überhaupt nicht leiden, wenn ihre Mutter in ihren 'Kompetenzbereich' eingreift (vgl. 3.1.1). Auch ist sie von ihrer entschiedenen Ablehnung späterer Kinder inzwischen abgerückt. Nicht ihre Eltern haben sie diesbezüglich beeinflusst, sondern ihr neuer Freund. Weiterhin orientiert sich R. in ihren Berufswünschen an geschlechtsspezifischen Vorbildern (vgl. 3.1.4). In ihren politischen Haltungen ordnet sie sich vermutlich männlichen Vorgaben unter. Für ein Mädchen hingegen traditionell eher untypisch ist ihr gelegentliches Mitwirken bei Schlägereien ihrer Clique. Auch kann sie sich offenbar körperlich wirkungsvoll zur Wehr setzen, wenn sie verbal oder tätlich angegriffen wird. In solchen Situationen ist sie nicht traditionell passiv, sondern setzt sich aktiv für ihren eigenen Schutz oder für ihre Clique ein. Es offenbart sich ein Zusammenwirken von partieller Loslösung von und zugleich Anpassung an geschlechtsspezifische(n) Rollenvorgaben.

1994 distanziert sich R. zunehmend von der traditionellen Rollenzuweisung als Mädchen/Frau. Dies zeigt sich an Bereichen wie Unterrichtsinhalten oder Berufswünschen. Die bisher stetige Annäherung an traditionell weibliche Tätigkeiten scheint momentan nicht mehr zu erfolgen. Möglicherweise hat sich auch ihr bisher traditionell eher untypisches Mitwirken bei Schlägereien ihrer Clique als eine Form des Verstoßes gegen Konventionen nun verlagert auf sozial akzeptierte Bahnen wie untypische Berufswahl.

3.2.2 Individuelle Kompetenzen bzw. Mechanismen zum Aufbau personaler Identität

R. bewerkstelligt insgesamt eine positive *Selbstwert*konstruktion. Sie kann sich nach eigenen Aussagen schon 1992 und 1993 - auch äußerlich - gut leiden und ist im großen und ganzen mit sich zufrieden. Sie sieht sich als genauso kompetent bei der Regelung eigener Angelegenheiten an wie andere Menschen auch (1992 Fb.).

1994 hat R. an Selbstbewusstsein und Selbstwertgefühl noch gewonnen. So ist sie mit sich selbst ganz zufrieden (vgl. 42;7) und fühlt sich auch von ihren Bekannten und FreundInnen angenommen. Nach ihrer Selbstwahrnehmung strahlt sie auf andere 'Voll-gut-Draufsein' aus, was sie mit Zufriedenheit erfüllt. R. fühlt sich in ihrem neuen Freundeskreis ebenso geborgen wie bei ihrer besten Freundin und ihrem Freund. Diese soziale Integration vermittelt ihr Sicherheit und Selbstzufriedenheit. Aufgrund dessen ist R. vermutlich eher in der Lage, Distanz zu Problemen anderer zu finden, weil es nun nicht mehr ihre sind. Ihre Engagementbereitschaft kann aufgrund von schulisch vermittelten Vorbildern in geeignetere Bahnen umgelenkt werden.

R. zeigt 1992 Ansätze von *Reflexivität*. Doch ist diese nicht ausgeprägt. Vielmehr erscheint R. oftmals emotionenerfüllt, aber sprachlich ungewandt und kann eigene Ansichten nur schwer in treffende Worte fassen. Ihr geflügelter Ausdruck "was weiß ich" ist weniger eine sprachliche Marotte, sondern vielmehr Ausdruck ihrer sprachlichen Unbeholfenheit. Die Ursache dafür liegt u.a. möglicherweise in der Sprachlosigkeit in familiären Zusammenhängen, der zufolge Gespräche miteinander, also Verbalisierungen von Meinungen für R. oft eher unangenehm sind.

1993 äußert sich mangelnde Reflexivität z.B. in der Widersprüchlichkeit ihrer politischen Orientierungen, in denen sie Gleichheitspositionen mit Ungleichwertigkeitsvorstellungen in einem vermeintlichen Einklang bringt. An diesem Punkt übernimmt R. offenbar Vorstellungen aus ihrer sozialen Umgebung, ohne sich reflexiv mit ihnen auseinander zu setzen. R. gibt zudem stets anderen die Schuld für z.B. eigenes gewalttätiges Handeln oder für schulische Leistungsprobleme. Offenbar steht R. im Zuge angestiegener Probleme sowohl in der Schule als auch zu Hause, neuer Zukunftsängste und zugleich veränderter Freundesbeziehungen, durch die die Möglichkeit zu intensiven Gesprächen vielleicht fraglich ist, so unter Druck, dass sie zur kritischen Reflexivität nicht mehr in der Lage ist. Denn eine solche Reflexivität könnte die Infragestellung ihrer eigenen Person und ihrer neuen Freunde mit sich bringen, wodurch ihr dann der Boden unter den Füßen entzogen würde.

1994 ist ihr Reflexionsvermögen gestiegen. Sie geht teils selbstkritisch mit sich um, wenn es um ihr zurückliegendes Verhalten gegenüber Mitschülern geht. Sie ist zugleich reflexiver im Umgang mit anderen. So interpretiert sie inzwischen das gewalttätige Verhalten ehemaliger Freunde auf dem Hintergrund psychologischer Deutungen, nämlich als Selbstdarstellungsbedürfnis männlicher Cliquenmitglieder. Im nachhinein glaubt R. nicht mehr all das, was die Jungen einst inszeniert bzw. ihr geschildert haben. Vielleicht eröffnet ihr auch die Beziehung zu einem zwei Jahre älteren Freund neue Perspektiven. R. ist zudem reflexiver im Umgang mit Politik geworden. Ihre politischen Haltungen sind nicht mehr so widersprüchlich wie noch im vergangenen Jahr, als sie Gleichheitspositionen und Ungleichwertigkeitsvorstellungen in einen vermeintlichen Einklang brachte. Doch genau hier zeigt sich auch die Grenze ihrer Reflexionsfähigkeit: dort, wo sie emotional stark betroffen ist - Konkurrenzangst, Neid -, verdichten sich ihre Aggressionen gegenüber Ausländern in Form von Sündenbockzuweisungen. R. rechtfertigt in einem solchen Moment ihre Ausgrenzungsbestrebungen mit der scheinbaren Normalität solcher Befindlichkeiten.

*Empathie*vermögen zeigt R. 1992 in ihrer intensiven Freundschaft zur besten Freundin N.. Darüber hinaus kann R. sich offenbar nur schwer in andere Menschen hineinversetzen. Insbesondere gegenüber 'Fremden' am Ort, vor allem gegenüber Asylbewerbern zeigt sie wenig Bereitschaft zur Reflexivität und Empathie.

1993 sind vermutlich die Problembelastungen noch so drückend, dass R. weiterhin über wenig Freiräume zur Empathie und Toleranz verfügt.

Bis 1994 zeigt R. wenig Toleranz und Empathiefähigkeit. Letztere scheint sich aber bis zu diesem Jahre herausgebildet zu haben bzw. herauszubilden, da sie sich vermehrt in FreundInnen und ihre Sichtweisen hineinzuversetzen vermag. Möglicherweise kann sie sich aufgrund des gestiegenen Selbstwertgefühls stärker in andere einfühlen. Inwieweit sich dies schon in Toleranz niederschlägt, ist allerdings fraglich.

Bei Konflikten zeigt sie bis 1992 vornehmlich innerhalb ihrer Freundesbeziehungen *Konfliktfähigkeit*. Bei Problemen mit den Eltern läuft sie hingegen oft davon. Die Ursache dafür liegt wahrscheinlich darin, dass sich R. bei ihren Eltern missverstanden und bei ihren FreundInnen geborgener und besser verstanden fühlt. Insbesondere mit ihrer Freundin kann sie durch Briefe und Gespräche aber Streitigkeiten oder "Missverständnisse" aus der Welt schaffen. Mit ihrem Bruder kann sie sich ebenso austauschen, auch wenn sie eher den Eindruck hat, er interessiere sich bedingt durch sein Alter nicht so sehr für ihre Probleme. Physische Gewalt als Konfliktlösungsmittel lehnt R. entschieden ab.

1993 ist R.s geringe Konfliktfähigkeit gegenüber den Eltern besonders auffällig. So reagiert sie bei Streitigkeiten, die ständig auftreten, mit Rückzugsverhalten. 'Klärende Gespräche' meidet sie.

1994 entwickelt R im Unterschied zum Vorjahr in dieser Hinsicht etwas mehr Konfliktfähigkeit. So ist sie mehr dazu bereit, mit ihren Eltern über Regelungen zu diskutieren, auch wenn sie nicht den Eindruck hat, sich ihnen gegenüber behaupten zu können (vgl. 7;35). Möglicherweise trägt ihre intensive Beziehung zu ihrer Freundin dazu bei, besser mit Problemen und Konflikten zurechtzukommen.

4. Zusammenfassung

Ruth zeigt sich als ein Mädchen, das politisch eine Entwicklung durchmacht von anfänglich trotz abstrakten Gleichheitsvorstellungen doch bestehenden Vorbehalten gegenüber Asylbewerbern und dem Auftreten mancher Ausländergruppen (1992) über die Formulierung von Gleichheitspositionen bei gleichzeitigem Vertreten von Momenten rechtsextremistischer Haltungen (1993) bis hin zu ausländerfeindlichen Orientierungen ohne personale physische Gewaltakzeptanz (1994).

Sie wird in ihrer politischen Sozialisation insbesondere erkennbar durch politisch relevante Orientierungen ihrer Beziehungspartner und ihrer männlichen Cliquenmitglieder beeinflusst, die sie adaptiert, ohne darüber zu reflektieren (1993). Mit zunehmender Distanzierungsfähigkeit von der Clique und von ihrem Verhalten gegenüber ausländischen Jugendlichen (1994) erfolgt nicht etwa ein Anknüpfen ehemals genannten Gleichheitsvorstellungen, sondern eine Weiterentwicklung ihrer schon vorher in Ansätzen vorhandenen politischen Haltungen zu ausländerfeindlichen Orientierungen

Im einzelnen zeigt sich 1992, dass R. eine Cliquenanbindung sucht, in der sie offenbar auf ihrer Suche nach tragfähigen Formen eigenständiger Identität das Gefühl von Zuwendung und Akzeptanz findet, das sie zu Hause vermisst. Außerdem kann sie sich in dieser Clique partiell von traditionell weiblichen Rollenvorgaben lösen, die ihr zu Hause vermittelt werden und die sie als einengend erlebt. Gleichwohl sind diese neuen Freundschaften nicht von derart stabiler Qualität, dass sie in ihnen wirklich hilfreiche Gesprächspartner für ihre neuerlichen Probleme in der Familie finden würde. Zu diesem Zeitpunkt verfügt R. über ein geringes Maß an Reflexivität, Empathie, Toleranz und Konfliktfähigkeit. Gegenüber Asylbewerbern und türkischen Jugendlichen empfindet sie trotz geäußerter Gleichheitsvorstellungen ein gewisses Unbehagen. Der Grund liegt offenbar darin, dass Jugendliche in ihrem Alter im Dorf kaum Treffpunktmöglichkeiten haben und mangels Angeboten sich bescheiden müssen, während nach ihrer Wahrnehmung den 'Ausländern' gesellschaftlich öffentliche Räume zugestanden oder ihnen zumindest nicht offensiv genommen werden und diese daraus eine ihr ungerechtfertigt erscheinende Anspruchshaltung entwickeln. Diese 'Raumkonkurrenz' verliert mit zunehmenden Alter an Wichtigkeit, da ältere und motorisierte Jugendliche - unter ihnen auch Türken - für ein erhöhtes Maß an Mobilität sorgen. Für R. bleibt der Cliquenzusammenhang an sich ein zentraler sozialer Bezugspunkt, weil sie dort Akzeptanz und Anerkennung als eigenständige Persönlichkeit, Verlässlichkeit und vielleicht auch Übereinstimmung sucht, gleichzeitig aber auch an Loslösung von der Einengung durch traditionelle Rollenzuschreibungen interessiert ist (1993). Der Cliquencharakter wandelt sich durch neue Mitglieder, durch rechtsextremistische Orientierungen vor allem von männlichen Mitgliedern und durch Selbstinszenierungen derselben insbesondere mittels Gewalttätigkeiten bzw. -darstellungen. Diese rechtsextremistischen Orientierungen widersprechen nicht R.s Unbehagen gegenüber Asylbewerbern und türkischen Jugendlichen, sondern vermögen ihnen einen weiteren Orientierungsrahmen zu geben. So übernimmt sie diese offenbar, ohne über sie bzw. ihre Widersprüchlichkeit zu ebenso vertretenen abstrakten Gleichheitsvorstellungen zu reflektieren, zumal ihre Toleranz- und Empathiefähigkeit gegenüber anderen ebenso gering ist wie ihre Reflexivitätsmöglichkeit. Gründe für diese ihr zum Aufbau eigenständiger personaler Identität fehlenden Kompetenzen liegen offensichtlich in ihren schon vor 1992 gemachten Erfahrungen. Jetzt aber verdichten sich ihre persönlichen Probleme: Die Schwierigkeiten im Elternhaus hinsichtlich Rollenkonflikten mit der Mutter und der elterlichen Akzeptanz eines eigenständigen Stils der Tochter nehmen zu, in der Schule verschlechtern sich ihre Noten, und sie fühlt sich in dieser Institution ohnmächtig. R. findet im Kontext ihrer Cliquenzugehörigkeit Perspektiven des Engagements für ihre Interessen, die sie sonst nicht findet, und auch einen Rahmen, in dem sie selbst 'weibliche Stärke' beweisen kann, selbst wenn sie sich an die Orientierungen der Jungen anlehnt und somit Bestandteile rechtsextremistischer und teilweise auch gewaltakzeptierender Haltungen übernimmt.

Mit der Zeit verlagern sich R.s Problemschwerpunkte dahingehend, dass zwar die Schwierigkeiten zu Hause und in puncto Schulleistungen gleich bleiben, zusätzlich jedoch die biografischen Zukunftsperspektiven, vor allem diejenigen unmittelbar nach der Schulzeit, in den Blick geraten und zum Gegenstand von Besorgnissen (für sie wie für ihre Eltern) werden. Zeitgleich aber findet sie Möglichkeiten und Perspektiven, ihre momentanen Lebensgestaltungsinteressen andernorts einzubringen, sei es in der Schule, sei es im kirchlichen Jugendkreis, sei es im Sport. Ihre Freundschaft zu einem anderen Mädchen ist seit 1993 inzwischen so intensiv geworden, dass jederzeit die Möglichkeit der Problemansprache gegeben ist. Auch hat sie inzwischen einen Freund außerhalb der Clique, der sicherlich ebenso dazu beiträgt, dass sie in Distanz zur Clique tritt. Doch die schon 1992 registrierbaren ethnischen Vorbehalte und die sie verstärkende Zeit innerhalb ihrer gewaltorientierten Clique haben Weichenstellungen für ihre weitergehende politische Entwicklung bewirkt. Zusätzlich auftauchende Probleme werden vor der Folie bisheriger politischer Haltungen interpretiert (1994), von der sich allerdings die zwischenzeitlich vorhandene, in Notwehr-Inszenierungen sich tarnende Gewaltakzeptanz abgelöst hat. Dadurch dass Situationen, von denen letztere gespeist wurde, aufgrund ihrer Distanzierung von der Clique ausbleiben, ergibt sich zwar keine Notwendigkeit, diese jetzt eher auch nur aus funktionalen denn aus politisch-moralischen Gründen verworfene Option weiter zu verfolgen, aber es ist andererseits auch nicht so, dass mit Abwendung von der Clique gleichzeitig ihre Orientierungen verschwunden wären. Vielmehr hat R. ein Muster zur Interpretation konkreter Probleme gefunden, das sie trotz zunehmender Reflexivitätsbereitschaft und Toleranzfähigkeit aufgreift, wenn sie aufgrund (antizipierter) persönlicher Betroffenheit unter emotionalen Druck gerät. Es zeigt sich dabei, dass ihre Zukunftsangst den entscheidenden Faktor zur Weiterentwicklung von ausländerfeindlichen Einstellungen darstellt: Ihre eigenen, für sie (wie ihre Eltern) aufgrund ihrer schlechten Schulleistungen leicht absehbaren Schwierigkeiten der beruflichen Integration lassen ihr das Kriterium nationaler Zugehörigkeit zur Aufnahmegesellschaft als Ausgrenzungskriterium missliebiger (potentieller) Konkurrenz auf dem Arbeitsmarkt opportun erscheinen. Kontakte mit Ausländern in einer auch von ihr besuchten Imbissbude vermögen an diesem Interpretationsmuster nicht einfach etwas zu verändern, ja verstärken es z.T. eher noch, da sie Ausländer hier in Rollen von relativ saturierten Konsumenten und damit als Wohlstandskonkurrenten erlebt.

5.2.2.1.2 Quer-Interpretation - Der Fall Ruth im Gesamtzusammenhang einschlägiger Fälle

Bei der Quer-Interpretation bietet es sich an, analog zu den auf den gleichen Untersuchungszusammenhang zielenden Auswertungen der Daten von männlichen Befragten vorzugehen (s.o.). Zunächst sollen deshalb solche Fälle von Interesse sein, bei denen sich zu irgendeinem Zeitpunkt des Untersuchungszeitraumes Ungleichheitsvorstellungen und personale Gewaltakzeptanz zu rechtsextremistischen Orientierungskonturen verbinden. Im Hinblick darauf sind fünf Fälle hervorzuheben: neben dem von Ruth die Fälle Senta, Iris, Larissa und mit Abstrichen Jutta. Welcher Gestalt ist in solchen Fällen die Gewaltakzeptanz, welche Ungleichheitsvorstellungen werden vertreten, wie stellen sich ihre subjektiven Begründungsmuster dar und wie hängen die beiden Faktoren mit spezifischen sozialen Erfahrungen bzw. mit Kompetenzen und Mechanismen zum Aufbau personaler Identität zusammen?

Teilaspekt: Rechtsextreme Gewaltakzeptanz
Im Vergleich mit den Jungen fällt zunächst die deutlich niedrigere Gewaltakzeptanz der Mädchen auf.

Sie sind im Hinblick auf eigene Gewaltanwendung - ausgenommen Notwehr, wobei immer wieder sexuelle Belästigung als ihr Anlass thematisiert wird, - zurückhaltend. Allenfalls und eher selten wird mal eine Beteiligung an gewaltsamen Auseinandersetzungen mit ausländischen Jugendlichen im Cliquenverbund eingeräumt. Dabei wird jedoch nie eine führende Rolle eingenommen; ja es wird diese Beteiligung so wenig konkretisiert, dass sich der Eindruck aufdrängt, sie beruht nahezu immer mehr darauf, sich als Cliquenmitglied zu definieren und als solches Partei zu ergreifen, als selber mit der Faust oder sonstiger physischer Gewaltanwendung präsent zu sein. Beteiligung reduziert sich insoweit auf ein Zuschauen, Miterleben und Zuspruch geben, häufig auch nur auf eine Identifikation mit den männlichen Mitgliedern der eigenen Clique, wenn frau von ihren Händeln Kenntnis erlangt, ohne selbst dabei gewesen zu sein. Als Grund für die Zurückhaltung wird die "eigentliche" Ablehnung von Gewaltsamkeit, ein Heraushalten der Mädchen durch die Jungen, die Furcht vor Sanktionen, manchmal auch Verletzungsangst genannt.

Als 'härteste' Form des Mitmachens wird in wenigen Einzelfällen die Beteiligung bei psychischen Gewaltformen wie Angstmachen und Einschüchterung benannt. Auch dies geschieht im jungendominierten Cliquenverbund und - wie aus den Nachbetrachtungen von Mädchen anlässlich der Erhebungen zu späteren Zeitpunkten deutlich wird - nur aus einer Mitläuferinnen-Rolle heraus (vgl. z.B. Iris; vgl. zur Jungendominanz insbesondere der Cliquen jüngerer Jugendlicher auch: Winter/Neubauer 1998). Wird noch in der Zeit des Rechtsseins als subjektives Begründungsmuster der Wunsch nach Dokumentation von Wehrhaftigkeit gegenüber Provokationen und überzogenen Ansprüchen der Gegenseite vorgebracht, so wird nach Abschluss dieser Phase eher der Wunsch nach Gruppenzugehörigkeit und -solidarität als eigene Motivation ausgemacht.

In manchen Fällen fühlen sich die Mädchen aber auch dadurch beteiligt, dass sie zum Anlass von Auseinandersetzungen jugendlicher Cliquen genommen werden oder doch zumindest darum wissen, potentiell zum Anlass genommen werden zu können. Dann spielen sich die männlichen Mitglieder der eigenen rechtsextrem orientierten, im Regelfall aus Deutschen bestehenden Clique als heldenhafte Beschützer auf und 'zwingen' damit gleichsam die Mädchen zur Identifikation mit ihnen und zu ihrer Feindbildperspektive. Sie findet sich in dem von den Mädchen gelieferten subjektiven Begründungsmuster wider. Es beinhaltet, ausländische Jugendliche als Akteure sexueller Anmache anzusehen. und Sicherheit davor als Mädchen durch die Freundschaft mit starken, d.h. im Alter unserer ProbandInnen älteren, deutschen Jungen gewinnen zu können. Es dürfte alles andere als Zufall sein, dass viele Mädchen immer wieder gerade Diskotheken als Austragungsfeld solcher Konflikte benennen. Insoweit ihre zentrale Funktion für Jugendliche in der Herstellung zwischengeschlechtlichen Kontakts und der Initiierung von Partnerschaften zwischen Jungen und Mädchen liegt, kann vorrangig an einem Ort wie diesem der männliche Konkurrenzkampf um Mädchen stimuliert und ausgefochten werden. Reproduziert sich schon in der allgemeinen Zurückhaltung der Mädchen gegenüber eigener Gewaltausübung im fremdenfeindlichen bzw. rechtsextremen Kontext traditionelles Mädchen- und Frauenverhalten, so minimiert sich in diesen Fällen ihre eigene Beteiligung auf ihre Rolle als Sexualobjekt, um dessen Besitz Jungen und Männer einen Wettstreit veranstalten. Im Extremfall werden sie bloß als Auslöser männlicher Hegemonialkämpfe funktionalisiert, werden aber, solange sie dies nicht durchschauen, in jene Seite der Konfliktgegner eingebunden, die sich als mit dem Mädchen befreundet betrachtet und/oder sich als Beschützer vor ungerechtfertigter Provokation oder Anmache in Szene setzt. Den Mädchen entgeht dann, dass das Problem von Sexismus ethnisiert wird und die Einbindung in jungendominierte Cliquen deutscher Jugendlicher die daraus erwachsenden konkreten Gefährdungen für die Mädchen weniger löst als verschiebt.

Anfälligkeiten finden sich bei Mädchen am ehesten auf den Akzeptanzstufen von Duldung und Billigung von rechtsextrem konturierter Gewalt bzw. Gewaltbereitschaft. Vorrangig bezieht sich dies auf jene Gewalt, die von der eigenen Clique - genaugenommen: von deren männlichen Mitgliedern - ausgeht oder angedroht wird. Sie wird dadurch gerechtfertigt, dass der Eigengruppe bloßes Notwehrhandeln unterstellt wird. Immer sind es die anderen (fast immer Gruppen von ausländischen Jugendlichen), die mittels Provokation und Aggressivität die Ruhe stören und damit eine Gegenreaktion in gleicher Währung herausfordern. Die Legitimation solchen Verhaltens bzw. seiner Tolerierung und Befürwortung wird aus dem Hinweis bezogen, keine anderen und zugleich ebenso durchsetzungsmächtigen Konfliktlösungsstrategien zur Verfügung zu haben. Für diese Auffassung ist zum einen die mitgeteilte Erfahrung ausschlaggebend, dass die Gegner zur Konfliktregelung nicht auf eine verbale

Ebene zu ziehen seien und sozusagen keine andere Sprache verstünden. Zum anderen ist der Eindruck entscheidend, von den für die politische und gesellschaftliche Gestaltung primär Verantwortlichen alleingelassen zu sein und sich deshalb nicht anders zu helfen zu wissen. Zusätzlich wird zu Legitimationszwecken ein angeblich geringes Eskalationsniveau und ein niedriger Härtegrad der von der rechten Clique ausgehenden Gewalt in Anrechnung gebracht. So kann Gewaltanwendung normalisiert und damit verharmlost werden ("nichts besonderes"). Eine Gewaltaffinität dieses Zuschnitts wird über diese Konstruktion als sozial akzeptiert bzw. sozial akzeptabel dargestellt und so seiner möglichen Skandalisierung vorgebeugt. Damit immunisiert sie sich allerdings auch bis auf weiteres, bis nämlich die Legitimationsgrundlagen fraglich erscheinen.

Bisweilen klingt auch eine Bewunderung des männlichen Gewalthandelns durch. Wie vor allem aus retrospektiven Einlassungen betroffener Mädchen in den Folgejahren ihres "rechten" Engagements deutlich wird, bezieht sie sich in erster Linie auf die 'Coolness', die damit an den Tag gelegt wird bzw. werden soll. Hier ist ein gewisser Stolz der jungen Mädchen in Rechnung zu stellen, ältere, durchsetzungsfähige Freunde zu haben und sich zu ihrer Clique hinzurechnen zu können.

In manchen Fällen (vgl. Iris, Ruth, Larissa) liegen aus den Interviews aber auch Hinweise darauf vor, dass sich die Duldung und Billigung von personaler Gewaltanwendung im Kontext von Fremdenfeindlichkeit und Rechtsextremismus auch auf die bekannten, medial vielbeachteten Gewaltexzesse gegenüber Ausländern in Deutschland erstreckt. Zwar werden solche Ansichten durch das gleichzeitige Andeuten von gegenteiligen Meinungen in widersprüchlicher Ambivalenz gehalten, entbehren deshalb auch jeglicher Bewunderungsaspekte, legen aber doch eine politische Positionierung frei, die sich von konkreten Eigenerfahrungen (z.B. den berichteten Konflikten im Cliquenzusammenhang) löst. Kennzeichnend ist hier das Unterstellen einer (Mit)Schuld auf Seiten der Opfer (vgl. Larissa 1992) bzw. das Fehlen einer politisch-moralischen Verurteilung der Übergriffe und ihre Bewertung nur unter funktionalen Gesichtspunkten ("hat nichts gebracht"; Iris 1992; vgl. auch Ruth 1994).

Bezeichnenderweise sind diejenigen Mädchen, die zu irgendeinem Zeitpunkt der Erhebung als rechtsextrem orientiert eingestuft werden können, zu diesem Zeitpunkt als Jüngste Mitglied einer von älteren männlichen Jugendlichen dominierten Clique, deren Angehörige sich als "Rechte" in Szene setzen (vgl. Senta, Ruth, Iris, Larissa). Im allgemeinen versteht man sich dann als rechtes Skinheadgirl bzw. Reenee oder hat wenigstens Sympathie für diese jugendkulturelle Szene, trägt entsprechende Kleidung, hat entsprechende Frisuren und hört "rechte" Lieder. Man gibt sich zwar im Vergleich zu den Jungen auch im symbolischen Ausdruck häufiger gemäßigt, trägt vielleicht nur Springerstiefel und nicht auch noch eine Bomberjacke, gewinnt neben rechter Rockmusik häufiger auch anderen Stilrichtungen noch etwas ab und/oder lässt sich nicht so leicht eine Skin-Glatzeschneiden (vgl. die z.B. bei Iris zu beobachtende Verbindung von Hinterkopfrasur und Pferdeschwanz). Dennoch erfolgt aber offenbar eine symbolische Einbindung in ein jugendkulturelles Orientierungsmuster, das einen politisch-sozialen Standort zu vermitteln vermag. Das Empfinden von Mädchen, an rechtsextremer Gewalt beteiligt (gewesen) zu sein, wird offenbar zum Teil auch über die damit symbolisch dokumentierte Gewaltbereitschaft vermittelt: Irgendwie ist/war man/frau dabei, auch wenn man/frau nicht selber zur Tat schreitet/geschritten ist.

Der Fall von Jutta fällt aus dem bis hierher geschilderten Muster heraus. Das Mädchen hat über den gesamten Zeitraum hinweg betrachtet mit Abstand die höchste Gewaltakzeptanz aller Mädchen, sie weist - vorwiegend in den beiden letzten Erhebungsjahren - auch massive Vorbehalte, Ungleichheitsvorstellungen und Ungleichbehandlungsforderungen auf, verbindet aber beides erst gegen Ende des Untersuchungszeitraums miteinander. Insbesondere in einer Situation will es scheinen, als eskaliere ihre ohnehin im Vergleich zu den anderen Mädchen hohe Gewaltakzeptanz, die häufiges eigenes physisches Gewalthandeln einschließt, dadurch dass ihr Konfliktgegner jener sozialen Gruppierung angehört, die sie vehement und emotionalisiert ablehnt, nämlich ein Asylbewerber ist. Ihr Gewalteinsatz führt dazu, dass sie ihren Gegner -augenscheinlich ohne Affektkontrolle - krankenhausreif schlägt und selber Platzverbot erhält (vgl. Jutta 1994). In bezug auf diesen Fall ist aber nicht hinreichend gesichert, dass ihre Tat als Facette rechtsextremer Aktion bewertbar ist, zumal sie sich ansonsten, trotz ihres Asylbewerber"hasses" gegen jeglichen Rechtsextremismus ausspricht. Will man aber doch die Deutung wagen - und dafür spricht die ebenfalls 1994 erfolgende, Billigungsmomente von rechter Gewalt durchklingen lassende Einlassung, Asylbewerber seien selber Schuld, wenn es "Rechtsradikale" gäbe -, so ist auch dieses Gewaltverhalten durch eine starke Orientierung an 'typisch' jungenhaftem Verhalten, ja in diesem Fall durch seine Kopie gekennzeichnet.

Teilaspekt: Ungleichheitsvorstellungen
Oberflächlich betrachtet weisen die Ungleichheitsvorstellungen von Mädchen mit rechtsextremer Orientierung die gleiche Gestalt und dieselben Inhalte auf wie die von solchen Mädchen, die Ungleichheitsvorstellungen zwar hegen, sie aber nicht mit gleichgerichteter personaler Gewaltakzeptanz verbinden (zum folgenden vgl. deshalb detaillierter den entsprechenden Abschnitt dieses Kapitels weiter unten).

Sie zielen primär auf AsylbewerberInnen, schließen aber oft auch diffus oder weitgehend undifferenziert bestimmte Gruppierungen von Arbeitsmigranten ein.

In den subjektiven Begründungsmustern für ihre Ablehnung finden sich vorwiegend Steuerzahlerargumente, Betrugsvorwürfe im Zusammenhang mit Asylrechtsansprüchen und materiell-finanzieller Leistungserschleichung, Klagen über Arbeitsunlust und damit in Verbindung stehende Alimentierungshaltungen, Kritik an einer den Gast-Status als Ausländer ignorierenden angeblichen Unbescheidenheit und Unverschämtheit, Unterstellungen erhöhter Provokativität und Aggressivität sowie Furcht vor gesteigerter Kriminalität und sexueller Belästigung.

Ungleichwertigkeitsvorstellungen werden kaum expliziert und schimmern allenfalls in seltenen Fällen zwischen als Abwertungen interpretierbaren, aber nicht unbedingt auch subjektiv so gemeinten Formulierungen und Begrifflichkeiten durch. Vorbehalte mit rassistischen Anklängen finden sich fast gar nicht (mit Ausnahme von Jutta 1994 in Gestalt der Verwendung von versächlichenden Bezeichnungen für "Asylanten" und der pauschalen Unterstellung "charakterlicher" Schwächen und mit Ausnahme von Berga in ihrer Formulierung von Beschwerden über "eingeschleimte Kanaken"); kulturalistische Argumentationen, wenn vorhanden, dann meist auf das Geschlechterverhältnis bei Mohammedanern und damit vorwiegend Arbeitsmigranten bezogen, sind selten und halten sich im Hintergrund. Statt dessen wird durchgängig das "Benehmen" der MigrantInnen bemängelt und die mit ihrer Anwesenheit verknüpfte finanzielle, manchmal auch räumliche Belastung für die Deutschen ins Feld geführt. Dabei werden diese beiden Argumente so miteinander verwoben, dass die Bereitschaft, eine solche Belastung zu tragen, höchstens dann erwartet werden könne, wenn sie wenigstens auf das Wohlverhalten der Hilfeempfänger vertrauen könne.

In diesem Zusammenhang tritt ein erhebliches Unbehagen an der Politik hervor, der man sowohl unter Hinweis auf unzureichende Prüfung von Zuwanderungs- und Asylgründen die Größe des Migranten-, vor allem des Asylbewerber-Zustroms anlastet, als auch eine materiell-finanzielle Überversorgung von Flüchtlingen unterstellt, sofern sie überhaupt zur Zielscheibe der Kritik wird und sich diese nicht eher gegen die angeblichen NutznießerInnen solcher Freizügigkeit und damit an die falsche Adresse richtet.

Im allgemeinen wird das Recht auf Asyl in Deutschland "wirklich" politisch Verfolgten nicht streitig gemacht, sondern als politisch-moralische Verpflichtung akzeptiert. Ebenso wird nicht prinzipiell für ein monokulturelles Deutschland Position bezogen und die Anwesenheit von MigrantInnen generell verurteilt. Z. T. wird darauf verwiesen, mit angepassten Ausländern durchaus befreundet zu sein und Migrantenjugendliche in der eigenen "rechten" Clique zu haben. Allerdings spricht man sich gegen weiteren Zuzug solcher Menschen aus, die in Deutschland nur ein wirtschaftlich besseres Leben erhoffen, deren Überleben aber auch im Heimatland oder anderenorts gesichert wäre. Darüber hinaus wird für eine Ausweisung bzw. Abschiebung von "Scheinasylanten" und kriminell, manchmal auch nur durch "Schlägereien" sozial auffällig gewordenen Ausländern plädiert. Häufiger noch aber wird eine Ungleichbehandlungsforderung nicht konkretisiert und nur der Wunsch formuliert, diese Leute am liebsten "raus" haben zu wollen, ohne dass das Verfahren ihrer Entfernung aus Deutschland angegeben wird. In diesen Fällen liegt aber - wie aus dem Gesamtzusammenhang der Interviewpassagen und dem geringen politischen Interesse hervorgeht - eher Unkenntnis über die entsprechenden rechtlichen Möglichkeiten zugrunde, als dass damit eine Befürwortung von Vertreibung außerhalb legalistischer Praktiken angedeutet werden sollte.

Ungleichheitsvorstellungen finden sich häufig auch neben bekundeten Überzeugungen von der prinzipiellen Gleichheit im Sinne von Gleichwertigkeit aller Menschen und werden nicht als Widerspruch dazu gesehen.

Alles in allem stellen sich damit die Inhalte und Strukturen von Ungleichheitsvorstellungen wie die ihrer subjektiven Begründungsmuster im Vergleich mit anderen Ungleichheitsvorstellungen vertretenden Mädchen bzw. im Vergleich mit Phasen, in denen zwar weiterhin Ungleichheitsvorstellungen vertreten werden, diese sich aber nicht mit gleichgerichteter Gewaltakzeptanz paaren, als nicht von diesen abweichend dar. Weder sind sie besonders auffällig, noch von deutlich ausgeprägterer Rigorosität. Hier sind also keine Ursachen für ihre Amalgamierung mit Gewaltakzeptanz zu suchen.

Allerdings treten die Ungleichheitsvorstellungen im jeweiligen Einzelfall rechtsextrem orientierter Mädchen in bemerkenswerter Häufung auf. Bedeutsamer als dies scheint aber für ihren Zusammenhang mit Gewaltakzeptanz die emotionale Betroffenheit zu sein, die aus ihren Äußerungsformen spricht. Sie schlägt sich neben schlechten Erfahrungen, die man im Einzelfall gemacht hat, aber zu generalisieren bereit ist (vgl. z.B. Sentas Erfahrungen mit sexueller Anmache), vor allem in einer Argumentationsfigur nieder, die die Dramatisierung der inkriminierten Verhaltensweisen bzw. Zustände betreibt (vgl. v.a. Iris, Ruth, Senta). Dazu gehört nicht nur

- die übertreibende und ebenso schattierungsfreie wie ambivalenzlose Darstellungsweise des Konfliktgehalts,
- die Pauschalisierung der Vorhaltungen ("die sind alle gleich") sowie
- eine nuancenlose Grenzziehung zwischen Eigen- und (abgelehnter) Fremdgruppe
- mit einer dichotomischen "Die"-"Wir"-Gegenüberstellung und
- einer Stereotypisierung der Konfliktgegner, sondern auch
- eine moralisierende Verwerfung angeblicher Verfehlungen der Fremden.

Neben Verstößen gegen eine Moral der Friedfertigkeit und Anpassungsbereitschaft sowie Bescheidenheit werden vorrangig Verletzungen der Leistungs- und Arbeitsmoral bemängelt. Damit wird Bezug genommen auf geltende Prinzipien gesellschaftlicher Normalität. Abweichung davon kann dann als "nicht normal" und entsprechend moralisch inakzeptabel gewertet werden.

In einen herausragenden Rang wird dabei das Postulat einer Verknüpfung von materiellem Wohlergehen einerseits und Arbeit und Leistung andererseits erhoben. Gerade diesbezüglich fühlen sich die hier in Rede stehenden Mädchen von den nicht in den Arbeitsmarkt integrierten Asylbewerbern persönlich, als Mitglied einer Familie, die sich über Erwerbsarbeit ihre Subsistenzmittel schafft und/oder als Angehörige einer nationalstaatlich verfassten Leistungsgesellschaft übervorteilt. Es entsteht Sozialneid. Das ihm zugrundeliegende Gefühl der Benachteiligung entsteht auch daraus, dass man sich selber bzw. die Angehörigen der Wir-Gruppe, also die "braven" deutschen und ggf. u. U. auch ausländischen Steuerzahler oder schlichter die Angehörigen der eigenen Nation unter dem Zwang zur Erbringung von Leistung sieht, um eigenen Status und Wohlstand zu erwerben oder zu sichern und gleichzeitig noch Asylbewerber als vorgebliche Müßiggänger in der sozialen Hängematte ohne jedwede Arbeitsbereitschaft mitzufinanzieren. Dabei bläht sich der Eindruck, negativ von Ungerechtigkeit betroffen zu sein, in dem Maße auf, wie man sich persönlich hintangestellt oder betrogen fühlt oder in dem man die jeweilige Eigengruppe als Bezugspunkt sozialer Identität ansieht und als übervorteilt betrachtet. Wenn man dann auch noch meint, in ihrem Besitz gehäuft Status- und Prestigesymbole beobachten zu können, die man sich selber nicht leisten kann ("dicke Autos", "Mords-Fernseher", "Riesen-Stereoanlagen", "tolle Klamotten", "teure Fahrräder", "Satellitenschüsseln"), wird dies als Ungerechtigkeit betrachtet, "die zum Himmel schreit"; dies zumal dann, wenn man in die weiteren Lebensumstände der Betroffenen keinen Einblick hat oder bekommen will und vom Arbeitsverbot für Asylbewerber bzw. - später - von den Restriktionen, die sie als Arbeitssuchende unterliegen, nichts weiß. Kommt dann noch hinzu, zu glauben, eine überzogene Anspruchshaltung, Undankbarkeit oder gar Unbotmäßigkeit auf Seiten der Hilfeempfänger registrieren zu müssen, liegt es nahe, diese Situation eher am Rande als politisch induziert zu betrachten ("die stecken ihnen alles in den Arsch") und vorwiegend als Fehlverhalten der sozialstaatlich Unterstützten zu deuten. Diese Deutung wird begünstigt dadurch, dass man sie auch in anderen Bereichen (sexuelle Anmache, Kriminalität, Raumbedürfnisse, Provokativität usw.) als Störenfriede wahrnimmt. Indem man gegen sie vorgeht bzw. ein solches Vorgehen toleriert und/oder billigt, meint man, sich so in der Gewissheit wiegen zu können, Fehleinschätzungen bzw. Unterlassungen der Politik (bzw. der Verwaltung, aber so differenziert wird die Haltung gegenüber "denen da oben", den "Höheren" gar nicht entfaltet) ausbügeln zu können, mithin politisch, also mit gesellschaftlichem und nicht nur individuellen Verbesserungsanspruch zu handeln und gleichzeitig moralisch im Recht zu sein. Gegenpositionen kann dann genau aus dieser Sicht moralische Empörung entgegengebracht werden, wie Iris dies tut, wenn sie sich zu Unrecht als rechtes Mädchen stigmatisiert fühlt: "Die haben halt was gegen uns, nur weil wir unser Land verteidigen wollen" (s. Iris 1992).

Begleitend, für andere (vgl. Larissa, Jutta) aber auch noch stärker als der Drang zur Übertreibung des vermeintlichen materiellen Wohlstands der 'Fremden' und zur Dramatisierung der erlebten Benachteiligungssituation, erfolgt der Hinweis auf das Selbstverschulden des "Asylanten"-Status in Deutschland ("selber eingebrockt"; Larissa), ja sogar des Opfer-Status im Zusammenhang mit Fremdenfeindlichkeit und "Rechtsradikalismus" (vgl. Jutta). Damit wird anscheinend das Motto verfolgt: Wer Schuld hat, darf sich nicht beschweren und hat sich mehr oder minder in sein Schicksal zu fügen. Teilentrechtung, Ausgrenzung, ja sogar Gewalt kann aus solcher Auffassung Legitimität zu beziehen suchen.

Allerdings erscheinen auf der Basis der von uns einbeziehbaren Fälle selbst die genannten Hintergrundfaktoren des Vertretens von Ungleichheitsvorstellungen wie besondere emotionale Betroffenheit, Dramatisierung, Benachteiligungsgefühle und Schuldzuschreibungen für eine Erklärung ihrer Verbindung mit Gewaltakzeptanz nicht ausreichend. Ganz offenbar müssen Gelegenheits-Strukturen hinzutreten, die eine Überführung in personale Gewaltakzeptanz erst möglich machen. In einem Fall (Jutta) bestehen sie in der Verfügung über Kampftechniken und der Bereitschaft zu und aktiven Erfahrung mit Gewalt in unpolitischen Bereichen; in vier von fünf Fällen (bei Senta, Iris, Ruth und Larissa) hingegen bieten sie sich durch das mehr oder weniger vorhandene Integriertsein bzw. Integriertfühlen in eine männlich dominierte Jugend-Clique an, die sich rechtsextrem in Szene setzt (vgl. dazu weiter unten).

Zusammenhänge mit sozialen Erfahrungen
In der komparativen Analyse der einschlägigen Fälle lassen sich kaum Gemeinsamkeiten hinsichtlich objektiver Strukturen des Lebenskontextes für die rechtsextrem anfälligen Mädchen feststellen, die für ihre politische Orientierung von Erklärungsrelevanz wären. Weder Faktoren der materiellen Versorgung, einschließlich der mit Wohnraum, noch die Konfession, die äußere Familienstruktur, das familiäre Bildungsniveau, die berufliche Stellung der Eltern oder die besuchte Schulform erscheinen ausschlaggebend.

Allenfalls ist auffällig, dass die betroffenen Mädchen mehrheitlich in dörflichen Strukturen bzw. Stadtrandlagen beheimatet sind, in denen die jugendgemäße Infrastruktur unzureichend ist. Es existiert kein oder nur ein unterentwickeltes Jugendarbeits-Angebot, insbesondere ein auch subjektiv beklagter Mangel an geeigneten pädagogisch betreuten Jugendräumen als offenen Treffpunkten. Dieses Manko könnte als mit ursächlich dafür eingeschätzt werden, dass die Jugendlichen sich in ihrer Freizeit vorwiegend auf öffentlichen Straßen und Plätzen gruppieren und hier cliquenförmige Strukturen der Selbstorganisation aufbauen, innerhalb derer Geschlechter- und Altershierarchien ihre Kraft zu entfalten vermögen. Dadurch können gerade jüngere Jugendliche und Mädchen, vor allem also junge Mädchen wie 'unsere' Probandinnen es sind, in Beeinflussungs- und ggf. Abhängigkeitsverhältnisse von jungen Männern geraten, deren größere Erfahrenheit und scheinbare Durchsetzungsfähigkeit für sie auf der Suche nach Identitätssicherheit attraktiv erscheinen.

Der auffälligste Punkt im sozialen Erfahrungszusammenhang der Mädchen ist nämlich, dass sie sich - wie sie selbst sagen - in "rechten" oder "rechtsradikalen" Cliquen aufhalten (vgl. z.B. Ruth, Iris, Senta, Larissa). Diese Cliquen sind zahlenmäßig wie inhaltlich eindeutig männlich dominiert, wobei sich diese Dominanz allerdings nicht offen über explizite gruppeninterne Hierarchiestufungen zeigen muss, sondern sich auch über das für die Mitglieder während ihrer Zugehörigkeit fast unmerkliche Bestimmen der Gruppen-Agenda niederschlagen kann. Außerdem stellen sie sich meist recht altersheterogen dar, wobei die älteren Jugendlichen meist männlich sind.

Hinzu kommt, dass der aktuelle Freund der Mädchen Mitglied dieser Clique ist (vgl. Iris, Ruth) oder die Möglichkeit gesehen wird, dass sich in ihrem Rahmen erste zwischengeschlechtliche Kontakte zu älteren Jungen auftun (vgl. Senta oder Larissa, bei der der Freund der besten Freundin Cliquenmitglied ist).

Die Mädchen haben also wesentliche Bezüge ihrer Peer-Kontakte im Freizeitbereich über diese Cliquen, vor allem dann, wenn auch noch die beste Freundin (vgl. Iris, Larissa) in der Clique ist. Von daher und auch aufgrund des erwähnten Hierarchiegefälles bzgl. Alter und Geschlecht ist eine erhebliche Sozialisationsstärke dieser Zusammenschlüsse von Jugendlichen zu erwarten. Und in der Tat berichten die Mädchen in den Erhebungen, die nach ihrer recht(sextrem)en Phase liegen, von stark orientierungsstiftenden Cliqueneinflüssen auf sie. Ihrem subjektiven Empfinden nach ist ihr - nunmehr abgelegtes - offenes Rechtssein ganz vorwiegend eben diesen zuzuschreiben (vgl. vor allem Iris, Senta, Larissa). Unabhängig davon ist tatsächlich registrierbar, dass Ungleichheitsvorstellungen und Gewaltakzeptanz mit dem Eintritt in die Clique tatsächlich zunehmen (vgl. Ruth) und mit dem Verlassen der Clique zurückgehen (vgl. Iris, Senta, Larissa); die Gewaltakzeptanz bei letzterem allerdings stärker als die Ungleichheitsvorstellungen, ein Befund, der in vielerlei Hinsicht zu denken gibt (vgl. das 'Distanz(ierungs)-Kapitel').

Die Bestätigung dieser subjektiven Sicht der Mädchen durch unsere Längsschnitterkenntnisse wirft die Frage auf, wie der Zugang zu den rechten Cliquen erfolgt und welche Faszination ihnen zugesprochen wird. Zur Beantwortung sind die anderen sozialen Erfahrungszusammenhänge der Mädchen sowie ihre Problembelastungen und Interessenlagen in den Blick zu nehmen.

Wir stellen fest, dass die Erfahrungen im Elternhaus dieselben sind wie bei den auch unpolitische Gewalt akzeptierenden Mädchen. Konflikte mit den Eltern sind an der Tagesordnung. Der Hauptstreitpunkt bewegt sich im Spannungsverhältnis zwischen den sich ausweitenden Interessen der Töchter, sich mehr Freiheiten zugestanden zu wissen und den Bestrebungen elterlicher Kontrolle. Ihren Kern bilden gravierende Akzeptanzprobleme in bezug auf drängende Wünsche nach und erste Experimente mit Eigenständigkeit, einer Eigenständigkeit, die als Faktum und Dokument der Überwindung 'alter' Kindheits-Abhängigkeiten einerseits und der Frontstellung gegen traditionelle Weiblichkeitszumutungen andererseits zu verstehen ist (vgl. genauer: Möller 1999b Kap. C,II, 2.1.2.1.2).

Wie allgemein gewaltorientierte Jugendgruppen so liefern in Sonderheit auch die rechten Cliquen darauf bezogene Realisierungsangebote (vgl. ebd.). Sie unterscheiden sich in ihrer Jungendominanz und ihren alters- und geschlechtshierarchischen Strukturen nicht von denen anderer gewaltorientierter Gruppen und erfüllen insoweit dieselben Funktionen. Zusätzlich zu den mit allgemeiner Gewaltakzeptanz verbundenen Faktoren kommt hier hinzu:

Indem eine politische Selbstpositionierung erfolgt, umgibt man sich mit dem Anspruch sozialer Relevanz: Auf einem nach dem vorherrschenden institutionellen Verständnis von Politik fast ausschließlich Erwachsenen vorbehaltenen Terrain, meldet man sich symbolisch, verbal oder mit Taten zu Wort und markiert damit, wenn nicht den eigenen Anspruch auf Beteiligung am politischen Diskurs, so doch wenigstens die Nichtignorierbarkeit der eigenen Interessen. Letztere wird unterstrichen durch eine um sich aufgebaute Kultur der Bedrohlichkeit und Gewalt, wobei sich ihre recht(sextrem)e Zurichtung ihres Provokations- und Protestwerts, aber auch manch stillschweigender Akzeptanz in der Gesamtbevölkerung sicher sein kann. In jedem Fall wissen die von uns einbezogenen rechtsextrem orientierten Jugendlichen darum, mit dem in diesem politischen Kontext stehenden exponierten Gebaren eine vom Elternhaus abgelehnte, außerfamiliale und gleichzeitig rebellische gesellschaftliche Rolle zu spielen.

Wenn für Mädchen in allgemein gewaltorientierten Cliquen konstatiert werden kann, dass ihnen kaum eine eigenständige Mitgliedsrolle zugesprochen werden kann, sondern sie eher als 'Freundin von' mitschwimmen, so gilt Mitläufertum auch anscheinend sehr weitreichend für die recht(sextrem)e Selbstdarstellung. Dies betrifft insbesondere die Gewaltakzeptanz, die ja sowieso im Vergleich mit Jungen deutlich geringere Härtegrade aufweist, in abgeschwächter Form aber auch die Ungleichheitsvorstellungen. Während die rechtsextreme personale Gewaltakzeptanz bei Auflösung von Jungenfreundschaften nahezu gänzlich verschwindet, reduzieren sich die Ungleichheitsvorstellungen zumindest in erheblichem Maße.

Daher lässt sich vermuten, dass die meist vom Elternhaus abgelehnte und freundschaftsverhaftete politische Selbstinszenierung ihre Bedeutung im wesentlichen gerade aus ihrer Funktion der Rebellion gegen die Erwartungen des Elternhauses bezieht. Wie der Längsschnitt zeigt, sind die rechtsgerichteten, fremdenfeindlichen Orientierungen bei den jüngeren Jugendlichen noch wenig stabil und scheinen gerade bei Mädchen durch Beziehungswechsel in Auflösung geraten zu können (vgl das entsprechende 'Distanz(ierungs)-Kapitel'). Daraus darf freilich nicht geschlossen werden, die politischen Orientierungen von Mädchen seien im Gegensatz zu denen von Jungen mehr aus Opportunitätsgründen aufgesetzt und wie Kleidung an- und abzulegen. Wohl aber ließe sich vermuten, dass die höheren Kommunikationsfähigkeiten von Mädchen, die sie in ihren Beziehungen einsetzen, immer wieder neue Reflexionsanregungen vermitteln und sie so leichter zum Abbau von ansichtsmäßigen Absolutheitsansprüchen und zu Relativierungen ihrer Positionen kommen lassen.

Insgesamt ergibt sich die Schlussfolgerung, dass die beschriebenen Akzeptanz-Konflikte im Elternhaus nicht nur begleitend zur rechtsextremen Phase verlaufen, sondern auch einen entscheidenden Grund für die Hinwendung zu rechten Gruppen bilden. Keineswegs sind sie ausschließlich als Folge der Cliquenmitgliedschaft zu verstehen.

Die Probleme mit den Eltern stehen meist auch in engem - auch zeitlichem - Kontext mit schulischen Schwierigkeiten.

Von Disziplin-, weitaus häufiger bei den Mädchen aber Leistungsproblemen erhalten die Eltern früher oder später Kenntnis. Dann sehen sich die Mädchen mehr oder minder regelmäßig mit der Aufforderung konfrontiert, mehr für die Schule zu tun und dafür andere Aktivitäten preiszugeben. Die elterliche Erwartung konfligiert also mit dem Wunsch nach mehr Freiraum und Freizügigkeit. Die Mädchen sehen sich damit in der Zwickmühle, einerseits den Eltern, manchmal insgeheim, recht geben zu müssen und andererseits nicht auf die neu eroberte Verfügungserweiterung im Rahmen des Cliquengeschehens verzichten zu wollen. Die schulischen Anforderungen sind in keinem Fall in der Lage, in diesem Zwiespalt die Oberhand zu gewinnen und über explizite oder unausgesprochene Vernünftigkeits-Appelle der Eltern oder Lehrpersonen die Jugendlichen von ihrer Cliquenbindung Abstand nehmen zu lassen.

Es ist auch nicht erkennbar, dass der bis zum achten Schuljahr durchgenommene Lehrstoff, etwa der des Geschichts- oder Gesellschaftskunde- bzw. Politikunterrichts, einer Wendung nach rechts vorzubeugen imstande wäre. Offenbar hat er - zumindest in den Fällen der von uns einbezogenen weiblichen Jugendlichen - nicht solche thematischen Felder besetzt oder berührt, die einschlägig relevant wären. Oder der Unterricht führt sogar zu einer Bestärkung fremdenfeindlicher Haltungen (vgl. Ruth 1993)

Mehr Veranlassung liegt demgegenüber dafür vor, auf die probleminduzierenden Aspekte der Schule hinzuweisen. Auffällig ist, dass es den "rechten" Mädchen an schulischen Gelegenheiten mangelt, Selbstwertgefühl hierher zu beziehen. Die Orientierung der Schule auf das Erbringen von Leistung in den dafür vorgesehenen Fächern bringt erkennbar für diejenigen Selbstwerteinbußen mit, die Leistungsprobleme haben und/oder sich ansonsten durch sie fremdbestimmt fühlen. Es scheint, als diene die Hinwendung zu rechten Cliquen auch dazu, den durch die erwähnten Akzeptanzprobleme zu Hause und die genannten Schulprobleme entstehenden Mangel an Gegenständen zum Selbstwertaufbau bzw. seiner Stabilisierung zu kompensieren. In bezug auf das Selbstwert-Vakuum, dass Schule produziert, wird offenbar eine Konsequenz gezogen, die der Auffassung folgt: Kann ich mich schon in der Schule nicht als jemand zeigen, der/die relevante und geschätzte Beiträge zum Kooperationszusammenhang zu liefern vermag, so kann ich froh sein, wenigstens im Freundeskreis als Person Wertschätzung zu erfahren und Durchsetzungsfähigkeit zu zeigen. Für Mädchen scheint schon das Attest bloßer Zugehörigkeit zu einer einschlägigen Clique solche Erfahrungen liefern zu können. Als entsprechend wichtig wird dieser Posten im 'intrapsychischen Haushalt' veranschlagt. Je mehr die Subjekte dann aber dafür investieren, um so größer wird die Kluft zu den elterlichen und schulischen Erwartungen. In der Tat zeigt sich, dass neue Bezugspunkte für die Selbstwertkonstruktion im Rahmen der Schule Umorientierungen ermöglichen (vgl. Abschnitt 'Distanz(ierung)').

Gravierende Probleme in Elternhaus und/oder Schule liegen zwar fast immer vor (Ausnahme in unserem Sample nur Larissa, wo sich zwar auch schon 1992 1993 deutlicher werdende Streitigkeiten mit dem Vater über Freiraumzugeständnisse an die Tochter andeuten, die aber nicht zu einer tiefen Verständniskluft auswachsen), sind aber nicht unbedingt vorauszusetzen. Eine bedeutende und u.U. auch ausschlaggebende Rolle für die Cliquenzuordnung und die darüber erfolgende 'rechte' Selbstdefinition spielt auch das Peer-Umfeld.

Auf die prekäre Vorbildfunktion der (Cliquen-)Freunde wurde schon hingewiesen. Dessen ungeachtet können auch andere Freunde und Freundinnen, z.B. auch KlassenkameradInnen, orientierungsleitend wirken. Sind sie ebenfalls auf die rechte Clique hin orientiert und dort Mitglied, verspüren die Mädchen offensichtlich einen Zugehörigkeitsdruck. Indem ihm nachgegeben wird, soll Kontaktverlust und das Gefühl von Ausschluss aus dem Freundeskreis vorgebeugt werden. Hier ist insbesondere zu berücksichtigen, wie wichtig den Mädchen einerseits die Beziehung zur sog. 'besten Freundin' ist, dass sie aber andererseits - wie vielfach auch an konkreten Beispielen berichtet wird - davon ausgehen müssen, dass diese Beziehung einschläft, wenn ein Freund ins Leben tritt (vgl. dazu den Fall von Larissa, wo Klassenkameraden und zwei Freundinnen, nebst dem Freund der besten Freundin, zur Clique gehören).

Anders als bei rechtsextrem orientierten Jungen scheinen Mädchen ihre Freizeit insgesamt allerdings weniger oft im Cliquenzusammenhang zu verbringen. Stärker als diese sind sie in häusliche Verrichtungen eingebunden, erledigen z.B. Haushaltstätigkeiten oder beaufsichtigen kleinere Geschwister. Auch sonstige Freizeitbeschäftigungen finden eher im Hause, daheim oder bei Freundinnen, statt. Außerdem bietet die "beste Freundin", auch wenn sie selbst Cliquenmitglied ist, unabhängig davon eine wichtige Anlaufstelle. Womöglich trägt auch diese relative Vielfalt der Beschäftigungs- und Freizeitorte zu einer vergleichsweise geringeren zeitlichen Dominanz der Clique im Freizeitbereich bei. Die mit ihnen verbundenen Kompetenz- und Kommunikationserfahrungen können zudem als Gegenlager wirken. Auch wenn die Aufgaben in Haushalt und Familie eher widerwillig erledigt werden, vermögen sie doch eine Bestätigung der sich zugeschriebenen prinzipiellen Fähigkeit zur Eigenständigkeit den Mädchen selbst zu vermitteln und gegenüber den Eltern einzufordern (vgl. besonders deutlich: Jutta). Ihre Erledigung erfordert die Umsicht und Verantwortung eines Erwachsenen und liegt damit im Spektrum jener Kompetenzen, die auch für Freizeit und Schule seitens der Erziehungspersonen von Jugendlichen gefordert werden. Sie kann damit einerseits von den Mädchen als Kompetenzbeweis und als Beleg des Erwerbs eines (Teil-)Erwachsenen-Status im Konflikt mit den Eltern um das Zugeständnis von mehr Freizügigkeit (z.B. Ausgehzeiten) angeführt werden und damit eine gewisse Widersprüchlichkeit in den elterlichen Erziehungsansprüchen (Selbständigkeitserwartungen in Fürsorgerollen innerhalb der Familie und des Haushalts vs. Selbständigkeitsvorenthalt in der Freizeit) bloßlegen, andererseits darüber hinaus wahrscheinlich auch tatsächlich Selbstbestätigungen liefern, die auf der Fähigkeit zur Eigenständigkeit - zumindest unter dem Aspekt des alltagsorientierten sich Sich- (und andere-) Versorgenkönnens - beruhen. Auf dem so ausgeschilderten weiblichen Weg der Verselbständigung lassen sich damit außerhalb des Cliquenkontextes gewisse Identitätsstabilisierungen einfahren, so dass ein Verlegen auf Peer-Bestätigung nicht in dem Maße subjektiv nahezu unerlässlich erscheint wie für Jungen. Die Cliquenausrichtung und -integration 'muss' deshalb auch nicht mit 'Haut und Haaren' verfolgt werden.

Spekulativ muss weiterhin bleiben, ob eine darin ansozialisierte Fürsorgeperspektive in der Lage ist, vermittels der über sie verlaufenden Empathieformen Gewalt- und Ausgrenzungsorientierungen wenn schon nicht vorzubeugen, so doch von vornherein Chancen auf Zuspitzungen zu nehmen (für eine weibliche Durchschnittspopulation mag dies der Fall sein. Der Fall Jutta jedoch spräche zumindest gegen eine Generalisierung dieser Hypothese). Ebenso könnte man in bezug auf rechte Mädchen vermuten, dass sie vielleicht nur zu besonders empathischen Solidarisierungen mit den Interessen der jeweiligen Eigengruppe beitragen und sich die Mädchen aufgerufen sehen - gleichsam so wie eine Mutter ihr Junges verteidigt und für die Ihren sorgt - , die Versorgung der eigenen Familie - und sei diese Familie auch die Clique (in der Tat werden ja diesbezüglich expressis verbis oft Familienvergleiche gezogen) oder die 'nationale Familie' - sicherzustellen und gegen fremde Ansprüche in Schutz zu nehmen (Dafür würde sprechen, dass oft nicht (nur) die eigene Person, sondern Angehörige der Eigengruppe als öffentlicher Fürsorge bedürfende, bzw. von Benachteiligung betroffene Menschen aufgefasst werden, deren Lage man durch das Ausscheiden 'Fremder' aus angenommener Ressourcenkonkurrenz verbesserbar sähe). Ausgrenzungsforderungen entsprängen dann gerade der Fürsorgemoral; genauer gesagt: ihrer Begrenzung oder doch zumindest weit vorrangigen Bezogenheit auf die Eigengruppe. Geschlechtsspezifisch betrachtet hätten sie dann einen mit dem männlichen Beschützer'instinkt' vergleichbaren background; mit einem Unterschied: geht es bei ihm vornehmlich um den Schutz der Eigengruppe gegen äußere Angriffe von 'Feinden', so rückt hier eher das Problem des Bereitstellens von alltäglichen Subsistenzmitteln in den Vordergrund. Vielleicht ist u.a. auch über diesen Zusammenhang erklärbar, dass die rechtsextrem orientierten Jungen unserer Studie eher territoriale Kämpfe gegen die 'Fremden' ausfechten, während sich die Fremdenfeindlichkeit von Mädchen stärker um Fragen der Versorgungsleistungen zentriert. Wie auch immer: Da solche Fürsorgeleistungen gleichermaßen auch den nicht rechts(extrem) orientierten Mädchen abverlangt werden, ist keinesfalls der Schluss zulässig, sie seien für die Charakteristik der Rechtsorientierung von Mädchen verantwortlich zu machen. Stattdessen stellt sich die Frage, warum ihre Konzentration auf die Eigengruppe nicht transzendiert wird. In dieser Hinsicht drängen sich die anderen in diesem Kapitel genannten Erklärungsfaktoren als Antwort auf.

Die rechtsextrem orientierten Mädchen dieser Studie unterscheiden sich hinsichtlich ihrer Nachbarschafts- und Wohnumfeldwahrnehmung an zwei Punkten erheblich von den gleich orientierten Jungen:

Zum ersten berichten sie weitaus weniger von ethnisierten territorialen Kämpfen. Zwar erwähnen auch sie ab und an Gefühle räumlicher Einengung und Bedrängung durch 'Fremde', vor allem durch Asylbewerber. Es geht dabei aber nie um einen Streit um Gebietsvorherrschaft. Überhaupt: Dort, wo Raumkonflikte in ihren Erzählungen auftauchen, gehören sie im Regelfall nicht zu den sie unmittelbar Austragenden. Sie halten sich im Hintergrund und überlassen den männlichen Platzhirschen das Feld. Revierverteidigungs- oder -eroberungsgebaren findet sich nicht. Dominanz über öffentliche Räume ausüben zu wollen, liegt ihnen gänzlich fern. Insofern dieses bei den Jungen ja fundamentale Interesse gar nicht vorhanden ist, erscheint es logisch, wenn ihnen an einer Beteiligung an Kämpfen zu seiner Durchsetzung nichts liegt. Die Ausnahme von dieser Regel, Iris' Beteiligung an Einschüchterungsversuchen, die von ihrer Clique ausgehen, ist wohl weniger dadurch zu erklären, dass das Mädchen sich Territorialinteressen zu eigen macht, als dadurch, dass sie, um ihre Gruppenzugehörigkeit unter Beweis zu stellen, - wie sie sich in den Folgebefragungen ausdrückt - "mitläuft".

Ergibt sich hier wieder einmal eine gänzlich andere Anfälligkeitskonstellation als bei Jungen, so ist auch der nächste Punkt von bedeutsamer Geschlechtsspezifik.

Zum zweiten nämlich ist die Nachbarschafts- und Wohnumfeldwahrnehmung und die Einschätzung des darüber hinaus reichenden öffentlichen Raums mehr oder minder explizit von der Sorge darum geprägt, Opfer von männlicher Belästigung und/oder noch gesteigerten Formen sexualisierter Gewalt werden zu können. Die erdrückende Mehrheit aller Mädchen berichtet davon. Viele beziehen sich dabei sogar schon im Alter von 13 Jahren auch auf eigene Erfahrungen (vgl. u.a. Senta, Iris). Unabhängig davon aber, ob Eigenerfahrung vorliegt oder nicht, ist die Befürchtung als solche ausschlaggebend dafür, dass eine Anfälligkeitskonstellation entsteht, die sich als Ethnisierung von Sexismus bezeichnen lässt (vgl. Möller 1995b). D.h.: Die Gefahr männlicher Übergriffe wird nicht als Gefahr perzipiert, die von Übergriffen irgendwelcher Männer ausgeht, sondern als solche, an denen primär ausländische Jungen und/oder Männer Schuld tragen. Dies gilt selbst dann, wenn der Täter in einer realen Erfahrung von Belästigung bzw. 'härterer' Gewalt kein Ausländer war. Begünstigt vom öffentlichen Diskurs über den Zusammenhang von sexualisierter Gewalt und Ausländerkriminalität findet sich mithin hier das Muster der Ethnisierung sozialer Probleme, das auch in bezug auf Arbeitslosigkeit, Wohnungsknappheit, Sozialhilfegewährung etc. im Umlauf ist. Indem mit ihm hier von geschlechtsspezifischen Ursachenkontexten abgelenkt und gleichzeitig ein ungenügender Schutz durch Sicherheitsorgane registriert wird, werden deutsche Jungen und Männer nicht nur entlastet, sondern können zusätzlich in Beschützer-Funktionen gehievt werden, die ihre fremdenfeindlichen Orientierungen und damit ggf. vermischten gewaltförmigen Verhaltensweisen mit schwerwiegenden Rationalisierungen beschenken. Da damit eine der archaischen Männlichkeits-Funktionen wachgerufen wird (vgl. Gilmore 1991), besetzen deutsche Jungen und Männer scheinbar naturwüchsig das Feld der Verteidigung der 'eigenen' Mädchen und Frauen und müssen sie sich, soweit fremdenfeindlich orientiert, zu eigenem Engagement nicht weiter herausgefordert sehen und können sich darauf zurückziehen, sie moralisch gleichsam 'in der Etappe' zu unterstützen.

Die Medienrezeption der Mädchen mit rechtsextremer Orientierung ist, was die Arten der rezipierten Medien selbst betrifft, gemessen an dem anderer Mädchen wenig auffällig. An Zeitungen wird, wenn überhaupt, dann meist unregelmäßig und bei Überschlagen des politischen Teils die Lokalzeitung oder die BILD-Zeitung rezipiert. Soweit Zeitschriften überhaupt gelesen werden, werden Publikumsillustrierten und mädchenorientierte Publikationen wie "Bravo", "Bravo Girl" "Wendy" u.ä. gelesen. Auch der Fernseh-, Video- oder Kinofilmkonsum weicht nicht von dem anderer Mädchen ab. Manifeste Lieferanten politisch relevanter Information sind diese Medien kaum.

Am ehesten scheinen die in Rede stehenden Mädchen ihre politischen Informationen aus dem freilich medial beeinflussten, aber - jedenfalls für uns - nicht auf konkrete Medien oder Mediendarstellungen rückführbaren Alltags-Diskurs, insbesondere dem über die "Asylantenschwemme", zu beziehen. Ungeachtet der im Rahmen unseres Untersuchungsansatzes nicht zu erhebenden latent verlaufenden Auswirkungen durch familiale Sozialisation, spielen die Elternansichten offenbar eher eine untergeordnete, jedenfalls keine entscheidende Rolle. Gleiches gilt noch verstärkt für denkbare Indoktrination durch Propagandisten rechtsextremer Zusammenschlüsse und Parteien, deren Einfluss in unserem Sample weiblicher Jugendlicher überhaupt nicht feststellbar ist. Deutlicher als von konkreten Erwachsenen, aber erwartbarerweise mit Bezug auf sie, ist der Alltags-Diskurs von den Meinungen der Cliquenmitglieder und vor allem, teils über sie vermittelt, von anonymen Autoritäten (im Sinne eines "man weiß ja", "ist ja allgemein bekannt" oder "man hat ja schon oft gehört") geprägt. Im Vergleich zu den Jungen mit rechtsextremer Orientierungen tauchen solche Verweise zwar nicht häufiger auf, bilden aber doch stärker den Kern der Fremdenfeindlichkeit. Dies hängt damit zusammen, dass das Aufschaukelungsverhältnis von Gewaltausübung und Gegengewalt mit der damit einhergehenden Bestärkung fremdenfeindlicher Ansichten wie es für die Cliquenauseinandersetzungen der Jungen festgestellt werden muss, für die Mädchen aufgrund ihrer zurückhaltenden Gewaltakzeptanz nicht wirksam wird und deshalb der Vorwurf von allgemeiner Provokativität und Aggressivität ausländischen Jugendlichen gegenüber nur einer unter mehreren anderen ist (zum Zusammenhang von aggressiver sexualisierter Anmache und weiblicher rechtsextremer Gewaltakzeptanz vgl. weiter unten).

Rechtsrockkonsum ist unter entsprechend politisch orientierten Mädchen zwar verbreitet, ist aber nicht als manifeste Beeinflussung ihres politischen Denkens und Verhaltens nachweisbar. Noch eher als für die Jungen ist dieser Musikstil für sie einer unter anderen rezipierten. Es drängt sich der Eindruck auf, dass er eher aus Gründen der Dokumentation von Gruppenzugehörigkeit und –konformität gemocht wird als aus inhaltlichen Gründen. Seine symbolische Funktion des Ausdrucks sozialer Zugehörigkeit und diffuser Verortung im politischen Spektrum und hier ganz vorrangig im Bereich der 'Ausländerfrage' steht danach im Vordergrund. Rechtsrockkonsum erscheint somit ähnlich wie die einschlägige Kleidungs- und Frisursymbolik eher als Kohäsionsmedium der Clique - unter Umständen auch der Szene - denn als Quelle von Denk- und Verhaltensvorlagen mit manifester Wirkung.

Wünsche nach politischer Teilhabe finden sich in Phasen des Rechtsseins nicht explizit. Die Vorverlegung des Wahlalters auf unter 18 Jahren wird sogar eher skeptisch betrachtet. Weder ist man von der Wirksamkeit des WählerInnenwillens noch von der eigenen Kompetenz, eine Auswahl aus unterschiedlichen Politikangeboten der Parteien zu treffen, überzeugt. Andere akzeptierte Kanäle politischer Beteiligung sind offenbar nicht bekannt oder befinden sich nicht im Blickfeld konkreter Verhaltensressourcen. Dies bedeutet nicht, dass es keine Wünsche nach politischer Beteiligung gäbe. Die Mitinszenierung einer rechten politischen Gegenkultur muss vielmehr als ungelenker Versuch der Formulierung eines solchen Anspruchs gedeutet werden. Auch wenn die damit zum Ausdruck gebrachte Orientierung nicht im Sinne einer ideologisch gesättigten und ausgeklügelten politischen Veränderungsstrategie gemeint ist, so lässt sie doch zentral das Unbehagen daran an die Oberfläche treten, mit den eigenen politisch-sozial relevanten Problemen nicht ernstgenommen zu werden und für sie kein Gehör zu finden. Im Mittelpunkt steht hier speziell das Problem des Verhältnisses zu Ausländern und das festgestellte Unvermögen der etablierten Politik, subjektiv als sozialverträglich wahrzunehmende Regelungen für die Multikulturalisierung der Republik zu treffen. Das diagnostizierte Regelungs-Vakuum wird dann mit eigener Engagementbereitschaft besetzt. Sein Ziel ist die Sicherung der eigenen gesellschaftlichen Teilhabechancen, die man durch die Anwesenheit von Ausländern und die durch sie bedingte Ressourcenkonkurrenz und/oder Sozialabgabenbelastung bedroht sieht.

So findet sich im Hinblick auf die Teilhabewünsche und -realisierungen von Mädchen im Grunde die gleiche Situation wie für Jungen. Dass sie sie nicht mit der gleichen Vehemenz, sprich: Gewaltakzeptanz, vortragen, könnte unbeschadet der bereits erwähnten Gründe für ihre Zurückhaltung möglicherweise auch mit dem im Jugendalter bei ihnen verlaufenden Prozess der Mädchensozialisation zusammenhängen, der sie im Sinne eines traditionellen weiblichen Rollenzuschnitts dazu anhält, ihre gesellschaftlichen Funktionen in Familien- und Partnerinnen-Rollen zu lokalisieren. Schon die 13jährigen werden über Haushaltsaufgaben und die peer-, vor allem aber cliqueninterne interpersonale Wahrnehmung und Zuordnung als 'Freundin von' entsprechend 'geeicht'. Die damit betriebene Perspektivenzuschreibung bedeutet Einengung und gesellschaftliches Integrationsangebot über das Ausfüllen einer erwachsenengemäßen Rolle zugleich. Angesichts der gesellschaftlichen Doppelperspektive für Mädchen, Familien- und Erwerbsarbeit miteinander zu verbinden, enthebt sie letzteres zwar nicht der Konkurrenzen in zentralen gesellschaftlichen Leistungsbereichen (z.B. auf dem Arbeitsmarkt), ja stellt auch kein Rückzugsfeld aus der Öffentlichkeit in die Privatheit (mehr?) dar, vermag aber doch Bestätigungen sozialer Integriertheit und besessener Integrationskompetenzen zu vermitteln und dadurch als Moment der Identitätsstabilisierung zu wirken.

Zusammenhänge mit Kompetenzen und Mechanismen zum Aufbau personaler Identität

Keinem der rechtsextrem orientierten Mädchen kann Reflexionsvermögen schlichtweg abgesprochen werden. Vielmehr legen sie ebendieses in manchen ihrer privaten Beziehungen an den Tag. Selbst dem als einengend erlebten Kontrollverhalten des Elternhauses bringen sie u.U. reflexiv Verständnis entgegen, indem sie sich in die Perspektive der Eltern hineinversetzen. Ebenso wenig wird die Schule von den meisten holzschnittartig gezeichnet, sondern in ihrer Funktion für den persönlichen Lebenslauf und die Verfolgung aktueller und zukünftiger Interessen bewertet. Sogar ihre politischen Einschätzungen sind nicht ohne entsprechende Ansätze. Dichotomisierende Freund-Feind-Stereotypisierungen dringen kaum durch. Flächendeckende Schwarz-weiß-Malereien finden sich eher an wenigen Stellen. Das gleichzeitige Vorhandensein von Ungleichheitsvorstellungen und Gleichheitsvorstellungen, aber auch die Äußerung, man wisse sich nicht genau festzulegen oder die Einschätzung sei "gemischt", bilden Hinweise darauf.

Dennoch wird das Reflexionsvermögen nicht soweit entfaltet, dass Ungleichheitsvorstellungen und Gewaltakzeptanzen vermeidbar wären. Ausschlaggebend dafür scheint der prima facie politisch gar nicht relevante Problemdruck zu sein, unter dem die Mädchen stehen. Dieser besteht - wie erwähnt - zumeist darin, sich die Akzeptanz als Person entzogen zu sehen, wenn Zumutungen der Erziehenden, vor allem der Eltern, als untragbar sowie als dem Interesse an Entwicklung und Demonstration von Eigenständigkeit gegenläufig erlebt werden. Auf krampfhafter Suche nach Akzeptanz bietet sich die der Clique an. Indem sie Normabweichung zum Programm erhebt, bietet die Mitgliedschaft eine Protestform gegen die als Infantilisierungen und Unterordnungsforderungen wahrgenommenen Erwartungen der relevanten Erwachsenen. Indem sie sich politisch positioniert, eröffnet sie einen Resonanzraum für Deutungen von auftretenden Schwierigkeiten des multikulturellen Zusammenlebens, der über die Beiträge der einzelnen Mitglieder sowohl die vervielfachte Bestätigung von persönlichen Einschätzungen als auch ihre Modellierung und Zuspitzung zu Haltungen ermöglicht, die sich nun auch selbst als politisch und damit als über das Private hinaus bedeutsam auffassen können. Dass ein regelrechter "Gruppenzwang" (Larissa) entsteht, ist dadurch erklärlich, dass wohl (fast?) alle Cliquenmitglieder durch vergleichbares Druckempfinden außerhalb, gleichsam in die Clique hineingezwängt werden und so Außendruck die innere Kohäsionskraft bildet. Sich diese Funktionsmechanismen der Cliquenmitgliedschaft einzugestehen, hieße, genau das aufzugeben, was außerhalb der Clique zu diesem Zeitpunkt nicht erlangbar erscheint: das Gefühl der Akzeptanz als Person auf der Basis ihrer Eigenständigkeit.

Erschwerend kommt als Reflexionsvorbehalt hinzu, dass die ethnisierenden Probleminterpretationen, die die Mädchen vornehmen, in weiten Teilen des Alltags-Diskurses sozial akzeptiert sind, ja geradezu propagiert werden. Ihr Vertreten ist keineswegs automatisch mit einer Outsider-Position verbunden. Dasselbe gilt für die Kritiklosigkeit mit der nationale oder Ansässigkeits-Vorrechte als Legitimationsbasis der Ungleichbehandlung neu Eingereister (Ausländer) in Anrechnung gebracht werden. Auch sie wird gesamtgesellschaftlich nur von Minderheiten problematisiert. Was die geäußerten Ungleichheitsvorstellungen erst öffentlich breit stigmatisierbar macht, ist ihre Verbindung mit personaler Gewaltakzeptanz (vgl. zu diesem auch für rechtsextrem orientierte Jungen zutreffenden Sachverhalt den Abschnitt zu den an diesen Punkten gleichgelagerten Reflexionshemmnissen bei Jungen in Kap. 5.2.1.1). Insoweit die Mädchen sich diesbezüglich eine im Vergleich zu gleich orientierten Jungen relativ passive Rolle attestieren können ("ich mache ja selber nichts"), wird ihnen erleichtert, die Verbindungen ihrer Ungleichheitsvorstellungen mit Gewaltakzeptanzen bis auf weiteres (vgl. genauer das Kapitel zu Distanzierungsprozessen bei Mädchen) nicht kritisch zu reflektieren und in ihrer Bedrohlichkeit für deren Adressaten zu unterschätzen (wie etwa bei Iris 1992 deutlich wird, wenn sie berichtet, bei Einschüchterungsversuchen und beim Erscheinen ihrer Clique gingen Ausländer schon "freiwillig" von Ort und Stelle).

Die gleiche Erklärung bietet sich für die festzustellenden Empathie-Vorbehalte an. Zwar zeigen sich alle "rechten" Mädchen auf verschiedenen Feldern ihres sozialen Nahraums durchaus empathiefähig, wird diese Kompetenz im allgemeinen auch im Prinzip auf politisch Verfolgte dahingehend ausgedehnt, ihnen - z.T. explizit aus "Mitleid" - Aufnahmerechte in einem sicheren Fluchtland zuzusprechen, bringen sie aber für die konkrete Situation von AsylbewerberInnen in Deutschland wenig Verständnis bzw. Einfühlungsbereitschaft auf. Hürden stellen die realen Probleme, vor die sie sich durch deren Anwesenheit gestellt sehen, in ihrer Vermischung mit Denkweisen des Alltags-Diskurses und ihrer positiven Verstärkung durch die Mitgliedschaft in rechten Peergruppen dar. Durchaus in Übereinstimmung mit ihnen und der gängigen Auffassung einer Legitimität der Verteilung von Rechten auf der Basis nationaler Zugehörigkeiten werden erst recht sog. 'Wirtschaftsflüchtlingen' Aufenthaltsrechte abgesprochen. Ihre Anwesenheit in Deutschland wird geradezu zum Nachweis betrügerischer Absichten auf Seiten von Flüchtlingen generell stilisiert, kann man doch darauf verweisen, sich auf dem Boden geltenden Rechts zu bewegen, wenn nur politisch Verfolgten und Kriegsflüchtlingen Asylrecht zugestanden wird. Möglicherweise sozialisationstheoretisch anzunehmende, in unseren Forschungszusammenhängen allerdings allenfalls schwach, nämlich z.B. in einer geringeren Gewaltbereitschaft zu Tage tretende Empathie-Entwicklungs-vorsprünge von Mädchen gegenüber Jungen sind in jedem Fall nicht in der Lage, solche Auffassungen wenn schon nicht zu transzendieren, so doch wenigstens zu problematisieren.

Die Fähigkeit zu verbaler Konfliktregelung kann rechtsextrem orientierten Mädchen nicht rundweg abgesprochen werden. Ein Mangel an verbaler Konfliktfähigkeit äußert sich am ehesten im Unvermögen, die erwähnten Konflikte um mehr Freiraumzugeständnisse von Seiten der Eltern adäquat zu regeln. Nach unseren Beobachtungen ist aber anzunehmen, dass ein ebensolches Manko auch auf der Gegenseite besteht. Wie auch immer: Die Mädchen sehen sich wohl angesichts elterlichen Machtpotentials zu Recht in diesem Konflikt als die Unterlegenen an, weshalb ihnen die Flucht aus ihm in die Arme der Clique hinein subjektiv funktional erscheint. Ähnliches lässt sich für Schulkonflikte beobachten.

Erwähnt werden muss aber auch, dass die Mädchen im Regelfall über eine "beste Freundin" verfügen, mit der sie eine kommunikativ basierte und ebenso strukturierte Beziehung verbindet, die in vielfacher Hinsicht - anders als die Eltern- und auch die Cliquen-Beziehungen - zur Problembesprechung genutzt werden kann und innerhalb derer selbst die rasche Beilegung aufkommender Zwistigkeiten und schnelle Versöhnung gang und gäbe ist. Zusammen mit den Wirkungen der im Rahmen unserer inhaltlichen Forschungszentrierung zwar nicht in jedem Einzelfall nachweisbaren, aber doch anzunehmenden im Geschlechtervergleich eher auf Kommunikationsfähigkeiten und soziale Sensibilität abzielenden Mädchenerziehung und im Kontext der schon genannten Befunde zur geschlechtsspezifischen Sozialisation könnte auch darüber erklärbar werden, dass selbst "rechte" Mädchen Streit eher verbal ausgetragen sehen wollen, ja sie ihre Freunde - wie sie vor allem später berichten - eher von gewaltsamen Lösungen fernhalten wollen.

Mit Ausnahme ihrer rechten Orientierungen zeigen sich die Mädchen durchaus zur Übernahme von Verantwortung bereit und/oder fähig, sei es in der Familie, sei es in der Schule, sei es bei der Pflege eines Haustiers. Auch eine Hilfeverpflichtung gegenüber Unterstützungsbedürftigen lehnen sie nicht etwa ab. Und auch was sie gegenüber von öffentlicher Unterstützung abhängigen Ausländern, vor allem AsylbewerberInnen, monieren, ist nicht das Faktum ihrer Hilfsbedürftigkeit an sich, sondern die Betrugsabsicht, die darin erblickt wird, sie nur vorzuschützen bzw. ihnen entgegengebrachte Hilfsbereitschaft zu überziehen und auf Kosten ihrer Finanziers auszunutzen. Insoweit sie die Ablehnung dieser Personengruppe dann als deren eigene Schuld auffassen können, fällt ihnen für sie auch keine Verantwortlichkeit zu.

Die die Mädchen umtreibenden Akzeptanz-Probleme beschwören anscheinend zumeist Selbstwertverunsicherungen herauf. Selbst wenn sie mit der eigenen Zufriedenheit über das äußere Erscheinungsbild zugedeckt werden (vgl. Ruth

1993), wirken die Konflikte im Elternhaus und ggf. zusätzliche Schwierigkeiten in der Schule doch als Labilisierungen der Selbstsicherheit. Dies verwundert nicht: Die Mädchen erfahren den Erwerb und Beweis von Eigenständigkeit als wichtige Entwicklungsaufgabe am Ende der Kindheit und beim Übergang ins Erwachsenenleben. Die aus ihrer Sicht dafür nötigen Freiräume sehen sie sich aber von Eltern und Schule nicht zugestanden, sondern sich statt dessen entweder auf den Status des abhängigen, fremdbestimmten Kindes beschränkt oder auf die Einübung von Aufgaben aus dem traditionellen weiblichen Rollenverständnis eingeengt.

In diesem Dilemma eröffnet sich ein Ausweg über die Peer-Orientierung. Indem sie - ihrer Wahrnehmung nach - familienähnliche Cliquenkontakte und damit Unabhängigkeit von der emotionalen Nähe der Familienbeziehungen vorweisen können, fahren sie Bestätigungserlebnisse ihrer Eigenständigkeit ein. Das daraus beziehbare Selbstwertgefühl wird noch dadurch gesteigert, dass sich nun - völlig anders als zu Kindheitszeiten - ältere Jungen und nicht wie bisher vorwiegend gleichaltrige Mädchen für sie interessieren. Dabei auch als potentielle Partnerin angesprochen zu sein, vermag das Gefühl zu bestärken, anders als die Eltern es glauben, den Kinderschuhen entwachsen zu sein. Da sie ihre Position in Cliquen und ersten zwischengeschlechtlichen Partnerschaften zunächst als gleichwertige Akteurinnen wahrnehmen, scheinen sich ihnen hier Selbstwertressourcen zu erschließen, die in anderen Lebensbereichen verwehrt sind. Die offene Machtdemonstration, die von rechten Cliquen ausgeht und die ostentative Kraftmeierei und Unangepasstheit der Freunde vermag über die Identifikation mit ihnen ein Stück weit auch die Erfahrung eigener Stärke, Unabhängigkeit und Durchsetzungsvermögen zu vermitteln. Je mehr sie vorher abgesprochen wurde - und davon ist im Regelfall Mädchensozialisation auch heute noch gekennzeichnet -, um so verlockender dürfte sie wirken. Insoweit im Falle rechter Gruppen Inszenierungen von Selbstgewissheit eine Verortung im politisch-sozialen Raum zusätzlich einschließen, tragen sie Orientierungs- und Verhaltensgewissheiten huckepack, die sich für die Mädchen wie identitätsrelevante Sicherheiten im außerfamilialen gesellschaftlichen Raum ausnehmen.

Mädchen mit Ungleichheitsvorstellungen ohne damit verbundene personale Gewaltakzeptanz
Gemäß unserer oben entfalteten Definition von Rechtsextremismus sind Bestandteile bzw. Ansatzpunkte von rechtsextremer Orientierung auch dann auszumachen, wenn Ungleichheitsvorstellungen vorliegen, ohne dass sie mit personaler rechtsextremer Gewaltakzeptanz verknüpft werden. Dies gilt insbesondere für Fälle, bei denen eine institutionell gebundene, autoritär-obrigkeitsstaatliche Gewalt zur Durchsetzung von Ungleichheitsvorstellungen propagiert wird.

Derartige Ungleichbehandlungsforderungen sind - in dem Sinne, dass sie nicht nur einen Zuzugsstop, sondern auch in bezug auf schon Anwesende eine

"Raus"-Forderung erheben - besonders ausgeprägt bei Jutta (1994; bei ihr wie auch bei anderen Mädchen mit Phasen rechtsextremer Orientierung begleitend zu personalen Gewaltakzeptanzen der oben beschriebenen Couleur) und Renate (1992 - 1994) vorhanden. Sie werden von ihnen nur AsylbewerberInnen gegenüber vorgebracht.

Mit Bezug auf die sozialen Erfahrungen fällt im Vergleich zu den Fällen von Iris, Senta, Larissa und Ruth auf, dass zwar der Argumentekorpus im wesentlichen gleich ist und die Dramatisierung der Situation keinesfalls schwächer ausfällt als bei diesen Mädchen, sie jedoch nicht in Cliquen mit recht(sextrem)em Habitus eingebunden sind. Davor sind sie ersichtlich, trotz ebenfalls in höchstem Maße unbefriedigender häuslicher Verhältnisse und begleitender schulischer (Leistungs-)Probleme (wie sie im übrigen auch bei Berga und Branca als Mädchen mit ebenfalls vehementen Ungleichbehandlungsforderungen vorliegen und deshalb als wichtigste Auslöser nicht nur einer Kombination von Ungleichheitsvorstellungen und Gewaltakzeptanz, sondern auch einer solchen von Ungleichheitsvorstellungen und Ungleichbehandlungsforderungen betrachtet werden müssen), dadurch gefeit, dass sie vielfältige multinationale Kontakte im Freundeskreis unterhalten; allerdings nur mit solchen ausländischen Jugendlichen, die schon seit langer Zeit in Deutschland ansässig oder hier geboren sind. Diese Gruppen geben sich zwar auch gewaltbereit, dehnen ihre Gewaltbereitschaft aber nicht auf ausgrenzungspolitische Interessen aus. Dies bedeutet nicht, dass ausländische Jugendliche nicht Ablehnungshaltungen gegenüber AsylbewerberInnen zeigen können (dazu weiter unten), verweist aber doch auf noch (?) bestehende Hemmungen, vermeintlichen Anciennitäts-Rechten mittels Gewaltanwendung Nachdruck zu verleihen. Sie sind letztlich darauf zurückzuführen, dass im gängigen Alltagsverständnis wie in der offiziellen Rechtsordnung relevante Differenzierungen zwischen den ein Land bewohnenden ethnischen Gruppierungen eher entlang dem Kriterium der Staatsangehörigkeit als nach dem der Dauer der Anwesenheit auf dem nationalen Territorium vorgenommen werden.

Der entscheidende Punkt, der die personale Gewaltakzeptanz der anderen Mädchen ermöglicht, ist also aus dieser Sicht die Verbindung von Argumentationsfiguren der Dramatisierung mit einer Cliquenmitgliedschaft, die ihre Gewaltakzeptanz in recht(sextrem)e politische Orientierungsmuster einbringt. Andererseits wird klar: Kontakt zu Ausländern, nicht einmal enger freundschaftlicher Kontakt, schafft nicht automatisch Schutz vor ethnisierenden Ungleichheitsvorstellungen (vgl. dazu ggf. zusätzlich auch Sieglinde). Reflexionen über die Notwendigkeiten oder gar Bereicherungen multikulturellen Zusammenlebens können auf das Verhältnis zu den persönlich bekannten Ausländern beschränkt bleiben. Ausländer, die anderen Statusgruppierungen angehören als die ausländischen Bekannten, können nichtsdestoweniger von Ausgrenzungsforderungen betroffen sein. Ja der Fall von Helga, die erst für den letzten Erhebungszeitraum vergleichsweise gemäßigte Ungleichheitsvorstellungen anklingen lässt, macht sogar deutlich, dass nicht einmal freundschaftlicher Kontakt zu bestimmten Angehörigen derselben Statusgruppe (hier zu italienischen Arbeitsmigranten) Pauschalisierungstendenzen von Vorbehalten gegenüber Mitgliedern derselben Statusgruppe verhindert, wenn diese sich durch andere Kriterien (hier: Türken durch die "krasse Religion" des Islam, die mit Frauenabwertung zusammengebracht wird; vgl. zu diesem Kriterium auch weiter unten) unterscheiden lassen. Selbst positive Erfahrungen mit einem Angehörigen einer an für sich pauschal abgelehnten Gruppe werden allenfalls als Ausnahme von der Regel abgespeichert (vgl. Ruth).

Bei Helga (bei ihr nur 1994) und Sieglinde sind trotz prinzipieller Gleichwertigkeits- und Gleichbehandlungsforderungen im Vergleich zu Jutta und Renate erheblicher schwächere, d.h. auch für sie selbst subjektiv wenig bedeutsame Ungleichheitsvorstellungen zu registrieren. Ihre inhaltliche Ausrichtung gleicht aber der der anderen Mädchen. Da die Mädchen auch in privaten Bezügen nicht gewaltbereit sind, vor allem aber keinerlei Kontakte zu "rechten" Cliquen bzw. Jugendlichen unterhalten und ihnen auch jegliche Dramatisierung abgeht, entwickeln sie weder eine rechtsgerichtete personale Gewaltakzeptanz noch anderweitige Ungleichbehandlungsforderungen. Wenn die Ungleichheitsvorstellungen sich dennoch halten (Sieglinde) bzw. auftauchen (Helga), so scheint dies überwiegend damit zusammenzuhängen, dass die Mädchen durch Ressourcenkonkurrenz zwischen Einheimischen und (teils unterstützungsbedürftigen) Zuwanderern Interessen deutscher ArbeitnehmerInnen und SteuerzahlerInnen aktuell oder potentiell tangiert sehen. Diese Perspektive wird wohl auch deshalb eingenommen, weil man selber eine vergleichsweise starke Orientierung an einem Zukunftsoptionen sichernden "guten Beruf" als Garanten eines materiell gesicherten Sozialstatus (Helga) besitzt. Diese Deutung drängt sich auch in bezug auf die Struktur der bestehenden Ungleichheitsvorstellungen und ihrer internen Gewichtungen bei Senta (vor allem 1994) und - abgeschwächt - auch bei Iris und Larissa (1993) nach Absolvieren ihrer rechtsextremen Phase auf.

Wenig verwunderlich, aber doch bemerkenswert, ist die im Längsschnitt zu beobachtende Bedeutungszunahme von Erwerbsarbeit zur materiellen und sozialen Sicherung der eigenen Person und die damit anwachsende Anfälligkeit für Ungleichheitsvorstellungen wie die genannten. Insofern haben wir es hier mit eher 'erwachsenen' Anfälligkeiten zu tun. Dies auch deshalb, weil das Reklamieren nationaler Vorrechte für die Einheimischen auf die auf dem Gebiet des Nationalstaats vorhandenen Ressourcen gesamtgesellschaftlich von kaum befragter sozialer Akzeptanz ist. Anders als wenn sich Fremdenfeindlichkeit immer wieder an unterstellter Provokativität und Aggressivität der 'Anderen' festmacht, erscheint im Falle seiner Überführung in Ungleichbehandlungsforderungen ein Einsatz von personaler Gewalt auch als eher dysfunktional. Hingegen lassen institutionelle Vorkehrungen der Privilegiensicherung, also 'erwachsene' Strategien hohe Effizienz erwarten. Für ihre Propagandisten haben sie den Vorteil, sich praktisch keiner Skandalisierung aussetzen zu müssen, weil sie aufgrund eines ihnen entgegengebrachten Demokratie-Vorschusses auf eine hohe Legitimität in der Bevölkerung vertrauen können.

Die bislang genannten Mädchen mit Ungleichheitsvorstellungen haben alle die deutsche Staatsangehörigkeit. Daneben ist eine Gruppierung von Mädchen zu beachten, die ebenfalls Ungleichheitsvorstellungen vertreten, aber entweder nichtdeutsch sind oder zumindest einer Migrantenfamilie entstammen. Es handelt sich um Berga (vor allem 1992), Branca, Milena, Ilona und Vera (nur 1992).

Kennzeichnend bei diesen Mädchen ist die auch schon für Jungen getroffene Beobachtung, dass der eigene Migrantenstatus oder der der Eltern nicht davor schützt, Ungleichheitsvorstellungen gegenüber anderen Ausländern zu besitzen. Sie betreffen dann Angehörige anderer Statusgruppen (zumeist AsylbewerberInnen, manchmal aber auch AussiedlerInnen) und/oder Menschen mit anderer nationaler Zugehörigkeit. An sie gerichtete Vorwürfe unterscheiden sich im wesentlichen nicht von denen deutscher Mädchen. Ebenso wie dort finden sich auch Argumentationsweisen der Dramatisierung. Und ebenso wie diese werden sie, zumal naheliegenderweise in keinem Fall eine Einbindung in eine rechtsextreme Clique vorliegt, in Ungleichbehandlungsforderungen überführt (vgl. Berga und Branca). Im Falle Branca führen sie sogar dazu, der Parole "Asylbetrüger raus" zuzustimmen, obwohl sie weiß, dass es sich um eine Parole der rechtsextremen "Republikaner" handelt.

Trotz dieser Ähnlichkeiten zwischen den deutschen Mädchen und den weiblichen Migrantenjugendlichen, ist deren Ungleichheitsorientierung nur verständlich, wenn sie auf dem Hintergrund ihrer spezifischen ethnisch-sozialen Lage interpretiert wird. Dies gilt deshalb, weil bezüglich anderer sozialer Erfahrungen bzw. von Kategorien, Kompetenzen und Mechanismen der Erfahrungsstrukturierung keine Unterschiede registrierbar sind.

Grundsätzlich wird aus der Perspektive heraus, selbst Ausländerin ("weil wir ja selbst Ausländer sind"; Vera 1992) oder "halbe Ausländerin" (Berga) zu sein, Position bezogen. Von daher wird von vornherein eine pauschale Fremdenfeindlichkeit abgelehnt. Teils gibt man an, sie am eigenen Leibe zu verspüren (vgl. z.B. Milena), teils sieht man sich als potentielles Opfer (vgl. z.B. Ilona). Dies hindert die Mädchen zum einen aber nicht daran, Differenzierungen zwischen einzelnen Migrantengruppierungen derart vorzunehmen, dass ihnen unterschiedliches Verhalten und unterschiedliche Rechte zugeschrieben werden. Für Berga mündet dies sogar darin, emotionale Haltungen des "Hasses" auf manche Gruppierungen einzugestehen und in der Wortwahl ihrer Ablehnung ("eingeschleimte Kanaken") rassistische Töne anklingen zu lassen. Zum anderen beugt die Migrantenrolle nicht dem vor, zustimmend Verständnis für fremdenfeindliche Haltungen in der deutschen Bevölkerung zu entwickeln und eine Mitschuld ihrer Adressaten zu erblicken. Im Falle Ilonas geht dies sogar soweit, mit "rechten" Freundinnen zusammenzusein und dabei ihr eigenes Nichtdeutschsein mit aller Vorsicht möglichst zu verstecken. Sie - wie manche andere - halten sich dabei zugute, nicht schon vom Äußeren her auf den ersten Blick als Nichtdeutsche erkannt werden zu können. Es stellt sich der Eindruck ein, dass das ständig vermittelte und verspürte Gefühl eigener Minderwertigkeit als Nichtdeutsche einen Anpassungsdruck hervortreibt, der mehr und mehr zu einem Anpassungsdrang verinnerlicht wird und dann in Aufzehrung der Solidaritätspotentiale gleicher sozialer Lage die eigene Anpassungsbereitschaft als Maßstab für die Beurteilung des Verhaltens anderer nimmt.

Der Zwiespalt der ethnisch-sozialen Zuordnung der Mädchen macht sich bemerkbar: Die Position, aus der heraus von allen argumentiert wird, ist einerseits die der schon längst integrierten, deshalb auch (möglichst) akzentfrei deutsch sprechenden und an deutsche Usancen angepassten Ausländerin, die sich aufgrund der Dauer ihrer Anwesenheit in Deutschland und des Grades ihrer Integration eher in die Haut von Deutschen als die von neu Immigrierenden, insbesondere die von Flüchtlingen hineinversetzen kann. Vielleicht fühlt sie sich sogar mehr "wie eine Deutsche" (Ilona). Insofern kann nicht verwundern, wenn das "Benehmen" der auch für sie 'Fremden' auf mangelnde Anpassungsleistungen zurückgeführt wird, sich die ihnen entgegengebrachten Vorhaltungen inhaltlich im wesentlichen nicht von denen von Deutschen unterscheiden und auch Absetzungen von anderen Nichtdeutschen erfolgen. Eine große Rolle spielt dabei auch die Angst, unter dem Rubrum 'BürgerIn ausländischer Nationalität/Herkunft' mit den Neu-Immigranten identifiziert und dadurch Risiko zu laufen mit gleicher Vehemenz wie sie unter nationalistischen Vorzeichen angegriffen zu werden.

Zum anderen können die Mädchen nämlich ihren eigenen ethnischen, nationalen und kulturellen Hintergrund nicht verleugnen. Wenn nicht Geburtsland, Aussehen und Deutschkenntnisse, so doch Passbesitz und spätestens Abstammung stempeln sie zu Nichtdeutschen bzw. "nicht richtigen Deutschen". Allerdings ist deshalb nicht nur eine bruchlose Identifikation mit Bürgern/Jugendlichen deutscher Nationalität und Abstammung und eine Einbindung in eine entsprechend zu konstruierende "Wir"-Gruppe schwierig. Auch Generalisierungen von Vorbehalten gegenüber Fremden, die über bestimmbare Gruppierungen anderer Ausländer/Migranten hinausgehen, sind deshalb nicht angesagt, will man nicht sich oder eigene Familienangehörige damit treffen. Solange Fremdenfeindlichkeit sich ideologisch und mentalitär nationalistisch bzw. mit Bezugnahme auf Staatsangehörigkeit und Ethnie sättigt und nicht Ancienität zum entscheidenden Inklusionskriterium der Eigengruppe erhebt und damit Fremdenfeindlichkeit eine mögliche Spezifizierung und Zuspitzung auf Neuhinzukommende erlaubt, mag dieser Damm halten. Die Zentrierung der Ungleichheitsvorstellungen sowohl der deutschen als auch der deutschen Jugendlichen unserer Studie gibt Anlass zur Vermutung, dass dieses Wehr aber nicht von dauerhafter Stabilität sein dürfte.

Ob deutsch oder nicht: Für die Begründungen der von Mädchen vertretenen Ungleichheitsvorstellungen - unabhängig davon, ob sie rechtsextreme Kontur annehmen oder von Gewaltakzeptanz getrennt bleiben und bei beiden Fällen in gleicher Stärke - gilt insgesamt im Vergleich zu denen der Jungen, dass ethnisierende Vorwürfe sexueller Belästigung nachdrücklicher vertreten werden. Unschwer ist dies auf geschlechtsspezifische Faktoren zurückzuführen. Soweit eigene schlechte Erfahrungen berichtet werden, besteht keinerlei Veranlassung, sie zu ignorieren, zu verharmlosen oder gar als Erfindungen zu verdächtigen. Soweit sie aus Berichten über das Erleben anderer bestehen, ist schwieriger zu beurteilen, ob und ggf. wie weit sich darin u.U. auch bloße Gerüchte niederschlagen. Von vornherein davon auszugehen, hieße die vermeintlichen oder tatsächlichen Beobachtungen und Einschätzungen der Mädchen abzuwerten und ihre so zum Ausdruck gelangenden Besorgnisse nicht ernst zu nehmen. Dagegen spricht auch die Illustrativität und Eindringlichkeit konkreter Situationsskizzen. Mit dem vorhandenen qualitativen Instrumentarium lässt sich auch nicht prüfen, inwieweit die gefundene Menge an Vorhaltungen die Größenordnung der realen Gefährdungslage der Mädchen repräsentieren. Im übrigen ist für unseren begrenzten Erklärungszusammenhang nur von zweitrangiger Wichtigkeit, ob und inwieweit die gegebenen Einschätzungen reale Hintergründe besitzen oder inwieweit sie Phantasmagorien aufsitzen. Denn unabhängig von der sog. 'objektiven' Verfassung eines Sachverhalts verhalten sich die Subjekte in bezug auf ihn gemäß der subjektiven Bedeutung, die sie ihm zuschreiben. So gesehen muss die Erfahrung oder auch 'nur' die Furcht vor eigener Betroffenheit sexueller Anmache bzw. sexualisierter Gewalt durch Ausländer als geschlechtsspezifisch auffälliges Anfälligkeitsmoment von Mädchen für rechtsextreme Orientierungen, zumindest aber für Ungleichheitsvorstellungen betrachtet werden.

Vor diesem Hintergrund ist festzuhalten, dass einschlägige Vorhaltungen sich deutlich - hierbei freilich nicht trennscharf - auf Türken, Kurden, Albaner und "Asylanten" zentrieren. Sie treffen also (neben 'Nichtweißen') zu weiten Teilen Gruppierungen aus dem islamischen Kulturkreis. Teilweise wird explizit ein Zusammenhang von religiös-kultureller Sozialisation und Frauenabwertung angenommen. Dass solche Konkretisierungen als Auswahl aus der Gesamtmenge von Nichtdeutschen und quer über unterschiedliche Statusgruppen hinweg erfolgen, auch wenn in den jeweiligen Einzelfällen insgesamt bspw. Ausländer überhaupt oder bis auf diese Vorwürfe nur Asylbewerber Adressaten von Ungleichheitsvorstellungen sind, sie also nicht entlang der für den Einzelfall sonst gültigen Differenzierungs- und Ausgrenzungskriterien verlaufen, lässt annehmen, dass diese Angabehäufung nicht nur zufällig ist. Aber auch hier ist auf der Basis des von uns eingesetzten methodischen Instrumentariums letztlich nicht entscheidbar, welchen realen Gehalt diese Vorbehalte haben. Vielleicht wirken auch nur gängige westliche Vorstellungsbilder als Wahrnehmungsfilter, durch die der Sexismus deutscher Jungen und Männer ausgeblendet oder unschärfer wird. In jedem Fall aber erscheint es dringlich, an dieser Stelle weitere Nachforschungen anzustellen.

Ein abschließender, stark geraffter Vergleich von Affinitätsursachen für rechtsextreme Orientierungen bei Mädchen und Jungen ergibt zum einen Ähnlichkeiten mit, aber doch spezifische Zuspitzungen von jenen Konstellationen, die für allgemeine Gewaltakzeptanz auszumachen sind (vgl. Möller 1999b), zum anderen eine Reihe von Übereinstimmungen zwischen den beiden Gruppierungen, jedoch auch deutliche geschlechtsspezifische Besonderheiten:

Zum ersten: Die rechtsextreme Gewaltakzeptanz von Mädchen ist gegenüber der der Jungen insofern niedriger, als meist auf eigene Gewaltanwendung verzichtet und sich mit der Duldung resp. Billigung fremdausgeübter Gewalt begnügt wird, sei es in Form von rechter Cliquen- und Szenegewalt, sei es in Verfassung institutioneller Gewalt. Diesbezüglich schlägt sich die Geschlechtsspezifik genereller Gewaltakzeptanz auch in dieser spezifischen Form von politisch relevanter Gewaltakzeptanz nieder.

Zum zweiten: Registrierbarer Hintergrund dessen in den äußeren Lebenskonstellationen ist, dass die Cliqueneinbindung bei Mädchen von anderer Qualität ist als die von Jungen. Sie erscheint insgesamt wechselhafter, stärker von jeweiligen Partnerschaften abhängig, u.a. wegen der häufigen Existenz einer "besten Freundin" als gleichaltrigem Kommunikationsgegenüber weniger total. Zudem ist die Position von Mädchen innerhalb der Cliquen unter alters- und geschlechtshierarchischen Aspekten eine andere: Sie ist inferiorer und marginaler.

Zum dritten: Zusammenhängend damit sind Mädchen weit weniger unmittelbar an interethnischen Territorialkämpfen der jeweiligen Cliquenverbünde beteiligt. Ihre Ethnisierungen beziehen ihre Substanz entsprechend wenig aus solchen Erfahrungskontexten.

Zum vierten: In der Summe finden sich bei rechtsorientierten Mädchen dieselben Ungleichheitsvorstellungen wie bei derart eingestellten Jungen. Die Gewichtung ist jedoch eine andere. Überwiegt bei Jungen die Raumkonkurrenz als subjektives Begründungsmuster, so spielt bei Mädchen vor allem die Angst, Opfer von sexueller Belästigung und - vor allem sexualisierter - Gewalt (durch 'Ausländer') werden zu können, eine herausragende Rolle. Und wie bei den Jungen mit Ungleichheitsvorstellungen, aber ohne personale Gewaltakzeptanz, sind bei ihnen auch Problemklärungen in bezug auf die ökonomische Unterstützung von aus dem Ausland Zugezogener vordringlicher. Für Mädchen gilt aber wie für Jungen: Voraussetzung dafür, dass Ungleichheitsvorstellungen sich mit rechtsextremer Gewaltakzeptanz verbinden, ist die Verknüpfung von dramatisierender Wahrnehmung der ihnen zugrundeliegenden Probleme mit Gelegenheitsstrukturen wie sie sich in 'unserer' Altersgruppe vor allem im Umfeld rechter Cliquen finden.

Zum fünften: Motiv der Einbindung in rechtsextrem orientierte Cliquen bei Mädchen ist nicht - etwa analog zu Männlichkeitsbeweisen der Jungen - der Versuch eines politisch konturierten Nachweises geschlechtsspezifischer Identität. Vielmehr scheinen anderenorts (vor allem in Elternhaus und Schule) unbefriedigte Eigenständigkeits- und Akzeptanzbedürfnisse ausschlaggebend zu sein, die auch über die Privatheit hinaus auf eine Verortung der eigenen Person im politisch-sozialen Raum gerichtet sind und dabei ein geschlechtsspezifisches Selbstbild ermöglichen, das jenseits von Erwartungshaltungen auf kindliches Mädchenverhalten und konventionellen Weiblichkeitszumutungen angesiedelt werden kann.

Zum sechsten: Die Übernahme rechtsextremer Orientierungen durch Mädchen zeigt insofern Momente einer 'verqueren Emanzipation': Auf der Suche nach biografisch und gesellschaftlich 'neuartigen' Orientierungsmarken für den Aufbau geschlechtsspezifischer Identität erfolgt anscheinend aus Mangel an emanzipativen Vorbildern eine Orientierung an Autonomievorstellungen wie sie tendenziell den Konventionen männlicher Identitätsentwicklung in der Adoleszenz entsprechen.

Zum siebten: Unbeschadet der besonderen Bedeutung von Eigenständigkeits- und Akzeptanzkonflikten für die Mädchensozialisation (s.o.), sind die Affinität begünstigenden Faktoren in Schule, Familie und Freizeit - bis auf die nicht vorhandene Einführung in Gewalthandeln und eine eher gegenteilige Erwartungshaltung in bezug auf die geschlechtsspezifische 'Normalität' von Gewaltanwendung - im wesentlichen bei Mädchen und Jungen gleich: geringe Kontaktdichte und eine sozio-emotional entleerte Atmosphäre zu Hause, Mangel an Anerkennungs- und Selbstwertquellen in Schule und Freizeit, auch im Hinblick auf Jugendarbeits-Angebote und Offerten zu politischer Partizipation.

Zum achten: Nach unseren Befunden ist nicht ein zwischen Jungen und Mädchen irgendwie signifikant unterschiedliches 'Level' an individuellen Kompetenzen zum Aufbau personaler Identität zu konstatieren, das für Unterschiede rechtsextremer Affinitäten verantwortlich zu machen wäre. Für die Befürwortung dieser Form politischer Gewalt scheinen vielmehr geschlechtsspezifische Qualitäten von Reflexionshemmnissen verantwortlich zu sein. Während Jungen wie Mädchen mit rechtsextremer Orientierung eine selbstkritische Betrachtung ethnisierender Deutungen und die kritische Sicht auf nationale und/oder Ancienitäts-Vorrechte der eigenen Person - dabei durchaus konform mit gesellschaftlich weit streuenden ethnisierenden Deutungen des Alltags-Diskurses Erwachsener - vermissen lassen, brechen reflexive Ansätze bei rechtsextrem orientierten Jungen dort ab, wo ihre Maskulinitätsmuster fraglich werden könnten, und geraten sie bei Mädchen ins Stocken, wo anstehen würde, die bloße Mittelbarkeit ihrer Beteiligung, die sich vor allem in der Akzeptanz fremdausgeübter Gewalt zeigt, auf Mitverantwortlichkeit zu prüfen. Im Klartext: Die Selbsteinschätzung, "nicht so richtig extrem rechts" zu sein, scheint Mädchen von einem kritischen Hinterfragen ihrer politischen Positionierung abhalten und so ihre Affinität gerade mit Verweis auf ihre vergleichsweise größere Zurückhaltung gegenüber Zuspitzungen und violenten Umsetzungen aufrechterhalten zu können.

5.2.2.2 Distanz(ierung)

5.2.2.2.1 Fallbeispiel Senta

"... und wenn dann jeder dritte Türke zu dir herkommt und einen geil anmacht, das hängt einem irgendwann mal zum Hals raus. Und wenn dann die Deutschen sagen: ' Bitte lass mich in Ruhe' und der sagt. 'Halt die Klappe' und so, da drehe ich irgendwo durch ..." (1992: 26;2ff)

"...im Asylantenheim, ich finde das der Hammer. Die haben drei Schüsseln auf dem Dach, ein Mords-Fernseher und eine Riesen-Stereoanlage und so, Mountainbikes, die Kinder und so, also übertreiben, finde ich, braucht man es halt nicht, was man denen alles, was man denen alles geben muss. Übertreiben muss man es nicht auch noch." (1993: 41;30-37)

"Beim ersten Interview habe ich mal gesagt, dass ich was gegen Ausländer habe und so, das stimmt überhaupt nicht mehr..." (1994: 1; 12f)

1. Objektive Daten zum Lebenskontext im Überblick
Senta, geboren 1978, kath., wohnt mit ihren Eltern über den Erhebungszeitraum hinweg in unveränderter Konstellation in einem Neubaugebiet der zentralen Kerngemeinde des Dorfes T, das mit seinen ca. 8.500 Einwohnern als Unterzentrum ausgewiesen und dementsprechend mit einer überdurchschnittlichen Infrastruktur ausgestattet sowie ob seiner verkehrstechnisch günstigen direkten Anbindung an eine regionale Bahnlinie bzw. eine gut ausgebaute Bundesstraße als ballungsgebietabgewandter gut strukturierter ländlicher Raum bezeichnet werden kann. Beide Eltern sind durchgängig auf jeweils derselben Stelle berufstätig, der Vater als Polizist, die Mutter als "Elektronikerin". Senta besucht die Realschule, zuletzt in Klasse 10. Die kleine Familie - die 19jährige Schwester ist bereits ausgezogen - bewohnt ein großzügig gebautes Eigenheim (8 Zimmer) mit Terrasse und Garten und verfügt an langlebigen Gebrauchsgütern über 2 Autos, Farb-TV, Videorecorder, CD-Player, Spülmaschine und Telefon, aber 1993 auch ein Motorrad und ein Heimcomputer. Senta hat ein eigenes Zimmer und besitzt zunächst eine Stereoanlage sowie ein Skateboard, später (1993) einen CD-Player und einen Walkman bzw. (1994) eine größere CD-Sammlung und ein Mountainbike. Als Taschengeld stehen ihr anfangs ca. 50,- DM im Monat zur Verfügung; dazu verdient sie sich in den ersten beiden Jahren nochmals etwa 50,- bis 100,- DM durch das Austragen von Zeitungen.1994 hat sie diese Tätigkeit eingestellt, bezieht jetzt aber 60,- DM.

Nach dem Eindruck der Interviewerin ist S. ein auffallend hübsches Mädchen und könnte von ihrer Erscheinung her schon im Alter von 13 Jahren auch 2 bis 4 Jahre älter eingeschätzt werden, ein Eindruck, der durch S.s Erzählung bestätigt wird, sie würde ohne Beanstandungen gelegentlich in eine erst ab 18 Jahre zugängliche Diskothek eingelassen (vgl. 1992: 23;30ff).

2. Politische Orientierung
2.1 Allgemeine Orientierung
1992 äußert S. allgemeines politisches Desinteresse und offenbart kein politisches Engagement. 1993 zeigt Senta sich nach wie vor im engeren Sinne politisch desinteressiert, jedoch engagierte sie sich kurzfristig in einem Jugendgremium, als es um die Einrichtung eines Jugendraumes in ihrem Dorf ging (vgl. 1993:19;3ff). 1994 zeigt sich S. nach wie vor politisch desinteressiert - "...das ist was, was mich überhaupt nicht interessiert...", (44;4) - und wüsste deshalb auch nicht, was sie wählen

würde, wenn sie es dürfte (vgl. 44;5ff). Sie findet es aber wichtig, dass mehr Frauen in die Politik gehen, ohne dies jedoch näher begründen zu können (vgl. 44;21ff). Sie möchte lediglich, "dass die halt auch mehr was zu sagen haben" (44;28).

Rechnet sie sich 1992 selbst zu den Heavy-Fans, Bikern und Fans von Musikgruppen, wobei sie u.a. Skinheads "ganz gut" findet, so fühlt sie sich 1993 und 1994 den Gruppierungen der Punks (nur 1993), Heavies und linken Jugendlichen zugehörig. Skinheads, die sie im ersten Jahr noch "ganz gut" fand, gehören jetzt, ebenso wie rechte Jugendliche und deutsch-nationale Gruppen, zu ihren "Gegnern" (vgl. Fb 1993;11 u. Fb. 1994). "Rechtsradikale" Musik mag sie nicht mehr. Zwar hört sie noch die "Onkelz", jedoch nur noch neuere, nach ihren Angaben nicht mehr rechtsorientierte Stücke (vgl. 18;16ff). "Nicht so gut leiden" kann sie Fußballfans, Rapper und Skater.

2.2 Ungleichheitsvorstellungen/Gleichheitsvorstellungen im Kontext von Fremdenfeindlichkeit und Rechtsextremismus

Senta hegt 1992 auf der Basis verschieden angesiedelter Motive Ungleichheitsvorstellungen in bezug auf Ausländer und Asylbewerber.

In Richtung (türkischer) männlicher Ausländer erhebt sie den Vorwurf, dass diese (deutsche) Frauen bzw. Mädchen z.T. aggressiv sexuell belästigen. Sie greift dabei auf eigene Erfahrungen mit sexueller "Anmache" zurück, wobei sie in pauschalierender Weise Verhaltensnormalität Deutschen und damit implizit Anormalität Türken unterstellt: "...Auch bei der Disko, die es bei uns gibt...da sind immer so 20 bis 30 Türken und dann Normale, also Deutsche eben... und wenn dann jeder dritte Türke zu dir herkommt und einen geil anmacht, das hängt einem irgendwann mal zum Hals raus. (...) oder letztens waren wir im Schwimmbad, dann auch so ein paar Jungen, wo ich gekannt habe, haben mich dann hop genommen und so, und auf einmal kommt so ein Wildfremder zu mir und drückt mich unter Wasser, und ich kenne den überhaupt nicht, der war vielleicht 40 oder so (...) ich bin fast erstickt da unten, komme wieder hoch und so, keine Luft mehr gehabt und habe den voll angeschrieen oder so, also wenn da die anderen dabei gewesen wären, dann hätte es eine ganze schöne Schlägerei gegeben, wenn die das gesehen hätten, die aus meiner Clique" (1992: 26;2ff).

Hinsichtlich der Auslösung (gewalttätiger) Auseinandersetzungen schreibt sie Ausländern und Asylbewerbern das nahezu alleinige Aggressionspotential zu: "...das sind immer die Türken, also fast immer, ich meine, es gibt kaum welche von uns, wo Streit anfangen." (1992: 26;22ff); "... und Asylanten sowieso. (...) Provokation und solche Schlägereien und so" (1992: 27;29ff).

Gleichwohl sie sich von "Hitler oder so" (27;18) distanziert, vermischen sich Argumente aus dem völkisch-nationalen bzw. ethnopluralistischen Fundus sowie Kriminalitätszuwei-sungen als Begründung ihrer hier diffusen Anti-Haltung in bezug auf o.a. Gruppierungen: "... irgendwo war Deutschland mal Deutschland, und jetzt kommen sie von überall her und so, und das ist jetzt bloß noch ein Mischland, da kommen jetzt von überall, von Polen, von der Türkei haben wir eine ganze Menge und so. Ich meine, es gibt schon einige, mit denen man reden kann, die o.k. sind oder so, aber wenn man z.B. XY oder so anschaut, dann sieht man z.B., das sind nur Ausländer" (1992: 27;18ff). Konkrete Erfahrungen, z.B. als Mädchen in bestimmten Lebenssituationen, verknüpfen sich mit 'plastischem Anschauungsmaterial' ("XY") und kollektiven Deutungsangeboten zu der behaupteten Antipathie. S. relativiert diese verallgemeinernde Haltung selbst durch die 'Gastarbeiter-Argumentation', also die Betonung der Leistungen und des wirtschaftlichen Nutzens von Ausländern: "Wir brauchen die Ausländer schon (...), mit denen machen wir auch viel Geld, und ich meine, ohne Ausländer würde es auch nicht so richtig gehen oder so" (1992: 29;18ff). Vor diesem Hintergrund vertritt sie dann eher eine gleichgültige Haltung, die aber sehr labil ist bzw. die sie selbst schon durch den Hinweis auf Platz- und Bedrängungsargumente wieder zurücknimmt: "Aber ich meine, es werden immer mehr, immer mehr, und alle kommen zu uns, und das ist eben das. Ich meine, irgendwas muss es auch einmal aufhören, aber es kommen alle zu uns." (1992: 29;22ff); "Ich meine, die ganzen Ausländer und das, die stören mich nicht wo da sind, aber, ich meine, wenn es jetzt immer mehr werden in den Großstädten und überall, dann ist das eben schon..." (1992: 29;39ff). Solche Überflutungs-Argumente verwischen Differenzierungen, die sie vorher in bezug auf verschiedene Statusgruppierungen von Migranten angestellt hat. Steuerzahler- bzw. Betrugsargumente treffen dann Arbeitsemigranten wie Asylbewerber, wobei sich andeutet, dass sie bei sich Steuerzahler-Argumente noch eher in der Latenz gehalten sieht, weil sie sie noch (!) als Nicht-Steuerzahlerin nicht direkt betreffen und in ihrer "Ruhe" stören: "Mich nervt das eben, dass wir für die zahlen müssen, und was weiß ich alles und Scheinasylanten, wenn sie einfach bloß so, oder Hauptsache, sie kommen umsonst raus aus der Türkei oder so, und das ist eben das, was mich nervt. Ich meine, die können dableiben, das ist mir egal, ich muss es ja jetzt noch nicht zahlen, aber ich meine, solange sie mich in Ruhe lassen, ist es mir egal" (1992: 28;36ff).

1993 ordnet sich Senta nicht mehr der rechten Szene zu, bestätigt aber, dass sie eine solche Orientierung hatte. Ihren Angaben nach handelte es sich dabei jedoch um eine Art von - aus ihrer heutigen Sicht - untauglicher Anpassungsleistung an die Orientierung ihrer ehemaligen Clique - "weil die mich irgendwo beeinflusst haben" (13;15), um dort Akzeptanz zu erlangen: "... das war eigentlich eher, weil ich auch irgendwo akzeptiert sein wollte. Und den Fehler mache ich halt nicht mehr" (1993: 12;28ff). Senta vertritt nunmehr ihre "eigene Meinung" und "steht dazu" (vgl. 1993: 13;12ff). Dementsprechend stören sie die - nach ihren Angaben mittlerweile vermehrt - in ihrem Dorf lebenden Ausländer nicht mehr (vgl. 39;7ff). Ihren Orientierungswechsel begründet sie selbst mit dem Wechsel ihres Freundeskreises: Über ihren neuen Freund habe sie zunächst dessen Punker-Clique kennen gelernt, über die sie dann zu ihren heutigen, für sie "eigentlichen" Ansichten gefunden hätte: "Ja, und ich habe dann halt echt gemerkt, dass das absolut das Gegenteil ist und dass ich mich da eigentlich auch viel wohler fühle und dass das auch eigentlich meine Meinung ist, meine wirkliche Meinung" (1993: 13;1ff). Das "Gegenteil" vermag sie zwar nicht sonderlich ausführlich zu konkretisieren, verwendet bei seinem Beschreibungsversuch allerdings mehrfach kurze Signalbegriffe, die klar mit politischen Richtungen konnotiert sind: "Anarchie und gegen Hitler halt, und dass, also ich habe z.B. nichts gegen Ausländer" (1993: 13;9ff).

Sie meint, aufgrund des Einflusses der Punker-Clique ebenfalls ihre Einstellung gegenüber Asylbewerbern geändert zu haben: "Also ich meine, ich habe früher was gegen Asylanten gehabt, aber ich habe mir dann auch mal überlegt, wo ich mit den Punks zusammen war, dass wenn bei uns Krieg wäre, und ich müsste in ein anderes Land, da wäre ich auch froh, wenn sie mich aufnehmen würden. Von dem her finde ich es eigentlich schon okay, mit den Asylanten" (1993: 39;21-26). Konkret zeigt sich Sentas Einstellungsveränderung in folgenden Bereichen: Sie distanziert sich von Vorurteilsbildungen gegen Ausländer und andere Gruppierungen aufgrund der äußeren Erscheinung oder sonstiger Verallgemeinerungen (vgl. 42;38ff). Im Hinblick auf das Problem der Arbeitslosigkeit plädiert sie für eine Gleichberechtigung von Deutschen und Ausländern bei der Stellenvergabe, wobei als Auswahlkriterien nicht die Nationalität sondern die individuellen Fähigkeiten der Bewerber gelten sollten (46;1ff).Weiterhin spricht sie sich für das Recht der Ausländer aus, in Deutschland leben zu dürfen, wobei sie sich von Menschen, die ihnen dieses Recht absprechen, derart distanziert, dass sie ihnen Auswanderung nahe legt: "Ich meine, wenn es ihnen nicht passt, dann sollen sie gehen. Ausländer haben hier genau so ein Recht zu wohnen..." (1993: 43;19ff). Zum einen wehrt sie sich gegen eine Instrumentalisierung von Migranten als bloße Arbeitskräfte, deren Anwesenheit sich durch die wirtschaftliche Konjunktur steuern ließe, wobei sie ihre eigene Ansicht allerdings mit einer Instrumentalisierung ihrerseits begründet: "Früher hat man ja die Ausländer hergeholt nach Deutschland, und jetzt wollen sie sie auf einmal wieder alle loshaben. Das ist das halt, was ich halt absolut nicht einsehe, dass sie jetzt alle abschieben wollen." (1993: 42;13ff); "Das geht halt irgendwo nicht, weil wir brauchen sie ja auch ..." (1993: 42;17ff). Zum anderen wird für diese Ansicht auch die Erfahrung von Gastfreundschaft, die Sentas Schwester während eines Türkei-Urlaubes gemacht hat, in Anschlag gebracht (43;23ff).

Trotz alledem zeigt Senta nach wie vor verschiedene Ungleichheitsvorstellungen in bezug auf Ausländer und vor allem Asylbewerber. Noch immer unterscheidet sie zwischen Asylberechtigten und "Asylbetrügern", die sie in der Überzahl vermutet: "Scheinasylanten, gegen die habe ich immer noch was, aber ich glaube, das sind die meisten hier" (1993: 39;27ff). Senta nennt in diesem Zusammenhang wieder finanzielle Probleme der deutschen Steuerzahler, zu denen sie sich per Wir-Gruppen-Konstruktion rechnet: "... weil im Endeffekt leiden wir ja darunter, wenn man am Staat dann Geld zahlen muss, auch mit für die Leute" (1993: 40;17ff). Wohnraumprobleme und Arbeitslosigkeit, die sie durch die Anwesenheit von Asylbewerbern mitverursacht sieht, benennt sie jedoch als wesentlichere Probleme als die geforderten Finanzbeiträge (40;29ff). Da Senta sich selbst momentan mit ihrer Berufsplanung befasst (vgl. 48;24ff) und sehr konkret den Wunsch hat, von zu Hause auszuziehen, auch wenn dies altersbedingt gegenwärtig noch nicht möglich ist, können diese Perspektiven die Argumentation mit beeinflussen, während Steuerforderungen in ihrer Vorstellung noch nicht (s.o.: "später") so konkrete Einschränkungen bilden. Sie beschreibt entrüstet eine angebliche sozialpolitische Bevorzugung der Asylbewerber - die ihrer Meinung nach bestimmte Konsumgüter bereits im Überfluss besitzen - gegenüber Deutschen (vgl. Eingangszitat). Hier vermutet sie Geschenke von staatlicher Seite - "...zum großen Teil vom Staat, weil die dürfen ja nicht arbeiten, oder so was..." (41;39f) -, aber wohl auch kriminelle Bereicherung im Hintergrund (s.u.). Obwohl sie hier zu erkennen gibt, dass sie über die rechtliche Situation bezüglich der Arbeitserlaubnis zumindest fragmentarisch Bescheid weiß, fließt dieses Wissen in die oben genannte Angst vor Arbeitslosigkeit nicht ein. An dieser Stelle zeigt sich wieder die schon im Vorjahr festzustellende mangelnde Differenzierung der 'Fremden' nach Statusgruppen mit entsprechend unterschiedlichen (Beschäftigungs-)Rechten. Eigene Überlegungen über die Legitimität von Kriterien der Asylberechtigung schiebt Senta zunächst von sich weg. Sie sieht keine Notwendigkeit, sich diesbezüglich selber eine Meinung zu bilden, offenbar, weil sie die Entscheidungskompetenzen ohnehin nicht bei sich sieht (39;32ff).

Sie nennt aber dann doch Kriegssituationen als berechtigten Grund für Asylgewährung (vgl. 39;39ff). Obwohl Senta durchaus Verständnis für Asylbewerber bzgl. ihres Ansinnens äußert, sich einen Ort zu suchen, an dem man besser leben kann ("Ich finde es ja o.k., wenn sie raus wollen aus ihrem Land und irgendwo hin, wo es ihnen besser geht", 41;5ff), fordert sie doch angesichts der landesinternen Probleme in Deutschland von den Politikern ein klares Wort zum Einwanderungsstopp, wobei sie den Zeitpunkt dafür jedoch immerhin offen lässt ("irgendwann") und nicht explizit auf sofortige Maßnahmen pocht, gleichwohl sich aus dem Gesamtkontext der entsprechenden Interview-Passagen ergibt, dass sie Deutschland als Staat und sich als Person lieber heute als morgen durch eine Zufluchtsperre entlastet sähe: "Irgendwann mal sagen, stopp, jetzt reicht es. Jetzt müsst Ihr Euch mal ein anderes Land suchen ..." (1993: 41;2ff). Noch immer unterstellt sie Asylbewerbern eine hohe Kriminalitätsrate, wobei sie dabei auf eigene Erfahrungen im direkten Lebensumfeld zurückgreifen kann: "... aber was in letzter Zeit läuft, mit den Asylanten, finde ich unter aller Sau, weil an der Schule oben werden Fahrräder geklaut, kaputt gemacht, und das waren also oft Asylanten und so, und das ist halt das, was mir stinkt." (1993: 39;8ff); "Meinem Kumpel haben sie das Fahrrad geklaut, und er hat also gesehen, wo sie es auseinandergeschraubt haben. Und er kennt die halt, er weiß, dass sie aus dem Asylantenheim sind, und das war nicht das erste Mal" (1993: 39;14ff). Wenn auch nicht mehr so explizit wie zum Zeitpunkt des letzten Interviews, erhebt Senta noch immer Vorwürfe hinsichtlich sexueller Übergriffe in Richtung männlicher Ausländer: " ... wenn ich in eine Disko reingelaufen bin, dass irgendein Ausländer mich blöd angemacht hat oder auf den Hintern gehauen oder so, und das kann ich dann absolut nicht leiden ..." (1993: 44;10ff).

1994 distanziert sich Senta nach wie vor von ihrer vormals "rechten" Einstellung und gibt sich jetzt diesbezüglich indifferent: "Beim ersten Interview habe ich mal gesagt, dass ich was gegen Ausländer habe und so, das stimmt überhaupt nicht mehr halt, (...) da hat es mich halt gestört, so die Scheinasylanten, aber mein Gott (Lachen). (...) das ist mir jetzt eigentlich relativ egal" (1994:1; 12ff). Ihre Einstellung AusländerInnen gegenüber erscheint auf den ersten Blick als ziemlich "neutral": "... also ich komme mit einem Haufen Ausländern gut aus, es gibt aber auch welche, mit denen ich aber überhaupt nicht auskomme, aber so gibt es genauso halt Deutsche ..." (1994: 30;12ff). Hier nimmt sie eine Differenzierung in Menschen, mit denen sie "auskommt" oder "nicht auskommt" vor, unabhängig von der Nationalität. Aus einer Äußerung, mit der Senta ihre "positive" Einstellung zu AusländerInnen belegen will, wird aber in ihren Assoziationssequenzen deutlich, dass sie bei ihrer Einschätzung noch immer mehr oder weniger von Generalisierungen und Vorurteilen geleitet wird: "... wo ich meine Prüfung gehabt habe in B. bei der Polizei, da habe ich einen Türken kennen gelernt, der macht auch dort gerade eine Ausbildung, ich habe es dem nicht geglaubt, dass er Türke ist, das hat man ihm gar nicht angesehen, und das war so ein lieber Kerle, echt, der war, also ich hätte es dem nie angesehen, und der war auch brutal in Ordnung, das ist jemand, mit dem ich z.B. gut auskomme. Aber wenn man dann von irgend jemand dann blöd angemacht wird in der Disko oder so, das ist auch was, was ich gar nicht leiden kann. Oder wenn irgendein Wildfremder da mit meinem Freund mit Schlägern anfangen will, wegen mir, und den kenne ich nicht mal, das sehe ich nicht ein" (1994: 30;20ff). Abgesehen von der Zuschreibung bestimmter äußerlicher Attribute, setzt sie hier anscheinend bei Ausländern generell ein höheres Anmach- und Aggressionspotential voraus. Dies bestätigt sich z.T. auch in folgender Aussage: "Ich will jetzt nicht Ausländer unbedingt ins schlechte Licht stellen, aber es passiert bei denen öfters" (1994: 31;9ff). Dass sie hinsichtlich des Tatbestands sexueller Belästigung nur Ausländer als schlechte Beispiele erwähnt, verwundert, da es ein Deutscher war, von dem sie schon einmal beinahe vergewaltigt worden wäre. Anscheinend hat sie dieses Erlebnis mehr oder weniger verdrängt, um damit umgehen zu können oder ethnisiert die Gefährdungskonstellation, in die sie sich durch sexuelle Anmachversuche von Männern/Jungen versetzt sieht derart, dass ihr dieses Erlebnis als Gegenbeispiel ethnisierender Zuschreibung nicht oder kaum noch präsent ist.

Während Senta im letzten Interview noch für eine absolute Gleichbehandlung von Deutschen und AusländerInnen bei der Lehrstellenvergabe eintrat, sieht sie die Deutschen jetzt von den AusländerInnen in diesem Bereich übervorteilt und spricht sich deshalb für "Gleichbehandlung der Deutschen" aus: "... die Meinung habe ich aber auch erst seit drei Monaten, weil es ist so, die haben, meinen Schwager haben sie gekündigt, also einfach so, und haben kurz darauf irgendeinen Ausländer eingestellt, und dann habe ich auch denken müssen, ja, das kann doch wohl nicht sein. Und vor allem, weil ich halt merke, dass das jetzt gerade brutal schwer ist, eine Lehrstelle zu finden, brutal, ich habe so Glück gehabt. Also die Hälfte von meiner

Klasse hat nichts, weil sie nichts bekommen, weil alles voll ist. Ja, was nicht unbedingt heißen soll, dass da irgendwie die ganzen Lehrstellen Ausländer haben, aber das ist zum großen Teil so. Ja. Also ich weiß noch, meine Freundin hat sich bei einem Zahnarzt beworben, da haben sie letztes Jahr drei Türkinnen eingestellt, und sie hat sich damals auch beworben, und die Türkinnen hat man genommen und sie nicht. Was nicht heißt, dass die irgendwie, dass sie die Ausländer nicht nehmen sollen, aber irgendwo ein bisschen Gleichheit" (1994: 45;15ff). Obwohl sie selber eine Lehrstelle bekommen hat, übernimmt Senta hier - wohl aus Betroffenheit - die Wegnahme-Theorien der anderen, ohne sich Gedanken über konkrete Hintergründe der Entlassung des Schwagers oder eine möglicherweise bessere Qualifikation der Türkinnen zu machen. An ihren Formulierungen lässt sich erkennen, dass ihr dies evtl. bewusst ist, und sie sich in einem Zwiespalt befindet, weil sie immer wieder versucht, Generalisierungen zurückzunehmen ("was nicht unbedingt heißen soll, dass die ganzen Lehrstellen Ausländer haben", "was nicht heißt, dass sie Ausländer nicht nehmen sollen").

In bezug auf Asylrechtsfragen ist Senta mittlerweile der Meinung, dass AusländerInnen "Asyl bekommen sollen, also wenn sie politisch verfolgt sind" (43;3f). Wiederholt betont sie, dass sie sich "mit dem Thema gar nicht mehr so beschäftig(t) wie früher" (z.B. 41;23f). Dennoch vertritt sie konturierter als im letzten Interview die "Scheinasylanten"-Argumentation. In diesem Bereich scheint sie von ihrem Vater, von Nachbarn und vom Fernsehen beeinflusst zu werden: "... es wissen halt ein paar Leute, also in H. ist ein Asylantenheim z.B., und da wissen die H.er genau Bescheid, was da geht, und da hört man halt so manche Sachen. Ich meine, ich glaube auch nicht alles, was man mir erzählt, aber das mit der Schüssel und so, das habe ich halt selber gesehen und das, ja, und mein Vater würde mich auch nicht anlügen in der Beziehung, ich meine, das ist auch im Fernsehen gekommen, dass sie da das Essen auf die Straße geworfen haben und gesagt haben, sie wollen Geld" (1994: 42;14ff). Ähnliche Relativierungen wie die o.e. Zurücknahme von Generalisierungen läßt sie in ihrem starken Rechtfertigungsdrang erkennen, der aufkommt, wenn sie sich negativ über andere Bevölkerungsgruppen äußert. In der Zurückweisung von Naturalversorgung und der Forderung von finanzieller Unterstützung ("kostet halt einen Haufen Geld"; 43;22) sieht sie die staatlich gewährte Hilfe seitens der Asylsuchenden ausgenutzt: "Einfach, dass man sich Mühe gibt, denen irgendwie zu helfen, und sie nehmen die Hilfe nicht an, sondern nutzen es aus, und das finde ich nicht o.k." (1994: 42;26ff). Zudem scheint sie in dem beschriebenen Verhalten Undankbarkeit zu vermuten. So fordert sie auch ein Wohlverhalten von Asylbewerbern, um die Hilfsbereitschaft der Deutschen nicht zu gefährden: "Gerade die Leute, wo, was weiß ich, z.B. das Essen auf die Straße werfen oder so, oder wo halt Ärger machen allgemein. Wo halt bei der Polizei auffallen, so das. Sie sollen froh sein, dass man noch hilft, dann braucht man da auch nicht irgendwie Theater zu machen" (1994: 43;26ff). Erfolgt diese Anpassung nicht, wäre das für Senta ein Grund, diese Menschen abzuschieben (vgl. 43;26ff).

Als gleichberechtigt mit Deutschen - hier ungeachtet der obigen Einschränkungen - bezeichnet Senta: "(d)ie, wo halt, ja, schon immer in Deutschland gelebt haben. Es gibt z.B., also ich finde, halt gleichberechtigt ist, wenn, also es gibt ja auch türkische (...) Familien, wo schon seit vielen Jahren in Deutschland wohnen und auch in Deutschland arbeiten, und alles ganz normal, wie ein Deutscher auch, da sehe ich irgendwo keinen Unterschied" (1994: 46;8ff). Kriterium für die Behandlung als Deutscher und somit für Gleichberechtigung ist also neben dem 'Geburtsrecht' auch der Nachweis eines ein eigenes Einkommen sichernden Arbeitsplatzes, was wiederum dafür spricht, dass S. Angst hat, Ausländer/Asylbewerber könnten durch den Bezug sozialer Unterstützungsleistungen den deutschen Wohlstand gefährden. Konsequenterweise äußert sie sich dementsprechend auch negativ über AussiedlerInnen

(46;27f). Allerdings scheint S. gar nicht genau zu wissen, wer "Aussiedler" sind, denn auf die Frage, ob sie welche kenne, antwortet sie: "Ja, ich kenne da jemand. Das ist ein Italiener, und der hat wirklich nichts im Kopf und eigentlich macht jedem Probleme, mit dem er Kontakt hat und hat jetzt die deutsche Staatsangehörigkeit und meint, er wäre der King, und das regt mich einfach zu Tode auf. Das heißt nicht, dass mich das an allen stört, aber bei vielen. (...) Er schreit halt immer herum, ja, er ist Deutscher und so was, manchmal schreit er herum, Ausländer raus und so, ja, da muss ich mir an den Kopf packen, wenn ich das höre" (1994: 46;33ff). Unverständnis zeigt sie dafür, dass neu Eingebürgerte sich über Ausländer erheben und deren Ausweisung fordern.

Nach ihrer Meinung zum 'Dritten Reich' (das in der Schule behandelt wurde) befragt, antwortet Senta zwar unsicher, nicht sehr differenziert und faktenunsicher, dennoch distanziert sie sich eindeutig: "Oh je, ich meine, ich weiß es nicht, das, ... glaubt ja jeder auf eine andere Weise was. Ja, ich weiß nicht, auf jeden Fall, dass es halt so nicht mehr gehen darf" (1994: 36;11f). Dass diese Distanzierung tatsächlich auf der Setzung innerer Werte basiert, wird daran deutlich, dass Senta die Verurteilung der Handlungsweisen der damaligen Nazis auf die Bewertung ihr ähnlich erscheinender Vorkommnisse in der heutigen Zeit überträgt. So antwortet sie auf die Frage, wessen die Deutschen sich heute schämen müssten: "Die Zeit zwischen 33 und 45. Ja, und was da halt alles passiert ist. Und da ist noch was, für mich als Deutsche auch noch schlimm ist z.B. mit den Nazis, wie sie es gerade wieder übertreiben, überall Schlägereien, und da wird ein Ausländer umgebracht und dort. Wenn du in die Türkei kommst oder so, da sind die Leute so nett, und da wirst du sofort akzeptiert, kommst du nach Deutschland als Ausländer, bist du der Arsch" (1994: 47;37 ff). Zu der allgemeinen Verurteilung von Gewalt gegen AusländerInnen scheint hier noch die Angst Sentas hinzuzukommen, dass sie persönlich sich (im Ausland) für das dem in Deutschland lebenden AusländerInnen entgegengebrachte Verhalten verantworten bzw. "schämen" muss. Gleichzeitig läßt allerdings die Verwendung des Verbs "übertreiben" in dem von ihr kritisierten Zusammenhang fremdenfeindlicher Gewalt von rechts aufhorchen: Ist es womöglich nur die violente Zuspitzung von Fremdenfeindlichkeit und ihre ideologische Anbindung an den historischen Faschismus, nicht aber die Haltung als solche, die sie inkriminiert?

2.3 Gewaltakzeptanz
Gewaltakzeptanz liegt bei Senta 1992 außer in Notwehrsituationen in Gestalt von Duldung oder Billigung fremdausgeübter Gewalt, dabei z.T. auch autoritärer staatlicher Formen, sowie in Form von Autoaggressionen vor. Hintergrund, vor allem für letzteres, bilden Erfahrungen als Gewaltopfer.

Innerhalb der Familie leidet sie unter der vom Vater ausgeübten rigiden Kontrolle ihrer Freizeit (vgl. Abschnitt "Familie") und der in diesem Kontext von ihm gelegentlich angewandten und von ihr als willkürlich erlebten (Erziehungs-)Gewalt: "Wenn man mir das Fahrrad wegnimmt und einen Achter reinfährt, und ich kann nichts dafür, komme heim, bekomme eine gescheuert, und dann sieht man mal nach einer halben Stunde ein, dass das ein Fehler war und dass ich nichts dafür kann und kommt dann hoch und entschuldigt sich wieder, dass man sich das aber mal früher überlegt, fällt ihm nicht ein. Wenn ich ihm alles erkläre,... bumm" (1992: 17;1ff).

Zudem wurde sie in der Vergangenheit Opfer eines Vergewaltigungsversuches durch einen Deutschen, wobei ihr ihre eigene Wehrlosigkeit gegen Gewalt bewusst wurde: "Wir haben so Mini-Röckchen angehabt, weil wir beim (Karnevals-, d.V.) Umzug mitgelaufen sind und ja, und das war mitten an der Hauptstraße, aber gerade da ist kein Mensch gelaufen und kein Auto gefahren, gar nichts. Ja, und dann hat er uns gepackt und so, und das war eben in einer solchen Situation, der hat meine Arme so gehalten, also ich konnte mich nicht wehren und so, mit den Füßen, da habe ich ihm auch wehgetan, aber wir waren eben zu zweit und so. Ich bin eben unter Schock gestanden, also habe ich mich da nicht so (gewehrt, d.V.)" (1992: 10;24ff). Als Reaktion auf dieses Erlebnis entwickelte Senta starke Bedrohtheitsgefühle bzw. Ängste, die sie durch eigene Bewaffnung als potentielle Möglichkeit der Gegenwehr auszugleichen suchte: "Dann habe ich auch zu meinem Vater gesagt, ich will irgendwas, mit was ich mich wehren kann, und wenn es bloß ein Messer ist oder was weiß ich was, irgendwas, ich brauche irgendwas, sonst kann ich nicht mehr auf die Straße raus, sonst drehe ich durch, wenn bloß jemand an mir vorbeiläuft, und das hat er dann eingesehen und hat dann aus dem Dienst ein Tränengas mitgebracht, also ein kleines Fläschchen eben" (1992: 13;34ff).

Obwohl Senta außer zum Zwecke der Gegenwehr bei (sexuellen) Angriffen auch gegenüber Ausländern und Asylbewerbern keine Bereitschaft zum Einsatz eigener Gewalt zeigt (vgl. 28;5ff), normalisiert bzw. verharmlost sie die innerhalb der Clique und nach außen gegen Ausländer angewandte Gewalt, die einzelne Cliquenmitglieder ausüben: "Das gibt es kaum und wenn, dann renkt sich das gleich wieder ein. Also ich meine, wenn die Älteren mal ein bisschen angeheitert sind und so, dann gibt es auch mal ein bisschen eine Schlägerei und so, aber bis zum nächsten Tag ist das schon wieder vergessen" (1992: 35;30ff); "Also die einen sind so, wo sagen, ich kann Ausländer zwar nicht leiden, aber ich lasse sie in Ruhe, solange sie mich in Ruhe lassen, und die anderen sagen eben, wenn ich einen erwische, ich schlage ihn tot oder so, aber die, wo so schlimm sind, die sind nicht mit uns zusammen oder so" (1992: 28;11ff). Vermutlich wird diese Verharmlosung der von Senta an und für sich nicht gebilligten Gewalt aus ihrem Wunsch nach Erlangen und Beibehaltung von Akzeptanz von Seiten der Clique erklärbar, dessen Erfüllung für sie in dieser altersheterogenen (bis 24 Jahre) Gruppe als junges Mädchen in Opposition zu der allgemein herrschenden Stimmungslage schwer fallen dürfte (vgl. hierzu auch Abschnitte "Familie" und "Clique").

Hinsichtlich der Ausübung von staatlicher Gewalt äußert sie sich ambivalent: Während sie sich im Fragebogen für eine solche ausspricht ("ein bisschen straffer sollte es bei uns in Deutschland schon zugehen": stimmt genau), wünscht sie sich andererseits aufgrund von eigenen negativen Erfahrungen im Zusammenhang mit auffälligem Verhalten der Clique: "Ich würde zuerst einmal die Hälfte von den Polizeibeamten abschaffen, weil die, wenn irgendwo was ist, wenn es auch nur eine private kleine Festlichkeit ist, kommen sie gleich und schauen, und ja, Ruhestörung und was weiß ich was, ich meine, die sind auch überall ..." (1992: 29;34ff). Erwünscht ist das polizeiliche Eingreifen anscheinend nur, wenn sie z.B. selbst "Opfer" von Übergriffen (z.B. Vergewaltigung) wird, nicht allerdings, wenn sie selbst zu der Gruppe der "Störenfriede" gehört.

Auffallend ist, dass Senta zu Autoaggressionen neigt, die sich in "Schnippeln" an den Armen bis hin zu(m) Selbstmordversuch(en) zeigen (vgl. 6;13ff und 8;18ff). Hierbei handelt es sich vermutlich um Hilferufe oder um höchst problematische Versuche der Eigenkontrolle, da Senta die vom Vater ausgeübte Kontrolle über sie als übermächtig empfindet bzw. sich durch ihn permanent nicht ernstgenommen und nicht akzeptiert fühlt (vgl. hierzu Abschnitt "Familie").

Im Vergleich mit dem Zeitraum des letzten Interviews ist Sentas Gewaltakzeptanz 1993 weiter gesunken. Sie zeigt sich "schockiert" von zwei Gewaltverbrechen, die in der Nähe passiert sind (vgl. 49;4ff) und lehnt gewaltsames Vorgehen mit dem Hinweis auf verbale Konfliktlösungsmöglichkeiten insgesamt ab (42;37f). Speziell distanziert sie sich von dem in Solingen auf in unsere Gesellschaft relativ integrierte Ausländer erfolgte Attentat (vgl.42;10ff). Sie hat - ihrer Ansicht nach wie der Großteil der Bevölkerung - "schockiert" (44;23) reagiert und zeigt Betroffenheit und Unverständnis für die begangene Tat: ".. ich habe das gar nicht geglaubt, ich finde das irgendwo der Hammer, und da habe ich dann auch gesagt, also so weit, so weit darf es echt nicht kommen" (1993 44;34ff). Senta legt Gewaltbefürwortung und -ausübung in diesem Zusammenhang hauptsächlich rechtsorientierten Bevölkerungsgruppen zur Last - "Nazis und so sagen das bestimmt. Die reißen da Witze darüber ...", (45;1f) - und glaubt, dass die Vorfälle in Solingen und Mölln (nicht nur für sie selbst) ein Grund waren, sich von der rechten Szene abzuwenden (vgl. 44;24ff).

Eigene Gewaltbereitschaft zeigt sie selber nach wie vor - zumindest gedanklich - nur zum Zwecke der Gegenwehr, sollte sie selber Opfer von (sexuellen) Übergriffen werden (vgl. 44;10ff). Allerdings hält sie mittlerweile eine Bewaffnung als Mittel zur Gegenwehr für überzogen (49;32). Im Gegensatz zum Zeitraum des letzten Interviews zeigt sie keine Neigungen zu autoaggressiven Handlungen mehr, was vermutlich mit ihren gewachsenen persönlichen Kompetenzen und den daraus resultierenden neuen Möglichkeiten der Problembewältigung begründet werden kann (vgl. Kap. 3.2.2). Da Senta zum Zeitpunkt des Interviews weder mit der früheren rechtsorientierten noch mit der Punker-Clique, in denen es häufig zu gewalttätigen Auseinandersetzungen kam (vgl. 13;18ff), zusammentrifft, sondern sich momentan in einem gewaltfreien Freundeskreis bewegt (vgl. Abschnitt "Freundeskreis"), besteht für sie keinerlei Veranlassung mehr dazu, Normalisierungs- bzw. Verharmlosungstendenzen in bezug auf Gewaltanwendung zum Zwecke der Akzeptanzerlangung und -erhaltung von Seiten der Freunde zu zeigen.

1994 zeigt Senta nach wie vor keine Bereitschaft, eigenständig private oder politische Gewalt einzusetzen. Noch immer sieht sie sich im privaten Bereich auf der faktischen und potentiellen Opferseite stehen. Sie distanziert sich von jeglicher Gewaltanwendung gegen Ausländer/Asylbewerber (vgl. auch ihre Einschätzung des 'Dritten Reiches'; vgl. 31; 33ff). Noch immer leidet sie unter der konfliktgeladenen und z.T. gewalttätigen Atmosphäre in ihrer Familie. Senta hat hauptsächlich Streit mit ihrem Vater ("Ich kann mich mit ihm nicht unterhalten, das artet immer in Streit aus, jedes Mal", 3;4f), wobei dieser sie in bestimmten Situationen noch immer schlägt: "...dann kann es sein, er kommt rein und donnert mir eine. (...) Das ist schon mal vorgekommen, ja. Er bekommt halt immer eine totale Wut, wenn ..., er ist brutal aggressiv und so was" (1994: 4;3ff). Auch für andere augenscheinlich grundlose Gewaltanwendungen im privaten Bereich zeigt sie kein Verständnis (vgl. 30; 30ff.; oben zit.). Sie verwahrt sich insbesondere ausdrücklich gegen sexuelle Instrumentalisierungen (die sie ja selbst erlebt hat/erlebt): "...sind halt Sachen, wo ich nicht verstehen kann, ...oder wenn mich einer auf den Arsch haut ..." (31;4ff).

3. Zusammenhang von politischer Orientierung und Gewaltakzeptanz mit sozialen Erfahrungen und Erfahrungsstrukturierung
3.1 Erfahrungen und Bearbeitungsressourcen
3.1.1 Problembelastungen und zentrale Interessenlagen

1992 gibt Senta im Fragebogen als ihre größten Probleme "das Verhältnis zu den Eltern" und "mir wird oft alles zuviel" an. Besonders belastend scheint für sie die konflikthaltige Beziehung zu ihrem Vater zu sein, dessen Kontrolle sie als übermächtig und dessen Verhalten sie als willkürlich und häufig kränkend empfindet (vgl. Abschnitt Familie). Vermutlich aus dem Umstand, dass sie sich infolgedessen unverstanden und alleingelassen fühlt, resultiert ein Vertrauensmangel dem Vater gegenüber, der auch durch die Mutter nicht ausgeglichen werden kann. Der Mangel an einer Vertrauensperson in der Familie, die vorangegangene Vergewaltigung und die anzunehmenderweise daraus folgende noch stärkere Kontrolle durch den Vater scheinen für Senta Problembelastungen darzustellen, aus denen sie kein Entrinnen sieht, so dass sie das subjektive Empfinden hat, dass ihr "alles zuviel wird".

Senta nennt im Folgejahr als Problembelastungen nach wie vor das "Verhältnis zu den Eltern" und - neu hinzugekommen - "schulische Probleme" (vgl. Fb 1993;10). Zudem leidet sie unter der gerichtlichen Aufarbeitung des Vergewaltigungs-Versuchs an ihr. Zentrales Problem ist für sie noch immer das Verhältnis zu ihrem Vater, das sich weiter verschlechtert zu haben scheint (vgl. 1;8ff). Ein regelmäßiges zweitägiges 'Ausgehverbot' pro Woche und der Umstand, dass der Vater ihren neuen Freund nicht bei Familienunternehmungen dabei haben will (vgl. 2;1ff), führen dazu, dass Senta ihren Freund nicht so oft sehen kann, wie sie möchte. Die Konflikte mit dem Vater werden dadurch zusätzlich ausgeweitet und verschärft. In der Schule (vgl. Abschnitt Schule) muss Senta jetzt vermehrt für gute Noten arbeiten, da sie sich mit dem kommenden Zeugnis bewerben muss (vgl. 20;9ff). Allerdings scheint diese Belastung für sie von außen gesehen eher geringfügig zu sein, da sie z.Zt. leistungsmäßig relativ gut steht (vgl. 20;15ff). Außerdem hat Senta ein problematisches Verhältnis zu ihrem Klassenlehrer, den sie als ungerecht und abweisend erlebt (vgl. 25;23ff). Im vergangenen Jahr musste Senta im Gerichtsprozess wegen der an ihr versuchten Vergewaltigung als Zeugin aussagen, was sie als belastend empfand. Zum einen hatte sie Angst vor der Konfrontation mit dem Täter (vgl. 33;37ff) und vor der für sie peinlichen Situation der Schilderung des Vorganges (ebd.), zum anderen erfuhr sie wiederum eine Abwertung ihrer Integrität, weil der Richter ihre Glaubwürdigkeit als die eines 14jährigen Mädchens in Frage stellte: "...ich war stinksauer, wo der Richter das gesagt hat, dass man ja nie weiß, ob man einer 14jährigen glauben kann ..." (33;9ff). Jedoch scheint die letztendlich in der zweiten Instanz erfolgte Schuldigsprechung des Täters mit der Auflage, an einer Therapie teilzunehmen und die Gerichtskosten zu übernehmen, für Senta eine Art 'Problemabschluss' zu bedeuten - "...für mich ist das eigentlich erledigt, ich habe das vergessen ..." (34;15f) -, da ihre Glaubwürdigkeit bestätigt bzw. wiederhergestellt wurde.

Senta gibt 1994 als ihre z.Zt. größten Probleme "zu wenig Geld", "zu wenig Zeit" und - wie in den Vorjahren - "das Verhältnis zu den Eltern" an (vgl. Fb. 1994;10). Ersteres hängt vermutlich mit der Aufgabe ihres Nebenjobs zusammen, so dass sie momentan auch wegen des Umgangs mit älteren Freunden (vgl. Abschnitt Freundeskreis) und dem damit verbundenen häufigen Kneipenbesuch mit ihrem Geld nicht auskommt. Das Gefühl, "zu wenig Zeit" zu haben, resultiert vermutlich daraus, dass Senta nach wie vor an zwei Wochentagen weder ausgehen noch Besuch empfangen darf (vgl. Abschnitt 'Familie'). Außerdem gibt sie an, nunmehr für die Schule mehr zu lernen. Die verbleibende Zeit scheint ihr für ihre Unternehmungen zu knapp berechnet zu sein. Nach wie vor ist Sentas Verhältnis zu ihrem Vater sehr gespannt und konfliktgeladen. Sie wird noch immer sehr von ihrem Vater kontrolliert und dominiert, was sich vor allem bei der Beschränkung der Ausgehzeiten und der Auswahl des zukünftigen Berufes zeigt. Hinzu kommt, dass sich die Eltern zunehmend auch untereinander streiten. Senta befürchtet, dass ihre Eltern sich trennen könnten (sie waren schon einmal geschieden). Sie vermutet, dass der Vater ein Verhältnis mit einer anderen Frau hat. Hier macht sie sich besondere Sorgen um ihre Mutter: "...egal, wie oft ich mit meiner Mutter Streit habe, aber ihr darf er nicht wehtun, dann soll er lieber mir wehtun, das kann ich nicht sehen, wenn meine Mutter leidet..." (1994: 12;20ff; vgl. hierzu auch Kap. 3.1.2 Familie). Eine weitere (untergeordnete) Belastung ist für Senta die Angst vor den (Mathe)-Prüfungen für die Mittlere Reife. Hier bekommt sie jedoch Hilfe von ihrem neuen Freund (vgl. Kap. 3.1.2 'Schule' und 'Freundeskreis').

Hinsichtlich ihrer Berufswahl ist sie noch unentschlossen. Sie könnte eine Verwaltungslehre im Rathaus, evtl. aber auch bei der Polizei in Bayern beginnen. Obwohl sie lieber zur Polizei ginge, ist sie noch unsicher, weil sie zum einen noch keine Zusage hat, zum anderen die Woche über weg wäre, was sie wegen ihres Freundes nicht so gerne hätte (vgl. 1994: 8;21ff).

3.1.2 Erfahrungen im sozialen Nahraum und seine sozio-emotionalen Ressourcen
Familie
Aus der Außenperspektive ergibt sich 1992 zunächst das Bild geordneter Verhältnisse, verknüpft mit einem überdurchschnittlichen Lebensstandard der Familie. Aus der Sicht Sentas stellt sich die Situation allerdings anders dar: Sie sieht sich von beiden Elternteilen weder akzeptiert noch fühlt sie sich bei ihnen geborgen. Weiterhin scheint eine vertrauensvolle Beziehung nicht gegeben zu sein. Lediglich auf tatkräftige Hilfe im Notfall meint sie hoffen zu können (vgl. Fb. 1992). Über die in ihrem Alter nicht ungewöhnlichen Konfliktpunkte rund um Fragen des Ausgehens ("Wo bist Du gewesen, wer ist das, wo ist das Fest? Da fragen sie (die Eltern; d.V.) mir immer Löcher in den Bauch"; 12;10ff) und auseinanderlaufende Freizeitinteressen hinaus bemängelt sie vor allem eine rigide Kontrolle ihrer freien Zeitverfügung durch den Vater: "Er kontrolliert mich die ganze Zeit, also wenn ich sage, ich gehe jetzt da und da hin, dann kann es sein, er fährt mit dem Auto vorbei" (1992: 12;31 ff). S. empfindet dies nicht nur als streng oder "irgendwie übertrieben" (12; 21ff), sondern beklagt sich auch über das darin enthaltene Misstrauen (12;25ff). Anhand einer Begebenheit verdeutlicht S., dass sie die Prinzipienorientiertheit des Vaters (die beinahe schon an 'Feldwebel-Allüren' erinnern) ablehnt und sich durch die von ihr wahrgenommene Schikane wie auch durch seine heuchlerische Angepasstheit provoziert fühlt: "Also er, wenn er, er hat damals zu mir gesagt, wenn dein Zimmer nicht sauber ist, dann gehst du nicht weg oder so, und dann habe ich alles abgestaubt und alles geputzt und pico bello und jeden Schrank ausgeräumt und wieder eingeräumt und so, und dann ist er doch hochgekommen, hat sich alles angeschaut, und da war eben eine Box, also so eine Musikbox, wo eben nicht abgestaubt war, wo eben noch ein bisschen Staub drauf war, und dann hat es geheißen, du bist heute Abend daheim und gehst jetzt nicht weg und so, und dann habe ich gesagt, bloß wegen dem Ding, ich habe den ganzen Tag gearbeitet und so, und dann hat er gesagt, das sei ihm egal, wenn man das nicht sauber ist, dann gehe ich nicht weg. Dann habe ich es noch schnell geputzt und habe dann gefragt, ob ich jetzt gehen darf, nein, du bleibst jetzt heute daheim. Dann ist er runter in den Garten gesessen, und dann bin ich runter gekommen, und dann habe ich gesagt, also jetzt bitte lass mich doch gehen und so. Und dann hat er gesagt, nein, du hast dein Zimmer nicht aufgeräumt, und auf die Art, wie er das gesagt hat, och, das provoziert so richtig, da könnte ich immer durchdrehen, wenn er so ist und wenn er daheim schwäbisch redet und bei anderen Leuten hochdeutsch, da könnte ich immer schreien oder so, aber wenn er mich immer provoziert oder so" (1992: 14;18ff). Im Vergleich mit Gleichaltrigen bringt sie als Erklärungsmuster an: "..mein Vater ist eben ein richtiger Polizist....er schaut immer so auf die Gesetze, und das machen andere, normale Leute nicht" (1992: 8;2f). Hinzu kommt, dass sich S. von ihrem Vater nicht verstanden fühlt und sich dann als Folge seiner Verweigerungshaltung "so richtig eingesperrt" (6;31ff) vorkommt. Sie wirft ihm fehlendes Einfühlungsvermögen vor sowie die Unfähigkeit, sie ernst zu nehmen, auch wenn sie hilfesuchend auf ihn zugeht: "Ich meine, ich bin schon mal zu meinem Vater gekommen und habe gesagt, ja heute ist es mir voll schlecht gegangen und so und habe den ganzen Tag geweint und so, und dann hat er bloß gemacht, oh je, und was machst du denn und so.....oder wenn ich zu ihm sage, dass ich mich schon mal umbringen wollte, dann hat er so, dann hat er bloß gesagt, das ist Quatsch, aber er hat mich nicht gefragt warum. Er hat mich schon gefragt, aber ich meine, ich kann einfach nicht mit ihm drüber reden, weil er sagt zum Beispiel immer zu mir, ich müsste Vertrauen haben und so, und ich meine, wenn ich dann wegen irgend etwas eine runtergehauen bekomme so voll, dass ich irgendwo anderes liege oder so.... dann ist es wieder, wenn ich ein bisschen Ver-

trauen aufgebaut habe, dann ist alles wieder kaputt" (1992: 6;6ff). Durch die Festlegung auf die Rolle und den Status des "kleinen Kindes" fühlt sich S. durch ihren Vater abgewertet und gedemütigt: "Außer wenn er mal aus Spaß sagt, ach, bist du blöd oder so, dann ist es ja o.k., aber wenn man es die ganze Zeit sagt, irgendwann einmal, das hat mir dann total weh getan, wo er die ganze Zeit gesagt hat, oh bist du ein blödes Kind, das war für ihn zwar Spaß, aber irgendwann mal hat es für mich aufgehört, weil ich es dann jeden zweiten Tag oder manchmal auch jeden Tag hören musste" (1992: 13;10ff). Aufgrund dieser Erfahrung vermisst S. bei ihrem Vater Zuneigung für sie: "... so ein Gefühl gibt er mir nicht, dass er mich wirklich lieb hat oder so (...). Mein Vater sagt es zwar mir, aber ich merke ganz genau, dass es nicht so ist" (1992: 15;24-16;3).Es kommt auch vor, dass S. ab und zu "eine gescheuert"(17;3, vgl. auch oben) bekommt, wobei unklar bleibt, ob solche körperlichen Sanktionen nur vom Vater oder auch von der Mutter ausgeübt werden. Gerade in Situationen von Hilflosigkeit und Schutzbedürftigkeit bedeuten solche repressiven Maßnahmen für S. massiven Vertrauensbruch. Sie wertet sie als Belege für mangelndes Einfühlungsvermögen und Unverständnis. In ihrem Erleben sind diese Aspekte verknüpft mit Einschränkungen ihrer Bedürfnisse, z.B. dem Wunsch nach Selbstbestimmung ("machen, was ich will"; 16;8f und andere Stellen). Es scheint, als sähe sie sich gezwungen, die Relevanz dieses Anliegens durch eine folgenreiche, sichtbare, schmerzgebundene und zumindest z.T. auch autoaggressive Inszenierung und Zurichtung ihres Körpers unter Beweis zu stellen: "....und dann haben es meine Eltern mal gesehen, das hat nämlich ausgesehen wie eine einzige Wunde da runter, und mir hat das überhaupt nicht weh getan, und ich habe das irgendwie, das irgendwie zum Abreagieren oder das hat irgendwie geholfen, ich weiß, das hört sich blöd an, aber es ist so, und dann habe ich auch Schimpfe bekommen und so, und ich soll das ja nicht mehr machen und so, und dann habe ich mir das eigentlich mal überlegt, wieso ich das eigentlich nicht machen darf, klar, es ist nicht gerade gut, aber es ist ja mein Leben, und ich will mit meinem Leben machen was ich will. Genauso wie mein Vater gesagt hat, ich darf mich nicht tätowieren lassen. Ich habe gesagt, ich will mit 18 irgendwas, eine Rose oder so, hier hin(zeigt auf das Schulterblatt neben dem Hals, Anm. d. Int.), mit 18, dann hat er gemeint, nein, das macht er nicht, das darfst du nicht, sonst werfe ich dich aus dem Haus oder so, irgendwie so ist das die ganze Zeit... Ich will mit 18 auch machen können, was ich will" (1992: 8;18ff). Die Aussage "es hat ausgesehen wie eine einzige Wunde" bezieht sich auf beide Arme, die mit vielen kleine Narben übersät waren. Bereits zu Beginn des Interviews zeigte S. der Interviewerin die Narben, eine davon war relativ groß und deutete auf einen Suizidversuch hin. Die von S. als Spannungsabfuhr benannten Selbstverletzungen können auch eine Reaktion auf die vom Vater angewandte Willkür sein, die ihr das Gefühl vermitteln, nicht über sich selbst bestimmen zu können, was mit dem Rückzug auf den eigenen Körper auch ("Genauso wie ...") im Hinblick auf die gewünschte Tätowierung verarbeitet wird. S. will Distanz zu ihrem Vater auch ganz konkret bezüglich körperlicher Nähe ("ich will das gar nicht mehr", 16;39f) und begründet dies: "weil es mir einfach zu viel wird" (17;1). Fast wortgleich hat sie diese Aussage schon im Fragebogen als eines ihrer "größten persönlichen Probleme" angegeben. Zusammen mit der absoluten Zustimmung zu dem Satz "ich habe oft das Gefühl, völlig nutzlos zu sein" und der Signalfunktion ihrer Autoaggressionen (Suizidversuch bzw. -absicht; "Schnippeln", s.o.) begründen diese Indizien den Verdacht einer größeren Verletzung ihrer Integrität.

Neben der großen Dominanz des Vaters im Erleben und in den Äußerungen von S. bleibt die Mutter sehr farblos. Die Beziehung zu ihr wird zwar eher positiv geschildert, wobei diese Wertung aber stark durch die Abgrenzung zum negativ besetzten Vater geprägt ist: "Und wenn er dann in den Nachtdienst geht, und ich schaue mit meiner Mutter Fernsehen, dann tun wir irgendein Video rein oder so, und dann sagt sie, jetzt schauen wir uns noch mal einen an, und dann sitzen wir bis halb eins vor der Kiste oder so. Ich finde das voll o.k., mit meiner Mutter kann ich auch manchmal so rein kumpelmäßig sein, und so finde ich das auch viel besser, als wenn die ganze Zeit bloß, da und da bist du hier und wäwä..." (1992: 16;18ff). Obwohl die Mutter "manchmal Ärger im Geschäft hat und kommt dann nach Hause und läßt es dann an anderen aus" (16;30ff), und auch wenn S. "nicht so oft" von ihr in den Arm genommen wird, weiß sie, "dass sie mich lieb hat" (16;37f). Offen bleibt allerdings, für wen die Mutter in den Konfliktsituationen zwischen Vater und Tochter Partei ergreift, und ob die unterschiedliche Umgehensweise bei Abwesenheit des Vaters das Gefühl von Willkür nicht verstärkt. Auch wenn S. "es nicht gerne macht", versucht sie, die doppelbelastete Mutter im Haushalt zu unterstützen: "...ich sehe ja, was meine Mutter alles putzen muss und so" (4;30ff). Insgesamt betont S. eher die Kumpelhaftigkeit der Beziehung zur Mutter. "Problemanlaufstelle" oder Vertrauenspartnerin ist sie - wie oben erwähnt - allerdings nicht.

Mit ihrer Schwester, die nicht mehr daheim wohnt, versteht S. sich "gar nicht" (1992: 19;4). Belastende Faktoren in diesem Verhältnis sind mangelnde Akzeptanz und Übereinstimmung sowie Instrumentalisierungserfahrungen (vgl.1992: 19;5ff).

1993 nimmt Senta im Vergleich zum Vorjahr eine noch weiter gelockerte Familienkohäsion wahr (vgl. 1993: 19;5ff). Während sie bereits zum Zeitpunkt des letzten Interviews von beiden Elternteilen weder Vertrauen und Geborgenheit noch Akzeptanz eingelöst sah, so glaubt sie jetzt außerdem nicht mehr, von ihnen tatkräftige Unterstützung im Notfall zu bekommen (vgl. Fb. 1993). Vor allem die Beziehung zum Vater hat sich weiter verschlechtert. Mit ihm kommt sie "absolut nicht mehr aus." (1993: 1;7). Noch immer fühlt sie sich von ihm nicht ernst genommen oder sogar abgewertet (vgl. 1993: 2;36ff u. 37;33ff). Besonders belastend scheinen für Senta die Einschränkungen ihrer Freizeit zu sein, die ihr Vater aus "Familienzusammenhaltsgründen" ("...er möchte, dass die Familie ein bisschen mehr zusammenkommt...", 4;14ff) oder zur Verhinderung einer Ablösung S.s vom Elternhaus ("...weil er mich zu Hause halten will irgendwo, weil er weiß ganz genau, dass ich ausziehe in zweieinhalb Jahren ...", 1;20ff) vornimmt. Zum einen darf Senta dienstags und mittwochs nicht ausgehen oder Besuch empfangen, was ihr vermutlich besonders schwer fällt, da sie dann ihren Freund nicht treffen kann. Zum anderen verweigert der Vater ihr eine neue Reitmöglichkeit, nachdem das Pferd, auf dem sie vorher reiten konnte, gestorben ist (vgl. 48;6ff). Vermutlich auch als Folge des erfolgten Vergewaltigungsversuches macht sich der Vater besonders Sorgen, wenn Senta abends alleine unterwegs ist (vgl. 1993: 34;32ff). Eine weitere Einschränkung bedeutet für Senta, dass der Vater ihren Freund - sei es aus Antipathie oder aus Prinzip ("...das ist sein Prinzip, und man muss nicht jeden Tag weg sein ...", 2;29ff; vgl. auch schon Senta 1992) - nicht bei Familienunternehmungen dabei haben will (vgl. 2;7ff). Die Konflikte in Sentas Beziehung zu ihrem Vater führen dazu, dass sie ihren Kontakt zu ihm auf ein Minimum reduziert: ...ich rede nur noch das Nötigste mit ihm und das in einem ziemlich sauren Ton" (3;1ff).

Die Beziehung zu ihrer Mutter scheint wie im Vorjahr relativ unbelastet zu sein, wenngleich sie ebenfalls keine Ansprechpartnerin bei Problemen zu sein scheint (vgl. Fb. 1993). In Konfliktsituationen mit dem Vater gewährt die Mutter keine verlässliche Unterstützung für Senta (vgl. 3;8ff).

Eine wesentliche Veränderung hat sich in der Beziehung Sentas zu ihrer Schwester ergeben, die verheiratet ist und ein Kind hat: Während Senta sich im Vorjahr überhaupt nicht mit ihrer Schwester verstand, so kommt sie jetzt "super mit ihr aus" (vgl. 3;27). Sie fühlt sich von ihr akzeptiert, bekommt Geborgenheit, Vertrauen und tatkräftige Hilfe (vgl. Fb. 1993). Senta besucht ihre Schwester häufig und wählt sie als Ansprechpartnerin bzgl. des Konfliktes mit ihrem Vater (vgl. 3;38), weil sie in ihr eine 'Leidensgenossin' mit - freilich zurückliegenden - vergleichbaren Erfahrungen sieht und daher auf Verständnis und Ratschläge hoffen kann (vgl. 1993: 3;40ff).

1994 hält S. ihre Familienverhältnissen für "immer noch gleich beschissen" (1;35). Das Verhältnis zum Vater scheint sich sogar noch verschlechtert zu haben (vgl. 1;40ff). Dementsprechend sieht S. auch wie im Vorjahr bei beiden Elternteilen für sich weder Akzeptanz und Geborgenheit noch Vertrauen und tatkräftige Unterstützung gegeben (vgl. Fb. 1994;9). Senta fühlt sich noch immer vom Vater kontrolliert und dominiert, sehr häufig kommt es zwischen den beiden zum Streit über "Berufsausbildung, Geld, Ausgehzeiten" (2;16) etc., wobei es auch noch vorkommen kann, dass der Vater sie schlägt (vgl. Kap. 2.3). Sie darf nach wie vor dienstags und mittwochs nicht weggehen und auch keinen Besuch bekommen. Montags, donnerstags und sonntags muss sie um 21.00 Uhr, freitags um 24.00 Uhr und samstags um 00.30 Uhr zu Hause sein (vgl. 2;21ff). Senta sieht als Grund für diese starke Kontrolle: "... er sieht halt, dass sein Mädle erwachsen wird, das kann er, das verkraftet er nicht" (1994: 4;23f). Der Vater nimmt auch starken Einfluss auf Sentas zukünftige Berufswahl. Nachdem sie auf Bewerbungen als (Tier-)Arzthelferin nur Absagen bekommen hatte, wollte sie zunächst Bekleidungsschneiderin werden. Dies verbot der Vater jedoch mit dem Hinweis auf die schlechten Zukunftsaussichten der Branche und hat sie zu einer Prüfung bei der Polizei angemeldet (vgl. 1994: 7;6ff). Nachdem Senta in Baden-Württemberg zunächst durchgefallen war, hat sie die Prüfung in Bayern wiederholt und bestanden. Eine Zusage hat sie jedoch noch nicht. Da der Vater sie gerne bei der Polizei sehen würde, hätte er in diesemfall auch nichts gegen ihre Abwesenheit in der Woche (vgl. 11;5). Obwohl Senta angibt, dass sie gerne zur Polizei gehen würde, scheint es doch so, dass sie es - zumindest anfänglich - eher getan hat, um ihrem Vater "irgendwo ein bisschen einen Gefallen (zu) tun" (9;10ff). Hier wird deutlich, dass sie um die Anerkennung des Vaters kämpft und auch einiges dafür in Kauf nehmen würde. Entsprechend hat sie Angst, den Vater zu enttäuschen, denn obwohl sie eine feste Zusage vom Rathaus hat, zögert sie, die Stelle anzunehmen, selbst wenn sie dann in der Nähe des Freundes bleiben könnte (vgl. 1994: 10;20ff). Senta möchte - sobald es geht - von zu Hause ausziehen. In diesem Zusammenhang wird deutlich, dass sie sich noch immer nicht vom Vater akzeptiert und ernstgenommen fühlt, und dass er ihr keine Selbständigkeit zutraut (vgl. 2;9ff). Einziges Positivum, das sie über ihren Vater erwähnt, ist, dass er ihren neuen Freund sehr mag ("vor allem mein Vater ist total begeistert von ihm...", 17;1ff), eine Veränderung seiner Einschätzungen früherer Freunde von ihr, die womöglich eine Verbesserung des Verhältnisses zum Vater und noch naheliegender für sie in Zukunft eine Lockerung der Ausgehzeiten bedeuten könnte.

Mit ihrer Mutter hat ebenfalls häufig Streit, was sie aber nicht als besonders belastend empfindet. Obwohl S. ihrer Meinung nach "gut" mit der Mutter auskommt, stellt diese für sie aber doch weiterhin keine vertrauliche Gesprächspartnerin dar (vgl. 1994: 3;19ff). In Konfliktsituationen mit dem Vater kann sie noch immer keine große Unterstützung von ihrer Mutter erwarten (3;14ff). Innerhalb der Familie herrscht wenig Vertrauen. So erzählt Senta z.B., dass ihre Schwester von ihrer Mutter mit in die Ehe gebracht wurde, und dass sie selbst von einer 11jährigen Klassenkameradin erfuhr, dass ihr Vater nicht der Vater ihrer Schwester ist. Die Schwester erfuhr es mit 18 Jahren "von einer wildfremden Frau auf der Straße" (4;30). Als Grund dafür, dass die Eltern der Schwester nicht die Wahrheit gesagt haben, sieht sie jene Verlustängste auf Seiten des Vaters, die sie auch bezogen auf ihren eigenen Wunsch, bald auszuziehen, bei ihm vermutet (4;34ff). Besonders belastend ist für sie, dass die Eltern untereinander ernsthafte Konflikte haben: "Ich schätze mal, das wäre schon lange auseinandergegangen, wenn das mit dem Haus nicht wäre, keiner will es halt hergeben, das ist echt ein schönes Haus, und das Geld muss halt zusammengelegt werden ..." (1994: 13;16ff).

Mit ihrer Schwester versteht Senta sich - wie schon während des Zeitraumes des letzten Interviews - sehr gut (vgl. 1994: 5;28f). Dementsprechend bekommt sie nach eigener Einschätzung Vertrauen und Geborgenheit sowie Akzeptanz und tatkräftige Hilfe von ihr (vgl. Fb. 1994). Da die Schwester die gleichen Erfahrungen mit dem Vater gemacht hat wie Senta, ist es vermutlich hilfreich für S., wenn sie mit ihr darüber sprechen kann.

Schule
1992 geht S. nicht gern in die Schule (30;7). Ihrer Meinung nach wäre dies anders, "wenn es die Hausaufgaben nicht geben würde und wenn man reden dürfte" (30;9f). Neben Kritik an zu starker Kontrolle, Disziplin und Strenge stört sie sich an persönlichen Abwertungen durch Lehrer (vgl. 30; 18ff). Neben den Privilegien des Schülerinnendaseins, die sie sieht, nämlich nicht arbeiten zu müssen und nachmittags weggehen zu können, möchte sie "schon was lernen und so", den Unterricht würde sie aber "locker" machen, "wo aber die Schüler lernen. Nicht so streng, aber bestimmt" (33;6ff). Ihr besonderes Interesse fand ein Projektunterricht zum Thema Drogen (vgl. 32;32). Die Lehrerin, die diesen Unterricht durchgeführt hat, benennt S. als einzige, die sie "gut findet", da sie nach diesem Unterricht Gesprächsbereitschaft signalisiert und die SchülerInnen zum Mitreden aufgefordert hat (vgl. 32;31ff). Der Kontakt zu den MitschülerInnen ist ihr aufgrund ihrer anderweitigen, für sie attraktiveren Freundeskontakte in der Clique (vgl. unten) nicht so wichtig. Nur zu einer Mitschülerin, mit der sie sich auch manchmal privat trifft, hat sie etwas mehr Kontakt: "... der erzähle ich meine Probleme oder so..., aber kaum" (1992: 31;3ff).

Senta zeigt sich 1993 - vermutlich, um ein gutes Abschlusszeugnis zu erhalten (vgl. 20;12ff) - hinsichtlich ihres schulischen Verhaltens einsichtig. Zusammen mit ihrer Schulfreundin hat sie ihr bisheriges Störverhalten durch einen Platzwechsel nach vorne verändern können (vgl. 1993: 24;15ff). Obwohl sie als eine ihrer größeren Problembelastungen "schulische Probleme" angibt, scheint sie die Leistungsanforderungen im allgemeinen recht gut, zumindest aber befriedigend, zu erfüllen (vgl. 20;16ff). Infolgedessen scheint sich auch das Verhältnis zu den LehrerInnen verbessert zu haben, die Senta in ihrer Entscheidung bestärken (vgl. 25;2ff). Ihre Beziehung zu den unterschiedlichen LehrerInnen bezeichnet sie als unterschiedlich gut (vgl. 25;7ff), im Falle eines Problems würde sie sich aber nur an eine Lehrerin wenden, die die Klasse z.Zt. nicht unterrichtet (vgl. 22;17ff). Besonders konfliktgeladen scheint Sentas Beziehung zu ihrem Klassenlehrer zu sein, den sie als streng, ungerecht, abweisend und ablehnend erlebt (vgl. 25;23-30). Die derzeitigen Unterrichtsinhalte findet sie mit Ausnahme des erfolgten Aids-Unterrichts aber unter Einschluss der historischen Bildung über den Nationalsozialismus wenig interessant. Eigene Gestaltungsmöglichkeiten sieht sie kaum gegeben (vgl. 1993: 21;17ff).

Obwohl Senta ein gutes Zeugnis bekommen wird - "Ja, mein Zeugnis wird auf jeden Fall gut, also das ist das erste Mal, dass ich einen Einser im Zeugnis habe. Mmh. Ja, und keinen Vierer" (28;35ff) - hat sie 1994 Angst vor den Abschlussprüfungen, vor allem vor Mathematik. Um die Prüfungsangst abzubauen und einen Blackout zu vermeiden, muss sie viel lernen (vgl. 1994:37;34ff). Senta kommt inzwischen mit allen LehrerInnen - bis auf ihren Mathematiklehrer - gut aus. Sie glaubt, dass er sie nicht mag und fühlt sich durch abwertende "Sprüche" von ihm häufig verletzt (33;2ff). Mit zwei Lehrern und einer Lehrerin würde Senta private Probleme besprechen. Bei der Lehrerin hat sie im letzten Schuljahr an einem Drogenprojekt teilgenommen. Sie hat sich bei ihr Rat geholt, da ein Mitglied der Punkerclique des Freundes Drogen nahm und hat dann versucht, ihm zu helfen (vgl. 34;27ff). Ein anderer Lehrer tröstete sie, als die Beziehung mit ihrem Ex-Freund auseinander ging (vgl. 1994: 34;39ff). Bis auf einen Jazztanztermin der Schüler am Donnerstagabend hat S. keinen privaten Kontakt zu ihren Mitschülern. Sie fühlt sich für sie schon zu alt (vgl. 1994: 32;9ff). Im Zusammenhang mit dem in der Schule gesehenen Skin-Film (vgl. Kap. 2.3), meint Senta, dass viele ihrer Mitschüler bei der Besprechung des Filmes nicht ehrlich ihre Meinung gesagt hätten (vgl. 29;15ff). Laut ihrer Einschätzung finden einige ihrer Mitschüler Skins gut, "weil sie rechts sind, Hitler und so (Pause), haben halt auch was gegen Ausländer" (30;1f). Mit ihrer Schulfreundin, neben der sie noch sitzt, bespricht sie ab und zu noch private Dinge. Von ihrem Freund, der Abitur hat, bekommt sie Unterstützung beim Lernen. Senta wünscht sich, dass die letzten Schulmonate "schnell" vorbeigehen, da sie für die Prüfungen sehr viel arbeiten muss (vgl. 36;35ff).

Freundes- und Bekanntenkreis
Der Freundeskreis ist für S. 1992 vor allem ihre Clique. In ihr meint sie Geborgenheit und Akzeptanz zu bekommen und sich auf sie verlassen zu können (vgl. Fb. 1992). Lediglich über "persönliche Probleme" kann sie nicht mit den Cliquenmitgliedern reden, denn "...es sind schon ein paar dabei, wo ein bisschen einen immer auslachen oder ein blödes Geschwätz haben oder so" (1992: 35;13f). Die Clique umfasst "20-30 Jugendliche im Alter zwischen 14 und 24" (22;16ff). Sie "...hören alle die gleiche Musik, also Hardrock und Heavy und so, die meisten von uns haben Cowboy- Stiefel an und Stretch-Hosen und ein schwarzes langes T-Shirt, meistens..." 33;16ff). Treffpunkte der Gruppe sind vor allem eine als "Brücke" bezeichnete Stelle des Schulwegs, noch in Rufweite des Schulzentrums, sowie das mit Dartscheibe und diversen Spielautomaten ausgestattete Hinterzimmer einer örtlichen Kneipe (vgl. 23;26ff). Beide Orte haben in der Gemeinde, sowohl bei Erwachsenen als auch bei Jugendlichen, einen zweifelhaften Ruf. Der Schulweg ist eine häufig frequentierte Spazierstrecke sowie Verbindung zum Friedhof, und immer wieder kommt es zu Beschwerden, vor allem älterer Bürger, über "Behinderungen" und "Frechheiten" im Rahmen der "Belagerung" dieser Stelle durch die Jugendlichen sowie über damit verbundene Verunreinigungen (Müll, Glasscherben, Alkohol). Außerdem war und ist dieser "Engpass" immer wieder Schauplatz von Erpressungsaktivitäten gegenüber jüngeren Schülern. Die Kneipe andererseits steht im Zwielicht eines 'Alki-Treffs'. Beides sind also Plätze, an denen sich 'Durchschnittsjugendliche', vor allem im Alter von S., normalerweise nicht allzu lange aufhalten bzw. die erst gar nicht von diesen aufgesucht werden. Gerade aber die Abgrenzung gegenüber den "braven" Jugendlichen ist für sie eine Qualität ihrer Cliqueneinbindung: "...eine Freundin von mir, also bei ihr war es auch so, die hat eben irgendwas machen müssen, was total gegen den Strich war, also was ihre Eltern absolut nicht gewollt haben und dann ist sie zu irgendwelchen Skinheads und hat mit denen dann Hasch geraucht... dann hat mein Vater auch gemeint, ob ich das brauche, dann habe ich natürlich nein gesagt...aber irgendwas muss immer sein, irgendwas, was man absolut nicht darf" (1992: 6; 34ff).

Die Absetzung nach außen wird in der Clique verbunden und demonstriert mit der Übereinstimmung und Gleichheit der Ansichten und Interessen. Dies wird auch rigide als Zugehörigkeitsmerkmal gefordert. Am Beispiel eines Mädchens, das mit seinem Freundeskreis zwischen Sentas Clique und anderen Bekannten schwankte, illustriert sie ihre Devise, man solle "entweder ganz oder gar nicht" (vgl. 37;9ff) dazugehören, wolle man hier Unterstützung erfahren. Hinzu kommt die Distanzierung von familienzentrierten Jugendlichen ("die sitzen jeden Tag daheim bei Mami...";1992: 31;10ff). Für diese Abgrenzungsbestrebung kommt es Senta wohl gut zupass, wenn ihr Vater diese ihre Freunde, ihr Image und ihr Outfit für "beschissen" hält. Mit der Clique teilt Senta eine weitere, diesmal politisch bedeutsame 'Abneigung': "Also, so sind die meisten bei uns, gegen Ausländer" (1992: 27;12).

Besonders wichtig sind für S. außergewöhnliche, nichtalltägliche Unternehmungen der Clique, z.B. "mal mittags in den Europa-Park" (34;31f), die mit dem Charakter des Spontanen, Besonderen und wohl auch dem "Hintersichlassen" des Alltagstrotts im Dorf verknüpft sind. Zusätzlich wird S. in ihrer Überzeugung, eigentlich schon älter zu sein (12;39ff) durch die Zugehörigkeit zur Clique bestätigt, wobei mit dieser Aufwertung in der Altershierarchie auch ein gewisser Machtaspekt verbunden ist: "Also...die Jüngeren gehen uns immer aus dem Weg und so. Ich meine, das will ich ja nicht, aber die haben dann irgendwie Angst vor uns, weil wir so älter sind, und weil wir so viele sind und so, und dann rauchen sie immer und vor der Schule noch ein bisschen" (1992: 33;37ff). Eine weitere Erhöhung der Clique, die schon fast Stolz erkennen lässt, ist für sie durch den Umstand gegeben, dass einige Mitglieder einer Anfang der 80er Jahre regional berüchtigten Rocker-Gruppe ebenfalls zur Clique zählen: "Das ist so, also so eine Gruppe ab 18, also so mit Motorrädern und so und ja, und die sind eben auch ein bisschen, wie soll ich sagen, rechtsradikal. Sie sind eben, aber die Schlimmsten sind weg, die wo mit uns zusammen sind, die machen also nicht mehr oder so, die sind nur noch ab und zu mit den Schlimmsten zusammen" (1992: 26;27ff).

Daneben bietet die Clique S. konkrete Möglichkeiten zur Ausweitung ihrer Erfahrungen durch die große Mobilität (Autos, Motorräder), durch die Möglichkeit, Räume zu besetzen bzw. als größere Gruppe mit Schutzfunktionen für die einzelnen auch in eher unsicheren Bereichen (Diskos) geschlossen aufzutreten. Durch die Größe und die Altersverschiedenheit der Gruppe ist von einer Vielfalt an Anregungen auszugehen, wobei der Aspekt des Einübungsfeldes für den Umgang mit legalen und illegalen Drogen bzw. mit Sexualität eine große Rolle spielt: "...ich sage nicht, dass ich das will oder so, aber ob ich jetzt mit einem Jungen was habe oder in einem Jahr. (1992: 23;17ff) "....ich meine, 14 ist vielleicht auch noch ein bisschen früh, aber ich meine, wenn ich, da ist zum Beispiel auch eine in unserer Clique, die ist jetzt 15 und die hat schon mit 10, also mit 10 Kerlen was angefangen, also das finde ich übertrieben" (1992: 38;35ff).

Gewalthaltige Erlebnisse im Cliquenzusammenhang verharmlost und relativiert Senta, vor allem auch mit dem Hinweis auf die Unzurechnungsfähigkeit der Gewalttäter durch den hohen Alkoholgenuss: "Also ich meine, wenn mal die Älteren ein bisschen angeheitert sind und so, dann gibt es auch mal ein bisschen eine Schlägerei und so, aber bis zum nächsten Tag ist das schon wieder vergessen." (1992: 35;31ff, vgl. auch Kap. 2.3); "Diebstahl, Schlägereien oder jeden Tag betrunken, und was weiß ich. Dann haben sie eine alte Frau überfallen und wollten Geld oder so. Ha, aber so schlimm ist das aber nicht, da haben sie das meistens bloß angezeigt, weil sie im .. wo sie leicht betrunken waren und so, dass sie dann eine Schlägerei hatten, also meistens bloß wegen dem" (1992: 27;1ff). Zudem fühlt sie sich diesbezüglich machtlos und gibt sich entsprechend fatalistisch: "Und was soll ich dran ändern, die Clique ist okay wie sie ist" (1992: 36;13f).

Innerhalb der Clique gibt es für S. noch eine gute Freundin. Auf sie kann sie sich "total....verlassen"(35;21), wobei sie weiß, dass sie "ihr vertrauen kann." (36;32ff). In bezug auf Freundschaften bzw. Beziehungen zu Jungen berichtet sie lediglich von einer etwas unklaren Situation mit einem 24jährigen jungen Mann in der Clique. Der Kontakt wird vom Vater deutlich abgelehnt: S: "Er will zum Beispiel nicht, dass ich mit einem zusammen bin, der 24 ist. Ja, das ist auch ein bisschen alt, aber ich habe mit ihm schon geredet, also mit demjenigen, und er hat mit mir schon gesprochen, und ich habe mit ihm über die Zeiten geredet...habe ihn dann gefragt, willst du das immer noch, und dann hat er ja gesagt.." F:"Ja, bist du denn mit dem so ein bisschen näher befreundet...?" S: "Ja, das haben wir mal vorgehabt, aber das hat sich dann von alleine wieder...." (1992: 23;6ff).

Fazit: Die Clique fungiert in ihrer jugendkulturellen Ausrichtung als abgegrenzte und abgesonderte Gegenwelt zur einengenden Normalität ihrer Familie bzw. der Angepaßtheit der Gleichaltrigen, was im Rahmen der dörflichen Öffentlichkeit doppelte Ausgesetztheit bedeutet. Allerdings geraten dort ihre Bedürfnisse nach Freiheit und Selbstbestimmung sowie Geborgenheit zum Teil in den Zwiespalt der Zugehörigkeit und Übereinstimmung zur Gruppe bei gleichzeitiger Anpassung an und Übernahme von dort geltenden Ungleichheitsvorstellungen bzw. Gewaltnormalisierungen. Fraglich bleibt, wie sie diese Ambivalenz bewältigen kann, vor allem falls sie - in ihrer als "junges Mädchen" eher randständigen Stellung in der Clique - nur schwer eine abweichende Meinung vertreten kann. Eine offene Frage bleibt auch, was der Preis für diese "Freiheiten" ist, d.h. welche Anpassungsleistungen S. (z.B. in Hinsicht auf die Übernahme von Ungleichheitsvorstellungen und Gewalt) in der stark männlichkeitsdominierten Szene erbringen bzw. welche Abwertungen und Instrumentalisierungen (z.B. im Hinblick auf Sexualität) sie dort erfahren muss.

Sentas wichtigste Bezugsperson ist im Folgejahr ihr 18jähriger Freund, den sie kurz nach dem Zeitpunkt des letzten Interviews in einer Disko kennen gelernt hat: "gleich auf den ersten Blick hat es mich halt total erwischt" (1993: 35;30f). Ihr jetziger Freund entspricht ihren Vorstellungen, die von Treuewünschen und dem Wunsch nach einer Vertrauensperson geprägt sind (vgl. 1993: 36;13ff). Sie betont mehrfach, dass sie diese Beziehung als langfristige Angelegenheit betrachtet und mit ihrem Freund auch schon Zukunftspläne macht ("zusammenziehen...verloben"; 32; 24ff). Der jetzige Freund hat früher einer Punk-Clique angehört (vgl. 12;36ff), zu der beide jetzt aber keinen Kontakt mehr haben (vgl. 13;18ff). Über einen Arbeitskollegen des Freundes haben Senta und ihr Freund den Kontakt zu ihrem jetzigen Bekanntenkreis geknüpft (vgl. 9;3ff). Genau betrachtet besteht der von Senta als "Clique" bezeichnete Kreis jedoch eigentlich aus zwei Paaren (vgl. 9;9ff), zu denen hin und wieder noch ein anderes Paar hinzukommt. Als besondere Qualität dieser Freundschaften nennt Senta zum einen 'Gleichheit' (vgl. 8;35ff). Ob diese 'Gleichheit' auch objektiv gegeben ist, bleibt fraglich, weil Sentas Freunde älter sind als sie und aufgrund ihrer Berufstätigkeit und ihres eigenverantwortlichen Lebens evtl. anders gelagerte Interessen bzw. Wünsche haben: ...für das Weggehen kann man sie eigentlich weniger begeistern"(13;31f). Genauer betrachtet scheinen sich Senta und ihr Freund doch eher den Bedingungen und Gestaltungswünschen des befreundeten Paares anzupassen, eventuell auch, weil diese ihre eigene Wohnung als 'Ressource' und Treffpunktmöglichkeit zu Verfügung stellen. Wesentlich ist für Senta die Erfahrung von Akzeptanz und Gesprächsbereitschaft ("über alles reden"; 8; 39ff) innerhalb der Clique. Senta hat innerhalb ihres Freundeskreises die Möglichkeit, die Probleme mit ihrem Vater anzusprechen, wobei aber bei den anderen auch eher Hilflosigkeit vorherrscht:"keiner hat mir halt sagen können, was ich machen soll." (15;17ff). Mögliche Offenheit auch bei Kritikpunkten nennt sie als weitere Qualität der Bekanntschaft, besonders im Vergleich zu ihrem alten Bekanntenkreis (vgl. 9;21ff). Dementsprechend fühlt sie sich auch von der Clique akzeptiert, sie empfindet Vertrauen und glaubt, tatkräftige Unterstützung erwarten zu können (vgl. Fb. 1993;9). Über aktuelle Tagesthemen oder Politik wird nicht gesprochen, Nachrichtensendungen liefern ebenfalls keinen Gesprächsstoff (vgl. 15;26ff).

Den Kontakt zu ihrer ehemaligen Clique hat Senta ganz aufgegeben. Als Begründung gibt sie deren Umgang mit Andersdenkenden und deren interne Anpassungsforderungen an: "...und ich finde es also echt der Hammer, wie die mit manchen Leuten umgehen, weil wenn man nicht genau so ist, wie die das wollen, und genau das macht oder so, dann wird man gleich irgendwo fertiggemacht" (1993: 7;18ff). Die Anpassung wurde ihren Angaben nach auch ihr gegenüber bezüglich des äußeren Auftretens gefordert: "Und ich habe zum Beispiel einmal angezogen, was mir gefallen hat (Shorts; d.V.), und dann war man gleich abgestempelt irgendwo... dann hat es gleich geheißen,: 'Du Schlampe' .. ist halt ein Bauernnest irgendwo" (1993: 7;21ff). Als besonders kritikwürdig betrachtet Senta das tribunalartige Vorgehen bei Streitigkeiten: "Und was auch das Problem war, wenn man mit einem Streit gehabt hat, dann war die ganze Clique auf einmal gegen einen.....da haben meine Freundin und eine von der Clique, wo ein bisschen eher mit den Älteren zusammen war, haben gestritten, und dann hat die Clique natürlich zu der Anderen gehalten, und dann war meine Freundin halt, dann ist sie halt dagestanden, die ganze Clique vor ihr, und das finde ich irgendwo beschissen, weil ich finde, dann hätte sie und das andere Mädchen hätten das alleine austragen sollen und alleine miteinander reden und so" (1993: 8;11ff). Während sie im Vorjahr eine Hierarchie innerhalb ihrer damaligen Clique verneinte, erkennt sie im nachhinein ("alles viel zu spät gemerkt"; 8;28ff) einen Unterschied, der zwischen jüngeren und älteren Cliquenmitgliedern gemacht wurde. Hauptausschlaggebend für Sentas Konflikt mit der alten Clique und das spätere Verlassen dieser war die Ablehnung und Abwertung ihres jetzigen Freundes (vgl. 11;24ff). Gründe für das Verhalten der Clique sieht Senta vor allem in dem "undörflichen" Auftreten des Freundes (vgl. 11;39ff). Da der jetzige Freund ehemals einer "linken" Szene angehört hat und dies auch nach außen zeigte (oder noch zeigt), steht zu vermuten, dass die Ablehnung auch mit dessen Orientierung verknüpft war, die im Widerspruch zu der "rechten" Orientierung der alten Clique stand. Bedingt durch die Freundschaft mit ihrem Freund haben sich auch Veränderungen in der Beziehung zu ihrer damaligen besten Freundin ergeben, die sie jetzt sehr selten sieht (vgl. 7;1). Sie begründet dies hauptsächlich mit der Kontaktaufnahme zum Freund, durch die sie alle anderen Beziehungen zurückgestellt hat, bezeichnet dies jedoch als Fehler: "Ja, ich meine, ich habe den Fehler gemacht, den wahrscheinlich viele machen, am Anfang von einer Beziehung. Ich habe mich halt mehr um den Freund gekümmert und habe dann halt nicht gemerkt, dass sie immer mehr, also sich abseits irgendwo" (1993: 7;3ff). Die Aussage, dass diesen Fehler "viele machen", deutet darauf hin, dass Senta es für Mädchen bzw. Frauen als "normal" ansieht, eigene Kontakte zugunsten des Freundes aufzugeben. Auch zu der Freundin aus ihrer Klasse hat sich der Kontakt stark verringert, wobei sie als Grund hierfür einen von der Freundin begangenen Vertrauensbruch angibt: "Ich erzähle ihr eigentlich nicht mehr so viel, weil sie einmal hat sie zu jemand anders das erzählt..." (1993: 16;39ff). Gemeinsame Unternehmungen mit dieser finden nicht mehr statt; der Kontakt ist auf den schulischen Bereich beschränkt (vgl. 1993: 17;9).

Wichtigste Bezugsperson ist für Senta 1994 ihr neuer Freund, mit dem sie seit zwei Monaten zusammen ist. Er ist 22 Jahre alt und studiert "Bauingenieur". Von ihrem vorigen Freund hat sie sich nach einer über zweijährigen Beziehung aus verschiedenen Gründen getrennt: "Er hat ab und zu mal ziemlich viel getrunken und vielleicht auch mal ein bisschen Drogen genommen, also nichts unbedingt hartes, aber trotzdem, und ja, dann Geldsachen, vor allem ums Geld ist es gegangen. Er hat seinen Lohn bekommen am 28., und am 1. war das ganze Geld weg, und er bekommt 850 Mark, und dann habe ich, jedes Mal zu ihm gesagt, mein Gott, teil doch mal dein Geld ein, für was gibst du es denn aus, er hat nichts Größeres gekauft oder so, sondern das Geld war einfach weg. Dann hat er von seiner Mutter Geld geklaut und so, und das, das hat mir einfach nicht gepasst, und ich wollte das nicht so. Er hat einfach nichts im Kopf gehabt, von dem her war er, er hat sein Geld nicht einteilen können" (1994: 16;3ff). Senta steht ihrem damaligen Freund aus der zeitlichen Distanz heraus sehr kritisch gegenüber, obwohl sie zum Zeitpunkt des letzten Interviews mit ihm verlobt und davon überzeugt war, dass sie ihn heiraten würde. In der Beziehung zu ihrem Ex-Freund scheint sie die Besonnenere gewesen zu sein, der es allerdings trotz einiger Anstrengungen nicht gelungen ist, die anstehenden Probleme zu lösen (vgl. 1994: 16;20ff). Von ihrem neuen Freund ist sie ebenso begeistert, wie anfänglich von ihrem vorigen Freund (vgl. 21;8f; 16;37ff). Senta möchte mit ihm zusammenbleiben und später Kinder mit ihm haben. Wie schon beim ersten Freund verbringt Senta möglichst viel Zeit mit ihrem jetzigen Partner und vernachlässigt daher Kontakte mit eigenen Freunden. Sie kann mit ihrem Freund über alles reden (vgl. 20;33) und erlebt bei ihm Akzeptanz, Vertrauen, Geborgenheit und bekommt tatkräftige Unterstützung (vgl. Fb. 1994). Weiteres Positivum ist der Umstand, dass Sentas Vater von ihm wegen seiner gesellschaftlich hochgeachteten Eigenschaften und Fähigkeiten "total begeistert" ist (vgl. 17;3ff). Wie schon während ihrer letzten Beziehung hat Senta sich auch jetzt wieder dem Freundeskreis ihres Freundes angeschlossen. Auch dessen Mitglieder zeigen anders als ihre erste Clique (1992) und deutlicher als ihr letztjähriger Bekanntenkreis sozial akzeptierte Verhaltensweisen: "... also die sind alle brutal voll anständig und so, (Lachen) die passen ja normal gar nicht zu mir. Ja, also ich habe mich allgemein brutal geändert" (1994: 1;28ff). Offenbar unterwirft sie sich auch in diesem neuen Freundeskreis Anpassungszwängen, wahrscheinlich, um als Jüngere anerkannt zu werden. Ihre neue Clique wird durch die Freunde ihres Freundes und deren Freundinnen gebildet. Sie sind alle berufstätig, in welchen Bereichen weiß Senta nicht. Sie kommt nur mit ihnen zusammen, wenn der Freund auch dabei ist. Wiederum (vgl. 1992 und 1993) kann Senta keine Hierarchien innerhalb der Clique feststellen: "Alle zusammen" treffen die anfallenden Entscheidungen (vgl. 40;23ff). Unter den Mitgliedern herrscht nach S.s Einschätzung weitgehend Akzeptanz und Toleranz, selbst bei vorkommender persönlicher Abneigung (vgl. 40;40ff). Dementsprechend fühlt sie sich in der Clique geborgen und meint, tatkräftige Unterstützung bekommen zu können (vgl. Fb. 1994). Genau wie gegenüber ihrer ersten Clique, die ihrer Meinung nach noch immer "rechts" ist und "Leute anmacht" (vgl. 26;3ff), distanziert sie sich nunmehr gegenüber den Freunden des Ex-Freundes, allerdings aus anderen Gründen ("so kaputt... die Kumpels vom meinem Ex-Freund"; 22;13ff). Lediglich mit dem Pärchen, mit dem sie und ihr Ex-Freund eng befreundet waren, hat sie noch Kontakt, über den sie froh ist. Ihr Ex-Freund sieht die beiden allerdings nicht mehr (vgl. 21;22ff). Auch mit ihrer ehemals besten Freundin hat Senta keinen Kontakt mehr, weil sie sich u.a. von ihrem Freund in Beschlag genommen sieht.

Freizeit
1992 ist S. Mitglied in einem Reitverein und macht Jazztanz, jedoch hält sie sich, bedingt durch die starke Orientierung an der Clique, vorwiegend im öffentlichen Raum auf. Da es für Jugendliche in der Gemeinde "gar nichts" (39;23) gibt, sucht sie ihre kommunikativen Freizeitinteressen vor allem in erwachsenenorientierten Örtlichkeiten zu verwirklichen. Der häufige Aufenthalt in diesen kommerziellen Einrichtungen (Kneipe, Bistro; s.o.) fordert aber die Anpassung an bestimmte Regeln (Ruhe, Konsumzwang, Benehmen) und verweist bestimmte jugendliche Bedürfnisse nach Gestaltung, Darstellung, Bewegung etc. auf andere Orte und Zeiten, z.B. auf die samstägliche SchülerDisko einer professionellen Tanzschule. Außerdem bekommen die Freizeitbewegungen S.s in Anbetracht der wechselnden Aufenthaltsorte bzw. der Suche nach dem aktuellen Präferenz der Gruppe in dieser Hinsicht ein unstetes, fluktuierendes Moment. In ihrer Selbsteinschätzung hält S. sich allerdings nur selten auf der Straße oder im Park auf (Fb. 1992). Dafür dominieren bei den Alltagsflips das "tägliche so richtig rumalbern" bzw. "ganz verrückte Sachen anziehen". Mehrmals pro Woche tanzt sie, hört Musik "total laut" und macht etwas "Riskantes". Ihrer Einschätzung nach provoziert sie ca. einmal pro Woche Leute, macht ihnen Angst und "mischt andere Jugendliche auf".

1993 verbringt S. die meiste Zeit mit ihrem Freund, am Wochenende häufig mit dem erwähnten befreundeten Paar in dessen Wohnung, selten mit Diskobesuchen (vgl. 10;7ff). Bei den gemeinsam verbrachten Abenden finden hauptsächlich "kleine Feste" statt, bei denen Videofilme angeschaut oder Gespräche geführt werden (vgl. 13;36ff). Reiten geht Senta nicht mehr, da wie schon erwähnt, das Pferd, mit dem sie umsonst reiten konnte, gestorben ist, und ihr der Vater im Moment Alternativen verwehrt. Sie erwähnt aber auch, dass sie selbst durch die Beziehung zu ihrem Freund diesen Sport vernachlässigt hat (vgl. 47;18ff). Durch schlechte Verbindungen mit öffentlichen Verkehrsmitteln sieht sie ihre Mobilität - und damit verbunden - die Freizeitmöglichkeiten eingeschränkt (vgl. 11;5ff). Die Angebote im Ort betrachtet sie nicht als reizvolle Alternative (vgl. 11;12f). Die JugendDisko, in der Senta ihren Freund kennen gelernt hat, besucht sie jetzt nicht mehr und gibt als Gründe den ihr missfallenden Musikstil, Rauch- und Alkoholverbot sowie die jüngere Zielgruppe der BesucherInnen an (vgl. 1993: 17;25ff).

1994 geht Senta in ihrer Freizeit häufig mit ihrem neuen Freund und seinen Freunden aus (vgl. 1994: 18;2). Da der Freund ein Auto hat, können sie auch in benachbarte Städte oder Orte fahren. Ab und zu macht die Clique einen Videoabend. Am Wochenende gehen Senta und ihr Freund oft länger mit ihren Hunden spazieren. Die Kneipen des Dorfes, in die sie früher immer gegangen ist, besucht sie nicht mehr. Sie hat sich ihrer eigenen Wahrnehmung nach aus ihren ehemaligen Kontakten dort herausentwickelt (vgl. 25;32ff). Donnerstagabends trifft Senta sich mit ein paar MitschülerInnen zum Jazztanz. Dienstags und mittwochs muss sie noch immer zu Hause bleiben.

Nachbarschaft und Wohnumfeld
Das Haus von S.s Familie liegt in einer vom Verkehr weitgehend verschonten Neubausiedlung, an die ein örtliches Naherholungsgebiet mit Wald, Sportstätten, einem Kinderspielplatz mit Grillstelle und einer Schutzhütte direkt angrenzt. Die Bezeichnung "Außengebiet" (1992: 21;23) weist allerdings auf die für dörfliche Verhältnisse beträchtliche Entfernung zur Ortsmitte bzw. zum Schulzentrum (ca. 2 km) hin. Zudem führt die nur schlecht beleuchtete Straße stellenweise durch nur dünnbesiedeltes bzw. gewerblich bebautes Gebiet: "Wenn man von der Ortsmitte z.B. in das Wohngebiet rausfährt, da hat es keine Lampen an der Straße, dann ist da die Bahnlinie, und zwischen der Bahnlinie und der Straße sind so ein paar Büsche und so, und da habe ich früher auch immer ein bisschen Angst gehabt, und beim Heimlaufen, da war es dann immer stockdunkel und so, da waren keine Lichter, ich meine, jetzt sind auch keine Lichter da, aber ich habe keine Angst mehr, so gesehen" (1992: 24;41ff). Auch das erwähnte Waldgebiet betrachtet S. vor allem aus der Mädchenperspektive als unsicheres Gelände: "Da gibt es das Bachtal... Das ist in so einem Wald... also da ist zum Beispiel unser Wohngebiet, dann fährt man da ein Stückchen weiter...,und dann in der Tiefe da ist so ein Sportplatz oder so, und da ist eben auch schon viel passiert und so. Da ist mal herumgegangen, dass da immer ein Mann rumgelaufen ist und so, und dann haben mal zwei Mädchen, die unten waren, da ist dann auch was passiert, und so gehe ich eigentlich nicht so gerne hin allein" (1992: 24;12ff). Im Dorf selbst gibt es außer den Jugendabteilungen der Vereine und Verbände keine eigens für Jugendliche zur Verfügung gestellten Räume. S. und ihre Clique suchen sich 1992 deshalb ihre Treffmöglichkeiten vorwiegend an öffentlichen Plätzen wie z.B. der schon erwähnten Brücke oder auf dem Marktplatz mit seinen Bänken (vgl. 22;11ff) und in erwachsenendominierten Räumlichkeiten: "in einer Wirtschaft oder in einem Bistro oder so." (21;39f). Neben dem Gefühl, an den genannten informellen Treffpunkten nur geduldet zu sein, bergen diese Lösungsversuche auch die potentielle Gefährdung des Vertriebenwerdens, "weil sie gleich wieder kommen, hau ab und so" (34;15ff), oder zumindest doch der im Dorf stark ausgeprägten sozialen Kontrolle zu unterliegen: "Da waren wir zum Beispiel an so einer Hütte unten, und dann sind wir eben ein bisschen laut gewesen, und da hat so ein alter Opa gleich die Polizei geholt, und die ist dann gekommen und hat dann irgendwie im Busch eine leere Bierkiste gefunden und so, und dann hat es ge-

heißen, wir haben getrunken und ja, dann haben sie alle Namen aufgeschrieben und so und dann gesagt, was wir alles gemacht haben und so, das wird weitergegeben an die Polizeiwache..." (1992: 25;21ff).

Die dörfliche Struktur und das ländlich geprägte sozial-kulturelle Umfeld ihres Wohnortes wertet S. 1993 ab (vgl. 7;30ff). Das bäuerliche Milieu ist ihrer Meinung nach Grundlage für intolerante Sichtweisen: "...weil das sind irgendwie so richtige Bauern, und man darf eigentlich nicht sagen, was man denkt und anziehen, was man will, und da darfst du eigentlich gar nichts" (1993: 27;29ff). Die Art zu leben, erscheint ihr zu eng, offensichtlich auch zu kontrolliert: "..ich bin das stiere Leben halt irgendwo nicht gewohnt" (1993: 27;35). Mangelnde Angebote für Jugendliche im Dorf (vgl. Abschnitt "Freizeit") und ihr neuer Freundeskreis ziehen einen Rückzug in den privaten Bereich nach sich.

Noch immer gibt es im Abschlussjahr der Untersuchung für Jugendliche in Sentas Dorf wenig Angebote. Es hat ein Kebab-Laden aufgemacht, in dem sich die Jüngeren häufig aufhalten. Ab und zu geht auch Senta dorthin. Bzgl. gewaltsamer Bedrohungen fühlt sich S. nun sicherer. Dies liegt evtl. daran, dass sie selten alleine unterwegs ist, sondern eher mit Freund und Auto, denn zum Zeitpunkt der vorigen Interviews zeigte sie mehr Ängstlichkeit, wenn sie sich alleine in der Öffentlichkeit bewegte.

3.1.3 Medienrezeption und sonstige Ressourcen politisch relevanter Information
Sentas Medienauswahl richtet sich über den gesamten Erhebungszeitraum hinweg vornehmlich nach Unterhaltungsaspekten aus und erfolgt wenig informationsorientiert. Nach eigenen Angaben (vgl. Fb.) liest sie "selten" Mädchenzeitschriften wie "Girl", "Mädchen" und "Wendy". Im Fernsehen sieht sie sich "manchmal" phantastische Filme und "Filme über Gott, Jesus" an, Serien guckt sie "nie". In den Folgejahren sieht sie u.a. auch gern Horror- und Splatterfilme auf Video.

Im Interview von 1992 äußert sie, dass sie auch mit den Eltern fernsieht.. Dann bestimmen jedoch diese, welche Sendungen angesehen werden (z.B. Sport oder Videofilme, vgl. 16;11ff oder "Explosiv", vgl. 21;5ff). Ihre Ansicht, dass AusländerInnen "kriminell" sind, scheint sie aus der Sendung "Aktenzeichen XY ungelöst" zu beziehen (vgl. 1992: 27;25ff). Ab und zu redet S. auch mit den Eltern über aktuelle Themen, z.B. den Krieg in Jugoslawien (vgl. 20;28ff), findet sich dabei aber meistens in Dissens zu ihrem Vater (vgl. 21;18ff).

Inwieweit in der Schule aktuelle Themen behandelt werden, wird von S. - bis auf das Beispiel eines Projektes zur Drogenproblematik - 1992 nicht erwähnt; 1993 bekommt S. nach eigenen Angaben wenig Informationen zu aktuellen Themen (vgl. Kap. 3.1.2), obwohl z.T. über die Kriegssituation in Jugoslawien oder das 'Dritte Reich' gesprochen worden ist (vgl. 29,8ff).

Insgesamt erscheint es so, als bezöge sie 1992 z.B. ihre Ansichten über Ausländer aus den von ihr rezipierten Medien und zumindest z.T. von ihrer Clique. 1993 erscheint es so, als wäre sie, obwohl in Sentas damaliger Clique anscheinend nicht explizit über aktuelle politische Themen gesprochen wurde (vgl. 1993: 15;24ff), in der ehemaligen "Punker-Clique" des Freundes mit politischen Stimmungen und Überlegungen konfrontiert worden, die zu einer Änderung ihrer Einstellung geführt haben.

1994 scheint sie bestimmte politische Ansichten (z.B. "Scheinasylanten"-Argumentation) über das Fernsehen, den Vater und Nachbarn zu gewinnen: "... also in H. ist ein Asylantenheim zum Beispiel, und da wissen die H.er genau Bescheid, was da geht, und da hört man halt so manche Sachen. Ich meine, ich glaube auch nicht alles, was man mir erzählt, aber das mit der Schüssel und so, das habe ich halt selber gesehen und das, ja, und mein Vater würde mich auch nicht anlügen in der Beziehung, ich meine, das ist auch im Fernsehen gekommen, dass sie da das Essen auf die Straße geworfen haben und gesagt haben, ja, sie wollen Geld" (1994: 42;14ff). In der Schule ist inzwischen das 'Dritte Reich' behandelt worden, was bei Senta zu der Erkenntnis geführt hat, "dass es halt so nicht mehr gehen darf" (36;13, vgl. auch Kap. 2.1).

3.1.4 Erfahrungen mit und Ressourcen von gesellschaftlicher und politischer Teilhabe

Senta nutzt die wenigen in ihrem Wohnort vorhandenen Angebote für Jugendliche (z.B. Reitverein, Jazztanz, Disko, Karnevalsfeiern). Sie zeigt wenig Neigung, darüber hinaus in irgendeiner Gruppe oder Institution aktiv mitzuarbeiten. In der Schule engagiert sie sich nicht in den vorhandenen Schülermitverwaltungsgremien und -funktionen, äußert aber gleichwohl Veränderungsinteressen bzgl. der Gestaltung des schulischen Unterrichts. Dies und auch ihre im Fragebogen gemachte Einschätzung, dass ihr Leben "hauptsächlich von mächtigeren Leuten kontrolliert wird" und sie wenig von dem, was in ihrem Leben passiert "selbst bestimmen kann" sprechen dafür, dass sie (nicht nur) Schule als etwas Fremdbestimmtes empfindet und daher wenig Möglichkeiten der Mitbestimmung für sich selbst sieht. Nicht zuletzt weist die demonstrative Präsenz der Clique in der Öffentlichkeit über die Inbesitznahme öffentlicher Plätze und Räume - in Ermangelung einer besseren Möglichkeit - auf vorhandene Teilhabewünsche hin.

1993 hat S. weiterhin wenig Interesse daran, in Gruppen oder Institutionen mitzuarbeiten. Vermutlich bedingt durch ein geringes diesbezügliches Angebot für Jugendliche in ihrem Wohnort und ihre Beziehung zu ihrem Freund, zieht sie sich eher in den privaten Bereich zurück. Als allerdings im Ort die Bereitstellung eines neuen Jugendraumes diskutiert wurde, zeigte Senta eine wegen ausbleibender baldiger Erfolge allerdings bald frustrierte Bereitschaft, in einem Gremium mitzuarbeiten, das über eine jugendgerechte Ausgestaltung des Raumes mitbestimmen sollte/konnte (vgl. 1993: 19;3ff). In bezug auf ihre Zukunft macht S. sich 1993 Gedanken über ihre Berufswahl. Sie möchte gerne (Tier-)Arzthelferin werden, und weiß, dass sie sich in der Schule anstrengen muss, um ein gutes Bewerbungszeugnis zu bekommen. Sie hofft, eine Lehrstelle antreten zu können, weil es in der Gegend ihrer Einschätzung nach genug (Tier-)Ärzte gibt.

Senta bewegt sich auch 1994 vornehmlich im privaten Raum und engagiert sich nicht in Gruppen oder Initiativen. Im Rahmen ihrer beruflichen Zukunftsplanung hat Senta sich bei verschiedenen Arbeitgebern um eine Lehrstelle beworben (vgl. 1994: 7;38ff). Später möchte sie mit ihrem Freund zusammenziehen und eine Familie gründen (vgl. 1994: 24;5ff; 23;21ff). Hier wird deutlich, dass Senta einen festen Bezugspunkt außerhalb des Elternhauses braucht und dass sie dieses so schnell wie möglich verlassen will, wobei sie sich aber doch im Rahmen einer konventionellen privaten Zukunftsplanung bewegt. Der Wunsch nach einer eigenen Familie deutet auf einen Nachholbedarf an harmonischem Familienleben hin.

3.2 Kategorien, Kompetenzen und Mechanismen der Erfahrungsstrukturierung
3.2.1 Zentrale Bezugspunkte sozialer Identität

Aus einigen von Sentas 1992 gemachten Äußerungen wird deutlich, dass ihre Anbindung an Deutschland zum einen durch diffuse völkisch-*nationale* Gefühle begründet ist (vgl. 27;18ff). Zum anderen scheint sie Deutschland als "Wohlstandsstaat" zu definieren, wobei sie diesen Wohlstand durch EinwanderInnen bzw. AsylbewerberInnen gefährdet sieht (vgl. 26, 38f).

1993 bedeutet deutsch zu sein für Senta weiterhin vorrangig, an dem in Deutschland verbreiteten allgemeinen Wohlstand partizipieren zu können. Die Sorge um ihren persönlichen zukünftigen Wohlstand scheint daher der Grund dafür zu sein, dass sie in bezug auf Migranten und Asylbewerber noch immer Wegnahme-Theorien äußert (vgl. 1993: 40;28ff).

1994 konkretisiert sich: Sentas nationale Identitätszuordnung als Deutsche baut sich im wesentlichen über zwei Bezüge auf. Zum einen definiert sie Deutschland als kulturellen Sprachraum (vgl. 1994: 49;19ff), zum anderen als Wohlstandsstaat, an dessen Wohlstand sie jetzt und in Zukunft partizipieren möchte. Während sie keine Gefährdungen der kulturellen Homogenität Deutschlands durch Ausländer benennt, ergeben sich bei ihr aus der Sorge um ihren eigenen zukünftigen Wohlstand Wegnahme-Theorien in bezug auf Wohnungen und Arbeitsplätze in Richtung Asylbewerber und andere Ausländer.

Die in Sentas *regionalem und lokalem Sozialraum* des ländlichen Dorfes üblicherweise stark ausgeübte Kontrolle des jugendlichen Verhaltens durch die Erwachsenen trägt 1992 dazu bei, dass S.s Clique schon häufiger unangenehm aufgefallen ist (vgl. 25;18ff). Dies nimmt sie jedoch in Kauf, da ihr das unangepasste Verhalten ihrer Clique das Gefühl gibt, eigene Kontrolle über ihr Verhalten zu haben und sich dadurch von den Werten, die z.B. ihre Eltern für sie repräsentieren, distanzieren zu können. Da, wie in dörflichen Gebieten oft, auch in S.s Dorf wenig Angebote für Jugendliche bestehen, gibt Senta die Mobilität und der Schutz der großen Clique die Möglichkeit, Räume zu besetzen und zu nutzen, die sonst eher Erwachsenen vorbehalten sind (z.B. Kneipen, Diskos).

1993 distanziert sich S. von ihrem regionalen und lokalen Sozialraum - dem Dorf - zum einen, weil wenig Angebote für Jugendliche bestehen und die Verkehrsanbindung für sie sehr schlecht ist, z.B. wenn sie ihren Freund besuchen möchte (s.o.). Zum anderen sieht sie die ländliche Herkunft als Grund dafür, dass die Einwohner - explizit erwähnt sie die Mitglieder ihrer ehemaligen Clique - Menschen, die "anders" sind als sie selbst, schnell verurteilen und nicht akzeptieren. Indem Senta die beschriebenen Aspekte von Borniertheit, Rigidität und Konformismus im Verhalten (u.a. häufiges Kennzeichen von faschistischen Gruppen) der ehemaligen Clique erkennt, reflektiert und in der Lage ist, sich davon zu distanzieren, wird auch die Abkehr von der Rechtsorientierung der Gruppe möglich und erscheint konsequent.

1994 empfindet sie ihren regionalen und lokalen Sozialraum nicht als Heimat Dennoch: Obwohl sie sich schon während des letzten Interviews von der "dörflichen" Mentalität ihrer Mitmenschen distanzierte, scheint Senta doch einige Meinungen (z.B. über Asylbewerber) von Nachbarn zu übernehmen (vgl. 1994: 42;14ff).

Zudem muss sie im *sozialen Nahraum* der Familie Anpassungsleistungen erbringen (z.B. Pflichten im Haushalt, Gehorsam), um der von ihr erwarteten 'Tochter-in-der-Familie–Rolle' gerecht zu werden. Die über die Clique geknüpften Beziehungen im sozialen Nahraum, z.B. zu ehemaligen rechtsradikalen Rockern (vgl. 26;24ff), fördern durch die Vorbildfunktion der älteren Cliquen-Jugendlichen Sentas diffuse Anti-Haltung gegen AusländerInnen im allgemeinen und. AsylbewerberInnen im speziellen. Die Bewertung der im Cliquenzusammenhang präsenten Gewalt erfolgt bei ihr unter Abschwächungs- und Normalisierungstendenzen. Offenbar glaubt sie, die von ihr an und für sich nicht für gut befundenen Gewaltreaktionen dulden zu müssen, will sie in der Clique Akzeptanz erhalten und bewahren. Daraus folgt, dass S. Gewalt (notgedrungen) als "normal" oder "nicht so schlimm" wahrnimmt bzw. einstuft - zumal, wenn sie als Verteidigungsreaktion erfolgt. Andererseits leidet sie aber unter Gewalt, vor allem, wenn sie das Opfer - z.B. der (Erziehungs-)Gewalt des Vaters - ist. Entsprechend kann sie ihre Anwendung nicht uneingeschränkt gutheißen oder gar selber propagieren bzw. praktizieren.

1993 sind deshalb auch besonders wichtig für Sentas Entwicklung ihre neuen Beziehungen im sozialen Nahraum. Die Abkehr von der ehemaligen Clique und die Ansichten ihrer neuen Freunde (z.B. Freund und dessen ehemalige Punkerclique) haben bei ihr zu einer Veränderung ihrer Einstellungen, z.B. in bezug auf AusländerInnen, geführt.

Auch 1994 gestalten sich ihre Beziehungen im sozialen Nahraum so, dass sie im Freundeskreis anscheinend nicht mit "rechtem" Gedankengut konfrontiert wird. Statt dessen spricht die Integrationsorientierung ihrer neuen Freunde (Berufstätigkeit, Studium) für eine Schwerpunktsetzung, wenn nicht Zentralität, von Überlegungen zur Zukunftsplanung in ihrem Denken. Einige Mitschüler haben laut Senta "rechte" Ansichten, jedoch distanziert sie sich davon. Lediglich der Vater und einige Nachbarn scheinen ihre Ansichten in Richtung von Vorbehalten gegenüber Asylbewerbern zu beeinflussen (s.o.).

Ihr Mittelschichts-*Status* als eine Realschülerin, die materiell gut versorgt ist und mit ihren Eltern im eigenen Haus lebt, scheint dazu beizutragen, dass sie keine AusländerInnen persönlich kennt, weil sie weder in ihrem Wohnumfeld leben, noch in ihrer Klasse zu sein scheinen. Zudem wird deutlich, dass sie aufgrund dessen bestimmte Standards an ihr zukünftiges Wohlergehen stellt, die Wegnahme-Theorien begünstigen könnten. Bleibt noch 1993 zu prüfen, inwieweit evtl. der Vater mit seinen beruflichen Erfahrungen mit kriminell gewordenen Asylbewerbern und anderen Ausländern (vgl. 41;27ff) einflussnehmend ist, so prägt 1994 deutlich erkennbar der Umstand, dass ihr Vater Polizist ist und zu Hause von seinen Erlebnissen mit AusländerInnen bzw. AsylbewerberInnen berichtet, ihre politischen Ansichten mit (vgl. 42;14ff).

Wahrscheinlich ist auch ihr Verhalten innerhalb der Clique durch starke Anpassungs- und Unterordnungstendenzen geprägt, weil ihr als junges Mädchen vermutlich kein hoher Status in der Cliquenhierarchie eingeräumt wird. Dies scheint sie aber aufgrund ihrer jugendkulturellen Orientierung in Kauf zu nehmen. Die große, altersmäßig nicht homogene Clique befriedigt durch ihr unangepasstes Verhalten, ihre Mobilität und die damit verbundene abwechslungsreiche Freizeitgestaltung Sentas Wunsch nach Erlebnis, Freiheit und Abenteuer. Im Schutz der Gruppe kann sie sich der als übermächtig empfundenen Kontrolle durch den Vater und andere Erwachsene entziehen und so ein gewisses Maß an Eigenkontrolle über ihr Leben erlangen. Mit dem Freundeswechsel von 1993 einhergehend verändert sich ihre jugendkulturelle Orientierung zwar noch nicht in Richtung auf 'angepassteres' Verhalten, rückt aber doch zumindest von rechter Inszenierung stärker ab, bevor sie 1994 allgemein eher nach "links" tendiert. Wichtig ist für sie aber vor allem das "Weggehen" mit Freunden, z.B. in Diskos oder Kneipen.

Die Bedeutung ihrer *Geschlechtszugehörigkeit* ist für sie 1992 vor allem in der Beziehung zum Vater von großer Wichtigkeit. Der Vater übt eine umfassende Kontrolle über Sentas Verhalten aus. Die vom Vater eingesetzte, von ihr als willkürlich erlebte (Erziehungs-)Gewalt einerseits und seine als unangenehm empfundenen Zärtlichkeitsbekundungen andererseits tragen dazu bei, dass Senta sich in ihrer Integrität und Selbstbestimmtheit angegriffen fühlt. Weitaus deutlicher noch hat auch das Erlebnis einer versuchten Vergewaltigung dazu geführt, dass sie - zumindest zunächst - starke Bedrohtheits- und Angstgefühle entwickelte (vgl. 1992: 13;34ff).

Sentas Geschlechtszugehörigkeit ist für ihre Entwicklung auch im weiteren Verlauf von großer Bedeutung. So ist sie 1993 zum einen weiterhin geprägt durch ihre Rolle als 'Tochter in der Familie' und die konfliktbeladene Beziehung zu ihrem Vater. Zum anderen zeigt sie jetzt verstärkt für die Mädchensozialisation typische Wünsche, wie z.B,. den Wunsch nach einer Beziehung zu einem jungen Mann, dem sie vertrauen kann und bei dem sie geborgen ist. Auch sexuelle Bedürfnisse spielen in dieser Beziehung schon eine wesentliche Rolle. Darüber hinaus möchte sie so schnell wie möglich heiraten und Kinder bekommen. Dies kann auch ein Grund für ihre geschlechtstypische Berufswahl sein. Als Arzthelferin könnte sie in der Gegend bleiben und zum Lebensunterhalt beitragen und trotzdem eine Familie gründen (vgl. 1993:38;1ff). Sentas Verlangen nach Nähe führt dazu, dass sie sich ganz dem Freund und dessen Freunden angeschlossen hat, ihre eigenen Freunde und Bekannten nicht mehr trifft und so allerdings auch nicht mehr mit dem rechten Gedankengut der ehemaligen Clique konfrontiert wird.

Die Aufarbeitung des Vergewaltigungs-Versuchs durch die im letzten Jahr erfolgten Gerichtsverhandlungen hat 1993 keinen erkennbaren Einfluss auf ihre Gewaltakzeptanz oder auf Ungleichheitsvorstellungen. Allenfalls wäre denkbar, dass die rechtsstaatliche Behandlung der Gewalttat und ihr für sie erfolgreicher Ausgang sie zunehmend weniger staatsautoritäre Gewaltpropagierungen vorbringen lässt. Die Einweisung des Täters in eine Therapie hat die Angelegenheit für sie zufriedenstellend abgeschlossen (vgl. 1993: 34;15).

Um der Kontrolle des Vaters zu entfliehen, sucht Senta auch 1994 auffällig stark feste Bezugspunkte außerhalb der Familie, was dazu führt, dass sie sich immer sehr eng an ihren jeweiligen Freund und dessen Freunde anschließt. Diesem jeweiligen Freundeskreis steht sie i.d.R. sehr unkritisch gegenüber. Da ihre Freunde älter sind als sie, wird sie innerhalb der jetzigen Clique ebenfalls größere Anpassungsleistungen erbringen müssen, um als jüngeres Mädchen akzeptiert zu werden. So tendiert sie auch dazu, die jeweils vorherrschenden Meinungen der Clique zu übernehmen.

3.2.2 Individuelle Kompetenzen bzw. Mechanismen zum Aufbau personaler Identität

Sentas *Selbstwert*gefühl baut sich anfänglich zum Teil aus ihrer Zugehörigkeit zur Clique und ihrem freundschaftlichen Verhältnis zu einem Mädchen innerhalb der Gruppe auf. Ihre relativ gute Reflexionsfähigkeit erlaubt ihr - trotz der starken Verunsicherung durch das Verhalten des Vaters - auf ihre eigenen Fähigkeiten zu vertrauen (z.B. 'Reife', Überlegtheit). Insgesamt zeigen aber ihre Autoaggressionen, die starken Empfindungen der Fremdbestimmtheit und eine deutliche Deprimiertheit ("manchmal fühle ich mich völlig nutzlos", "ich habe zwar zuviel zum Sterben, aber zu wenig zum Leben", vgl. Fb. 1992), dass sie noch kein tragfähiges Selbstwertgefühl aufbauen konnte.

1993 basiert Sentas Selbstwertgefühl zunehmend auf ihrem Vertrauen in die eigenen Fähigkeiten. Ihr Wunsch nach Akzeptanz und ihre Bereitschaft, anderen Menschen Toleranz und Akzeptanz entgegenzubringen sowie ihre enge Beziehung zu ihrem Freund und ihrer neuen Clique stärken sie darin, ihre eigene Meinung zu vertreten. Diese Meinung resultiert immer häufiger aus der Kompetenz, Sachverhalte reflektiert durchdenken und Vorurteile als solche erkennen zu können. Andererseits ist ihr großes Bedürfnis nach Anerkennung und Akzeptanz aber möglicherweise auch ein Zeichen dafür, dass ihre Integrität nach wie vor häufig vom Vater verletzt wird, und sie daher die von ihm verwehrte Anerkennung von anderen Menschen einfordert und deshalb bereit ist, hohe Anpassungsleistungen zu erbringen.

Auch 1994 fußt Sentas Selbstwertgefühl auf dem Vertrauen in ihre eigenen Fähigkeiten und auf der Kompetenz, Sachverhalte reflektiert zu überdenken. Ihre enge Anlehnung an ihren Freund und dessen Freunde und die unkritische Beurteilung dieser Beziehungen deuten aber darauf hin, dass sie noch immer stark auf die Anerkennung und Akzeptanz von außen angewiesen ist. Dies ist vermutlich weiterhin auf den Mangel von Akzeptanz durch den Vater, unter dem Senta noch immer leidet, zurückzuführen.

In manchen Bereichen zeigt Senta schon 1992 z.T. hohe *Reflexivität*. So versucht sie z.B., ihr konfliktreiches Verhältnis zum Vater zu reflektieren, um sich sein Verhalten erklären zu können (vgl. 1992: 12;38ff). Reflexivität ist für sie auch ein bewusstes Kennzeichen ihres eigenen Verhaltens: In Abgrenzung zu ihrer Schwester stellt sie sich eher als überlegtes, besonnenes Mädchen dar, das sich, bevor es handelt, sehr genau die Konsequenzen seines Tuns überlegt ("...ich würde mir eben überlegen, ob ich das überhaupt will..."; 1992: 20;5ff). Senta selbst glaubt aber andererseits, dass sie sich durch die Autoaggressionen abreagieren kann, wobei sie weder deren Ursachen noch ihre für sie positive Funktion voll ergründen kann.

1993 haben Sentas Fähigkeit zur Reflexivität weiter zugenommen. Abgesehen davon, dass sie versucht, das Verhältnis zu ihrem Vater zu reflektieren, ist sie auch in der Lage, ihr früheres Verhältnis zu ihrer ehemaligen Clique zu analysieren (vgl. 1993: 12;28ff und Abschnitt 'Freundeskreis'). Ihr Bedürfnis nach Nähe und Akzeptanz war ihrer Meinung nach ebenfalls ausschlaggebend dafür, dass sie unter dem Einfluss einer früheren Freundin Diebstahl begangen hat (vgl. ebd.: 50;6ff). Auffallend ist, dass Senta eher eine Situation, von der sie bereits Abstand gewonnen hat, reflektieren kann. Während sie z.B. ihr Verhältnis zu ihrer ehemaligen Clique und ihre eigenen Beweggründe dafür sehr gut beschreiben kann, steht sie 1993 ihrer neuen Clique wiederum sehr unkritisch gegenüber. Da sie bei ihren neuen Freunden Schutz, Sicherheit und Geborgenheit erfährt (vgl. 14;16ff), nimmt sie bestehende Interessenskonflikte (z.B. Altersunterschied, Weggehen) anscheinend nicht wahr, sondern passt sich an.

1994 gibt S. wiederum Senta zeigt im Umfeld privater Beziehungen eine recht große Fähigkeit zur Reflexivität zu erkennen (vgl. auch 4;23ff). Sogar die Gründe für das Zusammenbleiben der Eltern kann sie recht realitätsbezogen analysieren. Senta macht sich ebenfalls Gedanken über das Verhalten ihres Ex-Freundes und das Scheitern der Beziehung. Als Ursache für seine Probleme sieht sie mangelnde 'Reife' an. Wie schon im Vorjahr ist sie in der Lage, rückblickend früher eingenommene Positionen und eigenes Verhalten selbstkritisch zu hinterfragen. Allerdings zeigen sich - evtl. aus Unkenntnis relevanter Informationen - Schwächen bei der fundierten Beurteilung politischer Hintergründe, z.B. bei o.e. Essensboykott der Asylbewerber. Auch ist sie nach wie vor weniger in der Lage, ihre aktuellen Beziehungen zu reflektieren. Sie steht ihrer neuen Clique ähnlich unkritisch gegenüber wie vormals ihrer alten und läßt evtl. Interessenskonflikte (z.B. aufgrund des Altersunterschiedes) hinter Harmonisierungstendenzen zurücktreten.

Wenn Senta 1992 einerseits *Empathie* für die Situation von Ausländern, vor allem von Asylbewerbern, vermissen lässt, so ist sie doch fähig, Empathie zu empfinden. So übernimmt sie u.a. Pflichten im Haushalt, weil sie einsieht, dass die Mutter durch die Doppelbelastung durch Beruf und Haushalt sehr viel zu tun hat (vgl. 1992: 4;33ff). Auch glaubt sie, dass ihre Mutter sie liebt, obwohl diese nie davon spricht ("... meine Mutter hat es zwar noch nie zu mir gesagt, aber bei ihr weiß ich es, bei ihr merke ich das wenigstens"; 15;34ff). Die emotionale Qualität der vertrauensvollen freundschaftlichen Beziehung zu zwei Mädchen ("sie versteht mich, ich kann mit ihr über alles reden ..."; 36;36) lassen ebenfalls auf Empathiefähigkeit schließen. Sogar für das verstärkte Kontrollverhalten des Vaters nach dem Vergewaltigungsversuch bringt sie Verständnis auf (vgl. 9;29ff).

1993 haben Sentas empathische Fähigkeiten weiter zugenommen. Dieses zeigt sich vor allem dann, wenn ihre Fähigkeit, sich in andere hineinzudenken, direkten Einfluss auf ihre (politische) Einstellung hat: "Ja, ich meine, die Gesetze sind nicht umsonst da, und Klauen, ich meine, gut, derjenige, wo klaut, hat das umsonst, ja aber der, wo es im Laden verkauft, der ist ja schließlich der, wo nachher das alles zahlen muss. Und ich finde das irgendwo blöd, weil, wenn ich an dem seiner Stelle wäre, würde mir das auch stinken." (1993: 50;22ff); "... wenn die in der Türkei Urlaub machen, und meine Schwester war ja in der Türkei im Urlaub, und die war total begeistert, wie nett und so die Leute dort sind, und wir werden so nicht empfangen von den Türken (...), und wenn die zu uns kommen, dann heißt es gleich, haut ab und so." (1993: 43;21ff); "... wenn wir Krieg hätten, und ich müsste in ein anderes Land, dann wäre ich auch froh, wenn ich es (Asyl, d.V.) bekommen würde" (1993: 40;2ff). Dennoch bleiben ablehnende Haltungen gegenüber Asylbewerbern bestehen.

1994 treten diese und die im Hintergrund anzunehmenden Empathiemängel in bezug auf ihre Lage deutlich hervor, wenn sie nicht nachvollziehen kann, dass es eine extreme Beschneidung der Eigenständigkeit ist, wenn man nicht mehr selbständig entscheiden kann, welche Lebensmittel man einkaufen möchte. Große Empathie hat sie allerdings ihrer Mutter und ihrem Freund gegenüber. Sie sorgt sich um die Mutter, deren Unglücklichsein sie spürt. Sie kann die Abhängigkeit der Mutter vom Vater nachvollziehen, da sie unter ihrer eigenen Abhängigkeit von ihm leidet. Sie versucht auch, das Verhalten des Freundes zu verstehen und sich in seine Lage zu versetzen.

1992 macht ihre Tierliebe (z.B. die Pferdepflege) deutlich, dass sie durchaus bereit ist, *Verantwortung* für andere (Lebewesen) zu übernehmen. 1993 ist sie stärker in der Lage. auch Verantwortung für sich selbst zu übernehmen. So hat sie sich z.B. in der Schule freiwillig nach vorne gesetzt, um bessere Noten zu bekommen (vgl. 24;15ff). 1994 ist sie nicht nur bereit, Verantwortung für sich selbst zu übernehmen (Schule, Lehrstellensuche), sondern versuchte auch, ein Mitglied aus der früheren Punkerclique von seiner Drogenabhängigkeit abzubringen (vgl. 34;27ff).

Sentas *Konfliktfähigkeit* zeigt Ambivalenzen. So ist sie einerseits durchaus in der Lage - verbunden mit einer Fähigkeit zu Selbstkritik und Entschuldigung - verbale Auseinandersetzungen mit ihren Eltern oder in der Schule zu(Ende zu)führen: "Ich meine, wenn ich mal einsehe, dass ich einen Fehler gemacht habe oder so (...), dann gehe ich auch hin und entschuldige mich" (1992: 17;16ff). Andererseits zeigt sie aber auch in bestimmten Situationen Konfliktvermeidungsverhalten, indem sie eigene Ansichten zurückhält oder Verhalten gegenüber den Eltern verheimlicht (und damit ihrerseits einen Vertrauensbruch begeht, der geeignet ist, die Spirale gegenseitiger Verdächtigungen sich wieder drehen zu lassen): "Ich mache z.B. auch Dinge heimlich (...), wenn er sagt, in die und die Disko gehst du nicht, dann mache ich das trotzdem ..." (1992: 7;14ff).

Senta offenbart 1993 eine gewachsene Fähigkeit, Konflikte gewaltfrei zu bewältigen. So ist sie in allen Bereichen (z.B. Schule, Familie, Freundes- und Bekanntenkreis) bereit, Konflikte verbal auszutragen, und sie kann ihr eigenes Verhalten dabei auch kritisch hinterfragen: "Ich meine, ich habe irgendwann einmal eingesehen, dass ich ehrlich zu laut bin ..." (1993: 24;15ff); "... und dann habe ich mit denen ein ewig langes Gespräch gehabt, und dann habe ich zu denen gesagt, hey, du musst das einsehen und so, ich habe einen Freund, und da läuft nichts ..." (1993: 3;17ff).

Das Mädchen behält 1994 ihre Konfliktfähigkeit bei. Sie kann Konflikte erkennen und ist in der Lage, sich verbal mit ihren Mitmenschen auseinander zu setzen (z.B. Ex-Freund, Schule).

4. Zusammenfassung

Senta bietet das Bild eines Mädchens, dessen 1992 zunächst "rechte" Einstellung zum großen Teil durch die starke Anbindung an eine - Vorbildfunktion innehabende - rechtsorientierte Clique bewirkt wird, wobei diese Anbindung aus dem Umstand resultiert, dass sie aufgrund der konfliktgeladenen Beziehung zu ihrem Vater, der sie in hohem Maß kontrolliert und dominiert, einen festen Bezugspunkt außerhalb der Familie sucht, um Akzeptanz und das (subjektive) Empfinden von Eigenkontrolle zu gewinnen. Ihr - im Vergleich zu den anderen Cliquenmitgliedern - geringes Alter und die damit verbundene untergeordnete Stellung als junges Mädchen in der Cliquenhierarchie führen dazu, dass sie einem hohen Anpassungsdruck unterworfen ist. Im weiteren biografischen Verlauf wendet sie sich von der Clique ab und gewinnt nacheinander zwei feste Freunde aus anderen Szenen bzw. Zusammenhängen, über die sie neue Freundschafts-Qualitäten und jeweils andere Bekanntenkreise erschließt. Die damit verbundene beträchtliche Zunahme ihrer individuellen Kompetenzen (Toleranz, Konfliktfähigkeit, Reflexivität, Empathie) bedingen eine Transformation ihrer vormals "rechten" Einstellung in eher neutrale, genauer: größtenteils indifferente Ansichten, die aber noch immer von Ungleichheitsvorstellungen und Vorbehalten in bezug auf Ausländer, vor allem Asylbewerber, durchsetzt sind, wobei letztere durch die Konkurrenz um Ausbildungs- bzw. Arbeitsplätze, die sie im Umfeld eigener Bewerbungsanstrengungen registriert, wieder stärker entfacht werden.

Zu Beginn der Untersuchung ist Senta sehr deprimiert und fühlt sich fremdbestimmt in fast allen Lebensbereichen. Sie hat eine Beinahe-Vergewaltigung hinter sich, neigt zu Autoaggressionen und hat schon einen (oder mehrere?) Selbstmordversuch(e) unternommen. Auslösend hierfür scheint vor allem das von ihr als willkürlich erlebte, nicht erst seit dem Vergewaltigungs-Versuch kontrollierende und bisweilen aufbrausend-gewalttätige Verhalten ihres Vaters zu sein, durch das sie sich auf geradezu entmündigende Weise in ihren Selbstbestimmungswünschen gemaßregelt fühlt und dem sie in Ermangelung anderer Möglichkeiten mittels körperlicher Selbstverletzungen sichtbar-markant das Recht auf Eigenkontrolle entgegenzusetzen bestrebt ist. Die Clique wird für sie zum immens wichtigen Bezugspunkt außerhalb der Familie. Mit ihrer Hilfe meint sie, ihre Wünsche nach Erleben, Action, Stärkedemonstration und Abenteuer, vor allem aber nach Akzeptanz, Selbstständigkeit und Entzug von der väterlichen Kontrolle befriedigen zu können. Im Kontext dieses Spannungsfeldes zwischen familiären Zwängen auf der einen Seite und demonstrativer Unangepasstheit im - mal manifest, mal latent - aggressiven Cliquenverbund auf der anderen Seite prägen die "rechten" Ansichten der Clique und eigene "Anmacherlebnisse" mit Türken sowie eine in diesem Bereich mangelnde Reflexivität Sentas eigenes "Rechtssein". Es äußert sich in Ungleichheitsvorstellungen in bezug auf Ausländer, die aus dem völkisch-nationalen bzw. ethnischpluralistischen Fundus sowie aus der ethnisierenden Zuschreibung gesellschaftlich nicht akzeptierter Eigenschaften resultieren.

Bereitschaft, selbst Gewalt anzuwenden, zeigt Senta nur in bezug auf die Abwehr von sexueller Belästigung und im autoaggressiven Bereich. Allerdings duldet sie Gewalt im Cliquenzusammenhang, um als jüngeres Mädchen opportunistisch Akzeptanz zu erhalten bzw. zu bewahren. Sie propagiert bzw. billigt autoritäre Staatsgewalt im Sinne einer "strafferen" Gangart (Fb 1992).

Das Kennenlernen ihres ersten Freundes und der Wechsel in seine "Punk"-Clique sowie deren eher linke politische Ansichten bzw. Gestimmtheiten bewirken bei ihr eine kritische Reflexion ihrer ehemaligen Clique und eine Abkehr vom "rechten" Standpunkt. Die durch das Zusammensein mit einem älteren Pärchen bedingte Verlegung der Freizeitaktivitäten in den privaten Bereich und die damit vorgenommene jugendkulturelle Umorientierung fördern ebenfalls die Neu-Justierung von Sentas politischer Orientierung, auch weil sie nicht mehr mit potentiell konflikthaltigen Situationen mit Ausländern im Freizeitbereich konfrontiert wird.

1994 führen Sentas zukunftsorientierte Beziehung zu ihrem neuen Freund (Wohnung, Familiengründung), ihre berufliche Planung sowie das Erleben von Arbeitslosigkeit im Bekanntenkreis wieder vermehrt zu Wegnahme-Theorien in bezug auf Asylbewerber und - bedingt - auch auf Ausländer überhaupt. Sie distanziert sich jetzt eindeutig von personal zu verantwortender politischer und privater Gewalt, begrüßt aber, womöglich unter impliziter Bezugnahme auf die rechtliche Aburteilung des Vergewaltigungsversuches an ihr, staatliche Gewalt, wenn sie zur Aufrechterhaltung der gesellschaftlichen Ordnung dient. Legitim erscheint ihr auch die Sicherung national-staatlicher Privilegien über legalistische Ausschließungspraktiken.

Im Rahmen der Bewältigung jugendtypischer Entwicklungsaufgaben und -stadien ist für Senta vor allem der Prozess der Ablösung vom Elternhaus relevant. Er setzt bei ihr, wohl bedingt durch den Dauerkonflikt mit dem Vater, vergleichsweise früh ein und vollzieht sich aufgrund des Gegensatzes von eigenen Selbstbestimmungswünschen und ihren Beschneidungen durch den Vater höchst problembeladen. In diesem Kontext gewinnt nach der Überwindung ihrer aus ihrer eigenen späteren Sicht recht unkritischen Anbindung an die rechtsorientierte Clique für Sentas Persönlichkeitsentwicklung die feste Beziehung zu sukzessive zwei jungen Männern große Wichtigkeit. Innerhalb dieser Beziehungen sieht sie ihre Wünsche nach Akzeptanz, Vertrauen und Geborgenheit, deren Erfüllung ihr innerhalb der Familie verwehrt bleibt, erfüllbar. Durch den damit einhergehenden Szenen- bzw. Freundes- und Bekanntenwechsel wird sie in die Lage versetzt, ihre vormaligen Kontakte 'neu' zu sehen und aus der gewonnenen Distanz heraus kritisch zu reflektieren. Der so vorgenommene Perspektivenwechsel erstreckt sich auch auf ehemalige politische bzw. politisch relevante Ansichten und Stimmungen. Vermutlich weckt das eigene Erleben von Anerkennung, Akzeptanz und Toleranz im jeweils neuen Freundeskreis sowie die dort vorfindliche Wertschätzung entsprechender Beziehungsqualitäten und Einstellungen gegenüber Minderheiten ihre zunehmende Bereitschaft, diese Haltungen auch auf andere Bevölkerungs(rand)gruppen auszudehnen und anzuwenden.

Das Zusammensein mit Älteren bewirkt evtl. aber auch, dass Senta sich gezwungen sieht, sich als Jüngere einem Anpassungs- und evtl. sogar Unterordnungsdruck zu unterwerfen, um die von ihr erhoffte Zugehörigkeit und Anerkennung auch zu bekommen. Sie tendiert daher im allgemeinen dazu, die jeweils vorherrschenden Cliquen- bzw. Freundesmeinungen zu übernehmen und ihrem jeweiligen aktuellen Freundeskreis relativ unkritisch gegenüberzustehen. Von daher erscheinen die jeweils über das Eingehen von neuen Partnerschaften zu Jungen/jungen Männern erfolgenden Freundeswechsel für ihre politische Sozialisation nicht unproblematisch, bezieht sich doch ihre neu gewonnene (Selbst-)Reflexivität auf die jeweils zeitlich vorangegangenen Entwicklungsphase.

Trotz immer wieder vorkommender Integritätsverletzungen durch den Vater gelingt es Senta aufgrund der ihr im Freundeskreis und von ihrer Schwester entgegengebrachten Akzeptanz und davon zeitlich begleiteter besserer Schulleistungen, ein auf das Vertrauen in die eigenen Fähigkeiten fußendes Selbstwertgefühl aufzubauen. Sie ist zunehmend in der Lage, eigene Meinungen - resultierend aus der Reflexion vorliegender Sachverhalte und einem hohen Maß an Empathie - zu bilden und auch zu vertreten.

Ihr scheint bewusst zu sein, dass ihre 1994 noch immer und z.T. vehementer vorgebrachten Einwände gegen Asylbewerber und andere Ausländer in weiten Teilen auf Vorurteilen beruhen, denn sie offenbart immer einen starken Rechtfertigungsdrang, wenn sie sich negativ über diese Gruppierungen äußert. Auf der moralischen Ebene scheint sie die Gleichheit aller Menschen und die damit verbundenen Rechte aller zu akzeptieren, jedoch tritt diese Einsicht in ihrem tatsächlichen Verhalten (noch?) hinter die Sorge um die (auch zukünftige) Absicherung des eigenen Wohlbefindens zurück. Damit gibt sie sich allerdings nicht 'rechter' als ein Teil des Erwachsenen-Diskurses zum Asyl-Thema, von dem sie (z.B. über Vater (?) und Nachbarn) Vorlagen für sich rezipiert.

5.2.2.2.2 Quer-Interpretation - Der Fall Senta im Gesamtzusammenhang einschlägiger Fälle

Ähnlich wie der Fall von Enrik bei den rechtsextrem orientierten Jungen, so ist auch der Fall von Senta nicht nur im Hinblick auf Distanzierungsprozesse, sondern auch im Hinblick auf den Affinitätsaufbau interessant. Da aber Verweise auf diesen Fall bereits in diesem Kapitel vorgenommen wurden, beschränken wir uns in der quervergleichenden Darstellung hier nur auf solche Aspekte, die für Distanzierungsmomente relevant erscheinen. Der Fall soll dabei - analog dem Vorgehen im entsprechenden auf die Jungen bezogenen Kapitel (5.2.1.2.2) - gemeinsam mit anderen nunmehr zu ergänzenden Hinweisen auf Fälle von Distanzierung auch einer komparativen Analyse mit Beispielen für sich über den ganzen Untersuchungszeitraum erstreckenden Distanzmustern unterworfen werden.

Um einen Vergleich zwischen den jeweiligen Distanz(ierungs)mustern von Mädchen und Jungen zu erleichtern, greifen wir die Darstellungsstrukturierung auf, die bereits im Korrespondenz-Kapitel 5 2.1.2.2 angewandt wurde.

Zusammenhänge mit sozialen Erfahrungen
Teilaspekt: Distanz(ierung) von rechtsextrem orientierter Gewalt
Wie erwähnt ist die Akzeptanz von personaler Gewalt mit rechtsextremistischem Hintergrund bei den Mädchen der hier vorgestellten Studie weitaus niedriger als die der einbezogenen Jungen. Mit einer Ausnahme, die sich allerdings erst in der letzten Erhebung manifestiert (Jutta) und daher bei der Betrachtung von Distanzierungsprozessen nicht infrage kommt, erstreckt sie sich im Schwerpunkt auf die Duldung und Billigung von rechtsextrem konturierter Gewalt, vorrangig der von Jungen der eigenen Clique, allenfalls noch auf die Beteiligung an Bedrohlichkeitsinszenierungen und Einschüchterungsversuchen (vgl. Iris, Senta, Larissa, Ruth). Im folgenden getroffene Aussagen, die sich auf Distanzierungsprozesse beziehen, haben - daran sei erinnert - diesen empirischen Hintergrund.

Betrachten wir die Verlaufskurven rechtsextremer Anfälligkeit, so ergibt sich bei Senta, Iris und Larissa ein recht ähnliches Bild: Eine 1992 aufgetretene

Verkoppelung von Ungleichheitsvorstellungen und Gewaltakzeptanz auf einem - verglichen mit den anderen Mädchen - relativ hohen Niveau, zeigt sich zum Zeitpunkt der zweiten Erhebung erheblich reduziert und in der letzten Erhebung auf einem etwa gleich hohen Level konsolidiert. Diese Ähnlichkeit gilt besonders stark für den Teilaspekt der Gewaltakzeptanz.

Eingedenk der konstatierten Anfälligkeitsmomente, liegt die Vermutung nahe, der Distanzierungsprozess könne mit einer Loslösung von der ehemaligen rechten Clique, einer Entdramatisierung der Problemwahrnehmung, einem Abbau von Akzeptanzproblemen im Elternhaus und einer Zunahme von Möglichkeiten des Selbstwertaufbaus außerhalb des Cliquenrahmens zusammenhängen. Analysieren wir die Einzelfälle daraufhin komparativ, so können wir hinsichtlich dieser Punkte feststellen:

Tatsächlich liegt in allen Fällen eine Ablösung von der Clique vor. Sie erfolgt über die Neuaufnahme eines Partnerverhältnisses zu einem Nicht-Cliquenmitglied. Über diesen Kontakt erschließen sich den Mädchen neue Bekannten- und Freundeskreise und neue Anregungen für das Verbringen von Freizeit (vgl. zur Funktion dieser Beziehungen detaillierter weiter unten).

Vormalige Dramatisierungen von Zustands- und Verhaltensbeschreibungen finden sich nicht mehr. Vermutlich werden subjektive Benachteiligungsgefühle nicht mehr so gravierend erlebt, weil ihr Reaktualisierungs- und Bestätigungsrahmen durch die Clique nun nicht mehr vorhanden ist. Retrospektiv wird auf die Konformitätszwänge der Clique (vgl. Iris, Senta, Larissa), teilweise sogar ausdrücklich auf ihren Manipulationscharakter (vgl. vor allem Senta) hingewiesen.

Bezüglich der Akzeptanzprobleme im Elternhaus zeigen die Fälle von Iris, Senta und Larissa: Die Problembelastung löst sich tendenziell auf. Entweder entspannt sich die Konfliktlage selbst (Iris) oder sie verliert an Relevanz dadurch, dass neuartige sozio-emotionale Bezugspunkte - möglicherweise auch zusätzlich zu einer Konfliktreduktion und damit dann diese bestärkend - wichtiger werden (vgl. Senta, Larissa, Iris). Diese liegen in der lebensbiografisch neuartigen Beziehungsstruktur einer Partnerschaft mit einem Jungen bzw. jungen Mann sowie in der Neuaufnahme bzw. Intensivierung von freundschaftlichen Gleichaltrigen-Beziehungen mit weniger actionzentrierter als kommunikativ-diskursiver Interaktionsstruktur.

Insgesamt ist also für eine Abwendung von rechtsextremer Gewalt die Wiedergewinnung von elterlicher Akzeptanz zwar förderlich, aber nicht zwingend notwendig. Vielmehr kann über neue Peer-Kontakte bzw. die Qualifizierung schon bestehender, früher lockerer Peer-Kontakte außerhalb der rechten Clique eine gewisse Kompensation elterlichen Akzeptanzvorenthalts erfolgen. Noch wichtiger aber erscheint die Chance, über sie vermittelt lebensbiografisch betrachtet eine neue Stufe von Akzeptanz auf der Basis von Eigenständigkeit zu erklimmen.

Für Schulerfahrungen gilt, was auch in bezug auf Prozesse der Distanzierung von allgemeiner, d.h. nicht speziell rechtsextrem geladener Gewaltakzeptanz festgestellt werden kann (vgl. noch einmal Möller 1999b): Es ergeben sich aufgrund entsprechender Angebote aus dem Bereich von Schule und Jugendarbeit neue Möglichkeiten, schulisches Lernen positiv sinnstiftend zu besetzen und neue Chancen, Selbstwert über das Dokumentieren erweiterter und erweiterbar erscheinender gesellschaftlicher Teilhabe und den Erhalt persönlicher Anerkennung zu erwerben.

Nicht allein der Abbau von Affinitätsmomenten erklärt jedoch ein Abgehen von rechtsextremer Gewaltakzeptanz. Daneben sind mindestens zwei weitere Faktoren des sozialen Erfahrungszusammenhangs anzuführen. Mit ihnen gerät auch die Spezifik einer Abwendung von Gewalt in rechtsextremer Gewandung in den Blick:

Zum ersten: Die Berichterstattungen über die fremdenfeindlichen Übergriffe nach Rostock-Lichtenhagen - insbesondere seit dem über den zum Zeitpunkt des zweiten Interviews nicht weit zurückliegenden Anschlag von Solingen, der ja auch erstmals in auffälliger Weise auf Arbeitsmigranten zielte, die ja nicht im Zentrum der Fremdenfeindlichkeit 'unserer' Jugendlichen standen - öffneten den Mädchen die Augen. In den Äußerungen der Mädchen finden sich mehr (vgl. Larissa, Senta) oder weniger (vgl. Iris) explizit entsprechende Hinweise. Larissa und Senta sprechen sogar übereinstimmend von einer "schock"artigen Wirkung auf sie, die - mit Larissas Worten - zu der Überzeugung führte, "da nicht mehr dazugehören" zu wollen. Dabei rangieren keinesfalls funktionale Erwägungen wie anzunehmende Stigmatisierungs- oder Sanktionierungsbefürchtungen vor emotionaler Betroffenheit und kognitiver Einsicht. Aus der geäußerten Kritik geht vielmehr die politisch-moralische Verurteilung von politischer Gewalt dieses Zuschnitts klar hervor. Bemerkenswert ist aber, dass sich diese Abstandnahme kurz nach den Anfängen gewaltexzessiver fremdenfeindlicher Übergriffe in Deutschland im Jahre 1992 noch nicht findet. Sie hat Entwicklungschancen zum einen wohl nur mit der Trennung von der rechten Clique und ihren oben beschriebenen Begleitumständen in sonstigen Erfahrungsbereichen, zum anderen dadurch, dass die Angriffsausweitung auf integrierte Ausländer, die ja nicht im Zentrum der Ungleichheitsvorstellungen stehen, den Mädchen "zu weit" geht. Sie sehen sich damit in Gefahr, in eine nach rechts immer weiter ausufernde politische Szene und in einen Strudel von politischer Gewalt hineingezogen zu werden, der über ihre Anliegen hinaus seine Kreise zieht.

Zum zweiten: Mit der neuen Beziehung zu einem Partner außerhalb der Clique erweitert sich durch den Kontakt mit dessen FreundInnen der Beziehungsraum. Damit ist auch die Möglichkeit gegeben, andere Beziehungs- und Interaktionsqualitäten mit neuen Akzeptanzformen zu erfahren, andere Orientierungsperspektiven kennen zu lernen und neue Wege zur Erlangung erweiterter Handlungssicherheit zu beschreiten (besonders illustrativ in diesem Kontext ist Sentas Freundschaft mit einem Punk; vgl. Senta 1993). Der Horizont weitet sich.

Hand in Hand mit dem Wechsel des Freundeskreises geht eine Veränderung der stilistischen Selbstinszenierung als rechte Jugendliche vor sich. Frisur, Kleidung und auch Schwerpunktsetzungen in den Musikvorlieben ändern sich. Damit entfällt die alte Selbstbestätigungs- und cliquen- bzw. szeneninterne Bestärkungsfunktion ebenso wie die Abgrenzungswirkung dieser symbolischen Identitätsvehikel. Sowohl die Darstellung der eigenen Person als auch die darauf basierende Wahrnehmung durch andere ändert sich. Dadurch werden vorurteilsfreiere und weniger konfliktbelastete Begegnungen ermöglicht, die die Mädchen in Stand setzen, ihre Verfügungsräume von Erfahrungen und ihre Blickfelder auszudehnen. Die eröffnen sich damit auch zusätzliche und neue Formen des Erlebens von persönlicher Akzeptanz und sozialer Anerkennung. Sie liegen einerseits jenseits von Clique, Rechtssein und Gewaltförmigkeit, andererseits aber auch auf einer anderen Ebene als über den Kind-in-der-Familie-Status vermittelbar wäre.

Ruths Distanzierungsprozess unterscheidet sich allerdings teilweise von dem der bisher erwähnten Mädchen mit rechtsextremer Gewaltakzeptanz.

Zunächst ist zu klären, wieso bei ihr die medial vermittelte Schockwirkung der Berichterstattungen über fremdenfeindliche Anschläge nicht eintritt und 1993 noch kein Rückgang ihrer Gewaltakzeptanz zu verzeichnen ist, ja sie sogar ansteigt. Offenbar hängt dies mit der von ihr vorgenommenen Konstruktion zusammen, das ausländerfeindliche Gewaltverhalten der eigenen Clique von dem der Täter exzessiv gewalttätiger Straftaten zu unterscheiden: Sie führt einen geringeren Härtegrad, der Tötung nicht in Kauf nimmt, einen niedrigeren eigenen "Extrem"ismus ("nicht so extrem rechts") und den Charakter des Cliquenverhaltens als Notwehr an. Außerdem fühlt sie sich, trotz ihrer Cliquenmitgliedschaft, nicht der rechten Szene zugehörig und nimmt auch ihre Clique von der Befürwortung fremdenfeindlicher Anschläge aus. Von daher besteht - jedenfalls aus diesem Grunde - für sie subjektiv kein Grund für eine Cliquen- und Gewaltdistanzierung. Daneben findet sie ihrem Empfinden nach auch weder Vertrauen und Geborgenheit noch Akzeptanz bei ihren Eltern. Das Verhältnis hat sich gegenüber dem Vorjahr sogar verschlechtert. Zudem fühlt Ruth sich gegenüber den Leistungsanforderungen der Schule ohnmächtig. Zwischenzeitlich hatte sie bis einen Monat vor der Befragung von 1993 einen Freund aus der rechten politischen Szene und übernahm auch selbst dessen äußere Selbstinszenierung als Rechter mit Bomberjacke und Springerstiefel. Sie beklagt fehlende Treffmöglichkeiten für Jugendliche im Ort. Insgesamt treten also soziale Erfahrungszusammenhänge zu Tage, die für eine Distanzierung von rechtsextremer Gewaltakzeptanz auch völlig kontraproduktiv sind, ja geradezu ganz im Sinne unserer obigen Ausführungen den wirklich zu registrierenden Affinitätsaufbau erklären. Zwischen 1993 und 1994 setzt dann allerdings ein Distanzierungsprozess (nur von rechtsextremer Gewaltakzeptanz, nicht von Ungleichheitsvorstellungen) ein. Er steht deutlich mit Faktoren in Zusammenhang, die sich auch bei den schon diskutierten Fällen von Distanzierung finden: Zwar hat sich das Verhältnis zu den Eltern nicht entscheidend verbessert, jedoch hat ein Prozess der zunehmenden Absetzung von der alten Clique eingesetzt, deren Unternehmungen ihr nun "langweilig" erscheinen. Auch bei ihr scheint er über eine Partnerschaft mit einem jungen Mann von außerhalb zu verlaufen. Diese Freundschaft eröffnet ihr Zugang zu anderen jungen Leuten im Umkreis ihres Freundes und damit zu "anderen Interessen" und anderen Präsentations- und Interaktionsweisen. Die Freundschaftsbeziehung zu ihrer besten Freundin hat sich intensiviert und eine neue 'geschwisterliche' Beziehung zu einem Freund ihres Bruders aufgetan. Ihr Erleben von Schule hat sich deutlich gebessert und sie zeigt dort jetzt mehr Verständigungsbereitschaft und zusätzlich Leistungsbereitschaft, vor allem dann, wenn sie sie mit der Verfolgung eigener Interessen in Verbindung zu bringen sieht: "wenn mir was Spaß macht, bin ich dadrin auch gut". Daran können sachlich-inhaltliche Berufsorientierungen mit klaren Interessensperspektiven anknüpfen. Durch die neue Form sozialer Integration im Peer-Milieu und die klaren Schul- und Berufsperspektiven haben sich neue Bezugsquellen für Akzeptanz und Selbstwertkonstruktion ergeben. Sie werden ergänzt durch ein neues Zusammengehörigkeitsgefühl im Sportverein und die Teilnahme an einem kirchlichen Jugendkreis, an dem sie bezeichnenderweise gerade die Möglichkeit schätzt, mit anderen Jugendlichen zusammenzukommen, und der für sie den Vorteil bietet, - in gewisser Weise ähnlich der alten Clique, aber doch bei entschieden höherer sozialer Akzeptanz - vom Odium des Rebellischen umweht zu werden ("Am liebsten würden sie uns loshaben, den Jugendkreis auflösen"). All dies führt u.a. auch zu einem Fallenlassen der ehemaligen rechten Selbstinszenierung.

Und: Wenn sie sich auch politisch-moralisch nicht deutlich von rechter Gewalt absetzt und auch Ungleichheitsvorstellungen weiter fortentwickelt, so sind für sie jetzt doch zumindest funktionale Gründe für eine nicht nur räumliche und zeitliche, sondern auch politische Distanzierung gegeben: Sie ist jetzt zu der Ansicht gekommen, dass rechtes Gehabe "in einem Nest wie B." "doch nichts" "bringt". Andererseits ist eben diese funktionale Begründung dafür verantwortlich, dass man in ihrem Fall das Abgehen von Gewaltakzeptanz als nicht so weitgehend betrachten muss wie das bei den schon erwähnten Mädchen mit recht(sextrem)er Vergangenheit. Sozialer Erfahrungshintergrund ist vermutlich auch, dass immer noch Kontakte zur alten Clique gehalten werden und ein glatter Bruch mit ihr wie ihn die anderen Mädchen vollzogen haben nicht vorhanden ist.

Setzen wir nun die gewonnenen Befunde zu Distanzierungsprozessen in bezug zu Verläufen von durchgängiger Distanz zu rechtsextremer Gewalt. Um diesbezüglich nicht in Gefahr zu geraten, Aussagen über generelle Gewaltdistanz zu treffen, bietet es sich an, solche Fälle in die Analyse einzubeziehen, bei denen Ungleichheitsvorstellungen mehr oder minder stark zwar vorliegen, aber nicht mit gleichgerichteter Gewaltakzeptanz verknüpft werden (also Jutta 1992 und 1993, Jahre, in denen sie zwar schon eine hohe Gewaltakzeptanz hat, aber noch ohne rechtsextreme Kontur; Renate, Berga, Branca, Ilona, Milena, Helga 1994, Vera 1992). Da oben (vgl. Kap. 5.2.2.1.2) festgestellt wurde, dass emotional gravierende, subjektive Benachteiligungsgefühle gegenüber anderen ethnischen oder gegenüber anderen Status-Gruppierungen sich in dramatisierenden Zustandsbeschreibungen niederschlagen und diese wiederum, wenn sie nicht in personale Gewaltakzeptanz überführt werden, Ungleichbehandlungsforderungen nach sich ziehen, drängt sich bei der Quer-Interpretation ein Vorgehen auf, das von Fällen mit dieser Charakteristik seinen Ausgangspunkt nimmt. Die Analyse dieser Fälle (Jutta, Renate, Branca, Berga) ergibt:

Trotz vorhandener und z.T. recht vehement vorgetragener Ungleichheitsvorstellungen wird eine Distanz zu Gewaltmuster rechtsextremer Variation in erster Linie aus drei Gründen durchgehalten:

Zum ersten: Ablehnung und Ausgrenzungsforderung konzentrieren sich auf AsylbewerberInnen und andere Neo-ImmigrantInnen (z.B. AussiedlerInnen). Existierende Angebote rechtsextremer Gewalt aber gerieren sich, ohne trennscharfe Differenzierungen zwischen verschiedenen Migrantengruppierungen vorzunehmen, grundsätzlich und übergreifend minoritäten- und/oder migranten- bzw. ausländerfeindlich, wobei ihr Nationalismus dafür sorgt, AussiedlerInnen mit Ausgrenzungsforderungen zu verschonen. Es besteht also gar kein politisches Auffangbecken für ihre spezifische Position. Passende informelle Zusammenschlüsse oder gar Organisationen selbst aufzubauen, fehlt den Jugendlichen offenkundig ebenso politische Erfahrung sowie politisches Organisationsinteresse und -fähigkeit wie eine Anknüpfungsmöglichkeit an einer existierenden politisch-ideologischen Anschauung. Entwickelte sich zukünftig in diesem Feld ein auf diese Ausgrenzungsinteressen geeichtes Programm, so bauten sich an dieser Stelle gefährliche Brücken nach rechts in bislang von politischen Organisationen und veröffentlichten Gedankengebäuden noch unbesetztes Niemandsland auf. Entwicklungen wie die Umformung nationalistischer Rechtfertigungen in Territorial- und Anciennitäts-Argumentationen sowie der daran geheftete, mancherorts bei Jugendlichen zu beobachtende Schulterschluss zwischen deutschen Fremdenfeinden und eingesessenen Migranten gegen Aussiedler geben dazu Veranlassung, dies nicht auszuschließen.

Zum zweiten: Die Jugendlichen befinden sich in multinational zusammengesetzten Freundschaftskreisen. Diese haben zwar oft den Charakter gewaltorientierter, aber nicht rechter Cliquen. Auch wenn AsylbewerberInnen bzw. Neo-ImmigrantInnen ihnen nicht angehören, so stellt sich hier doch bisher nicht eine gemeinsame politische Meinung her, die auf einer Frontstellung gegen eben diese Gruppierungen auffußen könnte. Eigene oder familiäre Migrationserfahrung, womöglich auch über die Gemeinsamkeit der Nationalität verlaufende Solidarisierungen (z.B. von 'eingesessenen' jugoslawischen Arbeitsmigranten mit kroatischen, serbischen oder bosnischen Flüchtlingen) halten die ausländischen Mitglieder der Freundschaftsgruppen wohl davon ab.

Zum dritten: Die Mädchen sind z.T. selbst Migrantinnen bzw. entstammen Migrantenfamilien. Für sie gilt deshalb das, was oben in bezug auf die nichtdeutschen Cliquenmitglieder deutscher Mädchen in multinationalen Cliquen gesagt wurde.

Soweit keine Dramatisierungen erfolgen und doch Ungleichheitsvorstellungen vertreten werden, liegt nach den Befunden des Kapitels zum Affinitätsaufbau rechtsextremer Gewaltakzeptanz weder eine hinreichende Bedingung für die Befürwortung recht(sextrem)er personaler Gewalt noch eine solche für rechtsgewirkte institutionelle Gewalt vor (Ursachen der Vermeidung von Dramatisierungen selber werden im Abschnitt 'Teilaspekt: Ungleichheitsvorstellungen' dieses Kapitels diskutiert). So ist die Distanz der solche Positionen besitzenden Mädchen erklärbar.

Darüber hinaus dürften verstärkend jene Faktoren ihre Wirkung entfalten, die Mädchen von Gewaltakzeptanz überhaupt, also nicht nur rechtsextrem getönter, fernhalten (vgl. dazu wiederum Möller 1999b).

Zum Schluss dieses Abschnitts bleibt noch die Frage offen, wieso die Probandinnen mit rechtsextremer Gewaltakzeptanz diese im Durchschnitt betrachtet auf deutlich niedrigeren Stufen halten und eigene physische Gewaltanwendung mit rechtem Motivationshintergrund (fast) nie vorkommt. Mit anderen Worten: Was macht ihre im Vergleich zu Jungen trotz mancher Affinitäten doch relativ bestehende Distanz aus? Und hängt sie mit einer Geschlechtsspezifik der sozialen Erfahrungen zusammen (zum Zusammenhang mit Erfahrungsstrukturierungsmechanismen und Kompetenzen im Sinne des Aufbaus personaler Identität vgl. den folgenden Abschnitt)?

Zum einen lassen sich als Antwort jene Argumente anführen, die die niedrigere Gewaltakzeptanz von Mädchen generell erklären sollen (s.o. und vgl. ebd.). Zum anderen bleibt aber zu klären, ob es auch spezifische Distanzmomente im sozialen Erfahrungskontext von Mädchen speziell gegenüber Gewalt mit recht(sextrem)em Zuschnitt gibt. Vorrangig fallen zwei Umstände auf:

Zum ersten: Während aggressive Cliquenhändel und Kämpfe zwischen einzelnen Streithähnen Domäne von Jungen sind, beschränken sich unmittelbare Erfahrungen aus erster Hand mit Situationen des Angegriffenwerdens, die über Selbstverteidigungs-Moral eigene Gewalt legitimieren könnten, für Mädchen im allgemeinen auf Situationen sexueller Anmache bzw. sexualisierter Gewalt. Hier wird entweder gleich die Flucht ergriffen oder nur kurzzeitig Notwehrgewalt eingesetzt, um die Integrität der eigenen Person zunächst schützen, den Angreifer mattzusetzen und anschließend gleich fliehen zu können. Hilflosigkeit und Angst - und in der Folge im nachhinein ggf. das Sorgen für polizeiliche und strafrechtliche Verfolgung -, aber nicht persönliche Rache sind die vorherrschenden emotionalen Reaktionen. Insoweit wird einer Eskalationsspirale von Gewalt und personaler Gegengewalt vorgebeugt. Bei den erlebten sexualisierten Übergriffen handelt es sich für die betroffenen Mädchen also zwar um Grenzverletzungen von erheblicher Tiefe, sie prägen in ihren Ethnisierungen das Bild der 'Fremden' auch entscheidend mit, eigene Gewaltausübung wird aber - abgesehen von der notwendigen körperlichen Notwehr in der Situation selbst - nicht als geeignete, wohl auch aufgrund erlebter relativer Wehrlosigkeit wenig funktionale Reaktion angesehen. So wird die Bereitschaft zu eigener Gewaltanwendung aus diesem Erleben nicht geladen, kann aber aus ihm die Billigung männlicher personaler ('Beschützer'-)Gewalt gegen die 'Fremden' oder die Forderung nach mehr repressiver Staatsautorität (Todesstrafe für Sexualverbrecher; Abschiebung von Belästigern etc.) abgeleitet werden.

Zum zweiten: Unsere Probandinnen bewegen sich - aus welchen Gründen auch immer, vielleicht aufgrund ihres wenig fortgeschrittenen Alters - auf den jugendspezifischen Umschlagplätzen Rechter und rechtsextremer Ansichten, also in den rechten Cliquen, ganz wesentlich in der 'Freundin-von'-Rolle. Wie sich meist, auch für sie selbst, spätestens im Rückblick erweist, haben sie keine eigenständige und als solche cliquenintern anerkannte Position als politisches Subjekt inne. Sie sehen sich deshalb auch gar nicht mit der Erwartung konfrontiert, sich politisch autonom zu zeigen, geschweige denn sich sonderlich hervorzutun. Das, was sie in der Clique primär suchen, nämlich Anerkennung als Person in familien- und leistungsfernen Bezügen, scheint ihnen auch auf anderen Wegen erzielbar zu sein. Indem die Jungen signalisieren, sie gerade in ihrer Weiblichkeit attraktiv zu finden und darüber ihre Akzeptanzbotschaften aussenden, werden sie in dieser Auffassung bestärkt. Die überlieferte gesamtgesellschaftlich verbreitete und von den Cliquen-Jungen mitgetragene Vorstellung von der weiblichen Rolle als prinzipiell gewaltdistanziert, erhält so noch einmal eine politisch relevante Formung.

Teilaspekt: Distanz(ierung) von Ungleichheitsvorstellungen
Handeln wir zunächst - analog der obigen Erörterung zum Teilaspekt 'rechtsextreme Gewaltakzeptanz' - Distanzierungsprozesse und anschließend daran Distanzverläufe ab.

Distanzierungsprozesse von Ungleichheitsvorstellungen ergeben sich deutlich von einem vergleichsweise hoch liegenden Niveau ausgehend bei Larissa, Iris, Senta (dort bis 1993) und Berga, schwach von einem mittleren bzw. von einem niedrigen Niveau abfallend auch bei Branca (1993 auf 1994) bzw. Vera (bis 1993).

Larissa, Iris und Senta sind uns bereits als Mädchen bekannt, deren rechtsextreme Gewaltakzeptanz von 1992 auf 1993 eine Reduktion erfährt, Berga als ein Mädchen, deren politisch unspezifische Gewaltakzeptanz im gleichen Zeitraum sinkt. Wir können in diesen Fällen feststellen, dass die Tendenz zu Ungleichheitsvorstellungen mit gleichgerichtetem, nahezu parallelem Kurvenverlauf abnimmt (vgl. überblickshalber die grafischen Darstellungen weiter vorn). Dies gibt Anlass zu der Vermutung, dass die Gründe für die nachlassende Bedeutung von Ungleichheitsvorstellungen im Kontext der Ursachenfaktoren für den Gewaltrückgang zu suchen sind. Die Vermutung bestätigt sich, wenn die Entwicklung der sozialen Erfahrungszusammenhänge in den Blick genommen wird.

Übereinstimmend stellen wir bei Iris, Senta und Larissa fest, dass Ungleichheitsvorstellungen mit dem Austritt aus der Clique abnehmen. Dadurch wird ihnen der rechte Anregungs-, Beeinflussungs-, Bestätigungs-, Resonanz- und Verstärkungsraum genommen. Ferner setzen jene Prozesse ein, die bereits im Hinblick auf die Bedeutung für die Distanzierung von Gewaltakzeptanz herausgearbeitet wurden: eine Entspannung des Verhältnisses zu den Eltern, ergänzende oder, im Falle noch weiter bestehender Elternkonflikte, auch kompensatorisch wirksame neue Freundschaftsbeziehungen mit neuartigen sozioemotionalen Ressourcen, eine Stabilisierung der Schulsituation, neue Konstruktionsbezüge für das Selbstwertgefühl u.ä.m. (s.o.). Sie erübrigen weitgehend, Abwertungen anderer zur eigenen Selbstaufwertung vorzunehmen und Ungleichbehandlungsforderungen aufzustellen, zumal dann, wenn sie mit Zugewinnen an Kompetenzen zum Aufbau personaler Identität, u.a. an politischer Reflexivität und historischem Bewusstsein verbunden sind (s.u.).

Im Falle Bergas erweist sich ebenfalls ein schon bekanntes Distanzmittel gegenüber rechtsextremer Gewaltakzeptanz als auch für Ungleichheitsvorstellungen wirksam: Sie erhält 1993 Zugang zu einer multinational zusammengesetzten Freundesgruppe und bekommt damit Kontakte, die sie zwingen, mit pauschalierender Fremdenfeindlichkeit vorsichtiger zu sein. Insofern es sich bei den Mitgliedern dieser Clique aber um bereits seit langem integrierte Ausländer handelt, tut dies ihren auf Asylbewerber bezogenen Ungleichheitsvorstellungen keinen Abbruch (zu den Gründen dafür vgl. Kap. 5.2.1.1.2).

Hinzu kommt ein Aspekt, der mit ihrer Abstammung aus einer binationalen Familie zusammenhängt: Trotz deutschen Passbesitzes sich als Tochter eines Deutschen und einer Migrantin als "halbe Ausländerin" verstehend, beginnt sie das Problem der Arbeitslosigkeit, für das sie vorher die Ausländeranwesenheit in Deutschland verantwortlich machte, neu zu beurteilen, als ihre türkische Mutter, bei der sie nach der Trennung der Eltern lebt, plötzlich unverschuldet arbeitslos wird. Nun erlebt sie diesen beruflichen Einbruch als "Ungerechtigkeit". Sie vollzieht damit einen Orientierungswechsel, der so oder auch in gegenläufiger Richtung, je nach jeweiliger Veränderung der sozialen Lage, allgemein für Jugendliche im Spannungsverhältnis von Migrations- und deutscher Kultur nicht selten sein dürfte. Er deutet nicht nur - ähnlich wie auch schon der erwähnte Wechsel in multikulturelle Peer-Bezüge - das individuelle Pendeln zwischen unterschiedlichen nationalen bzw. ethnischen Orientierungsfolien an, sondern fördert auch das Schwanken der für diese Jugendlichen vorhandenen Orientierungsgrundlagen selbst zu Tage.

Bei den Mädchen, die Distanzierungen von niedrigerem Niveau aus vornehmen, scheint weniger an Veränderungen des sozialen Erfahrungszusammenhangs auszureichen, eben deshalb, weil sie auch 'nicht so tief drinstecken' oder seriöser formuliert: weil sie erst gar nicht die gleiche Fülle an Anfälligkeitsfaktoren in ihren Lebensumständen und Mechanismen der Erfahrungsstrukturierung aufweisen.

Deutet sich schon bei Berga zusätzlich zu dem Genannten für den letzten Erhebungsschnitt außerdem eine nachlassende Relevanz multikultureller Konfliktlagen (bis auf den bleibenden Aspekt sexueller Belästigung) an, so ist auch bei Vera für einen Teil ihrer - wie erwähnt - schwach ausgeprägten Ungleichheitsvorstellungen einfach das ohne ihr Zutun erfolgte Nachlassen einer Konfliktlage ausschlaggebend: Serben lehnt sie als Kroatin nicht mehr in dem Maße ab wie früher, weil sich die Spannungen zwischen den Volksgruppen in Ex-Jugoslawien reduziert haben. Zudem wirkt bei ihr ein Distanzierungsmittel, das auch in einer Reihe von anderen Fällen von Mädchen wirkt: die Entwicklung eines politischen Bewusstseins, das ihr eine Beurteilung von gegenwärtiger Minoritätenfeindlichkeit im Wissen um die Grundstrukturen des historischen Nationalsozialismus eröffnet. Zeitgleich, vielleicht auch inhaltlich damit verbunden, entwickelt sie sogar ein explizites Interesse an und Engagement für die Herstellung von Interkulturalität, in das sie auch die Integration von Asylbewerbern, die sie vorher abgelehnt hatte, einbezieht. Ausgelöst durch multiethnische Auseinandersetzungen anlässlich einer von ihr als stellvertretender Schulsprecherin mitveranstalteten Schülerdisko, erkennt sie die Notwendigkeit, Verständigung auf die Plattform dauerhaften persönlichen Austausches und nationalitäten- und statusübergreifender Zusammenarbeit zu stellen (vgl. Fallskizze Vera).

Auch bei Branca sind persönliche Erfahrungen für ihre Distanzierung verantwortlich: Sie lernt bosnische Flüchtlinge kennen und baut daher ihre Pauschalisierungen in ihren auf politische Flüchtlinge bezogenen Ungleichheitsvorstellungen ab. Sie nimmt jetzt Bosnien-Flüchtlinge aus ihren Vorwürfen des "Scheinasylantentums" heraus, was sie im übrigen aber nicht daran hindert, andere "Asylanten" sowie "Kurden und Albaner" gleichbleibend mit Ungleichheitsvorstellungen zu überziehen und 'Republikaner'-Sympathien zu äußern. Auch hier erweist sich, dass persönlicher Kontakt zum Abbau von Ungleichheitsvorstellungen gegenüber 'Ausländern' wichtig ist, aber er allein längst keine Garantie dafür bietet, dass aus positiven Einzelerfahrungen die Billigung oder sogar Propagierung von Multi- oder Interkulturalität erwächst.

Eine Analyse von durchgängiger oder fast durchgängiger, d.h. hier: über zwei Erhebungszeitpunkte hinweg konstatierbarer Distanz zu Ungleichheitsvorstellungen muss vor allem die Fälle von Lisa, Hedwig, Jennifer, Thea, Helga (1992 und 1993), Vera (1993 und 1994) und kann mit Abstrichen auch Sieglinde einbeziehen. In der Gesamtschau dieser Fälle zeigt sich:

Genau jene Faktoren, die auch Distanzierung begünstigen, sind für Distanz entscheidend.

Einen gewissen Schutz bietet im Falle von Jennifer, Vera und Lisa schon der eigene Migrantenstatus. Wie im 'Affinitäts-Kapitel' deutlich geworden ist, reicht er aber allein längst nicht aus, Ungleichheitsvorstellungen vorzubeugen. Die genannten Fälle erfüllen aber mindestens eine von zwei Zusatzbedingungen, die sich auch schon als Distanzierungsfaktoren herausgestellt haben: Entweder ist man mit anderen Ausländern, eingeschlossen Asylbewerbern, bekannt und hat sie dabei als Individuen - und nicht nur Angehörige einer ethnischen Gruppierung oder einer Statusgruppe - schätzen gelernt (wie Jennifer, die im übrigen wegen ihrer schwarzen Hautfarbe fast unweigerlich in Deutschland als Ausländerin, evtl. sogar Asylbewerberin, eingestuft wird) und/oder man hat sich ein politisches Reflexionsniveau erarbeitet, auf dessen Basis Gleichheitsvorstellungen entwickelt werden und aufruhen können. Letzteres beruht offensichtlich auf dem Wissen um die Auswirkungen minoritätenfeindlicher Politik und ihre politisch-moralische Verurteilung sowie der Wertschätzung von Menschen"würde" (vgl. dazu auch den folgenden Abschnitt).

In bezug auf die deutschen weiblichen Jugendlichen mit (relativen) Distanzmustern ist wie bei den genannten Migrantenjugendlichen zu konstatieren: ein ausländerfreundlich gestimmtes soziales Umfeld (vgl. die Funktion von Familie und Freunden bei Thea, Helga, Hedwig und Sieglinde), intakte, stabile, durch Vertrauen und Akzeptanz ausgezeichnete Beziehungen zu den Eltern, die aufgrund ihrer Problembearbeitungspotentiale auch u.U. Störungen durch schulische Schwierigkeiten der Tochter standhalten (vgl. Hedwig), ein stabiles, kompetenzbezogenes, aber selbstkritisches Selbstbild, Gelegenheiten zu seinem Aufbau (vor allem, aber nicht nur) in der Schule, politisches Interesse, mindestens aber ein Reflexionsvermögen, das demokratische normative Grundüberzeugungen zu entfalten vermag (zu Letzterem siehe auch unten). Hinzu kommt bei Hedwig, dass sie das 'Ausländerthema' "eigentlich gar nicht" bewegt und sie sich daher auch nicht zu akzentuierten Positionierungen aufgerufen fühlt.

Oft liegt eine politische Selbsteinschätzung als "links" oder eine Sympathie mit dieser politischen Richtung vor. Im Falle Lisa ist es offenbar - ähnlich den Fällen Roberts und Volkers bei den Jungen - auch diese Positionierung und ihre kollektive Teilung in der cliquenförmig strukturierten Freundesgruppe, die sowohl ihre 1992 noch vorhandene Gewaltakzeptanz vor rechtsgerichteter Instrumentalisierung schützt, als auch - analog eines rechten Selbstverständnisses von Mitgliedern rechter Cliquen und Szenen - im Kontext des Beziehungsgeflechts im sozialen Nahraum über Gelegenheiten für wiederholte Selbstbestätigungen eine Stabilisierungsfunktion für Gleichheitsüberzeugungen liefert.

(Nicht nur) Sieglindes Fall (sondern bei engeren Distanz-Definitionen als sie hier angelegt werden auch andere) macht (machen) allerdings deutlich, dass, selbst wenn (nahezu) alle Distanzierungsmomente vorliegen, dennoch Vorbehalte als denkbare Vorstufen zu Ungleichheitsvorstellungen gegenüber bestimmten Migrantengruppierungen vorhanden sein können. Sie scheinen durch das Aufgreifen grober, diffuser und sachlich schiefer Vorstellungsbilder des Alltagsdiskurses Gestalt anzunehmen und können vermutlich gerade im Falle selbsterfahrener Ressourcenkonkurrenz ihre Wirkung entfalten. Sie haben den Vorteil, in den Mantel sozialer Akzeptanz gewandet zu sein und Privilegiensicherung von Einheimischen entweder über bereits existierende legalistische Praktiken zu legitimieren oder über derartige Strategien in der Zukunft in Aussicht zu stellen. Dabei erweist sich insbesondere das Ausweisungs- und Abschieberecht, sowohl juristisch (siehe den 1998 viel Aufsehen erregenden Fall 'Mehmet' in Bayern), als auch politisch-moralisch als eine Strömungsgröße zwischen gängiger Praxis und einer Verschärfung institutioneller Gewalt zu Ausgrenzungszwecken wie sie von rechts gefordert wird.

Zusammenhänge mit Kompetenzen und Mechanismen zum Aufbau personaler Identität
Knüpfen wir noch einmal an die Frage an, wie die verhältnismäßig geringe rechtsextreme Gewalt- und Ungleichheitsakzeptanz der Mädchen erklärt werden könnte und ergänzen die oben bereits mit Bezug auf Sachverhalte des sozialen Erfahrungszusammenhangs gegebenen Teilantworten:

Die Befunde geben keinerlei Hinweise dafür ab, dass die Distanz oder die Distanzierung der Probandinnen von rechtsextremen Orientierungen auf ein fehlendes oder nachlassendes politisches Interesse zurückzuführen ist. Zwar stellt sich das politische Interesse der weiblichen Jugendlichen insgesamt als eher schwach entwickelt dar, ist es aber andererseits auch nicht niedriger als das bei Jungen. Festzustellen ist zudem wie bei diesen der inzwischen allgemein bekannte Fakt, dass das Interesse an institutioneller Politik eher gering, das an Alltagspolitik aber deutlich höher ist. Entsprechend ist auf diesem Feld auch durchaus nicht nur selten eine Engagementbereitschaft z.B. in Gremien und Funktionen der Schülermitbestimmung, bei kommunalpolitischen Jugendinitiativen oder allgemein in Bereichen nichtinstitutionalisierter Politik zu registrieren. Kann also so die - auch im Vergleich mit den männlichen Probanden - relative Distanz zu Rechtsextremismus nicht erklärt werden, so sind erst recht die zu beobachtenden Distanzierungsprozesse nicht auf ein Abflauen des politischen Interesses rückführbar. Im Gegenteil: Das politische Bewußtsein nimmt zu; vielleicht gerade deshalb weil man nicht darum herumkommt, die eigene politische Vergangenheit abzuarbeiten, sollen neue politisch-soziale Positionierungen gewonnen werden.

Wer sich gegenüber rechtsextremen Orientierungen durchgängig resistent zeigt, ist dies nicht zufällig, sondern weiß, warum er es tut. Bei den Migrantenjugendlichen kann es genügen, um ihren eigenen Status zu wissen. Bei deutschen Jugendlichen handelt sich in jedem Fall um Jugendliche, deren Reflexionsvermögen im Kern auf der Fähigkeit zum Perspektivenwechsel beruht, eines Perspektivenwechsels, dessen Anwendungsbereich über die Beziehungen des sozialen Nahraums oder weiterrahmige Eigengruppendefinitionen hinausreicht; d.h. sie sind in der Lage, sich in die Situation von Minderheiten, insbesondere von Fremden in Deutschland hineinzuversetzen oder zumindest, dies zu versuchen. Über diesen Weg sind sie imstande, Verständnis für die Situation dieser Menschen zu entwickeln, weil sie sich durchgängig fragen: Wie ginge es mir in der entsprechenden Situation? Nicht selten wird dies mit urlaubsgebundenen Auslandserfahrungen (z.B. auf Klassenfahrten) oder Ausreisewünschen für die Zukunft illustriert. Die Gleichheitsvorstellungen und Gleichbehandlungsforderungen, die daraus abgeleitet werden, gehen jedoch nicht zwangsläufig so weit, dass sie die kodifizierten Rechte der Einheimischen auf Vorrang (z.B. bei der Arbeitsplatzbesetzung) reflexiv erfassen würden.

Dass in unserer Studie eine durchschnittlich geringere rechtsextreme Anfälligkeit von Mädchen gegenüber der von Jungen zu registrieren ist, könnte damit zusammenhängen, dass man Mädchen generell, vor allem in diesem Alter, entwicklungspsychologisch eine vergleichsweise höhere Reflexivität zuschreiben kann. Die vorliegende Untersuchung kann diese These aber weder bestätigen noch dementieren, da sie wegen ihrer qualitativen Methodik auf generalisierende Aussagen verzichtet.

Blenden wir auf Mädchen die nicht von vornherein Distanz äußern, sondern im Anschluss an eine rechtsextreme Phase einen Prozess der Distanzierung verlaufen, so erkennen wir: Nicht allein die Gewinnung der Einsicht in die Dysfunktionalität der Gewalt bewirkt eine Abwendung. Mit der Entfaltung des politischen Bewusstseins und der zunehmenden Einordnung von politisch-sozial relevanten Wahrnehmungen auf dem Hintergrund politischer und historischer Erwägungen steigt augenscheinlich eine inhaltskritische, politisch-moralischen Kriterien folgende Reflexivität bei der Beurteilung von Aspekten des Kontextes von Fremdenfeindlichkeit und Rechtsextremismus. Initialzündungen können von neuen Freunden ausgehen. Wie schon erwähnt zeigen daneben mediale Berichterstattungen von den Exzessen fremdenfeindlicher Gewalt - wenigstens in Hinsicht auf eine Reduzierung des Teilaspekts Gewaltakzeptanz - eine Wirkung als Reflexionsanstoß. Oft beziehen sich die Jugendlichen auch auf Anregungen durch schulischen Lernstoff, vor allem auf den Unterricht über den Nationalsozialismus und daran anschließende Diskussionen um dessen Bedeutung für die Gegenwart sowie auf davon unabhängige, pädagogisch gesteuerte Debatten im Klassenraum über das Thema Fremdenfeindlichkeit oder auch Klassenfahrten. Auch diese Anstöße tragen aber eher zu einer Ablehnung von politischer Gewalt von rechts, als zu einer Entfernung von Ungleichheitsvorstellungen bei. Man/frau kann gegen Judenvergasung und mörderische Gewaltexzesse heutiger Fremdenfeinde sein und die eigene rechtsextreme Phase als das "bescheuerte" Nachkommen einer Modeerscheinung abtun, aber demgegenüber legalistische Formen der Ausgrenzung über repressive, staatsautoritäre Mittel institutioneller Gewalt befürworten. Reflexivität bricht ab, wo Konkurrenzangst und Sozialneid ins Spiel kommen. Chancen dazu bestehen auch deshalb, weil Rechte auf nationale Privilegiensicherung zu den Grundfesten nationalstaatlicher Verfassung und zum common sense gehören.

Auf der Basis vorhandener (Fach-)Literatur und ihrer Vermutungen ließe sich annehmen, dass ein wesentlicher Grund für die relative rechtsextreme Enthaltung von Mädchen und Frauen im 'rechten Frauenbild' und dem daran gehefteten Verständnis der Geschlechter-Beziehungen liegt. Unterstellt wird dann, dass dieses Vorstellungsbild potentiellem Klientel überhaupt ins Blickfeld gerät. Zumindest für unsere 13- bis 15jährigen, organisatorisch nicht eingebundenen Mädchen kann dies ausgeschlossen werden. So wenig wie für sie ideologische Überzeugungen Affinitäten ausbilden, so wenig ist eine evtl. Kritik an Programmatiken ein Distanz(ierungs)mittel. Reflexionstätigkeiten sind viel mehr im Sinne des oben Erwähnten relevant.

Was soeben für die Größenverhältnisse des Reflexionsvermögens im Vergleich von Jungen und Mädchen festgestellt wurde, gilt auch für die Empathiefähigkeit: Die Hypothese von einer größeren Einfühlungsbereitschaft und -kompetenz in andere Menschen beim weiblichen Geschlecht lässt sich mit unseren Befunden weder verifizieren noch falsifizieren. Erörterungen darüber bleiben weiter spekulativ. Ebenso wenig ist erkennbar, dass die von Mädchen gezeigte Empathie anders strukturiert wäre, als die von Jungen. So ist bspw. - was vielleicht anzunehmen wäre - eine besondere Einfühlung in die Situation ausländischer Frauen nicht zu konstatieren. Auch in bezug auf Fürsorglichkeitshaltungen gegenüber ethnischen Minderheiten oder gar Trostspenden gegenüber von Fremdenfeinden Angegriffenen ist kein Unterschied dahingehend festzustellen, dass Mädchen sie etwa stärker ausprägten.

Fest steht hingegen, dass die Fähigkeit zu Perspektivenwechsel erst dann zu einem nicht bloß analytischen Verstehen der Lage des Anderen, sondern auch zu einem darüber hinausreichenden Verständnis führt, wenn sie in emotionalen Nachvollzug überführt wird. Individuelles Empathievermögen vermag offensichtlich zu wachsen, wenn soziale Erfahrungen wie die, die oben als Distanz- bzw. Distanzierungsumstände beschrieben wurden, dem personalen Identitätsaufbau Stabilisierungseffekte gewähren. Ob die gerade den Mädchen als Peer-Bezugsgruppenwechslerinnen dabei abverlangten besonderen sozial-kommunikativen Leistungen des Sich-Einstellens auf bislang unbekannte Personen in Kombination mit zu vermutenden gleichgelagerten vorgängigen Effekten geschlechtsspezifischer Sozialisation dabei zu einer Vertiefung vom empathischen Haltungen führen, bleibt - oberflächlich wie unsere Studie an dieser Stelle bleiben muss - eine offene Frage.

Nicht anders verhält es sich mit der Überlegung, ob Mädchen nicht aufgrund geschlechtsbezogener Sozialisationsspezifiken eine höhere Fähigkeit zu verbaler Konfliktregelung als Jungen zugesprochen werden kann. Zweifelsfrei zu konstatieren ist allerdings, dass die Mädchen unseres Samples weitaus zahlreicher und häufiger auf Konfliktaustragungen diesseits der Gewaltanwendung Wert legen. Selbst wenn sie die Cliquengewalt der Jungen dulden, lehnen sie sie "eigentlich" doch ab. Im nachhinein betonen sie den Zwiespalt, in dem sie "damals" steckten. Sie verweisen darauf, dass ihnen schon auffällt, dass es ganz überwiegend Jungen sind, die Gewaltsamkeiten ausüben, und es die (Cliquen-) Mädchen sind, denen immer schon an De-Eskalation gelegen war. Neben bloßem Vermeidungsverhalten von Gewalt setzen sie sich nach ihren Erzählungen aber auch häufiger als Jungen für eine verbale Streitkultur ("miteinander reden") ein. Man muss dafür nicht eine naturgegebene Friedfertigkeit der Frau verantwortlich machen. Vielmehr kann man darin viel schlichter die Auswirkungen eines Frauenbilds erkennen, dem die Mädchen nachzukommen trachten. Dazu gehört die Norm 'Ein Mädchen schlägt sich nicht'; Körperliche Auseinandersetzungen, die über Haareziehen, Spucken und Kneifen hinausgehen, sind Jungen- bzw. Männersache. Bezeichnend ist in diesem Zusammenhang, dass die Mädchen, soweit sie nicht selber aktuell in irgendeiner Weise an rechtsextremer Gewalt beteiligt sind, das violente Verhalten männlicher Jugendlicher auch als Maskulinitätsbeweise deuten. Wer dabei als Mädchen mitmacht, führt sich "wie ein Junge" (vgl. das Selbstverständnis der sich prügelnden Jutta) auf und handelt sich damit Verunsicherungen beim Aufbau geschlechtsspezifischer Identität ein. Sie bestehen darin, von den einzig vorhandenen Identitätsofferten traditionellen Zuschnitts abzuweichen und Widersprüchlichkeiten in Kauf zu nehmen zum Verhalten in Lebensbereichen, in denen sie konkurrenzlos sind und im ganzen positiv als Orientierungsstiftungen angenommen werden.

Die Bedeutung eines unzureichenden oder verletzten Selbstwertgefühls aufgrund von Eigenständigkeitsvorenthalt wurde für Hinwendungen nach rechts im 'Affinitäts-Kapitel' bereits herausgestellt. Hier stellt sich die Frage, ob nicht die Mädchen vielleicht ungeachtet dessen auch mit umgekehrtem Effekt über Selbstwertkonstruktionen verfügen, die sie Abstand halten lassen. Zwei Zusammenhänge sind in dieser Hinsicht bemerkenswert:

Zum ersten: Mädchen bauen ihr Selbstbewusstsein traditionell - und auch in unserer Studie ersichtlich - nicht über das Interesse an Beherrschung des öffentlichen Raums auf. Im Hinblick auf die Anfälligkeit von Jungen wurde genau dies aber als ein wesentlicher Ursachenfaktor ihrer ausländerfeindlichen Gewalt herausgearbeitet (vgl. 5.2.1.1.2). Wenn solche Territorialansprüche aber Mädchen kalt lassen, wieso sollten sie dann Kämpfe um Raum ausfechten; zumal dann, wenn die Jungen sie exklusiv für sich reservieren?

Zum zweiten: Gewöhnlich legen Mädchen stärker als Jungen Wert auf ihr Aussehen. Dies hängt zweifellos damit zusammen, dass sie ab dem Jugendalter einem sexualisierten Blick ausgesetzt sind. Wohl auch deshalb finden sich bei ihnen - anders als bei den Jungen, wo sie gar nicht vorkommen - zahlreiche Verweise auf eine angeblich bessere oder zu "altmodische" Kleidung der Asylbewerber-Innen als Begründungen ihrer Ablehnung. Wie immer man die Tragfähigkeit eines Selbstwerterwerbs durch Äußerlichkeiten bewerten mag: Solange er als möglich betrachtet wird und Bestätigungserlebnisse einfährt, bestehen auf diesem Feld Potentiale der Identitätsstabilisierung. Daraus ist gewiss nicht simplifizierend zu schlussfolgern, 'hübsche' Mädchen hätten es nicht nötig, sich zu Selbstwertzwecken in der rechten Szene aufzuhalten und zu betätigen. Dies könnte nur annehmen, wer der Behauptung folgte, anderer Anerkennungen als durch ein attraktives Äußeres erwerbbarer würde der weibliche Selbstwertaufbau nicht bedürfen. Die Unhaltbarkeit dieser Unterstellung festzustellen, ist weniger eine Frage der politischen Moral als eine Konsequenz aus den oben gemachten Ausführungen zur Zentralität des erfahrenen gesellschaftlichen Kooperationsbeitrags der eigenen Person im Identitätsstabilisierungsprozess von Mädchen (im übrigen selbstverständlich: wie von Jungen).

Stellen wir resümierend und übergreifend - damit auch zwangsläufig vergröbernd - einen Geschlechtervergleich zwischen den Distanzmomenten und Distanzierungsprozessen von Jungen und Mädchen im Hinblick auf rechtsextreme Orientierungen an, so ergibt sich zunächst eine Reihe von Übereinstimmungen.

Zum ersten: Rechtsextreme Distanz bzw. Distanzierung von einmal besessenen rechtsextremen Orientierungen werden begünstigt durch eine Familiensituation, in der die Qualität der Beziehungen zwischen Kindern und Eltern Phänomene sozio-emotionaler und/oder zeitlicher Vernachlässigung nicht zulässt. Bei Jungen wie Mädchen befördert die Chance, sich als Kind von den Eltern selbstverständlich angenommen zu fühlen, Geborgenheit verspüren, die Eltern als potentielle Ansprechpartner bei persönlichen Problemen, auch außerhalb schulischer Leistungsschwierigkeiten, ansehen, Konflikte verbal mit ihnen regeln, von ihnen tatkräftige Unterstützung erwarten und sie als in jeder Hinsicht verlässlich einschätzen und Zeiten gemeinsamen Austausches zur Verfügung haben zu können, Distanz und Distanzierung. Dabei spielt für Mädchen eine noch größere Rolle als für Jungen der Eindruck, in jugendlichen Verselbständigungsprozessen unterstützt, zumindest aber nicht unzumutbar behindert zu werden. Dies bezieht sich insbesondere auf ihre Versuche, eine geschlechtsspezifische Identität jenseits von Kindes- und konventionellen Segmenten der traditionellen Frauenrolle zu entwickeln.

Zum zweiten: Distanzmuster und Distanzierungsverläufe sind bei Jungen wie Mädchen in ihrem sozialen Erfahrungshintergrund gekennzeichnet durch positive Schulerfahrungen, die im Kontext der Sicherung von persönlichen Zukunftsoptionen gedeutet werden. Positiv meint in diesem Zusammenhang nicht nur die Sicherheit, schulischen Leistungsanforderungen möglichst gut zu entsprechen und entsprechende Notenerfolge einzufahren. Wichtiger als dies erscheint, schulisches Lernen mit Sinnstiftungen versehen zu können und auch außerhalb des traditionellen Fächerkanons Möglichkeiten zum Erwerb und zur Stabilisierung von Selbstwert zur Verfügung zu haben und erkennen zu können.

Zum dritten: Im Freizeitbereich wirken unabhängig von der Geschlechtszugehörigkeit der Jugendlichen Erfahrungen distanz(ierungs)stabilisierend, die politische und gesellschaftliche Teilhabemöglichkeiten eröffnen und deutlich werden lassen. Wissen um persönliche Kompetenz und Gefühle sozialen Integriertseins können sich dann aus Erfahrungen speisen, die jenseits jener sozialen Geflechte gemacht werden, aus denen rechtsextreme Orientierungen bezogen und in denen sie ständig reproduziert werden.

Zum vierten: Hochgradig distanz- und distanzierungsrelevant sind bei Jungen wie Mädchen die Haltungen zu Gewalt und die politischen Orientierungen, die im jeweiligen sozialen Umfeld vorherrschend sind. Wer in einem eher gewaltfreien und eher ausländerfreundlich als -feindlich gestimmten familiären Spektrum sozialisiert wird, einen multinationalen Freundeskreis besitzt und ein demokratisches Schulklima genießt, ist erheblich weniger anfällig. Er/sie prägt eher Gleichheitsvorstellungen und Solidarisierungshaltungen aus. Dies bedeutet nicht, dass interethnische Konflikte gar nicht wahrgenommen werden oder überhaupt nicht als problematisch eingestuft würden; aber es bedeutet, dass sie nicht als identitätsverunsichernd perzipiert werden.

Oberflächlich betrachtet lässt sich eine Schutzwirkung auch einer 'linken' jugendkulturellen Gestimmtheit zusprechen. Sie erweist sich als Distanzfaktor allerdings dann als problematisch, wenn sie sich ihren TrägerInnen nur symbolisch vermittelt und es ihr an inhaltlicher Substanz mangelt.

Auch ein eigener Migrantenstatus wirkt bei Jungen und Mädchen gleichermaßen keineswegs als Immunisierungsfaktor gegenüber ethnisierenden Vorstellungsbildern. Vielmehr können diese sich dann auf genau jene Statusgruppen beziehen, die man als 'die anderen' definiert.

Zum fünften: Distanzierungsprozesse von rechtsextremen Orientierungen hinsichtlich Veränderungen im sozialen Erfahrungskontext sind übereinstimmend bei Jungen und Mädchen auf die Ablösung von einer rechtsextrem orientierten Clique zurückzuführen. Sie bricht einer Entdramatisierung von eineindeutig erscheinenden Zustandsbeschreibungen vorgeblich oder tatsächlich erlebter Multikulturalität und strikten Freund-Feind-Kategorisierungen Bahn. Der Bestärkungs- und Bestätigungsrahmen der Clique für 'rechtes' Denken verflüchtigt sich. Die neue Situation ermöglicht es, neue, emotional positiv getönte Freundschaftsbeziehungen mit diskursiver Interaktionsstruktur, z.T. auch zu Jugendlichen ausländischer Herkunft, aufzubauen, andere Freizeitorte aufzusuchen, mit neuen Aktivitäten und Interessenverfolgungen vormalige 'Langeweile' zu verdrängen, aus Szenezusammenhängen auch symbolisch auszusteigen und damit sozial, räumlich, zeitlich und kulturell alten Bestärkungselementen zu entraten. Wie bei der Ablösung von allgemein gewaltorientierten Cliquen (dazu Möller 1999b), so gilt auch bzgl. der Ablösung von rechtsorientierten Cliquen für Mädchen, dass sie sehr häufig über die Aufnahme einer neuen Partnerschaft zu einem Jungen/jungen Mann, der außerhalb der Clique steht, zustande kommt.

Zum sechsten: Die Distanzierungswirksamkeit eines solchen Freundes- und Freundschaftswechsels begründet sich allerdings bei Jungen und Mädchen in unterschiedlicher geschlechtsspezifischer Gewichtung. Für die Jungen scheint das mit ihm verknüpfte Nachlassen territorialer Konflikte entscheidend zu sein. Mit ihm bröckelt der Hauptgegenstand ethnisierender Deutungen ab. Bei Mädchen hingegen sind diese Kämpfe um Raum nie so zentral für die von ihnen vorgenommenen Ethnisierungen gewesen. Es scheint, als profitierten sie stärker von den kommunikativ-diskursiven Anregungen, die sie aus den Veränderungen ihres sozialen Peer-Umfelds beziehen.

Zum siebten: Eine mehr als äußerliche Distanz(ierungs)haltung aus bloßen Opportunitätsgründen heraus (z.B., weil rechtsextreme Gewalt "nichts bringt", weil man Angst vor der Überlegenheit der Gegenpartei hat, weil Angst vor Stigmatisierung als "Rechte(r)" besteht etc.) kann nur dann registriert werden, wenn ein Zugewinn an personaler Kompetenz erfolgt ist. Das Schwergewicht kommt dabei einem Anwachsen des Reflexionsvermögens zu. Stärker bei den Mädchen als bei den Jungen sind dabei Reflexionsanstöße registrierbar, die durch die Medienberichterstattung über die unmenschlichen Folgen fremdenfeindlicher Anschläge und u.U. auch durch schulischen Lernstoff über den Nationalsozialismus bzw. Fremdenfeindlichkeit heute, einschließlich ihrer möglichen Zusammenhänge, ausgelöst wurden. Dieser Unterschied zwischen Mädchen und Jungen kann darauf zurückgeführt werden, dass der Bezugspunkt für rechtsextreme Orientierungen für Jungen primär die Erfahrungen mit Fehden um interpersonale Dominanz im Rahmen männlicher Hegemoniekämpfe sind und dieser Zusammenhang von Mannhaftigkeitsinszenierungen und Rechtextremismus (noch?) so gut wie gar nicht zum Gegenstand öffentlicher und medial veröffentlichter Diskussion oder gar schulischen Lernstoffs gemacht wird. Die Entfaltung politischer Reflexivität über die bislang gängigen Demokratisierungs-Diskurse dringt insofern noch gar nicht in die Kernbereiche ihrer rechtsextremen Anfälligkeit vor. Erst wenn sich andere Erfahrungszusammenhänge bei der Entwicklung männlicher Identität aufbauen, haben auch andere Denkweisen gute Durchsetzungschancen.

Zum achten: Im Vergleich zu Jungen ist bei Mädchen insgesamt eine relativ größere Distanz zu rechtsextremen Positionen zu registrieren. Nach unseren Befunden ist sie zum größten Teil auf eine Distanzhaltung zu Gewaltakzeptanzen überhaupt zurückzuführen. Diese wiederum leitet sich im wesentlichen aus der Orientierung an Traditionen überlieferter Weiblichkeitsnormen ab (vgl. dazu ggf. noch einmal die Ausführungen weiter oben). Bemerkenswert ist immerhin, dass die Distanz von Mädchen zu rechtsextremen Denkweisen sich verringert, wenn sich Ungleichheitsvorstellungen nicht mit personaler Gewaltsamkeit, sondern mit der Befürwortung institutioneller Gewalt im Sinne autoritär-obrigkeitsstaatlicher Politik paaren.

C. Schlussfolgerungen

6. Konsequenzen für die Weiterentwicklung theoretischer Erklärungsansätze zum Verhältnis von Jugend und Rechtsextremismus

Die bisherige Ergebnisdarstellung hielt sich bislang aus den dargelegten Gründen des methodischen Primats der Materialnähe der getroffenen Auswertungen mit theoretischen Deutungen des erhobenen Datenmaterials zurück. Damit sollten voreilige theoretisch inspirierte und dann auch entsprechend kanalisierende Interpretationen verhindert und das bei jeder empirischen Forschung drohende Problem einer weit aufklaffenden Kluft zwischen empirischen Daten einerseits und theoretischer Deutung andererseits vermieden bzw. verringert werden.

Gleichwohl stellt sich nun die Frage nach dem theoretischen Ertrag der Studie. Um ihn auszuloten, sind ihre Befunde auf dem Hintergrund der vor der Ergebnispräsentation vorgenommenen Forschungsstanderhebung (vgl. Teil A) bzw. der gewählten eigenen theoretischen Ausgangspunkte (vgl. Teil B) zu beleuchten.[8]

Das Verhältnis von Jugend und Rechtsextremismus muss theoretisch innerhalb unseres Forschungszusammenhangs sowohl in Hinsicht auf die Frage, wie eine Affinität von Jugendlichen zu entsprechenden Orientierungen und Verhaltensweisen zustande kommen kann, als auch bzgl. möglicher Distanz- und Distanzierungsfaktoren zu rechtsextremen Standpunkten und Perspektiven interessieren. Ein erstes Unterkapitel thematisiert deshalb theoretische Deutungen für Affinität und Affinitätsaufbau (6.1). Ein zweites Unterkapitel (6.2) widmet sich theoretischen Erklärungsversuchen zu den weitaus seltener untersuchten Distanzfaktoren und Distanzierungsprozessen. Dabei werden jeweils geschlechterübergreifende und geschlechtsspezifische Erklärungsansätze präsentiert.

---

[8] Zur Erleichterung einer flüssigen Lektüre wird hier auf ausführliche Literaturangaben in Klammern verzichtet. Sie erübrigen sich, weil die hier wiederaufgenommenen theoretischen Anknüpfungspunkte ausführlich in Teil A dieser Arbeit bzw. im Abschnitt zu den theoretischen Ausgangspunkten der eigenen Studie in Teil B erörtert wurden und die Literaturbezüge von daher klar sind und notfalls auch ebendort nachgeschlagen werden können.

6.1 Konsequenzen für die Weiterentwicklung theoretischer Erklärungsansätze zur Affinität und zum Affinitätsaufbau von Jugendlichen zu rechtsextremen Orientierungen

Nachdem - wie oben ausführlicher dargestellt - in Deutschland bis gegen Ende der 80er Jahre nur höchst vereinzelt theoretische Erklärungsansätze für die Existenz und Übernahme rechtsextremer Einstellungen und Verhaltensweisen bei bzw. von Jugendlichen erstellt wurden, hat die Thematik vor allem seit 'Hoyerswerda' und 'Rostock-Lichtenhagen' eine öffentliche Aufmerksamkeit auf sich gezogen, die auch vermehrt zu sozialwissenschaftlichen Annäherungen an die Problematik geführt, ja bis gegen Ende der 90er Jahre einen regelrechten Boom an Veröffentlichungen mit mehr oder weniger theoretischem Anspruch ausgelöst hat. Im folgenden wird der Frage nachgegangen, wieweit sie sich als hilfreich dafür erweisen, die von uns empirisch zu registrierenden (Verlaufs-)Phänomene zu ordnen und in ihren Ursachen und Entwicklungsprozessen zu deuten. Lassen sich unsere empirischen Befunde in den im Teil A skizzierten Theoriegebäuden unterbringen und wo sind Anbauten, Umbauten oder gar Neubauten notwendig und möglich?

6.1.1 Jugend und Affinität(saufbau) zu rechtsextremen Orientierungen - geschlechterübergreifende Erklärungsansätze

Individualtheoretische Erklärungen zum Rechtsextremismus bei Jugendlichen schleppen im Prinzip genau dieselben Probleme und Ausblendungen mit sich wie diejenigen zum Verhältnis von Jugend und Gewalt (dazu Möller 1999b). Eine Erklärung der von uns gefundenen Zusammenhänge aus individualtheoretischer Sicht kann aber auch aus weiteren, spezifischeren Gründen nicht befriedigen.

Das Autoritarismuskonzept klassischer Prägung weist diesbezüglich verschiedene Defizite auf. Zu ihnen gehört:

1. die Zentrierung der Bezugnahme auf frühkindliche Entwicklungsphasen. Unsere Befunde belegen demgegenüber, dass entscheidende Weichenstellungen sich in der Lebensphase vollziehen, in der 'unsere' Jugendlichen sich befinden: in der Frühadoleszenz. Es ergibt sich nicht die Notwendigkeit, sie im Zusammenhang der Re-Inszenierung frühkindlicher Konflikte zu deuten. Zudem sind auch andere als familiale Kontexte von hoher Relevanz, etwa die Peergroup.

2. die Annahme von autoritärer Unterwürfigkeit. Sie ist bei 'unseren' Jugendlichen nicht virulent. Die Bewunderung von autoritären Leitfiguren passiert nicht. Statt dessen findet sich eher, wenn man denn die psychologistische Nomenklatur verwenden wollte, die Dominanz von so etwas wie "autoritärer Aggression" gegenüber Menschen, die sich nicht in vorgegebene Konventionen schicken. Ein Denken in Kategorien von Führer und

Gefolgschaft zeigt sich nicht (vgl. die ähnlichen Beobachtungen von z.B. Hopf u.a. 1995 und Rieker 1997).

3. die Projektion von unbewussten Trieben auf die Außenwelt und eine übertriebene Beschäftigung mit sexuellen Vorgängen. Weder ist letzteres festzustellen, denn das gelegentliche Verwenden sexistischer Ausdrücke kann diese Tendenz noch nicht belegen und die Kämpfe um geschlechtsspezifische Identität beziehen sich auf gender-Aspekte und nicht auf Sexuell-Organismisches, noch besteht irgendwelche Veranlassung, von unbewussten Trieben auszugehen, solange sozialwissenschaftlich-identitätstheoretische und kritisch-psychologische Analysen für die Deutung subjektiver Motive der Subjekte hinreichend sind.

4. die Annahme eines psychogenetischen "Charakters". Nach unseren Beobachtungen sind es nicht in irgendeiner Weise dauerhafte Persönlichkeitseigenschaften, die Tendenzen nach rechts auslösen oder befördern, sondern es ist ein Zusammenspiel von Sozialisationssituationen, Sozialisationsgeschichte und Kompetenzen bzw. Mechanismen der Erfahrungsstrukturierungen in ihrem jeweils aktuellen Entwicklungsstand. In der Längsschnitt-Betrachtung wird gerade die Sozialisationsabhängigkeit und Prozesshaftigkeit der Entwicklung rechtsextremer Orientierungen wie ihrer Reduzierung verdeutlicht.

Für 'unsere' jüngeren Jugendlichen sind auch keine "closed minds" (Rokeach 1960) zu registrieren. Zwar zeigen sich Anklänge an Denkweisen, die dafür kennzeichnend sind, aber geschlossen und dogmatisch präsentieren sich ihre Auffassungen (noch?) nicht. Dafür sind sie auch viel zu wenig ideologisch fundiert.

Die o.g. Kritik trifft auch narzißmustheoretische Deutungen der Funktion von Sozialintegration über politisch rechtsgewirkte Kollektive wie Nation, abendländische Kultur o.ä.m. Nicht nur der hier wiederum vorgenommene Rekurs auf frühkindliche Erfahrungen - präödipale Verschmelzungswünsche mit der Mutter - erscheint problematisch oder doch zumindest verzichtbar, sondern auch eine Kernauffassung der Narzißmustheorie: die der Idealisierung und der Größenphantasien. Tatsächlich nehmen 'unsere' Jugendliche so gut wie nie nationalistische Überhöhungen oder offensiv-protzige Aufwertungen sonstiger Eigengruppen auf der Suche nach Erfüllungen für Omnipotenzgelüste vor. Selbst betonte Abwertungen von Fremdgruppen (z.B. Rassismus), aus denen als Kehrseite eine kollektive Selbstüberhöhung beziehbar wäre, finden sich eher selten. Im Vordergrund von Rechtfertigungen steht das Erleben von Konkurrenz und eigener sozialer Benachteiligung.

Mehr Erklärungsrelevanz ist da schon (neo)psychoanalytisch argumentierenden Ansichten zuzusprechen, die auch postödipalen Entwicklungsphasen und Beziehungserfahrungen in nichtfamilialen Kontexten wie Schule und Peergroup entscheidende Bedeutung für die Entstehung und Entwicklung rechtsextremer

Orientierungen beimessen. Warum dann aber immer wieder darin das Wiederaufleben bzw. die Re-Inszenierung lebensbiographisch vorgängiger Familienerfahrungen erblickt werden soll, bleibt schleierhaft.

Verbreitete alltagstheoretische Deutungen, die den Trägern rechtsextremer Orientierungen intellektuelle Defizite unterstellen, können durch unsere Untersuchung nicht bestätigt werden. Nicht 'Hirnlosigkeit' oder 'Dummheit' führen in solches politisches Fahrwasser hinein. Was auf der Oberfläche von Verhaltensweisen und Äußerungen so erscheinen mag, stellt sich bei genauerem Hinsehen als eine relative Undifferenziertheit und Unreflektiertheit des eigenen Standpunktes und der eigenen Perspektive heraus. Die längsschnittliche Entwicklung zeigt, dass es sich dabei um Merkmale handelt, die im Zusammenhang mit Sozialisation erworben, aber auch abgebaut werden können. Sie sind keine unveränderlichen, überdauernden Persönlichkeitseigenschaften. Zudem übersehen Unterstellungen wie diese nicht nur den Zusammenhang des individuellen Entwicklungsstands mit Sozialisationsgegebenheiten und -chancen, sondern auch die Verbindung kognitiver Charakteristika mit Momenten der emotionalen Entwicklung.

Theorien, die ihren zentralen Fokus auf Sozialstrukturelles legen, weisen ebenfalls nicht unbedeutende Erklärungsschwächen auf.

Die krisentheoretische Deutung führt nur begrenzt weiter. Indem sie die Übernahme autoritärer und rechtsextremer Orientierungen vor dem Hintergrund von "Identitätskrisen" der Betroffenen deutet, eröffnet sie einen guten Zugang dazu, diese Orientierungen in ihrer Funktion zur Identitätsstabilisierung zu begreifen. Soweit sie in diesen Fällen eine Verunsicherung aufgrund subjektiv wahrgenommener eigener sozialer Benachteiligung und Ausgrenzung - liegen sie bereits aktuell vor oder schweben sie nur drohend über den eigenen Zukunftserwartungen / diagnostiziert, verweist sie auf Perzeptionen, die in der Tat in vielen Fällen auch innerhalb unserer empirischen Befunde zugrunde liegen. Wenn sie auf ein Versagen von politischen Autoritäten zurückgeführt werden, so werden damit zumindest ihre subjektiven Begründungen, wie sie sich auch in unserer Untersuchung darstellen, angesprochen. Da zusätzlich auf die Bedeutung des gesamt-gesellschaftlich vorherrschenden politischen Klimas und die der jeweiligen Krisencharakteristik verwiesen wird, kann zu Recht eine Konzentrierung der Verantwortlichkeit für rechtsextreme Tendenzen auf die junge Generation abgewiesen werden.

Schwächen und Leerstellen offenbart der Ansatz aber an den von uns empirisch häufig aufgefundenen Stellen, wo z.B. Fälle rechtsextreme Tendenzen aufweisen, in denen eine Betroffenheit von zugespitzten gesellschaftlichen Krisen gar nicht vorliegt, wo politisches Orientierungsverhalten und die dahinterliegenden Identitätskrisen geschlechtsspezifisch different verlaufen und autoritäre bzw. rechtsextreme Neigungen nicht als allgemein-menschliche "Basisreaktionen menschlichen Verhaltens" (Oesterreich 1998, 9f) verstehbar sind, wo Bindungserfahrungen - auch gerade im Verhältnis zu den Eltern - bedeutsam sind und wo detailgenau Prozessverläufe rechtsextremer Zu- und Abwendungen zu analysieren sind, die sich in ihrer jeweiligen Besonderheit und Differenziertheit nicht als überindividuell wirksame schlichte Wiederspiegelungen gesamtgesellschaftlicher Krisen-Entwicklungen deuten lassen.

Diskursanalytische Ansätze bieten den Vorteil, das politische Orientierungsverhalten von Jugendlichen nicht losgelöst von dem der erwachsenen Mitglieder der Gesellschaft und unabhängig von den im wesentlichen durch sie getragenen Institutionen und Instanzen zu thematisieren. Mit dem Zuschnitt ihres Forschungsfeldes versuchen sie sich in die Lage zu versetzen, mögliche und von ihnen angenommene Korrelationen zwischen den inhaltlichen und formalen Kennzeichen des Medien- und Alltagsdiskurs der Erwachsenengesellschaft einerseits sowie den bei Jugendlichen vorfindlichen politischen Orientierungen andererseits erfassen zu können. In der Tat lassen sich auch in unserem Material unschwer solche Entsprechungen belegen.

Das Problem des Ansatzes besteht aber im besonderen darin, nicht genau beschreiben zu können, a) was der Medien- und Erwachsenendiskurs, vor allem auch der "Alltagsdiskurs" eigentlich ist und wo seine Definitionsgrenzen genau verlaufen, b) wie geschlossen oder diversifiziert dieser Diskurs überhaupt verläuft, c) wie das Verhältnis von Produktion durch die Subjekte und Beeinflusstwerden der Subjekte durch ihn sich genau darstellt, d) in welchen Ursachen- und Funktionszusammenhängen der Lebensführung der Diskurs selber und die individuelle Beteiligung an oder Beeinflussbarkeit von ihm detailliert steht, e) wie möglicherweise jugendkulturelle Diskursebenen den Diskurs in Erwachsenenmedien mitbestimmen - wie sich dies gegenwärtig gerade in den ostdeutschen Ländern andeutet, f) was manche Jugendliche dazu verleitet, Übernahmen der ihn ihm mitgeführten Interpretamente vorzunehmen und andere Jugendliche eben davon abhält, g) wie im Zeitverlauf vorgenommene Umorientierungen erklärt werden sollen, wenn der Diskurs-Mainstream eben diese nicht aufweist, h) wie sich das Gewicht eines evtl. Diskurseinflusses im Verhältnis zu anderen Begünstigungsfaktoren rechtsextremer Orientierungen ausnimmt und welche Bedeutung geschlechtsspezifische Faktoren besitzen. So wird der Ansatz letztlich Opfer seines höchst realistischen Anspruches, ein "primär beschreibendes Verfahren" (Jäger 1997, 139) zu sein.

Die Dominanzkulturthese enthält neben geschlechtsspezifischen Erörterungen (dazu die Folgekapitel) auch Aussagen, die beanspruchen können, die Affinität zu rechtsextremen Orientierungen geschlechterübergreifend erklären zu wollen. Indem sie rechtsextreme Orientierungen stärker noch als durch kapitalistisch ansozialisierte Expansionstendenzen durch das (individual- oder kollektiv-)egoistische Interesse an Privilegiensicherung bestimmt sieht, macht sie Ursachenzusammenhänge in den (Dominanz-)Strukturen der westlich-kapitalistischen Besitz- und gleichzeitig christlich-weißen Kulturgesellschaft aus. Ihr wird ein "struktureller Rassismus" unterstellt.

Die im Teil A dieser Arbeit vorgebrachte Kritik sieht sich durch den Versuch bestätigt, unsere empirischen Befunde mit Hilfe der Dominanzkulturthese zu deuten. Insbesondere sind eine Reihe von Grundannahmen problematisch: Erstens erweist sich der benutzte Rassismusbegriff als viel zu undifferenziert, um die Vielfalt von vorgebrachten Ausgrenzungspositionen in ihrer jeweiligen Charakteristik adäquat zu erfassen. Zweitens verbleiben weit aufklaffende Erklärungslücken bezüglich interindividueller Variationsbreiten von Orientierungen und Handlungsweisen der einzelnen Mitglieder ein und derselben Gesellschaft. Drittens ist die Charakteristik jugendspezifischen Orientierungsverhaltens erheblich unterbelichtet. Viertens ist das verwendete 'theoretische' Instrumentarium unzureichend, um die Prozesshaftigkeit von politischen Orientierungsverläufen verstehensorientiert nachzeichnen zu können. Fünftens sind Ausgrenzungshaltungen auf seiten von in Deutschland lebenden, nichtchristlich sozialisierten, also etwa islamisch ausgerichteten und dunkelhäutigen Jugendlichen oder von auch real-sozialistisch sozialisierten jungen Aussiedlern mit der Dominanzkulturthese nicht bruchlos interpretierbar.

Sozialisationstheoretische Analysen bieten sich deshalb an, weil sie aufgrund ihres Ausgangspunktes Erklärungen für das Entstehen und die Verläufe rechtsextremer Orientierungen weder allein auf Seiten des Individuums und seiner Eigenarten noch bloß innerhalb überindividueller Strukturen suchen. Vielmehr begreifen sie rechtsextreme Orientierungen übereinstimmend als Ergebnisse der von den Subjekten im Lebensverlauf unternommenen Bearbeitungsprozesse von Sozialisationserfahrungen. Sie vermeiden damit jene Vereinseitigungen der Perspektive, die die Erklärungskraft der bisher diskutierten Ansätze erheblich schmälert. Indem sie genauer als diese auf die Sozialisationsbereiche fokussieren, kommen sie im Schnitt zu theoretisch anspruchsvolleren, d.h. hier die Vielfalt der empirisch feststellbaren Phänomene adäquater umgreifenden Rahmensetzungen.

Unter den in diesem Abschnitt interessierenden geschlechterübergreifenden Gesichtspunkten sind die Ausarbeitungen der Hopf-Gruppe, der Heitmeyer-Gruppe und der Gruppe um Eckert und Willems am weitesten fortgeschritten (vgl. auch hier Teil A).

Die Untersuchungen von Hopf u.a. unterstreichen mehrfach die wichtige Rolle früher Elternbeziehungen, vor allem die der Beziehung zur Mutter. Auch unsere empirischen Erhebungen bestätigen die Relevanz des familialen Sozialisationsklimas im allgemeinen und des Verhältnisses zu den Eltern im besonderen. Sie betonen auch - ähnlich wie dies Hopf u.a. in bezug auf die sicher-autonome Elternbindung tun - Identitätssicherheit und Autonomieempfinden als entscheidende Distanz(ierungsfaktoren). Allerdings sehen wir sie nicht in erster Linie durch Erfahrungen in der frühen Kindheit, sondern ganz bedeutsam durch die in der Frühadoleszenz aktuelle Situation geprägt. Zwar kann methodisch nicht ausgeschlossen werden, dass in den von uns bei Jugendlichen im Alter zwischen 13 und 15 Jahren festgestellten Qualitäten der Familienbeziehungen frühkindlich begonnene Prozesse nachwirken - dazu müsste man strenggenommen einen Längsschnitt über 13 bzw. 15 Jahre hinweg unternehmen -, scheint aber für eine tragfähige Erklärung auch hinreichend zu sein, primär die in der Adoleszenzphase aktuelle Situation als Verursachungskontext zu verstehen. Außerdem spielen nicht nur Bindungserfahrungen im eingegrenzten Sinne des "attachments" eine Rolle. Eine extrem herausgehobene Wichtigkeit der Mutter-Beziehung konstatieren wir im übrigen empirisch nicht. Bedeutsamkeiten anderer Beziehungen (z.B. zu Vätern und zu älteren Brüdern bei Jungen) sind nicht nur ausnahmsweise als mindestens gleichrangig einzustufen. Damit erhält die Beobachtung Unterstützung, die auch die Hopf-Gruppe macht, wenn sie nicht in allen Fällen die Mutter-Beziehung als zentral für das Entstehen autoritärer bzw. rechtsextremer Orientierungen ansieht.

Von noch stärkerem Einfluss als Familienerfahrungen, aber durchaus mit ihnen in inhaltlichem Zusammenhang stehend, erweisen sich in bezug auf unsere Altersgruppe die Peer-Beziehungen. Der Befund trifft sich mit der empirisch untermauerten Feststellung Riekers (1997), eines Mitarbeiters in der Hopf-Gruppe, auch wenn durch ihn keine Gewichtung von Familien- und Peer-Einfluss erfolgt.

Was die Hopfsche Bindungstheorie außerdem in ihrem Zuschnitt für unsere Zwecke zu schmal macht, ist die - wohl der Probandenauswahl der zugrundeliegenden qualitativ-empirischen Studie geschuldete - Ausblendung der Funktion der Schule (und teilweise der Medien sowie anderer wichtiger Lebensbereiche). Damit ist verwoben, dass die Spezifik von Entwicklungen in der Frühadoleszenz nicht in den Blick genommen wird.

Insofern eine abgeschlossene empirische Untersuchung weiblicher Affinität zu rechtsextremen Orientierungen im Hopf-Umfeld noch fehlt (sie ist allerdings angekündigt), sind geschlechtsspezifische Theoriebezüge noch sehr oberflächlich bzw. in der erforderlichen Differenziertheit kaum vorhanden.

Der individualisierungstheoretisch anknüpfende bzw. desintegrationstheoretische Analyserahmen der Heitmeyer-Gruppe macht für rechtsextreme Orientierungen bei Jugendlichen schwerpunktmäßig Phänomene sozialer Desintegration als Schattenseiten langfristig wirksamer Individualisierungsprozesse und gleichzeitig vorhandene Deutungs- und Re-Integrationsangebote gesellschaftlicher Eliten und Institutionen mit Verhaltensaufforderungen wie Instrumentalismus, Machiavellismus und kalkulativem Utilitarismus verantwortlich (siehe eingehender Teil A).

In bezug auf Desintegrationsphänomene, belegen auch unsere Erhebungen Prozesse, die als "Umformung von erfahrener Handlungsunsicherheit in Gewissheitssuche", "von Ohnmachterfahrungen in Gewaltakzeptanz" und "von Vereinzelungserfahrungen in die Suche nach leistungsunabhängigen Zugehörigkeitsmöglichkeiten" (Heitmeyer 1994, 47) begreifbar sind. Unsere Ergebnisse bestätigen auch klar die These von der - auch zeitlich zu verstehenden -

Nachrangigkeit der ideologischen Fundierung rechtsextremer Auffassungen gegenüber der Prävalenz von Gewaltakzeptanz. Und sie bestätigen die formalstrukturelle Formen der Desintegration übertreffende Bedeutung sozioemotionaler Beziehungsqualitäten innerhalb der sozialen Kontexte. Allerdings haben wir empirisch eine erhebliche geschlechtsspezifische Konturierung von Handlungsunsicherheit und Gewissheitssuche, Ohnmachterfahrungen und Gewaltakzeptanz, Vereinzelungserfahrungen und Zugehörigkeitsmöglichkeiten zu konstatieren. Auch altersmäßige, besser: lebensphasenbezogene Spezifika drängen sich zur Integration in eine theoretische Deutung auf. Außerdem ist die Einschränkung bzw. Spezifizierung zu machen, dass Desintegration nicht im Sinne einer mehr oder minder vollständigen "Auflösung" von personalen Beziehungen oder Lebenszusammenhängen, institutionellen Beteiligungen sowie der Teilhabe an Wert- und Normverständigungsprozessen zu verstehen ist.

Gerade weil festgestellt werden kann, dass dem Gedeihen von rechtsextremen Orientierungen von Jugendlichen über bestimmte Funktionsmechanismen und Erwartungen der Gesellschaft ein fruchtbarer Boden bereitet wird und so etwas wie eine "Paralysierung" der gesellschaftlichen Institutionen zumindest in Hinsicht auf eine auch in unseren Untersuchungszuschnitten festgestellte Ineffektivität von Schule, Medien und Jugendarbeit für den Abbau oder die Verhinderung rechtsextremer Orientierungen bei Jugendlichen konstatiert werden muss, können zumindest Grundbestandteile rechtsextremer Orientierungen wie z.B. die Ethnisierung politisch-sozialer Konfliktlagen oder die Berufung auf nationalstaatlich verfasste und darüber legitimierte Anciennitäts-Rechte von Einheimischen gegenüber MigrantInnen nicht nur als ungelenke Re-Integrationsversuche sozial Ausgeschlossener verstanden werden. Auch ihre Amalgamierung mit traditionellen Männlichkeitskonstruktionen spricht gegen eine solche Deutung. Statt dessen sind sie - wenigstens in einer Reihe von Fällen, nämlich dort, wo Ungleichheitsvorstellungen nicht mit personaler Gewaltakzeptanz verbunden werden -, ohne schroffe Integrationsbrüche in Normalitätsvorstellungen der Erwachsenengesellschaft - zumindest eines Teils von ihr - eingebunden. Deshalb muss aber nicht das Theorem sozialer Desintegration als widerlegt und ein Theorem der Integration - wie es mit den Forschungen von Held u.a. (vgl. Helsper 1995a), mit dominanzkultur'theoretischen' oder mit diskursanalytischen Ansätzen verbunden gesehen werden könnte - favorisiert werden. Wir befinden uns mit solchen Theoremen auf sozial-historischen Deutungsebenen, die sich nur sehr unvollständig mit dem Anspruch empirischer Exaktheit einfangen lassen.

Die für unsere Altersgruppe besonders relevanten Einbindungs- und Abgrenzungserfahrungen im Dreieck von Familie, Schule und Peers müssen für unsere Zwecke nicht zwingend in z.B. anomietheoretisch angelehnten, weitrahmigen und tiefgreifenden terms von sozialer Integration und sozialer Desintegration formuliert werden. Die Theorie sozialer Desintegration kann in ertragversprechender Weise dazu anleiten, bestimmte Dimensionen von Sozialisationserfahrungen besonders zu fokussieren. Empirisch vermag aber selbst ein Längsschnitt über drei Erhebungsphasen nicht, solche Langfristprozesse einzufangen, die hinter dem Theorem der Individualisierung und damit auch dem der sozialen Desintegration in der Fassung von Heitmeyer stehen. Er liefert zwar mehr als punktuell-querschnittliche Zustandserhebungen, andererseits aber auch nicht mehr als die Erfassung von Prozessen, die angesichts der Zeiträume die modernisierungs-, individualisierungs- und desintegrationstheoretisch in den Blick genommen werden, noch immer von sehr begrenzter zeitlicher Dauer sind. Unsere Studie kann deshalb strenggenommen die Theorie sozialer Desintegration weder unterstützen noch infrage stellen. Sie kann nur bestätigen, dass Untersuchungsdimensionen, die desintegrationstheoretisch angeregt werden, in weiten Teilen eine herausragende Relevanz für die Erklärung rechtsextremer Orientierungen zugesprochen werden kann. Es reicht aber im Sinne der Präferenz der jeweils sparsamsten Erklärung hin, sie in bescheidenere Termini zu fassen. Diese fokussieren eher auf die alters- und geschlechtsspezifischen Prozesse der Identitätsbildung als auf die Spezifika der historischen Entwicklung insgesamt, die rein empirisch nur in diffiziler komparativer Analyse über Jahrzehnte hinweg einholbar sind. Ohne die Einsicht in diese Begrenzung ist der konflikttheoretische Vorwurf überzogener Großrahmigkeit an individualisierungstheoretisch inspirierte Deutungen kaum von der Hand zu weisen.

Als letzter geschlechterübergreifender Anknüpfungspunkt des Standes der theoretischen Forschung verbleibt der konflikt- und subkulturtheoretische Ansatz von Eckert, Willems u.a. Zwar sind einige unserer Befunde in seinem Rahmen deutbar, ein in sich stringentes und umfassendes Erklärungsangebot stellt aber auch er - wie schon seine Kritik im Teil A andeutet - nicht dar.

Auch auf dem Hintergrund unserer empirischen Befunde überzeugt, für die Analyse des modernisierten Rechtsextremismus von heute inhaltlich Migrationskonflikte und die mit ihnen verbundenen Fremdheitsempfindungen in den Mittelpunkt der Betrachtung zu stellen. In der Tat können wir feststellen, dass sich hauptsächlich, ja fast ausschließlich in diesem Bereich rechtsextrem konturierte Haltungen bei Jugendlichen entzünden. Ihnen liegt das auch von Konflikttheoretikern ausgemachte Muster der Ethnisierung sozialer Konflikte zugrunde. Deren Hintergrund wiederum sind nach konflikttheoretischer Auffassung wie nach unseren empirischen Erhebungen Erfahrungen von sozialer, kultureller und ökonomischer Konkurrenz, die häufig zu einem Eindruck der Bevorteilung von MigrantInnen bei gleichzeitiger eigener Benachteiligung führen.

Mit diesen Feststellungen nähern wir uns allerdings auch schon der Grenze der, übrigens so auch durchaus mit dem desintegrationstheoretischen Ansatz gegebenen Übereinstimmungen unserer Erhebungen mit dem konflikt- und subkulturtheoretischen Ansatz. Divergenzen betreffen vor allem das Verständnis von sozialer Integration, die Rolle lokaler Spannungen, die Funktion der Kulturen Jugendlicher und die Bedeutung des 'struggles' um maskuline Identität.

Zum ersten: Wenn die Konflikttheoretiker in einer Wendung gegen den individualisierungstheoretischen Ansatz die angebliche Integriertheit rechtsextremer Jugendlicher durch empirische Hinweise auf eine vorhandene formale Integration in konventionelle Sozialisationsinstanzen zu belegen suchen, so liegt dem ein Begriff von sozialer Integration zugrunde, der von dem unsrigen, und im übrigen auch dem von Heitmeyer, abweicht. In unseren Forschungszusammenhängen erweist sich gerade die sozio-emotionale Qualität der sozialen Einbindung des Subjekts als eine bedeutende Variable. Sie ist nicht ganz, aber doch relativ unabhängig von äußerer Formalintegration. Gerade im sozialen Nahraum, im Milieu mit seinen sozio-emotionalen Gegenseitigkeitsstrukturen (vgl. den Milieu-Begriff bei Böhnisch 1994 und 1997), wirkt soziale Integration – selbstverständlich soweit es sich nicht um regressive Milieus handelt - als Protektionsfaktor. Insofern wirkt es nicht nur überzogen, sondern schlicht irreführend, wenn Eckert (1993, 141) den "Abbau...lokaler Integrationsmechanismen" als Voraussetzung von Toleranz und Achtung der Menschenrechte proklamiert.

Zum zweiten: Zwar stellen auch wir fest, dass lokale Spannungen für die besonders 'harten' Formen rechtsextremer Orientierung, insbesondere für solche, die personale Gewaltakzeptanz beinhalten, Ursachen- und Auslösezusammenhänge bilden. Anders als die Vorkommnisse von z.B. Hoyerswerda und Rostock-Lichtenhagen, die wohl Konflikttheoretikern vor Augen schweben, ist aber für die Situationen, die für 'unsere' Jugendlichen die Kristallisationspunkte interethnischer Auseinandersetzungen abgeben, nicht eine konkret auf ihre Konflikthaftigkeit bezogene mangelhafte Bearbeitung durch die Politik für einen eigenen (gewalthaltigen) Eingriff in sie ausschlaggebend. Wenn - allerdings nicht nur in seltenen Fällen - die Untätigkeit der Politik beklagt wird, so geht es generalisierend um die Regelung von Migration überhaupt. Dabei werden dann thematische Segmente des Migrationsdiskurses angesprochen, die weit über die Konfliktlagen hinausgehen, in denen sich die interethnischen Auseinandersetzungen für diese Jugendliche lebensweltbezogen realisieren. Es drängt sich der Eindruck auf, die (zumeist männlichen) Jugendlichen, die gewalthaltige rechtsextrem gefärbte Auseinandersetzungen im sozialen Nahraum führen, haben gar kein unmittelbares und unbedingtes Interesse an einer politischen Regelung genau der Konfliktlagen, in die sie involviert sind; dies einfach deshalb, weil sie ihnen Gelegenheiten bieten, Kämpfe um maskuline Hegemonie auszufechten, in denen sie mangels anderer Ressourcen ihre geschlechtsspezifische Identität auszubilden versuchen. Unsere Befunde bestätigen damit die Kritik von König (1998; vgl. Teil A) am konflikt- und subkulturtheoretischen Ansatz.

In den Fällen rechtsextremer Orientierung, in denen Ungleichheitsvorstellungen ohne personale Gewaltakzeptanz vertreten werden, muss außerdem nicht davon ausgegangen werden, dass auf Seiten des Subjekts eine Verstrickung in lokale Spannungen oder auch nur eine irgendwie geartete Prägung der politischen Auffassung durch sie vorliegt. So sie wahrgenommen werden, werden sie zumindest nicht als so dramatisch eingestuft, dass eigenes Handeln unerlässlich erschiene. Deshalb muss man(n) nicht von Mannhaftigkeitsbeweisen Abstand nehmen, kann sie aber ggf. in anderen Feldern der Gewaltakzeptanz ausagieren. Offenbar muss mit der These der Grundlegung rechtsextremer Orientierungen durch lokale Spannungen der konflikt- und subkulturtheoretische Ansatz seiner verengten empirischen Basierung, nämlich der Konzentration auf (registrierte) fremdenfeindliche Gewaltakzeptanz, Tribut zollen.

Zum dritten: Unsere Befunde weisen in dieser Hinsicht in Übereinstimmung mit dem konflikt- und subkulturtheoretischen Ansatz auf die hohe Bedeutung der Kulturen Jugendlicher für die Bestärkung rechtsextremer Gewaltbereitschaften und -motive hin. Sie stehen auch im Einklang mit der Auffassung, erst in diesem Kontext fänden die Sozialisationsprozesse statt, die dann zu rechtsextremer Gewalt führen können. Die damit beschriebenen Phänomene lassen sich aber theoretisch und terminologisch nicht sauber mit dem Subkulturbegriff fassen. Gerade wenn Eckert u.a. ihre marktförmige Zurichtung erkennen, so handelt es sich eher um Jugend- als um Jugendsubkulturen. Sie werden bis auf wenige Ausnahmen (noch recht weitgehend z.B. die Skinkultur) konsumkulturell vorgehalten. Deshalb reduziert sich ihre Subversivität auf symbolische Protestformen. Außerdem können wir nicht feststellen, dass über die Adaption solcher kulturellen Signets auch einer Produktion rechtsextremer Gewalt erfolgt. Eher scheint über sie die Konfirmation schon vorhandener Orientierungen verlaufen zu können. Kulturen Jugendlicher, die rechtsextreme Gewalt entstehen lassen, sind nicht nur symbolische Konstruktionen, sondern wurzeln in einem bestimmten, d.h. vor allem in seinen Interaktionsstrukturen spezifischen Peer-Kontext innerhalb des sozialen Nahraums. Dieser wird jugendkulturell geladen und dabei u.U. auch mit symbolischen Verweisungen ausgestattet, die rechtsextreme Profilierungen der ohnehin ablaufenden Gewaltprozesse ermöglichen.

Zum vierten: Nur wenn auf die alltäglichen, realen und nicht nur medialsymbolvermittelten Peer-Milieus geblendet wird, erschließt sich auch eine Antwort auf die Frage, woher die auch von Konflikttheoretikern gesehene Übernahme maskuliner Stilisierungen des Konsum- und Medienmarktes ihre Attraktivität erhält. Offenbar liegt sie darin, die eingegangenen Kämpfe um männliche Hegemonie symbolisch einbetten und ihnen über den Einzelfall der Konfliktaustragung hinausweisende politisch-kulturelle Bedeutung geben zu können. Sie erhalten darüber subjektiven Sinn und Rechtfertigung zugesprochen und werden relativ gut gegenüber selbstkritischer Reflexion immunisiert. Indem man(n) sich up to date zeigt, kann man(n) sich und anderen versichern, zu einer Stilavantgarde zu gehören.

Allerdings erklärt diese Deutung immer noch nicht, warum Gewaltakzeptanz rechtsextrem getönt wird. Sicher werden im Umfeld des Rechtsextremismus ganz offenkundig Realisierungsgelegenheiten für Interessen an maskulinistischen Inszenierungen leicht zugänglich geboten, aber sie wären auch anderenorts erfüllbar.

Im übrigen wird konflikt- und subkulturtheoretisch auch nicht die Funktion der jugend(sub)kulturellen Geltungskonkurrenz für Mädchen geklärt. Ungeklärt bleibt, inwieweit sie Interessen an der Übernahme von maskulinistischen Stilen haben könnten.

Letztlich kann das hier diskutierte Erklärungsstück für rechtsextreme Orientierungen bei Jugendlichen sich nicht auf die - ja vor allem bei Mädchen und bei angepasst-unauffälligen Jungen vorherrschenden - Fälle beziehen, bei denen Ungleichheitsvorstellungen ohne eine Verbindung mit personaler Gewaltakzeptanz vertreten werden. Oder will man behaupten, dass nicht nur Gewaltförmigkeit, sondern explizit und spezifisch rechtsextreme Jugendkulturen durch das gängige Medien- und Konsumangebot propagiert würden?

Die Studie von Rippl u.a. (1998) stellt die geschlechterübergreifende Relevanz von Werthaltungen heraus, an denen sich Verhaltenserwartungen in der kapitalistischen Gesellschaft orientieren: Orientierung an individuellem Erfolg, individueller Leistungsfähigkeit, Stärke, Durchsetzung, soziale Ungleichheit und Konkurrenz. Wer einen auf diese Werte zugespitzten Individualismus pflegt, ist danach anfällig, egal ob männlichen oder weiblichen Geschlechts.

Unsere Studie hat solche Werthaltungen nicht ausdrücklich untersucht. Allerdings deutet sich in der Tat an vielen Stellen an, dass Einstellungen, die ihnen zuordbar erscheinen, mit rechtsextremen Orientierungen korrelieren. Deutlich wird dies vor allem in dem gegen Ende des Untersuchungszeitraums liegenden Lebensabschnitt, wo, auch altersabhängig, familienexterner Konsum und individuelle berufliche Perspektivensicherung wichtiger werden. Für die davor liegenden Jahre, aber auch später noch dominierend, zeichnet sich ab, dass individualistische oder kollektiv-egoistische Positionen nicht aus offensiv-expansionistischen Bestrebungen erwachsen, sondern dem Empfinden relativer Deprivation und Bedrängung (bei Mädchen z.B. sexueller Belästigung und ihrer ethnisierenden Wahrnehmung) geschuldet sind. Pointiert: In unserer Untersuchungsgruppierung hängt weniger erfolgsorientierte Durchsetzung 'um jeden Preis' als partikularistische Selbstbehauptung - freilich mit fließenden Übergängen zum Erstgenannten - mit der Akzeptanz rechtsextremer Orientierungen zusammen. Dafür scheint es zu reichen, sich mit der gesamt-gesellschaftlichen Relevanz der genannten marktorientierten Werthaltungen als Erwartungen auch an die eigene Person konfrontiert zu sehen und muss (noch?) nicht ihre Übernahme in den subjektiven 'Orientierungshaushalt' vorausgesetzt werden. Alles in allem kristallisieren sich aber - in Anlehnung an individualisierungstheoretische Überlegungen formuliert - sowohl die für (potentielle) Modernisierungsgewinner attraktiven als auch die für Modernisierungsverlierer charakteristischen Konstellationen und Perspektiviken als Anfälligkeitsmomente heraus.

Den bislang existierenden theoretischen Erklärungsangeboten zur Affinität von Jugendlichen zu rechtsextremen Orientierungen mangelt es aus der Sicht unserer empirischen Befunde nicht nur häufig an alters- und geschlechtsspezifischer Akzentuierung, sondern auch an einer hinreichenden Differenziertheit in Hinsicht auf unterschiedliche Qualitäten rechtsextremer Orientierung. Im Hinblick auf Motivationsanalysen und Ursachendeutungen lässt sich nämlich eine deutliche Scheidelinie zwischen rechtsextremen Orientierungen, die die Akzeptanz personaler Gewalt einschließen, einerseits und Ungleichheitsvorstellungen in Verbindung mit repressiv-obrigkeitsstaatlicher oder sonstiger institutioneller Gewalt andererseits ziehen. Dementsprechend schälen sich zwei Typen von Anfälligkeit heraus:

Wer von unseren ProbandInnen personale rechtsextreme Gewaltakzeptanz zu erkennen gibt, ist grundsätzlich in Peer-Szenen und -Cliquen ein- oder angebunden, deren Trefforte, Zeitverwendungen, Existenzweisen sowie sozialen Interaktions- und Kommunikationsstrukturen Gelegenheitsstrukturen für den Aufbau und die Verfestigung entsprechender Gewaltakzeptanzen bieten. Diese Ein- oder Anbindung ist geschlechtsspezifisch betrachtet für Mädchen und Jungen von unterschiedlicher Struktur und Qualität (vgl. dazu die Folgeabschnitte), jedoch dessen unbeschadet davon gekennzeichnet, dass es sich hierbei um Cliquen handelt, die in violenter Weise interethnisch konnotierte Cliquenhändel ausfechten und sich - auch nach eigenem Selbstverständnis - als 'Rechte' in Szene setzen. Dabei stehen im Rahmen maskuliner Hegemonialkonkurrenzen ausgetragene territoriale Konflikte und mit Raumverfügungen verbundene Machtkämpfe im Mittelpunkt. Es liegen also genau jene Auseinandersetzungen und Motivzusammenhänge vor, die auch das meist unpolitische Gewaltverhalten im Zusammenhang des Versuchs der Erzielung von Realitätskontrolle und autonomer Handlungsfähigkeit prägen (dazu Möller 1999b), nur dass sie jetzt mittels Ethnisierungen seitens der Beteiligten und wohl auch von Außenstehenden in einen politischen Kontext gestellt werden.

Die ihnen zugrundeliegenden Orientierungen und Verhaltensweisen werden mit Vorstellungen begründet, die der Gewaltsamkeit politische Weihen verleihen, darüber die Selbstpositionierung der eigenen Person im gesellschaftlichen Kräftefeld ermöglichen und ihr so - subjektiv durchaus im Sinne der an die Jugendlichen herangetragenen Entwicklungsaufgaben - den Status erwachsen-autonomer Eigenständigkeit zuschreiben sollen. Diese Vorstellungen sind freilich inhaltlich gekennzeichnet durch Ungleichheitsannahmen; sie sind Ungleichheitsvorstellungen.

Diese Ungleichheitsvorstellungen haben verglichen mit denjenigen Ungleichheitsvorstellungen, die Jugendliche hegen, die keine personale Gewaltakzeptanz mit ihnen verknüpfen, ein spezifisches Profil: Sie basieren auf einer hohen emotionalen Betroffenheit von Konkurrenzsituationen mit (vornehmlich jugendlichen) Migranten. Diese Konkurrenzsituationen sind für die Betroffenen durchaus real und alltagseingelagert. Häufig resultieren sie gerade aus den im

Rahmen geschlechtsspezifischer Identitätsbildung violent ausgetragenen Kämpfen um Dominanz. Nur zusätzlich werden sie mit einem Kranz von erfahrungsunabhängig kursierenden gesellschaftlichen Deutungsmustern umflochten. Dieser allerdings ist dann geeignet, vereinzelten Eigenerfahrungen Deutungshorizonte zuzusprechen, die weit ausgreifend Generalisierungen nahe legen, weil sie Bestände beinhalten, die bei undifferenzierter Betrachtung 'irgendwie' vergleichbar erscheinen und darüber die Legitimität des eigenen Denkens und Verhaltens abzusichern scheinen. Damit wiederum werden Stabilisierungsmomente für bereits besessene Deutungsansätze aufgebaut. Gerade auch der emotionale Kern des Konkurrenzerlebens, die wahrgenommene Bedrohlichkeit der anderen für die eigene Person und evtl. darüber hinaus für das als Eigengruppe definierte Kollektiv, kann sich über sie verfestigen. Sie ergänzen die Befürchtungen von Beeinträchtigungen und Verletzungen der Integrität im physisch-körperlichen Sinne und in Bezug auf Handlungsverfügungen im Alltag durch Ängste hinsichtlich der Gefährdung von normalbiographischen Perspektiven, von öffentlicher Sicherheit, von (relativer) kultureller Homogenität und damit in Verbindung gebrachter (relativer) Werte- und Normsicherheit und von ökonomischer Prosperität. In diesen Ängsten scheinen Identitätsverunsicherungen auf. Entsprechend stark dramatisierend werden die Konkurrenzlagen dargestellt, wird die Häufigkeit der eigenen direkten oder wenigstens indirekten Betroffenheit von einschlägigen Konflikten herausgestellt, werden eigene Benachteiligungsgefühle geschildert und werden Schuldzuweisungen an die Gegner verteilt.

Mit profilscharfen Freund-Feind-Stereotypisierungen soll dann nicht nur die Legitimität der eigenen Gewaltakzeptanz samt ihres politischen Deutungskontextes rechtfertigt, sondern auch die Komplexität der sozialen Situation, in der man sich befindet, und die Komplexität ihres Ursachenzusammenhangs reduziert werden. Wo die Rollen von gut und böse, Aggressor und Opfer, Leistungserschleicher und Leistungserbringer klar voneinander geschieden werden können und man sich selber eindeutig auf die Seite des moralischen Rechts schlagen kann, wird eine gesellschaftliche und politische Positionierung der eigenen Person ermöglicht, die sich gegen Selbstreflexion relativ gut abzuschotten vermag; vor allem dann, wenn die übernommenen Deutungen der Konfliktsituationen weitreichend sozial akzeptiert sind und man den Eindruck gewinnen kann, nur in den Bearbeitungsweisen dieser Situationen aus dem Rahmen des gesellschaftlichen Konsenses fallen zu können. Denn das Identitätsversprechen, das über ihre Adaption verlockt, ist das der Eingemeindung in Gruppierungen, die sich entlang legitim erscheinender Integrationsmechanismen wie ethnischer und/oder nationaler Identität aufbauen können.

Die interethnische 'Ladung' der juvenilen Gewaltkonflikte ist also kein Zufall. Vielmehr wird sie ermöglicht

1. durch Spezifika sozialer Erfahrungszusammenhänge und Erfahrungsstrukturierungen, die den Griff zur Gewaltoption zu Zwecken der Reali-

tätskontrolle und der eigenständigen Identitätssicherung begünstigen (also insbesondere z.B. geringe Kontaktdichte und eine sozio-emotional entleerte Atmosphäre im Elternhaus, Mangel an Anerkennungs- und Selbstwertquellen in Schule und Freizeit; vgl. dazu genauer Möller 1999b),

2. durch das Bereitstehen von Gelegenheitsstrukturen, die 'Wir'-'Die'-Gruppierungen und -Dichotomien über Anbindung an cliquenförmige Peer-Kollektive von bestimmter Zusammensetzung und Struktur nahe legen,

3. durch den Zugang zu und die sozialisatorische Gewöhnung an gesellschaftliche(n) Deutungsmuster(n), die soziale Konflikte in terms von Ethnisierung fassen und sie mit ihrer Hilfe identitätsvermittelnd interpretieren.

'Recht(sextrem)e' Jugendkulturen stellen ebenso wenig wie sonstige rechtsextreme Symboliken Ursachenzusammenhänge dar. Sie haben im wesentlichen die Funktion, einen politisch-kulturell wirksamen symbolischen Verweisungskontext zur Verfügung zu halten, aus dem heraus weniger Inhalte von politischen Vorstellungen als vielmehr Vorlagen für formgebende Stile und Stilisierungen bezogen werden können und in den sich die Ästhetik rechter Gewalt einbinden lässt. Sie kommen damit einem Bedarf entgegen, der in der heute zu beobachtenden Ausdifferenziertheit erlebnisgesellschaftlich produziert erscheint und darauf ausgerichtet ist, auch die politische Orientierung (jugend)kulturell zu rahmen und ihr darüber neben lebensphilosophischen und Distinktionsfunktionen auch Genussfunktionen, und zwar im Sinne eines actionorientierten Spannungsschemas, zuzuweisen (vgl. Schulze 1992; Möller 1995a, 1997a). Sie dienen der Sicherstellung der Identifizierbarkeit der Persönlichkeit im gesellschaftlich-politischen Kräftefeld, dem Aufbau eines 'gemeinsamen Dritten', der Signalisierung sozialer und politischer Verortung, der Expression von Persönlichkeitsmerkmalen, der Strukturierung interpersonaler Wahrnehmung und damit der Verhinderung, Kompensation oder Reduktion von Orientierungsverunsicherungen. Sie ermöglichen jenes psycho-soziale Aufeinanderbezogensein, das die Qualität milieuhafter Bindung ausmachen soll. So gesehen können sie als Konstruktionselemente eines Milieuersatzes verstanden werden, der subjektiv dadurch notwendig wird, dass das lebensweltliche Milieu aus Familie, Schule und ähnlichen Alltagsbereichen allmählich zerbröselt.

Wer dagegen - Typus zwei von Anfälligkeit - Ungleichheitsvorstellungen hegt, ohne sie mit personaler Gewaltakzeptanz zu verbinden, ist bezeichnenderweise nicht in gewaltorientierte Cliquen und/oder jugendkulturelle Szenen eingebunden, wird gar nicht oder deutlich weniger von Absichten maskulinistischer Inszenierung getrieben, fühlt sich in seiner/ihrer Kontrollfähigkeit und Identität jedenfalls soweit gesichert, dass er/sie keine Dramatisierungen verspürter Konkurrenzsituationen vornehmen zu müssen meint, besitzt Ungleichheitsvorstellungen gar nicht oder deutlich weniger ausgeprägt in Gestalt von Ungleichwertigkeitsvorstellungen und - dies erscheint besonders bedeutsam - bezieht seine Ungleichheitsvorstellungen weniger aus Bearbeitungsversuchen von zwischen

Jugendlichen bestehenden Konfliktlagen als aus Problemdefinitionen, die im Zusammenhang mit dem Versuch der Integration in die innerhalb der Erwachsenengesellschaft gültigen und von ihr propagierten Platzierungsprozesse und -mechanismen entstehen. Je stärker Werte wie Konsum, Prestige, Besitz und sozialer Aufstieg - nach unseren Längsschnittbeobachtungen primär gegen Ende der Schulzeit und zu Anfang einer Berufstätigkeit bzw. Berufsausbildung - internalisiert werden, um so klarer zeichnen sich damit Konstellationen ab, die Ungleichheitsvorstellungen begünstigen. Entsprechende Auffassungen verbinden sich dann leicht mit einer Gewaltakzeptanz, die sich von personaler physischer Gewaltsamkeit mehr oder minder deutlich abgrenzt, dafür aber auf Durchsetzungsformen institutioneller Gewalt setzt, wie sie sich innerhalb rechtskonservativer Positionen und in den Übergangsbereichen zwischen ihnen und rechtspopulistischen Auffassungen finden.

Für ihre TrägerInnen zeichnet sich als Gefährdungskonstellation weniger gesellschaftliche Desintegration ab, als vielmehr die Einfädelung und Integration in Formen des Konkurrenz- und Leistungsdenkens, die für moderne kapitalistische Verhältnisse als 'Normalitäten' akzeptiert werden. Absehbar ist, dass, je stärker die ihm entsprechenden Norm- und Werthaltungen (z.B. Dominanzstreben, Egozentrik) internalisiert und zur Richtschnur des eigenen Verhaltens gemacht werden, Misserfolge beim Versuch, ihnen nachzukommen, als identitätsbedrohliche Kontrollverluste im Sinne persönlicher Fehlschläge erlebt werden und deshalb der Druck wächst, durch Ausschalten von Konkurrenten und/oder vorgeblichen Nicht-Leistern die Konkurrenzsituation zu reduzieren. Insoweit es im Sinne der sozial akzeptabel erscheinenden Realisierung von Durchsetzung und Erfolg völlig kontraproduktiv wäre, sich zu diesem Zwecke selbst außerhalb gesellschaftlicher Normalität zu stellen, macht es auch aus subjektiver Sicht keinen Sinn, sich politisch auffällig zu exponieren. Statt dessen liegt es nahe, auf solche politische Orientierungen, Präsentationsweisen und Beteiligungsformen zu setzen, die für sich ihre Lokalisierung innerhalb der Zone weit geteilter politisch-sozialer Akzeptanz reklamieren.

Aus dieser Sicht stellt sich ein Rechtsextremismus mit verborgen bleibender Gewaltakzeptanz auf Dauer gesehen weitaus gefährlicher dar als die violentrechten Konturierungen pubertärer Stilübungen auffällig abweichender Jugendcliquen und -szenen. Dies aus mindestens zwei Gründen:

1. Indem sich seine Ungleichheitsvorstellungen im Bereich der politisch-sozialen Akzeptanz wähnen oder zumindest sich in ihn einschmeicheln können, drängen sie auf Normalisierung und werden schwerer in ihrer demokratiezersetzenden Funktion wahrnehmbar. Insofern wird eine Skandalisierung immer unwahrscheinlicher und erscheint im öffentlichen Bewusstsein eine politische und pädagogische Bearbeitung solcher Haltungen immer weniger erforderlich.
2. Soweit gesamt-gesellschaftlich hochgradig akzeptierte, ja geradezu propagierte Werthaltungen Nährstoffe für solche Wendungen nach rechtsaußen bereitstellen, ist von einer Strukturabhängigkeit rechtsextremer Orientie-

rungen von gesellschaftlichen Modernisierungen auszugehen. Dies impliziert, dass rechtsextreme Orientierungen ohne grundlegende strukturelle Umsteuerungen und Umwertungen schlechterdings nicht verhinderbar sind.

Für den über personale Gewaltakzeptanz sich aufbauenden Rechtsextremismus könnte dagegen angenommen werden, dass er für das Einzelindividuum spätestens dann seine Attraktivität verliert, wenn im biographischen Verlauf neuartige Ressourcen für die Befriedigung von Realitätskontrollbedürfnissen, sozialen Anerkennungen und damit zusammenhängend für den Aufbau geschlechtsspezifischer Identität anzapfbar sind. Ließe sich diesbezüglich also noch am ehesten darauf vertrauen, dass sich dieser Rechtsextremismus in den meisten Fällen im Lebensverlauf 'herauswächst', gilt dies für seine subtileren Formen gerade nicht. Insofern sich abzeichnet, dass im biographischen Verlauf ceteris paribus allerdings eher ein Gestaltwandel in Richtung auf den zweiten Typus rechtsextremer Orientierung als ein 'Abbau von selbst' wahrscheinlich ist, muss sich jedoch auch das blinde Vertrauen auf einen biographischen Lösungsautomatismus als politisch gefährliche Illusion entpuppen.

Die genannten Zusammenhänge gelten für deutsche Jugendliche und mit Abstrichen fast genauso für den gleichaltrigen Nachwuchs von MigrantInnen. Den Kern der Fremdenfeindlichkeit bildet nämlich kein Rassismus, ja meist nicht einmal Nationalismus. Nationalistische und rassistische Anleihen mögen stellenweise erfolgen, im wesentlichen aber stützen sich ethnisierende Deutungen auf die Unterstellung von Ancienntiäts-Rechten und pochen die mit ihnen einhergehenden Ausgrenzungsforderungen auf sie. Nicht eine angeblich rassisch bedingte Unwertigkeit der 'Anderen' oder eine nationale Selbstüberhöhung ist der entscheidende Punkt der Ungleichheitsvorstellungen und Argumentationsfiguren der meisten so orientierten Jugendlichen, sondern ein Recht bzw. die Fiktion eines Rechtes, das aus der Dauer der Anwesenheit auf einem Territorium, vor allem also aus der Dauer der Anwesenheit in Deutschland abgeleitet wird. Vor allem 'Inländer mit fremdem Pass' werfen es in die Waagschale, wenn es unter politisch-moralischen Gesichtspunkten zwischen den ihnen zustehenden Rechten und denen von deutschen AussiedlerInnen oder neu eintreffenden AsylbewerberInnen abzuwägen gilt. Von AussiedlerInnen kann demgegenüber auf prinzipiell gleicher Argumentationsebene in Übereinstimmung mit geltendem Recht ihre Deutschstämmigkeit unabhängig von der Anwesenheitsdauer für ihre relative Bevorrechtigung in Anrechnung gebracht werden.

Die Begründungsmuster legen die scheinbare Selbstverständlichkeit territorialen Besitzdenkens und nationalstaatlicher Rechteverteilung frei. Sie machen deutlich, wie sehr die an ihnen entlang vorgenommenen Rechte-Zuweisungen und Ausgrenzungsforderungen von Jugendlichen in Kernbeständen unseres Rechtssystems verankert sind. So anachronistisch und reformbedürftig sie in einer Welt der Globalisierung und zunehmender Migration auch sein mögen, sie bestimmen weiterhin die Denk- und Verhaltensweisen der staatlichen Institutionen und ihrer VertreterInnen. Muss es da verwundern, wenn sie in der Gesamtgesellschaft als Normalitäten gehandelt werden und sich auch Jugendliche auf sie berufen? Auch an dieser Stelle scheint die Strukturabhängigkeit von Bestandteilen rechtsextremer Orientierungen (nicht allerdings gleich ein "struktureller Rassismus") auf. Durch Prozesse manifester und vor allem latenter Sozialisation finden sie in die Denk- und Verhaltensweisen der nachwachsenden Generation Eingang.

6.1.2 Jungen und Affinität(saufbau) zu rechtsextremen Orientierungen

Individualtheoretische Erklärungen führen auch in Hinsicht auf geschlechtsspezifische Anfälligkeiten von Jungen wenig weiter.

Zum einen gelten natürlich auch für dieses Feld die Einschränkungen, die diesbezüglich im voranstehenden Unterkapitel gemacht werden mussten.

Zum anderen zeigen sich zwar einige Phänomene, die die F-Skala beinhaltet, in deutlich geschlechtsspezifischer Konturierung, z.B. "Kraftmeierei" sowie die "übertriebene Demonstration von Stärke und Robustheit". Es besteht aber kein Grund, sie auf eine misslungene Gewissens- bzw. Über-Ich-Bildung zurückzuführen und damit als moralische Problematik zu bewerten, denn sie lassen sich durchaus als Bestandteile sozial akzeptierter konventioneller Männlichkeitsvorstellungen verstehen. Insofern sie in weiten Teilen auch aus medialen Produkten abgeleitet werden, lassen sie sich am ehesten noch im Horkheimerschen Sinne als Adaptionen von "Schemata der Massenkultur" auffassen. Ihre Entstehungs- und Entfaltungsbedingungen jedoch mit frühkindlich verursachter individueller Ich-Schwäche oder kollektiver Ich-Schwäche in Verbindung bringen zu wollen, wäre ein viel zu hypothetisches und ungenaues Unterfangen. Die Auseinandersetzung mit dem Vater als Autoritätsperson hat anscheinend tatsächlich auch nicht mehr die Bedeutung, die man ihr für Zeiten von noch deutlicher patrizentrischeren Verhältnissen zuschreiben mag. Der bürgerliche Sozialcharakter scheint mit der Erosion der im 19ten Jahrhundert entstandenen Kleinfamilienstrukturen zu verblassen.

Auch die stärker auf die Jugendphase abhebenden psychoanalytischen Auffassungen über die Orientierung des männlichen Jugendlichen an einem von ihm idealisierten Führer als Vaterersatz kann dem von uns erhobenen Material keine adäquate Deutungsfolie bieten. Führeridealisierungen sind - wie erwähnt - nicht vorhanden. In etwa ebenso wenig sind nationalistische Größenphantasien existent oder werden Anleihen am Nationalsozialismus, bei den evtl. rechten politischen Ansichten der eigenen Großväter oder bei nationalsozialistischen Leitfiguren gemacht. Auch eine durch solche theoretische Auffassungen unterstellte Abwertung des Weiblichen, die das Fremde damit gleichstellte und der Vernichtung anheim stellen würde, lässt sich auch nur annähernd in dieser Zuspitzung nicht auffinden. Das Fremde stellt sich den rechten Jungen im übrigen ganz deutlich im Gewande von Maskulinismus dar, eines bestimmten Maskulinismus, der mit den eigenen Mannhaftigkeitsbestrebungen konkurriert, weil er große Kongruenzflächen dazu aufweist, aber an bestimmten Punkten auch von ihm abweicht (vgl. den empirischen Teil).

Bestenfalls stoßen solche Theorien dazu vor, Rechtsextremismus als Ausfluss einer auch geschlechtsspezifisch konturierten adoleszenten Identitätskrise zu begreifen und damit auch die emotional bedeutsamen Komponenten dieses Orientierungs- und Verhaltensmusters thematisierbar zu machen. Sie lösen sich aber auch dann nicht aus den Kategorisierungen ihres theoretischen Ausgangspunktes und interpretieren die Identitätsdiffusionen von Jungen als Wiederaufleben von Triebschicksalen (vgl. z.B. König 1998a).

Strukturtheoretische Erörterungen zum Rechtsextremismusproblem verzichten oft auf die Integration von geschlechtsspezifischen Überlegungen.

Eine deutliche Ausnahme bildet die Dominanzkulturthese. Danach erklärt sich die männliche Dominanz im Rechtsextremismus dadurch, dass ökonomische, soziale und kulturelle Strukturen gesellschaftlicher Hierarchisierung eng mit der "patriarchalen Kultur" unserer Gesellschaft verbunden sind. Anders als zahlreiche Erklärungsversuche vor ihr macht die Dominanzkulturthese damit den engen Konnex von Männlichkeit, den in ihren Konstruktionen aufgehobenen Gewaltakzeptanzen und Rechtsextremismus zum Thema. Sie schlägt damit einen gedanklichen Weg ein, der sich von seiner Grundanlage her in der Zusammenschau unserer empirischen Befunde als besonders zielführend erweist. Damit endet aber auch bereits die Erklärungskraft des Thesengerüstes. Es wird wieder einmal Opfer seiner Undifferenziertheit. Unklar bleibt nämlich, warum manche Jungen und Männer Tendenzen nach rechts ausprägen, andere aber nicht. Das zugrundeliegende Patriarchatsmodell scheint empirisch notwendigen Differenzierungen und der Auffassung von der Pluralität real existierender Männlichkeiten entgegenzustehen. Die Annahme der Exekution "unbewusster gesellschaftlicher Aggressionen" ist viel zu ungenau. Auch die Altersspezifik politischen Orientierungsverhaltens von Jungen und die - wie gezeigt wurde (vgl. den empirischen Teil dieser Arbeit) - damit verklebte Gewaltakzeptanz bleibt unberücksichtigt. Entsprechend sucht man vergeblich nach theoretischen Fassungen der Prozesse von Affinitätsaufbau im Zeitverlauf.

Sozialisationstheoretische Analysen wenden sich leider noch viel zu wenig der Spezifik männlicher Affinität und noch weniger den Prozessen männlichen Affinitätsaufbaus zu. Obwohl die Studien von Heitmeyer u.a. (1992) und Rieker (1997) ausschließlich auf männliche Probanden bezug nehmen, können sie erhebliche Auslassungen und Lücken geschlechtsspezifischer Auswertungen nicht verdecken. Sie verfehlen es damit, die Entstehung und den Verlauf rechtsextremer Orientierungen bei Jungen und jungen Männern im Kontext geschlechtsspezifischer Identitätsbildung zu interpretieren.

Für den konflikt- und subkulturtheoretischen Ansatz wurden bereits im voranstehenden Kapitel die Begrenzungen in Hinsicht auf die Erklärung des männlichen Rechtsextremismus aufgezeigt. In Übereinstimmung mit der Kritik von

König (1998) bleibt festzuhalten, dass die Verwurzelungen rechtsextremer Orientierungen bei Jungen in den Konflikten geschlechtsspezifischer Identitätsbildung von diesem Erklärungsversuch letztlich nicht gesehen werden.

Rippl u.a. (1998) konstatieren zwar einen geschlechtsneutral wirksamen Effekt der o.a. marktorientierten Werthaltungen auf die Herausbildung bzw. das Vertreten von rechtsextremen Einstellungen, stellen aber gleichzeitig fest, dass solche Werthaltungen deutlich stärker bei Personen männlichen als weiblichen Geschlechts vorfindlich sind. Indem männliche Sozialisation dafür verantwortlich gemacht wird, benennt man einen auch in unserer Untersuchung klar hervortretenden Ursachenzusammenhang für die Anfälligkeit von Jungen. Prozesse des Aufbaus dieser Anfälligkeit im Sozialisationsverlauf liegen aber außerhalb der inhaltlichen und methodischen Reichweite der Untersuchung und können deshalb als vorläufige Hypothese nur plausibilisiert, nicht aber differenziert nachgewiesen und über eine Anbindung an einschlägige Theorieansätze interpretativ erschlossen und erklärungsorientiert eingeordnet werden.

Wie für die Erklärung geschlechterübergreifender Phänomene, so ist auch für ein Verständnis des männlichen Rechtsextremismus unter Jugendlichen eine Unterscheidung hinsichtlich der schon oben erwähnten zwei Qualitäten von Rechtsextremismus nötig: Der Rechtsextremismus, der personale Gewaltakzeptanz einschließt, stellt sich anders dar und ist anders zu erklären als die politische Haltung, die zwar auch Ungleichheitsvorstellungen aufweist, diese aber nicht mit personaler Gewaltakzeptanz verbindet.

Verbinden Jungen personale Gewaltakzeptanz und Ungleichheitsvorstellungen miteinander, und zwar derart, dass sie Gewalt für die reale Umsetzung von Ungleichheitsvorstellungen propagieren oder einsetzen, so zeigen sie ein politisches Verhaltensmuster, das als Ethnisierung maskuliner Hegemonialkämpfe begreifbar ist. Bei xenophob und minoritätenfeindlich auftretenden Jungen drücken nämlich die geschlechtsspezifisch vorrangigen Konfliktthematisierungen sowie die gesamtgesellschaftlich registrierbaren Ethnisierungstendenzen von sozialen Konflikten den von ihnen vertretenen fremdenfeindlichen Reaktionsmustern ihren Stempel auf. Ist für sie die Konkurrenz mit ausländischen, besser: nichtdeutschen, z.T. aber auch deutschen zugereisten (Aussiedlern) Jungen und Männern um die Ressourcen männlicher Hegemonialisierung das zentrale Problem in dem hier fokussierten Kontext, so ist die Ethnisierung maskulin-hegemonialer Konkurrenz ihr konfliktbearbeitendes Reaktionsmuster.

Über diesen Gedankengang wird der empirisch nachweisbare enge Konnex zwischen Fremdenfeindlichkeit und rigider Männlichkeit sowie Frauenfeindlichkeit und Homosexuellenfeindschaft erklärbar. Wo der zentrale Zankapfel mit maskulinen Macht- und Ansehensquellen identisch ist und diese gleichzeitig nicht reflexiv hinterfragt werden, muss in der Verfolgung etablierter Männlichkeitsvorstellungen die Lösung gesehen werden. Sie erscheint dann umso greifbarer, je akzentuierter und eindeutiger die Bezugnahme erfolgt, d.h. je enger der Bedeutungshof von Männlichkeitssymbolisierungen gezogen werden kann, je unangreifbarer Männlichkeitsmythisierungen immunisiert werden und je erkennbarer einem Männlichkeitskult öffentlich gefrönt wird.

Um Zweifel an der eigenen Männlichkeit und damit an der sozial-kulturellen Berechtigung des Ressourcenzugangs erst gar nicht aufkommen zu lassen, erfolgt die Rekrutierung entsprechender Maskulinismen aus dem großvolumigen Fundus biologischer und biologistischer Überzeugungen von der "Natur" des Mannes und des Geschlechterverhältnisses, aus relativ oder gänzlich unbefragbar erscheinenden Traditionsbeständen von Männlichkeiten und aus dazu passenden modernistischen Vorlagen von Werbung, Konsumwelt und Medien, deren Aktualität ihren Rezipienten als Ausweis ihrer Gültigkeit und Funktionalität erscheint. So ist das Maß erklärbar, in dem noch heute naturalistische Zuschreibungen von geschlechtsspezifischen Eigenschaften und Kompetenzen das Geschlechterverhältnis selbst und die Vorstellungen von ihm prägen. Für Jungen und Männer wirkt dabei bestätigend, dass diese Attribuierungen durchaus auch beim weiblichen Geschlecht noch weit verbreitet sind. Zu denken ist beispielsweise an den trotz aller verbalen Emanzipationsbeteuerungen nach wie vor in den faktischen Alltagsvollzügen sich niederschlagenden Konsens über die primäre Zuständigkeit von Frauen für Haushalt, Sozio-Emotionales und Kinderversorgung und die der Männer für Beruf, öffentliche Sphäre (einschließlich Politik) und Instrumentell-Rationales (Interviewauszug eines Mädchens: "Nee, nee. Kinder und Haushalt ist doch mehr was für Frauen, Männer sind mehr für Werksachen und besser in der Politik, weil sie konsequenter sind" oder: "Männer sind nun einmal stärker"). Der Bezug auf Tradition beruft sich vielfach auf Selbstverständlichkeiten, mit denen Gegenargumentationen gleich das Wasser abgegraben werden soll: "Das war halt immer so", erscheint daher unveränderbar. Allerdings kann sich die Feier des Männlichkeitskults durchaus auch mit den Insignien der Modernität umgeben. Aktuelle konsum- und medienkulturelle Stilisierungen von Maskulinität werden gerade von Jungencliquen begierig aufgesogen. Gleichwohl hier im allgemeinen ein wenig differenziertes, rückwärts gewandtes Bild von Männlichkeit zelebriert wird - denken wir etwa an gerade bei männlichen Jugendlichen beliebte Kassenschlager wie "Rocky", "Rambo" und den "Terminator", an die fast immer männlichen Identifikationsfiguren der Computerspiele, an die Helden des Wrestlings o.ä.m. - stattet es sein Erscheinungsort doch mit Konnotationen aus, die Modernität und "Uptodate-Sein" suggerieren. Die Verpackung entsprechender Symbolproduktionen liefert ihnen damit eine Ambivalenz, deren Seite der Progressivitätsvorspiegelungen Attraktionskraft gerade unter denjenigen Jugendlichen entfalten kann, die sich allem Neuen gegenüber aufgeschlossen fühlen und dies auch nach außen dokumentieren wollen.

So erscheint es nur folgerichtig, wenn nicht nur die Deutschen, sondern auch ihre nichtdeutschen Konfliktgegner eingeschliffenen Maskulinismus pflegen, ist dies doch die Interaktionsebene, auf der Austragungen von Auseinandersetzungen um männliche Hegemonialisierung vonstatten gehen und man(n) seine spezifisch männlichen Realitätskontrollfähigkeiten vermeint unter Beweis stellen zu können. Es kann so gesehen nicht verwundern, dass auch sie sich auf Biologismen der Geschlechterkonstruktion zurückbeziehen, sich auf jeweils eigene, der Herkunftskultur der Familien entlehnte Männlichkeitstraditionen versteifen und - als hier Lebende - auch den neuen Maskulinitätssymboliken von Markt und Medien aufsitzen.

Beide Gruppierungen können sich dabei den Umstand zunutze machen, dass maskuline Hegemonie - meist unausgesprochen, aber um so wirksamer - ein grundlegendes Strukturierungsprinzip gesellschaftlicher Hierarchieverhältnisse darstellt. Sie können sich damit auf Realitäten und einen zumindest untergründigen, nicht immer, aber in den vorherrschenden Ausgestaltungen des Geschlechterverhältnisses sich durchsetzenden Konsens stützen, der in Jungen-Klischees wie "Ein Indianer weint nicht", "Sei ein richtiger Junge!", "Jungs dürfen nicht zimperlich sein", "Ein richtiger Mann muss auch mal zuschlagen können" und ähnlichen Erwartungshaltungen an Jungen weiterlebt - allen in dieser Hinsicht mittlerweile unternommenen Anstrengungen geschlechtsneutraler Erziehung zum Trotz. So wie Ethnisierung nicht per se als moralisch verwerflich gilt, so wird im allgemeinen, abgesehen von Rändern des gesellschaftlichen Diskurses wie z.B. dem der Frauenbewegung, die Existenz patriarchaler Strukturen nicht weiter ernsthaft problematisiert. Männliche fremdenfeindlich eingestellte oder sogar agierende Jugendliche vermögen sich daher gleichsam doppelt im Recht zu sehen: Sie vermeinen nichts anderes zu tun als das, was die Gesellschaft einerseits über Ethnisierungs- und andererseits über maskuline Hegemonialisierungsprozesse ohnehin anstellt. Allenfalls die Mittel ihres Engagements lassen sich dann problematisieren, etwa als zu brutal, zu individualistisch, rechtlich unsauber und schlicht überzogen. "Rechte Jungs" drücken solche Wahrnehmungen aus in Äußerungen wie: "Hätten wir nicht Randale gemacht, wäre das Asylrecht nicht geändert worden. Wenigstens das haben wir erreicht." Sie machen damit die Erfahrung, dass Gewalt alles andere als dysfunktional ist und ziehen entsprechende Bestätigungen aus solchen politischen Reaktionen.

Die orientierungs- und handlungsrelevanten Verhaltensmuster fremdenfeindlich gestimmter männlicher Jugendlicher lassen sich nach drei Eskalationsformen gruppieren, wobei diese Eskalationsformen bezeichnenderweise jeweils schwerpunktmäßig auf die weiter oben beschriebenen Elemente des von den untersuchten Jungen gepflegten traditionellen Männlichkeitsstils bezug nehmen und sie für die interethnische Auseinandersetzung in Dienst nehmen:

Eine erste Gruppierung von Jungen begnügt sich mit der Demonstration von realitätskontrolltüchtig erscheinender Selbstbehauptung in Gestalt von Widerständigkeit. Aus einer subjektiv sich eher defensiv verstehenden Position des Sich-angegriffen-Fühlens wird eine Haltung des "Sich-bloß-nichts-gefallen-Lassens" an den Tag gelegt. In Übereinstimmung mit dem im allgemeinen ansozialisierten Männlichkeitsmuster der Resistenzfähigkeit, das sich etwa im Postulat des "Seinen-Mann-Stehens" ausdrückt, wird ein "Herr-im-eigenen-

Hause-Standpunkt" bezogen. Dieser weist Neuhinzukommenden bestenfalls die Gästerolle zu, erkennt keinesfalls aber Ansprüche auf die selbst eingenommene (Herren-)Rolle an. Unter der Devise "Keinen Fußbreit den Kanaken" wird trotzig das deutsch-maskulin okkupierte öffentlich zugängliche Territorium von Straßenzügen, Diskotheken, Kneipen oder Jugendzentren gegen eine angebliche fremde Vorherrschaft verteidigt und in entsprechenden Abwehrkämpfen die eigene Handlungsfähigkeit zu demonstrieren gesucht. In ähnlicher Weise werden auf anderen Feldern deutsch-maskuliner Dominanz - etwa im Bereich von Arbeit oder in Hinsicht auf die Ansprüche auf Kontakt zu oder gar Besitz von Mädchen und Frauen - die Vorrechte einer "Gnade der deutschen Geburt" bzw. der von Anciennität geltend gemacht. Oft stützt sich diese Haltung auf eine überzogene, ja überdramatisierende Beschreibung von Konfliktlagen: "Die nehmen uns die Arbeit weg, nachher hat kein Deutscher mehr Arbeit."; "Wenn Du mal in die Zeitung guckst, siehst Du 's ja: 7 von 10 Kriminellen sind Ausländer"; "Wenn ich mal am Asylantenheim vorbeigeh, seh' ich 's doch: 20000 Satellitenschüsseln hängen da dran und wie viele dicke Daimler parken davor! Das hat eine deutsche Familie nicht" u.ä.m. Unter dem nach rechts gewendeten, ursprünglich linken Motto "Widerstand ist Pflicht" vollzieht sich dabei bisweilen die Selbstinszenierung eines Heldentums der "letzten aufrechten Deutschen", die sich nicht unterkriegen lassen. Nicht zufällig dürften sich solche Selbstbilder gerade gehäuft bei solchen Jungen auffinden, die auch ansonsten in ihrem demonstrativen Jugendzentrismus erwachsenen Einpassungsanforderungen in Familie und Schule, also insbesondere denjenigen von Eltern und LehrerInnen, ihren Trotz entgegensetzen: "bloß kein Streber sein", "bloß kein braves Söhnchen spielen" (vgl. dazu auch Hopf 1994). Die in solchen Haltungen aufscheinenden Wünsche nach Unabhängigkeit und autonomer Lebensführung realisieren sich indes in ihnen inadäquat, betreiben sie doch nicht mehr als Abwehr und Anti-Positionierungen und fehlt ihnen Perspektivik und Reflexivität. Widerständigkeit gegenüber Multikulturalismus spielt so auch, sofern er als Propagandagegenstand "wohlmeinender" Lehrpersonen wahrgenommen wird, seinen Part innerhalb altersspezifischer Absetzbewegungen von allenthalben vermuteter erwachsener Vereinnahmung.

Ihre maskuline Tönung tritt dort besonders grell hervor, wo die ostentative Widerständigkeit sich auch gerade gegen weibliche Erwachsene richtet, die als Kritikerinnen gelebter Männlichkeit auf den Plan treten; etwa gegen jene Sozialarbeiterinnen und Pädagoginnen, die neue Geschlechterrollenverständnisse ganz konkret auch von den Jungen innerhalb ihres Klientels einfordern. Diese gelten dann oft als "Emanzen", deren Ansprüche man(n) der Lächerlichkeit preiszugeben und denen man sich zu entziehen hat. In solchen Frontstellungen gegen eine enthierarchisierende Modernisierung des Geschlechterverhältnisses finden sich dann freilich deutsche, nichtdeutsche und multiethnische Burschen und Jungencliquen vereint.

Auch der exzessive Konsum von Alkohol in jugendominanten Gruppen kann in diesem Zusammenhang gedeutet werden: als ein Bruch mit den Regeln der

Erwachsenengesellschaft, die ihn tabuisiert oder allenfalls im privaten Rahmen gestattet, vor allem aber auch als Beweis, im wahrsten Sinne des Wortes "was vertragen" und manches runterschlucken zu können, nicht so leicht umzufallen und Standfestigkeit zu zeigen. Man(n) demonstriert die Fähigkeit, auch unter schwierigen, in diesem Fall selbst hergestellten Bedingungen handlungsfähig bleiben zu können. Hinzu kommt die Rolle des Alkohols als Enthemmungsfaktor, mit dessen Hilfe Bedenken an der Sinnfälligkeit der eigenen Widerständigkeit schnell fortgespült werden können und Mut für ihre öffentliche Demonstration getankt werden kann. Die Funktion des gemeinschaftlichen, teils auch ritualisierten Alkoholkonsums (längst nicht nur in jugendlichen Cliquen) als Zugehörigkeitsprüfung und Gelegenheit zur Erfahrung von Geselligkeit und Solidarität ("Runden ausgeben") kann darüber hinaus der Vergewisserung der exklusiven Gemeinschaftlichkeit deutscher männlicher Jugendlicher dienen, insofern er Mädchen und Frauen aus diversen Gründen geschlechtsspezifischer Sozialisation und damit einhergehender Verhaltenserwartungen faktisch ebenso ausgrenzt wie jenen Teil ausländischer Jugendlicher, der sich islamischen Religionstraditionen verpflichtet fühlt.

"Den Fremden die Grenzen aufzeigen" und damit das eigene Feld abstecken und die auf ihm geltenden Hierarchieverhältnisse zementieren - dies ist die Zielrichtung, die die Vertreter der Widerständigkeits-Position eint, - unabhängig davon welche konkreten Verhaltensbereitschaften und -weisen sie verfolgen: ob sie z.B. auch auf die institutionelle Gewalt der Gesetzgebung, der Rechtssprechung, der Strafverfolgung oder sonstiger Institutionen setzen, ob sie dieser Haltung durch die Wahl von Rechtsaußen-Parteien politischen Ausdruck verleihen oder ob sie selbst zur fremdenfeindlichen Tat schreiten.

Ein zweiter Typus männlicher Jugendlicher streift die subjektiven Verteidigungshaltungen gegenüber den "fremden Eindringlingen" ab und geht ein Stück weit zur Attacke über. Allerdings beschränkt sich hier der Angriff auf die gestische und verbale Provokation. Die Verhaltensweise korrespondiert mit der männlichen Externalisierungstendenz (vgl. Böhnisch/Winter 1993, 129), dem Bestreben, eher nach außen aktiv zu werden als Problemkonstellationen innengewandt abzuarbeiten.

In der Regel im Rahmen von Cliquenhandeln und mit dem Gefühl von entsprechender Rückenstärkung durch die Kumpels, häufig dabei enthemmt durch Alkoholgenuss, sucht man(n) die direkte Konfrontation mit dem Gegner. Beabsichtigte Kränkungen und psychische Verletzungen zielen dann - geht es doch um Auseinandersetzungen männlicher Hegemonialisierung - zumeist auf männliche Ausländer. Sie betreffen genau jene beiden Punkte, die als Kerne der interethnischen Konfliktthematik begriffen werden: Fragen der Aufenthaltsberechtigung bzw. der Berechtigung zu einer davon abgeleiteten Lebensführung und Probleme des Nachweises von Männlichkeit. Vorwürfe hinsichtlich des Erstgenannten bündeln sich in Aufforderungen wie "Haut bloß ab hier! Ihr habt hier nichts zu suchen!", wobei dann in situativ unterschiedlicher Differenziertheit die Objekte, die hier für Ausländer "nicht zu suchen" sind, angegeben werden, z.B. in Sätzen wie "Sucht Euch zuhause Arbeit!", "Dies ist unsere Parkbank. Hier sitzen wir immer schon!", "Hände weg von unseren Frauen!". Unschwer lassen sich in Postulaten wie den genannten Ressourcen maskuliner Hegemonie ausmachen. Ein zweiter Komplex von Abwertungen bezieht sich auf das Streitigmachen von "echter" Männlichkeit. Neben dem auch auf Deutsche gemünzten Vorwurf der Homosexualität ("Du schwule Sau!") betrifft dies etwa Situationen, wo sich ausländische Jungen nicht dem deutschen Ehrencodex des "fairen Kampfes Mann gegen Mann" unterwerfen, sondern bei entsprechenden Auseinandersetzungen ihre Freunde zu Hilfe rufen. ("die holen gleich ihre ganze Sippe"). Dieses Verhalten wird zwar einerseits als Feigheit gegeißelt, wird aber angesichts der relativ vereinzelten Situation vieler deutscher Jugendlicher auch mit einem gewissen Neid auf derartige Solidaritätsbande betrachtet. Aber gerade weil man das Fehlen solcher Verlässlichkeiten auf deutscher Seite registriert, meint man es umso mehr moralisch verurteilen zu müssen.

Abgesehen davon ist bemerkenswert, wie stark gegenüber ausländischen Jungen das Monitum machistischen Verhaltens von deutschen Jungen angebracht wird. Ausländische Jungen werden vielfach als "Angeber" tituliert, die die "Kings" spielen und glauben, "sich alles herausnehmen" zu dürfen - auch und gerade gegenüber deutschen Mädchen und Frauen. Zudem werden sie als Unterdrücker ihrer eigenen Mädchen und Frauen geoutet. Ihnen unterstellt man damit ein vormodernes Männer- und Frauenbild sowie vormoderne Vorstellungen vom Geschlechterverhältnis. Eben dies wird als Anlass gesehen, sich nicht nur in der traditionellen Beschützer-Rolle für deutsche Mädchen und Frauen zu ergehen, sondern sich teilweise auch noch viel weitgehender die modernisierten, westlich geprägten Geschlechterverhältnisse verteidigen zu sehen. Die Argumentation manövriert ihre Vertreter in eine paradoxe Situation: Im Interesse des Erhalts männlicher Hegemonie werden Positionen aktiviert, die eben diese Vorherrschaft infrage stellen. Die Paradoxie lässt sich wohl nur so lange aushalten wie entweder die Verteidigung der intrakulturellen Modernisierung der Geschlechterbeziehungen nur als Vorwand für die Sicherung althergebrachter Machtquellen herhält oder wie eine Neustrukturierung des Geschlechterverhältnisses nicht als Verlust wahrgenommen wird.

Wo verbale Abwertungen durch deutsche Jungen und Männer auch weibliche Ausländer treffen, beziehen sie sich zumeist auf Stigmasymbole, die mit äußerlichen Merkmalen der davon Betroffenen einhergehen. Sie sind deutlich sexistisch geladen, unterstellen etwa ein exotisches sexuelles Temperament (insbesondere bei Südeuropäerinnen und -amerikanerinnen sowie bei Afrikanerinnen) oder sexuelle Gefügigkeit und darüber hinausgehende Unterwürfigkeit (besonders bei Asiatinnen), diskriminieren Frauen als "Gebärmaschinen" (besonders bei - wie es dann oft heißt - "Türkenmamas") oder als "dumm" und "zurückgeblieben" (vgl. auch Simon-Hohm 1993). Auch diesbezüglich offenbart sich der

Blick auf das Fremde in seiner Zurichtung aus der Position männlicher Hegemonie heraus.

Noch klarer als maskuline Domäne erkennbar ist - Typus drei - das Reaktionsmuster fremdenfeindlicher physischer Gewaltsamkeit. Damit wird jenes Segment aus dem Gesamt gesellschaftlich vorhandener Gewaltformen bezeichnet, das die körperliche Gewaltanwendung sowie den Waffengebrauch beinhaltet und dabei nur personal - nicht etwa auch institutionell, z.B. polizeilich - verantwortet werden muss. Gleichwohl nur Spitze eines Eisbergs an Fremdenfeindlichkeit gilt ihr die vorrangige Aufmerksamkeit der Medien, der Politik und auch der Pädagogik. Um so überraschender muss wirken, wie wenig bislang wissenschaftlich-analytische, geschweige denn politische und pädagogische Konsequenzen aus dem seit langem bekannten krassen zahlenmäßigen Überwiegen von Männern und besonders Jungen in der TäterInnenschaft dieser Gewaltform gezogen wurden. Muss man entsprechende Unterlassungen nicht darauf zurückführen, dass die männliche Wissenschaft wie die männliche Politik und Pädagogik bislang in diametralem Gegensatz zu ihren weiblichen Pendants kaum Sensibilität für einen geschlechtsreflektierenden Blick auf sich selbst entwickelt hat, ja womöglich das Interesse verfolgt, männliches Verhalten weiterhin schlicht als menschliches Verhalten deuten zu können, um gelebte Maskulinität(en) nicht ihrer Selbstverständlichkeit und Unhinterfragbarkeit berauben zu müssen (vgl. Möller 1994b)?

Will man die maskuline Dominanz (nicht nur) innerhalb der fremdenfeindlichen Gewaltszene nicht voreilig unter Bezug auf biologistische Annahmen mit Verweisen auf eine besondere genetische Ausstattung, Hormone o.ä. erklären, so muss u.a. die subjektive Funktionalität von physischer Gewaltsamkeit, vor allem gegen Personen, für Jungen und Männer interessieren.

Zum ersten sticht in dieser Hinsicht ins Auge, dass es sich um ein Mittel der Selbstdurchsetzung handelt, das für die von ihm als Opfer Betroffenen unhintergehbar ist, da es nicht allein psychisch oder auf den Besitzstand einwirkt, sondern auch den Körper trifft. Es ist daher in der Lage, eine Folgsamkeit zu erzielen wie sie andere Mittel im allgemeinen nicht zu produzieren vermögen. Gewalt ist daneben eine Sprache, die jede(r) versteht bzw. verstehen muss. Sie ist nicht an kulturelle Grenzen gebunden. Ferner bedarf ihre Anwendung keiner herausgehobenen Kompetenz. Soweit sie auf Waffengebrauch verzichtet - und dies ist bei Jungen-Konflikten im allgemeinen (noch?) der Fall - sind kurzfristig aktualisierbare körperliche Kraft und Geschicklichkeit verbunden mit Schmerzresistenz ihre einzigen Voraussetzungen. Sie basiert damit auf Eigenschaften der Person, die im Durchschnitt in dieser Kombination eher beim männlichen Geschlecht vorfindlich sind und von ihm kultiviert werden. Dabei ist der Erwerb und die Akkumulation dieser Eigenschaften zumal für das weibliche Geschlecht aus physiologischen Gründen begrenzt, lassen sie sich mithin als natürlich gegebene maskuline Überlegenheit deuten und einsetzen. Gegenüber ausländischen Frauen gelangt diese Dominanz gänzlich ungeschminkt z.B. im

Prostitutionsgewerbe zur Anwendung. In diesem Bereich trumpft eine Männer-Gewalt auf, die im Effekt Fremdenfeindlichkeit bewirkt, auch wenn in ihrem Motivationszusammenhang eher Sexismus überwiegt. Überhaupt liegt in diesem Sektor ein quantitativ und wohl auch qualitativ zunehmend bedeutsamer werdender Kontext von faktischer Fremdenfeindlichkeit (verbunden mit Sexismus) vor, der von der einschlägigen Debatte noch nahezu gänzlich übersehen wird.

Wenn in Auseinandersetzungen zwischen deutschen und nichtdeutschen Jungen - etwa im Rahmen der Streitigkeiten von Quartierscliquen und von sog. "Jugendbanden" - physische Gewaltmittel in den Mittelpunkt gerückt werden, so deutet dies nicht nur auf verbreitete Adoleszenzcharakteristika und eine eventuelle besondere Schärfe interethnischer Konflikte hin, sondern entschleiert auch, dass hier Durchsetzungsformen von maskuliner Exklusivität die Konkurrenzkämpfe steuern. Anders formuliert: Männliche Jugendliche wetteifern um den Nachweis physischer Durchsetzungsfähigkeit als einer zentralen Stütze männlicher Hegemonie.

Zum zweiten wirken Gewalthandeln und Gewaltsymbolik auch stilbildend. Physische Durchsetzungsfähigkeit oder auch nur ihre symbolische Präsentation nach außen über Körperstilisierungen (z.B. einen durchtrainiert wirkenden Muskelpanzer) oder Kleidungsaccessoires (z.B. Fallschirmspringerstiefel, Doc Martens oder auch Cowboystiefel) transportieren Konnotationen, die leicht mit traditionellen Männlichkeiten wie denen des Helden, des Kämpfers, des harten Arbeiters oder des Abenteurers verknüpft werden können. Sie reproduzieren damit permanent Männlichkeitsklischees, die gerade für in ihrer Geschlechtsidentität verunsicherte Jungen orientierungsstiftend wirken können. Die Funktionalität von Gewaltsamkeit im Rahmen männlicher Lebensführung und Vorherrschaft erhält dadurch gleichsam perpetuierend eine immaterielle Unterfütterung. Weibliche Stilisierungen des Äußeren sind gegenüber solchem Stärke-Design eher in Richtung auf Attraktivitäts-Design abgesetzt.

Konkrete Gewalttätigkeit wie Gewaltsymbolik beziehen dabei ihre Anziehungskraft auch aus ihrer Rolle als emotionales Abführ- und als Genuss-Mittel. Indem physische Gewalt und ihre Stilisierung den Körper ins Spiel bringen, öffnen sie Zugänge zu den gefühlsmäßigen Anteilen des Konkurrenzerlebens und erlauben eine wie auch immer im einzelnen gestaltete Abfuhr aufgestauter Aggression. Zusätzlich und auch unabhängig davon bereiten sie intensive somatische Erfahrungen, die auch Lust einschließen. Sie offerieren Gipfelpunkterlebnisse, in die sich ihre Protagonisten als "ganze" Personen eingebunden fühlen können. Insofern sind sie auch als Kompensation für Mangelerfahrungen an emotional-körperlicher Herausforderungen und an Bewegungsraum für "ganzheitliche" Erlebnisse interpretierbar. Anders als in den sozial legitimierten Sektoren individueller Durchsetzung, in den Leistungsbereichen von Schule und Arbeit, die affektive Disziplin, körperliche Zurücknahme und abstrakte

Anpassungsleistungen verlangen, kann sich hier der Eindruck einstellen, "noch ganz (!) Mann sein" zu können.

Zum dritten kann gewalttätige Auffälligkeit als Mittel der Öffentlichkeitsarbeit fungieren. Gerade Jungen lernen schon früh, spätestens in der Schule (vgl. Enders-Dragässer/Fuchs 1989), dass sie als Störer Aufmerksamkeit auf sich zu lenken vermögen. Indem sie über Gewalthändel mit nichtdeutschen Jugendlichen multiethnische Konfliktthemen in die Öffentlichkeit tragen, fordern sie zumindest implizit auch ihre gesellschaftliche Bearbeitung ein. Sie können dabei darauf vertrauen, dass ein gewisses Maß an "Aufmucken", "Über-die-Stränge-Schlagen" und Devianz männlichen Jugendlichen gesellschaftlich zugestanden wird und ein augenzwinkernd dabei zugestandener Alkoholrausch tendenziell entschuldigend wirkt. Mädchen dagegen müssten sich bei gleichartigem Verhalten viel eher empörte Vorhaltungen anhören, Vorhaltungen, die an Weiblichkeitsstandards gemessen werden und sich in Vorwürfen wie "Schlampe", "Mannweib" u.ä.m. äußern.

Zum vierten: Durch den von den Jungen fast als Automatismus begriffenen Wechsel zwischen aggressiver Provokation und gewaltförmiger Rache schraubt sich schnell eine Eskalationsspirale hoch, die geradezu zwangsläufig eine Bestätigung und weitere Schärfung der Feindbilder mit sich bringt, so dass diese sich verfestigen können. Daraus kann dann leicht eine Konsolidierung rechtsextremer Orientierungen und Verhaltensweisen im Zeitverlauf erwachsen. Vermutlich wirkt die Einbindung in Erfahrungskontexte, die immer wieder dasselbe Verhaltensmuster herauszufordern scheinen und deshalb zu Wiederholungstendenzen führen, auch als Wahrnehmungsfilter. In diesem Fall werden scheinbar 'passende' Informationen aufgesogen und 'unpassende' Informationen entweder von vornherein vermieden oder 'wegsortiert'. Damit vollzieht sich eine zunehmende Immunisierung gegenüber reflexiven Zugängen zum eigenen Denken und Verhalten.

Es wurde schon angedeutet, dass die Legitimierung rechtsextremen Gewalthandelns nicht nur über ethnische Einordnungen und Ausgrenzungen im engeren Sinne, sondern auch über Ancienität verläuft. Wenn etwa deutsche Jungen ihre Bevorzugung von "ausländischen" Jugendlichen, mit denen sie aufgewachsen sind, vor neu hinzuziehenden Aussiedlern kundtun und eher bereit sind, ihnen als den Neoimmigranten mit deutschem Pass Rechte zuzugestehen, so werden Zuordnungen nicht entlang ethnischer oder nationalstaatlicher Zugehörigkeiten vorgenommen. Vielmehr wird die Dauer der Anwesenheit in Deutschland als entscheidendes Kriterium in Rechnung gebracht. Dahinter verbirgt sich vermutlich die Erfahrung einer größeren kulturellen Nähe zu in Deutschland aufgewachsenen und entsprechend sozialisierten Nichtdeutschen. In jedem Fall aber setzt sich hier das - sich etwa ja auch in Polizei- und Soldatentugenden niederschlagende - traditionelle männliche Territorialverhalten durch, das auf Verteidigung des als "eigen" definierten Grund und Bodens hin angelegt ist und gerade in einem rechtsgewirkten Denken von "law and order" bzw. in rechtsextremen Symboliken und Auffassungen Resonanz findet. Aber auch weit über dieses Spektrum hinaus bietet die Bezugnahme auf das Ethnisierungsprinzip wie der Bezug auf Anciennitäts-Rechte für den einzelnen Jungen den Vorteil, sich langer Tradition, hoher sozialer Akzeptanz, scheinbarer moralischer Unbefragbarkeit sowie rechtlicher und institutioneller Unterstützung sicher sein zu können. So kann das Maskulinitätsmuster zusätzlich abgesichert werden, zumal es sich vermeintlich auf das Selbstbild eines politisch handelnden, 'aufrechten Deutschen' stützen kann, der seiner nationalen Verpflichtung durch das Ausagieren seiner Beschützerrolle nachkommt.

Die Haltung von Jungen mit Ungleichheitsvorstellungen ohne personale Gewaltakzeptanz hat offensichtlich andere Ursachen und Motivationszusammenhänge.

Ein erster wesentlicher Unterschied ergibt sich meist durch eine andere Haltung zu Gewalt. Wie im empirischen Teil beschrieben, sind hier entweder keine Interessen an Männlichkeits-Stilisierungen auffällig oder werden diese über eine deeskalierend wirkende Gewalt-Moral im Zaum gehalten. Insofern kann dann gar kein Zugang zu Ungleichheitsvorstellungen über Gewaltakzeptanz und somit eine Ethnisierung bzw. Anciennisierung maskuliner Hegemonialkonflikte erfolgen. Wo traditionelle Maskulinitätsmuster dennoch verhaltensleitend werden, sind zumindest die Gelegenheitsstrukturen andere: Rechte Orientierungsangebote liegen nicht vor.

Ein zweiter Unterschied besteht auf der Ebene politischer Reflexivität. Entweder ist sie kaum entwickelt, sieht man schicksalsergeben seine Lebensbedingungen eher als extern kontrolliert an und neigt deshalb aus eigenem Antrieb heraus keinerlei Positionierung zu, so dass vereinzelte Ungleichheitsvorstellungen - entsprechende Gelegenheitsstrukturen vorausgesetzt - situativ zwar einbrechen, sich aber solange nicht festsetzen können, wie man sich - aus Unsicherheit heraus und nicht aus bewusster Flexibilität - 'nach allen Seiten offen' zeigen möchte. Oder: Man reflektiert zumindest soweit politisch, dass ethnisierende Haltungen, die außerhalb politisch-sozialer Akzeptanz liegen, also gerade Ungleichheitsvorstellungen, die mit personaler Gewaltakzeptanz verknüpft sind und Ungleichwertigkeitsvorstellungen, abgelehnt werden. Auch eine Pauschalisierung von vereinzelten negativen Eigenerfahrungen wird für sachlich unangebracht gehalten.

Damit wird einer Emotionalisierung der Konfliktlage und den mit ihr gegebenen Eskalationsgefahren vorgebeugt. Begünstigend wirkt sich dafür ein Erfahrungshintergrund aus, der Realitätskontrollmöglichkeiten und/oder Anerkennungserwerb über die Demonstration von eigenständiger Identität außerhalb der Beteiligung an interethnischen Gewaltkonflikten, vor allem in sozial akzeptierter Weise in Schule, Familie und Freizeit, erlaubt.

Diese Konstellation verhindert freilich nicht die Adaption von Ungleichheitsvorstellungen. Sie entfalten sich nun aber nicht über den Weg der Gewaltakzeptanz, sondern über die Orientierung an konkurrenten Denk- und Verhaltensweisen, die im Zusammenhang mit Konsum, Prestigegewinnen und Aufstiegshoffnungen stehen (s.o.). Denkbar wäre, dass Jungen ihnen in verschärfter Weise ausgesetzt sind, wird ihnen doch in der männlich hegemonialisierten Gesellschaft qua Geschlecht die primäre Zuständigkeit für Aufgaben des Besorgens, also der materiellen Sicherung, und für persönlichen und familiären Statuserwerb zugesprochen (vgl. Möller 1993b).

6.1.3 Mädchen und Affinität(saufbau) zu rechtsextremen Orientierungen

Die Theorielandschaft zum Verhältnis von Mädchen zu rechtsextremen Orientierungen weist nicht nur vereinzelte Lücken, sondern riesige 'schwarze Löcher' auf.

Individualtheoretische Erklärungen des Autoritarismuskonzepts bleiben solange männlichkeitszentriert, wie sie den Ödipuskonflikt in den Mittelpunkt rücken.

Auch anderen individualtheoretischen Annäherungen fehlt es an geschlechtsspezifischer Ausrichtung. Allenfalls könnte man unterstellen, dass bei rechtsorientierten Mädchen in einem frühen Stadium der ontogenetischen Entwicklung die Gestaltung jener Mutter-Tochter-Bindung nicht gelungen sei, die für die relative Gewaltdistanz und den hohen Wert wechselseitiger Rücksichtnahme verantwortlich gemacht wird. Mit dieser These handelt man/frau sich aber eine Reihe von schwerwiegenden Schwierigkeiten ein: die Probleme einer Kehrseiten-Argumentation, die Abhängigkeit der These von der auch im Einzelfall vorhandenen Existenz der klassischen Kleinfamilie und der dort geltenden Aufgabenverteilungen, Nachweisprobleme einer Persistenz frühkindlicher Erfahrungen, die (zumindest tendenzielle) Ausblendung der Relevanz späterer Sozialisationserfahrungen und anderer Sozialkontakte, die Unerklärbarkeit von möglichen späteren Distanzierungsprozessen u.ä.m.

Theoretische oder theorieähnliche Analysen, die Sozialstrukturelles in den Mittelpunkt ihrer Betrachtung rücken, sind im Hinblick auf die Affinität von Mädchen zu rechtsextremen Orientierungen ebenfalls wenig ergiebig.

Zwar fehlt es diesbezüglich der Dominanzkulturthese nicht an einer entsprechenden Akzentuierung, doch ist ihr theoretischer Ertrag letztlich dünn. Sie argumentiert, dass Frauen und Mädchen als Kollaborateurinnen der herrschenden männlichen Ideologie auftreten können und als solche auch rechtsextreme Orientierungen in ihr Selbstverständnis übernehmen. Zum ersten wird mit dieser These das theoretische Problem mitgeschleppt, ob denn rechtsextreme Orientierungen tatsächlich gänzlich bruchlos aus den Interessen an patriarchalischer Herrschaft abgeleitet werden können. Damit hängt zum zweiten zusammen, dass Mädchen und Frauen im Hinblick auf das als problematisch erachtete recht(sextrem)e Orientierungssyndrom genau jener Subjektstatus abgesprochen wird, der für sie mit Recht in feministischen Kontexten ansonsten für ihre politische Selbstpositionierung mit Nachdruck reklamiert wird. Zum dritten wird mit der These Analysefortschritten vorgebeugt, die aus einer genauen Eruierung von spezifischen Anfälligkeitskonstellationen des weiblichen Geschlechts resultieren können. Die eigenständige Qualität rechtsextremer Orientierung von Mädchen (und Frauen) gerät so nicht in den Blick. Hinzu kommt zum vierten, dass auch hier altersspezifische Differenzierungen Fehlanzeigen sind. Zum fünften stößt die Grobheit der These nicht zu Einsichten vor, die sich aus einer Prozessanalyse von Verläufen des Affinitätsaufbaus ergeben können.

Aus sozialisationstheoretischer Perspektive erklärt sich die Akzeptanz rechtsextremer Orientierungen durch Mädchen vor allem aus den Widersprüchlichkeiten ihrer Sozialisation. Am deutlichsten bringt bislang Birsl (1994) die Situation auf den Punkt, wenn sie den Vereinbarkeitskonflikt zwischen einem autonomiebezogenen Selbstkonzept und dem reproduktionsbezogenen Fremdkonzept verantwortlich macht (vgl. Teil A). Rechtsextreme Positionierungen können dann als Rebellion gegen gesellschaftliche Rollenzumutungen verstanden werden.

Aus unserer Sicht stellt sich diese These jedoch als zu ungenau dar. In bezug auf weibliche, genauer: mädchenspezifische Gewaltakzeptanz haben wir sie weiter oben selber in ähnlicher Fassung entwickelt. Die Spezifik der Zuwendung zu rechtsextremer Politik oder auch nur die Spezifik rechtsextremer Gewaltakzeptanz von Mädchen ist darüber aber nicht erklärbar. Hier bedarf es in bezug auf das Zweitgenannte der Einführung von Zusatzbedingungen, in bezug auf das Erstgenannte eines anderen Erklärungsrahmens.

Die bisherigen Ansätze leiden allesamt darunter, dass sie Akzeptanz und Distanz fast nur als statische Zustände betrachten. Die Prozesse des Akzeptanzaufbaus bleiben leider erheblich unterbelichtet. Immerhin deutet sich in der Studie von Rippl u.a. (1998) - allerdings nur hypothetisch - an, dass eine verstärkte Übernahme von Werthaltungen der marktorientierten Gesellschaft, wie sie sich bis jetzt noch mehrheitlich bei Männern finden, für das weibliche Geschlecht historisch neuartige Anfälligkeitsmomente in sich birgt.

Ein sozialisationstheoretischer Erklärungsversuch für rechtsextreme Affinitäten von Mädchen sollte sich weniger von weitausgreifenden hypothetischen Spekulationen als von konkret empirisch Feststellbarem leiten lassen. Nach unseren weiter oben ausgebreiteten empirischen Erkenntnissen unterscheiden sich rechtsextrem orientierte Mädchen in ihrer Anfälligkeit für rechtsextreme Orientierungen vorrangig an zwei Punkten erheblich von gleichgerichteten Jungen: Sie sind a) weitaus weniger in ethnisierte Territorialkonflikte verwickelt und verweisen b) als Begründung für ihre ethnisierenden Ungleichheitsvorstellungen vergleichsweise häufig auf Betroffenheit von sexueller Belästigung und sexualisierter Gewalt durch 'Ausländer'.

Der erstgenannte Punkt ist wenig verwunderlich, konnten wir doch als Motivzusammenhang dieser Konflikte den im Rahmen geschlechtsspezifischer Identitätsbildung innerhalb der Jugendphase violent ausgetragenen Kampf um männliche Hegemonialinteressen ausmachen. Eine unmittelbare Beteiligung daran macht für Mädchen keinen Sinn. Für sie sind (scheinbare) Autonomiegewinne eher über den Umweg der Identifikation mit den Cliquenjungen erwartbar. Insofern trifft sie die auf die Cliquenmitglieder durch andere Cliquen einwirkende Gewalt auch nicht direkt, so dass die emotionale Betroffenheit geringer bleiben kann als die der Jungen und entsprechende Dramatisierungen gedämpft bleiben können. Hinzu kommen die eher deeskalierend wirkenden Denk- und Handlungsweisen, die der konventionellen weiblichen Sozialisation entstammen: Zurückhaltung, Kompromissfähigkeit, Konfliktvermeidung u.ä.m. Wenn ethnisierende Ungleichheitsvorstellungen mithin vergleichsweise wenig aus interethnischen Territorialkonflikten Nahrung erhalten, so resultiert dieser Fakt deutlich aus einer geschlechtsspezifisch differenten Konstellation.

Die Relevanz des geschlechtsspezifischen Erfahrungszusammenhangs betont auch der oben unter b) genannte Punkt. Von sexualisierter Belästigung und Gewalt sind Mädchen in ganz anderem Ausmaß als Jungen - ja fast ganz ausschließlich sie allein - betroffen. Angesichts der Zahl von Vorkommnissen und der 'Tiefe' von Befürchtungen, die auch 'unsere' Mädchen diesbezüglich beschreiben, ist die vergleichsweise größere emotionale Betroffenheit von diesem Problem leicht erklärlich. Es stellt sich aber die Frage, warum eine Ethnisierung von Sexismus und krimineller Gewalt erfolgt.

Bemerkenswerterweise definieren die Mädchen die auf sie erfolgenden Anmachversuche, sexuellen Übergriffe und sonstige Gewalttaten nämlich nicht als Aktionsweisen irgendwelcher Jungen oder Männer, sondern nehmen Zuordnungen über die Kategorie 'Ethnie' bzw. 'Nation' vor: "Die Ausländer" und nicht "die Männer" stellen dann das personifizierte Bedrohungspotential dar. Damit wird ein Zusammenhang mit maskuliner Hegemonialisierung von vornherein entweder gänzlich ignoriert oder allenfalls nur in bezug auf den als spezifisch erscheinenden Männlichkeitskult der Fremden ("machismo" o.ä.) erkannt.

Entsprechend können dann im übrigen auch Lösungsmuster der Sexismus-Problematik in unseren Interviews mit entsprechend orientierten Mädchen allenfalls auf Nachfragen hin in strukturellen Vorkehrungen bzw. politisch betriebenen Veränderungen der Gefährdungssituation gesucht werden. Selbst wenn sie genannt werden, bleiben sie in Defensivstrategien eines besseren Schutzes vor personaler physischer Gewalttätigkeit (mehr Licht an unbeleuchteten Straßenzügen, mehr Polizei u.ä.) stecken. Die Offensive einer grundlegenden Veränderung des Geschlechterverhältnisses und von Männlichkeit wird nicht unternommen. Eher und ganz überwiegend zieht frau sich auf individuelle Ausweichstrategien zurück: geht abends nicht mehr aus, versichert sich männlicher Beschützer oder sucht den Schutzcharakter des meist wieder männlich dominierten Cliquenzusammenhangs für mehr Bewegungsfreiheit zu nutzen. Gerade jene Mädchen, denen allerdings weder defensiv-strukturelle Vorkehrungen noch ausschließlich individuelle Vermeidungsstrategien des Rückzugs und der aus Angst geborenen selbstbetriebenen Freiheitsberaubung genügen, finden sich - soweit sie dem Ethnisierungsmuster folgen - in Staatsautoritarismus predigenden und/oder rechtsextrem konturierten Gedankengebäuden, Szenen und Gruppierungen.

Die Frage, warum die Ethnisierung von Sexismus und gewaltförmiger Bedrohung überhaupt vorgenommen wird, lässt sich am ehesten über Hinweise auf zwei Zusammenhänge beantworten:

Zum ersten passt sich diese Deutung in die Deutungsmuster ein, die die im Geschlechterverhältnis dominierenden gleichaltrigen Jungen in bezug auf ihre geschlechtsspezifischen Konfliktlagen anlegen. Sie deuten ihre maskulinen Hegemonialkonkurrenz ebenso wenig als Konflikte zwischen Jungen, sondern als solche zwischen Deutschen und Ausländern, wie Mädchen die Empfindung gewaltförmiger sexueller bzw. sexualisierter Gefährdung aus einer sexistischen Ladung des Geschlechterverhältnisses erklären, sondern statt dessen aus der multikulturellen Konfliktlage ableiten. Diese Deutung scheint für 'rechte' Jungen und Mädchen gleichermaßen funktional zu sein. Sie schafft zwischen ihnen Solidarität, weil das Feindbild nach außen projiziert werden kann. Mädchen können so die konventionelle Rolle der Beschützten, Jungen die traditionell maskuline Rolle des Beschützers spielen. Es wird ein geschlechtsspezifisch aufgebauter Verweisungszusammenhang zwischen den Beteiligten konstruiert, der eine Gegenseitigkeitsstruktur herausbildet, auf der sich Bindungsgefühle über Funktionen des Zusammenwirkens aufbauen lassen. Da er keine weibliche Rebellion gegen die Usancen des Geschlechterverhältnisses erfordert, ist Anschluss an ihn auch für solche Mädchen relativ leicht zu bekommen, die ihre Realitätskontroll-, Autonomie- und Anerkennungswünsche nicht über eine grundlegende individuelle Emanzipation von Weiblichkeitszumutungen zu bewerkstelligen suchen, sondern primär den entsprechenden Erwartungshaltungen des Elternhauses zu entfliehen trachten.

Zum zweiten ist die Ethnisierung sozialer Konfliktlagen - wie in anderen Zusammenhängen weiter oben bereits mehrfach betont - ein in unserer Gesellschaft durchaus gängiges und akzeptiertes Deutungsmuster. So verbreitet und tief verankert es in der Erwachsenengesellschaft samt ihrer Institutionen ist, so hoch ist die Wahrscheinlichkeit, dass es intergenerativ sozialisiert wird. Angesichts dessen läge es fast näher, statt seine Verbreitung auch unter Jugendlichen erklären zu wollen, danach zu forschen, warum es in Einzelfällen nicht orientierungs- und handlungsleitend wird (vgl. dazu die folgenden Kapitel zu Distanz und Distanzierungsprozessen).

Durchaus auch oft verbunden mit der Option der Duldung und Billigung von physischer Gewalt von rechts, daneben aber auch hauptsächlich von Mädchen, die Ungleichheitsvorstellungen besitzen, die sie nicht mit personaler Gewaltakzeptanz verkoppeln, wird ein Ausbau institutioneller Gewaltformen propagiert. Dies ist das Reaktionsmuster, dass wir am häufigsten antreffen, wobei sich diese Beobachtungen mit repräsentativen Forschungen deckt (vgl. Utzmann-Krombholz 1994). Es wird für eine härter durchgreifende, autoritärer verfasste

Staatsgewalt plädiert: "mehr Polizei", "härtere Strafen" (bis zu "Kastration für Vergewaltiger"), "Zuzugssperre" (z.T. selbst für politisch Verfolgte), "rigorosere Abschiebung" usw. Diese Postulate bieten den 'Vorteil', sich nicht selber engagieren und exponieren zu müssen und sich in einen rechten bis neokonservativen Diskurs eingebunden fühlen zu können, der auch außerhalb extremistischer Zirkel gepflegt wird. Indem sie die physische Gewaltsamkeit den Ordnungs- und Staatsschutzorganen überlassen, konfligieren sie außerdem nicht mit dem Gewalttabu außerhalb des staatlichen Gewaltmonopols. Grenzen zwischen skandalisierbarer "Fremden-" und sonstiger Minoritätenfeindlichkeit und berechtigt erscheinenden Sicherheitsanliegen verschwinden. Dies gilt auch vor allem deshalb, weil das Recht als Regelungsinstrument bemüht wird. Positionen wie diese beziehen aus all dem offenbar eine gewisse Legitimität. Für ihre femininen Vertreter vermögen sie ihre Attraktivität auch aus dem Umstand zu beziehen, dass sie kein eigenes gewalttätiges Eingreifen erforderlich machen und damit nicht offensichtlich zu geschlechtsspezifisch ansozialisierten Konventionen in Widerspruch stehen.

In bestimmten gewalthaltigen Situationen, in die Mädchen geraten können, ist keine Staatsgewalt zur Verfügung bzw. ist die ja auf die Zukunft zielende Forderung nach strafferer Gangart nicht geeignet, die aktuelle Problemsituation zu lösen. Dies betrifft etwa Situationen von Beleidigung, Pöbelei und "mieser Anmache" in Jugendzentren oder Diskotheken. Hier bietet sich für Mädchen eher als für Jungen, die sich zumeist aus Gründen des Beweises ihrer 'Männlichkeit' gleich aufgefordert sehen, selber einzuschreiten, der Rückgriff auf 'legitimierte Ordnungsgewalt' an: den zuständigen Jugendarbeiter, den Türsteher oder vergleichbare Personen. Die Hoffnung auf die Autorität der von ihnen eingenommenen Funktion und auf die physische Durchsetzungsfähigkeit dieser männlichen 'Ordnungskräfte' ermöglicht eine Delegation von Gegengewalt an sie. Mit der Delegation scheint zwar die Legitimität der Gewalt gesichert werden zu können, bleibt aber ihr Härtegrad nicht im Griff der sie Abverlangenden. Daher kann sie die Verantwortung für die konkrete Ausformung der eingesetzten Gewalt von sich weisen. Ja es können ohne weiteres sogar Rachegelüste auf diese Weise Befriedigung finden und Lustgefühle an der dann nur beobachteten Gewalt empfunden werden.

Mädchen, die Ungleichheitsvorstellungen ohne personale Gewaltakzeptanz zeigen, legitimieren diese außerdem stärker als deutlich rechtsextrem orientierte Mädchen durch Klagen über ökonomische Belastungen oder gar Benachteiligungen der Deutschen bzw. (bei Migrantinnen) der einheimischen Nichtdeutschen gegenüber MigrantInnen bzw. NeoimmigrantInnen. "Stärker" meint dabei nicht, dass sie diese Konfliktlagen absolut gesehen dramatischer schildern, aber im 'Haushalt' ihrer Ungleichheitsvorstellungen nehmen sie, weil die anderen für rechtsextrem orientierte Mädchen bewegenderen Thematisierungen fehlen oder deutlich in den Hintergrund rücken, relativ größeres Gewicht ein. Anzunehmen ist, dass diese Beobachtung darauf zurückzuführen ist, dass diese Mädchen sich stärker den an sie herangetragenen Normalitätserwartungen in

Hinsicht auf schulische und (spätere) berufliche Leistung unterwerfen. Indem sie sich diese 'erwachsene' Perspektive sozial erwünschter Identitätsbildung zu eigen machen, reagieren sie offensichtlich eher auf akut erlebte oder denkbare Bedrohungen dieser Perspektive. Sie scheinen ihnen die erhofften Möglichkeiten zu Realitätskontrolle und zu Anerkennungserwerb über sozial erwünschte Orientierungen und Verhaltensweisen zu verdunkeln. Dass dabei Ausgrenzungsvorstellungen gegenüber (Neo-)ImmigrantInnen durchsetzungsfähig sind, hängt offensichtlich, neben den bereits beschriebenen Charakteristika des Erfahrungshintergrunds und der Erfahrungsstrukturierung im Einzelfall, insgesamt mit der Fülle des medien- und alltagsdiskursiven Angebots an ethnisierenden Interpretationen von Ressourcenkonkurrenz zusammen.

6.2 Konsequenzen für die Weiterentwicklung theoretischer Erklärungsansätze zur Distanz(ierung) von Jugendlichen von rechtsextremen Orientierungen

Im Hinblick auf einschlägige Distanz und Distanzierungsprozesse von Jugendlichen zu rechtsextremen Orientierungen sieht es ähnlich aus. Sie bleiben in Forschungszusammenhängen zum Thema 'Jugend und Rechtsextremismus' empirisch fast durchgängig als Untersuchungsgegenstände außen vor. Auch in theoretischen Analysen bleiben sie erheblich unterbelichtet. Diese Einschätzung gilt selbst dann, wenn man die in der öffentlichen Diskussion befindlichen reinen Hypothesenzusammenhänge mit mangelnder empirischer Basierung als Theorien auffassen wollte. Aufgrund dieses Mankos finden sich nur wenige Anknüpfungspunkte an bisherige Forschungen.

6.2.1 Distanz(ierung) von Jugendlichen von rechtsextremen Orientierungen - geschlechterübergreifende Erklärungsansätze

Geschlechterübergreifende theoretische Interpretamente zu rechtsextremer Distanz oder Distanzierungsprozessen sind zumindest in Andeutungen noch am ehesten zu finden. Allerdings handelt es sich hier nicht um bewusst vorgenommene Ansätze zu Erklärungen, sondern um Überlegungen, die implizit, manchmal auch explizit im Umfeld der Untersuchung von Akzeptanz und Affinitätsfaktoren angestellt werden. Durchweg beschränken sie sich darauf, aus einem Positivabzug des jeweils gezeichneten Negativbilds von Nähe, Anfälligkeit und Akzeptanz Protektionsmomente und -mechanismen abzuleiten (vgl. dazu Möller 1999b). Blenden wir sie fürs erste einmal aus, so ist festzustellen:

Theorien mit individualtheoretischer Fokussierung deuten implizit an, dass befriedigende Eltern-Kind-Beziehungen, gelungene Über-Ich-Bildung, schulische Erfolge, Gleichaltrigenkontakte ohne Elternersatzfunktionen, Toleranz gegenüber unkonventionellem Verhalten, Intrazeption, "Trieb"sublimierung, kritische Reflexion von Autoritäten, nicht-dichotomische Denkweisen, kritische Haltungen gegenüber massenkulturellen Vereinnahmungen, Angstfreiheit, Vermeidung von sozialer Isolation, Informationsinteresse, langfristige Planungsperspektiven, differenzierende Informationsbearbeitungen, rationale Entscheidungsfähigkeit und Kompetenzen affektiver Selbstkontrolle Schutzfaktoren bilden. Die bloße Addition macht deutlich, dass mangels theoretisch-systematischer Analyse keine Gewichtungen und keine Bezüge zwischen diesen Faktoren vorgenommen werden können. Außerdem bleibt ihr konkreter Gehalt im einzelnen vielfach im dunkeln. Nur selten werden auch die objektiven Gegebenheiten und subjektiven Entwicklungen untersucht, unter denen sich die Prozesse vollziehen, die zu einem Aufbau der angenommenen Schutzfaktoren führen. Zudem führen die Annahmen theoretische Voraussetzungen mit sich (z.B. psychoanalytischer Provenienz), die erst einmal geklärt werden müssten, wollte man aus den Faktoren einen irgendwie gearteten theoretischen Komplex konstruieren.

Geschlechterübergreifende strukturtheoretische Erklärungen für eine Abstinenz oder prozesshafte Reduktion von rechtsextremen Orientierungen liegen in ausgearbeiteter Form nicht vor.

Aus krisentheoretischer Perspektive ließe sich - gleichsam im Umkehrschluss - annehmen, dass die Abwesenheit von Krisensituationen Distanz(ierung) ermöglicht. Hier stoßen wir freilich wieder auf die inzwischen hinlänglich bekannten Schwächen der Kehrseiten-Argumentation, die offen lässt, welche Faktoren von Lebenssituation und -führung zusätzlich - und vielleicht vor allem - positive Wirkung zu entfalten vermögen. Außerdem müsste bestimmbar sein, ob objektiv keine Krisensituation vorliegen dürfte oder ob es ausreichen würde, wenn tatsächlich vorhandene Krisen nur subjektiv nicht wahrgenommen würden. Oder könnte selbst eine solche Wahrnehmung erfolgen, wenn andere Sozialisationsfaktoren einer Identitätskrise vorbeugen würden und eine gewaltfreie Lebensbewältigung und -gestaltung ermöglichten? Schließlich wäre zu klären, ob es nicht auch Unterschiede zwischen Distanz und Distanzierung gibt: Könnten nicht vielleicht gerade auch lebensgeschichtlich eingefahrene Erfolge bei der Krisenbewältigung und der Abwendung/Reduktion von rechtsextremen Orientierungen besonders stabile Protektionsfaktoren im Falle künftiger krisenhafter Gefährdungskonstellationen bilden?

Auch aus diskursanalytischer Perspektive bietet sich nur der Umkehrschluss an: Lägen im Erwachsenendiskurs keine rechtsextremen Deutungen vor, vielleicht aber auch: Ließe sich der Erwachsenendiskurs vom Jugenddiskurs abkoppeln, wäre das Problem rechtsextremer Orientierungen bei Jugendlichen nicht existent. So plausibel, wie diese These auf den ersten Blick erscheinen mag, so sehr verkennt sie die Spezifik jugendlicher Konfliktlagen und die eigensinnige politische Deutungsfähigkeit junger Leute. Die Akzeptanz physischer Gewaltsamkeit etwa ist in der Jugendszene gänzlich anders ausgeprägt als bei Erwachsenen. Entlehnen Jugendliche nach unseren Beobachtungen durchaus ethnisierende Deutungen gesamt-gesellschaftlicher Konflikte erwachsenen Interpretationsweisen mit vergleichbaren Problemlagen und reklamieren sie ihr angebliches Recht auf Ausgrenzung Fremder durchaus ebenfalls in Anlehnung an

Usancen der Erwachsenengesellschaft und ihrer Institutionen, so scheint ihre Aufladung mit personaler körperlicher Gewalt doch weitgehend als Jugendspezifikum und nur im Kontext alters- und gleichzeitig geschlechtsspezifischer Identitätsbildungsprozesse deutbar. Ein Rückgang in der Breite und Schärfe rechtsextremer Orientierungen bei Jugendlichen im biographischen Verlauf müsste dann außerdem mit entsprechenden Abschwächungen des Erwachsenendiskurses einhergehen. Dies ist zum einen im individuellen Fall empirisch schon methodisch äußerst schwer nachweisbar, lässt sich aber auch ungeachtet dessen adäquater durch andere Veränderungen des Sozialisationskontextes und des Standes der Erfahrungsstrukturierung erklären.

Dominanzkultur'theoretisch' wird ebenfalls nicht Distanz, geschweige denn Distanzierung als Prozess, systematisch einer theoretischen Erklärung zugeführt. So bleibt auch hier nur der Umkehrschluss mit seinen anhand anderer Theorien bereits beschriebenen logischen Defiziten und Unwägbarkeiten. Resistent wären dann diejenigen, die in der Lage wären, sich dem "strukturellen Rassismus" entziehen und dem von anderen verspürten Privilegiensicherungsdruck entraten zu können. Erstens wird nicht geklärt, worin diese 'Kunst' oder dieses Interesse begründet sein könnte, wenn doch die kapitalistischen Verhaltensanforderungen einen genau gegenteiligen Druck ausüben. Zweitens wird wegen des unscharfen Rassismusbegriffs nicht deutlich, unter welchen konkreten (Lebens- und Sozialisations-)Bedingungen ceteris paribus auf welche Ausgrenzungsforderungen und welche Ausgrenzungshärten verzichtet oder sogar aktiv für Integration der Fremden eingetreten werden könnte. Drittens wird der Prozess des Resistenzaufbaus in seinen Verlaufsbedingungen theoretisch nicht fassbar. Viertens wird die in manchen Fällen fehlende Distanz bei solchen Menschen nicht erklärbar, die nicht christlich und weiß-westlich sozialisiert sind. Fünftens wird die Frage nach altersspezifischen Charakteristika von Distanz und Distanzierungsprozessen nicht gestellt.

Sozialisationstheoretische Analysen zu Distanz und Distanzierungsprozessen liegen ebenfalls nicht in systematischer Ausarbeitung vor. Hinweise auf einschlägige Bedingungsfaktoren lassen sich allenfalls Studien entnehmen, in deren Zentrum die Untersuchung von Affinität und Affinitätsprozessen steht.

Nach den Studien von Hopf u.a. erweisen sich diesbezüglich funktionierende Eltern-Kind-Beziehungen, genauer: sicher-autonome Bindungserfahrungen, noch genauer und dadurch eingeschränkter: subjektive Bindungsrepräsentationen als entscheidende Protektionsfaktoren. Sie ruhen auf mehr oder minder durchgängigen Erfahrungen von "liebevoller Zuwendung" und "wenig Zurückweisung" auf und machen eine reflektierte, offene, in sich kohärente und sachliche Darstellung der Beziehungserfahrungen möglich (vgl. Hopf u.a. 1995, 116ff). Unter Umständen sind in gleicher Richtung kompensatorisch auch Beziehungen zu Großeltern oder sogar FreundInnen wirksam (siehe den Fall von Uwe in Hopf u.a. 1995). Dabei wirken die so gearteten positiven Elternbeziehungen auch in Richtung auf den Aufbau einer internen Selbstkontrolle mit einer stabilen moralischen Richtschnur.

Mit der Herausarbeitung der Relevanz moralischer Gewissensbildung vermögen die Hopf-Studien sich über den von uns gesteckten Rahmen hinaus auf ebenso wichtige wie interessante Bereiche von Bedingungen rechtsextremer Resistenz zu erstrecken. Insgesamt reichen die in den Sektoren unseres Forschungszuschnittes liegenden Beobachtungen dennoch nicht hin, die in der Breite des Sozialisationskontextes im Zusammenspiel mit Mustern und Entwicklungen der Erfahrungsstrukturierung registrierbaren Distanz- und vor allem Distanzierungsfaktoren in einem bestimmten Abschnitt des Lebensverlaufs theoretisch einzufangen.

Aus der Perspektive individualisierungs- bzw. desintegrationstheoretisch fundierter Erklärungsansätze wird Resistenz gegenüber rechtsextremen Orientierungen über den Erwerb von Orientierungs- und Handlungssicherheit in den relevanten sozialen Bezügen des Subjekts, Möglichkeiten zur Erfahrung von gewaltfreier Selbstwirksamkeit und realisierte Chancen auf leistungsunabhängige Zugehörigkeit zu lebensweltlich-nahräumlichen und identitätsbezogen bedeutsamen Sozialkontexten herstellbar. In Konkretion dessen wird eine Reihe von sozio-emotional bedeutsamen und individuell repräsentierten Merkmalen und deren Einbettung in bestimmte Sozialisationserfahrungen in den zentralen Lebensbereichen wie Familie, Beruf, Clique etc. angeführt (vgl. weiter oben Teil A).

Unsere eigenen Befunde bestätigen die Relevanz dieser Aspekte, soweit der Zuschnitt der Forschung dies gestattet (Zusammenhänge mit Beruflichkeit sind ja z.B. bei uns altersabhängig weitgehend ausgeklammert). Besonders eindrücklich gilt dies auf die Gestalt der Sozialisationskontexte bezogen für die Qualität sozio-emotionaler Beziehungen in der Familie, Erfolgserlebnisse im Leistungsbereich der Schule sowie diskursive Kommunikationsformen im Freundeskreis. In Hinsicht auf personal repräsentierte Merkmale bezieht sich dies insbesondere auf das Vorhandensein und die Weiterentwicklung eines reflektierten, stabilen und gleichzeitig selbstkritischen Selbstbilds. Weitere Befunde reichen aber über den Rahmen bisheriger individualisierungs- bzw. desintegrationstheoretischer Erkenntnisse hinaus, weshalb ein entsprechend abgesteckter Deutungsrahmen mit einer detaillierteren Füllung erforderlich ist.

In konflikt- und subkulturtheoretischen Arbeiten sind Distanz- und Distanzierungsfaktoren - wie auch in vielen anderen Veröffentlichungen zum Thema - nur aus den jeweils gegen Ende der Analysen häufig erstellten Empfehlungskatalogen ablesbar. Diesbezügliche Aussagen gründen aber eben nicht in einer systematischen Untersuchung von Resistenzen und Prozessen der Reduktion von rechtsextremen Orientierungen. Sie werden vielmehr aus dem Studium von individuellen und sozialen Akzeptanzkonstellationen abgeleitet. Daher sind sie an die Logik des Umkehrschlusses gebunden.

Im Lichte der selbsterhobenen empirischen Befunde erweist sich auch in Hinsicht auf die Erklärung von Distanz und Distanzierung von rechtsextremen Orientierungen die Notwendigkeit - wie bei der Erklärung von Affinität und Affinitätsaufbau - zwischen unterschiedlichen Qualitäten bzw. Aspekten rechtsextremer Orientierungen zu differenzieren. Wo eine Distanz oder Distanzierung nur gegenüber personaler rechtsextremer Gewaltakzeptanz gezeigt wird, liegt eine andere Konstellation vor als dort, wo sie sich - zumindest relativ - auch gegenüber Ungleichheitsvorstellungen offenbart.

Ein Abbau von personaler rechtsextremer Gewaltakzeptanz im biographischen Verlauf erscheint auf den ersten Blick durch die Entschärfung solcher Problemlagen erklärlich, die sich als Anfälligkeitskonstellationen erweisen: vor allem Vernachlässigung innerhalb der Familie, schulische Schwierigkeiten, problematische Cliquenbindungen etc. (zur genaueren Beschreibung vgl. weiter oben). Erst ein zweiter Blick gibt zu erkennen, dass Prozesse der Distanzierung durch mehr als einen bloßen Wegfall oder relativen Bedeutungsverlust von Anfälligkeitsfaktoren zustande kommen. Voraussetzung ist vielmehr eine aktive Veränderung und Verbesserung der Lebenssituation. Im Zusammensein mit den Eltern werden z.B. (wieder) positive Erfahrungen wechselseitiger Akzeptanz möglich, in der Schule können neuartige Quellen von Anerkennung und Selbstwerterleben angezapft werden, Freundschaftsbeziehungen gewinnen an Wert durch lebensbiographisch neuartige Interaktionserfahrungen und die Pflege von diskursiv-kommunikativen Verständigungs- und Auseinandersetzungsformen, im Freizeitbereich werden Chancen auf erweiterte gesellschaftliche Teilhabe verfügbar. Über eine solche Veränderung des Lebenszusammenhangs ergeben sich dann sukzessive auch neue Chancen auf gewandelte Formen der Erfahrungsverarbeitung.

Solche hier nur andeutungsweise skizzierten Entwicklungen wirken sich offenbar nicht nur allgemein gewaltreduzierend aus, sondern sind offenbar auch in der Lage, spezifisch rechtsextreme Gewaltakzeptanz abfallen zu lassen. Dieser Umstand stellt sich als eine Folge des Motivationszusammenhangs rechtsextremer Gewaltakzeptanz dar: Wie weiter oben festgestellt, wird von jüngeren Jugendlichen ja Gewalt nicht instrumentell eingesetzt, um besessenen rechtsextremen Ideologien zur Durchsetzung zu verhelfen. Vielmehr ergeben sich rechtsextrem orientierte Vorstellungen erst im Legitimationszusammenhang von gewalthaltigen Konflikten, die aus geschlechtsspezifischen und nicht aus politischen Identitäts'verwirrungen' entspringen.

Dennoch werden darüber hinaus zusätzliche Distanzierungsfaktoren wirksam, die auf die politische Grundierung dieser Gewaltakzeptanz zielen.

Dort, wo - unter welchen Umständen im einzelnen auch immer - ein freundschaftlich getönter multinationaler Kontakt zustande kommt, geraten ethnisierende Deutungen unter Druck. Zumindest Pauschalisierungen werden dann zwangsläufig fallengelassen. Wertschätzung und Kritik wird an persönlichen und nicht an ethnischen Kriterien festgemacht. Wen man aus irgendwelchen

Zusammenhängen als "Kumpel" kennt, greift man nicht ernsthaft an. Damit ist noch nicht impliziert, ihm im Falle eines Angriffs beiseite zu stehen oder Ungleichheitsvorstellungen und Ungleichbehandlungsforderungen gegenüber anderen 'Fremden' fallen zu lassen, aber das Feindbild verliert doch an Schärfe und damit die dagegen gerichtete Violenzbereitschaft an Stärke.

Hinzu kommt: Insofern rechtsextreme Gewaltakzeptanz nicht gänzlich auf ihre Legitimierung verzichtet und sie einem 'normalen' Jugend- bzw. Jungenverhalten subsumiert, kann sie nicht verhindern, sich als Gegenstand öffentlicher Erörterung wiederzufinden. Sie kann sich der politischen Debatte nicht gänzlich verschließen. Deshalb können auch bei ideologisch (noch) nicht verfestigten Jugendlichen mediale Berichterstattungen von den inhumanen Folgewirkungen rechtsextremer Gewaltexzesse Wirkungen hinterlassen. Sie vermögen - allerdings nur im Kontext der o.e. Entwicklungen des Erfahrungszusammenhangs - eine tendenzielle Absetzbewegung vom Selbstverständnis des 'rechten' Cliquenmitglieds mit auszulösen bzw. zu unterstützen. Diese kann reflektiert vollzogen werden, muss allerdings nicht unbedingt weiter gehen, als die Identifikation und die Identifizierbarkeit mit den aus den Medien bekannten Gewalttätergruppierungen zu verunmöglichen. Gewaltakzeptanz kann in gedämpfter, d.h. öffentlich nicht auffälliger Form ebenso bestehen bleiben wie Ungleichheitsvorstellungen, die sich nicht zu öffentlicher Enttarnung drängen.

Immerhin aber fällt im Zuge derart motivierter Distanzierungen auch die rechtsextreme Selbstinszenierung nach außen allmählich weg. Dadurch reduziert sich die Wahrscheinlichkeit des Etikettiertwerdens und damit auch der Verwicklung in einschlägige Konflikte, so dass die ihnen inhärenten (oben beschriebenen) Wiederholungstendenzen ausbleiben und sich eine Entdramatisierung interethnischer Konflikterfahrungen auch tatsächlich abzeichnen kann.

Um eine Distanzierung von Ungleichheitsvorstellungen, Ungleichbehandlungsforderungen und 'rechter' institutioneller Gewaltbefürwortung und nicht nur von personaler Gewaltakzeptanz vornehmen zu können, ist ein Zugewinn an politischer Reflexivität unabdingbar. Er stellt sich allerdings nur dann ein, wenn die Identität durch Realitätskontrolle, Anerkennung und Selbstwerterleben gewährende Erfahrungszusammenhänge soweit stabilisiert ist, dass - salopp formuliert - 'man sie sich leisten kann' und nicht Konkurrenzangst und Sozialneid für die Orientierung subjektiv funktional erscheinen. Je mehr freilich eine Gesellschaft auf Konkurrenz als Prinzip der Chancenverteilung setzt, um so mehr weiten sich Konkurrenzbeziehungen aus bzw. verlagern sich Konkurrenz-ängste lebensbiographisch vor. Unter diesen Umständen einen nachhaltigen Abbau von Ausgrenzungsforderungen und apersonalen Gewaltformen zu propagieren, gleicht einer Paradoxie.

Die hohe Bedeutsamkeit der genannten Distanzierungsfaktoren und -umstände lässt sich auch daraus ablesen, dass Jugendliche, die sich durchgängig und erwartbar nachhaltig distanziert gegenüber rechtsextremen Orientierungsangeboten zeigen, dauerhaft genau in solchen Konstellationen leben und zudem ein eher ausländerfreundliches familiäres Umfeld, positive multinationale Freundschaftskontakte und ein demokratisches Schulklima genießen. Sie verfügen damit über Potentiale an Realitätskontrollmöglichkeiten, die ihnen - auch politisch - die Herausbildung demokratischer Positionen auf dem Wege zu einem Mehr an identitätsstützender Handlungs-, Urteils- und Orientierungssicherheit erleichtern.

6.2.2 Jungen und Distanz(ierung) von rechtsextremen Orientierungen

Will man sich aus einer auf das männliche Individuum bezogenen Sicht nicht von den vor- und unwissenschaftlichen Annahmen von Mensch zu Mensch differierender biologisch-organismischer Ausstattungen bei der Erklärung rechtsextremer Orientierungen leiten lassen, so kommt es nicht in Frage, etwa besondere genetische Dispositionen oder einen individuell unterdurchschnittlichen Testosteron-Spiegel für (relative) rechtsextreme (Gewalt-)Distanz anzunehmen. Einer sozialwissenschaftlichen Analyse, die über einen gewissen Zeitverlauf hinweg deutlich die Veränderungen politischer Orientierung im Zusammenhang mit Sozialisation zu erkennen vermag, müssen solche Hypothesen nicht nur hochspekulativ, sondern schlicht falsch erscheinen.

Doch auch wenn man einen biologisch bedingten Verursachungszusammenhang ausscheidet, können ebenso wenig wie (männliche) Gewaltakzeptanz und -distanz generell rechtsextreme Orientierungen und die Distanz(ierung) von ihnen mit unabänderlichen anthropologischen, psychischen, emotionalen oder sonstwie eigentümlichen Persönlichkeitseigenschaften erklärt werden. Unsere Befunde belegen gerade das Gegenteil, nämlich die Wandlungsfähigkeit politischer Orientierungen und den Einfluss (alltäglicher) Erfahrungskontexte auf sie.

Die vom Autoritarismuskonzept betonte Relevanz der Herausbildung einer moralischen Instanz als Schutzfaktor vor rechtsextremen Orientierungen, kann zwar durch unsere Befunde bestätigt werden. Allerdings sind erhebliche Einschränkungen zu machen:

Dafür eine Langzeitwirkung einer gelungen Lösung des ödipalen Konflikts durch den kleinen Jungen anzunehmen, besteht keine Veranlassung. Zum einen sind fundamentale Moralbildungsprozesse auch in der Jugendphase beobachtbar; zum anderen können gelungene Lösungen auch da vorliegen, wo in der Familie gar kein leiblicher Vater oder eine sonstige Identifikation bietende Vaterfigur präsent war. Außerdem liegen durchaus Fälle vor, in denen moralische Standards zwar erworben wurden, sie sich aber im konkreten Verhalten nicht wiederfinden, oder in denen die Ausgrenzung von Minderheiten und Fremden mit 'moralischen' Argumenten (Schutz und Nothilfe für die Angehörigen der Eigengruppe) rechtfertigt wird. Hinzu kommt die Kritik, die schon weiter oben an psychoanalytischen Grundannahmen und Kategorien (z.B. "Triebschicksal") geäußert wurde.

Wenn unter den strukturtheoretisch orientierten Ansätzen immerhin noch die "Dominanzkulturthese" zentral auf die Kategorie 'Geschlecht' abhebt und - wenn auch auf höchst problematische Weise - Vorschläge für eine Deutung der Ursachen männlicher Gewaltakzeptanz unterbreitet (s.o.), so fällt sie bezüglich einer beabsichtigten Erkenntnisgewinnung über männliche bzw. jungenspezifische Distanz- und Distanzierungsfaktoren gänzlich aus.

Gleiches gilt für bisher vorliegende sozialisationstheoretische Studien zum Zusammenhang von Jungen oder Männern und Rechtsextremismus. Die Forschung ist im Begriffe, noch sehr tentativ erste Vorüberlegungen für Ansatzpunkte zu einer Theorie der Akzeptanz anzustellen. Distanz, geschweige denn Distanzierung wird als geschlechtsspezifische Thematik noch gänzlich ausgeblendet.

Aus der empirischen Perspektive unserer Längsschnittstudie liegt die unbeschadet der im obigen Abschnitt erwähnten Aspekte gegebene geschlechtsspezifische Kontur von Jungen-Distanz zu rechtsextremer Gewaltakzeptanz in denselben Zusammenhängen begründet, die für die Distanz zu Gewalt überhaupt ausschlaggebend sind.

Der weiter oben näher in seinen Ursachen erörterte 'Verzicht' auf violente Männlichkeitsinszenierungen hält offenbar von einer 'rechten' Ansteckungsgefahr im Umfeld entsprechenden Cliquenverhaltens fern. Wo keine Territorialkonflikte vorliegen, besteht logischerweise auch gar kein 'Zwang', sie ethnisierend zu deuten und politisch-kulturell vermittels recht(sextrem)er Anleihen zu rahmen. Auch eine auf Härte und Robustheit setzende rechte Symbolkultur hat dann keine oder wenig subjektive Funktionalität. Was oben "Verzicht" genannt wurde, lässt sich treffender als eine Fähigkeit beschreiben; als die Kompetenz nämlich, Sicherungen der Identitätsentwicklung und ggf. auch seiner geschlechtsspezifisch relevanten Aspekte abseits von gewaltförmigen Verhaltensmustern anzugehen. Aus der Sicht der Jungen ist ein Erfahrungszusammenhang zuträglich, der auch geschlechtsspezifisch deutbare Realitätskontrollerfahrungen, Anerkennungen und Selbstwertbezeugungen als männliches Wesen gestattet.

Wer zwar eine maskulinistisch gefärbte Gewaltakzeptanz aufweist, aber sie und sich nicht innerhalb des politischen Spektrums rechts verortet, wird durch die schon im voranstehenden Abschnitt als geschlechterübergreifende Distanzfaktoren genannten, positiv empfundenen multinationalen Freundschaftskontakte, die eher ausländerfreundliche Gestimmtheit des sonstigen sozialen Umfelds und politische Reflexivität auf Abstand gegenüber Ungleichheitsvorstellungen gehalten. Es handelt sich um Lebensumstände, die dem Subjekt seine Kompetenz zurückspiegeln, Handlungsfähigkeit im Zusammenspiel von individueller und gesellschaftlicher Realitätskontrolle bei wechselseitiger Anerkennung der Person zu gewinnen.

Distanzierungsprozesse von Jungen mit (vormaliger) rechtsextremer Orientierung gehen bezeichnenderweise ganz auffällig mit einem Nachlassen der Beteiligung an territorialen Konflikten einher. Hintergrund ist eine Ablösung aus 'alten' Cliquenzusammenhängen und den in ihnen gültigen Gewaltroutinen und -ritualen. Damit wird dann auch eine Entdramatisierung ethnisierender Zustandsbeschreibungen und eine allmähliche Auflösung des daraus für die Subjekte erwachsenden Handlungsdrucks ermöglicht. Diese Umorientierung setzt keinen totalen Verzicht auf traditionelle Maskulinitätsmuster voraus, dämpft ihr gewaltsames Ausleben allerdings doch erheblich. Über eine Integration in Orientierungs- und Verhaltensmuster sozial akzeptierter Männlichkeiten werden die gewaltförmigen Auffälligkeiten juveniler Männlichkeit gekappt, ohne dass auf die Demonstration männlicher Identität verzichtet werden müsste. Der Umstand, dass dieser Prozess häufig gerade durch gleichaltrige Mädchen (vor allem als Partnerinnen), manchmal auch etwas ältere junge Frauen, unterstützt wird, scheint den Jungen signalisieren zu können, die Umorientierung vornehmen zu können, ohne an Ansehen und Attraktivität bei (potentiellen) Sexual- und Lebenspartnerinnen verlieren zu müssen. Gerade in einer Lebensphase erster zwischengeschlechtlicher Kontaktanbahnungen und der gleichzeitigen Erosion geschlechtshomogener Freizeitgruppierungen mag diese Sicherheit für die Jungen nicht unwichtig sein.

Gleichwohl: Zu einer wirklichen Distanzierung nicht nur von rechtsextremer Gewaltakzeptanz, sondern auch von Ungleichheitsvorstellungen sind inhaltsbezogene Reflexionen vonnöten, deren Herausbildung - wie bereits beschrieben - mehr voraussetzt. Immerhin wird aber eine hohe geschlechtsspezifische Zugangsschwelle zu ihnen mit dem Abschleifen maskulinistischen Territorialverhaltens niedriger gelegt.

6.2.3 Mädchen und Distanz(ierung) von rechtsextremen Orientierungen
Aus individualtheoretisch argumentierender Sichtweise wird die Distanz von Mädchen zu rechtsextremen Orientierungen eingedenk der nun schon mehrfach festgestellten Unhaltbarkeit biologischer Erklärungsversuche am ehesten aus der Besonderheit des Verhältnisses von Mutter und Tochter erklärbar: Da die Persönlichkeitsentwicklung schon im Kleinkindalter über Identifikation mit einer gleichgeschlechtlichen Person verlaufen kann, 'muss' zur Rettung der eigenen Identität keine Absetzung von der Mutter und den durch sie repräsentierten Orientierungen erfolgen. Die Bedeutung positiven interpersonalen Kontakts und Austausches, gegenseitige Rücksichtnahme und Einfühlung werden dadurch begünstigt, wogegen das Entstehen von Wünschen nach Absetzung, Abwertung und Ausgrenzung eines wahrgenommenen 'Anderen' und 'Fremden' verhindert wird.

Die Deutung ist deshalb problematisch, weil sie offenbar eine Reihe von Ausnahmen zulassen muss: Wie festgestellt, gibt es ja durchaus Mädchen, die rechtsextreme Orientierungen zeigen. Von daher ist sie zumindest als zu pauschal einzustufen. Angesichts unserer empirischen Befunde und im Einklang mit neueren Forschungen zur politischen Sozialisation (s.o.) spricht auch wenig dafür, für die interindividuelle Unterschiedlichkeit der Entwicklung politischer Haltungen frühkindliche Erfahrungen zu unterstellen. Vielmehr zeigt sich die Frühadoleszenz als eine in Hinsicht auf das politische Orientierungsverhalten hochgradig formative Phase. Zudem ist die These noch aus zwei anderen Gründen von begrenzter Reichweite, die auf den statischen Charakter ihrer Annahmen verweisen: Sie kann nicht erklären, warum sich im historischen Verlauf der letzten Jahrzehnte anscheinend die Anfälligkeit von Mädchen für rechtsextreme Orientierungen erhöht hat und was überhaupt quantitativ messbare Schwankungen dieser Anfälligkeit ausmacht. Und: Distanzierungsprozesse bei Fällen von vorher innegehabter rechtsextremer Orientierung kann sie nicht in den Blick nehmen. Damit verfehlt die These unseren Forschungsgegenstand um Längen.

Soweit strukturtheoretische Annahmen frauen- oder mädchenspezifische Überlegungen zu Resistenzfaktoren anstellen, betreten sie hochspekulatives Terrain. Dies gilt auch für Hypothesen, die an die Dominanzkulturthese anschlussfähig sind und die relative Distanz von Mädchen aus dem Umstand erklärlich werden lassen, dass sie - anders als Angehörige des männlichen Geschlechts - die Ausweitung und die Absicherung patriarchaler Verhältnisse nicht aus eigenem Antrieb aktiv verfolgen. Insoweit Rechtsextremismus ursächlich in Zusammenhang mit solchen Bestrebungen gedeutet wird, erscheint unterstellbar, dass eine Distanz gegenüber ihnen auch eine Ferne zu rechtsextremen Orientierungen mit sich bringt. Dass dies nicht immer der Fall ist, wird eingeräumt (vgl. das obige Kapitel zur Affinität von Mädchen zu rechtsextremen Orientierungen).

Welche anderen Bedingungen aber dafür ausschlaggebend sind, dass Mädchen sich häufiger als Jungen distanziert zeigen, bleibt unbenannt. Warum diese Distanz auf unterschiedlichen Ebenen des Rechtsextremismussyndroms unterschiedlich hoch ausfällt, wird - wohl nicht zuletzt aufgrund des undifferenzierten Rassismusbegriffs - nicht geklärt. Ziemlich nebulös muss auch bleiben, wie sich die Distanz in den Kontext geschlechtsspezifischer Identitätsbildung einfügt. Auch altersspezifische Typiken sucht man vergeblich. Überhaupt nicht werden Prozessverläufe von Distanzierung theoretisch greifbar.

Die fast schon alltagstheoretisch zu nennende, aber durchaus durch den Stand der bisherigen Forschung empirisch wie sozialisationstheoretisch abgedeckte und von Forscherinnen wie Siller, Birsl und Rippl vertretene Sichtweise, die vergleichsweise geringere Anfälligkeit von Mädchen und Frauen für rechtsextreme Orientierungen mit den Spezifika der weiblichen Sozialisation zu erklären (vgl. auch hier Teil A), findet durch unsere empirischen Untersuchungsergebnisse Bestätigung.

Allerdings wird bislang versäumt, diese Annahme bezogen auf die frühe Adoleszenzphase nachzuweisen. Sie wird auch noch nicht hinreichend detailliert im Kontext geschlechtsspezifischer Identitätsbildung und ihres Vollzugs im Zusammenhang einzelner Lebensbereiche sowie in ihrer Verbindung mit Kompetenzen bzw. Mechanismen der Erfahrungsstrukturierung plausibilisiert. Auch wird Distanz nicht in Hinsicht auf verschiedene Dimensionen von Rechtsextremismus (z.B. bezogen auf die verschiedenen Ausprägungen von Ungleichheitsvorstellungen und Gewaltakzeptanz) theoretisch differenziert erklärt. Vor allem aber fehlt gänzlich eine Theorie der Distanzierung - offenbar nicht zuletzt aus Mangel an Längsschnittanalysen.

Birsls These, die Feststellung einer im Geschlechtervergleich relativ deutlichen Resistenz des weiblichen Geschlechts könnte auch methodische Gründe haben und insbesondere an der Männlichkeitszentriertheit der Befragungsinstrumentarien liegen, ist mit unserer Forschung weder eindeutig zu verifizieren noch klar zu falsifizieren. Zum einen kann nicht zweifelsfrei ausgeschlossen werden, dass auch wir - trotz aller diesbezüglichen Vorsicht, die u.a. auch die gezielte Beschäftigung weiblicher Mitarbeiter einschloss - einer jungenzentrierten Sichtweise auf die Problematik aufgesessen sind. Zum anderen können wir aber in der Tat konstatieren, dass weibliche Anfälligkeiten seltener und 'weicher' sind (vgl. dazu differenzierter den empirischen Teil). Dass dafür methodische Ursachen nicht unbedingt, aber doch eher ausscheiden dürften, scheint uns daraus hervorzugehen, dass wir durchaus zu einer Bestimmung der spezifischen Qualität des weiblichen Rechtsextremismus vorstoßen und sie sich auch mit Überlegungen zur geschlechtsspezifischen Sozialisation theoretisch erklären lässt. Daneben zeigt sich durchaus das allerdings auch schon durch einige wenige andere vergleichbare Untersuchungen bekannte Faktum (vgl. z.B. Utzmann-Krombholz 1994), dass die häufig gemessene Distanz von Mädchen zu rechtsextremen Orientierungen vor allem durch eine Distanz zu personaler Gewaltakzeptanz zustande kommt, sie sich aber reduziert, wenn nur eine Verbindung von Ungleichheitsvorstellungen mit institutioneller Gewalt oder nur Ungleichheitsvorstellungen an sich anvisiert werden.

Als Konsequenz aus unseren empirischen Erhebungen ist die vergleichsweise große Distanz des weiblichen Geschlechts zu rechtsextremen Orientierungen als eine Folgewirkung weiblicher Sozialisation zu begreifen. Dies gilt zumindest in viererlei Hinsicht:

Zum ersten: Wenn wir für unsere Altersgruppierung der 13- bis 15jährigen festgestellt haben, dass sich Ungleichheitsvorstellungen vielfach via Gewaltakzeptanz Eingang in das Denken verschaffen, Gewaltakzeptanz für Mädchen aber gar nicht oder nur in reduzierter Form (meist Billigung oder Duldung) infrage kommt, so ist ihnen dieser Zugang zu Ungleichheitsvorstellungen weitgehend verbaut. Hier entfalten also offenbar jene an Mädchen auch heute noch (vgl. z.B. Reigber 1993; Faulstich-Wieland 1999) über den konventionellen weiblichen Sozialisationsstrang herangetragenen Verhaltenserwartungen ihre Wirksamkeit, die eine Ausrichtung an Zurückhaltung, Rücksichtnahme, Fürsorge, Friedfertigkeit u.ä. Werten propagieren und auch relativ gut geeignet sind, sie von unpolitischer Gewaltsamkeit abzuhalten. Dass dies nicht immer gelingt, hängt - wie oben ausgeführt -, gesamt-gesellschaftlich betrachtet, mit den Folgen der Individualisierung der Vergesellschaftungsmodi, die die konventionellen weiblichen Verhaltenszumutungen konterkarieren, individualspezifisch betrachtet, mit der Kontrastierung durch früher jungentypische, altersspezifische Identitätserwartungen und dadurch erzeugte, auf Dauer schwer tolerierbare, weil als identitätsgefährdend einzustufende Ambiguitäten und Widersprüche zusammen.

Zum zweiten: Zwar zeigt sich die Kluft zwischen dem Ausmaß an weiblicher Distanz und dem an männlicher Distanz in bezug auf rechtsextreme Orientierungen bzw. Ungleichheitsvorstellungen unterhalb personaler Gewaltakzeptanz weniger groß, dennoch sind Mädchen auch in dieser Hinsicht weniger anfällig. Dazu mag beitragen, dass sie sich auch mit institutioneller Gewaltausübung weniger zu identifizieren vermögen, weil es sich hier traditionell und auch noch aktuell um männlich dominierte Bereiche mit einer Dominanz männlicher Akteure und maskulin konnotierter Denk- und Verhaltensweisen handelt. Dies kann aber - u.U. zusätzlich - auch damit zusammenhängen, dass das weibliche Geschlecht in der männlich hegemonialisierten, 'patriarchalen' Gesellschaft struktureller Gewalt ungleich stärker ausgesetzt ist und die ihm ohnehin zugesprochene größere Empathiefähigkeit daher leichter auf die Opfer vorliegender oder potentieller struktureller Gewalt anwenden kann. Wer von sozialer Ungleichheit betroffen ist, mag mit höherer Wahrscheinlichkeit als andere über die Folgen der Befürwortung von Ungleichheitsvorstellungen und der institutionellen Umsetzung von Ungleichbehandlungsforderungen für die von ihnen Betroffenen nachdenken. Von daher erscheint erklärlich, dass von vielen im wesentlichen nur bei Fragen, die eine hohe emotionale Betroffenheit mit sich bringen (z.B. sexuelle Belästigung und sexualisierte Gewalt), Problemklärungen über das Ziehen dieser Register erhofft werden. Immerhin kann frau sich in diesem Falle noch dahingehend im Einklang mit traditionell weiblichen Verhaltensweisen fühlen, als eine Konfliktbearbeitung mittels fremdausgeübter Gewalt bzw. auf dem legitim erscheinenden Wege politisch und rechtlich gefasster Ausgrenzung angestrebt wird: Die 'hilflose Frau' wendet sich an die zuständigen Organe bzw. mit ihren politischen Forderungen an deren Ausbau.

Zum dritten: Im Gegensatz zu gleichaltrigen Jungen verfügen Mädchen innerhalb ihres Freundeskreises im allgemeinen in stärkerem Maße über diskursiv-kommunikativ angelegte Kontakte und Beziehungen. Man mag dies als eine Folge der bereits in der Kindheit einsetzenden Sozialisation in Richtung auf kommunikativen Austausch, soziales Verständnis, Kompromissfähigkeit etc. werten. Nahezu jedes Mädchen verfügt über eine sog. 'beste Freundin', eine Beziehungskonstruktion, die es für Jungen in dieser Weise nicht gibt. Dieses stärker kommunikativ-emotional als interessengeleitet-aktionsorientierte Beziehungsnetz ermuntert zu reflexivem Zugriff auf gemachte Erfahrungen und erhaltene Informationen. Damit stehen Mädchen in größerem Ausmaß als Jungen Plattformen für Aufarbeitungen konfliktuöser oder sonstwie irritierender Erfahrungen sowie für perspektivische Planungen zur Verfügung. Wenn jedoch in

Familie, Schule und Freizeitbereich Konstellationen auftreten, die die (geschlechtsspezifische) Identität zu destabilisieren drohen, erweisen sich auch diese Plattformen als nicht mehr tragfähig genug.

Zum vierten: Zuständigkeit für die Sphäre der Öffentlichkeit und Politik wird nach einem nach wie vor weithin gültigen traditionellen Verständnis primär dem männlichen Geschlecht zugeschrieben. Politisch-sozial einen Standpunkt zu erringen und Position zu beziehen, wird deshalb immer noch durchschnittlich mehr von Jungen als von Mädchen erwartet. Ein Junge, der diesbezüglich keine Interessen und Forderungen anmeldet, läuft Gefahr, einen traditionell männlich dominierten Sektor persönlichen Autonomiebeweises preiszugeben. Von einem Mädchen wird allen Modernisierungen zum Trotz politische Positionierung und politisches Engagement noch weniger erwartet. Versucht es dennoch, mehr als Mitläuferin zu sein und Eigenständigkeitswünsche auch in dieser Sphäre zu realisieren, ist es hoch wahrscheinlich, dass es mit dem teils offenen, teils latenten Maskulinismus des Rechtsextremismus in Konflikt gerät. Nicht zufällig sind die weiblichen Partizipationsraten gerade an diesem Pol des politischen Spektrums ausgesprochen gering. Gerade Eigenständigkeitswünsche sind es aber, die die Wendungen von Mädchen nach rechts auslösen. Würden sie hier auf Dauer ihre politische Heimat suchen, müssten sie sie wohl begraben, so dass sich für sie eine rechtsextreme Orientierung letztlich als dysfunktional erweisen muss.

Wir haben bislang Distanz zu erklären versucht. Eine Fokussierung auf Distanzierungsprozesse und ihr geschlechtsspezifisches Profil gibt drei Charakteristika zu erkennen:

Zum ersten: Im Kontext der geschlechterübergreifend für Distanzierungsprozesse relevanten Veränderungen des Erfahrungszusammenhangs ist die Entspannung der Situation im Elternhaus, aber auch die Reduktion schulischer Probleme und die Erweiterung politischer und gesellschaftlicher Teilhabe für Mädchen vor allem als Unterstützung oder zumindest Gewährenlassen der jugendlichen Verselbständigungsprozesse bedeutsam. Dies erscheint angesichts der für den Affinitätsaufbau festgestellten Bedeutung der subjektiv verspürten und in vielen Fällen wohl auch objektiv vorhandenen Behinderungen von Eigenständigkeitsbestrebungen nur logisch. Soweit sich neue Chancen auf und Qualitäten von Eigenständigkeit herauskristallisieren, wird die ohnehin nur von den (Cliquen-)Jungen geliehene (Schein-)Autonomie leicht in ihren Beschränkungen ersichtlich und deshalb verzichtbar. Darüber vermittelte Realitätskontrollerfahrungen und Selbstwertzugewinne haben für Mädchen eine besondere Bedeutung, weil sie ihnen helfen, in der für sie typischen widersprüchlichen Sozialisationssituation (dazu s.o.) 'sicheren Grund unter den Füßen' zu bekommen und Handlungs- wie Selbstsicherheit zu gewinnen. Damit bieten sich Lösungen für eine Problemlage an, die Jungen so nicht haben.

Zum zweiten: Auch wenn die empirischen Fingerzeige nicht so deutlich ausfallen, wie man es sich vielleicht wünschen würde: Es macht Sinn, der Hypothese nachzugehen, dass Mädchen stärker als Jungen über die Informationssendungen der Medien bewirkt Distanzierungsprozesse aktiv einleiten. Deutlicher reagieren sie mit politisch-moralischer Entrüstung auf minoritätenfeindliche Gewaltexzesse, von denen berichtet wird. Und sie ziehen daraus die Konsequenzen, 'damit nichts mehr zu tun' haben zu wollen. Zu vermuten ist, dass ihnen die Distanzierung einerseits leichter fällt, weil sie ohnehin nur am Rande der rechten Cliquen stehen und sich weniger stark in rechtsextreme Selbstverständnisse eingebunden fühlen. Andererseits macht sich hier womöglich auch ihre größere Offenheit gegenüber diskursiv-kommunikativer Verhandlung von Problemen bemerkbar. Sie würde dann nicht nur für face-to-face-Beziehungen, sondern auch für die Empfänglichkeit für mediale Kommunikation gelten. Vor allem aber scheint es, als böten ihnen ihre Freundinnenbeziehungen Kommunikationsforen, innerhalb derer (nicht nur) medial Rezipiertes reflexiv verarbeitet werden. Für letzteres spricht auch, dass die reflektierten Distanzierungen von Jungen auf solchen kommunikativen Voraussetzungen auffußen.

Zum dritten: Distanzierungsprozesse von Mädchen vollziehen sich häufig im Zusammenhang eines Freundeswechsels. Dies ist einerseits ein erneuter Hinweis auf die unselbständige und eher marginale Verortung im recht(sextrem)en Spektrum. Sie macht eine Loslösung relativ leicht möglich. Andererseits werden damit die Abhängigkeiten der politisch-sozialen Orientierungssicherung von Mädchen in der frühen Jugendphase offenbart. Es zeigt sich, dass den Mädchen genau das nicht gelungen ist, was sie angestrebt haben: die Demonstration von Eigenständigkeit. Die im Distanzierungsprozess gewonnene Einsicht darin ist aber noch keine Garantie dafür, sich mit dem erfolgten Freundeswechsel und evtl. weiteren Freundeswechseln nicht in weitere Abhängigkeiten zu begeben, in denen eine eigenständige Realitätskontrolle nur eine mittelbare und Autonomie weiterhin eine geliehene bleibt.

7. Perspektiven für weitere Forschung

Konsequenzen für weitere Forschungen sind in theoretischer, gegenstandsbezogen-inhaltlicher und methodischer Hinsicht zu ziehen. Dabei lassen sich die theoretischen Konsequenzen auch als eine Zusammenfassung der im obigen Kapitel 6 ausgeführten Erörterungen lesen.

7.1 Theoretische Konsequenzen

Die theoretischen Bezugspunkte unserer Untersuchung haben sich im ganzen bewährt:

Außerhalb eines sozialisationstheoretischen Rahmens erscheint eine sachadäquate theoretische Erklärung von Rechtsextremismus bei Jugendlichen nicht möglich. Dabei ist Sozialisation nicht als Einbahnstraße der Vermittlung gesellschaftlich vorherrschender und als relevant erachteter Werte und Verhaltensanleitungen an die nachwachsende Generation zu verstehen, sondern als ein Prozess aufzufassen, innerhalb dessen sich das realitätsverarbeitende Subjekt mit seiner natürlichen, personalen und sächlichen Umwelt aktiv auseinandersetzt. Im Funktionszusammenhang der individuellen Lebensbewältigung zielt es dabei auf die Entwicklung einer Handlungsfähigkeit, die es in Stand setzt, in autonomer Weise eigene Realitätskontrolle sicherzustellen und im Verlaufe der biographischen Entwicklung auf ein möglichst erweitertes Niveau zu stellen. Da der Mensch keine solipsistische Monade ist, ist er als gesellschaftliches Wesen in seiner individuellen Realitätskontrolle untrennbar mit dem erreichten Grad kollektiver bzw. gesellschaftlicher Realitätskontrolle verkoppelt; ja er realisiert seine Realitätskontrolle nur in diesem Rahmen. Unabhängig davon, ob er in dieser Verknüpfung im konkreten Falle eher sozialen Zwang erblickt oder die Möglichkeit zur Integration in Kooperations- und Kommunikationszusammenhänge genießt, ist ihm an personaler Wertschätzung gelegen. Er will als Persönlichkeit akzeptiert werden und entsprechende Anerkennungen im interpersonalen Austausch erhalten.

Sozialisation vollzieht sich nach wie vor deutlich in geschlechtsspezifischen Bahnen und Bezügen. Deshalb ist der Sozialisationsprozess des Subjektes immer auch als geschlechtsspezifischer Sozialisationsprozess zu begreifen. Die Akzeptanz von rechtsextremen Orientierungen, aber auch die Distanz(ierung) davon, wird in ihren subjektiven Motivationszusammenhängen wie in ihren objektiv beobachtbaren Gelegenheitsstrukturen ganz deutlich geschlechtsspezifisch geprägt.

Sozialisationstheoretisch ist daneben und in Verbindung mit Geschlechtsspezifik die Altersspezifik von Verläufen und Entwicklungen von hochrangiger Bedeutung. Genauer betrachtet handelt es sich um eine Lebensphasenspezifik, die sich relativ stark vom biologischen Alter abzukoppeln vermag. Aus dieser Einsicht heraus verbieten sich pauschalisierende Erklärungen der Existenz von Rechtsextremismus in unserer Gesellschaft. Selbst Erklärungen des sog. 'jugendlichen' Rechtsextremismus müssen - selbst wenn sie geschlechtsspezifisch gewichtet werden - zu undifferenziert ausfallen, wenn sie nicht mindestens eine frühe, mittlere und späte Jugendphase unterscheiden. Die vorliegende Untersuchung zeigt - auch im Vergleich mit Studien, die ältere ProbandInnengruppierungen einbeziehen, - auf, wie bedeutsam lebensphasenspezifische Besonderheiten der frühen Jugendphase sind. Der Übergang von der Kindheits- in die Jugendphase, die Prozesse der Anbahnung erster sexueller Kontakte oder die Bedeutung der Schule sind Dinge, die sich in dieser Phase ganz anders darstellen als in biographisch früher oder später liegenden Stadien. Dies gilt auch für die relativ große Bedeutungslosigkeit von Beruflichkeit. Distanzierung von den gesellschaftlichen Sozialisationsinstanzen und Oppositionsmotive spielen eine besondere Rolle. Studien, die solche Spezifiken bei der ProbandInnenauswahl nicht berücksichtigen und in ihre theoretischen Deutungsangebote nicht mit aufnehmen, können bestenfalls zu nur sehr groben Aussagen kommen.

Innerhalb des sozialisationstheoretischen Gerüsts erweisen sich identitätstheoretische Bezugspunkte als weiterführend. Der Prozess der Herstellung, Absicherung und Erweiterung von individueller Handlungsfähigkeit ist nämlich gebunden an die Identitätsentwicklung, das heißt an die Kontinuität und Konsistenz des Selbsterlebens. In der Balance zwischen sozialer und personaler Identität wird von Seiten des Subjekts im Prozess des Erfahrungsablaufs eine Identität zu produzieren gesucht, die die Eigenständigkeit der Person ermöglicht, untermauert und nach außen hervortreten lässt. Autonomie in entwickelter Form stellt sich dann dar als Sicherung von Kontinuität und Konsistenz 'nach innen' einerseits und als unabhängige und realitätskontrollkompetente Handlungsfähigkeit 'nach außen'. Mit ihr sind Orientierungs- und Handlungssicherheit in Absetzung von Ohnmacht, Hilflosigkeit, Abhängigkeit und Verunsicherung gegeben. Autonomie ist das Ziel der Identitätsentwicklung, faktisch ist sie aber im Regelfall nur relativ entwickelt. Gleichwohl orientieren sich Jugendliche im Prozess ihrer Identitätsbildung an diesem Ziel. Aus der Perspektive des betroffenen Subjekts wird das Vertreten von rechtsextremen Orientierungen als Mittel verstanden, ihm näher zu kommen oder es zu erreichen.

Im Zuge des Sozialisationsprozesses und der Identitätsbildung und im Rahmen aktiver Umweltauseinandersetzung entfalten sich auf Seiten des Subjekts Mechanismen und Kompetenzen der Erfahrungsstrukturierung, die sich als personale Kennzeichen von Verarbeitungs- und Bewältigungsleistungen niederschlagen. Zu ihnen gehören Reflexionsvermögen sowie die Fähigkeiten zu Perspektivenübernahme, Empathie, Verantwortungsübernahme und verbale Konfliktregelung. Die Untersuchung von Rechtsextremismus muss stärker als bisher auch solche Kategorien personaler Kompetenzbildung einbeziehen. Eine ähnliche Forderung deutet sich auf der Basis unserer Ergebnisse für die Studie der jugendlichen Moralbildung an. Ertragreich erscheint es, systematischer, umfassender und differenzierter als in unserem Forschungszuschnitt möglich, solchen Kategorien und ihren individuellen Entwicklungsständen vor allem als möglichen Protektionsfaktoren, d.h. also im Zusammenhang mit der bislang sträflich vernachlässigten Untersuchung von Distanz- und Distanzierungsbedingungen von Rechtsextremismus nachzugehen.

So wie Sozialisation insgesamt, so verläuft auch die Identitätsentwicklung nach geschlechtsspezifischen Mustern. Sie basieren teils gar nicht, teils erheblich weniger auf biologischen Notwendigkeiten des Mann- oder Frauwerdens als vielmehr auf gesellschaftlich vorherrschenden Geschlechterbildern, die sich per Sozialisation reproduzieren. Die Auseinandersetzung von Jugendlichen mit rechtsextremen Orientierungen muss genau in diesem Zusammenhang gedeutet werden. Selbstverständlich weist Identitätsentwicklung auch lebensphasenspezifische Prägungen auf. Auch sie sind bei der theoretischen Erklärung von Rechtsextremismus zu berücksichtigen. Vor allem in der Verbindung geschlechts- und lebensphasenspezifischer Momente der Identitätsentwicklung liegt wichtiges Erklärungspotential. Hier erweist sich z.B. der Widerspruch von altersspezifischen und geschlechtsspezifischen Normen und Identitätszumutungen, dem sich Mädchen ausgesetzt sehen, als wichtiger Eckstein in der Erklärung ihrer Gewaltakzeptanz. Die Territorial- und Machtkämpfe männlicher Jugendlicher und die mit ihnen zusammenhängende Gewaltakzeptanz sind in dieser Weise im Rahmen der geschlechtsspezifischen Identitätssuche als maskulinjuvenil akzentuierte Auseinandersetzungen um männliche Hegemonie interpretierbar.

Die immer deutlicher werdende Transformation der (nicht nur) deutschen Gesellschaft in eine Migrationsgesellschaft macht eine weiterzutreibende Ausdifferenzierung sozialisationstheoretischer Analysen in Hinsicht auf Einflüsse wie die ethnischer Zugehörigkeit, der Hautfarbe, religiöser Kulturen, Aufenthaltsdauer und Aufenthaltsstatus erforderlich. Dies gilt auch und gerade im Hinblick auf die Sozialisation von Vorstellungen von Geschlechterbildern.

Die individualisierungstheoretische Perspektive erweist sich insoweit als gewinnbringend, als sie die zentrale Frage nach sozialer Integration bzw. sozialer Desintegration, auch unabhängig von Systemintegration bzw. Systemdesintegration, aufwirft. Außerdem zwingt sie zu einer Reflektion der Befunde auf dem Hintergrund gesamt-gesellschaftlicher Entwicklungen von historischer Tragweite. In der Tat spricht aus der Sicht unserer Studie einiges dafür, Rechtsextremismus im Zusammenhang mit gesellschaftlichen Desintegrationspotentialen zu deuten. So gehören z.B. sozio-emotionale Vernachlässigungen der Kinder im Elternhaus zu den ausschlaggebenden Faktoren für Neigungen nach rechts. Allerdings fallen zum einen die Integrationsprobleme der Jugendlichen nicht so dramatisch aus, dass bereits für sie von einer Auflösung der entsprechenden sozialen Zusammenhänge geredet werden könnte. Außerdem scheinen manche Ursachen von rechtsextremen Auffassungen und von rechtsextremer Gewalt eher durch die Anbindung der Jugendlichen an vorherrschende gesellschaftliche Ansichten (z.B. über Männlichkeit oder die Legitimität von Ethnisierungen und Anciennitäts-Rechten) bewirkt.

Es deutet sich an, dass die auch von anderen Studien (vgl. z.B. Heitmeyer u.a. 1995; Rippl 1998; Zulehner/Volz 1998, z.B. 62ff, 279ff) in dieser Hinsicht problematisierte Übernahme gesellschaftlich weit geteilter, ja propagierter Werthaltungen, die gerade für die von Modernisierung und Individualisierung gekennzeichnete Gesellschaft typisch sind, in eine Affinität zu rechtsextrem konturierten Haltungen oder zumindest zu Teilbeständen davon führen können. Dieser Befund spricht gerade nicht für die These von einer Auflösung generationenübergreifender Norm- und Wertbestände als Hintergrund entsprechender Orientierungen und Verhaltensweisen. Wir befinden uns freilich hier in einem Gelände, das eher durch Hypothesen als durch theoretisch und praktisch bewährte Wegweiser ausgeschildert ist. Man stößt an Schwierigkeiten der empirischen Einlösung individualisierungstheoretischer Erwägungen, weil sie große historische Zeiträume in den Blick nehmen. Will man hier nicht zu Hilfskonstruktionen greifen (wie dies die Studie von Heitmeyer u.a. 1995 mit ihrem Milieu-Konzept macht, indem es unterschiedliche Gewaltneigungen in verschiedenen Milieus untersucht und dann diese Milieus nach jeweiliger historischer Zu- und Abnahme im Modernisierungsprozess ordnet), sind gesellschaftliche Veränderungen prozessnah nur über längerfristige Längsschnittstudien möglich. Zumindest Nachfrage-Erhebungen bei bereits in kürzeren Längsschnitten untersuchten Probanden böten sich an.

Eine jugendkulturtheoretische Perspektive hat sich in den hier erörterten empirischen Forschungszusammenhängen als nur begrenzt fruchtbar erwiesen. Dies scheint weniger daran zu liegen, dass sie nicht systematisch genug verfolgt wurde, als daran, dass jugendkulturelle Zuordnungen offensichtlich in der Altersphase der frühen Jugend noch nicht die Rolle spielen, wie dies später der Fall sein dürfte. Jugendkulturelle Vorlieben werden zumindest in diesem Stadium noch entweder gar nicht formuliert oder werden sehr weitgehend tentativ ausprobiert. Sie haben sich noch nicht festgesetzt. Sind deshalb Einflüsse einzelner Jugendkulturen auf Rechtsextremismus (und Gewalt überhaupt) bei jüngeren Jugendlichen weniger beobachtbar, so deutet sich dessen ungeachtet die Bedeutung jugendkultureller Überformung des politischen Denkens und Verhaltens und auch die jugendkulturelle Überformung von Violenz und ihrer Stilisierung an. Es ist davon auszugehen, dass sich damit Auffassungen von Politik und Selbstverständnisse von Gewaltbereiten gegenüber früher verändern: Gewalt und politische Inszenierung werden stärker in ihrem Erlebnischarakter bewertet. Um sich abzeichnende Entwicklungen wie diese genauer zu untersuchen, wäre eine theoretische Annäherung zu postulieren, die Jugendkultur, Politik, Gewalt und Erlebnisgesellschaft differenzierter als bisher unternommen in Bezug zueinander bringt.

7.2 Gegenstandsbezogen-inhaltliche Konsequenzen

Unsere Studie konnte das Untersuchungsfeld notwendigerweise nur selektiv erforschen. Dies betrifft auch gerade Gegenstände und Inhalte der Untersuchung. Auf der Basis unserer Forschung deuten sich aber Untersuchungsthemen an, deren Bearbeitung besonders dringlich bzw. besonders ertragreich erscheint. Diesbezügliche Desiderate lassen sich nach drei Punkten gruppieren. Sie betreffen wünschbare Zuschnitte der ProbandInnengruppierungen, besonders interessant erscheinende Inhalte und Evaluationserfordernisse.

Der bisherige Schwerpunkt der Rechtsextremismusforschung liegt bei etwa 16- bis 22jährigen ProbandInnen, verstärkt: Probanden. Die vorliegende Studie hat unter Beweis gestellt, dass eine Erweiterung dieser Auswahl auf jüngere Jugendliche Sinn macht. Sie führt dabei vor, dass gerade ein genaueres Studium von entsprechenden Phänomenen unterhalb der Schwelle sog. sozialer Auffälligkeit notwendig ist. Gerade unter pädagogischen Gesichtspunkten interessieren eigentlich mehr diejenigen, die noch nicht durch polizeiliche Registrierung und (wiederholte) Straf- und Gewalttäterschaft auffällig geworden sind. Die kriminologische bzw. die schwerpunktmäßig auf rechtsextreme Straftäter bezogene Forschung bezieht bislang fast ausschließlich solche Gruppierungen ein, die mehr oder minder im Scheinwerferkegel der Medien und der sonstigen öffentlichen Aufmerksamkeit stehen. Mindestens zwei erhebliche Probleme sind forschungsstrategisch damit verbunden: Zum einen wird so verfehlt, die Anfälligkeit - vielleicht aber auch die Resistenzen - derjenigen zu untersuchen, die außerhalb dieses Hellfelds Gewalt und Gefährdungen demokratischer Auffassungen ausgesetzt sind. Damit unterstützt man eine Problemzentrierung, die schwerer sichtbare, subtile und offiziell nicht registrierte Phänomene außer acht lässt. Dabei sind sie womöglich noch viel nachhaltiger als öffentlich ausagierte politische (oder auch unpolitische) Gewalt dazu geeignet, das demokratische System gleichsam 'von innen' auszuhöhlen, weil sie sich mit Gewaltakzeptanzen verbinden, die auf entweder akzeptierte oder doch wenig problematisierte strukturelle und institutionelle Mechanismen setzen. Zum anderen kann der Prozess der Gewaltgenese bzw. der Prozess der politischen Radikalisierung (besser eigentlich - s. den Abschnitt zu terminologischen Klärungen -: der politischen Extremisierung) nur aus der Retrospektive mit den bekannten und weiter oben ausgeführten methodischen Schwierigkeiten erhoben werden. Das Interesse daran, entscheidende Weichenstellungen im Lebensverlauf herauszufinden, lässt sich so nur sehr schwer verfolgen, weil eine prozessnahe forscherische Begleitung des biographischen Verlaufs fehlt.

Aus der Sicht unserer Untersuchung liegt sogar eine zukünftige Ausweitung der Rechtsextremismusforschung auf noch jüngeres Klientel nahe. Auch wenn wir festgestellt haben, dass entscheidende Weichenstellungen sich in der frühen Adoleszenz vollziehen, so müssen wir doch registrieren, dass sie auf Sozialisationserfahrungen basieren, deren Wurzeln in die Kindheits-Biographie zurückreichen. Es werden noch viel zu vereinzelt entsprechende Ansätze im Rahmen von Kindheitsforschung 'gefahren'. Vor allem durch die "Gewalt-an-Schulen-Forschung" und den ihr zugrundeliegenden realen Gewalt-Problemen an deutschen Schulen wird diesbezüglich aktuell mit Recht eine 'Verjüngung' des ProbandInnenpotentials vollzogen. Bezogen auf politisch relevante Vorstellungen ist es womöglich nur das in Deutschland weitgehend fehlende methodische Know-how und die hierzulande - im Gegensatz etwa zur USA - fehlende Tradition einer solchen Forschung, die eine breitere Beschäftigung bislang verhindert (vgl. auch Heinzel 1997). Wie auch immer: Gerade die von uns festgestellte hohe Bedeutung des Elternhauses spricht dafür, künftig verstärkt auch schon in der Kindheitsphase den Faktor des Erziehungsmilieus einzubeziehen. Dabei kommt dann auch die Frage auf, in welcher Weise Kinderbetreuungseinrichtungen wie Kindergärten und Horte Einfluss auf den Aufbau von Gewaltförmigkeit und z.B. ethnisierenden Deutungen als Bestandteilen rechtsextremen Einstellungspotentials nehmen.

Auf der anderen Seite ist eine stärkere Akzentuierung der Rechtsextremismusforschung auch als Erwachsenenforschung höchst angezeigt. Die Verhandlung der einschlägigen Symptome als Jugendprobleme wird ihren Entstehungsbedingungen nicht gerecht. Sie bildet die gesellschaftspolitischen Probleme nur in eklatanter Schieflage ab. Unsere Studie zeigt den deutlichen Einfluss der Erwachsenengesellschaft auf das politische Denken Jugendlicher auf. In unseren Befunden deutet sich an, dass eine Transformation juvenil getönter Männlichkeits-Muster in Formen erwachsener Männlichkeit nicht unbedingt zu einem Abbau von Gewaltakzeptanz führt, sondern nur zu einer Umformung: Physische Violenz wird biographisch durch sozial akzeptierte, jedenfalls nicht ernsthaft und gesellschaftlich breit problematisierte Formen struktureller und institutioneller Gewaltakzeptanz abgelöst. Unsere Studie konnte diesen Prozess nur in seinen allerersten Anfängen einfangen und muss deshalb diesbezüglich spekulativ bleiben. Es bleibt weiteren Forschungen vorbehalten, den Übergang vom Jugend- in das Erwachsenenalter bei älteren männlichen Jugendlichen bzw. jungen Männern in dieser Hinsicht genauer zu untersuchen. Von besonderem Interesse ist es, die Prozesse zu untersuchen, die sich im Sozialisationsverhältnis von Erwachsenen und jüngerer Generation abzeichnen.

Wie schon in den Erörterungen zum Stand der Forschung festgestellt wurde, wird bisher rechtsextreme Gefährdung von Migrantenjugendlichen (und -kindern sowie -erwachsenen) nur unzureichend untersucht. Unsere Befunde können diesbezüglich nicht mehr als eine Anforschung darstellen. Sie verweisen aber auf die potentiell gewalterzeugende Problematik der Prozesse der Selbstethnisierung und auf die Relevanz einer zwischen Migrantengruppierungen differenzierenden Untersuchung. Dabei spielen offensichtlich nicht nur die meist im Vordergrund gesehenen ethnischen, nationalen, religiösen und kulturellen Unterschiede - nicht nur im Vergleich zu einheimischen Deutschen, sondern, mehr als bisher beachtet, auch untereinander - eine Rolle. Auch Aufenthaltsstatus und -dauer sind wichtig; vor allem deshalb, weil sich andeutet, dass Ungleichheitsvorstellungen und Gewaltakzeptanzen unter verschiedenen MigrantInnengruppierungen sich mit Anciennitäts-Rechten zu legitimieren suchen. Besonders vordringlich erscheint hier, männliche Probanden einzubeziehen und den Zusammenhang von Gewaltakzeptanz mit Männlichkeitsvorstellungen in unterschiedlichen Kulturen genauer zu eruieren.

Aus der Sicht der vorliegenden Studie sind vier inhaltliche Gesichtspunkte im Zusammenhang mit den uns hier zentral interessierenden Fragen baldmöglichst näher zu untersuchen.

Ein erster Punkt betrifft die weibliche Auto-Aggression. Sie stellt - wie auch unsere Studie feststellen musste - eine nicht seltene Form weiblichen Bewältigungshandelns dar, die häufig als das Pendant zu der außengerichteten Aggression männlicher Jugendlicher erscheint. Besser ist sie allerdings aus ihrem geschlechtsspezifischen Zusammenhang heraus als individuell gezogene Option verstehbar, die in solchen problembelasteten Lebenslagen und Situationen von einzelnen Mädchen 'gewählt' wird, in denen andere auf außengerichtete Gewaltformen setzen. Aus Gründen des unserer Studie gesetzten Rahmens ließ sich diese Teilthematik in unserem Projekt nicht weiter verfolgen. Um so mehr erscheint es interessant, herauszufinden, aus welchen subjektiven Deutungen, Bedeutungszuschreibungen und Motiven heraus Mädchen in diese Verhaltensalternative gedrängt werden, welche vorgängigen Erfahrungen ihnen zugrunde liegen mögen, welche Spezifik die Mechanismen der Erfahrungsstrukturierung aufweisen und wie sich diese Faktoren insgesamt sozialisatorisch prozesshaft ergeben.

Zum zweiten sollte der Zusammenhang zwischen Täter- und Opfersein näher beleuchtet werden. Wir stellen in unserer Studie zwar fest, dass die gewaltakzeptierenden Jugendlichen zwar in irgendeiner Weise die Opfer ihrer Lebensverhältnisse sind und diese Lebensverhältnisse von ihnen als einengend, zwanghaft und teils auch explizit gewaltförmig empfunden werden, wir rekonstruieren im Interviewgespräch auch Situationen, in denen - auch im Sinne physischen Gewalterleidens und Gewaltzufügens - der Konnex zwischen Täter- und Opferstatus deutlich aufscheint, die multifaktorielle und multiperspektivische Sicht auf solche Situationen bleibt aber noch sehr eingeschränkt. Ein genaueres Abbild wäre durch Methoden zu gewinnen, die innerhalb des Forschungsprozesses selber noch mehr Lebensweltnähe gestatteten.

Ein dritter Punkt betrifft die Kategorien, Mechanismen und Kompetenzen der Erfahrungsstrukturierung. Der Rahmen unserer Forschung gestattete es nicht, breiter und tiefgehender als es erfolgt ist, diesen Faktoren nachzugehen. Angesichts der Bedeutung, die die Ergebnisse unserer Studie ihnen zuweist, wäre dies für künftige Projekte allerdings in höchstem Maße wünschenswert. Zu denken ist zum einen an eine genauere Verfolgung auszudifferenzierender Teilaspekte, zum anderen an eine Ergänzung um andere personale Kompetenzen, von denen ebenfalls ähnliche Effekte anzunehmen sind: Ambivalenztoleranz, Ambiguitätstoleranz, Rollendistanz, moralische Bewertungsgesichtspunkte u.ä.m. (vgl. zur Bedeutsamkeit ähnlicher Kategorien – in diesem Fall für Zivilcourage - auch: Meyer/Hermann 2000).

Der vierte Punkt bezieht sich auf eine Lücke der bisherigen Forschung, deren Größe aus der Perspektive unserer Studie als besonders bedauerlich betrachtet werden muss: Das Manko an Studien zu Distanzfaktoren und zu Prozessen der Distanzierung von Rechtsextremismus. Ausführliche Begründungen für ihre Notwendigkeit wurden weiter oben bereits gegeben und müssen deshalb hier nicht wiederholt werden.

Eine Konsequenz aus der Esslinger Studie besteht auch darin, vermehrt Evaluationsstudien einzufordern. Wie in den Erörterungen zum Stand der Forschung klargelegt, besteht daran ein eklatanter Mangel. Zwei Bereiche sind dabei von herausragendem Interesse: der pädagogische i.e.S. und der der politisch-strukturellen Vorkehrungen im kommunalen Bereich. In unserer Studie stoßen wir zwar gelegentlich bei der Untersuchung des Schul- und des Freizeitbereichs der Jugendlichen an vorhandene oder - trotz anzunehmender pädagogischer Intentionen (z.B. beim NS-Unterricht in der Schule) - ausbleibende Einflüsse schulpädagogischer oder jugendarbeiterischer Maßnahmen. Inwieweit hier systematische Programme zugrunde liegen, wieweit sie konzeptionell durchdacht sind und wie effektiv sie sind, lässt sich durch unsere Forschungsanlage aber nicht feststellen. Dazu bedürfte es gezielter Evaluationsstudien einschlägiger Maßnahmen. Ein anderer Gesichtspunkt betrifft die Evaluation kommunalpolitischer Initiativen zur Eindämmung von Rechtsextremismus (und sonstiger Gewalt) im gemeindlichen bzw. städtischen Raum. In unseren Forschungsresultaten deutet sich z.B. an, dass eine Öffnung kommunalpolitischer Partizipation für Jugendliche in dieser Hinsicht wirksam sein kann. Zudem ist davon auszugehen, dass Vernetzungen der Arbeit gesellschaftlich relevanter Gruppen sowie gesellschaftlicher Institutionen positive Effekte erzielen könnten. Dafür ist das Interaktionsgeflecht lokaler Akteure zu durchleuchten (vgl. auch: Backes/Heitmeyer 1999). Hier liegt eine der wesentlichen Voraussetzungen für strukturelle Veränderungen von nachhaltiger Wirksamkeit.

7.3 Methodische Konsequenzen

Methodische Konsequenzen sind vorrangig im Hinblick auf sechs Punkte zu ziehen:

Zum ersten: Dass hier im Mittelpunkt stehende Forschungsprojekt verweist nachdrücklich auf die Fruchtbarkeit längsschnittlicher Analysen. Eine empirische Umsetzung sozialisationstheoretischer Ausgangspunkte setzt sie fast voraus, wird doch Sozialisation darin immer als Prozess begriffen und ist dieser Prozess nicht hinreichend adäquat durch Ein-Punkt-Erhebungen mit möglicherweise retrospektiver Anlage zu erfassen. Gerade die Prozesse eines Affinitäts- bzw. Akzeptanzaufbaus oder auch die der allmählichen Reduktion von rechtsextremen Orientierungen im biographischen Verlauf können so möglichst zeitnah und ohne große retrospektive Trübungen in den Blick genommen werden. Verläufe sind letztlich nur durch Vergleiche von Entwicklungsständen zu unterschiedlichen Zeitpunkten nachzeichenbar. Speziell in der Jugendforschung, also innerhalb jener Forschung, die auf eine hochgradig formative Phase der Persönlichkeitsentwicklung fokussiert, bieten sich Längsschnitte an. Es ist bedauerlich, wenn die öffentliche und fachinterne Diskussion auch deshalb allzu leichtfertig, wo quantitative Entwicklungen interessieren, über Zu- und Abnahmen des Rechtsextremismuspotentials (bei Jugendlichen) spekuliert. Noch bedauerlicher ist es, wenn der pädagogischen Praxis forschungsbezogene Hinweise über qualitative Veränderungen von politischen Orientierungen innerhalb der Jugend insgesamt, vor allem aber bezogen auf den biographischen Verlauf und ihre dort auszumachenden Ursachen fehlen. Dies gilt im Rhamen des Interesses an einer Loslösung von pädagogischen Haltungen des 'Anti' insbesondere für Distanzierungsprozesse.

Zum zweiten: Eine qualitative Methodik ist unzweifelhaft für die Untersuchung der hier in Rede stehenden Bereiche angebracht. Keine andere Methodik ist besser für Anforschungen wenig beackerter Untersuchungsfelder geeignet, keine andere kommt näher an die subjektiven Bedeutungszuschreibungen der Subjekte heran. Dennoch besteht das Problem der fehlenden Repräsentativität der Ergebnisse. Es bleibt die Frage nach der Generalisierbarkeit der gefundenen Forschungsresultate, eine Frage, die sich spätestens dann stellt, wenn auf großflächige Wirksamkeit hin angelegte politisch-strukturelle Vorkehrungen realisiert werden sollen. Wo solche Zwecke inauguriert sind, ist eine Kombination von qualitativen und quantitativen Methoden angezeigt.

Zum dritten: Geschlechtsspezifik prägt Prozesse des Aufbaus und der Reduktion von rechtsextremen Orientierungen erheblich. Was an konkreten Orientierungen, Verhaltensweisen und Verläufen sowie an den ihnen zugrundeliegenden Ursachenzusammenhängen nun aber tatsächlich geschlechtsspezifisch ist, läßt sich letztlich methodisch sauber nur durch einen Vergleich zwischen weiblichen und männlichen Probanden herausfinden. Die traditionelle Jugendforschung bleibt beschränkt, wenn sie ihr Geschäft weiterhin weitreichend als Jungenforschung betreibt - wobei sie dann allzu häufig immer noch 'geschlechtsblind' die geschlechtsspezifischen Aspekte unberücksichtigt läßt. Feministische Forschung zu Rechtsextremismus (und auch unpolitischer Gewalt) bei Mädchen und Frauen ist schlecht beraten, wenn sie sich nur auf weibliche Probanden bezieht, wie sie dies gegenwärtig nahezu ausschließlich noch tut.

Zum vierten: Unabhängig von der Untersuchungsthematik präsentiert sich Jugendforschung - wie sozialwissenschaftliche Forschung überhaupt - immer noch zu wenig als subjektorientierte Forschung. Möglichkeiten, die Beforschten zu Subjekten des Forschungsprozesses werden zu lassen, werden noch zu wenig entwickelt und genutzt. Einmal ganz abgesehen von politisch-moralischen und forschungsethischen Postulaten ist zumindest im Hinblick auf die Validierung von Auswertungen weiterer Entwicklungsbedarf unabweisbar.

Wo im Rahmen qualitativer Forschung kommunikative Validierung nicht nur durch ein Forscher-Innenteam, sondern auch durch die ProbandInnen angestrebt ist, sind Ansätze weiterzuverfolgen, wie wir sie noch sehr tentativ, aber u.E. erfolgreich mit der Steckbriefmethode angegangen sind (s. o.). Die Rückkoppelung von Zwischenauswertungen quer über die Untersuchungsgruppe hinweg an die Befragten, die Diskussion der Untersuchungsergebnisse mit den ProbandInnen vor ihrer Publikation und die mit ihnen gemeinsam vorzunehmende Entwicklung von Ideen ihrer praktischen Verwertung sind weitergehende Desiderate.

Zum fünften: Unsere Studie ist, wie die meisten anderen Studien zum Thema, auf Einzelindividuen bezogen. Perspektiven anderer Lebensweltangehöriger wurden nur supplementär und in ausgewählten Fällen durch sog. Experteninterviews, manchmal absichtlich, teils aber auch mehr zufällig aufgrund bestehender Freundschaftskontakte zwischen den Befragten eingefangen. Für unsere sehr breit über die Erfahrungen in verschiedenen Lebensbereichen angelegte und am individuellen biographischen Verlauf interessierte Untersuchung ist die Fokussierung auf Einzelverläufe ein angemessenes Vorgehen. Damit lässt sich aber das Gesamt des Sozialisations-Milieus der Jugendlichen nur sehr selektiv entschlüsseln. Wünschenswert wäre es, ergänzend über Milieu-Studien verfügen zu können. Ein Vergleich verschiedener Milieus und ihrer Entwicklung über einen mittels Langzeituntersuchung einzuholenden längeren Zeitraum könnte dann zu (infra)strukturellen Momenten dieser Sozialkontexte führen, die als Ursachen für Entstehungs- und Entwicklungsbedingungen isolierbar sind.

Zum sechsten: Eine (qualitative) Studie, die im wesentlichen auf Befragungen basiert, zielt darauf ab, die subjektive Sicht der Befragten zu erheben. Das Interesse daran hat gute Gründe. Dennoch leidet der Interpret qualitativer Daten immer auch darunter, nicht beurteilen zu können, ob die gegebenen Schilderungen von Begebenheiten von anderen daran Beteiligten intersubjektiv geteilt werden. Denn die Information darüber ist immer eine mittelbare. Das Problem dabei ist weniger, nicht entscheiden zu können, ob der jeweilige Befragte die 'Wahrheit' erzählt oder nicht - diese 'Wahrheit' ist letztlich ohnehin immer subjektiv oder höchstens auf der Basis intersubjektiver Übereinkunft definiert. Ärgerlicher, weil der Erfassung des Gesamtzusammenhangs der geschilderten Situation hinderlich, ist es, die betreffende Situation nicht in ihrer Gänze so wahrnehmen zu können, als sei man selber dabei gewesen. Aus diesem Umstand heraus bietet es sich - für bestimmte Untersuchungsinteressen mehr (z.B. Milieu-Studien), für andere weniger - an, Befragungen und Dokumentenanalyse im Sinne einer Triangulation methodisch um Feldforschung und Beobachtung zu ergänzen. Diese Interesse stößt an nicht unerhebliche pragmatische und schwierig zu lösende methodische Probleme (vgl. z.B. Friebertshäuser 1997b; Marotzki 1998). Vermutlich sind sie es, die Feldforschung und Beobachtung - ganz anders als im Kontext journalistischer Recherchen zum Thema - zu so selten genutzten (vgl. aber Tertilt 1996) Instrumentarien in der deutschsprachigen Rechtsextremismusforschung werden lassen.

Literaturverzeichnis

Adelson, J.: Die politischen Vorstellungen des Jugendlichen in der Frühadoleszenz. In: Döbert, R./Habermas, J./Nunner-Winkler, G. (Hg.): Entwicklung des Ichs. 2. Aufl. Köln 1980, 272 - 293

Adorno, T.W.: Jargon der Eigentlichkeit. Frankfurt/M. 1964

Adorno, T.W. u.a.: The Authoritan Personality. Studies in Prejudice. New York 1969 (Orig. 1950)

Adorno, T.W.: Studien zum autoritären Charakter. Frankfurt/M. 1973

Ainsworth, M.D.S./Bowlby, J.: An ethological approach to personality development. In: American Psychologist, 46, 4/1991, 333 - 341

Allport, G.W.: Die Natur des Vorurteils. Köln 1971

Altemeyer, B.: Enemies of Freedom. Understanding Right-Wing Authoritarianism. San Francisco/ London 1988

Baacke, D.: Die 13- bis 18jährigen. Einführung in die Probleme des Jugendalters. München, Berlin, Wien 1976; Neuauflage Weinheim 1983

Baacke, D.: Ortlos - Orientierungslos. Verschiebungen in jugendkulturellen Milieus. In: Baacke, D./Farin, K./Lauffer, J.: Rock von Rechts II. Milieus, Hintergründe und Materialien. Bielefeld 1999, 84 - 105

Backes, O./Heitmeyer, W.: Das Interaktionsgeflecht lokaler Akteure und die Normalisierung rechtsextremistischer Gewalt in ostdeutschen Städten. Förderungsantrag an die Stiftung Volkswagenwerk im Schwerpunkt "Recht und Verhalten". Bielefeld 1999 (Mscr.)

Badinter, E.: xy. Die Identität des Mannes. München und Zürich 1993

Bähr, J.: Devotionalien aus Gewalt, Blut und Knochen. Rechtsrock bildet die Basis für ein faschistoides Denken der Jugend. In: Neue Musikzeitung 1/1993, 12f.

Beck, U.: Jenseits von Stand und Klasse? Soziale Ungleichheiten, gesellschaftliche Individualisierungsprozesse und die Entstehung neuer Formationen und Identitäten. In: Kreckel, R. (Hg.): Soziale Möglichkeiten, Sonderband 2, Göttingen 1983, 35 - 74

Beck, U.: Risikogesellschaft. Auf dem Weg in eine andere Moderne. Frankfurt/M. 1986

Behne, K.-E.: Wirkungen von Musik. In: Helms, S./Schneider, R./Weber, R. (Hg.): Kompendium der Musikpädagogik. Kassel 1994

Bergmann,W./Erb, R.: Rechtsextremismus und Antisemitismus. In: Politische Vierteljahreszeitschrift. Sonderheft 27/1996: Rechtsextremismus. Ergebnisse und Perspektiven der Forschung, 330 - 343

Bergmann, J./Leggewie, C.: Der Skin und der Kommissar. Beobachtungen aus der Mitte Deutschlands. In: Frankfurter Rundschau vom 18.09.1993

Birsl, U.: Rechtsextremismus: weiblich - männlich? Eine Fallstudie. Opladen 1994

Bitzan, R. (Hg.): Rechte Frauen. Skingirls, Walküren und feine Damen. Berlin 1997

Böhnisch, L.: Gespaltene Normalität. Weinheim und München 1994

Böhnisch, L.: Sozialpädagogik der Lebensalter. Weinheim und München 1997

Böhnisch , L./Winter, R.: Männliche Sozialisation. Weinheim und München 1993

Boehnke, K.: Prosoziale Motivation, Selbstkonzept und politische Orientierung. Entwicklungsbedingungen und Veränderungen im Jugendalter. Frankfurt/M. 1988

Böttger, A.: "Hervorlocken" oder Aushandeln? Zur Methodologie und Methode des "rekonstruktiven Interviews" in der Sozialforschung. In: Strobl, R./Böttger, A. (Hg.): Wahre Geschichten? Zur Theorie und Praxis qualitativer Interviews. Baden-Baden 1996, 131 - 158

Böttger, A.: "Und dann ging so 'ne Rauferei los...". Eine qualitative Studie zu Gewalt an Schulen. In: Holtappels, H.G./Heitmeyer, W./Melzer, W./Tillmann, K.-J. (Hg.): Forschung über Gewalt an Schulen. Weinheim und München 1997, 155 - 167

Böttger, A.: Gewalt und Biographie. Baden-Baden 1998

Bohleber, W.: Nationalismus, Fremdenhaß und Antisemitismus. In: Rahde-Dachser, Chr. (Hg.): Beschädigungen. Psychoanalytische Zeitdiagnosen. Göttingen 1992

Bohleber, W.: Autorität und Freiheit heute: Sind die 68er schuld am Rechtsextremismus? In: Psychosozial, 17, 2/1994, 73 - 85

X Bohnsack, R.: Rekonstruktive Sozialforschung. Einführung in Methodologie und Praxis qualitativer Forschung. Opladen 1991; 3. Aufl. 1999

X Bohnsack, R./Loos,P./Schäffer, B./Städtler, K./Wild, B.: Die Suche nach Gemeinsamkeit und die Gewalt der Gruppe. Hooligans, Musikgruppen und andere Jugendcliquen. Opladen 1995

Borries, von, B.: Das Geschichtsbewußtsein Jugendlicher. Eine repräsentative Untersuchung über Vergangenheitsdeutungen, Gegenwartswahrnehmungen und Zukunftserwartungen von Schülerinnen und Schülern in Ost- und Westdeutschland. Weinheim und München 1995

Bowlby, J.: Bindung. Eine Analyse der Mutter-Kind-Beziehung. Frankfurt/M. 1984 (Orig. 1969)

Bowlby, J.: Trennung. Psychische Schäden als Folge der Trennung von Mutter und Kind. Frankfurt/M. 1986 (Orig. 1973)

Brede, K.: "Neuer" Autoritarismus und Rechtsradikalismus. Eine zeitdiagnostische Mutmaßung. In: Psyche 11/1995

Brosius, H.-B./Esser, F.: Eskalation durch Berichterstattung? Massenmedien und fremdenfeindliche Gewalt. Opladen 1995

Brosius, H.-B./Esser, F.: Massenmedien und fremdenfeindliche Gewalt. In: Politische Vierteljahreszeitschrift. Sonderheft 27/1996: Rechtsextremismus. Ergebnisse und Pespektiven der Forschung, 204 - 218

Büchner, B. R.: Rechte Frauen, Frauenrechte und Klischees der Normalität. Pfaffenweiler 1995

Bundesministerium des Innern (Hg.): Verfassungsschutzberichte 1986 - 1998. Bonn 1986 - 1999

Bundesministerium des Innern (Hg.): Verfassungsschutzbericht 1999 (Mscr.) Berlin o.J. (2000)

Butz, P./Boehnke, K.: Auswirkungen von ökonomischem Druck auf die psychosoziale Befindlichkeit von Jugendlichen. In: Zeitschrift für Pädagogik, 43, 1/1997, 79 - 92

Carrigan, T./Connell, R.W./Lee, J.: Toward a new sociology af masculinity. In: Theory and society, 14 /1985, 551 - 604

Clemenz, M.: Aspekte einer Theorie des aktuellen Rechtsradikalismus in Deutschland. Eine sozialpsychologische Kritik. In: König, H.-D. (Hg.): Sozialpsychologie des Rechtsextremismus. Frankfurt/M. 1998, 126 - 176

Connell, R.W.: The child's construcion of politics. Carlton 1971

Connell, R.W.: Gender and power. Sydney 1987

Connell, R.W.: The state, gender and sexual politics. In: Theory and society, 19 (1990), S. 507 - 544

Connell, R.W.: Der gemachte Mann. Konstruktion und Krise von Männlichkeiten. Opladen 1999

Dawson, R.E./Prewitt, K.: Political Socialization. Boston 1969

Demirovic, A./Paul, G.: Demokratisches Selbstverständnis und die Herausforderungen von rechts: Student und Politik in den neunziger Jahren. Frankfurt/M. 1996

Denzin, N.K.: The Research Act. A Theoretical Introduction to Sociological Methods. McGraw Hill 1978 (2. Aufl.)

Deutsches Jugendinstitut (Hg.): Schüler an der Schwelle zur deutschen Einheit. Politische und persönliche Orientierungen in Ost und West. Opladen 1992

Dietrich, P. (Red.): Abschlußbericht zur Feldstudie "Jugendszene und Jugendgewalt im Land Brandenburg. Potsdam o.J. (unv. Mscr.)

Diezinger, A./Rerrich, M.S.: Die Modernisierung der Fürsorglichkeit in der alltäglichen Lebensführung junger Frauen: Neuerfindung des Altbekannten? In: Oechsle, M./Geissler, B. (Hg.): Die ungleiche Gleichheit: Junge Frauen und der Wandel im Geschlechterverhältnis. Opladen 1998, 165 – 183

Dijk, T. van: Elite Discourse and Racism. Newbury Park 1993

Döbert, R./Nunner-Winkler, G.: Adoleszenzkrise und Identitätsbildung. Frankfurt a. M. 1975

Dreher, E./Dreher, M.: Entwicklungsaufgaben im Jugendalter: Bedeutsamkeit und Bewältigungskonzepte. In: Liepmann, D./Stiksrud, A. (Hg.): Entwicklungsaufgaben und Bewältigungsprobleme in der Adoleszenz. Göttingen/Toronto/Zürich 1985, 56 - 70

Dubiel, H.: Kritische Theorie der Gesellschaft. Weinheim und München 1988

Easton, D./Dennis, J.: Children in the Political System. Origin of Political Legitimacy. New York 1969

Eckert , R.: Vom "Schläger" zum "Kämpfer". Jugendgewalt und Fremdenfeindlichkeit. In: Der Bürger im Staat 2/1993, 135 - 142

Elias, N./Scotson, J.L.: Etablierte und Außenseiter. Frankfurt/M. 1990

Elliott, D.S./Ageton, S.S./Huizinga, D./Knowles, B.A./Canter, R.J.: The prevalence and incidence of delinquent behavior: 1978 - 1980. National estimates of delinquent behavior by sex, race, social class, and other selected variables. Boulder 1983

Enders-Dragässer, U./Fuchs, C.: Interaktionen der Geschlechter. Sexismusstrukturen in der Schule. Weinheim und München 1989

Erb, R.: Erzeugt das abweichende Verhalten die abweichenden Motive? Über Gruppen und ideologische Lernprozesse. In: Otto, H.-U./Merten, R. (Hg.): Rechtsradikale Gewalt im vereinigten Deutschland. Bonn 1993, 277 - 284

Falter, J.W./Jaschke, H.-G./Winkler, J.R. (Hg.): Rechtsextremismus. Ergebnisse und Perspektiven der Forschung. Opladen 1996 (Politische Vierteljahreszeitschrift, Sonderheft 27/1996)

Fantifa Marburg (Hg.): Kameradinnen. Frauen stricken am Braunen Netz. Münster 1995

Farin, K.: "In Walhalla sehen wir uns wieder..." Rechtsrock. In: Farin, K. (Hg.): Die Skins: Mythos und Realität. Berlin 1997, 213 - 243

Faulstich-Wieland, H.: Weibliche Sozialisation zwischen geschlechtsstereotyper Einengung und geschlechterbezogener Identität. In: In: Scarbath, H./Schlottau, H./Straub, V./Waldmann, K. (Hg.): Geschlechter. Zur Kritik und Neubestimmung geschlechterbezogener Sozialisation und Bildung. Opladen 1999, 47 - 62

Fend, H.: Vom Kind zum Jugendlichen. Der Übergang und seine Risiken. Entwicklungsspsychologie der Adoleszenz in der Moderne. Bd. 1. Bern/Stuttgart/Toronto 1990

Fend, H.: Identitätsentwicklung in der Adoleszenz. Lebensentwürfe, Selbstfindung und Weltaneignung in beruflichen, familiären und politisch-weltanschaulichen Bereichen. Entwicklungspsychologie der Adoleszenz in der Moderne. Bd. 2. Bern/Stuttgart/Toronto 1991

Fend, H.: Ausländerfeindlich-nationalistische Weltbilder und Aggressionsbereitschaft bei Jugendlichen in Deutschland und der Schweiz - kontextuelle und personale Antecedensbedingung. In: Zeitschrift für Sozialisationsforschung und Erziehungssoziologie 2/1994

Ferchhoff, W.: Jugend an der Wende vom 20. Jahrhundert zum 21. Jahrhundert. Lebensformen und Lebensstile. Opladen 1999 (2. überarb. u. aktualis. Auflage)

Flaake, K.: Weibliche Adoleszenz - Wege in ein eigenes Leben und Verführung zur Selbstbeschränkung. In: Niedersächsisches Modellprojekt "Mädchen in der Jugendarbeit" (Hg.): Die eigene Stimme wiedergewinnen. Mädchen und Identität. Hannover 1996

Förster, P./Friedrich, W./Müller, H./Schubarth, W.: Jugend Ost - Zwischen Hoffnung und Gewalt. Opladen 1993

Frankfurter Rundschau vom 20.12.1997

Frey, H.-P./Haußer, K. (Hg.): Identität. Entwicklungen psychologischer und soziologischer Forschung. Stuttgart 1987

Freytag, R./Sturzbecher, D.: Antisemitismus in Brandenburg und Nordrhein-Westfalen 1996. Tabellarischer Ergebnisbericht. Potsdam 1996

Friebertshäuser, B,: Interviewtechniken - ein Überblick. In: Friebertshäuser, B./Prengel, A. (Hg.): Handbuch Qualitative Forschungsmethoden in der Erziehungswissenschaft. Weinheim und München 1997, 371 - 395 (a)

Friebertshäuser, B,: Feldforschung und telnehmende Beobachtung. In: Friebertshäuser, B./Prengel, A. (Hg.): Handbuch Qualitative Forschungsmethoden in der Erziehungswissenschaft. Weinheim und München 1997, 503 - 534 (b)

Friedrich, W./Netzker, W./Schubarth, W.: Ostdeutsche Jugend. Ihr Verhältnis zu Ausländern und zu einigen aktuellen politischen Problemen. Leipzig 1991 (unv. Mscr.)

Friedrich, C. J./ Brzezinski, Z.: Die allgemeinen Merkmale der totalitären Diktatur. In: Seidel, B./Jenkner, S. (Hg.): Wege der Totalitarismus-Forschung. Darmstadt. 1965, 3. Aufl. 1974, 600 - 617

Frindte, W./Funke, F./Jacob, S.: Neu-alte Mythen über Juden: Ein Forschungsbericht. In: Dollase, R./Kliche, Th./Moser, H. (Hg.): Politische Psychologie der Fremdenfeindlichkeit. Opfer - Täter - Mittäter. Weinheim und München 1999, 119 - 130

Fromm, E.: Anatomie der menschlichen Destruktivität. Stuttgart 1974

Fuchs, M.: Ausländische Schüler und Gewalt an Schulen. In: Holtappels, H.G./Heit-meyer, W./Melzer, W./Tillmann, K.-J. (Hg.): Forschung über Gewalt an Schulen. Weinheim und München 1997, 119 - 136

Funk, H./Schmutz, E./Stauber, B.: Gegen den alltäglichen Realitätsverlust. Sozialpädagogische Frauenforschung als aktivierende Praxis. In: Rauschenbach, Th./Ortmann, F./Karsten, M.-E. (Hg.): Der sozialpädagogische Blick. Lebensweltorientierte Methoden in der Sozialen Arbeit. Weinheim und München 1993, 155 - 174

Funk-Hennigs, E.: Zur Musikszene der Skinheads - ein jugendkulturelles und/oder ein rechtsextremistisches Phänomen unserer Gesellschaft? In: Gembris, H./Kraemer, R.-D./Maas, G. (Hg.): Musikpädagogische Forschungsberichte 1993. Augsburg 1994, 11 - 39

Gaiser, W.: Faktenwissen für die Praxis. Forschung über Lebensumstände und Bedürfnisse Jugendlicher. In: Thema Jugend 2/1999, 6 – 12

Geiger, Th.: Die soziale Schichtung des deutschen Volkes. Stuttgart 1932

Geissler, B./Oechsle, M. (Hg.): Lebensplanung junger Frauen: Zur widersprüchlichen Modernisierung weiblicher Lebensläufe. Weinheim 1996

Gerhard, U.: Differenz und Vielfalt - Die Diskurse der Frauenforschung. In: Zeitschrift für Frauenforschung 11 (1993), H. 1 u. 2, S.10 - 21

Gilmore, D.: Mythos Mann. Rollen, Rituale, Leitbilder. München 1991

Glaser, B.G./Strauss, A.L.: The Discovery of Grounded Theory. Strategies for Qualitative Research. Chicago 1967

Goffmann, E.: Stigma. Über Techniken der Bewältigung beschädigter Identität. Frankfurt a. M. 1967

Gordon, L.(Ed.): Women, the state and welfare. Madison 1990

Gottschalch, W.: Männlichkeit und Gewalt. Eine psychoanalytisch und historisch soziologische Reise in die Abgründe der Männlichkeit. Weinheim und München 1997

Gravenhorst, L./Tatschmurat, C. (Hg.): Töchter Fragen. NS - Frauen Geschichte. Freiburg 1990

Greenstein, F.: Children and Politics. New Haven 1965

Gruen, Arno: Der Verrat am Selbst. Die Angst vor Autonomie bei Mann und Frau. München 1992

Habermas, J.: Kultur und Kritik. Frankfurt a. M. 1973

Hafeneger, B.: Rechte Jugendliche. Einstieg und Ausstieg: Sechs biographische Studien. Bielefeld 1993

Hagemann-White, C.: Berufsfindung und Lebensperspektive in der weiblichen Adoleszenz. In: Flaake, K./King, V. (Hg.): Weibliche Adoleszenz. Frankfurt a.M./New York 1992, 64 - 83

Hagemann-White, C.: Identität - Beruf - Geschlecht. In: Oechsle, M./Geissler, B. (Hg.): Die ungleiche Gleichheit: Junge Frauen und der Wandel im Geschlechterverhältnis. Opladen 1998, 27 - 41 (b)

Harbordt, S./Grieger, D. (Hg.): Demokratie lernen im Alltag? Führung, Konflikte und Demokratie in Ausbildung und Elternhaus. Opladen 1995

Hausen, K.: Patriarchat. Vom Nutzen und Nachteil eines Konzepts. In: Journal für Geschichte (1986), H.5, S. 12ff.

Havighurst, R.J.: Development Tasks and Education. New York 1948

Hebdige, D.: Subculture: Die Bedeutung von Stil. In: Diederichsen, D./Hebdige, D./Marx, O.D./Schocker (Hg.): Stile und Moden der Subkultur. Reinbek 1983, 17 - 120

Heim, R.: Fremdenhaß und Reinheit. In: Psyche 8/1992

Heimvolkshochschule Alte Molkerei Frille: Parteiliche Mädchenarbeit und antisexistische Jugendarbeit. Abschlußbericht des Modellprojekts "Was Hänschen nicht lernt ... verändert Clara nimmer mehr!" Minden 1988

Heinzel, F.: Qualitative Interviews mit Kindern. In: Friebertshäuser, B./Prengel, A. (Hg.): Handbuch Qualitative Forschungsmethoden in der Erziehungswissenschaft. Weinheim und München 1997, 396 - 413

Heitmeyer, W.: Rechtsextremistische Orientierungen bei Jugendlichen. Weinheim und München 1987

Heitmeyer, W.: Rechtsextremismus, Fremdenfeindlichkeit und die Entpolitisierung von Gewalt. In: Albrecht, P.-A./Backes, O.: Verdeckte Gewalt. Frankfurt 1990, S. 151 - 173

Heitmeyer, W.: Rechtsextremismus - Warum handeln Menschen gegen ihre eigenen Interessen? Köln 1991

Heitmeyer, W.: Die Gefahren eines "schwärmerischen Antirassismus". In: Das Argument 195/1992

Heitmeyer, W.: Gesellschaftliche Desintegrationsprozesse als Ursachen von fremdenfeindlicher Gewalt und politischer Paralysierung. In: Aus Politik und Zeitgeschichte. Beilage zur Wochenzeitung Das Parlament, B 2-3/93 vom 08.01.1993, S. 3 - 13

Heitmeyer, W.: Das Desintegrations-Theorem. Ein Erklärungsansatz zu fremdenfeindlich motivierter, rechtsextremistischer Gewalt und zur Lähmung gesellschaftlicher Institutionen. In: Ders. (Hg.): Das Gewalt-Dilemma. Frankfurt/M. 1994, 29 - 69

Heitmeyer, W./Buhse, H./Liebe-Freund, J./Möller, K./Müller, J./Ritz, H./Siller, G./Vossen, J.: Die Bielefelder Rechtsextremismus-Studie. Erste Langzeituntersuchung zur politischen Sozialisation männlicher Jugendlicher. Weinheim und München 1992

Heitmeyer, W./Müller, J.: Fremdenfeindliche Gewalt junger Menschen. Biographische Hintergründe, soziale Situationskontexte und die Bedeutung strafrechtlicher Sanktionen. Bonn 1995

Heitmeyer, W./Müller, J./Schröder, H.: Verlockender Fundamentalismus. Türkische Jugendliche in Deutschland. Frankfurt/M. 1997

Heitmeyer, W./Olk, Th. (Hg.): Individualisierung von Jugend. Weinheim und München 1990

Heitmeyer, W./Peter, J.-I.: Jugendliche Fußballfans. Soziale und politische Orientierungen, Gesellungsformen, Gewalt. Weinheim und München 1988

Heitmeyer, W. u.a.: Gewalt. Schattenseiten der Individualisierung bei Jugendlichen aus unterschiedlichen Milieus. Weinheim und München 1995

Held, J./Horn, H.: "Jugend 90". Jugendliche Arbeitnehmer im Kontext der europäischen Entwicklung. Tübingen 1990

Held, J./Leiprecht, R./Marvakis, A.: "Du mußt so handeln, daß Du Gewinn machst ..." Empirische Untersuchungen und theoretische Überlegungen zu politischen Orientierungen jugendlicher Arbeitnehmer. Duisburg 1991 (DISS-Text Nr. 18)

Held, J./Horn, H.-W./Marvakis, A.: Gespaltene Jugend. Politische Orientierungen jugendlicher ArbeitnehmerInnen. Opladen 1996

Helfferich, C.: Jugend, Körper und Geschlecht. Die Suche nach sexueller Identität. Opladen 1994

Helsper, W.: Zur 'Normalität' jugendlicher Gewalt: Sozialisations-theoretische Reflexionen zum Verhältnis von Anerkennung und Gewalt. In: Helsper, W./Wenzel, H. (Hg.): Pädagogik und Gewalt 1995, 113 – 154 (a)

Helsper, W.: Sozialisation. In: Krüger, H.-H./Helsper, W. (Hg.): Einführung in Grundbegriffe und Grundfragen der Erziehungswissenschaft. Opladen 1995, 71 – 80 (b)

Hess, R.D./Torney, J.V.: The Development of Political Attitudes in Children. Chicago 1967

Heyne, C.: Täterinnen. Offene und versteckte Aggression von Frauen. Zürich 1993

Hitzler, R./Honer, A. (Hg.): Sozialwissenschaftliche Hermeneutik. Opladen 1997

Hitzler, R./Honer, A.: Einleitung: Hermeneutik in der deutschsprachigen Soziologie heute. In: Hitzler, R./Honer, A. (Hg.): Sozialwissenschaftliche Hermeneutik. Opladen 1997, 7 – 27 (a)

Hoecker, B.: Frauen, Männer und die Politik. Bonn 1999

Hoffmann-Lange, U. (Hg.): Jugend und Demokratie in Deutschland. DJI-Jugendsurvey 1. Opladen 1995

Hoffmann-Lange, U./Gille, M./Schneider, H.: Das Verhältnis von Jugend und Politik in Deutschland. In: Aus Politik und Zeitgeschichte 19/93 vom 07.05.1993, 3 - 12

Hofmann-Göttig, J.: Die Neue Rechte: Die Männerparteien. In: Aus Politik und Zeitgeschichte. Beilage zur Wochenzeitung Das Parlament, B 41-42/1989 v. 6.10.1989

Holzkamp, C./Rommelspacher, B.: Frauen und Rechtsextremismus. Wie sind Mädchen und Frauen verstrickt? In: päd extra/demokratische erziehung 1/1991, 33 - 39

Holzkamp-Osterkamp, U.: Grundlagen der psychologischen Motivationsforschung. Bd. 1. Frankfurt a.M. 1975

Holzkamp-Osterkamp, U.: Grundlagen der psychologischen Motivationsforschung. Bd. 2. Frankfurt a.M. 1976

Homfeldt, G./Schenk, M.: Fremdenfeindliche Gewalt junger Menschen. Ergebnisse einer Analyse von Strafakten 1991 - 1993 des Landes Schleswig-Holstein. In: Landeszentrale für politische Bildung Schleswig-Holstein (Hg.): Doppelkopf. Fremdenfeindliche Gewalt junger Menschen. Kiel 1995, 23 - 112

Hopf, Chr.: Einführung: Zu den Fragestellungen der Veranstaltung und zu den Begriffen "Ethnozentrismus" und "Rassismus". In: Lebensverhältnisse und soziale Konflikte in Europa. Verhandlungen des 26. deutschen Soziologentages in Düsseldorf 1992 (hrsg. im Auftrag der Deutschen Gesellschaft für Soziologie von Bernhard Schäfers). Frankfurt/New York 1993, 379 - 381

Hopf, Chr.: Rechtsextremismus und Beziehungserfahrungen. In: Zeitschrift für Soziologie 22, 1993, 449 - 463

Hopf, Chr.: Hypothesenprüfung und qualitative Sozialforschung. In: Strobl, R./Böttger, A. (Hg.): Wahre Geschichten. Zur Theorie und Praxis qualitativer Interviews. Baden-Baden 1996, 9 - 21

Hopf, Chr./Rieker, P./Sanden-Marcus, M./Schmidt, Chr.: Familie und Rechtsextremismus. Familiale Sozialisation und rechtsextreme Orientierungen junger Männer. Weinheim und München 1995

Hopf, Chr./Hopf, W.: Familie, Persönlichkeit, Politik. Eine Einführung in die politische Sozialisation. Weinheim und München 1997

Hopf, W.: Rechtsextremismus von Jugendlichen: Kein Deprivationsproblem? In: Zeitschrift für Sozialisationsforschung und Erziehungssoziologie 3/1994

Hurrelmann, K.: Einführung in die Sozialisationstheorie. Weinheim und Basel 1986

Hurrelmann, K./Rosewitz, B./Wolf, K.H..: Lebensphase Jugend. Weinheim und München 1985

Inglehart, R.: The Silent Revolution. Princeton 1977

Institut für Demoskopie Allensbach (Hg.): Demokratie-Verankerung in der Bundesrepublik. Allensbach 1979

Institut für Empirische Psychologie (Hg.): Die selbstbewußte Jugend. Orientierungen und Perspektiven 2 Jahre nach der Wiedervereinigung. Die IBM-Jugendstudie '92. Köln 1992

IPOS: Jugendliche und junge Erwachsene in Deutschland Februar/März 1993. Ergebnisse jeweils einer repräsentativen Bevölkerungsumfrage in den alten und neuen Bundesländern. 1993

Jäger, S.: Brandsätze. Rassismus im Alltag. Duisburg 1992

Jäger, S.: BrandSätze und Schlagzeilen. Rassismus in den Medien. In: Forschungsinstitut der Friedrich-Ebert-Stiftung (Hg.): Entstehung von Fremdenfeindlichkeit. Bonn 1993

Jäger, S.: Diskurstheorie und Diskursanalyse. Ein Überblick. In: DISS Forschungsbericht 1995: Studien zu rechtsextremen und (neo-)konservativen Diskursen. Duisburg 1995, 3 - 16

Jäger, S.: Zur Konstituierung rassistisch verstrickter Subjekte. In: Mecheril, P./Teo, Th. (Hg.): Psychologie und Rassismus. Reinbek 1997, 132 - 152

Jäger, U.: Betrogene Sehnsucht. Informationen zum Rechtsextremismus - (nicht nur) für Jugendliche. Tübingen 1992

Jäger, U.: Rechtsextremismus und Gewalt. Materialien, Methoden, Arbeitshilfen. Tübingen 1993

Jansen, M./Jockenhövel-Poth, A.: Trennung und Bindung bei adoleszenten Mädchen aus psychoanalytischer Sicht. In: Flaake, K./King, V. (Hg.): Weibliche Adoleszenz. Zur Sozialisation junger Frauen. Frankfurt/New York 1992, 266 - 278

Jiménez, P.: Weder Opfer noch Täter - die alltäglichen Einstellungen "unbeteiligter" Personen gegenüber Ausländern. In: Dollase, R./Kliche, Th./Moser, H. (Hg.): Politische Psychologie der Fremdenfeindlichkeit. Opfer - Täter - Mittäter. Weinheim und München 1999, 293 - 306

Kaase, M./Neidhardt, F.: Politische Gewalt und Repression. Ergebnisse von Bevölkerungsumfragen. Berlin 1990 (Bd. IV der "Analysen und Vorschläge der Unabhängigen Regierungskommission zur Verhinderung und Bekämpfung von Gewalt")

Kersten, J.: Der Männlichkeits-Kult. Über die Hintergründe der Jugendgewalt. In: Psychologie heute 9/1993, 50 - 57 (a)

Kersten, J.: Männlichkeitsdarstellungen in Jugendgangs. In: Otto, H.-U./ Merten, R. (Hrsg.): Rechtsradikale Gewalt im vereinigten Deutschland. Bonn und Opladen 1993(b), 227 - 236

Kersten, J.: Risiken und Nebenwirkungen. Zur gesellschaftlichen Konstruktion von Männlichkeiten. In: Scarbath, H./Schlottau, H./Straub, V./Waldmann, K. (Hg.): Geschlechter. Zur Kritik und Neubestimmung geschlechterbezogener Sozialisation und Bildung. Opladen 1999, 77 - 86

Klein-Allermann, E./Wild, K.-P./Hofer, M./Noack, P./Kracke, B.: Gewaltbereitschaft und rechtsextreme Einstellungen ost- und westdeutscher Jugendlicher als Folge gesellschaftlicher, familialer und schulischer Bedingungen. In: Zeitschrift für Entwicklungspsychologie und Pädagogische Psychologie, 27, 3/1995, 191 - 209

Kleinert, C./Krüger, W./Willems, H.: Einstellungen junger Deutscher gegenüber ausländischen Mitbürgern und ihre Bedeutung hinsichtlich politischer Orientierungen. Ausgewählte Ergebnisse des DJI-Jugendsurvey 1997. In: Aus Politik und Zeitgeschichte B 31/98 vom 24.07.1998, 14 - 27

Klosinski, G.: Aggressives Verhalten als Endstrecke eines bio-psycho-sozialen Prozesses. In: Der Bürger im Staat, 43, 2/1993, 96 - 100

König, H.-D.: Arbeitslosigkeit, Adoleszenzkrise und Rechtsextremismus. Eine Kritik der Heitmeyerschen Sozialisationstheorie aufgrund einer tiefenhermeneutischen Sekundäranalyse. In: König, H.-D. (Hg.): Sozialpsychologie des Rechtsextremismus. Frankfurt/M. 1998, 279 - 319 (a)

König, H.-D.: Die rechte Subkultur und die Motive jugendlicher Gewalttäter. Sozialpsychologische Kritik der Studie von Willems u.a. zur fremdenfeindlichen Gewalt. In: König, H.-D. (Hg.): Sozialpsychologie des Rechtsextremismus. Frankfurt/M. 1998, 177 – 215 (b)

Kolip, R.: Freundschaften im Jugendalter. Weinheim und München 1993

Kraak, B./Eckerle, G.-A.: Selbst- und Weltbilder Gewalt bejahender Jugendlicher. In: Dollase, R./Kliche, Th./Moser, H. (Hg.): Politische Psychologie der Fremdenfeindlichkeit. Opfer - Täter - Mittäter. Weinheim und München 1999, 173 - 186

Kracke, B./Noack, P./Hofer, M./Klein-Allermann, E.: Die rechte Gesinnung: Familiale Bedingungen autoritärer Orientierungen ost- und westdeutscher Jugendlicher. In: Zeitschrift für Pädagogik, 39, 6/1993, 971 - 988

Krafeld, F.J. (Hg.): Akzeptierende Jugendarbeit mit rechten Jugendlichen. Bremen 1992 (a)

Krafeld, F.J.: Cliquenorientierte Jugendarbeit. Grundlagen und Handlungsansätze. Weinheim und München 1992 (b)

Krafeld, F.J./Möller, K./Müller, A.: Jugendarbeit in rechten Szenen. Ansätze - Erfahrungen - Perspektiven. Bremen 1993

Krappmann, L.: Soziologische Dimensionen der Identität. Stuttgart 1969

Küchler, M.: Xenophobie im internationalen Vergleich. In: Politische Vierteljahreszeitschrift. Sonderheft 27/1996: Rechtsextremismus. Ergebnisse und Perspektiven der Forschung, 248 - 262

Kühnel, W.: Die Bedeutung von sozialen Netzwerken und Peer-group-Beziehungen für Gewalt im Jugendalter. In: Zeitschrift für Sozialisationsforschung und Erziehungssoziologie 15/1995, 122 - 144

Kühnel, W.: Soziale Beziehungen und delinquentes Verhalten beim Statusübergang von der Schule in die Ausbildung. In: Newsletter 2/1998, 42 - 56

Lamnek, S.: Qualitative Sozialforschung. Weinheim 1995

Landesamt für Verfassungsschutz Baden-Württemberg (Hg.): Skinheads. Musik - Bands - Magazine. Stuttgart 1993

Leithäuser, Th./Volmerg, B.: Entwurf zu einer Empirie des Alltagsbewußtseins. Frankfurt/M. 1977

Lemmermöhle, D.: Geschlechter(un)gleichheiten und Schule. In: Oechsle, M./Geissler, B. (Hg.): Die ungleiche Gleichheit: Junge Frauen und der Wandel im Geschlechterverhältnis. Opladen 1998, 67 - 86

Lloyd, T.: Junge, Junge. Work with Boys. Frankfurt 1986

Luhmann, N.: Soziale Systeme. Grundriß einer allgemeinen Theorie. Frankfurt a. M. 1984

Main, M./Kaplan, N./Cassidy, J.: Security in infancy, childhood, and adulthood. A move to the level of representation. In: Bretherton, I./Waters, E. (Ed.): Growing points of attachment theory and re-search Chicago 1985, 66 - 104

Marotzki, W.: Biographische Verfahren in der erziehungswissenschaftlichen Biographieforschung. In: Jüttemann, G./Thomae, H. (Hg.): Biographische Methoden in den Humanwissenschaften. Weinheim 1998, 44 - 59

Mayring, Ph.: Einführung in die qualitative Sozialforschung. München 1990

Mayring, Ph.: Qualitative Inhaltsanalyse. Grundlagen und Techniken. 4. Aufl. Weinheim 1993

Mead, G.H.: Geist, Identität und Gesellschaft. Frankfurt/M. 1968 (Orig. 1934)

Meier, U./Tillmann, K.-J.: Gewalt in der Schule - die Perspektive der Schulleiter. Bielefeld 1994 (Mscr.)

Melzer, W.: Jugend und Politik in Deutschland. Opladen 1992

Melzer, W./Lukowski, W./Schmidt, L.: Deutsch-polnischer Jugendreport. Lebenswelten im Kulturvergleich. Weinheim und München 1991

Mengert, Christoph: "Unsere Texte sind deutsch..." Skinhead-Bands in der Bundesrepublik Deutschland. Köln 1994 (FH des Bundes für öffentliche Verwaltung; Schriftenreihe des Fachbereichs Öffentliche Sicherheit)

Menschik-Bendele,J./Ottomeyer, K. u.a.: Sozialpsychologie des Rechtsextremismus. Opladen 1998

Mertens, W.: Entwicklung der Psychosexualität und der Geschlechtsidentität. Bd. 2. Stuttgart, Berlin, Köln 1996

Meyer, B.: Mädchen und Rechtsextremismus. In: Otto.H.-U./ Merten,R. (Hg.): Rechtsradikale Gewalt im vereinigten Deutschland. Bonn und Opladen 1993, 211- 218

Meyer, G./Hermann, A.: Zivilcourage im Alltag. Ergebnisse einer empirischen Studie. In: Aus Politik und Zeitgeschichte. Beilage zur Wochenzeitung das Parlament B 7-8/2000 vom 11.02.2000, 3 - 13

Meyer, Th.: Emanzipation von der Männlichkeit. Genetische Dispositionen und gesellschaftliche Stilisierungen der Geschlechtsstereotype. Stuttgart 1993

Mischkowitz,R.: Fremdenfeindliche Gewalt und Skinheads. Wiesbaden 1994

Mitulla, C.: Die Barriere im Kopf. Stereotype und Vorurteile bei Kindern gegenüber Ausländern. Opladen 1997

Möller, K.: "....an den Bedürfnissen und Interessen ansetzen!" Grundlagentheoretische Begründungszusammenhänge bedürfnisorientierter Jugend- und Erwachsenenbildung. Opladen 1988

Möller, K.: Zwei Dutzend Gründe für die aktuelle Hilflosigkeit des politischen und pädagogischen Antifaschismus - Provokationen - Polemiken - Perspektiven. In: Neue Praxis 6/1989, 480 - 496

Möller, K.: Über die Verlockung traditioneller Frauenbilder und Klischees. Die Anfälligkeit von Mädchen und Frauen für den Rechtsextremismus. In: Frankfurter Rundschau vom 30.09.1990 (Dokumentation)

Möller, K.: Geschlechtsspezifische Aspekte der Anfälligkeit für Rechtsextremismus in der Bundesrepublik Deutschland. In: Frauenforschung. Informationsdienst des Forschungsinstituts Frau und Gesellschaft 9, 3/1991, 27 - 49

Möller, K.: Zusammenhänge der Modernisierung des Rechtsextremismus mit der Modernisierung der Gesellschaft. In: Aus Politik und Zeitgeschichte. Beilage zur Wochenzeitung Das Parlament B 46-47/1993 (a)

Möller, K.: Rechte Jungs. Ungleichheitsideologien, Gewaltakzeptanz und männliche Sozialisation. In: Neue Praxis 4/1993 (b), 314 - 328

Möller, K.: Jugendarbeit als Lösungsinstanz gesellschaftlicher Gewaltverhältnisse: Eine magische Inszenierung. In: Heitmeyer, W. (Hg.): Das Gewalt-Dilemma, Frankfurt 1994, 242 - 272 (a)

Möller, K.: Rechtsextremismus und die Geschlechter. Zusammenhänge von Individualisierung, weiß-westlicher Dominanzkultur und männlicher Hegemonie. In: Bracht, U./Keiner, D. (Red.): Jahrbuch für Pädagogik 1994. Frankfurt 1994, 289 - 310 (b)

Möller, K.: Jugend(lichkeits)kulturen und (Erlebnis-)Politik. Terminologische Verständigungen. In: Ferchhoff, W./Sander, U./Vollbrecht, R. (Hg.): Jugendkulturen - Faszination und Ambivalenz. Weinheim und München 1995, 172 – 185 (a)

Möller, K.: "Fremdenfeindlichkeit" - Übereinstimmungen und Unterschiede bei Jungen und Mädchen. In: Engel, M./Menke, B. (Hg.): Weibliche Lebenswelten - gewaltlos? Münster 1995, 64 - 86 (b)
Möller, K.: Häßlich, kahl und hundsgemein. Männlichkeits- und Weiblichkeitsinszenierungen in der Skinheadszene. In: Farin, K. (Hg.): Die Skins: Mythos und Realität. Berlin 1997, 118 - 141 (a)
Möller, K. (Hg.): Nur Macher und Macho? Geschlechtsreflektierende Jungen- und Männerarbeit. Weinheim und München 1997 (b)
Möller, K.: Männlichkeit und männliche Sozialisation. Empirische Befunde und theoretische Erklärungsansätze. In: Möller, K. (Hg.): Nur Macher und Macho? Geschlechtsreflektierende Jungen- und Männerarbeit. Weinheim und München 1997, 23 - 60 (c)
Möller, K.: Extremismus. In: Schäfers, B./Zapf, W. (Hg.): Handwörterbuch zur Gesellschaft Deutschlands. Opladen 1998, 188 – 200 (a)
Möller, K.: Ausgangspunkte geschlechtsreflektierender Pädagogik mit Jungen und Männern. In: Der pädagogische Blick 2/1998, 68 – 84 (b)
Möller, K.: Harte Kerle - geile Weiber. Rechtsrockkonsum geschlechtsspezifisch. In: Baacke, D./Farin, K./Lauffer, J.: Rock von Rechts II. Milieus, Hintergründe und Materialien. Bielefeld 1999, 118 - 141 (a)
Möller, K.: Verläufe von Gewaltakzeptanz und rechtsextremen Orientierungen bei Jungen und Mädchen. Theoretische Erklärungen und Befunde einer Längsschnitt-Studie zum Einfluß geschlechtsspezifischer Sozialisation im frühen Jugendalter. Bielefeld 1999 (Habil.-Schrift) (b)
Möller, K./Müller, J.: Zwischen Befremden und Entfremdung. Bedrohungsgefühle durch Zuwanderung von MigrantInnen. In: Mansel, J. (Hg.): Reaktionen Jugendlicher auf gesellschaftliche Bedrohung. Weinheim und München 1992
Möller, R./Heitmeyer, W.: Rechtsextremistische Einstellungen und Gewalt in jugendkulturellen Szenen. In: Politische Vierteljahreszeitschrift. Sonderheft 27/1996: Rechtsextremismus. Ergebnisse und Perspektiven der Forschung, 168 - 190
Mogel, H.: Geborgenheit. Psychologie eines Lebensgefühls. Berlin und Heidelberg 1995
Moore, S.W.: The need for a unified theory of political learning: Lessons from a longitudinal project. In: Human Developement, 32,1989, 5 -13
Müller, R.: Oi-Musik und fremdenfeindliche Gewalt. Zur kulturellen Identität von Skinheads. In: Musik und Bildung 3/1994, 46 - 50 (a)
Müller, R.: Oi-Musik und fremdenfeindliche Gewalt. Was können wir tun? In: Musik und Bildung 4/1994, 1 -8 (b)
Neureiter, M.: Rechtsextremismus im vereinten Deutschland. Eine Untersuchung sozialwissenschaftlicher Deutungsmuster und Erklärungsansätze. Marburg 1996
Neutzling, R./Schnack, D.: Kleine Helden in Not. Reinbek bei Hamburg 1990
Newman, B.M./Newman, P.R.: Development trough life. Homewood 1975
Nölke, E.: Marginalisierung und Rechtsextremismus. Exemplarische Rekonstruktion der Biographie- und Bildungsverläufe von Jugendlichen aus dem

Umfeld der rechten Szene. In: König, H.-D. (Hg.): Sozialpsychologie des Rechtsextremismus. Frankfurt/M. 1998, 257 - 278

Noelle-Neumann, E.: Die Republikaner. Dokumentation des Beitrags in der Frankfurter Allgemeinen Zeitung Nr. 210 vom 11.09. 1989. o.O., o.J. (Allensbach 1989)

Noelle-Neumann, E., Ring, E., Das Extremismus-Potential unter jungen Leuten in der Bundesrepublik Deutschland 1984. Bonn 1984

Nunner-Winkler, G.: Identität: Das Ich im Lebenslauf. In: Psychologie heute 12/1988, 59 - 64

Oesterreich, D.: Autoritäre Persönlichkeit und Gesellschaftsordnung. Weinheim und München 1993

Oesterreich, D.: Flucht in die Sicherheit. Zur Theorie des Autoritarismus und der autoritären Reaktion. Leverkusen 1996

Oesterreich, D.: Krise und autoritäre Reaktion. Drei empirische Untersuchungen zur Entwicklung rechtsextremistischer Orinetierungen bei Jugendlichen in Ost und West von 1991 bis 1995. In: Gruppendynamik 3/1997, 259 - 272

Oesterreich, D.: Massenflucht in die Sicherheit? Zum politischen Verhalten autoritärer Persönlichkeiten. Theoretische Überlegungen und Ergebnisse von vier empirischen Untersuchungen. In: Newsletter 2/1998, 4 - 21

Oevermann, U.: Zur soziologischen Erklärung und öffentlichen Interpretation von Phänomenen der Gewalt und des Rechtsextremismus bei Jugendlichen. In: König, H.-D. (Hg.): Sozialpsychologie des Rechtsextremismus. Frankfurt/M. 1998, 83 - 125

Ohlemacher, Th.: Bevölkerungsmeinung und Gewalt gegen Ausländer im wiedervereinigten Deutschland. Empirische Anmerkungen zu einem unklaren Verhältnis. Berlin 1993 (Discussion Paper FS III 93-104. Wissenschaftszentrum Berlin)

Oswald, H. Beziehungen zu Gleichaltrigen. In: Jugendwerk der Deutschen Shell (hg.): Jugend '92. Bd. 2. Opladen 1992, 319 - 332

Otto, H.-U./Merten, R. (Hg.): Rechtsradikale Gewalt in Deutschland. Opladen 1993

Ottomeyer, K.: Interaktion und Selbstbewußtsein im Konzept der gegenständlichen Tätigkeit. In: Braun, K.-H./Holzkamp, K. (Hg.): Kritische Psychologie. Bericht über den 1. Kongreß Kritische Psychologie in Marburg vom 13. - 15. Mai 1977, Bd. 2, Köln 1977, 23 - 38

Ottomeyer, K.: Psychoanalytische Erklärungsansätze zum Rassismus. Möglichkeiten und Grenzen. In: Mecheril, P./Teo, Th. (Hg.): Psychologie und Rassismus. Reinbek 1997, 111 - 131

Pagenstecher, L./Jaeckel, M./Brauckmann, J.: Mädchen und Frauen unter sich: Ihre Freundschaften und ihre Liebesbeziehungen im Schatten der Geschlechterhierarchie. In: Kavemann, B. u.a.: Sexualität - Unterdrückung statt Entfaltung. Opladen 1985, 95 - 143

Palentien, Chr./Pollmer, K./Hurrelmann, K.: Ausbildungs- und Zukunftsperspektiven ostdeutscher Jugendlicher nach der politischen Vereinigung Deutschlands. In: Aus Politik und Zeitgeschichte. Beilage zur Wochenzeitung Das Parlament. B 24/93 vom 11.06.1993, 3 - 13

Paul, G.: Zur Sozialpsychologie des jugendlichen Rechtsextremismus. Überlegungen zu psychischen Strukturen von Jugendlichen, die rechtsextremistische Dispositionen fördern. In: Ders./Schoßig, B. (Hg.): Jugend und Neofaschismus. Frankfurt/M. 1979, 138 - 169
Petersen, A.: Those gangly years. In: Psychology Today 8/1987, 28 - 34
Piaget, J.: Meine Theorie der geistigen Entwicklung. Frankf./M. 1983
Popp, U.: Geteilte Zukunft. Lebensentwürfe von deutschen und türkischen Schülerinnen und Schülern. Opladen 1994
Quensel, S.: Let's abolish theories of crime. Zur latenten Tiefenstruktur unserer Kriminalitätstheorien. In: Kriminologisches Journal 1986, 11 - 23
Rechtsextreme Erscheinungen und rechtsextreme Bestrebungen in Leipzig-Grünau im Zusammenhang mit Jugend und Jugendarbeit - Eine Darstellung bedeutsamer Aspekte. o. Autor (B. Wagner/Zentrum Demokratischer Kultur), o.O., o.J. (1999)
Regenbogen, A.: Sozialisation in den 90er Jahren. Opladen 1998
Reigber, D. (Hg.): Frauen-Welten. Marketing in der postmodernen Gesellschaft - ein interdisziplinärer Forschungsansatz. Düsseldorf 1993
Richter, H.-E.: Zur Psychoanalyse des Rechtsradikalismus. In: Modena, E. (Hg.): Das Faschismus-Syndrom - Zur Psychoanalyse der Neuen Rechten in Europa. Giessen 1998, 228 - 239
Rieker, P.: Ethnozentrismus bei jungen Männern. Fremdenfeindlichkeit und Nationalismus und die Bedingungen ihrer Sozialisation. Weinheimund München 1997
Rippl, S.: Zur feministischen Rechtsextremismusforschung: Eine Zwischenbemerkung. In: Zeitschrift für Frauenforschung, 15, 4/1997, 70 - 75
Rippl, S./Boehnke, K.: Authoritaranism: Adolescents from East and West Germany and the United States compared. In: Youniss, J. (Ed.): After the wall. Familiy adaptions in East and West Germany. San Francisco 1995, 57 - 70
Rippl, S./Boehnke, K./Hefler, G./Hagan, J.: Sind Männer eher rechtsextrem und wenn ja, warum? Individualistische Werthaltungen und rechtsextreme Einstellungen. In: Politische Vierteljahreszeitschrift, 39, 4/1998, 758 - 774
Rokeach, M.: The Open and the Closed Mind. New York 1960
Rommelspacher, B.: Rechtsextreme als Opfer der Risikogesellschaft zur Täterentlastung in den Sozialwissenschaften. In: 1999. Zeitschrift für Sozialgeschichte des 19. und 20. Jahrhunderts (1991), H. 2, S. 75 - 87
Rommelspacher, B.: Männliche Jugendliche als Projektionsfiguren gesellschaftlicher Gewaltphantasien. Rassismus im Selbstverständnis der Mehrheitskultur. In: Breyvogel, W. (Hg.): Lust auf Randale. Jugendliche Gewalt gegen Fremde. Bonn 1993(a), S. 65 - 82
Rommelspacher, B.: Männliche Gewalt und gesellschaftliche Dominanz. In: Otto, H.-U./Merten, R.(Hg.): Rechtsradikale Gewalt im vereinigten Deutschland. Bonn und Opladen 1993 (b), S. 200 - 210
Rommelspacher, B.: Das Selbstverständnis des weißen Feminismus. Zu Rassismus und Antisemitismus bei Frauen. In: Brückner, M./Meyer, B. (Hg.): Die sichtbare Frau. Freiburg 1994, 176 - 197

Rommelspacher, B.: Psychologische Erklärungsmuster zum Rassismus. In: Mecheril, P./Teo, Th. (Hg.): Psychologie und Rassismus. Reinbek 1997, 153 - 172

Rose, L.: Das Drama des begabten Mädchens. Lebensgeschichten junger Kunstturnerinnen. Weinheim und München 1991

Sander, U./Vollbrecht, R.: Zwischen Kindheit und Jugend. Träume, Hoffnungen und Alltag 13- bis 15jähriger. Weinheim und München 1985

Schäfers, B.: Gesellschaftlicher Wandel in Deutschland. Stuttgart 1995 (6. Aufl.)

Schmidt, Chr.: "Am Material": Auswertungstechniken für Leitfadeninterviews. In: Friebertshäuser, B./Prengel, A. (Hg.): Handbuch Qualitative Forschungsmethoden in der Erziehungswissenschaft. Weinheim und München 1997, 544 - 568

Schmidtchen, G.: Wie weit ist der Weg nach Deutschland? Sozialpsychologie der Jugend in der postsozialistischen Welt. Opladen 1997 (2. durchges. Aufl.)

Schnabel, K.U.: Ausländerfeindlichkeit bei Jugendlichen in Deutschland. Eine Synopse empirischer Befunde seit 1990. In: Zeitschrift für Pädagogik, 39, 5/1993, 799 - 822

Schnack, D./Neutzling, R.: Die Prinzenrolle. Über die männliche Sexualität. Reinbek 1993

Schneider, H./Hoffmann-Lange, U.: Gewaltbereitschaft und politische Orientierungen Jugendlicher. Ergebnisse empirischer Studien bei Jugendlichen in West- und Ostdeutschland. In: Der Bürger im Staat 2/1993, 128 - 134

Schönbach, K.: Ist "Bild" schuld an Mölln? Öffentliche Meinung und Gewaltbereitschaft in den Massenmedien. In: agenda 8/1993, 52 - 56

Schütze, F.: Was ist "kommunikative Sozialforschung"? In: Gärtner, A./Hering, S. (Hg.): Modellversuch "Soziale Studiengänge" an der GH Kassel, Materialien 12: Regionale Sozialforschung. Kassel 1978, 117 - 131

Schulze, G.: Die Erlebnisgesellschaft. Kultursoziologie der Gegenwart. Frankfurt/New York 1992

Seidenspinner, G. u.a.: Junge Frauen heute - Wie sie leben, was sie anders machen. Opladen 1996

Siegel, L./Senna, J.: Juvenile Delinquency. Theory, Practice and Law. St. Paul/New York/Los Angeles/ San Francisco 1997 (6th Ed.)

Signell, K.A.: Cognitive complexity in person perception and nation perception. A developmental approach. In: Journal of Personality, 34, 1966, 517 - 537

Silbereisen, R. K.: Entwicklung als Handlung im Kontext - Entwicklungsprobleme und Problemverhalten im Jugendalter. In: Zeitschrift für Sozialisationsforschung und Erziehungssoziologie 1/1986, 29 - 46

Silbermann, A./Hüsers, F.: Der "normale" Haß auf die Fremden. München 1995

Siller, G.: Junge Frauen und Rechtsextremismus - Zum Zusammenhang von weiblichen Lebenserfahrungen und rechtsextremistischem Gedankengut. In: deutsche jugend 1/1991, 23 - 32

Siller, G.: Rechtsextremismus bei Frauen - Zusammenhänge zwischen geschlechtsspezifischen Erfahrungen und politischen Orientierungen. Opladen 1997

SINUS: 5 Millionen Deutsche: "Wir sollten wieder einen Führer haben ...". Eine SINUS-Studie über rechtsextremistische Einstellungen bei den Deutschen. Reinbek 1981

Simon-Hohm, H.: Alltägliche Diskriminierung ausländischer Frauen. Ergebnisse einer Befragung von Beratungsstellen für Migrantinnen in Frankfurt am Main. In: Zeitschrift für Sozialreform 5/1993, 319 - 333

Sochatzy, K. u.a.: Parole rechts! Jugend wohin? Neofaschismus im Schülerurteil. Eine empirische Studie. Frankfurt/M. 1980

Sochatzy, K.: "Wenn ich zu bestimmen hätte ...": die Erwachsenenwelt im Meinungsspiegel von Kindern und Jugendlichen: eine empirische Bestandsaufnahme. Weinheim 1988

Stern, L.: Vorstellungen von Trennung und Bindung bei adoleszenten Mädchen. In: Flaake, K./King, V. (Hg.): Weibliche Adoleszenz. Zur Sozialisation junger Frauen. Frankfurt/New York 1992, 254 - 265

Stöss, R.: Rechtsextremismus und Wahlen in der Bundesrepublik. In: Aus Politik und Zeitgeschichte. Beilage zur Wochenzeitung Das Parlament. B11/93 vom 12.03.1993, 50 - 61

Stöss, R./Niedermayer, O.: Rechtsextremismus, politische Unzufriedenheit und das Wählerpotential rechtsextremer Parteien in der Bundesrepublik im Frühsommer 1998. Berlin 1998 (Mscr.)

Streeck-Fischer, A.: Geil auf Gewalt. Psychoanalytische Bemerkungen zu Adoleszenz und Rechtsextremismus. In Psyche, 46, 1992, 745 - 768

Streek-Fischer, A.: Männliche Adoleszenz, Fremdenhaß und seine selbstreparative Funktion am Beispiel jugendlicher rechtsextremer Skinheads. In: Praxis der Kinderpsychologie und Kinderpsychiatrie 7/1994, 259 - 266

Studienschwerpunkt "Frauenforschung" am Institut für Sozialpädagogik der TU Berlin (Hg.): Mittäterschaft und Entdeckungslust. Berlin 1990

Sturzbecher, D.(Hg.): Jugend in Brandenburg. Potsdam 1997

Terkessidis, M.: Die Normative Kraft des Ästhetischen. Zensur als Waffe des Staates. In: Annas, M./Christoph, R. (Hg.): Neue Soundtracks für den Volksempfänger. Berlin 1993, 121 - 135

Tertilt, H.: Turkish Power Boys. Ethnographie einer Jugendbande. Frankfurt 1996

Tertilt, H.: Turkish Power Boys. Zur Interpretation einer gewaltbereiten Subkultur. In: Zeitschrift für Sozialisationsforschung und Erziehungssoziologie 1/1997, 19 - 29

Thomae, H.: Formen der Auseinandersetzung mit Konflikt und Belastung im Jugendalter. In: Olbrich, E./Todt, E. (Hg.): Probleme des Jugendalters - Neuere Sichtweisen. Berlin und Heidelberg 1984, 89 - 110

Thürmer-Rohr, Chr.: Vagabundinnen. Feministische Essays. Berlin 1987

Tillmann, K.-J.: Gewalt an Schulen: öffentliche Diskussion und erziehungswissenschaftliche Forschung. In: Holtappels, H.G./Heitmeyer, W./Melzer, W./Tillmann, K.-J. (Hg.): Forschung über Gewalt an Schulen. Weinheim und München 1997, 11 - 25

Utzmann-Krombholz, H.: Rechtsextremismus und Gewalt: Affinitäten und Resistenzen von Mädchen und jungen Frauen. Studie im Auftrag des Ministeriums für die Gleichstellung von Frau und Mann des Landes Nordrhein-Westfalen. Düsseldorf 1994

Väth-Szusdziara, R.: Politik im Denken von Jugendlichen. Ergebnisse einer Interviewuntersuchung. In: Briechle, R./Ders. (Hg.): Interpersonale und politische Kompetenz. Konstanz 1981

Wacker, A.: Zur Aktualität und Relevanz klassischer psychologischer Faschismustheorien - Ein Diskussionsbeitrag. In: Paul, G./Schoßig, B. (Hg.): Jugend und Neofaschismus. Provokation oder Identifikation? Frankfurt/M. 1979, 105 - 137

Wagner-Winterhager, L.: Hitler als "Supermann"? Was suchen Jugendliche in rechtsextremistischen Organisationen? In: Deutsche Schule, 75, 1983, 391 - 405

Wahl, K.: Fremdenfeindlichkeit, Rechtsextremismus und Gewalt. Eine Synopse wissenschaftlicher Untersuchungen und Erklärungsansätze. In: Deutsches Jugendinstitut (hg.): Gewalt gegen Fremde. München 1993, 11 - 68

Weiß, H.-J. u.a.: Gewalt von Rechts - (k)ein Fernsehthema? Zu Fernsehberichterstattung über Rechtsextremismus, Ausländer und Asyl in Deutschland. Opladen 1995

Wellmer, M.: Ausländerfeindlichkeit und Gewalt ist nicht Protest, sondern Tradition! In: Neue Praxis 3/1994, 282 - 287

Wellmer, M.: Ursachen von Fremdenfeindlichkeit - Hinweise aus einer empirischen Jugendstudie. In: Newsletter 1/1998, 59 - 64

Willems, H.: Fremdenfeindliche Gewalt. Tätertypen, Gewaltursachen und Ansätze zur Auseinandersetzung. Bonn 1993 (Informationen BMFJ 35/1993)

Willems, H.: Fremdenfeindliche Gewalt. Einstellungen - Täter - Konflikteskalationen. Opladen 1993(a)

Willems, H.: Gewalt gegen Fremde. Täter, Strukturen und Eskalationsprozesse. In: Der Bürger im Staat 2/1993, 143 - 148 (b)

Willems, H./Eckert, R.: Wandlungen politisch motivierter Gewalt in der Bundesrepublik. In: Gruppendynamik, 26, 1/1995. 89 - 123

Willems, H./Würtz, St./Eckert, R.: Analyse fremdenfeindlicher Straftäter. Bonn 1994

Willems, H./Würtz, St./Eckert, R.: Erklärungsmuster fremdenfeindlicher Gewalt im empirischen Test. In: Eckert, R. (Hg.): Wiederkehr des 'Volksgeistes'? Ethnizität, Konflikt und politische Bewältigung. Opladen 1998, 195 - 214

Willems, H./Winter, R. (Hg.): "... damit du groß und stark wirst". Beiträge zur männlichen Sozialisation. Schwäbisch Gmünd und Tübingen 1990

Winkler, J.R./Jaschke, H.-G./Falter, J.W.: Einleitung: Stand und Perspektiven der Forschung. In: Politische Vierteljahreszeitschrift. Sonderheft 27/1996: Rechtsextremismus. Ergebnisse und Perspektiven der Forschung, 9 - 21

Winter, R./Neubauer, G.: Kompetent, authentisch und normal? Aufklärungsrelevante Gesundheitsprobleme, Sexualaufklärung und Beratung von Jungen. Eine qualitative Studie im Auftrag der BzgA. Köln 1998 (BzgA)

Witzel, A.: Verfahren der qualitativen Sozialforschung. Überblick und Alternativen. Frankfurt a.M./New York 1982

Witzel, A.: Auswertung problemzentrierter Interviews: Grundlagen und Erfahrungen. In: Strobl, R./Böttger, A. (Hg.): Wahre Geschichten? Zur Theorie und Praxis qualitativer Interviews. Baden-Baden 1996, 49 - 75

Wolpe, A.: Within School Walls. The Role of Discipline, Sexuality and the Curriculum. London/New York 1988

Zulehner, P.M./Volz, R.: Männer im Aufbruch. Wie Deutschlands Männer sich selbst und wie Frauen sie sehen. Ein Forschungsbericht. Ostfildern 1998